KB008667

周易

주역

소통의 인문학

下

周易, 소통의 인문학 下

발행일 2014년 3월 14일 초판
2021년 9월 17일 3쇄
지은이 김재홍
발행처 상생출판
발행인 안경전
주소 대전시 중구 선화서로 29번길 36(선화동)
전화 070-8644-3156
팩스 0303-0799-1735
출판등록 2005년 3월 11일(175호)
홈페이지 www.sangsaengbooks.co.kr

ISBN 978-89-94295-76-3
978-89-94295-77-0 (세트)

가격은 뒷표지에 있습니다.

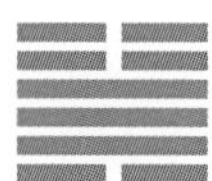

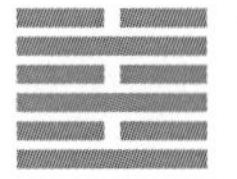

주역

소통의 인문학

下

김재홍 지음

상생출판

| 책을 발간하면서 |

오랫동안 소망했던 『주역』공부에 몰입할 수 있게 됨을 감사드린다. 『주역』의 가치와 의미를 많은 사람들과 공유하고자 하는 성급한 열정만으로 2008년부터 시작한 '덕중주역교실'에서 어설픈 강의를 5~6년간 들어주신 덕중역학 제1반의 교수님들, 제2반, 제3반, 제4반의 도반道伴 여러분에게 부끄럽고 진심으로 감사하다. 이 80여명의 도반들과 같이 주역공부를 하기 위해 선유先儒들의 주석註釋, 관중 유남상 선생님을 비롯한 여러 선생님들의 주역강의 내용, 각종의 참고서적 등을 바탕으로 한 '주역 필기 노트'와 수업준비물을 함께 정리하여 그동안 제본교재로 만들어 사용하면서 6년간의 강의 도중 수없이 수정 보완한 교재를 2014년 5월에 부끄러움을 무릅쓰고 출판하였고, 다시 독자들의 성원으로 2018년 5월에 제2판을 두렵고 감사한 마음으로 다음과 같이 출판하게 되었다.

첫째, 본 서書의 『주역』 경문 해석과 설명 내용은 필자가 각득覺得한 것이 아니라 선유先儒들의 주석註釋, 전국 여러 선생님들의 강의내용과 저서, 각종의 자료, 강의내용 등을 십여년 동안 정리한 내용임을 밝혀둔다.

둘째, 본 서書는 상수역학象數易學이나 의리역학義理易學 등 어느 한 쪽으로 편중되지 않고 비교적 객관적으로 정리하기 위해 노력하였다. 또한 『주역』 십익十翼의 내용을 바탕으로 이전해경以傳解經, 이경해경以經解經의 관점에서 괘·효사의 본래적 의미와 가장 적합하다고 생각되는 다양한 논거를 바탕으로 그 경문經文의 근원적인 의미를 드러내고자 노력하였다.

셋째, 본 서書의 구성은 일반적인 『주역』책과는 달리 그 동안 주역수업에 사용하였던 강의록을 위주로 편집이 되어 크게 상·하권으로 나누었다. 먼저 상권上卷에는 제I부에 『주역』의 개론서인 「계사 상·하」편을 두었고, 제II부에는 『주역』의 「상경上經」인 중천건괘重天乾卦에서 중화리괘重火離卦로 편집하였다. 다음으로 하권下卷에는 제III부로 『주역』의 「하경下經」인 택산함괘澤山咸卦에서 화수미제괘火水未濟卦로 편집하였고, 제IV부에는 「설괘說卦」편, 「서괘序卦」편, 「잡괘雜卦」편으로 편집하였다. 그리고 제V부에는 부록으로 마무리를 하였다.

『주역』은 하늘의 뜻을 자각한 성인지도聖人之道를 표상하고 이것을 군자가 실천토록 하여 우리가 나아가야 할 길을 제시하고 있다. 『주역』에서 드러난 군자지도의 실천은 개인적으로는 진정한 삶의 의미와 가치가 무엇인가를 알려주어 행복할 수 있는 힘을 길러주며, 나아가 아름다운 세상을 이루는데 필요한 근원적인 원리를 제시하고 있다. 필자가 『소통의 인문학-주역』을 발간하고자 하는 의도는 『주역』 철학을 통해 물질만능에 빠져 있는 세상에서 돈보다 더 소중한 가치가 있음을 논의하고, 이것을 세상과 소통해보고자 하는 소망이 있었기 때문이다.

이 책을 발간하면서 아직도 부족한 공부에 송구스럽다. 그러나 "사람들이 한번으로 능할 때 나는 백번을 행하고, 사람들이 열 번으로 능할 때 나는 천백을 행한다(人一能之 己百之, 人十能之 己千之)."는 마음으로 더욱 더 열심히 공부에 정진하겠다는 약속으로 그 부끄러움을 대신하고자 한다. 선배 제현들의 질정叱正을 삼가 부탁드린다.

어리석은 제자에게 역학에 관한 고귀한 가르침을 주신 관중 유남상 선생님과 석·박사 과정에서 많은 가르침을 주신 이평래 교수님, 남명진 교수님, 황의동 교수님, 이종성 교수님 그리고 역학공부에 많은 도움을 주신 김만산 교수님, 이현중 교수님께 진심으로 감사드린다.

만학도의 대학원 석·박사과정 전 학기 등록금을 부담해주신 대전지역 학원계 선후배분들과 2008년에 발병한 직장암 치료를 위해 기도해주신 이기복감독님과 성도여러분, 그리고 수술과 치료로 완치시켜주신 서울대 병원 박재갑 교수님, 충남대 병원 김삼용 교수님께 이 지면을 빌어 진심으로 감사드린다.

지난 10년 간의 '덕중주역교실'에 버팀목이 되어주신 김 교수님, 황기철 선생, 그리고 김승영 박사께 고마움을 전한다.

못난 동생을 늘 감싸주신 이영철 형님과 용렬한 오빠와 형 때문에 늘 마음 졸이는 동생 김영옥·곽명섭 지사장, 김재상 상무 내외에게도 감사드린다.

못난 남편을 두어 고생하는 이옥주 권사, 아들 영호와 구호, 며느리 혜

영, 그리고 늘 티 없이 밝은 모습으로 힘들 때마다 온 집안을 행복하게 만들어 주었던 미나, 현수, 준수에게 공부를 한다는 명분으로 못난 모습을 감추려고 한 남편과 애비의 작은 위선에 대한 사죄와 함께 고마운 마음을 전하면서 이 책을 바친다.

끝으로 이 책의 출판을 허락해주신 상생출판사의 사장님과 편집을 맡아 고생하신 강경업 팀장님께 감사한 마음을 전한다.

2018년 2월

김재홍 드림

| 범례凡例 |

1. 본 저著에서는 보편적인 『주역』의 편재와는 달리 책을 상·하권으로 편집한 관계로 책의 분량 조절을 위해 부득이 「계사상·하」편을 『주역』 상경上經 앞 부분에 편집하였다.

2. 본 저著에서는 『주역』공부에서 계사상편 10장의 성인의 뜻은 '상사변점象辭變占(수數)' 통해서 드러난다는 내용에 따라 육효사六爻辭를 공부하면서 효변爻變에 대한 편리함을 도모하고자 64괘의 각 괘마다 첫 장에 「잡괘雜卦」, 「상하교역괘上下交易卦」, 「음양대응괘陰陽對應卦」, 「호괘互卦」, 「변괘變卦」 순으로 도식화하여 초보자들도 이해하기가 쉽도록 편집하였다.

3. 육효사六爻辭를 설명하면서 「효사爻辭」의 말미末尾에 효변爻變에 대한 괘명卦名을 괄호안에 기록하고, 괘상卦象을 표기하였다.

4. 본 저著에서는 64괘에 대한 설명은 먼저 괘명卦名, 괘의卦意, 괘서卦序,괘상卦象 순으로 전체적인 요지를 설명하였다. 다음으로 「괘사卦辭」와 「단사彖辭」, 「대상사大象辭」를 설명하고, 마지막으로 「육효사六爻辭」와 「소상사小象辭」의 내용을 설명하였다.

5. 본 저著는 『주역』의 저자에 대해서는 사마천의 『사기史記』의 내용을 기준으로 하였다. 또한 '성경현전聖經賢傳'의 원칙에 따라 「설괘說卦」전傳을 「설괘說卦」편篇으로, 「서괘序卦」전傳은 「서괘序卦」편篇으로, 「잡괘雜卦」전

傳은 「잡괘雜卦」편篇으로, 「단전彖傳」과 「상전象傳」은 「단사彖辭」와 「상사象辭」로 호칭하였다.

6. 괘효사를 설명하면서 필요한 선유先儒들의 주석註釋중 『주역본의周易本義』, 『이천역전伊川易傳』, 『래주역경도해來註易經圖解』, 『주역절중周易折中』, 『주역천견록周易淺見錄』 등에서 필요한 참고내용을 주註로 표기하였고, (관중觀中)으로 표기된 주註 내용은 관중 유남상선생님의 견해를 별도로 처리하여 참고가 되도록 하였다. 단, 이것은 강의내용과 CD의 내용을 기록한 것으로 필기가 잘못되어 그 뜻이 제대로 전달되지 못한 부분에 대해서 전적으로 필자의 책임임을 미리 밝혀둔다.

1. 주역의 성격

많은 사람들이 『주역』에 대하여 들어보지 않은 사람은 없다. 그러나 『주역』의 내용이 무엇인가를 정확히 아는 사람은 드물다. 『주역』에 대한 무지와 편견, 고의적 악용사례가 안타까울 뿐이다. 한마디로 말하면 『주역』은 사람들의 길흉을 점치는 책이라 아니라, 성인聖人이 하늘의 뜻을 자각하고, 그 진리의 말씀을 괘효사를 통하여 인간의 길흉화복과 험이險易을 밝히고, 나아가 우리의 행할 바를 천명한 군자지도의 도덕서이요, 동양철학의 근원적인 원리를 표상한 철학서이다.

2. 『주역』의 의 어원상 의미

먼저, 주周는 ①『역경易經』이 만들어진 시기가 주周나라 때라는 시대적인 의미가 있고, ②두루 주 周 자로서 시간과 공간을 포함한 상하上下·사방四方의 보편적인 의미를 가지고 있다.
다음으로, 역易은 ①천지만물은 고정불변이 아니라 변變한다는 의미가 있고, ②역易=일日+월月로서 일월지도日月之道 혹은 음양지도陰陽之道로서 천지만물은 음양陰陽의 변화와 조화를 이루고 있다는 의미가 있다.

3. 『주역』의 저자

『주역』의 저자에 대해서는 의견이 분분하다. 먼저, 팔괘, 64괘 및 괘효사에 대하여 사마천司馬遷은 『사기史記』에서 팔괘八卦는 복희伏羲가 만들고, 64괘 괘효사는 문왕文王이 작역作易했다고 한다. 마융馬融은 「괘사」는 문왕文王이 짓고, 「효사」는 주공周公이 지었다고 한다. 왕필王弼은 괘효사 전부를 문왕文王의 작이라고 말한다. 다음으로 십익十翼은 「단사彖辭」 상上·하편下篇, 「상사象辭」상·하편, 「계사」상·하편, 「문언」편, 「설괘」편, 「서괘」편, 「잡괘」편을 말한다. 십익에 대해서도 공자의 작이냐 공자 제자들의 작이냐를 두고 의견이 분분하다. 그러나 본 저著에서는 『주역』경문의 내용에 따라서 ①팔괘八卦는 복희伏羲씨, ②64괘 괘사卦辭는 문왕文王, ③384효사爻辭는 주공周公, ④십익十翼은 공자孔子(BCE 551~BCE 479)의 작이라는 일반적인 견해를 따르고자 한다.

4. 『주역』의 구성

- **괘사卦辭** 문왕文王께서 천도天道를 자각하여 64괘에 말을 맺어 그 뜻을 설명한 것이다.
- **단사彖辭** 단사彖辭는 공자孔子께서 괘사卦辭의 내용을 풀이한 것이다.
- **대상사大象辭** 공자께서 괘상卦象을 풀이하여 실천적인 덕목을 것을 말한다.
- **효사爻辭** 주공周公께서 육효六爻의 효爻마다 말을 달아놓은 것을 말한다.
- **소상사小象辭** 공자孔子께서 효사爻辭를 풀이한 것이다.
- **계사繫辭** 계사편은 공자께서 설명하신 주역의 해설서요, 개론서로서 역학적 원리와 내용을 설명한 것이다. 천도天道를 자각한 성인聖人의 말씀을 「괘卦 · 효사爻辭」를 통해서 지도地道와 인도人道로 드러낸 것이다.
- **설괘說卦** 괘卦를 통해서 말씀을 드러낸 것이다.
- **서괘序卦** 64괘 배열(괘서卦序)과 연결에 대한 이유를 말하고 있다.
- **잡괘雜卦** 잡괘雜卦는 서괘序卦와 달리 그 순서에는 규칙은 없고 다만 64괘를 32짝으로 나누어 음양교역陰陽交易의 착종錯綜원리로써 괘卦의 뜻을 설명하고 있다.

차례

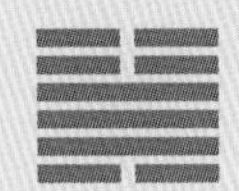

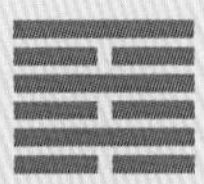

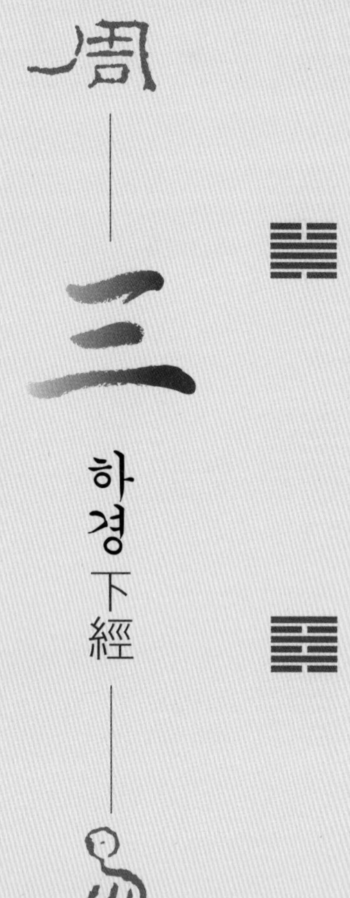

하경 下經

택산함괘
31.澤山咸卦

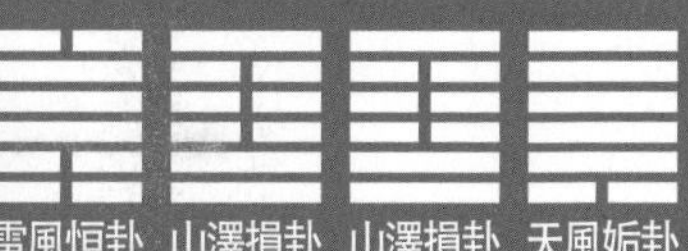

雷風恒卦 山澤損卦 山澤損卦 天風姤卦

도전괘 倒顚卦

택산함괘 澤山咸卦

뇌풍항괘 雷風恒卦

음양대응괘 陰陽對應卦

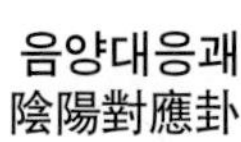

택산함괘 澤山咸卦

산택손괘 山澤損卦

상하교역괘 上下交易卦

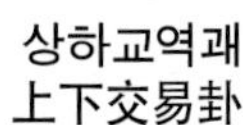

택산함괘 澤山咸卦

산택손괘 山澤損卦

호괘 互卦

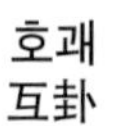

택산함괘 澤山咸卦

천풍구괘 天風姤卦

효변 爻變

택산함괘 澤山咸卦

初爻變 而爲革卦	二爻變 而爲大過卦	三爻變 而爲萃卦	四爻變 而爲蹇卦	五爻變 而爲小過卦	上爻變 而爲遯卦

택화혁괘 澤火革卦	택풍대과괘 澤風大過卦	택지췌괘 澤地萃卦	수산건괘 水山蹇卦	뇌산소과괘 雷山小過卦	천산돈괘 天山遯卦

요지要旨

괘명卦名 이 괘는 상태上兌의 택澤(☱) + 하간下艮(☶)의 산山 = 택산함괘澤山咸卦(䷞)이다.

괘의卦意 진리와 함께 함에 대한 설명이다. 상경上經은 천지天地위주이고, 하경下經의 함항咸恒은 건곤乾坤과 대칭관계라고 말할 수 있다.[1] 그러므로 천지天地와 사람의 감응感應이다.

함괘咸卦는 먼저, 음양陰陽에 비유하여 성인聖人·군자지도의 합일合一을, 다음으로 만물생성 원리와 왕도정치원리를 표상하고 있다.[2]

함咸은 감感이다. 느끼는 것이다. 느낌은 감정이 마음 가운데서 움직이는 것이다. 자기가 어떤 사람이나 물건을 보고 마음이 움직이는 것이다. 감感은 사심私心이 없는 것이다. 그러므로 주체적 자각을 통해 천지합일天地合一이 가능하다.

괘서卦序 「서괘序卦」에서 "부부의 도는 오래하지 않을 수 없으므로 항恒으로써 받았다.(夫婦之道, 不可以不久也, 故 受之以恒)"라고 하였다.
부 부 지 도 불 가 이 불 구 야 고 수 지 이 항

함괘咸卦(䷞) 다음에 항괘恒卦(䷟)가 나오는데 이것은 오랫동안 변하지 않

---

1 (觀中) 상上·하경下經과 서괘원리를 결부시켜 이해할 것. 「서괘」편에 남녀男女(함괘咸卦)가 있고 부부夫婦(항괘恒卦)가 있다. 함괘咸卦의 상上 '태괘兌卦'는 소녀小女이고, 하下 '간괘艮卦'는 소남小男이다. 젊은 남녀男女가 만나면 쉽게 느끼게 되며 곧 사랑에 빠지고 부부夫婦가 된다. 그러므로 혹 함괘咸卦를 젊은 여자의 태괘兌卦와 젊은 남자의 간괘艮卦로 하여 서로 느끼는데 대한 도道를 말하고 있다고 해석한다. 또한 그것은 만물생성의 원리를 설명하고 있다. 「괘사」에서 왜 원元이 생략되었는가? 군자는 성인聖人을 매개로 천지지도天地之道를 깨닫게 된다. 군자에게 주어진 사명은 천하를 다스리는 것이다. 리재정사금민위비왈의理財正邪禁民爲非曰義이다. 직접 천지지도天地之道로서의 건원곤원원리乾元坤元原理는 생략한 것이다. 성인聖人의 말씀 속에 이미 천지지도天地之道가 포함이 되어 있기 때문이다. 취녀取女가 혼인婚姻하는 원리만을 말하는 것이 아니다. 치인치물治人治物하는 왕도정치원리까지 비겨 표현하고 있다. 취녀取女원리와 대응되는 원리는 점漸·귀매괘歸妹卦에서 표현(여귀女歸 길吉). 귀매괘歸妹卦에 천지합덕원리天地合德原理를 같이 표현. 귀매歸妹는 천지대의天地之大義라고 하고, 인지종시야人之終始也(모든 인人·물物을 통칭하는 말, 풍화가인괘風火家人卦)라고 했다. 함咸·항괘恒卦까지는 형통하라는 원리가 주主가 됨. 아직도 역도易道를 깨달아야 될 시위가 함괘咸卦다.

2 『중용中庸』에서도 도통道通의 경지에 대한 설명을 부부지도夫婦之道로 비유하여 설명하고 있다.

는다는 괘卦이다. 이것은 부부관계가 오래 변하지 말아야 한다는 것을 말하는 괘卦이다. 즉 항괘恒卦는 부부가 된 후의 길을 말하는 것이다. 함괘咸卦는 남녀가 쉽게 느끼는 것으로 성립되고 항괘恒卦는 부부관계가 오래 계속되는 것으로 성립되어 있는데, 경문經文에는 서로 감동하는 일반적인 것을 말하고 있다.

괘상卦象 함괘咸卦는 상上 태괘兌卦의 택澤(☱)과 하下 간괘艮卦의 산山(☶)으로 되어 산山과 못의 기氣가 서로 통하고 있다. 산이 있음으로 못의 물이 마르지 않고, 못이 있음으로 산 전체가 윤택해지는 서로 밀접한 관계에 있다. 이것이 함괘咸卦(䷞)의 상象이다.[3] 함괘咸卦(䷞)의 상上 '태괘兌卦(☱)'는 소녀小女이고, 하下 '간괘艮卦(☶)'는 소남小男이다. 순수한 동심童心으로 구하는 감응感應이다. 젊은 남녀男女가 만나면 쉽게 느끼게 되며 곧 사랑에 빠지고 부부가 된다. 그러므로 함괘咸卦를 젊은 여자의 태괘兌卦(☱)와 젊은 남자의 간괘艮卦(☶)로 하여 서로 느끼는데 대한 도道를 말하고 있다.[4]

咸은 亨하고 利貞하니 取女ㅣ면 吉하리라.
함 형 이정 취녀 길

---

3 함괘咸卦의 상上 태괘兌卦(☱)는 소녀小女이며, 하下 간괘艮卦(☶)는 소남小男인데 소남小男이 소녀小女밑에 있다. 간괘艮卦는 머무는 성질이 있어 소녀少女밑에 머물고 두 마음이 없음을 보이고 있다. 태괘兌卦(☱)는 열悅의 성질이 있다. 간괘艮卦(☶)의 소남小男이 소녀小女 밑에 있으면서 독실하게 마음을 주고 있으니 기쁘게 생각하며 소녀小女는 여기에 응하여 사랑이 성립되고 결혼하게 된다. 간괘艮卦(☶)가 태괘兌卦(☱) 아래에 있는 것은 남자가 먼저 여자 아래에 있는 것을 표현한 것이다. 남녀男女가 서로 느끼고 응하는 것이 함괘咸卦(䷞)의 뜻이지만 여기에서 천지간天地間의 모든 상감相感 상응相應하는 도道로 발전시켜 나간다.

4 이것은 함괘咸卦에 대한 「서괘」편 내용으로 천지天地(건곤乾坤)가 정해진 다음에 만물이 생긴다. 만물은 인간을 포함한 금수초목禽獸草木을 다 말한다. 만물이 있은 다음에 남녀男女의 구별(함괘咸卦)이 생기고 혼례婚禮를 정定한 후로 부부夫婦(항괘恒卦)가 정해지고 부부夫婦가 정해진 다음에 부자父子가 있게 된다. 부부관계夫婦關係가 정해진 뒤로 차츰 사회의 질서가 정해진다. 그러므로 하경下經 처음에 함괘咸卦를 두어 남녀男女가 사랑하고 느끼는 것을 말한다.

함咸은 형통하니 곧으면 이롭다고 하니, 여자를 취함이면 길하리라.

각설[5]

함형咸亨 함咸은 느끼는 것이다. 남녀男女가 서로 느끼어 화합和合하고 순응하는 것이다.

이정利貞 서로 느껴서 화합和合하는 방식을 정도正道로 해야 이롭다는 것이다.

취녀取女 길吉 태소녀兌少女(군자君子)가 간소남艮少男(성인聖人)을 기다렸다가 응應하는 것이고, 또 육이六二와 구오九五가 서로 중정中正으로 응應하는 것이다. 성인聖人이 군자를 취하는 것이다.

[彖曰] 咸은 感也ㅣ니 柔上而剛下하야
단왈 함 감야 유상이강하

二氣ㅣ 感應以相與하야 止而說하고 男下女라
이기 감응이상여 지이열 남하여

是以亨利貞取女吉也ㅣ니라
시이형이정취녀길야

天地ㅣ 感而萬物이 化生하고
천지 감이만물 화생

聖人이 感人心而天下和平하나니
성인 감인심이천하화평

觀其所感而天地萬物之情을 可見矣리라.
관기소감이천지만물지정 가견의

○ 咸(다 함) 感(느낄 감) 柔(부드러울 유) 剛(굳셀 강) 氣(기운 기) 應(응할 응) 相(서로 상) 與(함께할 여, 참여할 여, 줄 여) 止(발 지) 說(기꺼울 열) 亨(형통할 형) 利(이로울 이{리}, 날카로울 이{리}) 貞(곧을 정) 取(취할 취) 女(여자 녀{여}) 化(될 화) 生(날 생) 和(화할 화) 平(평평할 평) 觀(볼 관) 其(그 기) 所(바 소) 情(뜻 정)

---

5 (觀中) 원元은 천도天道이기 때문에 형亨 이정利貞으로 언급되고 있다. 장남과 장녀는 성인지도聖人之道요, 소남少男과 소녀少女는 군자지도이다.

단彖에서 이르기를, 함咸은 느끼는 것이니 유柔는 위에 있고, 강剛은 아래에 있으니, 두 기운이 감응함으로 서로 더불어 (간艮은) 그쳐 있으며, (태兌는) 기쁘고, 남자는 여자 아래라. 그러므로 '형이정亨利貞 취녀길야取女吉也'이니라. 천지가 감응하여 만물이 화생하고 (이러한 자연의 변화를 본받아서) 성인이 사람의 마음을 감동시켜 천하를 화평하게 하나니. 그 느끼는 바를 보니, 천지만물의 뜻을 가히 볼 수 있으리라.

각설[6]

함감야咸感也 유상이강하柔上而剛下 함咸은 사람들의 교류이다. 강유剛

---

6 (觀中) ❶유상이강하柔上而剛下 : 산택손괘山澤巽卦의 간괘艮卦의 상효上爻는 어디서 내려온 것인가? 내괘內卦 곤괘坤卦의 상효上爻 음효陰爻와 외괘外卦 건괘乾卦 상효上爻의 양효陽爻와 자리를 교역交易함이다. 이에 소남소녀少男少女의 합덕원리가 밝혀진 것이다. 군자와 백성의 합덕은 무엇을 표현하고 있는가? ❷남하여男下女 : 혼인지도婚姻之道를 말하는 것으로 예禮로서 아내를 맞아들인다는 것이다. 택산함澤山咸의 처녀총각이 화택규火澤睽·수산건괘水山蹇卦에서 신방이 치러진다. 결혼하기 이전이므로 반쪽의 인격이기 때문에 절뚝발이·외꾸눈으로 상징화한 것이다. "대건大蹇에 붕래朋來"란 선천도수先天度數가 극치에 이르렀다. 남하여男下女(여상남하女上男下, 남자男子는 겸손한 자세로 여자를 대하라. 겸양지덕謙虛之德)의 원리를 괘상卦象으로 표현한 것이 지천태괘地天泰卦요, 인격적인 관계에 있어서는 택산함괘澤山咸卦다. ❸형이정취녀길야亨利貞取女吉也 : 형亨이란 마음이 하나로 통해지면서, 정도正道를 쓰게 된다. 유심형維心亨(감괘坎卦, 괘사卦辭)의 형亨이다. 유심형維心亨되었기 때문에 정도正道가 이롭다. 이정지도利貞之道가 빈마지정牝馬之道다. ❹성인감인심이천하화평聖人感人心而天下和平 : 성인의 뜻을 천하 사람들의 마음속에 감화가 될 수 있도록 실제로 행해지는 사명을 갖고 있는 존재는 군자이다. 성인聖人의 뜻을 군자가 깨달아 감인심感人心하여 천하를 화평하게 하는 일은 군자에게 주어진 사명이다. 하늘의 본래성(인격성人格性)을 신神이라고 규정한다. 천하의 민심을 다 얻었다. '천지감이만물화생天地感而萬物化生'은 뇌수해괘雷水解卦를 가리킴. 뇌수해괘雷水解卦에서 실현이 됨(뇌수해괘雷水解卦를 중심으로 한 말씀이다). '성인감인심聖人感人心'(풍화가인괘風火家人卦를 중심으로)이란 서괘원리序卦原理에서 어느 괘卦를 가리키는가? 가인家人·규睽·건蹇·해괘解卦이다. ❺관기소감觀其所感이란 감응感應되는 위치(장소場所)는 어디인를 말한다. 내 마음속에 존재存在한다. '관기소감觀其所感'이란 내 마음속에서 성인聖人의 뜻이 감응感應이 됨으로써 성인聖人의 뜻을 깨달아 밖으로 나가서는 천지만물天地萬物의 참 뜻까지도 깨달을 수 있다는 말이다. 그러니까 내적세계에서 인간의 밖의 세계(객관적 세계)로 미루어 나가는 방향을 말하고 있다. 인간 주체적 자각을 거치지 않은 역도易道는 진정한 의미에서 깨달았다고 할 수 없다. 역도易道를 내면세계에서 주체적으로 깨달은 다음에야 비로소 밖에 존재하는 천지만물의 참 뜻도 깨닫게 된다. 여기서 주체적 자각의 원리를 언급하고 있음을 발견할 수 있다. ❻천지만물지정天地萬物之情 가견의可見矣 : 천지만물이 존재하게 된 근거, 그 뜻을 깨닫게 된다.

柔의 교류와 소통으로 감응된다. 태소녀兌少女인 유柔가 음괘陰卦로 기운이 아래로 내려오고, 간소남艮少男인 강剛은 양괘陽卦로 기운이 위로 올라간다. 이는 기화적氣化的인 현상이다.

지이열止而說 괘덕卦德으로는 남녀男女가 감응感應함에 중절中節을 밝힌 것이다. 열說(悅)의 절도節度를 말한 것으로 절도節度를 잃으면 사회가 혼탁해진다.(時止則止, 時行則行)
시 지 즉 지 시 행 즉 행

시이형이정취녀길야是以亨利貞取女吉也 형亨이란 마음이 하나로 통해지면서 정도正道를 쓰게 된다. 유심형維心亨(감괘坎卦, 괘사卦辭)의 형亨이다. 유심형維心亨 되었기 때문에 정도正道가 이롭다는 것이다.

천지감이만물天地感而萬物 화생化生 천지天地가 교감하여 만물을 낳아 기른다.

성인감인심이천하聖人感人心而天下 화평和平 성인聖人의 뜻을 군자가 깨달아 감인심感人心하여 천하를 화평하게 하는 일은 군자에게 주어진 사명이다.

관기소감이천지만물지정觀其所感而天地萬物之情 가견의可見矣 관기소감觀其所感이란 감응感應되는 위치(장소場所)는 어디인가? 를 말한다. 내 마음속에 존재한다. 내 마음이 성인聖人의 뜻에 감응感應이 되어야 한다. 다시말하면 내 마음속에서 성인聖人의 뜻이 감응感應이 됨으로써 성인聖人의 뜻을 깨달아 밖으로 나가서는 천지만물의 참 뜻까지도 깨달을 수 있다는 말이다.

[象曰] 山上有澤이 咸이니 君子ㅣ 以하야 虛로 受人하나니라.
상왈 산상유택 함 군자 이 허 수인

❍ 澤(못 택) 咸(다 함) 虛(빌 허) 受(받을 수)

상象에 이르기를, 산 위에 못이 있는 것이 함咸이니, 군자는 이로써 마음을 비워 사람들을 (의견을) 받아들이니라.

각설 [7]

산상유택山上有澤 산위에서 물이 흘러내리는 것이다. 이것이 산택통기山澤通氣이며, 이기감응二氣感應이다. 또한 소남少男, 소녀少女의 상봉이며, 곧 천지天地의 상봉이다.

수인受人 물이 흘러 다른 못을 채우는 것을 말한다. 마음속의 독선과 편견이 차 있으면 지선至善을 받아들이지 못한다. 이것을 음양陰陽으로 보면 여자의 마음이 비워있어야 남자의 정을 받아드릴 수 있으며, 배움으로 보면 초학자의 빈 마음을 말한다.

[初六]은 咸其拇ㅣ라. (澤火革)
초육 함기무 택화혁

象曰, 咸其拇는 志在外也이니라.
상왈 함기무 지재외야

○ 咸(다 함) 其(그 기) 拇(엄지발가락 무, 엄지손가락 무) 志(뜻 지) 在(있을 재) 外(밖 외)

---

7 (觀中) ❶산상유택山上有澤 : 한반도의 지형이 산상유택山上有澤의 지형이다. 한국의 역사는 백두산 천지가 연원이 되어 발원한 것이다. 동서남북 사방으로 뻗어나감. 민족적 감정을 느끼게 된다. 산상유택山上有澤이 백두산 천지天池다. ❷수인受人 : "겸야자謙也者 치공致恭 이존기위자야以存其位者也." 자신의 덕위德位를 잘 지키고 있다. 마음을 비우고 여자 앞에 무릎을 끓어라고 해석하고 있다. 한심한 해석이다. 군자가 성덕成德되어진 겸허한 군자의 덕을 가지고 무엇을 맞아들이라는 것인가? 가인家人之道(가인괘家人卦의 원리, 즉 공자孔子의 뜻을 깨달아라는 말이다.)를 맞아들이라는 말이다. 자기를 비워 가지고 백성을 포용하라. ❸허虛로 수인受人이란? 서괘원리적 측면에서 본다면 마음속에서 가인家人之道를 깨닫는다. 구현할 수 있는 시위時位에 달했을 때는 행동으로 옮겨야 한다. 그러기 위해서는 먼저 마음속으로 깨달아야 한다. 가인괘家人卦의 원리를 군자가 마음속에서 깨달아야 된다. '허虛로 수인受人' 원리를 어디서부터 깨닫기 시작해야 하는가? 지산겸괘地山謙卦(「단사彖辭」, 천지신인天地神人 합덕원리를 종합적으로 표상)에서부터 깨닫기 시작해야 된다. 겸괘謙卦의 군자君子가 어느 괘와 합덕(깨달아)이 되어야 하는가? 겸괘謙卦의 대응괘는 천택리괘天澤履卦(예禮의 원리를 표상)이다. '허虛로 수인受人'은 역리易理의 학문적 체계에 있어서는 가인괘家人卦를 가리킨다.

초육初六은 그 엄지발가락에 감응感應함이라.

상象에 이르기를, 그 엄지발가락에 감응感應된다는 것은 뜻이 밖에 있음이니라.

개요概要

초육初六은 함괘咸卦의 첫 번째 효爻로서 감응感應의 첫 단계를 의미한다.

각설[8]

함기무咸其拇 남녀男女(음양陰陽) 교감의 시초를 인체의 미미한 부분인 발가락에 비유한 것이다. 그러므로 십수원리十數原理의 시초라고 할 수 있다. 따라서 함기무感其拇가 되면 천도天道에 순종하게 되는 것이다

소상사小象辭

지재외志在外 구사효九四爻와 상응相應관계를 말한다.

---

8 (觀中) ❶함기무咸其拇 : 엄지발가락 무拇자다. 손巽의 엄지손가락 무자가 아니다. 무기원리戊己原理를 개발했다는 의미다. 육갑원리六甲原理. 십수원리十數原理를 상징하는 엄지발가락 무拇다. ❷지재외야志在外也 : 외外는 "가인家人은 내야內也, 규睽는 외야外也"(「잡괘雜卦」)의 외外다. 산택손괘山澤損卦 사효四爻의 '손기질損其疾'이란 징분질욕懲忿窒欲이란 말이다. 겸손한 사람이 아니고서는 징분질욕懲忿窒欲이 안 된다. "외괘外卦에 뜻을 두었다."는 말이요, 서괘원리에 있어서 외괘外卦는 지화명이괘地火明夷卦와 화택규괘火澤睽卦이다. 지화명이地火明夷에서 '상어외자필반기가傷於外者必反其家'라고 했다. 6효중괘원리에 있어서 '외外'는 외괘外卦를 상징한다. 택산함괘澤山咸卦 자체안에 있어서의 내부적 관계성은 4효와 밀접한 관련을 갖고 있다. 택산함괘澤山咸卦 사효四爻가 태괘兌卦 초효初爻(외괘外卦 초효初爻)이다. 화택규괘火澤睽卦를 형성하는데 주체적인 기능을 담당하고 있는 괘卦는 태괘兌卦다. 서괘원리에 있어서는 화택규괘火澤睽卦에 뜻을 두고 있다고 할 수도 있고, 함괘咸卦 자체에는 사효四爻에 뜻을 두고 있다고 해석이 가능하다. 그러면 밖은 무엇인가? 택산함괘澤山咸卦를 군민관계에 비겨가지고 설명할 때, 밖의 인물은 백성이다. 내 몸속에 존재하는 마음은 무엇인가? 군자지도다. 이에 그 뜻은 천하백성을 지향하고 있다. 천지天地도 밖의 세계다. 마음 밖의 세계다. 4효의 경지에 가면 정길회망貞吉悔亡이다.

[六二]는 **咸其腓**면 **凶**하니 **居**하면 **吉**하리라. (澤風大過)
육이 함기배 흉 거 길 택풍대과

象曰, 雖凶居吉은 **順**하면 **不害也**이니라.
상왈 수흉거길 순 불해야

○ 咸(다 함) 腓(장딴지 비, 장딴지 배) 居(있을 거) 雖(비록 수) 凶(흉할 흉) 害(해칠 해)

육이六二는 그 장딴지에 감응하면 흉하니, 머물면 길吉하리라.

상象에 이르기를, 비록 흉하지만 머물고 있으면 길하다는 것은 순종하면 해가 없느니라.

개요概要

육이효六二爻는 시기가 오지 않았는데도 가볍게 움직이면 흉凶하다. 그러나 만약 가만히 있으면 길吉하다. 유순중정柔順中正의 도道를 지키고 있으면 해를 보지 않는다. 괘상卦象으로 보면, 초효初爻에서 삼효三爻까지는 간艮(지止)의 의미가 있으므로 행行하면 안된다는 것이다.

각설[9]

함기배咸其腓 장딴지는 타의에 의해서 움직인다. 장딴지는 혼자서는 움직일 수 없지만 다리를 올리거나 넓적다리를 움직이면 따라서 움직인다. 자

9 (觀中) 함기배咸其腓의 배腓는 장단지(종아리)배(비)이다. 몸부터 감응感應이 되면 흉凶하다. 물욕物慾에 감응感應이 되어서는 안된다. 감응感應현상이란? 마음속에서 감응感應이 되어지는 것이다. 감응感應이 됨에 따라 흉凶한 일을 자초하게 된다면 마음속에서 무엇에 감응感應이 되어야 흉凶한 일을 자초하게 되는가? 물욕物慾에 감응感應이 되며 흉凶하다. 남녀관계에 비유할 때, 몸부터 감응感應이 되려고 하지 말라. 장단지는 어느 위치인가? 상체上體를 외괘外卦에, 하체下體를 내괘內卦에 비유한다면 이효二爻의 위치가 장단지 위치다. 이에 장단지부터 남녀男女가 사귈려고 하는데 있어 장단지부터 맞대고 비벼대기 시작하면 음행淫行에 지나지 않는다. 거길居吉의 거居는 그칠 지止자와 같다. 거정居貞해라. 정도正道의 범위안에서 옳게 살아가라. 자라는 과정에서 옳게 살아가는 길은 덕德을 닦는데, 학문을 하는데 관심을 집중시켜라. 순불해야順不害也는 비록 흉凶하지만 거정居貞하면 길吉하다고 하는 것은 순順하면 불해야不害也이니라. 감기무感其拇가 되었기 때문에 천도天道에 순종하게 되는 것이다. 하도원리河圖原理에 감응感應(감기무感其拇)이 되었기 때문에 천도天道에 순응하게 된다. '순불해야順不害也'라고 한 것은 음양陰陽이 상득相得된 것이다.

신의 확실한 의지가 없고 남을 따라 쉽게 움직이는 것을 표시한 것이다. 배腓는 장딴지이다. 육이六二는 감응感應하는 것이 발가락에서 올라가 장딴지까지 나아갔다. 보이지 않는 곳에 느끼는 것이 배腓가 느끼는 과정이다.

흉凶 육이六二는 위의 구오九五와 서로 응하지만 구오九五에서 청할 때까지 기다리지 못하고 함부로 움직이면 흉凶하다. 그러나 이 효爻는 '유순중정柔順中正'의 덕德을 가진 효爻로 길吉하다. 경거망동을 경계警戒하는 말이다.

거길居吉 음유陰柔한 것이 득중得中한 것으로 따르는 미덕이 있다. 곤괘坤卦에 선미후득先迷後得이라 했다. 이때 ❶선先은 양陽의 성정性情이다. 선미후득先迷後得은 곧 순종의 뜻이다. 음陰이 먼저 동動하면 양陽이 싫어한다. 음陰이 뒤에 얻는다. ❷함咸은 양陽이 시키는 대로 하면 얻는다는 것이다. 즉 순順으로 안거安居하면 길吉하다는 것이다. ❸득得은 이익利益을 말한다. 감응感應이 오지 않을 때는 가만히 있고, 감응感應이 오면 그 때 움직여야 한다.

소상사小象辭

순불해야順不害也 순종하면 해害가 없다는 것이다.

[九三]은 咸其股ㅣ라 執其隨ㅣ니 往하면 吝하리라. (澤地萃)
구삼 함기고 집기수 왕 인 택지췌

象曰, 咸其股는 亦不處也ㅣ니
상왈 함기고 역불처야

志在隨人하니 所執이 下也이니라.
지재수인 소집 하야

○ 股(넓적다리(살) 고, 허벅다리 고) 執(잡을 집) 隨(따를 수) 往(갈 왕) 吝(아낄 린{인}) 亦(또 역) 處(살 처) 志(뜻 지) 隨(따를 수) 所(바 소)

구삼九三은 넓적다리에 감응感應함이라, 그 따름을 고집하는 것이니 가면 인색할 것이다.

상象에 이르기를, '넓적다리에 감응感應한다.'는 것은 또한 자리를 지키지 못함이니, 뜻하는 바가 '사람을 따름'에 있다하니, 그 따르는(고집하는)바가 천踐하다.

개요概要

구삼효는 하下 간괘艮卦의 주효主爻이다. 조용히 머물고 가만히 있어야 할 효爻가 양효陽爻로써 양陽의 주효主爻에 있으나, 중中을 지나쳐 있으며 상육효上六爻와 서로 응應하고 있어 상육上六의 뜻에 따라 움직인다. 넓적다리는 자기 뜻으로 가는 것이 아니고, 상체上體(상육上六)의 뜻에 따라 움직인다. 자기 자신은 정한 뜻이 없고 윗 사람(상육上六) 생각에 따라 행동하는 것을 말한다.

각설[10]

---

10 (觀中) 함기고咸其股의 '고股'는 '샅 고'자이다. 가랭이(生殖器), 소인지도小人之道다. 그러니까 3효에 함기고咸其股가 되었기 때문에 좋지 않다는 것이다. 손위고巽爲股이다. 택산함괘澤山咸卦에는 손괘巽卦가 없는데 삼효三爻를 고股(넓적다리 고)라고 규정하고 있다. 대개 삼효三爻의 위치는 생식기관을 가리키는 위치이기 때문이다. 사람의 몸은 공간적 존재이다. 공간적 존재는 사물적事物的 존재存在요, 생물적生物的 존재存在이다. 생리적生理的 생명生命은 여체의 생식기관을 통해 잉태되고, 태어난다. 이에 생리적生理的 생명체生命體의 근원根源은 몸에 있고, 인격적人格的 생명生命의 근원은 마음속에 있다. 사효四爻의 '동동왕래憧憧往來(마음이 왔다갔다 하는 것) 붕종이사朋從爾思(네 생각을 좇는다.)'는 어린 처녀총각의 생각을 의미한다. 마음이 통하기 전에 몸부터 감응感應이 되었다. 마음이 일치하기 전에 몸부터 일체一體가 되는 것은 소인지도小人之道다. '함기고咸其股'는 안 된다는 것이다. '고股'는 '샅 고'자다. 여체女體에 있어서는 음문陰門이요, 남자에 있어서는 생식기生殖器를 말한다. 육체적인 남녀男女의 결합은 무엇의 결합이겠는가? 자연본능적自然本能的인(생리적) 결합에 지나지 않는다. 인격적 차원의 인격적 합덕이 아니다. 그것이 합덕이 될 수 있는 위치는 어떠한 위치인가? 4효로 넘어가야 한다는 것이다. 이에 4효에 "동동왕래憧憧往來,붕종이사朋從爾思"라고 한 것이다. 여기에 '생각사思' 자字가 비로소 등장한다. 군자는 생각을 통해서 성인聖人의 뜻과 일치할 수밖에 없다. 하도낙서河圖洛書가 합덕일치된 양상을 육갑원리六甲原理로 표상하는 것이다. 그러니까 존공尊空되어진 삽오十五는 군자와 성인聖人의 뜻이, 산풍고괘山風蠱卦에서는 "상에 이르기를 간부지고幹父之蠱,의승고야意承考也"(초육初六, 소상小象)라고 한 것이다.

함기고咸其股 구삼九三은 하괘下卦의 제일 위에 있으니 넓적다리(혹은 생식기)에 해당하며, 소인지도小人之道이다. 구삼九三은 감응感應이 점점 나아가 넓적다리에 이르렀다. 고股는 샅(고)자로 남녀의 생식기를 말한다. 생리적 결합이 먼저라 흉凶하다. 인격적인 결합은 마음속에 있다.

집기수執其隨 집기수執其隨의 ❶집執은 고집하는 것이다 ❷기其는 구삼九三 자신을 말하며, ❸수隨는 남을 따르는 것이다. 자기의 확고한 뜻이 없고 남을 따라 움직이는 것을 고집하는 것이다.[11]

왕인往吝 앞으로 나아가는 것은 인吝하며, 부끄러워 할 일이라는 것이다.

동즉흉動則凶 **거즉길**居則吉 구삼九三은 양효陽爻로 강강剛强하여 밝은 덕德을 가지고 있어야 하는데 자기의 정한 의견이 없고 남을 따라 움직이는 것은 부끄러운 일이라는 것이다. 함괘咸卦의 도道는 지열止悅인데 시기時期도 아닌데 함부로 나아가는 것을 말한다.

소상사小象辭[12]

---

11 이 효는 하下 간괘艮卦의 주효主爻이다. 조용히 머물고 가만히 있어야 할 효爻가 양효陽爻로서 양陽의 주효主爻에 있고 중中을 지나쳐 있으며 상육효上六爻와 서로 응應하고 있어 상육上六의 뜻에 따라 움직인다. 넓적다리는 자기 뜻으로 가는 것이 아니고, 상체上體(상육上六)의 뜻에 따라 움직인다. 자기 자신은 정한 뜻이 없고 윗 사람(상육上六) 생각에 따라 행동하는 것을 말한다.

12 (觀中) ❶역불처야亦不處也는 처녀나 총각은 물론 출가家出해서는 안 된다. ❷소집하야所執下也는 마음을 붙들고 있는 것이 형이하적形以下的 존재存在여서는 안 된다. 형이상학적 진리眞理인 도道를 붙들고 있어야 하는데 물욕物慾에 집착하면 안 된다는 말이다. 『서경書經』에서는 인심人心은 부정적인 마음이고, 도심道心은 긍정적으로 평가될 마음이다. 왜 인심人心과 도심道心으로 갈랐는가? 역리易理에 근거根據하고 있다. 택뢰수괘澤雷水卦의 원리에 근거를 두고 가른 것이다. 형이상자위지도形而上者謂之道, 형이하자위지기形而下者謂之器, 도를 담는 그릇은 인간에 있어서는 몸이다. 몸에 집착해서는 안된다. 삼효三爻가 동動하면 택지췌괘澤地萃卦가 된다. 췌괘萃卦의 관기소취이천지만물지정가견의觀其所聚而天地萬物之情可見矣라고 한 것은 포태원리를 중심으로 한 말이다. 역도易道속에 왕도정치적 사명을 받은 군자지도를 잉태하고 있는 괘卦가 택지췌괘澤地萃卦이다. 췌괘萃卦가 포태궁胞胎宮안에 들어가 어느 괘卦와 직접 결부되어있는가? 택화혁괘澤火革卦, 즉 역수변화원리曆數變化原理와 직결된다. 이에 학역군자學易君子는 성인聖人의 말씀을 매개로 하여 천지역수원리天之曆數原理를 깨달아야 한다. 그렇지 못하면 군자적 사명을 깨달았다고 할 수 없다. 택화혁괘澤火革卦의 원

역불처야亦不處也 이 효爻 또한 육이효六二爻와 같이 있을 자리에 있지를 못하고 함부로 나아가려 한다는 것이다. ❶역亦은 육이六二가 함부로 나아가려 했는데, 육삼六三 또한 함부로 나아가려 한다는 것이다. ❷처處는 육이효六二爻의 거居와 같은 뜻이다. ❸불처不處는 가만히 있지를 못하는 것이다.

지재수인志在隨人 **소집하야**所執下也 이 구삼九三이 자기 뜻을 지키지 못하고 남을 따라 움직이는 것은 구삼九三이 지키고 있는 도道가 낮고 천賤하기 때문이다. 이것은 형이하적인 물욕에 사로잡히면 안 된다는 것이다. 즉 마음보다 몸이 먼저 통하려고 하는 것이다.

[九四]는 貞하면 吉하야 悔亡하리니
구사 정 길 회망

憧憧往來면 朋從爾思ㅣ리라. (水山蹇)
동동왕래 붕종이사 수산건

象曰, 貞吉悔亡은 未感害也일새오
상왈 정길회망 미감해야

憧憧往來는 未光大也이니라.
동동왕래 미광대야

○ 貞(곧을 정) 吉(길할 길) 悔(뉘우칠 회) 亡(망할 망, 없을 망) 憧(그리워할 동) 往(갈 왕) 來(올 래{내}) 朋(벗 붕) 從(좇을 종) 爾(너 이) 思(생각할 사) 未(아닐 미) 感(느낄 감) 害(해칠 해) 光(빛 광)

구사九四는 곧으면 길吉하야 뉘우침이 없으니, 동동왕래憧憧往來하면 벗들이 네 뜻을 따를 것이니라(남녀의 생각이 하나가 된다).

상象에 이르기를, '곧으면 길吉하고 뉘우침이 없다.'는 것은 (사심私心이 없어

리를 잉태하고 있는 군자君子, 혁괘革卦의 원리를 깨달을 수 있는 군자지도를 택산함괘澤山咸卦 삼효三爻가 잉태하고 있다. 이에 천지지도天地之道를 깨닫기 위해서는 형이상학적 진리眞理로서의 역도易道를 깨달아야 된다.

서 남이) 해할 것을 느끼지 못했다는 것이오. '동동왕래憧憧往來'한다는 것은 (사심私心으로 서로 응應한 것이므로) 크게 빛나지 못한 것이니라.

개요概要

성인聖人과 군자의 합일合一 과정, 마음의 일치一致 과정을 말하고 있다.

각설[13]

동동왕래憧憧往來 그리워할 동憧이다. 그리움으로 끊임없이 서로 왕래往來하는 것이다.[14] 도학적道學的으로는 진리와 내가 하나가 되는 동동왕래憧憧往來이다. 잡념雜念과 집중集中이 동동왕래憧憧往來하다 보면 나의 생각인 집중集中을 따라오게 된다. 즉 동동왕래憧憧往來는 하나가 되기 위한

---

13 (觀中) 구사九四는 마음자리다. 생각 사思 자字가 등장하는 것이다. 감응感應의 중심처가 4효다. 『역경易經』에서의 감感자는 모두 함괘咸卦를 염두에 둔 것이다. 천지天地, 신인神人의 감응원리感應原理다. 서괘원리는 어디로 집약이 되는가? 『정역正易』에서 말하는 중괘원리重卦原理는 가인家人·규睽·건蹇·해괘解卦(음양陰陽 합덕문合德門)로 집약이 된다. 약혼단계를 표상한다. 함항손익咸恒損益이다. 마음으로서 감응感應이 되어야 한다. 마음은 인간만이 가지고 있다. 4효에서 성혼成婚이 되는 것이다. 3효까지는 연애과정, 혼담이 왔다 갔다 하는 것이다. 간괘艮卦 총각의 뜻이 태괘兌卦의 처녀에게로 가 있는 것이다. 총각의 뜻은 장가들어 신부新婦와 신방을 치르는데 관심을 가지고 있다. 수산건괘水山蹇卦가 신방에 들어가 있는 신랑을 상징하는 卦다. 그런데 그 시의성은 어디에 있는가? 나(남편)의 존재의식存在意義(근거根據)은 아내에 있다. 물리적 천지天地가 천지天地로서의 존재근거를 가지고 있는 것은 인간에 있다. 성인聖人·군자君子의 마음속에 들어와 있다. 천지지심天地之心이 내 본래적 심성心性과는 다르지 않다. 붕종이사朋從爾思는 처녀가 남자男子 친구의 생각을 따르겠다는, 마음으로 서로 그리워서 왔다갔다 하는 것이다. 수산건괘水山蹇卦의 '대건붕래大蹇朋來'의 붕朋은 태괘兌卦를 가리킨다. 택산함괘澤山咸卦 사효四爻에서는 동동왕래붕종이사憧憧往來朋從爾思이라고 했다. 가는 것은 낙서원리洛書原理요, 하도원리河圖原理가 오는 것이다. 오고 가다가 만나는 것이다.

14 이것 역시 하나가 되기 위한 것이다. 즉, 하루가 모여 30日이 차면 한 달이 되고, 다시 한 계절이 되고, 또 모여서 일년이 된다. 해와 달이 자주 왕래하여 하나로 묶여 진다. 인사적으로 보면 성교性交는 남성과 여성과의 생리적·육체적 교접交接으로 애정愛情의 최상最上의 표현, 성욕性慾의 충족充足이며, 음경을 질에 삽입하고 양자兩者의 마찰에 의해 육체적·정신적으로 성감性感을 북돋워 반사적反射的으로 사정하는 일이 필요하다. 이때의 피스톤 작용이 동동왕래憧憧往來이다. '동동왕래憧憧往來'는 자주 자주 왕래한다는 의미이다. 남녀男女가 성교性交를 하는 것은 서로가 하나로 느끼기 위함이다.

과정이다. 성인聖人·군자지도와 천인지도天人之道가 하나되는 것이다. 공자孔子께서 구사효九四爻의 중요성을 「계사繫辭」편에서 다시 강조하였다.[15]

붕종이사朋從爾思 '붕朋'은 벗이니 상대를 말하고, '이爾'는 너를 지칭하니, 본인을 의미한다. 즉 상대방이 나의 생각을 따르게 된다. 이것은 군자가 성인聖人의 뜻을 따르고, 백성이 군자의 뜻을 따른다는 것이다.[16]

소상사小象辭[17]

정길회망貞吉悔亡 미감해야未感害也 정길회망貞吉悔亡은 해로움을 느끼지 못한다는 것이다.

동동왕래憧憧往來 미광대야未光大也 동동왕래憧憧往來는 아직 크게 빛나지 않았다. 하나가 되어 빛이 나면 도통道通된 것이다. 동동왕래憧憧往來를 계속하는 것은 천인합덕天人合德이 완성되지 않았다. ❶미합덕未合德, ❷구체적 성과가 없음, ❸합덕의 과정을 말한다.

[九五]는 咸其脢니 无悔리라. (雷山小過)
구오 함기매 무회 뇌산소과

象曰, 咸其脢는 志末也이니라.
상왈 함기매 지말야

○ 咸(다 함) 脢(등심 매) 无(없을 무) 悔(뉘우칠 회) 末(끝 말)

---

15 『주역』, 「계사하繫辭下」편 제5장 "역易에 이르기를, 그립고 그리워하면서 往來하면 벗이 네 생각을 따를 것이라, 하니, 공자孔子가 이르기를, 천하天下가 무엇을 생각하며 무엇을 근심하겠는가? 천하天下가 돌아감은 같으나 길은 다르며, 이치理致는 하나이나 생각은 백가지이니, 천하天下가 무엇을 생각하고 무엇을 근심하겠는가?(易曰, 憧憧往來, 朋從爾思, 子曰, 天下, 何思何慮, 天下, 同歸而殊塗, 一致而百慮, 天下, 何思何慮.)"라고 하였다.

16 붕朋은 몸을 합치는 것이다. 부부지도夫婦之道, 인격적人格的사랑을 말한다.

17 (觀中) 미감해야未感害也는 해로운 일에 감응感應이 되지 않는다. 재앙을 만나지 않게 된다. 익지용흉사益之用凶事에 군자는 무구无咎다. 군자가 유부중행하기 때문에 고공용규告公用圭한다.

구오九五는 그 등의 감응함이니 뉘우침이 없으리라.

상象에 이르기를, '등에 감응感應한다.'는 것은 그 뜻이 끝이니라.

개요概要

구오효九五爻는 강건정위剛健正位 득중得中한 효爻로서 사심私心없이 성인지도와 감응함을 말한다.

각설[18]

함기매咸其脢 무회无悔 매脢(등심 매)는 등의 근육을 말한다. 이것은 ❶등에서 느끼는 것 ❷보이지 않는 등의 노력 ❸보이지 않는 등까지 감응感應함이라 뉘우침이 없다는 것이다.

소상사小象辭

함기매咸其脢 지말야志末也 함기매咸其脢는 그 뜻이 끝났다. 구사九四에서 이미 음양陰陽 감응感應된 것이다. 하고자 했던 뜻이 이루어지고 끝맺음을 한다. 음양陰陽 교합후交合後의 이치이다. 원래 등심은 사심邪心이 없다. 구사九四의 느낌 그대로가 전달되어 온다. 그러므로 자기의 목적을 달성한 것이다.

---

18 (觀中) 매脢는 등줄기 매자로 등에 감응感應한다. 뉘우침이 없을 것이다. ❶지미야志末也 : '뜻이 없다'는 것이니, 원래가 등심은 욕심이 없는 곳이다. 즉 구사九四에서 '동동왕래憧憧往來 붕종이사朋從爾思'하여 느끼어 화합和合한 것이 극치極致에 이른 상태이다 (척추에는 말초까지 이르는 신경의 중추가 있어서 모든 느낌을 관장한다). ❷구오九五가 동動하면 진하련震下連(제출호진帝出乎震)이고, 하괘下卦는 간상련艮上連(함언호간咸言乎艮)이니, 정사政事에 있어서는 인군人君의 뜻이 고루 미치게 되었음을 뜻한다.

[上六]은 咸其輔頰舌이라. (天山遯)
상육 함기보협설 천산돈

象曰, 咸其輔頰舌은 滕口說也이니라.
상왈 함기보협설 등구열야

○ 輔(광대뼈 (보)) 頰(뺨 협) 舌(혀 설) 滕(물 솟을 등) 口(입 구) 說(기쁠 열, 말씀 설)

상육上六은 그 윗 턱과 뺨과 혀에 감응感應한다.

상象에 이르기를, '그 윗 턱과 뺨과 혀에 감응感應한다.' 함은 기쁨을 입에 올리는 것이다.

개요概要

오효五爻까지의 뜻이 상육上六에서 행동으로 나타남을 말한다.

각설[19]

함기보협설咸其輔頰舌 '보輔'는 광대뼈(輔)이다. '협頰'은 뺨(頰)이고, '설舌'은 혀(舌)이다. "咸其輔頰舌"이라는 것은 그 볼과 뺨과 혀로 느끼는 것이다. 얼굴을 맞대고 있는 것이다.[20]

소상사小象辭[21]

---

19 (觀中) 설舌은 신방을 치르는 단계에까지 이른 것을 의미한다. 약혼단계를 표상하는 효爻가 4효爻요, 5효爻와 상효上爻는 벌써 혼인婚姻하여 신방新房을 치르는 단계를 표상하는 효爻이다. 키스한다는 말이다.

20 성관계性關係 뒤의 후무後撫, 즉 키스를 한다는 것이다. 상육上六은 태괘兌卦의 주효主爻이고, 태兌는 입이며, 열야悅也이다.

21 (觀中) 구설에 오른다고 하여 좋지 않은 평판이 떠돌아 다닌다는 말이 아니다. 口說은 무엇을 말하는가? 말씀에 있어서도 소인지도小人之道와 군자지도가, 성인지도와 제자지도弟子之道가 구설로 갈라진다. 장자지도長子之道와 제자지도弟子之道가 무엇으로 갈라지는가? 구설口說로. 말씀을 기록한 문서文書(서적)를 통해 성인聖人(중도中道)·군자지도(정도正道)를 판별해 낼 수 있어야 한다.

함기보협설咸其輔頰舌 **등구열야**滕口說也 등구열滕口說은 성인聖人의 말씀을 통해 군자가 감응感應이 되어야 한다는 것이다. 말씀에 있어서도 소인지도小人之道와 군자지도가 구설로 갈라진다. 진리와 내가 하나됨으로 그 기쁨을 형언할 수가 없다. 이것을 남녀간의 성교 이후의 환희에 젖어서로 입맞춤을 하는 사랑의 표현에 비유하여 천지합덕天地合德을 설명하고 있다.

✎ 함咸이란 내 마음속에서 성인聖人의 뜻이 감응感應이 됨으로써 성인聖人의 뜻을 깨닫고, 내면적으로는 성인지도聖人之道와 내가 하나되는 것이며, 외면적으로는 천지만물天地萬物의 참 뜻까지도 깨달을 수 있음을 말한다. 그리고 『주역』 상경上經의 마지막부분에서 언급된 선천先天에서의 대과괘大過卦, 감괘坎卦, 리괘離卦에서의 시련과 고난을 직접 경험함으로써 후천后天에서 진정으로 성인지도聖人之道와 내가 하나되어 실천할 수 있다고 한다. 기독교의 『성경聖經』 「아가서」에서도 보인다. 과연 인간은 고난과 시련속에서만 진리를 자각할 수 있는 것인가?

---

❶'지재외야志在外也'라고 하여 나쁜 것도 아니고 길吉한 것만도 아니다. 외괘外卦 삼효三爻를 풀이할 때는 지재내야志在內也라 많이 하고, 지재내志在內는 그 괘卦에 있어서는 내괘內卦의 삼효三爻를 가리킨다고 할 수도 있다. '지재내야志在外也'라고 했다고 하여 길흉화복吉凶禍福을 판단하여 한 말씀은 아니다. ❷'등구설滕口說'은 성인聖人의 말씀을 통해 군자가 감응感應이 되어야 한다. 3爻와 상효上爻가 감응感應이 되어야 한다. ❸형이상학적 원리를 밝혀 놓은 것은 성인聖人이 말씀으로 밝혔기 때문에 성인聖人의 말씀에 감응感應이 되라. 3爻에서는 무엇이라고 했는가? 함기고咸其股를 소인지도小人之道로 규정했다.

뇌풍항괘
32. 雷風恒卦

도전괘
倒顚卦

음양대응괘
陰陽對應卦

뇌풍항괘
雷風恒卦

풍뢰익괘
風雷益卦

상하교역괘
上下交易卦

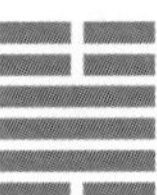

뇌풍항괘
雷風恒卦

풍뢰익괘
風雷益卦

호괘
互卦

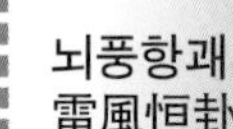

뇌풍항괘
雷風恒卦

택천쾌괘
澤天夬卦

효변
爻變

뇌풍항괘
雷風恒卦

初爻變 而爲大壯卦	二爻變 而爲小過卦	三爻變 而爲解卦	四爻變 而爲升卦	五爻變 而爲大過卦	上爻變 而爲鼎卦

뇌천대장괘 雷天大壯卦	**뇌산소과괘** 雷山小過卦	**뇌수해괘** 雷水解卦	**지풍승괘** 地風升卦	**택풍대과괘** 澤風大過卦	**화풍정괘** 火風鼎卦

요지要旨[22]

괘명卦名 이 괘는 상진上震의 뢰雷(☳)(장남長男) + 하손下巽의 풍風(☴)(장녀長女) = 뇌풍항괘雷風恒卦(䷟)이다.

괘의卦意 성인지도에 군자의 도리를 말한다. 항구恒久한 부부지도夫婦之道를 표상하고 있다. 항恒 = 二 +忄+舟이다. 배를 타고 큰 강물을 건너가는 원리를 상형문자화시킨 글자가 항恒이다. 항恒은 항상할(恒(항))으로 변하지 않는다, 변심이 없다, 부부지도夫婦之道는 오랫동안 변하지 않는 것을 말한다. 그러므로 「단사彖辭」에서 '恒(항)은 久也(구야)'라 하였는데 자기가 지켜야 할 길을 오래 지키고 있는 것을 말한다.[23] 오랫동안 한 가지 일만 하는 것은 항도恒道를 지키는 것 같지만 사실은 때에 따라 변화에 적응해서 바른 길을 지키고 올바르게 나아가는 것이 항도恒道이다. 자기가 지켜야 할 도道를 굳게 지키는 것이 좋다고 하여 임기응변의 조처를 하지 않고 지키는 것만 고집하는 것은 항恒의 바른 길이 아니다. 나아가서 해마다 진보하는 것이 항恒의 길이다.[24] 날로 진보해 가는 그 바닥에 변화하

---

22 (觀中) 「서괘」편에 따르면, 만물을 양육하는 함괘咸卦에 이어서 항恒은 부부지도夫婦之道를 말한다. 음양합덕원리를 그대로 표상하는 괘卦다. 성인聖人과 군자의 관계가 부부관계에 비유할 수 있다. 군자는 아내의 위치요, 성인聖人은 남편의 위치다. 남편과 아내의 마음이 일치해야 한다. 이에 '항이일덕恒以一德'이라고 한 것이다. 이러한 합덕원리가 괘효에 있어서도 단계가 있다. 6효괘의 구성원리는 각 爻마다 시간적 위치를 규정한 것이다. 그리고 도서원리는 시간성의 원리이므로 천지역수원리다. 하도낙서의 숫자는 시위성時位性을 규정하고 있다. 시간의 위치를 마디로 표현하고 있다. 수택절괘水澤節卦, 「대상大象」에 "제수도制數度"라고 한 것이다. 마디라고 하는 것은 시간을 규정한 마디를 가리킨다. 그 마디는 무엇으로 규정하는가? 종시변화현상으로 규정한다. 이에 그 마디에는 반드시 종시변화현상이 나타나게 된다.

23 항恒(䷟)은 부부지도夫婦之道의 괘라고 해야 할 것이다. 상上은 장남, 하下는 장녀. 장남과 장녀가 만나 가정을 이루어 부부夫婦의 도道를 행行한다. 부부夫婦는 백년해로 해야 하니, 이것이 항상하는 것이다. 장남과 장녀의 장長은 성숙되었다는 뜻이 있다. 그러니 성숙한 남자와 여자가 만나 가도家道를 행한다. 역易은 수시로 변한다. 이 우주는 변하지 않는 것이 없다. 영원한 것은 없는 것이니 우리는 항구恒久한 것을 원하기 마련이다. 인간의 생활도 오래가지 못한다. 항구恒久해야겠다는 마음이 있어야만 다른 환경에서 다른 생활을 해온 남男과 여女가 만나 오래 같이할 수 있는 것이다. 이런 마음이 없으면 그 부부夫婦의 도道는 오래갈 수 없는 것이다.

24 여러 가지 변화하는 중에 변화하지 않는 것이 있는 것이 항괘恒卦(䷟)의 뜻이다. 恒은 오

지 않는 것이 있는 것을 항恒(䷟)이라 한다.[25]

괘서卦序 「서괘」에서 "부부지도는 오래하지 않을 수 없기 때문에 항恒으로 받았다.(夫婦之道, 不可以不久也, 故 受之以恒.)"라고 하였다.
부부지도 불가이불구야 고 수지이항

남녀男女가 서로 만나 부부夫婦의 연緣을 맺으면 항구恒久하지 않을 수 없다. 잠깐 동안 만나서 같이 있다가 곧 헤어질 수는 없다. 일단 부부夫婦가 된 이상 변하지 않아야 한다. 그러므로 항恒으로 받는다.

괘상卦象 상괘 진震은 장남이고, 하괘 풍風은 장녀이다. 목도木道(손목巽木)에 순종하고 움직여야(진동震動) 비로서 부부지도夫婦之道가 항구할 수 있다는 것이다.

> **恒**은 亨하야 无咎하니 利貞하니 利有攸往하니라.
> 항 형 무구 이정 이유유왕

항은 형통해서 허물이 없으니 바르게 함이 이로우니, 가는 바를 둠이 이롭다 하니라.

각설

항형恒亨 무구无咎 항恒(䷟)은 자기가 지키는 도道를 오랫동안 지키고 있음으로 반드시 통하며 충분히 성숙한다. 그러므로 허물이 없고 잘못이 없다. 만약 도道를 오랫동안 지키고 있는데도 그것이 통하지 않고 충

래 변하지 않는 것을 말한다. 함괘咸卦는 처녀총각이 서로 느끼고 즐거워하며 결혼하여 부부夫婦가 되는 것이다. 함괘咸卦 다음에 항괘恒卦로 받는다. 느낀 다음에 부부夫婦의 예禮를 맺는다. 육례六禮를 갖추어 부부夫婦가 되면 가도家道가 항구恒久하게 이어진다.

25 송나라 '서기徐幾'는 "항恒에 두 뜻이 있다. 변하지 않는 항恒이 있고 변하는 항恒이 있다. '이정利貞'이라 한 것은 변하지 않는 항恒이다. '이유유왕利有攸往'은 변하는 항恒이다. 합쳐 말하면 이정利貞과 상도常道'이다. 한쪽으로 치우친 것은 도道가 아니다."라고 하였다. 천지만물의 상태는 변하지 않는 항恒의 도道와 동시에 활동하고 쉬지 않는 항恒의 도道가 있다. 이 둘이 합쳐진 것이 상도常道이며, 참된 항恒의 도道이다. 한쪽으로 치우친 것은 항恒의 도道가 아니다.

분히 성해지지 않는다면 그 도道가 오래 지킬만한 가치가 없는 것이다.[26] **이정**利貞 **이유유왕**利有攸往 소인小人이 항상 좋지 못한 일을 하고 있는 것은 오래 지킬만한 바른 도道를 잃고 있기 때문이다. 정도貞道를 굳게 지키고 있는 것이 좋다. 나아가 일을 하면 좋다. 즉 사람이 항도恒道를 지켜서 그것이 크게 형통하고 잘못이 없을 때는 나아가 일을 해도 좋다는 것이다.

[彖曰] 恒은 久也ㅣ니 剛上而柔下하고 雷風이 相與하고
단왈 항 구야 강상이유하 뇌풍 상여

巽而動하고 剛柔ㅣ 皆應이 恒이니
손이동 강유 개응 항

恒亨无咎利貞은 久於其道也ㅣ니
항형무구이정 구어기도야

天地之道ㅣ 恒久而不已也ㅣ니라.
천지지도 항구이불이야

利有攸往은 終則有始也일새니라
이유유왕 종즉유시야

日月이 得天而能久照하며 四時ㅣ 變化而能久成하며
일월 득천이능구조 사시 변화이능구성

聖人이 久於其道而天下ㅣ 化成하나니
성인 구어기도이천하 화성

觀其所恒而天地萬物之情을 可見矣리라.
관기소항이천지만물지정 가견의

○ 恒(항상 항) 久(오랠 구) 剛(굳셀 강) 柔(부드러울 유) 雷(우레 뇌{뢰}) 風(바람 풍) 相(서로 상) 與(줄 여) 巽(손괘 손) 動(움직일 동) 皆(다 개) 應(응할 응) 終(끝날 종) 則(곧 즉) 有(있을 유) 始(처음 시) 得(얻을 득) 能(능할 능) 照(비출 조) 成(이룰 성) 情(뜻 정)

---

26 자기가 오래 지키고 있는 도道가 바른 도道이면 반드시 통通하고 성盛해지며 허물이 없을 것이다. 즉 "항恒은 형亨하야 무구无咎할 것이다." 군자가 항상 좋은 도덕을 지키고 있는 것은 오래 지킬만한 바른 도道를 얻고 있기 때문이다.

단彖에 이르기를, 항恒은 오랜 것이니, 강剛(진장남震長男)은 위에 있고(올라가고) 음陰(손장녀巽長女)은 아래에 있고(내려가서), 우레와 바람(풍風)처럼 서로 함께 하며, 손순巽順하게 움직이고, 강유剛柔가 모두 응應하고 있는 것이 항恒이니, '항恒은 형통亨通하며, 허물이 없고, 곧으면 이롭다.'는 것은 그 도道가 오래하기 때문이니, (불변하기 때문이다) 천지天地의 도道는 항구하여 그만두지 아니함이니라.(영원永遠함 이니라) '갈 데가 있으면 이롭다.' 함은 끝이 있으면 곧 시작이 있으니, 해와 달이 하늘을 얻어 능히 오래 비추며, 사시四時가 변화하여 능히 오래도록 (만물萬物을) 이룬다하며,(생성生成하며) 성인聖人이 그 도道를 오래 하여 천하를 감화시켜 나가는 것이니, 그 (일월日月, 사시四時, 성인聖人) 항구한 바를 보고 천지만물天地萬物의 뜻을 가히 볼 수 있으리라.

개요概要[27]

앞의 함괘咸卦는 양陽이 내려와 음陰과 결합하여, 만물에 물성物性을 부여함을 보였다. 이 항괘恒卦는 물성物性에 따라 그 움직임을 끊임없고 틀림없이 실행하여, 하늘의 빛나는 이치를 만천하에 밝히는 모습이다. 그러므로 이 세상의 이치, 도리道理가 곧 하늘의 이치, 도리道理이다.

---

27 (觀中) ❶천지지도天地之道 항구恒久而不已也 : 천지지도天地之道 자체가 천지天地의 인격성人格性을 의미. 이 괘卦(뇌풍항雷風恒)에 부부夫婦(성인聖人과 군자)가 등장한다. 뇌풍항괘雷風恒卦는 5효가 음효陰爻이기 때문에 남의 아내(여자女子)를 상징한다. 이에 5효에 "부인婦人은 정길貞吉하니"라고 한 것이다. 마음에서 역도易道를 놓치지 말라는 것이다(입심물항立心勿恒). ❷일월득천日月得天 : 대인지도大人之道를 설명하고 있다. 일월日月은 하늘을 얻어서야 영원히 빛날 수 있다. ❸사시변화이능구성四時變化而能久成 : 사시四時가 변화하여 영구히 도道를 이룰 수 있다. 변화해 가지고 영원한 진리의 세계로 넘어간다는 것이다. ❹천하화성天下化成 : 역학易學이 제시하는 후천세계는 지천태地天泰의 세계이다. 인간이 주체가 되어 "상에 이르기를: 천지교天地交, 태泰 후이재성천지지도后以財成天地之道, 보상천지지의輔相天地之宜, 이좌우민以左右民. 「대상大象」"에서 '보상천지지의輔相天地之宜, 이좌우민以左右民'(백성을 도와주는)하는 문화文化를 내용으로 하는 역사가 영구히 지속되어 간다는 것이다.

각설

항구야恒久也 항恒(䷟)은 모든 이치의 항구함(항구恒久=변함없이 오래감)이다.

강상이유하剛上而柔下 뇌풍상여雷風相與 손이동巽而動 상진上震의 우레와 하손下巽의 바람이 서로 같이하여 기쁨으로써 움직인다. 위의 진震은 죄罪를 벌주고, 아래의 손巽은 신도神道로서 사람을 바른 길로 인도人道한다.[28]

강유개응항剛柔皆應恒 항형무구이정恒亨无咎利貞 구어기도야久於其道也 초효初爻와 사효四爻, 이효二爻와 오효五爻, 삼효三爻와 상효上爻가 모두 정응正應이 된 것이 항괘恒卦이다. 그러므로 '恒亨无咎利貞(원형무구이정)'이라고 한 것은 항도恒道에 오래함을 말한다.

천지지도天地之道 항구이불이야恒久而不已也 천지지도天地之道는 항구하여 끝이 없음을 말한다.

이유유왕利有攸往 종즉유시야終則有始也 '利有攸往(이유유왕)'이라고 한 것은 항도恒道가 낮과 밤이 순환하듯이 천도운행원리가 반복함을 말함이다.

일월日月 득천이능구조得天而能久照 사시변화이능구성四時變化而能久成 해와 달이 천도天道에 순응하여 영구永久히 비추며, 사시四時가 변화하고 능히 이룸을 영구히 한다.

성인聖人 구어기도이천하화성久於其道而天下化成 성인聖人이 항도恒道를 오랫동안 실천궁행함으로써 천하만민이 교화敎化되어지는 것이다.

관기소항이천지만물지정觀其所恒而天地萬物之情 가견의可見矣 그 항구한 바를 봄에 천지만물의 참뜻을 가히 알 수 있는 것이다

28 염라대왕은 죽은 자者를 사람의 이치로 가르치고, 사람으로 태어난 자는 신선神仙이 와서 바른 길로 인도하시는데, 역시 사람의 도리道理로 가르치신다. 세상이 항상 이러하니, 어찌 하늘의 이치가 없다 하겠는가. 또한 사람의 도리道理가 작다고 할 수 있겠는가.

[象曰] 雷風이 恒이니 君子 | 以하야 立不易方하나니라.
상왈 뇌풍 항 군자 이 입불역방

상象에 이르기를, 우레와 바람이 항이니, 군자는 이로써 (뜻을) 세우되 방법을 바꾸지 않느니라.

각설 [29]

입불역방立不易方 우레와 바람이 항恒(䷟)이니 군자가 이러한 상象을 본받아서 한번 뜻을 세웠으면 바꾸지 않는다. 입立은 '세우다.' 불역不易은 '바꾸지 않는다.' 방方은 처소處所, 장소를 말한다. 따라서 장소를 바꾸지 않는다는 것은 ❶한번 뜻을 세웠으면 바꾸지 않는다는 것이고, ❷상도常道를 잃지 아니하며, 입지立志를 바꾸지 아니한다는 의미이다. 군자는 입지立志 ⇨ 입심立心 ⇨ 정도正道 ⇨ 지선至善 ⇨ 항심恒心이다.

[初六]은 浚恒이라 貞이라도 凶하니 无攸利하니라. (雷天大壯)
초육 준항 정 흉 무유리 뇌천대장

象曰, 浚恒之凶은 始求深也이니라.
상왈 준항지흉 시구심야

○ 浚(깊을 준) 恒(항상 항) 始(처음 시) 求(구할 구) 深(깊을 심)

초육初六은 항恒을 깊게 함이라 곧아도 흉凶하니, 이로울 것이 없느니라.
상象에 이르기를, '항恒을 깊게 함이라 곧아도 흉凶하다.' 함은 처음부터 깊이 구함이니라.

29 (觀中) 입불역방立不易方은 공자孔子의 '삼십이입三十而立'의 입立이다. 절대로 그 방법을 바꾸지 않는다. 중심을 확고부동하게 세웠다. 주체성을 확립했다. 성인지도聖人之道를 깨달으려는 방향을 설정했다는 말이다. 군자의 생활지표이다.

개요概要

초육初六은 손괘巽卦, 즉 장남의 주효主爻이다. 그러나 초효初爻로써 가장 낮은 자리이다. 인사적으로는 시집온 지 얼마 안 되는 신부이다. 그러므로 남편에게 많은 것을 요구할 수 있는 처지가 아니다.

각설 [30]

준항浚恒 준浚은 깊을 준浚 자字로 강이나 샘의 바닥을 파내고 더욱 깊게 하는 것이다. 준항浚恒은 항도恒道가 아직도 얕은데 급하게 깊이 파려고 한다. 세상 일은 모두 하루아침에 되는 것이 아니다. 오랜 세월 노력하고 노력해서 이루어지는 것이다.[31] 항恒을 너무 깊이 요구한다. 부부夫婦 사이도 마찬가지이다. 오래 같이 살면서 한 마음 한 몸이 되는 것인데 결혼하자마자 한마음 한뜻이 되기를 요구하는 것과 같다. 이것이 바로 준항浚恒이다.[32]

정흉貞凶 비록 초육初六의 하는 일이 바른 길에 맞다 해도 흉凶하다.

무유리无攸利 어떤 일을 해도 잘 안 된다.

---

30 (觀中) ❶유攸와 소所는 다르다. [1]유攸는 마음속의 신명神明의 세계(형이상학적 차원에서의 위치)를 지칭, [2]소所는 객관적인 물리적 공간에 있어서도 나를 받아들일 장소가 없다(무수용无所容). 소所는 공간적인 장소적인 개념이 위주가 된다. 항도恒道는 성인지도聖人之道다. ❷준浚은 '팔 준浚'으로 어떤 개념을 복합적으로 갖고 있는가? 천착穿鑿이라는 의미도 있다. 천착한 지식은 회통되지 않는다. 준항浚恒이란 성인지도聖人之道를 천착하는 사람이다. 정도貞道를 좇아 나간다고 해도 흉凶하다는 말이다.

31 사람들의 우정友情도 오랜 세월에 서로 믿고 돕는 사이에서 이루어진다. 그런데 이 효는 서로 알고 난 직후부터 깊은 우정을 요구한다. 이것이 준항浚恒이다.

32 초육初六은 손괘巽卦 즉 장남의 주효主爻이며, 상上 진괘震卦의 주효主爻인 구사九四와 서로 응하고 있다. 그러나 초효初爻로서 낮은 자리이며, 시집 온지 얼마 안 되는 신부이다. 그러므로 남편에게 많은 것을 요구할 수 있는 처지가 아니다. 또 음효陰爻로서 양陽의 자리에 있음으로 자리가 바르지 못하며 따라서 뜻이 바르지 못하다. 그리고 양陽의 자리에 있음으로 기질이 강하며 음효陰爻로서 지혜가 부족하며 주위환경을 잘 살피지 못한다. 그러면서도 손괘巽卦의 주효主爻로 깊이 들어가는 성질이 있음으로 남편에게 여러 가지 일을 깊이 요구한다. 이것이 준항浚恒이다. 이런 상태에서는 잘 될 리가 없다.

소상사小象辭[33]

준항지흉浚恒之凶 **시구심야**始求深也 초육初六이 항恒을 구하는 것이 너무도 깊어서 흉凶하며 화를 입는다는 것은 처음에 구하는 것이 너무도 깊기 때문이다. 항도恒道는 많은 세월이 쌓여 점차로 되는 것인데 초육初六은 그것을 모르고 급하게 깊이 항도恒道를 구함으로 화를 입게 된다. 처음부터 항구하면 제 풀에 지쳐버리고 만다. 점진적으로 항구히 해야 한다. 즉 성숙단계로 가서 항상恒常해야 되는 것이다.

[九二]는 悔亡하니라. (雷山小過)
구이 회망 뇌산소과

象曰, 九二悔亡은 能久中也이니라.
상왈 구이회망 능구중야

○ 悔(후회할 회) 能(능할 능) 久(오랠 구)

구이九二는 후회함이 없을 것이다.

상象에 이르기를, '구이九二는 후회함이 없어질 것이다.' 함은 능히 중中이 오래이니라.

개요概要

구이九二는 부정위한 효爻이다. 그러나 득중한 효爻로 중도中道를 득함으로 후회가 없다.

각설

구이회망九二悔亡 구이九二는 부정위한 효爻로서 후회할 일이 있겠으나, 중덕中德을 가짐으로 정도正道를 벗어나는 일이 없다. 그리고 중덕中德을

33 (觀中) 처음부터 큰 소득이 있기를 바라지 말라.

가진 상上의 육오六五와 서로 응하고 있음으로 구이九二나 육오六五 어느 쪽에서도 중덕中德이 있으니 바른 자리가 아닌데서 오는 후회는 없게 된다.

소상사小象辭

능구중야能久中也 구이회망九二悔亡은 능히 가운데서 오래한다. 구이九二에 후회가 없어지는 것은 중덕中德을 오랫동안 지킬 수 있기 때문이다

능구중能久中은 입불역방立不易方, 중정지도中正之道를 따르는 것이다.[34]

[九三]은 **不恒其德**이라
구삼 불항기덕

或承之羞ㅣ니 **貞**이라도 **吝**하리라. (雷水解)
혹승지수 정 인 뇌수해

象曰, 不恒其德은 **无所容也**이니라.
상왈 불항기덕 무소용야

○ 不(아닐 불) 恒(항상 항) 德(덕 덕) 或(혹 혹) 承(받들 승) 羞(바칠 수, 부끄러울 수) 容(얼굴 용, 용납할 용)

구삼九三은 그 덕德을 항구하게 가지지 못함이라, 이미 부끄러움을 받은 것이니, 곧아도 인색하리라.

상象에 이르기를, '그 덕德을 항구하게 가지지 못하면 용납할 곳이 없느니라.

개요概要

구삼九三은 중용中庸의 덕德이 없고 지나친 데가 있으며, 쉽게 움직이며 이익利益이 있는 곳에 붙는 성질이 있음으로 지켜야 할 덕德을 오래 지킬 수 없다.

---

34 공자孔子 사상의 핵심은 중정지도中正之道에 있다. 이것이 역易의 근본사상이다.

각설

불항기덕不恒其德 구삼九三은 항덕恒德을 지킬 수 없다. 왜냐하면 이 효는 정위正位지만 중中을 지나쳐 있다.[35] 또한 하손괘下巽卦의 상효上爻로 나아갔다가 물러섰다 하며, 쉽게 움직이기 때문이다. 그러므로 항덕恒德을 오래 지키지 못한다.[36] 구삼九三은 손체巽體에 있으니 '巽은 入也'이다. 바람은 나아가고 물러간다. 즉 나아갈 수도 있고, 물러설 수도 있다. 그러나 항도恒道는 진퇴進退를 해서는 안 된다. 오직 나아가야 한다.

혹승지수或承之羞 정린貞吝 혹或은 '만약', '이미'이며, 이미 부끄러움으로 연결된 것이다. 이미 부끄러울 정도가 되었으면 때는 늦은 것이다. 그 후에 바르게 해봐야 인색吝嗇하다는 것이다.

소상사小象辭

불항기덕不恒其德 무소용야无所容也 그 덕德을 항구恒久히 하지 않는다는 것은 용납될 바가 없는 것이다. ❶항구恒久히 하지 않을 때에는 이루어지지 않는다. ❷용납容納은 항구히 했을 때 일어나는 것이다. 그러므로 정도正道를 오래 지킬 수 없어 간혹 바꾸는 사람은 어디를 가도 받아주지 않을 것이며, 자기 몸 둘 곳이 없게 될 것이다.

> **[九四]**는 **田无禽**이로다. (地風升)
> 구사 전무금 지풍승
>
> **象曰, 久非其位**어니 **安得禽也**ㅣ리오.
> 상왈 구비기위 안득금야

35 구삼九三은 그 뜻이 조급하다. 내호괘內互卦에 건체乾體가 있다. 양陽이 양陽자리에 있고, 강剛이 너무 지나쳤다. 삼효三爻는 반복도야反復道也라 움직이는 상象이다. 즉 항구恒久히 하지 못한다.

36 구삼九三은 중용中庸의 덕德이 없고 지나친 데가 있으며, 쉽게 움직이며 이익利益이 있는 곳에 붙는 성질이 있음으로 지켜야 할 덕德을 오래 지킬 수 없다.

❍ 田(밭 전, 사냥할 전) 禽(날짐승 금, 새 금) 安(편안할 안, 어찌 안), 得(=獲(얻을 획)) 容(용납할 용)

구사九四는 사냥하는데 새가 없음이로다.

상象에 이르기를, 그 지위에 오래있지 못함이니, 어찌 새(천도)를 잡을 수 있으리오?

개요概要

부부夫婦가 백년해로 하려 해도 상대가 없다. 상대가 없어도 기다리면 나타나는 법이지만 구사九四 자신은 움직이는 체體에 있으니 기다리지 못한다. 응應인 초육初六은 숨어 있으나 기다리지 못한다. 사냥을 하려는데 사냥의 목적인 새가 없어 허행虛行을 했다.

각설[37]

전무금田无禽 전田은 군자의 터전이고, 금禽은 날짐승(성인지도聖人之道)을 말한다. 그러므로 전무금田无禽이라 군자가 사냥할 성인지도聖人之道가 없다는 것이다.

손巽은 음목陰木이고, 음목陰木은 숲을 말한다. 음목陰木은 어두운 곳, 즉 어두운 숲을 말하니 새가 숲에 숨어버렸다.

구이九二와 구삼九三에 막혀서 자신의 상대인 초육初六과 응할 수 없다. 항

---

37 (觀中) ❶새는 신도神道를 상징하면서 동시에 하도원리河圖原理를 상징한다. 즉 십수원리十數原理를 상징한다. 새는 날개에 관해서 주로『주역』에서 많이 언급하게 된 까닭이 있다. [1]지천태괘地天泰卦, 오효五爻에 '편편불부이기린翩翩不富以其鄰', [2]지화명이괘地火明夷卦에, '명이우비수기익明夷于飛垂其翼', [3]풍산점괘風山漸卦, 상구上九, '홍점우륙鴻漸于陸, 기우가용위의其羽可用爲儀, 길吉', [4]풍택중부風澤中孚, '한음등우천翰音登于天' 등. 새소리라고 할 때는 날개, 익羽자가 글 익翰자속에 들어 있는 것이다. '한음등우천翰音登于天하면 흉凶하다'. [5]소과괘小過卦「단사彖辭」비조유지음불의상의하대길飛鳥遺之音不宜上宜下大吉. ❷「계사상」, 8장에 풍택중부 2효를 끌어다 말씀한 것은 풍뇌익괘를 사실은 가리킨 말씀이다. 중풍손괘의 신명행사申命行事가 십익원리十翼原理다. 목도내행木道乃行은 신도神道다. 시명고사방施命誥四方은 위에서 아래로 고해 주는 것이다. 전무금田无禽은 절대로 새를 잡을 수 없다. 전무금田无禽이기 때문에 극수지래極數知來가 안 된다. 천명天命을 받지 못함을 말한다.

구恒久하려고 해도 상대가 없다. 구사九四는 움직이는 진체震體에 있으니 항구恒久하려고 해도 할 수 없다. 또한 부정위不正位이고, 동정動的이니 항심恒心이 부족하고 기다리지 못한다.

소상사小象辭[38]

구비기위久非其位 안득금야安得禽也 오래할 그 자리가 아니다(움직이는 체體에 있다). 어찌 새(진리)를 얻겠는가! 오래하는 부부지도夫婦之道가 아닌데 어찌 백년해로 하겠는가!

[六五]는 恒其德이면 貞하니
육오 항기덕 정

婦人은 吉코 夫子는 凶하니라. (澤風大過)
부인 길 부자 흉 택풍대과

象曰, 婦人은 貞吉하니 從一而終也일새오
상왈 부인 정길 종일이종야

夫子는 制義어늘 從婦하면 凶也리라.
부자 제의 종부 흉야

○ 婦(며느리 부) 終(끝날 종) 制(마름질할 제, 법도 제, 만들 제, 주장할 제) 義(옳을 의, 뜻 의) 從(좇을 종)

그 덕의 항상함이면 올바르다 하니 부인은 길吉하고, 남편은 흉凶하니라. 상象에 이르기를, '부인은 곧으면 길하다' 함은 한 마음으로 좇아 끝까지 가는 것이오. 장부丈夫(남자)로써 의義를 (마름질 함을, 제도화 함을)저버리

38 (觀中) 구비기위久非其位(그 위치=사불출기위思不出其位의 군자의 위치에 오래 있지 못하였다. 괘상卦象으로는 삼효三爻로 표상된다. 『주역』의 '기위其位'는 간괘艮卦와 밀접한 관련이 있다.)하기 때문에 새를 못잡는다. 진리眞理를 깨달은 것을 득得으로, 득금得禽이란 하도원리河圖原理를 깨달은 것. 이간원리易簡原理, 천도天道를 깨달음을 말한다. 안득금야安得禽也에서 안安은 어찌 (안)자字로 해석하고, 금禽은 천도天道를 의미한다.

고, 부인의 도道를 따르는 것은 흉凶이리라.[39]

개요概要

육오六五는 득중得中한 효爻이다. 성인지도聖人之道에 순종順從하고, 적극적으로 실천해야 함을 말한다.

각설[40]

항기덕恒其德 정貞 육오六五가 남편(성인聖人)이고, 구이九二가 아내(군자君子)이다. 남편은 유순중덕柔順中德하고, 아내는 강건중덕剛健中德을 가진다.

부인婦人 길吉 부자夫子 흉凶 '육오六五'는 유순중덕柔順中德을 항恒으로 하여 굳게 지키고 강건剛健한 구이九二를 따르고 있으니 이것은 부인婦人(군자)의 정도正道(정도貞道)이지 부자夫子(성인聖人)의 정도正道는 아니다. 그러므로 부인婦人이면 길吉하지만 남자男子면 흉凶하다. 왜냐하면 남자(군자)는 성인지도聖人之道를 과감하게 실천해 나가야 하기 때문이다.

소상사小象辭[41]

---

39 『이천역전伊川易傳』에서는 "순종順從을 항상 함으로 삼는 것은 부인婦人의 도리이니, 부인婦人에 있어서는 정貞이 되기 때문에 길吉하나, 만일 장부丈夫로서 남에게 순종함을 항상 함으로 삼으면 강양剛陽의 바름을 잃으니, 흉凶한 것이다.(夫以順從爲恒者, 婦人之道, 在婦人則爲貞, 故吉, 若丈夫而以順從於人爲恒, 則失其剛陽之正, 乃凶也)"라고 하였다.

40 (觀中) ❶정부인貞婦人 : 5효이므로 남의 아내를 상징한다. ❷ 항기덕恒其德이면 정貞하니 부인婦人은 길吉코 부자夫子는 흉凶하니라. 이 말은 그 덕德을 항구하게 가진다. "곧으면 부인은 길吉하고 남편은 흉凶하다."라고 해석한다. 이때 부인은 군자요, 부자夫子는 성인聖人을 말한다. "성인聖人이 흉하다는"라는 말은 「단사彖辭」와 함께 해석해야 한다.

41 (觀中) ❶종일이종야從一而終也 [1]'일一'은' 구덕괘九德卦의 항이일덕恒以一德'의 성인聖人을 가리킨다. [2]일이관지一以貫之는 지도地道, 낙서洛書를 의미한다. 또 일一은 일태극一太極로 일태극一太極에서 십무극十无極으로 군자가 역생도성逆生倒成한다. 일一은 씨를 의미하기도 한다. ❷부자제의夫子制義 : 과거의 성인聖人을 일컫는다. 『주역』에 '부역夫易'이란 '정역세계正易世界'에 중점을 두고 한 말이다. 즉 후천원리에 중점을 둔 말이다. 군자와 성인지도聖人之道는 음양합덕관계. 음양원리는 합덕원리가 위주이다. ❸종부흉야從婦凶也 : 군자가 성인聖人의 말

부인정길婦人貞吉 종일이종야從一而終也 부인婦人(군자)이면 한 사람의 남편(성인聖人)을 좇아 일생을 마쳐야 함으로 정貞하면 길吉하다고 하였다.

부자제의夫子制義 종부흉야從婦凶也 남자(성인聖人)는 스스로 주동이 되어 정의로운 곳을 찾아 거기 따라야 한다. 만일 부인(군자)의 말을 따라 움직이면 흉凶하고 화禍를 받게 된다는 것이다. 즉 군자지도를 제도화해야 하는데 소인지도小人之道를 따르면 흉凶하다는 것이다.

[上六]은 振恒이니 凶하니라. (火風鼎)
상육 진항 흉 화풍정

象曰, 振恒在上하니 大无功也ㅣ로다.
상왈 진항재상 대무공야

○ 振(떨칠 진) 恒(항상 항) 在(있을 재) 无(없을 무) 功(공 공)

상육上六은 항상함에 급하게(경거망동) 하니 흉凶하니라.

상象에 이르기를, '진항振恒이 위(상위上位)에 있음이니, 크게 공이 없음이로다.

개요概要

상육上六은 움직임을 좋아하고, 항도恒道가 없기 때문에 흉凶하다는 것이다.

각설

진항振恒 흉凶 상육上六은 진괘震卦의 상효上爻이므로 심하게 움직인다.

씀을 따르는 것이지, 성인聖人이 군자의 말을 따르는 법은 없다. 가인괘家人卦에서 구체적으로 말하고 있다. 즉 가인괘가인괘家人卦 「단사彖辭」에 "가인가인家人이 유엄군언有嚴君焉하니 부모지위야父母之謂也"라고 하였다. ①종부從婦 : 십이익지十而翼之(순順) 소인지도小人之道, 대괘괘大過卦 구오효九五爻에서 "늙은 지어미가 젊은 남자를 취함은 소인지도小人之道이다." 라고 하여 노부라 언급함. ②"부자제의夫子制義, 종부흉야從婦凶也"는 성인聖人의 섭리가 문물제도로 나타나고 있는데 소인지도小人之道를 따르면 흉凶하다는 말이다.

즉 움직임을 좋아하고, 항도恒道가 없다. 그러므로 위험에 직면하게 된다. 진항振恒은 항도恒道를 못지키고 떨치고 움직여 변동하는 것이다. 항도恒道를 지키지 못하고 지금까지 오랫동안 지켜오던 일이 진동하니 흉凶하다. 항상恒常함이 끝난다. 만물은 항구恒久히 하는 것이 없으니, 항구恒久한 그 도道를 본받아 조금이라도 더 오래하려고 노력하는 것일 뿐이다.[42]

소상사小象辭

대무공大无功 항도恒道(상도常道)를 이루지 못함.

진항재상振恒在上 윗 자리에 있으면서 항도恒道를 떨치고 움직여 중정지도中正之道를 지키지 못하면 크게 공이 없는 것이다. 다시 말하면 지속성이 없는 것이니 항괘恒卦에서는 그 의미가 없는 것이다.

✎ 항괘恒卦는 모든 이치理致의 항구함을 말한다.

하늘의 이치는 끊임없이 움직이고, 하늘의 섭리가 미치지 않는 곳이 없는 하늘의 빛나는 이치를 만천하萬天下에 밝히고 있다. 따라서 입불역방立不易方이라, 군자는 한번 뜻을 세웠으면 바꾸지 않아야 함을 당부하고 있다.

---

42 부부夫婦 중 하나가 먼저 죽으면 항상함이 끝나는 것이다. 부부夫婦의 도道가 항구恒久히 하는 것을 목적으로 하지만 죽으면 끝나게 되는 것이다. 즉, 영원히 할 수 없는 것이다.

33.天山遯卦

천산돈괘

雷天大壯卦 地澤臨卦 山天大畜卦 天風姤卦

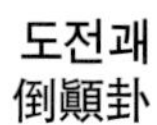

도전괘
倒顚卦

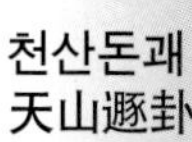

천산돈괘
天山遯卦

뇌천대장괘
雷天大壯卦

음양대응괘
陰陽對應卦

천산돈괘
天山遯卦

지택임괘
地澤臨卦

상하교역괘
上下交易卦

천산돈괘
天山遯卦

산천대축괘
山天大畜卦

호괘
互卦

천산돈괘
天山遯卦

천풍구괘
天風姤卦

효변
爻變

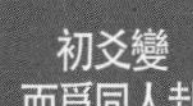

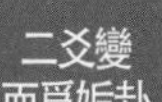

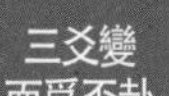

初爻變 而爲同人卦 | 二爻變 而爲姤卦 | 三爻變 而爲否卦 | 四爻變 而爲漸卦 | 五爻變 而爲旅卦 | 上爻變 而爲咸卦

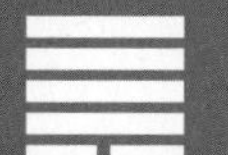

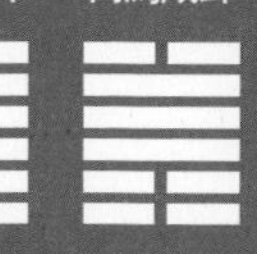

천산돈괘
天山遯卦

천화동인괘 天火同人卦 | **천풍구괘** 天風姤卦 | **천지비괘** 天地否卦 | **풍산점괘** 風山漸卦 | **화산여괘** 火山旅卦 | **택산함괘** 澤山咸卦

요지要旨[43]

괘명卦名 이 괘는 상건上乾의 천天(☰) + 하간下艮의 산山(☶) = 천산돈괘天山遯卦(䷠)이다.

괘의卦意 '은둔隱遯의 도道에 대한 설명이다. 천산돈天山遯'으로 읽는다. 이것은 둔괘屯卦와 구분하기 위함이기도 하다. 돈遯은 달아날(돈), 도망갈(돈), 피할(돈), 숨을(돈遯)으로써 '은둔', '물러남'의 도를 의미한다. 세상의 모든 일 다 알고 있는 군자가 난세에 몸을 숨기는 형상이다. 그러므로 건곤괘乾坤卦에서 **'遯世无悶'**이라고 한 것이다.[44]
돈 세 무 민

천풍구괘天風姤卦(5月卦, 음시생陰始生)에서 음陰이 하나 더 지나게 된 것이 천산돈괘天山遯卦(䷠)이다.[45] 음陰이 점점 자란다. 그러므로 이 괘는 군자가 세상을 버리고 은둔하는 도道를 말한다. 세상사에도 이와 같아서 군자지도와 소인지도小人之道의 성쇠盛衰가 되풀이 되고 있다.[46] 천산돈괘天山遯卦는 양陽이 음陰으로 차츰 변화할 싹의 형체를 나타내며, 소인이 더욱 성盛함을 얻게 된다.[47]

괘서卦序 「서괘」에서 "'항恒'은 오래하는 것이니, 사물事物이 가히 그곳에 오래 거居하지 못한다. 그러므로 돈遯으로 받는다.(**恒者 久也,**
항자 구야
物不可以久居其所, 故 受之以遯)"라고 하였다. 모든 사물을 항구恒久히
물불가이구거기소 고 수지이돈
보존할 수는 없는 법이니 돈遯으로 받는다는 것이다.

---

43 (觀中) 기자箕子의 행둔원리行遯原理를 말한다. 소인지도小人之道의 성장이므로 퇴退해야 한다.

44 건괘乾卦 초효「문언」의 내용을 참고하면, 연산조의 난세 때 돈세무민은 돈遯이다. 그러나 외적의 침략이 있을 때는 나가서 싸우는 것이 돈遯이라고 할 수 있다.

45 역易의 이법理法으로 말하면 한 국가나 민족이 내부에 큰 힘을 가지고 있으면서 밖으로 충분히 나타나지 못할 때는 유망有望하다. 만약 그 축적된 힘이 끝까지 발전하면 그때가 변화할 때이다. 그것이 곤괘坤卦의 초효初爻 또는 천풍구天風姤에 해당된다.

46 정치적으로 볼 때 소인들이 조정안에서 득세를 하고, 군자는 물러나는 형상이다. 소인들의 시대는 난세다. 즉 난세가 들어오고 있는 것이다.

47 『논어論語』에서는 "나라가 어지로우면 머물곳이 없다.(亂邦不居)"라고 하였다.

괘상卦象 '상上'은 강건한 하늘이며, '하下'는 그치는 산이다.[48] 은둔을 하되 진리(건도)에 머물러야 한다는 것이다. 공부하려고 은둔하는 것이다. 이와 같이 은둔할 때에는 방해되는 모든 요소를 박차고 나가야 한다. 돈괘遯卦(䷠)는 건상간하乾上艮下로써 건천乾天이고, 간산艮山이다. 산은 지상에 높이 솟아있지만 어느 정도에서 멈추고, 그 이상 나아가지 못한다. 하늘과 산은 멀리서 보면 붙어있는 것처럼 보이지만 가까이 가서 올라가 보면 하늘 밑에 멀리 떨어져 있다.[49]

> **遯**은 亨하니 小利貞하니라.
> 돈　　형　　소이정

❍ 遯(은둔할 돈, 피할 돈, 숨을 돈, 달아날 돈)

돈遯은 형통하니 작은 것을 바르게 하면 이롭다 하니라.

각설

돈형遯亨 소이정小利貞 돈遯은(은둔하는 것은) 형통하니 작은 것을 바르게 하면 이롭다. 소인이 올라오는 때에 은둔하니 형통하다. 돈괘遯卦(䷠)는 소인이 점점 세력을 얻어 성해지는 때이다. 이 세력은 이미 돌이킬 수

48 산과 하늘은 같은 류類이다. 산도 높고, 하늘도 높다. 왜냐하면 복희팔괘도伏羲八卦圖의 간艮 자리에 문왕팔괘도文王八卦圖의 건乾이 간다. 이것은 하늘의 기운이 산에 제일 먼저 이르는 이치를 말한다고 할 수 있다.

49 군자가 소인과 멀리 떨어져 있는 모양이다. 돈괘遯卦의 상象이다. 하늘과 산은 멀리서 보면 붙어 있는 것 같지만 사실은 멀리 떨어져 있는 것처럼 군자와 소인도 외견상 같은 것 같지만 사실은 멀리 떨어져 있어 조용히 물러나와 숨어 있는 것처럼 이상적인 은둔의 방법이다. 이와 반대로 세상은 다 흐린데 나 혼자 맑다고 하고, 세상 사람들은 다 취했는데 나 혼자 깨어있다고 말하면서 피해 있는 것은 은둔의 좋은 방법이 아니다. 또한 공부하려고 해도 그 때가 있듯이 은둔하려고 해도 그 때가 있는 법이다. 이때를 잘 잡아야 지나침도, 모자람도 없게 된다. 왜 은둔하는가? 그것은 양陽의 본성을 지키기 위함이다. 음陰과 섞여 희석되지 않기 위해서다. 안으로는 산처럼 두터이 그치고, 밖으로는 하늘처럼 굳건하게 한다. 양陽은 물러나면서도 음陰을 교화敎化시킨다. 이것은 산지박山地剝에 이를 때까지 계속된다.

없는 상태가 되었으며, 군자는 물러나 숨어야만 그의 도道를 지킬 수 있게 된다. 만약 은둔하지 않으면 자기 뜻을 굽히고 도道를 잃게 된다. 또한 소이정小利貞은 수뢰둔괘水雷屯卦 구오九五의 소정길小貞吉과 같은 것으로 ❶적은 것을 바르게 하면 길吉하다. ❷바름을 지키면 조금 이롭다. 라는 뜻이다. 작은 일이면 정도正道를 굳게 지키고 있으면 잘 되는데 큰 일이면 그렇게 되지 않는다. 왜냐하면 세상의 상태가 좋지 않기 때문이다. 돈괘遯卦를 축소하면 손괘巽卦가 된다. '巽'은 入也니, 소인小人을 뒤로 하고 군자君子는 은둔隱遁하여 물러난다.
(손 입야)

[彖曰] 遯亨은 **遯而亨也**ㅣ나
단왈 돈형 돈이형야

剛當位而應이라 **與時行也**ㅣ니라.
강당위이응 여시행야

小利貞은 **浸而長也**일새니 **遯之時義**ㅣ **大矣哉**라.
소이정 침이장야 돈지시의 대의재

○ 應(응할 응) 與(줄 여) 浸(담글 침) 長(길 장) 哉(어조사 재)

단彖에 이르기를, '돈遯은 형통한다.'는 것은 세상을 피해서 살아야만 형통함이니, 강剛(구오九五)이 제(마땅한)자리에 있으면서(육이六二에) 응함이라 때(시운時運)와 함께 행함이니라. '작은 것을 바르게 하면 이롭다.'는 것은 음陰이 점점 자라기 때문이니, 은돈隱遯하는 때의 의의는 크도다.

각설

돈형遯亨 자리를 버리고 숨는 것으로 자기 도道가 통한다는 말이다. 만약 물러서지 않고 억지로 자리를 지키면 자기 뜻을 굽혀야 하고 자기 도道를 지킬 수 없게 된다.

강당위이응剛當位而應 **여시행야**與時行也 '강剛'은 상괘上卦 오효五爻를 말한다. 정위득중正位得中으로 중덕中德을 가진다. '응應'은 아래의 육이효六二爻와 서로 응하는 것이다. 육이효六二爻는 중정지덕中正之德을 가지며 구오九五와 서로 응한다. 돈괘遯卦의 시대에는 음陰이 성盛하고 양陽이 쇠하는 때이지만 다행히 구오九五 양효陽爻는 강건중정剛健中正한 덕德을 가지며 유순중정柔順中正한 육이六二와 서로 응하고 있음으로 회복의 길을 찾을 수 있다. 전혀 회복의 길이 없으면 물러나와 숨는다. 시세時勢에 따라 진퇴進退를 결정한다.

소이정小利貞 **침이장야**浸而長也 '침浸'은 물이 땅속으로 스며들어 가는 것 같이 차츰차츰 나아가는 것이다. 소이정小利貞이란? 작은 곳에 곧으면 이롭다는 것이다., 또한 돈괘遯卦의 시대에는 정도正道를 굳게 지키는 것으로 작은 이득은 얻을 수 있다. 왜냐하면 소인들이 차츰 세력을 얻어가는 시대이므로 큰 이득을 얻을 수 없기 때문이다.

둔지시의대의재遯之時義大矣哉 소인이 세勢를 얻고 군자가 숨어사는 돈괘의 시대는 정말 중대하며, 돈괘遯卦의 의의 또한 대단히 중요하다. 왜냐하면 물러나는 때에도 그 때를 잘 맞추어 물러나야 하기 때문이다.

[象曰] 天下有山이 遯이니
상왈 천하유산 돈

君子ㅣ以하야 遠小人호대 不惡而嚴하나니라.
군자 이 원소인 불오이엄

○ 遯(은둔할 돈, 달아날 돈) 遠(멀 원) 惡(미워할 오) 嚴(엄할 엄)

상象에 이르기를, 하늘 밑에 산이 있는 것이 돈遯이니, 군자는 이로써 소인을 멀리하되, 미워하지 않고 (자신을) 엄하게 하나니라.

각설[50]

천하유산天下有山 불오이엄不惡而嚴 하늘 아래 산이 있는 것이 돈遯이니, 군자가 이러한 상象을 본받아 소인을 멀리하되 미워하지 말고 자신을 더욱 엄격하게 한다.[51]

[初六]은 遯尾라 厲하니 勿用有攸往이니라. (天火同人)
초육 돈미 려 물용유유왕 천화동인

象曰, 遯尾之厲는 不往이면 何災也ㅣ리오.
상왈 돈미지려 불왕 하재야

❍ 尾(꼬리 미) 厲(위태로울 여, 갈 려(여)) 往(갈 왕) 何(어찌 하) 災(재앙 재)

초육初六은 숨는 것이 뒤져서 위태롭다. 갈 바가 있어도 절대로 쓰면 안 된다.

상象에 이르기를, 숨는 것이 뒤져서 위태롭다고 하는 것은 가지 않으면 무슨 재앙災殃이 있겠는가.

개요概要

초육初六은 부정위不正位한 음효陰爻로 유약하며, 재능才能이 부족하고 미천한 신분이다. 하괘下卦가 간괘艮卦로 멈추는 성질이 있으니 머물고 빨리 움직이지를 못하여 은둔의 때에 머뭇거리다가 늦어진 것이다. 위험한 자리이다. 그러나 낮은 신분身分으로 눈에 잘 뜨이지를 않으니 가만히 있으면 박

---

50 (觀中) ❶천하유산天下有山 : '유有' 자字는 위대하다는 의미가 있다. 이 구절을 읽을 때 무엇이 연상이 되는가? 하나님이 산속에 내려와 있다. 하늘 밑에 산이 있다. 팔간산八艮山 아래 있다, 팔간산八艮山이란 군자의 덕을 의미한다. ❷군자이원소인君子以遠小人 : 소인(현실現實)과는 합덕하지 말라. 소인지도小人之道를 멀리하면 된다.

51 소인이 득세하는 때이니, 악하게 하지 않고 건乾으로 위엄威嚴을 보인다. 군자는 이것을 보고 소인과 떨어져 있다. 소인을 미워하지 않고 오르지 자기가 지킬 도道를 엄하게 지키면 소인을 감화시킬 수 있다. 만약 소인을 미워하면 소인은 원망하고 노하여 군자를 해하게 된다는 것이다.

해를 면할 수 있다. 만약 늦게 피하려 움직이면 오히려 화禍를 입게 된다.

각설

돈미遯尾 여厲 물용유유왕勿用有攸往 도망가는 것이 꼬리에 있으니(도망가려는데 꼬리를 잡혔으니) 위태로우나, 가는 바 있어도(은둔할 바 있어도) 쓰지 말라는 것이다.(잠룡물용과 같은 의미) 초육初六은 돈미遯尾이다. 운둔하는데 제일 늦어 꼬리에 해당된다. 다른 괘卦에서는 초효初爻를 일의 시작으로 생각하는데 이 괘는 숨는 것이니 앞에 있거나 위에 있는 자者가 먼저 가고, 초효初爻가 제일 느리다. 그래서 위험한 일이 있다.
소인의 세勢가 점점 성해지는 때를 당하여 재난을 피하려면 시의성에 맞게 물러나야 하는데 초육初六은 시의성을 잃어서 늦게 되었으니 위태로운 일이 있다. 이런 때는 피하려 하지 말고 재능과 도덕을 숨기며, 자기의 빛을 덮고, 진리(건괘乾卦)에 머무는 것이 좋다는 것이다. 그렇게 함으로써 소인들의 박해를 면할 수 있다. 피하려 하면 도리어 소인으로부터 박해를 받게 될 것이다.[52] (홍선 대원군의 구금시절, 광해군의 귀양살이)

소상사小象辭

둔미지려遯尾之厲 불왕不往 하재야何災也 나아가지 않으면 재앙이 있을 수 없다. 물러날 시기를 놓쳐 남게 되니 위험한 자리이기는 하지만 달아나려 하지 않고 가만히 있으면 아무런 재난도 없다.

---

52 초육初六은 음효陰爻로서 약하며 재능才能이 부족하고 미천한 신분이다. 돈괘遯卦의 때를 당했어도 소인으로부터 박해를 받을만한 자리도 아니고, 가만히 있으면 재해를 받는 일은 없다. 이 효는 음효陰爻로서 유약하고 재능과 도덕이 부족하고 바른 자리가 아니며 간괘艮卦 즉 멈추는 성질이 있으니 머물고 빨리 움직이지를 못하여 은퇴隱退할 때에 머뭇거리다가 늦어진 것이다. 위험한 자리이다. 그러나 낮은 신분身分으로 눈에 잘 뜨이지를 않으니 가만히 있으면 박해를 면할 수 있다. 만약 늦게 피하려 움직이면 오히려 화禍를 입게 된다.

[六二]는 執之用黃牛之革이라 莫之勝說이니라. (天風姤)
육이 집지용황우지혁 막지승탈 천풍구

象曰, 執用黃牛는 固志也이니라.
상왈 집용황우 고지야

○ 執(잡을 집) 用(쓸 용) 黃(누를 황) 牛(소 우) 革(가죽 혁) 莫(없을 막{저물 모, 고요할 맥}) 勝(이길 승) 說(벗어날 탈, 말씀 설) 固(굳을 고, 진실로 고)

육이六二는 누런 쇠가죽으로 결박함이라 (그 견고함이) 벗겨서 이길 수는(떨어지게 할 수) 없느니라.

상象에 이르기를, 결박하는데 누런 쇠가죽을 쓴다는 것은 뜻을 굳게(진실하게) 함이니라.

개요概要[53]

53 (觀中) ❶ 집지용황우지혁執之用黃牛之革 : 절대로 붙들고서 놓쳐서는 안 된다는 말이다. '집지용황우執之用黃牛'가 집중執中이요, 황우黃牛(곤괘坤卦, 빈우牝牛, 황黃은 무기戊己 오십토五十土를 의미한다.)는 기축己丑이다. 집용황우執用黃牛에서 중심이 서게 된다(집중執中이 된다.). 이에 산천대축山天大畜, 「대상大象」에 "군자이다식전언왕항君子以多識前言往行 이축기덕以畜其德"이라고 한 것이다. ❷전언前言은 선先 성인聖人의 말씀이고, 왕행往行은 선先 성인聖人의 행적이다. 선先 성인聖人의 언행言行을 많이 알아서 내 인격을 길러야 한다. 천산돈괘天山遯卦가 돈세군자遯世君子다. 역학易學을 올바르게 공부하려면 어떻게 해야 하는가? 건괘乾卦「문언文言」 초효初爻풀이에서 자세히 말하고 있다. 먼저 '불역호세不易乎世'하라고 했다. 세속에 좇아서 마음이 움직여서는 안 된다는 말이다. 뇌풍항괘雷風恒卦의 「데상大象」에는 그 방법을 바꾸지 말라는 뜻으로 '입불역방立不易方'이라고 하여, 그 방법을 고치지 말라'고 한 것이다. ❸그 다음으로 '불성호명不成乎名'으로 세상의 공명에 바삐 매여 돌아가지 말라는 것이다. 명성을 이루어 보기 위해 동분서주하지 말라는 것이다. 택화혁괘澤火革卦, 초구初九왜 "공용황우지혁鞏用黃牛之革"이라는 말이 나오는가? 이는 돈세무민遯世無悶하는 군자에 한해서만이 '공용황우지혁鞏用黃牛之革'이 가능하다는 말이다. 즉 돈세무민遯世無悶하고 무견시이무민不見是而無悶하라'는 것이다. 이상의 4가지(☯불역호세不易乎世 ☯불성호명不成乎名 ☯돈세무민遯世無悶 ☯불견시이무민不見是而無悶) 조건이 학역군자의 필수적인 조건이다. ❹'황우지혁黃牛之革'이란 육갑도수六甲度數에 있어서는 기축己丑(중도中道)원리를 말한다. 기일내부己日乃孚이다. 괘卦로는 '빈마지정牝馬之貞'이요, '군자유유왕君子有攸往'이다. 지혜가 열리지 않으면 '정고족이간사貞固足以幹事'가 안 된다. 여기의 사事는 왕사王事이다. '간사幹事'는 산풍고괘山風蠱卦에 구체적으로 말씀하고 있다. 고괘蠱卦 상효上爻에 "불사不事(=섬길 사)왕후고상기사王侯高尙其事(=왕사王事의 일 사事 자字이다.)"라고 했다. 고상기사高尙其事

이 효爻는 유순중덕柔順中德한 효爻로써 강건중정剛健中正한 구오九五와 서로 응하고 있다. 「단사」에서 '剛當位而應(강당위이응)'이라 한 것은 육이六二와 구오九五가 서로 응하고 굳게 결부된 것을 말한 것이다.

'柔順中正(유순중정)'한 육이六二는 강강중정剛强中正한 구오九五와 상응하여 굳게 연결되어서 모두가 물러서고 숨는 돈괘遯卦의 시대이지만 서둘러 숨는 것이 아니고, 만약 회복할 수 있으면 군자의 세력을 회복하도록 노력한다. 만약 도저히 할 수 없으면 구오九五와 같이 은퇴한다. 「단사」에 있는 '與時行也(여시행야)'이라는 말과 같이 그 때의 상황에 따라 혹은 나아가고 혹은 물러나 숨는다.

각설

집지용황우지혁執之用黃牛之革 곤괘坤卦 오효五爻의 성정性情이다. ❶'황黃'은 중앙 토土의 색이며, 이 효가 중덕中德을 가지고 있다. ❷'우牛'는 유순柔順한 가축이므로 이 효가 음효陰爻이며, 유순柔順한 것을 표시한 것이다. ❸'혁革'은 소가죽이며, 질긴 것이다. ❹집지執之는 육이六二와 구오九五가 굳게 결부되어 떨어지지 않는 것을 말한다.

막지승탈莫之勝說 이것을 벗겨서(풀어서) 떨어지게 할 수는 없다는 것이다. '설說'은 탈脫이다.

에 왕王 자字를 첨가하면 왕사王事라고 한다면 왕사지리王事之理를 학문적으로 연구하라는 말이 덧붙어야 한다. 직접 나가서 현실정치에 참여하지 말라는 것이다. 산풍고괘山風蠱卦 상효上爻가 동動하면 지풍승괘地風升卦가 된다. ❺쾌夬·구姤·췌萃·승괘升卦가 잉태孕胎를 시키는 것이다. 쾌夬·구괘姤卦가 췌승괘萃升卦에다 잉태孕胎를 시킨 것이다. 이에 쾌夬·구괘姤卦에는 건괘乾卦가 붙어 있고, 췌승괘萃升卦에는 곤괘坤卦가 붙어 있다. 즉 쾌夬·구괘姤卦의 건괘乾卦가 췌승괘萃升卦 곤괘坤卦에 잉태孕胎를 시킨 것이다. 무엇으로 잉태를 시켰겠는가? 손巽·태괘兌卦로 잉태를 시킨 것이다. 손巽·태괘兌卦로 잉태를 시켰기 때문에 혁革·정괘鼎卦에는 리괘離卦가 붙어있고, 곤困·정괘井卦에는 감괘坎卦가 붙어 있다. 이 감坎은 어디에서 온 물인가? 하늘에서 주어진 물이다. 그런데 택화혁澤火革의 불은 지정地精(땅의 정기)이다. 이에 손괘巽卦는 선왕先王을 의미한다. 이에 신명행사申命行事라고 했고, 태괘兌卦는 백성을 의미한다. 선왕先王이 밝혀 놓은 왕도정치원리이다.

소상사小象辭[54]

집용황우執用黃牛 고지야固志也 군신 상하가 유순중정柔順中正한 덕德으로 서로 연결되어 그 뜻이 견고함이 황우黃牛의 가죽으로 연결된 것 같다는 것으로 비유하여 설명하고 있다.

[九三]은 **係遯**이라
구삼 계돈

有疾하니 **厲**하나 **畜臣妾**에는 **吉**하니라. (天地否)
유질 려 휵신첩 길 천지비

象曰, 係遯之厲는 **有疾**하야 **憊也**일새오
상왈 계돈지려 유질 비야

畜臣妾吉은 **不可大事也**이니라.
휵신첩길 불가대사야

○ 係(걸릴 계) 遯(달아날 둔{원음(原音);돈}) 厲(위태로울 려, 갈 려{여}) 疾(병 질) 憊(고달플 비) 畜(기를 축(휵), 쌓을 축) 臣(신하 신) 妾(첩 첩)

구삼九三은 매여서 은둔함이라, (마음에) 병病이 있어 위태로우니, 신하와 첩을 기르는 것이 길하니라.

상象에 이르기를, 매여서 은둔함이라 위태롭다는 것은 병이 있어 고달프다는 것이요, 신하와 첩을 기르면 길하다는 것은 대사大事는 불가不可함이니라.

개요概要

구삼九三은 정위正位로 지금은 은둔할 때이나 주변의 여건에 매여 떠나지를

54 (觀中) 고지固志란 아주 뜻을 굳게 가지고 있어야 한다는 것이다. 군자의 입장에서는 굳게 잡아야 한다. 중용中庸의 집중執中, 윤집궐중允執厥中은 고지固志다. '정고족이간사貞固足以幹事'의 고固자가 어느 괘에 구체적으로 나타나 있는가? 천산돈괘天山遯卦 이효二爻로 나타난 것이다.

못해 마음의 갈등으로 몹시 고민한다. 그리고 소인이 점점 세력을 얻어 그들의 박해가 곧 미치게 될 위험한 자리이다. 이런 때에는 소인을 미워하지 않고 자신에게 더욱 엄격하게 하며, 불가근불가원不可近不可遠으로 신하와 첩을 다스리는 것과 같이 하면 길吉하여 화를 면하게 된다는 것이다.

각설[55]

계돈유질려係遯有疾厲 은둔하려고 하는데 매여 있다. (육이六二와 음양관계로 매여있다. 구삼九三은 응이 없고, 그치는 괘에 있다) 매인 것이 병이 되었으니 위태롭다. 음양관계陰陽關係로 매이면 병이 된다. 물러나는 괘卦인데 묶여 있으니 병이 된다.

휵신첩畜臣妾 길吉 신하와 첩妾을 기르듯이 하면 길吉하다. 이는 어차피 묶여 있으니 신하와 첩을 대하듯이 하면 길吉하다는 것이다.[56]

소상사小象辭[57]

계돈지려係遯之厲 유질비야有疾憊也 휵신첩길畜臣妾吉 불가대사야不可大事也 계돈지려係遯之厲는 병이 있게 되면 피곤한 것이고, 휵신첩길畜臣妾吉은 큰일을 할 수가 없다. 은둔을 하려고 해도 공명부귀에 묶여 선뜻 떠나지 못하는 것은 위험하며, 마음에 고민이 있어 몹시 피로하게 된다. 또는 소인은 멀리도 가까이도 하지 말고 적당히 대우할 때 길吉하야 재

---

55 (觀中) 휵신첩畜臣妾 : '휵신첩畜臣妾'은 어느 괘卦를 가리키는가? 가인괘家人卦다. 화풍정괘火風鼎卦 초효初爻에 득처이기자무구得妾以其子无咎라 했다. 여기의 득처得妾도 가인괘家人卦를 가리킨다. 정괘鼎卦, 「대상大象」에 '정위응명正位凝命'이라 하여 남녀男女가 정위正位한 괘卦가 풍화가인괘風火家人卦이다. 시위적으로 선천先天的 시위이기 때문에 '유질有疾'이라고 한 것이다. 겪어야 될 고통은 어느 정도 겪어야 한다. 소인小人.군자지도君子之道가 이 삼효三爻에서 완전히 판가름된다.

56 사람을 기름이라 '축畜'은 '휵'이라고 읽는다. 질疾을 빠를 (질)로 보면 '빠르게 달아나면 위태롭다'는 뜻이 된다.

57 (觀中) '비憊'(고달플 비, 파리할 憊자)는 곤할 '곤困'자와 같다. 거기에 대한 대비가 있어야 한다는 말이다.

난을 피할 수 있다. 그러나 지금 형편에서는 큰일은 할 수 없다. 그저 자기 몸을 지킬 뿐이다. ❶휵신첩畜臣妾이란? 내사內事, 가정사家庭事인 소사小事, 소인을 다루는 방법을 말하고, ❷대사大事는 왕천하사업王天下事業을 말한다.

[九四]는 好遯이니 君子는 吉코 小人은 否하니라. (風山漸)
구사 호돈 군자 길 소인 비 풍산점

象曰, 君子는 好遯하고 小人은 否也ㅣ니라.
상왈 군자 호돈 소인 비야

○ 好(좋을 호) 遯(달아날 둔, 물러날 둔, 운둔할 둔) 否(아닐 부)

구사九四는 좋게 물러남(운둔)이니, 군자는 길吉하고 소인小人은 비색하니라.
상象에 이르기를, 군자는 (의義를 잃지 않기 때문에) 좋게 물러나고, 소인은 (사욕을 이기지 못하기 때문에)그러하지 못함이니라.

개요概要

상괘上卦는 모두 건괘乾卦이며, 강건한 덕德을 갖고 있음으로 쉽게 은퇴할 수 있다. '호돈好遯'은 자기 감정에 구속되지 않고 쾌히 은퇴한다.

각설

호돈好遯 호돈好遯은 구삼九三 계돈係遯과 정반대이다. 군자는 좋아하고 사랑하는 사람, 주변의 유혹과 미련 등이 있어도 의義로서 은퇴할 때는 주저 없이 결행決行한다.

군자君子 길吉 소인小人 비否 군자는 정도正道로서 처신을 극복하는 극기복례이며, 그러므로 길吉하고 복福을 얻는다. 소인은 정도正道로 처신

하지 못하고 좋아하는 곳에 머물며, 사사私事로운 곳에 끌려 결국 몸을 망치고 화禍를 입는다.[58]

소상사小象辭[59]

군자호돈君子好遯 **소인비야**小人否也 군자는 자기가 좋아하고 사랑하는 사람이 있어도 거기 구속됨이 없이 결연히 은퇴한다. 그러나 소인은 그렇게 하지 않는다. 즉 매달려 연연하니 막힌다는 것이다.[60]

[九五]는 嘉遯이니 貞吉하니라. (火山旅)
구오 가돈 정길 화산여

象曰, 嘉遯貞吉은 以正志也이니라.
상왈 가돈정길 이정지야

○ 嘉(아름다울 가) 遯(은둔할 둔, 달아날 둔{원음(原音);돈}) 志(뜻 지)

구오九五는 아름다운 은둔이니(물러남이니), 곧으면 길하니라.

상象에 이르기를, '아름답게 물러난다. 곧으면 길하다.'는 것은 그 뜻을 바름이니라.

개요概要

구오九五는 강건중정剛健中正한 이상적인 양효陽爻이며, 육이六二는 유순중정柔順中正한 이상적인 음효陰爻이다. 이들 이상적인 음효陰爻와 양효陽爻가 서로 응하며 굳게 결부되어 있지만 괘의 성질, 즉 시세時勢가 좋지 못함으로

---

58 왕필(王弼)은 『주역주』에서 "밖에 처하여 안에 상응함이 있으나 군자는 좋아도 물러남이니 고로 능히 그것을 버릴 것이요, 소인 매달려 연연하니 이 때문에 막힐 것이다.(處於外而有應於內, 君子好遯, 小人繫戀, 是以否也)"라고 하였다.

59 호돈好遯 : 홍점우목鴻漸于木의 상황에서 굳은 의지를 갖고 욕망慾望, 욕구欲求를 끊는다.

60 『이천역전伊川易傳』에서"군자君子는 비록 좋아함이 있으나 능히 은둔하여 의義를 잃지 않고, 소인小人은 사사로운 뜻을 이기지 못하여 불선不善함에 이른다.(君子는 雖有好而能遯하여 不失於義요 小人則不能勝其私意而至於不善也라)"라고 하였다.

결국 은퇴할 수밖에 없게 되는데 그 은퇴의 방법이 좋고 아름다우며 바른 길을 굳게 지키고 있어 길吉하며 복福을 얻는다.[61]

각설

가돈嘉遯 가嘉는 좋고 아름다운 것이니 '가돈嘉遯'은 은퇴하는 방법이 아름답다는 것이다.

정길貞吉 바른 길을 굳게 지키고 있으니 길吉하고 복을 얻는다는 것이다.

소상사小象辭

이정지야以正志也 좋고 아름답게 은퇴하고 정도正道를 굳게 지키고 있으니 길吉을 얻는다고 한 것은 그것으로 바른 뜻을 잃지 않는다는 말이다. 만약 구오효九五爻가 은퇴하지 않고 그 자리에 있으면 돈遯의 시대이므로 소인들의 박해로 바른 뜻을 굽혀 정도正道를 벗어나는 일이 없지 않을 것이나 좋게 아름답게 은퇴함으로서 바른 뜻을 온전히 할 수 있다.

[上九]는 肥遯이니 无不利하니라. (澤山咸)
상구 비돈 무불리 택산함

象曰, 肥遯无不利는 无所疑也이니라.
상왈 비돈무불리 무소의야

○ 肥(살찔 비) 遯(은둔할 돈, 달아날 둔{원음(原音);돈}) 无(없을 무) 利(이로울 리{이}) 所(바 소) 疑(의심할 의)

상구上九는 여유있는 은둔이니, 이롭지 아니함이 없느니라.

상象에 이르기를, 비돈무불리肥遯无不利는 의심할 바가 전혀 없느니라.

---

61 「괘사卦辭」에 돈遯은 형亨한다고 한 말은 이 효爻에 해당된다. 이 괘卦의 구오九五는 천자天子로 보지 않는다. 천자天子는 은퇴하는 일이 없기 때문이다.

개요概要

상구上九는 여유있는 마음으로 은둔함을 말한다.

각설

비돈肥遯 **무불리**无不利 비돈肥遯의 비肥는 살찔 비자字로 넓은 마음으로 여유있는 은둔를 말한다. 구삼九三과는 양陽끼리 응應이 되지 않으니 은둔하는데 불리함이 없고, 그 은둔하는 것에는 의심할 바가 없다. 이와 같이 은둔하는 것이니 어떤 경우에도 이롭지 않는 것이 없다.

소상사小象辭

비돈무불리肥遯无不利 **무소의야**无所疑也 상구上九는 돈괘遯卦의 상효上爻이며, 서로 친한 효爻가 없음으로 조금도 의심하지 않고 물러나 세상 밖에서 유유히 살고 있다.

✐ 돈괘遯卦는 군자의 은둔에 대하여 말하고 있다.

난세에는 하늘과 산山처럼 멀리 떨어져 있는 것이 군자君子의 이상적인 은둔隱遁의 방법임을 말하고 있다. 왜 은둔隱遁하는가? 돈괘遯卦에서는 난세에 군자의 본성을 지키고, 소인지도와 섞이지 않기 위해서라고 한다. 그러면서도 안으로는 산山처럼 두터운 덕에 머물고, 밖으로는 하늘처럼 굳건한 마음으로 소인을 교화教化시키는 것이 군자의 사명임을 밝히고 있다. 그 방법으로 소인小人을 미워하지 않고, 자신自身에게 더욱 더 엄격할 것을 당부하고 있다.

맹자도 「이루장離婁章 하下」편에서 "남을 공경하는 사람은 남이 늘 그를 공경한다. 여기에 한 사람이 있어서 그가 자기를 횡포하게 대하면 군자君子는 반드시 스스로 이렇게 반성한다. '내가 틀림없이 인자하지 않은 게다. 틀림없이 무례無禮한 것이다. (그렇지 않다면야) 이러한 일이 어떻게 닥쳐올 것인가?' 이렇게 스스로 반성하여 보아도 인자하고, 스스로 반성하여 보아도 예禮를 차렸는데도 그 횡포함이 여전하면 군자君子는 반드시 스스로 이렇게 반성한다. '내가 틀림없이 성실하지 않은 것이다.'(愛人者人, 恆 愛之, 敬人者人, 恆 敬之. 有人於此, 其待我以橫逆, 則君子必自反也. 我必不仁也, 必無禮也, 此物奚宜至哉? 其自反而仁矣, 自反而有禮矣, 其橫逆由是也, 君子必自反也. 我必不忠.)"라고 하여 자신에게 엄격할 것을 강조하고 있다.

뇌천대장괘

34.雷天大壯卦

天山遯卦 風地觀卦 天雷无妄卦 澤天夬卦

도전괘
倒顚卦

뇌천대장괘
雷天大壯卦

천산돈괘
天山遯卦

음양대응괘
陰陽對應卦

뇌천대장괘
雷天大壯卦

풍지관괘
風地觀卦

상하교역괘
上下交易卦

뇌천대장괘
雷天大壯卦

천뢰무망괘
天雷无妄卦

호괘
互卦

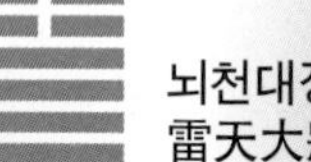

뇌천대장괘
雷天大壯卦

택천쾌괘
澤天夬卦

효변 爻變	初爻變 而爲恒卦	二爻變 而爲豐卦	三爻變 而爲歸妹卦	四爻變 而爲泰卦	五爻變 而爲夬卦	上爻變 而爲大有卦
		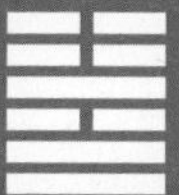				
뇌천대장괘 雷天大壯卦	뇌풍항괘 雷風恒卦	뇌화풍괘 雷火豐卦	뇌택귀매괘 雷澤歸妹卦	지천태괘 地天泰卦	택천쾌괘 澤天夬卦	화천대유괘 火天大有卦

요지要旨[62]

괘명卦名 이 괘는 상진上震의 뢰雷(☳) + 하건下乾의 천天(☰) = 뇌천대장괘雷天大壯卦(䷡)이다.

괘의卦意 크게 씩씩함이 무엇인가를 설명하고 있다. '대장大壯'은 대大가 씩씩한 것이다. 역易에서는 양陽을 대大로 하고 음陰을 소小로 한다. 이 괘卦는 큰 것, 즉 진리와 성인지도의 세력이 성盛한 것이다. 그러므로 대장大壯이라고 한다. 이 괘는 아래에 양효陽爻가 넷 있고 위에 음효陰爻가 둘 있다. 아래의 양효陽爻는 지금도 세력이 대단하지만 앞으로 점점 성盛해지며 위의 음효陰爻는 지금도 약하지만 앞으로 점점 더 약弱해진다. 앞으로 양陽이 씩씩하게 자라 올라가게 되니 음陰은 무너진다.

지천태괘地天泰卦(䷊)에서는 음양陰陽이 조화되어 있어 태평스럽다. 여기서 양陽이 하나 자라 올라가면서 태평한 시대가 흐트러지기 시작한다. 대장大壯(䷡)은 여기에서 느긋하게 머물러야 한다. 택천쾌괘澤天夬卦(䷪)가 되면 음陰을 결단하여 중천건괘重天乾卦(䷀)이 되고, 중천건괘重天乾卦(䷀)이 되면 다시 음陰이 자라 올라오니(소인小人이 다시 자라 올라오니), 뇌천대장雷天大壯(䷡)은 느긋하게 머물러야 한다. 2월괘이다.[63]

괘서卦序 「서괘」에서 "돈遯은 물러나는 것이니, 물건이라는 것은 가히 끝날 때까지 머물 수 없기 때문에 그러므로 대장괘大壯卦로 받는다.(遯者退也, 物不可以終遯, 故 受之以大壯)"라고 하였다.
(둔자퇴야 물불가이종둔 고 수지이대장)

---

62 (觀中) 풍지관괘風地觀卦는 간괘艮卦의 모양으로 되어있다. 풍지관괘風地觀卦와 뇌천대장괘雷天大壯卦의 관계는 간태관계艮兌關係이다.

63 앞의 돈괘遯卦(䷠)는 소인小人의 세勢가 강해지고 군자의 세勢가 약해져 군자가 물러나 숨는다. 소인의 세勢가 더욱 강해져 천지비괘天地否卦(䷋)가 되고, 풍지관괘風地觀卦(䷓)이 되는데 풍지관괘風地觀卦(䷓)은 뇌천대장雷天大壯(䷡)과는 배합관계配合關係에 있다. 풍지관괘風地觀卦(䷓) 다음이 산지박괘山地剝卦(䷖)이고, 그 다음이 순음純陰인 곤괘坤卦(䷁)가 된다. 곤괘坤卦 다음이 일양래복一陽來復하는 지뢰복괘地雷復卦(䷗)이다. 이때부터 차츰 양陽이 성盛해지고 군자가 성盛해져서 지택임地澤臨(䷒)이 되고, 다음 지천태地天泰(䷊)가 되고, 그 다음이 뇌천대장雷天大壯(䷡)이 된다.

돈괘遯卦(䷠)는 자리에서 물러나와 숨는 괘이다. 그러나 언제까지 숨어 살 수만은 없다. 물러나와 쉬고 있는 동안에 몸과 마음도 회복이 되고 점점 강하게 됨으로 돈괘遯卦(䷠) 다음에 대장大壯(䷡)이 놓여 있다.

대장괘大壯卦(䷡)는 양陽의 세勢가 대단히 성한 괘이다. 물러설 때에 물러섬으로 이와 같은 힘이 나오는 것이다. 자연현상에도 돈괘遯卦(䷠) 다음에 대장괘大壯卦(䷡)가 오는 것이 있다. 가을에 나뭇잎이 떨어지고 겨울이 오면 그 힘을 뿌리에 비축하는 것과 같은 것이 돈遯이다. 봄이 오면 그 힘이 번져나와 싹이 나오는 것이 대장大壯이다.

괘상卦象 이 괘는 아래에 건괘乾卦가 있고 위에 진괘震卦가 있다. 건덕乾德은 강강剛强이며, 진덕震德은 동動이다. 즉 이 괘는 강강强剛한 힘으로 움직이고 있다. 그러므로 그 세勢가 대단히 성하다. 또 이 괘는 하괘下卦 건천乾天이고, 상괘上卦는 진뢰震雷이다. 큰 천둥이 하늘위에서 울려 퍼지고 있으니 그 세勢가 대단히 성盛하다. 이것이 이 괘의 상象이다.

大壯은 **利貞**하니라.
대 장 이 정

○ 壯(씩씩할 장)

대장大壯은 곧으면 이롭다 하니라.

개요概要

힘의 이정利貞이란? 육체적인 힘인가, 금전적인 힘인가, 정신적인 힘인가, 즉 진정한 힘이란 무엇인가를 말하고 있다. 즉 대장大壯의 원칙은 이정利貞이다.

각설

대장大壯 이정利貞 대장大壯(䷡)은 양효陽爻의 세勢가 성盛하는 괘이며,

군자의 세勢가 성盛하는 시대이므로 크게 길吉하다. 그러나 너무 세勢를 믿고 함부로 나아가면 실패하기 쉬움으로 '이정利貞'이라 하여 바른 길을 굳게 지키고 있어야 이롭다는 것이다. 이는 세월이 좋으면 흔히 지나치게 방심, 태만하여 실수하기 쉬움으로 그것을 조심하도록 경고하는 말이다. 왜냐하면 강성하고 바름을 지키지 못하면 강한 일, 사나운 일만 할 뿐 군자의 도道를 장성시키지는 못한다.

[彖曰] 大壯은 大者ㅣ 壯也ㅣ니 剛以動故로 壯하니
단왈 대장 대자 장야 강이동고 장

大壯利貞은 大者ㅣ 正也ㅣ니
대장이정 대자 정야

正大而天地之情을 可見矣리라.
정대이천지지정 가견의

○ 大(큰 대) 壯(씩씩할 장) 利(이로울 이{리}) 貞(곧을 정) 情(뜻 정) 見(볼 견)

단彖에 이르기를, 대장大壯이란 큰 것이 성盛하는 것이니, 강剛으로써 움직이는 까닭으로 씩씩하니, 대장은 곧으면 이롭다고(대장이정大壯利貞) 하는 것은 큰 것(天道)은 바른 것이니, 바르고 커서 천지天地의 뜻을 가히 볼 수 있으리라.

각설 [64]

대장대자장야大壯大者壯也 강이동고장剛以動故壯 크게 씩씩하다는 것은

---

64 (觀中) 대자정야大者正也는 인도人道로서의 예禮를 말하고 있다. 풍지관괘는 신도神道를 말하고 있다. 신인神人합덕이 뇌천대장괘雷天大壯卦와 풍지관괘風地觀卦에서 이루어지는 것이다. 그러면 신인神人합덕은 무엇으로 이루어지는가? '대자정야大者正也'란 천도天道(천지天地의 도덕성)가 군자의 마음속에 내재화되었다라고 한 것이다. 대자정야大者正也의 정正은 빈마지정牝馬之貞에서 온 것이다. 즉 하늘이 정역원리正易原理로 변화한다는 말이다. 역수원리曆數原理에 근거하여 '대형이정大亨以正'이 된다는 말이다. 정역원리正易原理로써 크게 통행하게 된다는 말이다.

크고 강한 것이 움직이기 때문에 씩씩하다. 대장大壯은 대大, 즉 양陽이 성盛한 것이다. 양효陽爻가 세력勢力을 점점 더하여 사효四爻까지 나아간 것이며, 이것이 양효陽爻의 세가 크게 성盛해진 '大者壯也(대자장야)'이다. 하괘下卦 건괘乾卦는 순수한 양陽으로 강강剛强하다. 상괘上卦인 진괘震卦의 덕德은 동動이다. 그러므로 '剛以動 故로 壯이라(강이동 고 장)' 하였다. 잡것이 섞이지 않는 강剛한 덕德을 가지고 왕성한 활동한다. 그러므로 세勢가 성盛하며 장壯하다.[65]

대장이정大壯利貞 대자정야大者正也 대장이정大壯利貞은 큰 것이 바른 것이니, 큰 것이 바르게 해야만 하늘과 땅의 실정을 가히 볼 수 있다는 것이다. 대장大壯은 정도正道를 굳게 지키는 것이 좋다고 경문經文에 말한 것은 대자大者, 즉 양陽이 정도正道에 맞기 때문이다.

정대이천지지정正大而天地之情 가견의可見矣 대장괘大壯卦에 나타난 정正과 대大의 덕德을 극구 칭찬한 말이다. 대장괘大壯卦에는 정正과 대大의 두 덕德을 가지고 있다. 사람은 정正과 대大의 두 덕德을 가져야 비로소 천지天地이 바르고 크기 때문이다. 인간도 그와 같이 정대正大한 덕德을 가져야 비로소 천지운행의 참 모습을 관찰할 수 있다. 한 점의 사사로운 욕심도 섞이지 않고 성실하여 천지天地와 한 몸이 된 사람이라야 비로소 천지天地가 만물을 생성 화육하는 참 모습을 볼 수 있다.

[象曰] 雷在天上이 大壯이니 君子 以하야 非禮弗履하나니라.
상왈 뇌재천상 대장 군자 이 비례불이

❍ 雷(우레 뇌{뢰}) 禮(예도 예{례}) 弗(아닐 불) 履(밟을 리{이}, 행할 리)

상에 이르기를 "우레가 하늘 위에 있는 것이 대장大壯이니, 군자君子가 이로

---

65 지천태괘地天泰卦는 양陽이 점점 더하여 음양陰陽이 동수同數가 된 것이니 성盛大하지 못하다. 그러나 대장괘大壯卦에서는 양陽이 사효四爻로 비로소 양陽의 세勢가 성대盛大하다고 할 수 있다.

써 예禮가 아니면 행하지 아니하리라."

개요概要

하늘 위에 우레가 있는 것이 대장大壯이니, 군자가 이러한 상象을 본받아 예禮가 아니면 밟지 않는다. 이履의 상괘上卦는 진괘震卦로 족足이고, 하괘下卦인 건괘乾卦는 천天이니, 대장괘大壯卦는 진괘震卦의 족足이 건괘乾卦의 천天을 밟고 있는 형상이다. 즉 지극히 정대正大한 건도乾道를 진괘震卦의 발이 밟고 있는 모양이다.[66] 바른 도道를 행하는 바른 예禮를 행行하는 모양이다. 그러므로 비례불이非禮弗履라 하였다.[67] 그러므로 군자의 대장大壯은 극기복례克己復禮가 제일 크다.[68]

각설

대장大壯 군자의 대장大壯은 극기복례克己復禮가 제일이다. 옛 사람이 말하기를 스스로 자기를 이기는 것을 강剛이라고 한다.

---

66 『이천역전』에 "천둥이 하늘에서 울려 퍼지는 것은 크고 장壯하다. 군자는 이 대장大壯의 상象을 보고 그 장壯을 행行한다.(雷震於天上, 大而壯也. 君子觀大壯之象, 以行其壯.)"라고 하였다.

67 (집설集說) 비례불이非禮弗履에 대하여 ❶『논어論語』에서 '공자孔子'가 '안연'의 극기복례克己復禮에 대한 질문에 '비례물시非禮勿視, 비례물청非禮勿聽, 비례물언非禮勿言 비례물동非禮勿動'라고 하였다.(『論語』, 「顔淵」 第十二, 顔淵問仁, 子曰, "克己復禮爲仁. 一日克己復禮, 天下歸仁焉. 爲仁由己, 而由人乎哉? 顔淵曰, "請問其目. "子曰, 非禮勿視, 非禮勿聽, 非禮勿言, 非禮勿動.") 대장괘 「대상사大象辭」에서 말한 '비례불이非禮弗履'는 이 넷을 포함하고 특히 '비례불동非禮勿動(상괘上卦의 진震은 동動)'의 뜻이 있다. ❷『중용中庸』에서 자로가 강함에 대한 질문에 답하면서 "군자는 화하되 흐르지 않으니, 강하다. 끗끗함이여. 중립하여 지우치지 않으니 강하다.(『중용中庸』, 제10장, "君子, 和而不流, 强哉矯, 中立而不倚, 强哉矯.")라고 하였다. 공자는 군자는 화하되 흐르지 않고, 중립하여 지우치지 않는 것이 '비례물非禮勿'라고 설파하고, 불속에 뛰어들고 칼날을 밟는 것은 무부武夫의 용기勇氣이며, 극기복례克己復禮는 군자의 대장大壯이다. 그러므로 비례불이非禮弗履라고 하였다.

68 『구약성서(舊約聖書)』 「잠언서」 24:1-2에서 "너는 악인惡人의 형통함을 부러워말며, 그와 함께 있으려고 하지말지니라."라고 하였다.

[初九]는 壯于趾니 征하면 凶하니 有孚ㅣ리라. (雷風恒)
초구 장우지 정 흉 유부 뇌풍항

象曰, 壯于趾는 其孚窮也ㅣ로다.
상왈 장우지 기부궁야

○壯(씩씩할 장) 于(어조사 우) 趾(발 지) 征(칠 정) 孚(미쁠 부) 窮(다할 궁)

초구初九는 발꿈치의 씩씩함이니, 가면(정벌하면) 흉凶하니, 믿음이 있으리라.

상象에 이르기를, 발꿈치의 '씩씩하다'는 것은 그 믿음이 반드시 곤궁困窮함이로다.

개요概要

초구初九는 응應이 없으니 나아가면 흉凶하다. 양효陽爻이니 동적動的이다. 이 때는 자제해야 한다. 또 초구初九는 아래에 있으니 상황 파악이 힘들다. 그러니 움직이려는 근성만 가지고 있다. 예禮를 모르고 움직이니 흉凶하다. 한 번 더 올라가면 택천쾌괘澤天夬卦가 되니 곤란한 것이다. 가능한 한 머물러야 한다. 그러므로 중천건괘重天乾卦에서 '初九는 潛龍勿用이니, 나아가면 안 된다.'라고 하는 것이다.[69]
초구 잠용물용

각설[70]

장우지壯于趾 **정흉유부**征凶有孚 발꿈치가 씩씩한 것이니 나아가면 흉凶한 것이 믿음이 있다(틀림이 없다). 이 효爻는 여섯 효중에서 가장 아래이다. 어린 나이에 잘 알지 못하고 상황을 잘 모르면서 경거망동하여 나

69 『구약성서(舊約聖書)』「잠언서」 24:1-2에서 "발이 급한 사람은 잘못 가느니라"라고 하였다.

70 '발에서 성하다.'는 것은 공부를 시작할 때라는 말이다. 또 '정벌가면 흉凶하다.'는 것은 공부를 시작할 때에는 어려움이 많다는 의미이며, '성실함이 있어야 한다.'는 것은 공부할 적에는 언제나 성실함이 있어야 한다는 당연한 지적이다.

아가거나, 지나칠 염려가 있음을 경계警戒하고 있다.[71] ❶'지趾'는 족야足也이다. 초구初九는 이 괘卦의 제일 아래에 있음으로 족足이라 하였다. '족足'은 움직여 나아가는 것이다. ❷'장우지壯于趾'는 힘차게 나아가는 것이다. ❸'유부有孚'는 이 효爻는 미천한 자리에 있으며 상비相比 상응相應하는 효가 없어 고독한데 '장우지壯于趾'로 나아가 움직이려 한다. 이런 상태에서 나아가면 반드시 흉凶하고 화禍를 입게 된다. 부孚는 반드시 그러하다. 의심할 바가 없다는 의미이다.

소상사小象辭

장우지壯于趾 기부궁야其孚窮也 장우지壯于趾하니, 그 궁함을 믿는 것이다. 이 효爻는 미천한 자리에 있으면서 강한 성질을 가지고 힘차게 나아가며, 이 효爻의 성실한 마음이 인정을 받게 되지만 이 마음도 결국은 곤궁하게 된다. '강강剛强'이 지나친 까닭으로 화를 입게 된다.

[九二]는 貞吉하니라. (雷火豊)
구이 정길 뇌화풍

象曰, 九二貞吉은 以中也이니라.
상왈 구이정길 이중야

구이九二는 곧으면 길吉하니라.

상象에 이르기를, "구이九二가 곧으면 길吉하다."라고 함은 중도中道를 행함이니라.

71 다른 괘에서는 양효陽爻가 양陽의 자리에 있고 음효陰爻가 음陰의 자리에 있는 것이 바른 자리라 좋은 효로 되어 있는데 이 괘에서는 양효陽爻가 양陽의 자리에 있으면 강剛이 지나쳐 좋지 못하다고 하고 양효陽爻가 음陰의 자리에 있으면 유柔로서 강剛과 조화하는 것으로 좋은 효爻로 간주한다. 상경上經에 있는 택풍대과괘澤風大過卦에서도 그렇게 되어 있었다.

개요概要 [72]

이 효는 양효陽爻로서 음陰의 자리에 있으니 유화柔和한 자리로서 강강剛强한 성질이 화化하여 강유剛柔의 중中을 얻는다. 그리고 하괘下卦 중앙에 있어 중덕中德을 가짐으로 정도正道를 굳게 지킨다. 예禮를 알고 행하니 길吉하다.

각설

정길貞吉 구이九二가 동動하면 리괘離卦(☲)가 된다. 즉 밝게 처신하는 것이니 길吉하다. 진정한 힘은 천도天道(진리)에 대한 곧음이요, 이것이 진정한 용기가 된다. 그러므로 진리를 가진 자는 세상 모든 것을 다 가진 것이다.

소상사小象辭

구이정길九二貞吉 이중야以中也 구이효九二爻가 정도正道를 굳게 지키고 있어 길吉하다는 것은 이 효爻가 중도中道로써 하기 때문이다.

[九三]은 **小人**은 **用壯**이오 **君子**는 **用罔**이니 **貞**이라도 **厲**하니
구삼 소인 용장 군자 용망 정 려

羝羊이 **觸藩**하야 **羸其角**이로다. (雷澤歸妹)
저양 촉번 이기각 뇌택귀매

象曰, 小人이 **用壯**하니 **君子**는 **罔也**라.
상왈 소인 용장 군자 망야

○ 罔(그물 망, 없을 망) 厲(갈 려{여}) 羝(숫양 저, 사나울 저) 羊(양 양) 觸(닿을 촉) 藩(덮을 번) 羸(여윌 리{이}, 상할 이) 角(뿔 각)

구삼九三은 소인은 성한 기운을 쓰고, 군자는 그물로 걸러서 쓰니(쓰지 않느니) 곧아도 위태롭다 하니, 숫양이 울타리에 걸려 그 뿔이 상함이로다.

---

72 (觀中) 정貞은 어디에서 온 정貞인가? 빈미지정牝馬之貞에서 왔다. 대장괘大壯卦 오효五爻인 음효陰爻와 상응相應이 된 것이다.

상象에 이르기를, 소인小人은 성한 기운을 쓰고, 군자는 걸러서 쓴다.

개요概要

소인은 씩씩하게 쓰는 것이고, 군자는 그물로 걸러서 쓰는 것이니 마구잡이로 하면 위태로우니 숫양이 울타리를 들이받으면 그 뿔이 상한다.[73] 구삼九三은 양강陽强의 정위正位에 있고 하괘下卦의 건체乾體(☰) 위에 있으니 강强한 것이다. 그러므로 소인은 스스로의 강强함만을 믿고 그 씩씩함을 사용하는 것이다.

각설

소인용장군자용망小人用壯君子用罔 **정려**貞厲 ❶소인들은 주저없이 바로 사용하고, ❷군자는 그물처럼 한 번 걸러서 쓴다. 소인은 힘을 마구잡이로 쓰고, 군자는 여과를 해서 쓰는데, 고집하면 바르게 하여도 위태롭다는 것은 구삼九三의 자리가 선천先天과 후천后天의 경계선이기 때문이다. 이때는 위험한 시대이니 바르게 해도 위태롭다.[74] ❶용망用罔은 겉으로 드러내지 않는 것이고, ❷장성함을 쓰지 않음이다. ❸그물로 걸러서 쓰는 것이다.

저양촉번리기각羝羊觸藩羸其角 대장괘大壯卦를 축소하면 태兌(☱)이고, 태兌는 양羊이다. 숫양이 울타리(구사九四)를 들이받는다. 구사九四는 구삼九三이 가려는데 방해하는 장애물, 즉 울타리이다. 구사九四가 가야 자신도 갈 수 있다. 혼자 가 봐야 뿔만 상할 뿐이다. 그러니 그 자리에 머물

73 『중용中庸』에 군자가 중용中庸을 함은 군자이면서 때로 맞게 하기 때문이요, 소인小人이 중용中庸에 반함은 소인小人이면서 꺼림이 없기 때문이다. (『중용中庸』 제2장 "君子之中庸也, 君子而時中, 小人之反中庸也, 小人 無忌憚也.")"라고 한 귀절과 상통한다.

74 방향이 바뀔 때는 항상 위태롭다. 차를 몰다가 커브를 만나면 긴장되고, 바람의 방향이 서로 바뀌는 지점에서 회오리바람이 불고, 물이 흐르다 방향이 바뀌는 지점에 이르면 소용돌이가 일어나듯이 선후천先后天을 넘어가는 이섭대천利涉大川의 길목에는 언제나 위험이 도사리고 있는 것이다.

려 있으라는 의미를 담고 있다. 정력이 왕성한 숫양이 뿔로 울타리를 지어박고 빠져나오지 못하는 것과 같다. 저양羝羊은 크고 저돌적인 숫양으로 ❶쾌락快樂을 좇는 백성 ❷본인의 생각과 힘으로 해결함을 의미한다.

소상사小象辭

소인용장小人用壯 **군자망야**君子罔也 소인은 씩씩하게 쓰고, 군자는 여과시켜 쓴다. 소인은 자기의 강한 힘을 믿고 나아가려 하지만 군자는 결코 그렇게 하지 않고 여과시켜서 사용한다.

[九四]는 貞吉하야 悔亡하리니 藩決不羸하며
구사 정길 회망 번결불리

壯于大輿之輹이로다. (地天泰)
장우대여지복 지천태

象曰, 藩決不羸는 尙往也이니라.
상왈 번결불리 상왕야

○ 貞(곧을 정) 吉(길할 길) 悔(뉘우칠 회) 藩(덮을 번 울타리 번) 決(터질 결) 不(아닐 불) 羸(여월 리{이} 상할 이) 壯(씩씩할 장) 于(어조사 우) 大(큰 대) 輿(수레 여) 輹(복토 복, 바퀴살 복) 尙(오히려 상) 往(갈 왕)

구사九四는 곧으면 길吉하고 뉘우침이 없다 하리니, 울타리가 열려 있어 양羊이 뿔을 다치지 아니하며, 큰 수레 바퀴의 씩씩함이로다.
상象에 이르기를, '울타리가 틔어져서 양羊이 뿔을 다치지 않는다.'는 것은 나아가는 것을 숭상함이니라.

개요概要

이 효爻로서 대장大壯의 도道가 완성되며, 이 괘卦의 주효主爻가 된다. 구삼효九三爻의 울타리가 되어 있는 것은 효爻로서 양효陽爻이며 강하고 실實한 울타리라 찢고 나아갈 수 없었지만 이 울타리가 육오六五이니 음효陰爻로서

약한 울타리라 쉽게 열 수가 있다. 즉 성인지도聖人之道를 숭상하면 방해물이 없다는 것이다.

각설[75]

정길회망貞吉悔亡 전체적으로는 바르게 하면 길吉하여 뉘우침이 망하니(없으니) 울타리가 파괴되어 걸림이 없고 큰 수레 바큇살이 씩씩하다는 것이다. 정길회망貞吉悔亡 구사효九四爻는 양효陽爻로서 음陰의 자리에 있으니 강유剛柔가 잘 조화되어 바른 길을 굳게 지키고 있음으로 길하며 후회할 일이 없게 된다. 진정한 힘이란 예禮를 존중하는 것이다. 그러므로 박힌 울타리를 뚫어 막힘이 없는 것이다. 어리고 약한 양羊을 정성으

---

75 (觀中) ❶ 번결불리藩決不羸 : 울타리의 구멍을 뚫고서 머리가 울타리 밖으로 나갔다. 그런데 뿔을 다치지 않았다. ❷장우대여지복壯于大輿之輹 : 곤위대여야坤爲大輿也라. 수레를 타고 나갈 준비를 하는 때다. 이에 하경下經 첫머리 괘가 함항咸恒부터 시작하게 된 까닭이 여기에 있다. 선후천시간계열先后天時間系列에 있어서 선후대응先后對應이 된다는 말이다. 함咸·항恒·돈遯·대장괘大壯卦는 선천先天的 시위성時位性을 표상하는 건乾·곤坤·둔屯·몽괘蒙卦와 대응이 된다. 건곤부모괘乾坤父母卦를 근거로 하여 자녀괘子女卦로서의 둔몽괘屯蒙卦가 생生해 자라는 것이다. 즉 둔屯·몽괘蒙卦는 자녀 생장하는 괘卦가 둔몽괘屯蒙卦이다. 하경下經卦는 부모를 상징하는 그러한 괘가 아니다. 6자녀괘 가운데 소남少男·소녀少女가 합덕된 택산함괘澤山咸卦가 첫머리 괘卦다. 그 다음은 장남長男·장녀長女의 합덕된 괘로서의 항괘恒卦가 두 번째 괘卦에 배정配定이 되었다. 따라서 함咸·항恒·돈遯·대장괘大壯卦와 건乾·곤坤·둔屯·몽괘蒙卦와의 관계와는 근본적으로 다르다. 장남長男·장녀괘長女卦와 소남少男·소녀괘少女卦가 서로 상도成道합덕하는 그러한 의미를 표상하는 괘卦가 돈遯·대장괘大壯卦다. 함항괘咸恒卦가 근거가 되어 돈遯·대장괘大壯卦를 생生해 내어놓는 것이 아니라 함항괘咸恒卦의 장남·장녀·소남·소녀의 합덕원리를 상징하는 괘卦로서의 돈遯·대장괘大壯卦다. 돈괘遯卦(돈세원리遯世原理)는 물러서는 원리이며, 대장괘大壯卦(전진前進)는 앞으로 나가는 원리를 상징하는 괘卦다. 즉 진퇴원리進退原理를 상징하는 괘卦다. 진손간태震巽艮兌로 표상되어진 자녀가 성인聖人되어 성도되어 합덕하는 원리를 표상하는 괘卦가 돈遯. 대장괘大壯卦다. 돈괘遯卦와 대장괘大壯卦는 다 같이 군자지도(군자의 인격상)를 상징하는 괘인데, 대장괘大壯卦는 천지지도天地之道를 상징하는 괘卦다. 즉 천지지도天地之道를 깨달은 군자의 인격상을 상징하는 괘卦요, 천산돈괘天山遯卦는 인도人道를 중심으로 한 군자의 인격상을 상징하는 괘다. 천지지도天地之道의 인격상을 깨달은 군자의 상象을 상징하는 것이 대장괘大壯卦요, 천산돈괘天山遯卦는 인도人道(성인聖人·군자지도)를 깨닫게 위하여 둔세하여 학문하는 군자의 인격상을 표상하는 괘다. 건괘乾卦 초효初爻의 돈세무민遯世无悶의 돈세遯世는 괘상卦象으로는 수뢰둔괘水雷屯卦를 가리키지만, 수뢰둔괘水雷屯卦가 그 뜻에 있어서는 천산돈괘天山遯卦와 의미가 상통된다. 이에 건괘乾卦 초효初爻의 돈세군자遯世君子는 천산돈괘天山遯卦의 군자를 상징하는 말이다.

로 돌보는 것이다. 그래야 길吉하고 후회가 없는 것이다.

번결불리藩決不羸 번결불리藩決不羸 울타리가 찢어져 열려 숫양의 뿔이 빠져나오니 고통 없이 쉽게 나아갈 수가 있다는 말이다.

장우대여지복壯于大輿之輹 장우대여지복壯于大輿之輹 대여大輿는 큰 수레이며 '복輹'은 수레바퀴의 축軸을 차체에 연결시키는 것을 말한다. 견고한 바퀴살에 연결된 큰 수레가 기운차게 나아간다. 여태까지 세력을 얻고 있던 소인들은 모두 평정 되었다.

소상사小象辭

번결불리藩決不羸 상왕야尙往也 번결불리는 나아가는 것을 바라는 것이다. 번결藩決하여 괴로워하지 않는다는 것은 나아가는 것을 숭상하기 때문이다. 나아가지 않으면 조금 남아있는 음효陰爻를 평정할 수 없다. 이런 형편에서는 나아가 소인을 평정하고 복종시켜야 한다.

[六五]는 喪羊于易이나 无悔니라. (澤天夬)
육오 상양우이 무회 택천쾌

象曰, 喪羊于易은 位不當也이니라.
상왈 상양우이 위부당야

○ 喪(잃을 상) 羊(양 양) 于(어조사 우) 易(쉬울 이) 无(없을 무) 悔(뉘우칠 회) 位(자리 위) 不(아닌가 부{아닐 불, 클 비}) 當(당할 당)

육오六五는 양羊을 쉽게 잃음이나 후회함이 없을 것이리라.

상象에 이르기를, '양羊을 쉽게 잃었다.'는 것은 (육오六五의)자리가 마땅치 않느니라.

개요槪要

육오六五는 득중得中한 효爻로 시의성時宜性에 맞게 행동함으로서 후회가 없다.

각설[76]

상양우이喪羊于易 양羊을 쉽게 잃을지라도 후회함이 없다. 역易자字는 쉬울(이) 자字이다. 자기 자리를 쉽게 물러난다. 양陽이 올라오니 쉽게 물러난다. 잃어버린 양, 길잃은 양과 목자의 역할에 대한 뉘우침이다.[77]

무회无悔 무회无悔는 육오六五가 득중得中을 했다. 즉 물러날 때를 아는 자이기 때문에 후회가 없다. 중덕中德을 가진 자者다. 양효陽爻가 올라오니 자기 자리를 쉽게 물러난다. 저돌적인 양羊의 모습을 쉽게 잃는다.[78 79]

소상사小象辭

상양우이喪羊于易 위불당야位不當也 상양우이喪羊于易는 육오六五는 부정위不正位라 자리가 적당하지 않다. 그러므로 그 자리에서 물러나더라도 후회할 일이 없다는 것이다.

---

76 (觀中) 화산려괘火山旅卦, 상효上爻에 "상양우이喪牛于易"이라는 말이 나온다. '상양우이喪牛于易'하면 흉凶하다고 하였다. 천뢰무망괘天雷无妄卦에서는 3爻, 「소상小象」에 "행인득우行人得牛, 읍인지재야邑人之災也"라고 했다. 화산여火山旅의 "상양우이喪牛于易하면 흉凶하다"고 하였는데, 뇌천대장雷天大壯에서는 "상양우이喪羊于易"이라고 하여 흉凶하다는 말은 없다. 여기의 양羊은 무엇을 말하는가? 태兌다. 역도易道에서 소를 잃어버리면 안된다는 말이다.

77 육오六五가 동動하면 태兌가 되니, 태兌는 양羊이다. 전체로는 택천쾌괘澤天夬卦가 된다.

78 『주역절중周易折中』에서는 "육오六五에 이르면 장성함은 이미 지나가 버렸다. 또 유柔로서 중中의 자리에 처하여 그 장성함을 발휘할 필요가 없다. 그러므로 비록 양을 잃어버렸으나 뉘우침이 없다고 하는 것이다.(至六五則壯已過矣, 又以柔處中, 則无所用其壯矣, 故雖喪羊而無悔)"라고 하였다,

79 래지덕來知德은 『래주역경도해來註易經圖解』에서는 "이易는 바로 장場으로 밭 경계의 땅을 말한다.(易, 卽場, 田畔地也)"라고 하였다.

[上六]은 羝羊이 觸藩하야 不能退하며
상육 저양 촉번 불능퇴

不能遂하야 无攸利니 艱則吉하리라. (火天大有)
불능수 무유리 간즉길 화천대유

象曰, 不能退不能遂는 不詳也ㅣ오
상왈 불능퇴불능수 불상야

艱則吉은 咎不長也이니라.
간즉길 구불장야

○ 羝(숫양 저) 羊(양 양) 觸(닿을 촉) 藩(울타리 번, 덮을 번) 不(아닐 불) 能(능할 능) 退(물러날 퇴) 遂(이를 수) 无(없을 무) 攸(바 유) 利(이로울 리{이}) 艱(어려울 간) 則(법칙 칙{곧 즉,본받을 측}) 吉(길할 길) 詳(자세할 상) 咎(허물 구) 長(길 장)

상육上六은 숫양이 울타리에 걸렸다 하야 능히 물러나지도 능히 나가지도 못하여 이로울 바가 없으니 어려움을 참다보면 길하다.
상象에 이르기를, '능히 물러나지도 능히 나가지도 못한다.'는 것은 자세히 살피지 못하는 것이요, '어려움을 참으면 길吉하다.'는 것은 어려움이 길지 않다는 것이다.

개요概要

상육上六은 난세亂世의 혼란한 순간에도 함부로 힘을 쓰면 진퇴양난에 빠지게 되어 어렵게 되지만, 인내하면서 천도天道에 믿음을 가지고 있으면 길吉한다는 것이다.

각설

저양촉번羝羊觸藩 **불능퇴**不能退 **불능수**不能遂 **무유리**无攸利 **간즉길**艱則吉 숫양이 울타리를 들이받으니, 능히 물러나지도 못하고 나아가지도 못하니 이로운 바가 없다. 현재의 상황이 어렵더라도 참고 기다리면 곧 길吉

하다는 것이다.

'저양羝羊'은 숫양으로 구삼九三의 울타리에 갇힌 양羊을 뜻한다. '간즉길艱則吉'이란 것은 자리가 바르기 때문에 길吉하다. 나아가지도 물러나지도 못하여 결론이 나지 않으니 이로운 바가 없으나, 건곤乾坤에 대한 믿음을 가지고 어려운 가운데 참다 보면 결과는 좋다는 것이다.

소상사小象辭

불능퇴不能退불능수不能遂 양羊으로 표현된 사나운 양羊(저돌적인 양羊)이다. 울타리를 들이박아 머리가 울타리 밖으로 쑥 삐져 나갔다. 그래서 머리를 빼려고 해도 뿔이 걸려 가지고 빠져 나오지 못하게 되었다. 진퇴양난의 상황이다. 즉 자세하게 파악하지 못했다는 것이다.

간즉길艱則吉 구불장야咎不長也 허물이 길지 않다는 것이다. 대장괘大壯卦는 경계사警戒辭가 항상 붙어 있다. 대장괘大壯卦는 좋은 괘이나 본말本末(초효初爻, 상효上爻)과 중中(이효二爻, 사효四爻)과 좌우左右(삼효三爻, 사효四爻)를 잘 파악해야 한다. 중中은 항상 바른 행위를 하여야 하고, 어떤 일의 처음과 끝도 잘 파악하고 있어야 한다.

✎ 진정한 힘이란 어려운 사람의 눈물을 닦아주고, 감싸주는 것이다. 공자는 천택이괘天澤履卦에서 사랑(인仁)을 근원으로 예禮를 행하되, 두렵고 삼가하는 마음으로 행해야 한다고 한다. 그러므로 만약 작은 힘을 가지고 너무 지나치게 함부로 설치면 '하늘의 심판'과 '양들의 반란'에 직면하게 될 것이다.

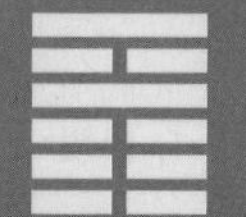

35.火地晉卦

화 지 진 괘

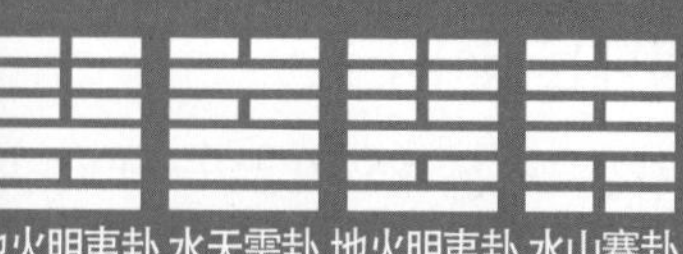

도전괘
倒顚卦

화지진괘
火地晉卦

지화명이괘
地火明夷卦

음양대응괘
陰陽對應卦

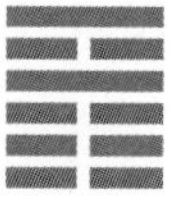

화지진괘
火地晉卦

수천수괘
水天需卦

상하교역괘
上下交易卦

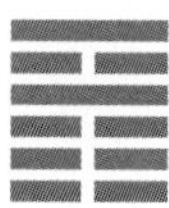

화지진괘
火地晉卦

지화명이괘
地火明夷卦

호괘
互卦

화지진괘
火地晉卦

수산건괘
水山蹇卦

효변
爻變

	初爻變 而爲筮嗑卦	二爻變 而爲未濟卦	三爻變 而爲旅卦	四爻變 而爲剝卦	五爻變 而爲否卦	上爻變 而爲豫卦
		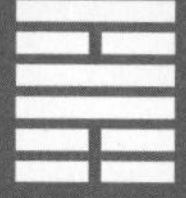				
화지진괘 火地晉卦	화뢰서합괘 火雷筮嗑卦	화수미제괘 火水未濟卦	화산여괘 火山旅卦	산지박괘 山地剝卦	천지비괘 天地否卦	뇌지예괘 雷地豫卦

요지要旨

괘명卦名 이 괘의 상이上離의 화火(☲) + 하곤下坤의 지地(☷) = 화지진괘火地晉卦(䷢)이다.

괘의卦意 진리를 향해 나아감의 도道에 대한 설명이다. '진晉'은 진야進也이다. 이 괘卦는 해가 땅위에 나와 있는 상象이다. 해가 처음으로 땅위에 나와 그것이 위로 올라가 점점 밝아진다. 이것이 진괘晉卦의 뜻이다. ❶진進은 전진하는 뜻이지만 ❷진晉은 나아가면 밝고 성대盛大하다는 뜻이 있다. 그러므로 진進이라 하지 않고 진晉이라 하였다.[80] 성인聖人의 가르침을 받아 군자가 본성의 덕德을 밝혀나가는 이치를 말한다.

64괘중 위로 올라가고 앞으로 나아가는 뜻을 가진 괘卦가 3개가 있다. 그것은 화지진火地晉(䷢), 지풍승地風升(䷭), 풍산점風山漸(䷴)인데 이 중에서도 진괘晉卦(䷢)는 해가 땅위로 올라가는 것으로 가장 우수하다. 지풍승地風升(䷭)은 나무의 싹이 땅을 뚫고 나오는 괘로 진괘晉卦(䷢) 다음이 된다.[81]

괘서卦序 「서괘」에서 "'사물事物'은 마칠 때까지 씩씩하지 않다. 씩씩하다 보면 나아가고, 나아가다 보면 진보한다.(物不可以終壯, 故, 受之以晉)"
물 불 가 이 존 장 고 수 지 이 진
라고 하였다.

괘덕卦德 화지진괘火地晉卦(䷢)를 덕德으로 보면 하곤괘下坤卦(☷)는 유순柔順이며, 상上 리괘離卦(☲)는 문명文明이다. 화지진괘火地晉卦(䷢)의 위에 있는 군주는 총명한 덕을 가지며 아래에 있는 사람들은 유순柔順한 덕德을 가지고 있어 융성해진다는 것이다.

---

80 설문說文에는 진晉을 해가 땅위에 나와 빛이 밝아지고 지상만물地上萬物이 모두 햇빛을 받아 성장하고 무성해지는 것이라 하였다.

81 풍산점風山漸(䷴)은 산山위의 나무가 자라고 무성해지는 것으로 승괘升卦(䷭)의 땅을 뚫고 올라오는 힘보다는 약하다. 이 괘와 비슷한 것이 화천대유괘火天大有(䷍)이다. 대유大有는 해가 하늘 위에 솟아 빛나고 있는 괘이다. 진괘晉卦(䷢)는 아침나절인데 대유大有(䷍)는 한낮을 말한다.

괘상卦象 화지진괘火地晉卦(䷢)의 하下 곤괘坤卦(☷)의 음효陰爻를 어두운 자로 보고, 상上 리괘離卦(☲)를 밝은 자로 보고서 밝은 자가 어두운 자를 비추고 있다고 볼 수 있다. 또한 욕심으로 덮인 어두운 마음이 욕망의 어두움을 걷어내고 본래의 밝은 마음으로 돌아간다고 보아도 좋다.

晉은 **康侯**를 **用錫馬蕃庶**하고 **晝日三接**이로다.
진 강후 용석마번서 주일삼접

○ 晉(나아갈 진) 康(편안할 강) 侯(제후 후, 과녁 후) 用(쓸 용) 錫(줄 석, 주석 석) 馬(말 마) 蕃(우거질 번) 庶(여러 서) 晝(낮 주) 接(사귈 접)

진晉은 (황제가) 나라를 편안하게 만든 제후諸侯에게 말을 많이 하사하고, 하루에 세 번이나 접함이로다.

개요概要

진괘晉卦는 해가 땅위로 올라와 넓은 지상地上을 비추는 것같이 성인聖人의 은택이 천하에 퍼져나가서 나라와 국민을 편안하게 하고, 공로 있는 제후에게 많은 말을 하사하고, 천자天子는 하루에 세 번이나 접견하여 그를 우대한다.

각설

진晉 강후康侯 용석마번서用錫馬蕃庶 주일삼접晝日三接 성인지도聖人之言에 따라 나라를 편안하게 한 제후에게 여러 가지 말을 많이 하사하고, 한 낮에 세 번(여러 번)을 접한다. 강후康侯란 나라를 편안하게 하는 제후를 말한다. ❶석錫은 천자天子가 신하에게 물건을 하사할 때와 신하가 천자天子에게 물건을 바칠 때의 양쪽에 다 썼다.[82] ❷번서蕃庶는 많을 번

82 '바칠 석錫'으로도 해석한다. 이 경우 석마錫馬는 제후諸侯가 천자天子에게 말을 바친다는 뜻으로 제후諸侯는 자기 땅에서 생산되는 말 열 마리를 천자天子에게 바친다는 것을 의미한

으로 말이 서로 많고 많다는 말이다. ❸주일삼접晝日三接은 낮에 세 번 천자天子를 배알拜謁한다는 것이다.[83]

[彖曰] 晉은 **進也**ㅣ니 **明出地上**하야
단왈 진 진야 명출지상

順而麗乎大明하고 **柔進而上行**이라.
순이려호대명 유진이상행

是以康侯用錫馬蕃庶晝日三接也ㅣ라.
시이강후용석마번서주일삼접야

❍ 明(밝을 명) 出(날 출) 地(땅 지) 順(순할 순) 麗(고울 려{여} 자리잡을 려, 걸릴 려)) 明(밝을 명) 柔(부드러울 유) 進(나아갈 진) 行(갈 행) 大(큰 대) 以(써 이) 康(편안할 강) 侯(과녁 후, 제후 후) 用(쓸 용) 錫(받을 석) 馬(말 마) 蕃(우거질 번) 庶(여러 서) 晝(낮 주) 接(사귈 접)

단彖에 이르기를, 진晉은 나아가는 것이니, 밝은 빛이 땅 위로 나와서 이에 순종하야 큰 밝음에 자리잡고, 유柔(육사六四)가 나아가 위로 올라갔음이라, 이런 까닭으로, 나라를 편안하게 만든 제후諸侯가 (천자天子로부터) 말(馬)을 많이 하사받고, 하루에 세 번 접견 받는 것이라.

다. 그러나 전체적인 내용으로 볼 때 줄 석자의 해석이 더 적합하다고 본다.

83 이 의식은 의례중「근례覲禮」에 적혀있는데 제후諸侯가 천자天子의 서울에 와서 처음 천자天子를 뵐 때는 규圭라는 옥玉을 손에 잡고 만난다. 규圭는 옥玉으로 긴 장기 말같이 만든 것이다. 이것은 천자天子가 처음 제후諸侯를 봉할 때에 그 증거물로 공후백자남公侯伯子男의 작위에 따라 규圭를 하사下錫한다. 지금은 그 때에 받은 규圭를 손에 잡고 천자天子 앞에 나아간다. 제후諸侯는 천자天子의 종묘문宗廟門으로 들어가 당하堂下에서 규圭를 손에 잡고 천자天子에게 말씀드린다. ❶1회 접견 : 천자天子는 당상堂上에 있고 제후諸侯는 당하堂下에서 규圭를 대상臺上에 놓고 천자天子에게 절한다. 그때 천자天子는 관리를 통해 당상堂上으로 오르도록 명령한다. 명령을 받은 제후諸侯는 대하臺上의 규圭를 잡고 당상堂上으로 올라 천자天子를 배알한다. 이 예禮가 끝나면 제후諸侯는 당하堂下로 내려와 문밖으로 나간다. ❷2회 접견 : 다음은 제후諸侯는 폐백幣帛을 가지고 천자天子를 배알한다. 제후諸侯는 폐백을 대臺위에 두고 절한다. 그 때 천자天子는 관리를 통해 당상堂上으로 오르게 한다. 제후諸侯는 폐백을 가지고 올라와 천자天子에게 바치고 절한다. ❸3회 접견 : 이것이 끝나면 제후諸侯는 종묘宗廟밖으로 나간다. 이때에 천자天子는 관리를 통하여 원로遠路에 수고가 많았다고 치하한다. 제후諸侯는 다시 문안으로 들어와 고마운 말씀에 대한 절을 올린다. 이것이 석마번서錫馬蕃庶 주일삼접 晝日三接의 의식을 말한다.

개요概要

이 괘卦의 「단사彖辭」에 다른 괘卦와 같이 원형이정元亨利貞이란 말이 없는 것은 굳이 그 말을 할 필요가 없기 때문이다. 신장해서 번성하니 크게 형통한다고 말할 필요가 없고 또 유순柔順과 문명文明의 좋은 덕德을 가졌으니 이정利貞이라 경계警戒할 필요가 없다는 것이다.

각설[84]

명출지상明出地上 밝은 태양太陽이 지상地上에 떠 있는 상象을 말하였으니 이는 진괘晉卦의 상象을 표현한 말이다. 상괘上卦는 리離(일日 태양太陽)이며, 하괘下卦는 곤坤(지상地上)이다

순이려호대명順而麗乎大明 순順은 태양太陽에 순종하는 곤坤을 말한다. 여호대명麗乎大明은 진晉의 괘덕卦德으로 큰 밝음에 자리잡고 있음을 의미한다.

---

84 (觀中) ❶순이려호대명대명順而麗乎大明大明이란 말이 『주역』에 몇 군데 나오는가? 건괘乾卦 「단사」의 '대명종시大明終始'가 나온다. 대명종시大命終始되는 도수度數는 건괘乾卦 자체自體에도 들어 있지만 서괘원리序卦原理에 있어서는 어느 괘卦가 대명종시大命終始되는 도수度數인가? 진晉·명이明夷卦다. 대명大明은 대형大亨원리다. 무엇을 대명大明해야 되는가? 종시도수終始度數를 크게 밝혀야 한다. 종시도수終始度數는 어느 도수度數인가? 무진戊戌·기해己亥도수다. 대명大明終始원리가 어디서 밝혀지는가? 진晉·명이明夷이다. ❷강후용석마번서康侯用錫馬蕃庶 : 이 '석마錫馬'가 무슨 말(馬)인가? 중생衆生을 제도制度하는 증마拯馬다. 용증마장用拯馬壯은 뇌천대장괘雷天大壯卦다. '번서蕃庶'는 무엇인가? 중생衆生을 번성하게 제도하는 것이다. '강후용석마번서康侯用錫馬蕃庶'란 군자를 부리게 위해 주인이 말을 준 것이다. 말(馬)은 무엇인가? 성인聖人의 말씀 속에 도道가 들어있다. 성인聖人의 말씀을 군자가 깨닫게 된 것이다. 도道가 들어있는 성인聖人의 말씀을 말(言語)이라고 한다. 타고 다니는 말도 말이라고 한다. 성인聖人의 말은 道를 태워가지고 가는 말(馬)이다. 하늘이 증마拯馬를 준 것이다. 행지무강行之无疆(도道를 천하天下에 행하라)하라고. 강康은 오달왈강五達曰康이다. 오달五達은 오행원리五行原理에 통달해야 된다. 하도낙서원리河圖洛書原理가 오행원리五行原理로 되어있다. 강후康侯될 자격이 없다. 증마拯馬를 주고 나서야 번서蕃庶가 가능하게 된다. 이를 뇌수해괘雷水解卦에서는 개갑탁皆甲拆이라 했다. 곤괘坤卦 사효四爻에서는 천지초목天地變草木이 번蕃이라했다. 「설괘說卦」편에 '진위번선震爲蕃鮮'이라 했다. 대인지도大人之道는 어디서부터 움직여 나가는가? 제출호진帝出乎震, 진震은 동방야東方也라고 했다. ❸주일삼접晝日三接 : '삼접三接'이란 천지합덕天地原理를 삼역괘三易卦로써 모두 다 표상이 된다는 말이다.

유진이상행柔進而上行 유순중정柔順中正의 육오六五가 모든 것을 행行한다는 것이다. 리괘離卦가 음괘陰卦라 '유진柔進'이라고 하였으며, 상행上行은 육오효六五爻를 두고 한 말이다.

주일삼접晝日三接 '삼접三接'이란 하루에도 3번이나 접견을 한다는 것이다.

[象曰] 明出地上이 晉이니 君子ㅣ以하야 自昭明德하나니라.
상왈 명출지상 진 군자 이 자소명덕

○ 昭(밝힐 소, 밝을 소)

상象에 이르기를, 밝은 빛이 땅 위에 나오는 것이 진晉이니, 군자는 이로써 스스로 밝은 덕을 밝히니라.

각설[85]

자소명덕自昭明德 인간의 본성으로 주어진 덕성德性을 스스로 밝게 한다.

천도天道의 주체적인 자각은 저절로 이루어지는 것이 아니라, 스스로 노력이 필요하다는 것이다. 『대학大學』의 명명덕明明德과 연관을 가진다.[86] 명덕明德은 선천적인 것으로서 사물의 옳고 그름을 판단할 수 있는 밝은 지혜를 말한다.

---

85 (觀中) 곤책성인坤策聖人이 먼저 자소명덕自昭明德할 수 있는 근거根據를 제시提示하고 건책성인乾策聖人이 구체적으로 천도天道를 밝힌다.

86 『대학』 제1장 「삼강령三綱領」, "대학지도大學之道, 재명명덕在明明德, 재친민在親民, 재지어지선在至於至善."

[初六]은 晉如摧如에 貞이면 吉하고
초육 진여최여 정 길

罔孚라도 裕ㅣ면 无咎ㅣ리라 (火雷噬嗑)
망부 유 무구 화뢰서합

象曰, 晉如摧如는 獨行正也일새오
상왈 진여최여 독행정야

裕无咎는 未受命也이니라.
유무구 미수명야

○ 晉(나아갈 진) 如(같을 여) 摧(억제할 최, 저지할 최, 꺾을 최) 貞(곧을 정) 吉(길할 길) 罔(없을 망, 그물 망) 孚(믿을 부) 裕(너그러울 유, 넉넉할 유)

초육初六은 나아가는 듯하고 억제하는 듯함에 곧으면 길하고, (구사九四의) 믿음이 없더라도 (마음이) 너그러우면 허물이 없다 하리라.
상象에 이르기를, '나아가는 듯하고 억제하는 듯하다'는 것은 홀로 바른 길을 행함이요, '(마음이) 너그러우면 허물이 없다.'는 것은 명命을 받지 않았기 때문이니라.

개요概要

초육初六의 응효應爻는 구사九四이다. 어리고 재능이 부족하다. 그러므로 마음의 여유를 가지고 기다리면 허물이 없다는 것이다. 이때에 반드시 믿음을 가지고 정도正道로 가야 한다는 것이다.

각설

진여최여晉如摧如 **정길**貞吉 **망부유**罔孚裕 **무구**无咎 진여최여晉如摧如는 초육初六이 나아가려 하는데 꺾인다(저지 당한다). 왜냐하면 초육初六은 부정위不正位로 재능이 부족한데 나아가려 하니 구사九四가 저지한다.

그러므로 그 뜻이 꺾이더라도 바르게 하면, 즉 자신의 분수를 알고 나아가지 않으면 길吉하다는 것이다. 구사九四가 응應하지 않더라도 아직은 어리고, 재능이 부족한데 기인함이니 자기 분수를 알고 마음의 여유를 가지고 기다리면 허물이 없다는 것이다.

소상사小象辭

진여최여晋如摧如 **독행정야**獨行正也 나아가는데 꺾였다는 것은 홀로 바르게 행行하는 것이다.

유무구裕无咎 **미수명야**未受命也 마음이 넉넉하여 허물이 없다는 것은 구사九四로부터 관직의 명命을 받지 못했다는 것이다. 넓은 마음으로 여유 있게 행동하면 잘못이 없다는 것은 초육初六이 미천한 자리에 있어 아직도 군주의 명을 받을 준비가 되어 있지 않기 때문이다. 즉 스스로의 능력과 재질才質이 안되니 '미수명未受命'하는 것이다.[87]

[六二]는 晋如ㅣ 愁如ㅣ나 貞이면 吉하리니
육이 진여 수여 정 길

受玆介福于其王母ㅣ리라. (火水未濟)
수자개복우기왕모 화수미제

象曰, 受玆介福은 以中正也이니라.
상왈 수자개복 이중정야

○ 晋(나아갈 진) 愁(시름 수) 受(받을 수) 玆(무성할 자, 이 자) 介(클 개, 끼일 개) 福(복 복)

87 맹자같은 아성亞聖도 때가 안되었을 때는 "나는 관직이 없으며 말로써 책임을 질 일도 없으니, 나의 진퇴가 어찌 넉넉하고 여유롭지 않겠는가?(『맹자』, 「공손추하」, "我無官守, 我無言責也, 則吾進退, 豈不綽綽然有餘裕哉.)"라고 하였으니, 바름을 얻지 못한 초육初六은 말할 것도 없는 것이다.

육이六二는 나아가는 것이 근심하는 것과 같음이라, 바르게 하면 길할 것이니, 이에 큰 복을 왕모로부터 받을 것이다.

상象에 이르기를, 큰 복을 받는 것은 중정中正으로써 행동하기 때문이다.

개요概要

나아가더라도 근심이 있다는 것은 구사九四 때문에 못 가고 있기 때문이다. 이때에 중도中道를 하면 길吉하고, 바르게 했을 때에 이 큰 복福을 왕모王母, 즉 육오六五에게 받는다.

각설

진여수여晋如愁如 정길貞吉 나아가더라도 근심스러우나 바르게 하면 길吉하다. 구이九二가 동動하면 감坎(정고貞固)이니 '수여愁如'와 '정貞'이 나온다.

수자개복우기왕모受玆介福于其王母 구사九四와 음양관계陰陽關係를 하지 않으면, 즉 바르게 하면 큰 상賞을 받을 것이다. 큰 복福을 왕모王母에게 받으리라. '곤坤'은 한 지역을 나타내니 제후諸侯를 말하며, '강후康侯'에게 '用錫馬蕃庶'(용석마번서)한다. 이 큰 복福이 바로 용석마번서用錫馬蕃庶이다. 근심이 되는 것은 구사九四 때문이다.

'受玆介福于其王母'(수자개복우기왕모)에서 육오六五는 음陰이니 왕모王母라 했다. 「괘사卦辭」의 '用錫馬蕃庶'(용석마번서)는 육이六二 「효사爻辭」의 '受玆介福于其王母'(수자개복우기왕모)와 그 뜻이 서로 상통한다. 「괘사卦辭」는 주로 육이六二와 육오六五의 관계를 설명하였다.[88]

---

88 왕모王母는 할머니를 말한다. 여기서는 주周나라에서 조상신으로 받드는 강원 (강원: 제곡帝嚳의 비, 후직后稷의 어머니) 또는 태임太任(태임: 계력系歷의 비, 문왕文王의 어머니)을 뜻한다. 왕부王父는 할아버지이다.

소상사小象辭

수자개복受玆介福 **이중정야**以中正也 이 큰 복을 받는다는 것은 중中으로 써 바르게 하는 것이며, 즉 중정지도中正之道를 말한다.[89]

[六三]은 衆允이라 悔亡하니라. (火山旅)
육삼 중윤 해망 화산여

象曰, 衆允之志는 上行也이니라.
상왈 중윤지지 상행야

❍ 衆(무리 중) 允(진실로 윤)

육삼六三은 사람들이 진실로 믿는 것이라, 후회함이 없느니라.

상象에 이르기를, 사람들이 진실로 믿는다는 뜻이 위로 행함이니라.

개요概要

육삼六三은 부정위不正位 부중不中한 효爻로 중덕中德이 없다. 그러나 진실함을 사람들이 믿어주니 후회함이 없다는 것이다.

각설

중윤衆允 **회망**悔亡 많은 사람들이 육삼六三의 뜻을 진실하다고 믿음으로 후회할 일이 없게 된다는 것이다. 후회가 있고 다소 실패가 있을 효爻이다. 그러나 진괘晉卦의 하下 곤괘坤卦의 끝에 있으니 지극히 유순柔順하다.

---

89 구사九四가 방해를 한다. 즉 구사九四는 방해꾼이다. 초육初六, 육이六二, 육삼六三은 곤체坤體에 있으니 제후諸侯가 된다. 이 중 육이六二가 중용되는 자라 할 수 있다. 육이六二는 중정中正한 덕을 갖추고 있으나 위로 육오六五의 응원함이 없고, 구사九四에 가로 막혀서 나아가지 못하고 근심하는 상象이다. 그러나 상황에 개의치 않고 중정中正한 덕德을 오래하면 저절로 그 덕德이 밖으로 드러나, 왕모王母인 육오六五로부터 '용석마번서주일삼접야用錫馬蕃庶晝日三接也.'의 큰 복을 받게 되는 것이다.

아래의 초육初六, 육이六二와 같이 나아가 밝은 덕德을 가진 육오六五 군주에 순종할 뜻이 있으며 많은 사람들, 즉 아래의 초육初六, 육이六二등이 모두 그의 진실을 믿고 있다. 그러므로 중정中正하지 못한 결점에서 벗어날 수 있어 후회가 없게 된다.

소상사小象辭

중윤지지衆允之志 상행야上行也 육삼六三은 위로 행行하는 것이다. 밝은 군주君主에게 붙으려는 것이다. 위로 올라가 크게 밝은 군주君主에게 붙으려는 생각은 초육初六·육이六二·육삼六三이 다 같이 갖고 있다. 그러므로 많은 사람들이 육삼六三을 진실하다고 믿는 것이다.[90]

> **[九四]**는 晉如ㅣ 鼫鼠ㅣ니 貞이면 厲하리라. (山地剝)
> 구사 진여 석서 정 려 산지박
>
> 象曰, 鼫鼠貞厲는 位不當也이니라.
> 상왈 석서정려 위부당야

○ 晉(나아갈 진) 如(같을 여) 鼫(다람쥐 석, 석서 석) 鼠(쥐 서)

구사九四는 나아가는 다람쥐이니, 고집하면 위태로울 것이다.

상象에 이르기를, '다람쥐는 곧아도 위태롭다.'는 것은 (구사九四의) 자리가 마땅하지 않음이니라.

개요槪要

구사九四는 제후의 자리로서 위태로운 자리이다. 왜냐하면 위로는 육오六五

90 초육初六은 미천한 자리에 있어 그의 뜻을 사람들이 믿지 않으며 육이六二는 쉽게 나아갈 수가 없음으로 걱정하고 있다. 육삼六三에서 비로소 많은 사람들의 믿음을 얻어 같이 위로 올라감으로 일이 잘 풀리게 된다.

를 의심하고 아래로는 초육初六, 육이六二, 육삼六三을 의심한다. 그러므로 구사九四는 나아가는데 다람쥐이니 바르게 하더라도 고집하면 위태롭다는 것이다. 이때 석서鼫鼠의 ❶석鼫은 석서 (석)으로 다람쥐(눈에 보이지 않는 흉인凶人)이며, ❷서鼠는 쥐(서)로 집쥐(눈에 보이는 흉인凶人)이다. 이 효爻는 부정위不正位·부중不中로써 음陰자리에 양陽이 앉아 있다.

각설

진여석서晋如鼫鼠 나아가는데 다람쥐 혹은 집쥐와 같은 자이다. 다람쥐는 낮에만 활동하며, 의심이 많고, 위험한 짓은 하지 않는다.[91] 다람쥐로 비유한 것은 실력이 없으면서 있는 척하는 자를 비유하여 나타내기 위함이다. 자신이 실력이 없으니 밑에서 인재들이 올라오는 것을 방해하는 자者이다. 즉 탐욕스러운 효爻라고 할 수 있다.

정려貞厲 구사효九四爻가 부정위不正位라 정도正道로 해도 위태롭다는 것이다. 나아가려는 때에 육오六五가 막고 있으니, 구사九四 자신이 바르게 하더라도 밝은 임금인 육오六五가 질책하니 위태롭다. 왜냐하면 재상의 자리는 탐욕으로 얻은 자리이니 결국 왕王이 질책할 것이기 때문이다.

소상사小象辭

석서정려위부당야鼫鼠貞厲位不當也 석서정려는 그 자리가 부당하기 때문이다. 좌불안석이다. 그러므로 제대로 하는 재주가 없다.

---

91 다람쥐는 나무 가지를 타더라도 끝까지 타지 않고, 헤엄을 쳐도 건너지 않으며, 구멍을 파도 자기 몸 하나 숨길 정도로 파지 않는다.

[六五]는 悔亡하니 失得을 勿恤이니
육오 회망 실득 물휼

往에 吉无不利리라. (天地否)
왕 길무불리 천지비

象曰, 失得勿恤은 往有慶也이니라.
상왈 실득물휼 왕유경야

❍ 悔(후회할 회) 亡(망할 망) 失(잃을 실) 得(얻을 득) 勿(말 물) 恤(구휼할 휼, 근심할 휼) 往(갈 왕) 吉(길할 길) 无(없을 무) 利(이로울 리{이}) 往(갈 왕) 有(있을 유) 慶(경사 경)

육오六五는 후회함이 없다 하니, 잃고 얻는 것을 근심하지 아니하니, (중도中道로)가면 길吉하고 이롭지 않은 것이 없느니라.

상象에 이르기를, '잃고 얻는 것을 근심하지 마라.'는 것은 앞으로 나아가면 경사가 있느니라.

개요概要

무망无妄의 경지로 구속됨이 없는 자유로움을 말한다. 왜냐하면 성인지도聖人之道를 실천하기 때문이다.

각설

회방悔亡 육오효六五爻가 부정위不正位이다. 그러나 득중得中으로 후회함이 없다고 하여 회망悔亡이라고 한다.

실득물휼失得勿恤 득실得失은 손익損益과 이해득실利害得失을 떠나 중도中道를 잡는 것을 말한다.[92] 물휼勿恤은 근심하지 않는다는 것이다.(물휼勿恤 = 물우勿憂)

---

92 『채근담』에서 "배운 것은 없어도 물욕을 벗어날 수 있다면 도통의 경지를 넘나드는 것이다."라고 하였다.

소상사小象辭

실득물휼失得勿恤 무애無碍의 경지(절대적 자유), 종심소욕불유구從心所慾不踰矩의 경지이다.

[上九]는 晉其角이라 維用伐邑이면 厲하나
상구 진기각 유용벌읍 려

吉코 无咎ㅣ어니와 貞이면 吝하니라. (雷地豫)
길 무구 정 인 뇌지예

象曰, 維用伐邑은 道未光也이니라.
상왈 유용벌읍 도미광야

○ 晉(나아갈 진) 其(그 기) 角(뿔 각, 모퉁이 각) 維(바 유, 오직 유(唯)) 用(쓸 용) 伐(칠 벌) 邑(고을 읍) 厲(갈 려{여})

상구上九는 그 뿔까지 나아감이니, 오직 고을을 치면(자신을 치면) 위태하나, 길吉하고 허물이 없거니와 (다른데로 나아가면)곧아도 인색하다.

상象에 이르기를, "오직 고을을 친다는 것은 (나의) 도道가 빛나지 못함이니라."

개요概要

상구上九는 나 자신부터 반성反省하고 욕심慾心을 내려놓아야 길吉하다는 것이다.

각설 [93]

---

93 (觀中) 읍邑을 정벌하는데 오직 이용하면 려厲하나 길吉코 무구无咎이거니와, 위험하지만 길吉하여 허물이 없거니와, 유용벌읍維用伐邑을 하는데 만이 이용하면 길吉코 무구无咎이다. 그러나 다른 데에 이용하면 인색(흉凶)하게 된다. 읍邑을 정벌하는데 이용한다면 어떤 결과

진기각晉其角 각角은 모퉁이(우隅)로 상구효上九爻라 나아가는데 마지막(극極)이라는 의미가 있다.

유용벌읍維用伐邑 벌읍伐邑은 자신을 되돌아보고 성찰한다는 의미가 있다. 다시 말하면 소인지도小人之道를 친다. 내 마음속에 있는 사심邪心을 친다는 것이다.

정린貞吝 낮에 할 일은 낮에 하고, 밤에 할 일은 밤에 하여 시의성時宜性을 놓치지 않아야 한다. 만약 시의성時宜性을 놓친다면 인색하여 흉凶이 온다는 것이다. 즉 시지즉지時止則止, 시행즉행時行則行을 말한다.

소상사小象辭[94]

도미광야道未光也 시의성時宜性에 맞지 않거나 인간적인 욕심에 가려서 도道가 빛나지 않는다는 것이다. 시의성時宜性의 중요성을 말하고 있다. 나 자신의 성찰이 필요하다는 것이다.

를 가져오는가? 神의 소리, 즉 신도神道를 깨닫는 결과를 가져온다. 낙서원리洛書原理를 상징하는 신도神道(하도원리河圖原理)를 깨닫게 되어있다. 신도神道를 깨달을 수 있는 유일한 길은 도서역학圖書易學이다. 읍邑은 낙서원리洛書原理를 상징하는 수풍정괘水風井卦이다. 이에 '유용維用'을 강조한 것이다. 도서역학圖書易學을 전공하는데 이롭게 이용해야 된다는 말이다. 그렇게 하면 어떤 결과를 가져오는가? 신도神道, 신의 소리를 듣는 결과를 가져온다. 화풍정괘火風鼎卦에 '진기각晉其角이니 유용벌읍維用伐邑' 해야 한다고 한 것이다. 도서역학圖書易學을 전공하는데 오직 활용을 해야 한다. 그렇게 하면 려厲하나 길吉코 무구無咎하거니와, 만약에 역학을 공부하지 않는다면 정貞이라도 인吝하게 된다고 한 것이다.

94 (觀中) 아직 도道가 밝혀지지 않았기 때문이다. 상효上爻가 동動하면 뇌지예괘雷地豫卦가 되기 때문이다. 뇌지예괘雷地豫卦상효上爻, 명예재상冥豫在上이라 했다. 화지진괘火地震卦는 뇌지예괘雷地豫卦와 직접 결부를 시켜 말씀을 하고 있다. 이효도 뇌지예괘雷地豫卦와 연관, 상효上爻도. 그런데 지화명이괘地火明夷卦로 넘어가면 다르다. 지풍승괘地風升卦와 연관된 말씀이 많이 나온다. 지풍승괘地風升卦 상효上爻는 명승재상冥升在上, 뇌지예괘雷地豫卦도 상효上爻에 명예冥豫라고 했다.

✎ 진괘晉卦는 성인聖人의 가르침을 받아 군자君子가 본성本性의 덕德을 밝혀나가는 이치理致를 밝히고 있다. 자소명덕自昭明德이란 인간人間의 본성本性으로 주어진 덕德은 스스로의 노력으로 밝히는 것이며, 나아가 지선至善의 경지에 나아갈 수 있음을 천명天命하고 있다.

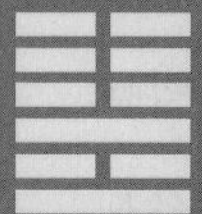

지 화 명 이 괘

36.地火明夷卦

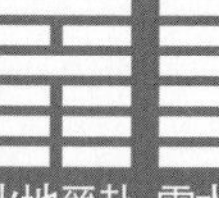

火地晉卦 天水訟卦 火地晉卦 雷水解卦

도전괘
倒顚卦

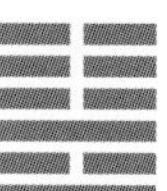

지화명이괘
地火明夷卦

화지진괘
火地晉卦

음양대응괘
陰陽對應卦

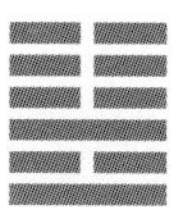

지화명이괘
地火明夷卦

천수송괘
天水訟卦

상하교역괘
上下交易卦

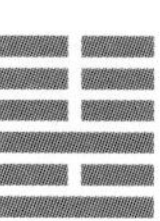

지화명이괘
地火明夷卦

화지진괘
火地晉卦

호괘
互卦

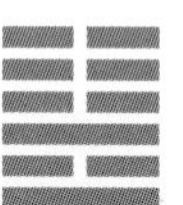

지화명이괘
地火明夷卦

뇌수해괘
雷水解卦

효변 爻變	初爻變 而爲謙卦	二爻變 而爲泰卦	三爻變 而爲復卦	四爻變 而爲豐卦	五爻變 而爲旣濟卦	上爻變 而爲賁卦
지화명이괘 地火明夷卦	지산겸괘 地山謙卦	지천태괘 地天泰卦	지뢰복괘 地雷復卦	뇌화풍괘 雷火豐卦	수화기제괘 水火旣濟卦	산화비괘 山火賁卦

요지要旨

괘명卦名 이 괘는 상곤上坤의 지地(☷) + 하이下離의 화火(☲) = 지화명이괘地火明夷卦(䷣)이다.

괘의卦意 명이괘明夷卦는 난세亂世의 어려움을 극복하는 지혜知慧를 말하고 있다. '명이明夷'는 진괘晉卦와는 달리 태양太陽이 땅속에 있으므로 그 밝음이 상傷하였다. 즉 밤을 의미한다. 따라서 난세亂世, 암흑천지, 무질서, 주검, 밝음의 숨김 등을 말한다. 명이지자明夷之者는 지혜는 있되 때가 아니며, 불명지자不明之者는 지혜도 없고 때도 아님을 말한다. 역사적으로는 은말주초殷末周初의 역사적 전환기에 비유할 수 있다.

괘서卦序 「서괘」에서 "진晉은 나아가면 반드시 상傷하는 바가 있으므로 명이明夷로써 받았다.(進必有所傷, 故 受之以明夷)"라고 하였다.
진 필 유 소 상 고 수 지 이 명 이

괘상卦象 상괘上卦의 땅속에 하괘下卦의 불이 들어 있다. 태양이 땅속으로 들어간 상象이다. 밝은 빛과 지혜가 땅속에 감추어져 있는 것이다.

明夷은 **利艱貞**하니라.
명 이 　이 간 정

○ 夷(오랑캐 이, 멸할 이, 평평할 이, 온화할 이, 상할 이), 艱(어려울 간)

명이明夷는 어려울 때에 곧음이 이롭다.

각설 95

이간정利艱貞 어려운 일은 있으나 (그 이면에는 천도의 주체적 자각이라는 다른 의미가 내포되어 있으니) 정도正道로 해야 이롭다는 것이다.

---

95 (觀中) 어려운 고비는 반드시 넘어가게 된다. 천도天道변화기에 간난艱難의 문제 때문에 성인聖人이 우환의식을 가지게 된 것이다. 순탄하게 천도天道가 변화하는 것이 아니다. 명이괘明夷卦는 어느 괘의 「잡괘雜卦」로 「서괘」와 결부가 되어있는가? 택풍대과괘澤風大過卦다. 대과괘大過卦는 소인小人에게 있어서는 죽음을 자초하게 된다.

[彖曰] 明入地中이 **明夷**이니 內文明而外柔順하야
단왈 명입지중 명이 내문명이외유순

以蒙大難이니 文王이 以之하니라.
이몽대난 문왕 이지

利艱貞은 晦其明也ㅣ라
이간정 회기명야

內難而能正其志니 箕子以之하니라.
내난이능정기지 기자이지

○ 明(밝을 명) 入(들 입) 地(땅 지) 中(가운데 중) 內(안 내) 文(문채 문) 外(밖 외) 柔(부드러울 유) 順(순할 순) 蒙(몽매할 몽, 무릅쓸 몽, 입을 몽) 難(어려울 난) 艱(어려울 간) 晦(그믐 회) 能(능할 능) 箕(키 기)

단彖에 이르기를, 밝음이 땅 속에 들어간 것이 명이明夷이니, 안으로는 어질고 밝으며, 밖은 유순柔順해서 큰 어려움을 당함이니, 문왕文王이 이를 몸소 겪었다. '어려움이 있어도 곧아야 이롭다'는 것은 그 밝은 것을 가림이라. 안에 어려움이 있어도 능히 그 뜻을 바르게 함이니, 기자箕子가 이로써 행하니라.

각설 [96]

내문명이외유순內文明而外柔順 **문왕이지**文王以之 내부로는 천도天道를 환하게 알고 있지만 밖으로는 모르는 척하여 큰 어려움을 극복하는 현

96 (觀中) ❶내문명內文明은 내괘內卦 이효二爻를 가리키고, 외유순外柔順은 외괘外卦 곤괘坤卦를 가리킨다. 밖으로는 유순한 자세를 취한 것이다. 속으로는 문명文明이다. 道를 환하게 깨달아 갖고 있다. ❷'이몽대난以蒙大難'란 지화명이괘地火明夷卦의 이효二爻의 원리를 최대한으로 活用한 것이다. 그리하여 은지말세殷之末世를 무난히 극복해 넘겼다는 말이다. ❸'문왕이지文王以之'의 이以는 군자가 이용하는 원리다. 이는(64卦 대상大象의 '이以') 지화명이괘地火明夷卦의 문왕文王과 기자箕子에게 배운 것이다. 대난大難을 맞이했으되 그 뜻을 올바르게 지킬 수가 있었다. 어려운 고비를 극복해나가는 원리를 지화명이괘地火明夷卦로써 표현된 문왕文王과 기자箕子에게서 배워야 한다. ❹내난이능정기지內難而能正其志 : 난관을 정면 돌파해 나가는 것을 말한다.

상을 말한다. 문왕文王이 이것을 본받았다는 것이다.[97]

이몽대난以蒙大難 큰 어려움을 돌파해 나가는 것이다. 무릅쓸 몽 자字다.[98]

회기명야晦其明也 그 밝음이 어두워졌다는 것이다. 다시 말하면 속으로는 밝으면서 겉으로는 어둡게 행동하는 것을 말한다. 그 밝음을 가린다는 것이다. 홍선군의 방탕처럼….

내난이능정기지內難而能正其志 안으로 어렵더라고 그 뜻을 바르게 가짐으로서 자신의 어려움을 극복함을 말한다. 기자箕子가 이를 본받아 난관을 정면으로 돌파한 것을 의미한다.[99]

---

97 유순柔順은 상말商末 문왕文王이 주紂에 의하여 7년간 유리琉璃에서 감금됨. '이간정利艱貞'은 심판審判을 전제로 한다.

98 은殷나라의 폭군인 주왕과 그 당시 서백으로 있던 문왕文王의 일이다. 문왕文王이 문명文明한 덕으로 주나라를 잘 다스려 인심人心을 얻자, 이것을 두려워 한 당시의 폭군인 주왕紂王이 유리옥에 가두었다. 이런 상황에서도 안으로는 문명文明한 덕을 품고 밖으로는 유순柔順하게 주왕紂王을 섬기는 방법으로 '이몽대난以蒙大難(옥살이)'하는 德을 쌓음에, 훗날 그의 아들인 무왕武王이 은을 멸하고 주나라를 세울 수 있는 기틀을 다진 것을 말한다. 또 문왕文王이 유리옥에서 『주역』을 연역하여 모든 일에 통달하였으나 (내문명內文明), 주왕紂王이 문왕文王의 맏아들인 백읍고 (백읍고白邑考)를 죽여 떡 (또는 국이라는 설도 있음)을 만들어 준 것을 모르는 척 유순柔順히 받아 먹어, 유리옥에서 풀려난 것도 백성을 위한 '이몽대난以蒙大難'이라 볼 수 있다.

99 은나라의 주왕紂王과 그의 삼촌인 기자箕子와의 일이다. 기자箕子는 문명文明한 德을 갖춘 은殷나라의 三人(기자箕子, 미자微子, 비간比干)中의 한 사람으로, 주왕紂王밑에서 대신의 직책으로 나라안에 있었기 때문에 '내난內難'이라고 하였다. 조카인 주왕紂王을 간연하다 안 되자, 거짓 미친 체(양광)하여 스스로의 밝음을 감추어 생명을 보존함으로써, 후세에 그 도道를 전할 수 있었으니 '능왕기지能王其志'이다. 훗날 기자箕子는 자신의 조국인 은殷을 멸한 무왕武王이 찾아와, 백성을 다스리는 도를 물었을 때 '홍범洪範'을 가르쳐 주게 된다. 이에 무왕武王이 감사하는 뜻으로 조선후朝鮮侯로 봉하려 하자, "홍범洪範을 가르쳐 준 것은 하늘의 이법理法이기 때문에 백성을 위해 말한 것이나, 주선후朝鮮候가 되어 무왕武王의 신하가 되는 것은 의義에 어긋난다."라고 하여 사양했으니, 이 또한 '능정기정能正其志'다.

[象曰] 明入地中이 明夷이니
상왈 명입지중 명이

君子 以하야 莅衆하되 用晦而明하나니라.
군자 이 이중 용회이명

○ 明(밝을 명) 莅(다다를 리{이}=臨) 衆(무리 중) 用(쓸 용) 晦(그믐 회)

상象에 이르기를, 밝은 것이 땅 속으로 들어간 것이 명이明夷이니, 군자는 이로써 백성에 임해서는 어두운 것을 써서 (상대를) 밝게 하니라.

개요概要

군자가 무리를 대하는 실천적 덕목을 말한다.

각설 [100]

이중莅衆 임금으로써 아랫사람을 돌보는 것을 말한다. 본성本性(중도中

---

100 (觀中) ❶명입지중明入地中 : 태양太陽이 땅속으로 숨은 시간이므로 밤이다. 이에 「계사상」편에 '통호주야지도通乎晝夜之道, 신무방이역무체神无方而易无體'라고 한 것이다. 주야지도晝夜之道를 통지通知해야 한다. 주야지도晝夜之道를 직접 표상하는 괘가 진晉·명이괘明夷卦다. 주야지도晝夜之道가 바로 역도易道다. ❷군자이君子以 : 군자이君子以를 거치면 천지지도天地之道가 인도人道로 변하게 된다. 즉 '군자이君子以'라는 것은 인간 주체적 자각원리를 말한다. '군자이君子以' 다음에 항상 인간의 도덕원리를 말하고 있다. 즉 인격적인 존재지평存在地坪(도덕세계道義世界)이 열리는 것이다. 그러므로 인간 주체적 자각원리는 도道의 세계로 통하는 관문역학을 하는 것이다. 본래성本來性의 자각이 없이는 도의道義의 세계가 열리지 않는다. 용회用晦란 겸손한 사람이 아니고서는 안 된다. 리중蒞衆은 백성에 임하는 것. 명이卦로 표상된 원리를 이용하여 민중을 대하되 어떻게 대해야 하는가? 겸손한 자세로 대해야 한다. 백성 아래로 내려간다. 곤괘坤卦 밑으로 내려간 것이(땅속으로 들어간 것이) 명이괘明夷卦다. ❸용회이명用晦而明 : 그믐밤을 이용(용用)하여 무엇이 밝혀지는가? 부부지도夫婦之道(천지합덕, 음양합덕)가 밝혀진다는 것이다. 이에 진晉·명이괘明夷卦를 주야괘晝夜卦라고 한 것이다. [1]'주야晝夜'란 진晉·명이괘明夷卦를 가리킨다. 주야원리를 깨달아야 역도易道를 알 수 있다. [2]'이통신명지덕以通神明之德'이란 통호주야지도원리通乎晝夜之道原理를 깨달은 것과 같다. "암흑을 건설적인 방향으로 이용한 것이다." 뇌화풍괘雷火豊卦 4효가 동動하면 지화명이괘地火明夷卦가 된다. [3]'용회이명用晦而明'이란 어두운 밤을 이용하여 천하에 도道를 밝힌다. 즉 마음부터 밝힌다. 백성의 마음(심성心性)을 밝힌다. "명명덕어천하明明德於天下"는 백성의 심성心性부터 바로잡아야 한다. 겸덕원리謙德原理를 이용하여 백성의 마음을 밝혀 명명덕어천하明明德於天下를 한다.

道)에 임臨하는 것이다.

용회이명用晦而明 명명덕明明德이 된 사람이 용회用晦이며, 이명而明은 상대방을 일깨워주는 것이다. 그러므로 군자는 안으로는 세상의 이치를 다 알면서도 밖으로는 어리석고 모르는 듯한 태도로써 백성의 허물을 눈감아주면서 나라를 다스려 차츰 백성을 밝은 데로 이끌어 나가는 것을 말한다.[101] 후천문화后天文化의 시작된다. 선천월先天月 다음에 후천월後天月이 생기는 것으로 어두운 밤을 이용하여 진리眞理를 밝힌다. 달은 심성 내면부터 밝힌다. 음양陰陽의 주야지도晝夜之道를 밝힌다.

[初九]는 明夷于飛에 垂其翼이니 君子于行에
초구 명이우비 수기익 군자우행

三日不食하다가 有攸往에 主人이 有言이로다. (地山謙)
삼일불식 유유왕 주인 유언 지산겸

象曰, 君子于行은 義不食也이니라.
상왈 군자우행 의불식야

❍ 明(밝을 명) 夷(상할 이) 飛(날 비) 垂(드리울 수) 翼(날개 익) 食(밥 식) 有(있을 유) 攸(바 유) 往(갈 왕) 義(옳을 의)

초구初九는 밝음이 상함을 감추고 나는데 날개를 드리우니(늘어뜨린다), 군자君子가 길을 가면서 사흘을 먹지 않다가 가는 데가 있으니, 주인이 말이 있음이로다.

상象에 이르기를, 군자의 행함은 의리에 어긋나기 때문에 (녹祿을) 먹지 않음이니라.

101 백성의 다스림에 너무 밝게 살펴서 잘못을 다 드러내기보다는 마음을 살피는데는 밖으로는 어리석하게 해서 화합和合과 관용寬容의 도道로써 백성을 다스린다는 것이다. 그래서 물이 너무 맑으면 고기가 없다는 말이 아니겠는가?

개요概要

명이明夷의 시괘에는 날개를 내리고 성인지도를 공부해야 한다는 것이다. 만일 성인지도聖人之道에 대한 자각自覺이 없어 나아가면 군자지도가 쇠퇴衰退해짐을 말한다.

각설 102

수기익垂其翼 새가 창공을 비행하려해도 날개가 상傷하여 아래로 드리워져 날지를 못함을 말한다.[103]

---

102 (觀中) ❶ 삼일불식三日不食 : 불식不食이란 굶었다는 것이 아니라 성인聖人의 말씀의 뜻을 깨닫지 못했다. 천수송괘天水訟卦 3효에 '식구덕食舊德'이라 했다. 1삼일三日이란? 시간개념을 위주로 한 말씀이다. 화지진火地晉의 주일삼접晝日三接의 접接은 공간개념을 위주로 한 말이다. 삼일三日은 선후갑경삼일先後甲庚三日의 삼일원리三日原理다. 객관적 시간으로서의 삼일이 아니다. 2육갑원리六甲原理에 있어서 삼일이란 선천원리先天原理를 말한다. 낙서원리洛書原理가 삼일원리三日原理요, 하도원리河圖原理가 십일원리十日原理이면서, 십년十年이라고 했다. 낙서원리洛書原理는 '팔월八月'이라고도 했다. 칠일래복七日來復의 6일이라고도 규정하고 있다. 칠일七日째 가서야 돌아온다. 6일까지는 왕往하는 도수度數다. 선갑삼일后甲三日의 삼일三日이 선경삼일先庚三日의 삼일三日이다. 신임계辛壬癸, 신유辛酉·임술壬戌·계해癸亥·갑자甲子·을축乙丑·병인丙寅·정묘丁卯, 정유丁酉·무술戊戌·기해己亥·경자庚子·신축辛丑·임인壬寅·계묘癸卯, '신辛·임계壬癸'가 선후갑원리先后甲原理에 있어서는 선갑도수先甲度數요, 선후경도수先后庚度數에 있어서는 후경삼일도수后庚三日度數다.
❷주인유언主人有言 : 성인聖人의 말씀을 통해 그 뜻을 소유(간직)하게 되었다. '명이우비明夷于飛'란 명이明夷卦가 새가 나는데 있어서 날개를 상했다(명이明夷). 새가 날라 가려고 했는데 상傷했다. 밝은 것이 상傷했다. 그래서 수기익垂其翼(날개를 드리우게 됨)하게 된 것이다. 지화명이괘地火明夷卦의 리괘離卦가 꿩을 상징한다. 1군자우행君子于行이란 군자가 도를 행할려고 함에. 새에 있어서는 날아다니는 것을 군자가 행도하는 원리를 비긴 것이다. 2'삼일불식三日不食' 군자지도를 행하려는데 3일동안 굶었다. '유유왕有攸往'의 유有에는 대유괘大有卦와 직결된다. 군자가 도를 행하려고 할 때가 되니까 하늘이 명을 내려준다(자천우지自天佑之). 알악양선순천휴명遏惡揚善順天休命. 하늘이 명을 깨닫게 해주었다. 3'주인유언主人有言' 주인이 말씀을 하게 된 것이다. 여기의 주인은 누구인가? 곤괘坤卦「괘사卦辭」의 "후後하면 득주得主하야 이利하니라."의 주主이다. 득주得主되는 도수度數는 어느 도수度數인가? 지화명이괘地火明夷卦다. 진震·명이괘明夷卦에서 만나는 주인을 뇌화풍괘雷火豊卦 사효四爻에서 '우기이주遇其夷主'라고 했다. 풍괘豊卦 사효四爻가 동動하면 지화명이괘地火明夷卦가 되기 때문에 '우기이주遇其夷主'라고 한 것이다. 4유언有言은 주인이 말씀으로 일러 주었다는 말이다. 어느 자리에서 내려준 말씀인가? 원칙적으로는 오효五爻자리에서 내려준 말씀이다. 이에 사효四爻와 상응相應이 된다. 주인유언主人有言의 말뜻을 어떻게 깨달았는가? 이에 사효四爻에 입우좌복入于左腹하야 획명이지심獲明夷之心이라고 한 것이다.

103 이것은 백이, 숙제가 주왕의 중신으로 있지만 나라가 망할 때가 왔기 때문에 그 힘이 미치지 못하는 형상을 말한다.

삼일불식三日不食[104] 삼일三日동안 먹지 못했다. 오랫동안 성인지도를 깨닫지 못했다는 말이다. 성인聖人의 말씀을 통해 영양섭취가 제대로 안 되었다.

유유왕有攸往 **주인유언**主人有言 명이明夷의 때에는 지혜를 감추어야 한다. 그러나 초구初九는 양강陽剛으로 움직이는 것을 좋아한다. 따라서 오효五爻 성인聖人으로 부터 말이 있다는 것이다.

소상사小象辭

군자우행君子于行 **의불식야**義不食也 군자는 암흑기의 난세亂世를 맞아 오랫동안 굶주려도 의義가 아니면 먹지 않는다는 것이다.

[六二]는 明夷에 夷于左股ㅣ니
육이 명이 이우좌고

用拯馬ㅣ 壯하면 吉하리라. (地天泰)
용증마 장 길 지천태

象曰, 六二之吉은 順以則也이니라.
상왈 육이지길 순이칙야

○ 明(밝을 명) 夷(상할 이) 左(왼 좌) 股(넓적다리 고) 用(쓸 용) 拯(구원할 증, 건질 증) 馬(말 마) 壯(씩씩할 장)

육이六二는 밝은 지혜를 감춤에 왼쪽 다리를 상함이니, 건장한 말로 구원을 받는다면 길吉하니라.

---

104 삼일불식三日不食은 백이伯夷, 숙제叔齊가 의리로서 주周나라의 곡식을 먹지 않았던 이야기와 연관할 수 있다. 초구初九는 은말殷末 현인賢人인 백이伯夷와 숙제叔弟를 두고 한 말이다. 창(뒷날의 주周나라의 무왕武王)이 은나라의 폭군暴君 주왕紂王를 치고자 할 때, 백이伯夷와 숙제叔齊가 창을 찾아가 인의仁義에 어긋남으로 아니 된다고 극구 만류 하였으나, 뜻이 받아들여지지 않자 수양산에 들어가 고사리로 연명하다 세상을 뜬 고사故事가 있다. '삼일불식三日不食'은 끝까지 주나라의 녹을 먹지 않는다는 뜻이다. (하괘下卦가 삼리화三離火이므로 '삼일三日'의 뜻이 나온다.) 즉, 군자가 몸은 피하되 마음만은 변치 않는다는 것이다.

상象에 이르기를, 육이六二의 길吉함은 법칙에(천도天道에) 순종함이니라.

개요概要

육이六二는 정위正位득중得中한 효爻로서 천도天道에 대한 자각自覺으로 명이明夷의 어려움을 씩씩하게 극복克復함을 말한다.

각설

이우좌고夷于左股 좌고左股은 왼쪽다리의 가벼운 상처라는 말이다. 왼쪽다리가 약간 상傷한 것을 말한다. 역사적으로는 옥중에 갇혀있는 문왕文王의 형상을 비유한 말이다. 문왕文王이 비록 옥에 갇혀 있어 자유스럽지 못하지만 세상일을 다 알고 있으니 별다른 일은 아니라는 의미이다.

용증마장길用拯馬壯吉 구원할 말, 건질 말, 사용할 말은 씩씩한 말로 하면 좋다는 것은 도와주는 사람이 건장健壯한다면 그 화禍를 잘 모면해 길吉하게 되는 것이다. 즉 어려움을 벗어나고자 할 때 건도乾道(말)로 해야 한다는 것이다.

소상사小象辭

순이칙야順以則也 유순중정柔順中正한 덕德으로 천리天理에 순응해 나가는 것을 말한다.

[九三]은 明夷于南狩에 得其大首ㅣ나
구삼 명이우남수 득기대수

不可疾貞이라. (地雷復)
불가질정 지뢰복

象曰, 南狩之志를 乃大得也ㅣ로다.
상왈 남수지지 내대득야

○明(밝을 명) 夷(상할 이) 南(남녘 남) 狩(사냥할 수) 得(얻을 득) 其(그 기) 首(머리 수) 疾(빠를 질, 병 질) 貞(곧을 정) 南(남녘 남) 志(뜻 지) 乃(이에 내) 得(얻을 득)

구삼九三은 밝은 지혜를 감추고 있었으나 남쪽으로 사냥하며, 그 큰 머리(건도乾道)를 얻었으니 가히 빨리 바르게 할 수 없음이리라.

상象에 이르기를, 남쪽으로 사냥하는 뜻을 이에 크게 얻음이로다.

개요概要

구삼九三은 건도乾道에 자각自覺을 말하고 있다. 명이明夷의 세상을 건도乾道로 세상을 바꾸어야 한다는 것이다.

각설[105]

명이우남수明夷于南狩 겨울 사냥이다. 「설괘」편 5장 문왕괘文王卦에서 '離는 南方之卦也'라고 하였다. 그러므로 리괘離卦에서 성인지도聖人之道
(이 남방지괘야)
를 깨달아라는 말이다. 남수南狩하여 무엇을 얻었는가? 「설괘」편 5장에서 "聖人, 南面而聽天下, 嚮明而治, 蓋取諸此也"라고 했다.
(성인 남면이청천하 향명이치 개취제차야)

득기대수得其大首 건도乾道(대수大首)를 크게 얻었다는 것은 깨달음을 말한다.

---

105 (觀中) ❶명이우남수明夷于南狩 : 어디가 남수南狩하는가? '남수南狩'와 '향명이치嚮明而治하니'라고 한 것은 64괘 서괘원리에 있어서 중화리괘重火離卦를 말한다. 계명繼明의 명明은 화지진火地晉, 지화명이괘地火明夷卦에서 드러난다. 짐승을 잡기 위하여 남쪽으로 사냥을 나간다. 향명이치원리嚮明而治原理를 이 효에서 말씀한 것이다. 64卦 서괘원리에 있어서 진晉·명이괘明夷卦는 남방南方에, 수需·송괘訟卦는 정북방正北方에 배치配置되어 있다. 문왕괘도文王卦圖에 구이화九離火괘가 남방南方에 배치가 되어있다. '향명이치嚮明而治'의 향嚮은 향회입연식嚮晦入宴息의 향嚮이다. '수狩'는 사냥할 수,로 순수巡守할 수 있게 된다. ❷득기대수得其大首 : 대수大首가 무엇인가? 십수十數(천도)원리를 말한다. 리괘離卦에 유가절수획有嘉折首獲. '득기대수得其大首'(머리를 얻었다. 천도天道를 깨달았다는 말이다.)에 더 비중을 두고 「효사爻辭」를 표상한다. ❸불가질정不可疾貞 : 빨리 하려고 하지 말라. 빨리하게 한다면 정도貞道(군자지도)가 병들게 된다. 질疾은 빠르다(시의성時宜性에 앞질러 나가지 말라), 병질疾자가 어디에 나오는가? 뇌지예괘雷地豫卦, "오효五爻, 정질貞疾이라 황불사恒不死", 정도貞道가 병이 났다. 빨리하려 하여 병病이 들었다. 그런데 성인지도聖人之道는 절대로 사라지는 법이 없다(항불사恒不死). 정도貞道를 병들게 하는 것은 옳지 못하다.

불가질정不可疾貞 하늘의 시의성時宜性을 앞지르면 안된다는 것이다.

소상사小象辭[106]

남수지지南狩之志 내대득야乃大得也 남쪽의 사냥으로 뜻(천도)을 얻어 크게 깨달았다는 것이다. 남수지지南狩之志는 성인지심聖人之心, 천지지심天地之心을 의미한다.

[六四]는 入于左腹하야 獲明夷之心하야 于出門庭이로다.
육사 입우좌복 획명이지심 우출문정

象曰, 入于左腹은 獲心意也이니라. (雷火豊)
상왈 입우좌복 획심의야 뇌화풍

○ 左(왼 좌) 腹(배 복) 獲(얻을 획) 明(밝을 명) 夷(상할 이) 心(마음 심) 出(날 출) 門(문 문) 庭(뜰 정)

육사六四는 왼쪽 배로 들어와(그의 복심腹心으로 잠입해서), 명이明夷의 마음을 얻어서. 뜰 문에 나아감이로다.

상象에 이르기를, 왼쪽 배로 들어갔다는것은 마음의 뜻을 얻었음이니라.

개요概要

명이괘明夷卦의 뜻을 깨달아 명命을 얻었다는 것이다.

---

106 (觀中) 내대득야乃大得也 란 남쪽으로 사냥을 가 여러 마리의 새를 다 잡은 것이다. 南狩하게 된 뜻을 크게 깨달았다. '남수지지南狩之志'는 무엇인가? 성인聖人이 간직하고 있던 뜻, 즉 천지지의天地之心意(정情). '남수지지南狩之志를 내득대乃得大'했기 때문에 지뢰복괘地雷復卦의 칠일래복원리七日來復原理를 깨달았다는 말이다. 그런데 지뢰복괘地雷復卦의 삼효三爻, "빈복려頻復厲하나 무구无咎", 지화명이괘地火明夷卦에서 군자가 도를 깨달아야 한다. 역수원리曆數原理로는 기해己亥 도수원리가 가장 중요한 도수度數다. 은대殷代까지의 역易은 '기자箕子'가 홍범洪範으로써 완전히 체계화시켜 놓은 것이다. 괘효역卦爻易으로서의『주역周易』은 문왕역文王易으로써 역도易道가 다 표상이 된 것이다. '기자箕子'와 '문왕文王'은 역학易學에 있어서 절대적인 위치를 점유하고 있는 성인聖人이다. 그러니까 공자가 상육上六은 불명하여 회니 지화명이괘地火明夷卦의 명입지중明入地中되는 그런 현상을 상효上爻로 표상하고 있는 것이다. 공자孔子가 기자箕子와 문왕文王의 역을 집대성한 것이 공자孔子의「십익十翼」이다.

각설[107]

입우좌복入于左腹 육사六四의 좌복左腹은 왼쪽의 배까지 들어갔다는 것으로 심성心性에 까지 미친다는 의미이다.

획명이지심獲明夷之心 획獲은 득得(깨달음을 얻다)이다. 그러므로 명이괘明夷卦의 뜻을 깨달았다는 말이다. 미자微子는 주왕紂王의 심복이기 때문에 망할 것을 안다는 것이다. 그것이 명이지심明夷之心이다.

우출문정于出門庭 미자微子가 주왕紂王의 마음을 알기 때문에 결과로서 취하는 행동이 출입문이다.

소상사小象辭[108]

획심의야獲心意也 성인聖人이 간직한 뜻이다.

---

107 (觀中) 우출문정于出門庭 : 문정門庭은 수택절괘水澤節卦를 가리킨다. 기자箕子의 심성心法을 자득하여 문밖으로 나갈 때는 나가야 한다는 말이다. 수택절괘水澤節卦에 간괘艮卦는 없다. 모든 괘효사卦爻辭에 나타난 '문門'은 사실은 간괘艮卦를 가리킨다. 여자가 아주 문 밖으로 나가는 것은 시집갈 때이다. 여자가 시집가는 것을 말한다. 수택절괘水澤節卦의 내괘內卦에 택괘澤卦가 붙어있다. 혼례에 따라 시집을 갈 때는 가야 한다. '출문정出門庭'은 간괘艮卦와 의 관계다. '입우좌복入于左腹하야 획명이지심獲明夷之心'의 명이明夷卦의 마음을 깨달았다. '획獲'은 깨달았다(얻었다). 획명이지심獲明夷之心(역도易道, 문왕文王·기자의 심법)이란 명이明夷卦의 참뜻을 깨달았다. 입우좌복入于左腹이란 곤괘坤卦를 가리키는 말이다. 곤괘坤卦 밑으로 들어가 획명이지심獲明夷之心이다. 명이明夷卦의 뜻을 깨달았다. 그리하여 대문(합덕문合德門)을 열고 나갔다. 나가게 되면 어디로 나가게 되는가? 갑진갑진甲辰·을사乙巳(損익괘益卦)다. 우출문정于出門庭의 문정門庭은 수택절괘水澤節卦와 중산간괘重山艮卦에 나온다. 간괘艮卦 자체가 간위문궐艮爲門闕이므로 '뜰 庭'자만이 나온다. 즉 행기정불견기인行其庭不見其人의 주체는 간군자艮君子. 문밖으로 나가는 자는 역시 간군자艮君子다. 택뢰수괘澤雷隨卦 초효初爻에, 천화동인天火同人에도 문門에 관한 말이 나온다. ❶명이明夷之心 : 신도사상神道思想. ❷출문정出門庭 : 신도神道, 인문문화人文文化, 낙서원리洛書原理를 펼침.

108 (觀中) 획심의야獲心意也란 심의心意를 얻었다. 명이지심明夷之心이란 명이明夷卦의 뜻을 깨달았다는 말이다. 지뢰복괘地雷復卦의 천지지심天地之心과 지화명이괘地火明夷卦의 명이지심明夷之心이 같다.

[六五]는 **箕子之明夷**니 **利貞**하니라. (水火旣濟)
육오 기자지명이 이정 수화기제

象曰, 箕子之貞은 **明不可息也**이니라.
상왈 기자지정 명불가식야

○ 箕(키 기) 明(밝을 명) 夷(상할 이) 不(아닐 불) 可(옳을 가) 息(숨 쉴 식)

육오六五는 기자箕子의 명이明夷이니, 곧으면 이로우니라.

상象에 이르기를, 기자箕子의 곧음이란 그 밝음이 가히 쉬지 않음이로다.

개요概要

은말주초殷末周初의 기자箕子에 비유하여 명이괘明夷卦를 설명하고 있다.

각설

기자지명의箕子之明夷 명이괘明夷卦의 주인은 기자箕子이다. 내심으로 현명한 대덕大德을 가지고 있고, 외관상으로는 육오효六五爻가 되었으니 중정지도中正之道를 행하면 이롭다.

이정利貞 기자箕子가 실천한 명이괘明夷卦의 원리니 정도正道가 이롭다.

소상사小象辭

명불가식야明不可息也 거짓 미친 척을 한 기자箕子의 태도는 은나라의 마지막 황제인 주왕紂王의 말로末路를 예측할 수 있었기 때문에 어쩔 수 없었다. 그러므로 겉으로는 미친 척을 하나 안으로는 중정지도中正之道를 가져야 몸을 보존할 수 있는 것이다.

[上六]은 **不明**하야 **晦**니
상육 불명 회

初登于天하고 **後入于地**로다. (山火賁)
초등우천 후입우지 산화비

象曰, 初登于天은 **照四國也**일새오
상왈 초등우천 조사국야

後入于地는 **失則也**이니라.
후입우지 실칙야

○ 不(아닐 불) 明(밝을 명) 晦(그믐 회) 初(처음 초) 登(오를 등) 天(하늘 천) 後(뒤 후) 照(비출 조)

상육上六은 밝지 못하여 어두운 것이니, 처음에는 하늘에 오르나 후에는 땅으로 들어감이로다.

상象에 이르기를, 처음에는 하늘에 올라 사방의 나라를 (덕으로) 비추는 것이요, 후에는 땅으로 들어간다는 것은 법칙을 잃은 것이다.

개요概要

주왕紂王에 비유하여 설명하고 있다.

각설 [109]

불명회不明晦 밝지 못한 해가 공중에 떠 있다. 주왕紂王을 비유하기도 한다. 불명회不明晦는 원래부터 모른 것을 말한다. 기자지명이箕子之明夷와는 다르다.

---

109 (觀中) 이 효爻만이 아주 흉凶하다. '상어외자傷於外者'란 말은 지화명이地火明夷 상효上爻에서 유래된 말이다. 지화명이地火明夷의 명입지중明入地中되는 현상을 상효上爻로 표현하고, 뒤에 가서는 땅속으로 들어간다. 초등우천初登于天은 명출지상明出地上(화지진火地晉) '후입우천後入于地'는 지화명이괘地火明夷卦. 진晉·명이明夷卦가 선후천원리先后天原理, 종시성終始性을 그대로 표상하고 있다.

초등우천初登于天 처음에는 천자天子의 위에 오른다.

후입우지後入于地 해가 진다는 것은 주왕紂王이 망하게 된다는 것이다.

소상사小象辭

초등우천初登于天 **조사국야**照四國也 **후입우지**後入于地 **실칙야**失則也 은 말주초殷末周初의 태평성대와 난세의 순환과정을 역사적 한 단면으로 비유하여 보여주고 있다. 인간사의 전체도 순환과정의 연속이라고 할 수 있다.

명이明夷는 태양太陽이 땅속에 있으므로 그 밝음이 상傷하였다. 즉 난세亂世, 암흑천지를 의미한다. 그러나 명이괘明夷卦에서는 이러한 상황에서도 먼저, 군자는 어렵더라도 그 뜻을 바르게 가짐으로서 어려움을 극복할 수 있음을 말하고, 다음으로 용회이명用晦而明으로 백성을 일깨워주라는 것이다. 즉 군자君子는 안으로는 세상의 이치를 다 알면서도 밖으로는 어리석고 모르는 듯한 태도로써 백성의 허물을 눈감아주면서 차츰 백성을 밝은 데로 이끌어 나가는 것을 당부하고 있다.

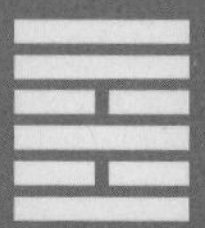

풍화가인괘
37.風火家人卦

火澤睽卦 雷水解卦 火風鼎卦 火水未濟卦

도전괘
倒顚卦

풍화가인괘
風火家人卦

화택규괘
火澤睽卦

음양대응괘
陰陽對應卦

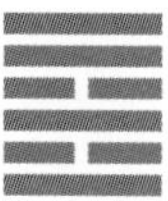

풍화가인괘
風火家人卦

뇌수해괘
雷水解卦

상하교역괘
上下交易卦

풍화가인괘
風火家人卦

화풍정괘
火風鼎卦

호괘
互卦

풍화가인괘
風火家人卦

화수미제괘
火水未濟卦

효변
爻變

풍화가인괘
風火家人卦

初爻變 而爲漸卦	二爻變 而爲小畜卦	三爻變 而爲益卦	四爻變 而爲同人卦	五爻變 而爲賁卦	上爻變 而爲旣濟卦

풍산점괘 風山漸卦	**풍천소축괘** 風天小畜卦	**산뢰익괘** 山雷益卦	**천화동인괘** 天火同人卦	**산화비괘** 山火賁卦	**수화기제괘** 水火旣濟卦

요지要旨

괘명卦名 이 괘는 상손上巽의 풍風(☴) + 하이下離의 화火(☲) = 풍화가인괘風火家人卦(䷤)이다.

괘의卦意 가인家人은 집안사람, 가족, 가정, 가정家庭之道 = 부부지도夫婦之道 = 군자지도를 말한다. 공자 정명사상의 윤리적인 근거이다.

인仁을 바탕으로 한 규율과 교육으로 가족 구성원을 다스림이 역易의 주장이다. 가족관을 국가관으로 확대하여 정명사회가 건설됨을 말하고 있다.

괘서卦序 「서괘」에서 "이夷는 상傷함이니 밖에서 상한 자는 반드시 집으로 돌아오므로 가인家人으로써 받았다. (夷者傷也(이자상야), 傷於外者必反其家(상어외자필반기가), 故 受之以家人(고 수지이가인))"라고 하였다.

괘상卦象 상괘의 손풍巽風은 입入이요, 목도木道로써 하늘의 섭리를 비유하고 있는 상象이다. 하괘 이화離火는 진리, 밝음, 태양 등을 의미한다. 즉 진리의 바람으로 가인지도家人之道를 밝힌다는 의미이다.

家人(가인)은 利女貞(이여정)하니라.

가인家人은 여자(군자)가 곧아야 이로우니라.

각설[110]

가인家人 이여정利女貞[111] 가인괘家人卦는 집안을 바르게 하는 괘이므로

---

110 (觀中) 음괘陰卦가 주로 구성이 되어 있다. 이에 아내의 도道를 직접 표상하고 있다. 부부지도夫婦之道 가운데에도 안의 살림을 책임지고 있는 아내를 말하고 있다. ❶항괘恒卦의 의미를 깔고 가정사家庭事를 이끌어 나가는 원리이다. 가정, 국가, 우주의 윤리이다. 윤리 도덕은 사랑이 바탕된 가정家庭에서부터 시작된다. ❷공자孔子의 정명사상의 논리적 근거가 된다. ❸역의 핵심이다, 인격적 합덕을 의미한다.

111 (觀中) 이여정利女貞 : 여자로서의 (정貞)정도正道다 라는 의미다. 군자를 여자로 비겨 가지

정도正道로 행동하는 것이 이롭다. 이여정利女貞이란 여자에 국한된 것이 아니라 남자男子(성인聖人)는 정도正道로 하고, 여자女子(군자)는 정도貞道로 해야 한다는 것이다. 그러므로 이여정利女貞은 치가治家의 원칙이다.

[彖曰] 家人은 女ㅣ 正位乎內하고 男이 正位乎外하니
단왈 가인 여 정위호내 남 정위호외

男女正이 天地之大義也ㅣ라.
남녀정 천지지대의야

家人이 有嚴君焉하니 父母之謂也ㅣ라.
가인 유엄군언 부모지위야

父父子子兄兄弟弟夫夫婦婦而家道ㅣ 正하리니
부부자자형형제제부부부부이가도 정

正家而天下ㅣ 定矣리라.
정가이천하 정의

○ 嚴(엄할 엄) 君(임금 군) 焉(어찌 언)

단彖에 이르기를, 가인家人은 여자는 안에서 자리를(위位) 바르게 하고, 남자는 밖에서 자리를 바르게 하니, 남녀男女가 모두 바른 것이 천지天地의 큰 밝은 의리(도리道理)라. 가인家人에 엄군이 있으니 부모를 말함이라. 아버지는 아버지답고, 자식은 자식답고, 형은 형답고, 아우는 아우답고, 지아비는 지아비답고, 지어미는 지어미다워야 집안이 올바로 된다. 집안이 바르게 다스려져야 천하가 정해지리라.

각설 [112]

고 상징적으로 표현한 것이다. 여女는 군자를 상징적으로 표현한 것이다. 군자지도는 여정지도女貞之道다. 군자는 성인聖人을 남편처럼 생각해라.

112 (觀中) ❶여정위호내女正位乎內 : 양陽은 음陰을 체體로 한다.(음체양용陰體陽用) 음陰은 양陽을 체體로한다.(양체음용陽體陰用) 음陰으로 작용하는 본체本體는 양체陽體다. 남녀男女가

가인녀정위호내남정위호외家人女正位乎內男正位乎外 가인지도家人之道로써 여자는 집안에서 바른 길로 나아가고, 남자는 밖에서 바른 길로 나아간다는 것이다.[113]

남녀정男女正천지지대의야天地之大義也 남녀男女간의 정도正道도 천지天地의 대의大義와 같게 한다는 것이다.

가인유엄군언家人有嚴君焉 부모지위야父母之謂也 집안에 엄격한 아비(군君)가 있다는 것은 한 가정家庭의 부모父母를 뜻한다.

내외에 정위正位함으로 말미암아 가정家庭이 성립된다. 뇌풍항괘雷風恒卦의 부부지도夫婦之道가 구체적으로 나타나는 괘卦, 성가成家된 원리가 실제적으로 나타나는 괘卦는 무엇인가? 규睽·건해蹇卦에서 간태艮兌가 나옴으로 말미암아 뇌풍雷風으로서의 부부夫婦가 생활하는 가정家庭이 형성된다. 풍화가인괘風火家人卦의 장녀괘長女卦가 가정家庭안에 있어서는 주부이다. 화택규괘의 신부로서의 태소녀兌少女가 신방新房을 치른 다음에는 풍화가인괘風火家人卦의 남의 집 아내(가인家人)로 전환된다. 수산건괘水山蹇卦의 소남少男(신랑, 총각)은 장가들어 사랑을 지키는 하나의 가정을 이룬다. 뇌풍항괘雷風恒卦의 부부지도夫婦之道가 구체적으로 현실로 나타나는 시위를 규정하는 괘는 가인괘家人卦와 뇌수해괘雷水解卦이다. 뇌수해괘雷水解卦는 천지일월의 입장에서 한 말이다. 천지합덕원리를 위주로 합덕현상을 직접 표상하는 괘가 뇌수해괘雷水解卦다. 뇌수해괘雷水解卦의 풀 解자는 문자 그대로 옷을 벗는다는 말이다. 해탈원리解脫原理도 들어 있다. 64卦 서괘원리에 있어서 경자庚子·신축辛丑·임인壬寅·계묘癸卯·(가인家人·규睽·건蹇·해解) 도수度數에서 해탈원리解脫原理(선후천변화원리先后天變化原理)가 사물적 차원에서 동물과 같이 생활하던 인간이 어디에서 본래적인 인간의 세계를 깨달아 그 세계로 초월해 넘어가야 하는가? 가인家人·규睽·건蹇·해괘해괘解卦 도수度數에서 넘어가야 한다. 일대변화가 일어나야 한다. 성도成道합덕이 되어야 한다. 이 원리를 표상한 것이「주역」의 변화지도變化之道다. 뇌택귀매雷澤歸妹卦 상효上爻「효사爻辭」에 있어 택산함괘澤山咸卦가 수산건괘水山蹇卦가 되는 원리를 표현한 것이 사규양유혈士刲羊有血이다. 사규양유혈士刲羊无血이란 택산함괘澤山咸卦가 신방에 들었는데 신부를 규양하여 유혈이 안 된 것이다. 이에 수천수괘水天需卦에 출자혈出自血(삼효三爻), 입우혈入于血(상효上爻)이라고 했다. 선후천변화기先后天變化期는 생사가 결판나는 시기다. ❷남정위男正位 : 남녀男女가 정위定位했다. 정위에 중심을 확립해야 한다는 말이다. 올바른 위치에 중심을 확립하라는 말이다. 이것이 중심을 세우는 일이다. 이 中의 내용은 역수원리曆數原理로 되어 있다. 공자孔子의 춘추대의春秋大義도 역수원리曆數原理를 의미한다. 역수원리曆數原理에 근거하여 춘추가 지어진 것이다. 천지신인天地神人의 인격성(道德性)을 남녀男女라고 했다. ❸정가이천하정正家而天下定 : 공자孔子의 정치원리를 집약하여 설명하고 있다. 정명사상正名思想이다. 정正이 정定으로 확 바뀐다. 군신君臣, 천지天地, 만물이라는 개념이 빠져있다. 그렇다고 하여 제외된 것이 아니다. 만물은 만물대로 物로서의 구실을 다해야 한다.

113 『논어(論語)』「자로」편에서 자로가 공자에게 나아가 묻기를 "위나라의 임금이 선생님께 정치를 맡기면 무엇부터 하시겠습니까,"라고 묻자 공자가 말하기를"나는 반드시 이름부터 바로 잡겠다(必也 正名也)"라고 하였다.

부부자자형형제제부부부부이가도정父父子子兄兄弟弟夫夫婦婦而家道正 정명사상正名思想 = 대동사회大同社會를 의미한다.

정가이천하정의正家而天下定矣 정가正家는 평천하平天下까지 할 수 있다.

[象曰] 風自火出이 家人이니
상왈 풍자화출 가인

君子 以하야 言有物而行有恒하나니라.
군자 이 언유물이행유항

○ 風(바람 풍) 自(스스로 자) 火(불 화) 出(날 출) 言(말씀 언) 有(있을 유) 物(만물 물) 恒(항상 항)

상象에 이르기를, 바람이 불에서 나오는 것이 가인家人이니, 군자는 이로써 말에는 실물實物이 있고, 행동하는데는 상도常道가 있어야 하나니라.

각설 [114]

풍자화출風自火出 풍風은 풍지관風地觀의 신도神道이며, 화火는 「중화리

---

114 (觀中) ❶풍자화출風自火出 : 풍風은 풍지관風地觀의 신도神道를 가리킨다. 풍화가인風火家人 때문에 『중용中庸』, 제33장에 '지풍지자知風之自, 지미지현知微之顯'라고 한 것이다. 화火는 물리적인 불인가? 화火는 리괘離卦 「대상大象」에 나타나듯이 대인지도大人之道이다. 대인大人이 밝혀 놓은 것은 천지역수원리天之曆數原理다. 풍風은 신도神道를 상징한다. '화火'는 『정역』의 원천화原天火, 상제上帝님을 상징한다. 「주역」에서는 건원乾元, 곤원坤元이라 했다. 이를 인간의 본래성(仁智之性)으로 규정한다. 천지天地의 인격성人格性 자체自體를 하느님이라 규정한다, 본래 천지지성天地之性 자체가 인격적인 존재이다. 화火는 생명에너지. 물리적 생명도 칼로리를 섭취해야 한다. 칼로리가 열량이다. ❷언유물이행유항言有物而行有恒 : '행유항行有恒'의 항恒은 성인지도聖人之道. '언유물言有物'은 만물의 뜻이 다 드러난다. 언言은 태괘兌卦의 손괘巽卦에서 간 것이다. 만물을 성인聖人·군자지도 속에 잉태하고 있다. 물物은 진괘震卦다. 이에 수뢰둔괘水雷屯卦에 물지시생物之始生이라고 한 것이다. '행行'은 간괘艮卦다. 행기정불견기인무구行其庭不見其人无咎라고 한 것이다. 이에 기인其人은 간괘艮卦(行人)를 가리킨다. 덕德은 간괘艮卦로, 도道는 진괘震卦로 표상한다. '항恒'은 손괘巽卦에서 유래한다. 진손괘震巽(신도神道, 성인지도聖人之道를 상징)卦와 간태괘艮兌(군자지도)卦의 원리를 같이 언급한다. 어디서부터 주어지기 때문에 군자가 언행원리를 깨닫게 되는가? 화천대유괘火天大有卦다. 성인聖人도 자천우지自天佑之가 있어야 한다.

괘重火離卦」, 「대상大象」에 나타나듯이 대인지도大人之道이다.

언유물이행유항言有物而行有恒 말은 실물과 일치됨이 있어야 하며, 행동은 항구불변의 법칙으로 하라는 것이다. 이것은 언행이 일치되어야 정도正道의 가정家庭이 이루어진다는 것이다. ❶언유물言有物이란 말은 반드시 사실이어야 하며, 거짓말을 해서는 안 된다. 말에는 행동과 결과가 있어야 한다는 것이다. ❷행유항行有恒이란 행동은 성인지도聖人之道에 근거해야 한다는 것이다. 성인지도聖人之道에 대한 항심恒心으로 일이관지一以貫之해야 한다는 것이다.

[初九]는 閑有家ㅣ면 悔ㅣ 亡하리라. (風山漸)
초구 한유가 회 망 풍산점

象曰, 閑有家는 志未變也이니라.
상왈 한유가 지미변야

○ 閑(익힐 한, 막을 한) 有(있을 유) 家(집 가) 悔(후회할 회, 뉘우칠 회) 志(뜻 지) 未(아닐 미) 變(변할 변)

초구初九는 가도家道에 있어서(사특함을 예禮로써, 예법禮法으로) 익힘이면 후회함이 없다 하리라.

상象에 이르기를, '가도家道가 문란해지는 것을 막는다'는 것은 뜻이 변하지 아니함이니라.

개요概要

초효初爻는 시집온 첫 해를 말한다.

각설

한유가閑有家 회망悔亡 초효初爻는 시집온 첫 해이거나, 첫 출산의 시기를 말한다. 시집의 예의범절을 익혀서 사특한 것을 막고, 시집의 가도家道를 따른다는 의미로서 시집오기 전前에 알고 있던 가도家道와 모든 생각을 버리면 후회가 없다는 것이다. 한閑은 사특하고, 문란한 것을 막고 가정家庭의 법도法度를 지킨다는 것이다

소상사小象辭

지미변야志未變也 항심恒心이 있어야 가도家道와 구성원 모두가 안정될 수 있다.

> **[六二]**은 无攸遂나 在中饋니 貞코 吉하니라. (風天小畜)
> 육이 무유수 재중궤 정 길 풍천소축
>
> 象曰, 六二之吉은 順以巽也이니라.
> 상왈 육이지길 순이손야

○ 无(없을 무) 攸(바 유) 遂(이를 수, 나아갈 수) 在(있을 재) 饋(먹일 궤) 順(순할 순) 巽(손괘 손)

육이六二는 아무것도 이루는 바가 없음이나, (안살림을 맡은 위치에) 알맞게 먹이고 있으니, 바르고 길吉하니라.

상象에 이르기를, 육이六二의 길吉함은 순종으로써 겸손함이니라.

개요概要

육이六二는 유순정위柔順正位·득중得中 효爻이다. 천도天道에 순종順從하고 바르게 하면 길吉함을 말한다.

각설[115]

---

115 (觀中) 행할 때가 아니므로 무유수无有遂라고 한 것이다. 성덕成德되는 바가 없으되 아직까지는 덕德이 완성되지는 않았다. 궤饋는 성인聖人이 먹여주는 것이다. 소축괘小畜卦의 소사小事는 학문하는 일을 통해 나의 인격성을 길러나간다는 의미이다. 선진성학의 학문하는

무유수无攸遂 내 마음데로 행동하지 말고 시집의 법도에 따라서 행동해야 된다는 것이다. 곤괘坤卦의 무성유종无成有終이다. 즉 건도乾道를 따르고 자기의 뜻을 내세우지 말라는 것이다.

재중궤在中饋 외부의 일은 구오九五에게 맡기고, 육이六二는 내부의 일만 잘 처리하면 된다는 것이다. 철저한 역할의 분담이다. 중궤中饋은 알맞게 먹인다. 또는 음식을 만들어 바친다는 의미이다. 이것은 곤도적坤道的 입장에서 정도正道를 행하고, 진리를 깨우친다는 것이다.

소상사小象辭[116]

순이손야順以巽也 남편, 건도乾道, 성인지도聖人之道에 순종한다.

[九三]은 家人이 嗃嗃하면 悔하야 厲ㅣ나 吉하고
구삼 가인 학학 회 려 길

婦子ㅣ 嘻嘻면 終吝하리라. (風雷益)
부자 희희 종린 풍뢰익

象曰, 家人嗃嗃은 未失也일새오
상왈 가인학학 미실야

婦子嘻嘻는 失家節也이니라.
부자희희 실가절야

○ 嗃(꾸짖을 학, 엄할 학) 悔(후회할 회) 厲(갈 려{여}) 吉(길할 길) 婦(며느리 부) 嘻(웃을 희) 終(끝날 종) 未(아닐 미) 失(잃을 실) 家(집 가) 節(마디 절)

구삼九三은 가인家人이 엄하게 꾸짖으니(엄하고 엄하게 하니) (지나친 것을)

방법이다. "이룰 바는 없으되 중위中位에 위치하여 천지부모天地父母가 먹여준다." 이효二爻가 내괘內卦이기 때문에 어머니의 뱃속에 잉태된 태아에 비유한 것이다. '재중궤在中饋라 정貞이라 길吉하리라'고 한 것은 중정지도中正之道다.

116 (觀中) 순이손야順以巽也의 이以는 쓸 때가 된 것이다. 그러나 풍지관괘風地觀卦의 「단사彖辭」의 순이손야順而巽也의 '이而'는 쓸 수 있는 때가 아니다.

뉘우치고 근심함이나 (집안의)부녀자가 소리 내어 웃으면(희희덕거리면) 끝내 인색하리라.

상象에 이르기를, 가인家人이 엄하게 꾸짖는다(엄하고 엄하게 하니)는 것은 (뉘우치고 뉘우치면) (아직도 가도家道를) 잃지 않은 것이요, 부녀자가 소리 내어 웃는다는 것은 가정의 절도節度를 잃음이니라.

개요概要

구삼九三은 정위正位로서 가도家道에 대한 설명이요, 선후천先后天의 갈림길이다. 인사적人事的으로는 시어머니의 자리이다.

각설[117]

학학회嗃嗃悔 려길厲吉 가도家道에 대한 법도法度와 위엄을 세우면 근심(자녀의 반항)과 뉘우치는 바가 있어도 길吉하여 법도法度가 반듯이 서게 된다는 것이다.

희희종린嘻嘻終吝 너무 느슨하게 하여 가정의 법도法度가 무너져 사람들이 희덕거리고, 웃음소리가 높게 지꺼리도록 두면 관대한 것 같아 좋게 보일 수도 있으나 결국은 절도節度를 잃게되어 인색하게 된다. 지나치게 즐거움에 만 지우친 것이다.

소상사小象辭[118]

---

117 구삼九三은 군자君子와 소인지도小人之道가 갈라진다. '학학嗃嗃'은 과거의 잘못을 뉘우친다. 그러므로 선후천은 내 마음속에 있는 것이다.

118 (觀中) ❶부자婦子 : 가인家人이 아닌 부덕婦德을 겸비하고 있는 여자女子 아닌 보통 부인婦人이다. '희희嘻嘻'는 자신의 행동에 대해 반성하지 않는 것이다. ❷실가절야失家節也 : 절節은 가인지도家人之道의 도수度數다. 천지도수적天地度數的인 개념, 즉 수택절괘水澤節卦이다. 인간의 행동이 천지도수天地度數에 어긋나서는 안 된다. 절괘節卦는 치물원리治物原理에 있어서는 예약제도禮樂制度, 정치제도政治制度가 천지도수天地度數에 근거를 두고 제정이 되어야 함을 말하고 있다. ❸학학嗃嗃 : 엄숙한 모습, 어려워하고 조심함. 부자婦子 : 어린아이와 같은 수준의 처자妻子

미실未失 가도家道를 잃지 않았다는 것이다.

실가절야失家節也 가정의 절도節度를 잃게 된다.

[六四]는 富家ㅣ니 大吉하리라. (天火同人)
육사 부가 대길 천화동인

象曰, 富家大吉은 順在位也이니라.
상왈 부가대길 순재위야

○ 富(부할 부) 家(집 가) 吉(길할 길) 順(순할 순) 在(있을 재) 位(자리 위)

육사六四는 집을 부자되게 하니, 크게 길吉하니라.

상象에 이르기를, '집을 부자되게 하고 크게 길吉하다 함은 순종으로써 자리에 있음이니라.

개요概要

공자孔子의 정명사상正名思想에 대한 말이다. 사효四爻는 인사적으로는 아들의 자리이다.

각설[119]

부가대길富家大吉 모든 사람이 자기의 위치에서 천도天道에 순응하면서 맡은바 본분을 다하면서 살아간다면 집이 부유해져서 크게 길吉하게 되는 것이다.

119 (觀中) 순재지위順在位也의 순順은 하도원리河圖原理, 후천봉천시後天而奉天時. 곤괘坤卦의 내순승천乃順承天. 하늘로부터 군자의 사명을 깨달았다. 부가대길富家大吉 : 성인지도聖人之道가 천하天下를 다스리는 세계世界다. 이 효爻가 동動하면 천하동인괘天火同人卦가 되고, 가인괘家人卦 삼효三爻가 동動하면 풍뇌익괘風雷益卦가 된다. 부유지위대업富有之謂大業이며, 하늘의 은총을 받아 도道를 넉넉하게 닦여진 것이다. 수풍정괘水風鼎卦 4효에서 낙서원리洛書原理를 통해 하도원리河圖原理를 깨닫는 것이다. 정井자가 열십자 모양, 낙서원리洛書原理를 좇아 군자가 성인聖人의 말씀에서 덕德을 쌓아 성도成道가 되어야 한다.

소상사小象辭

순재위야順在位也 천도天道에 순종하는 군자君子의 유순한 자리를 말한다.

[九五]는 王假有家ㅣ니 勿恤하여도 吉하리라. (山火賁)
구오 왕격유가 물휼 길 산화비

象曰, 王假有家는 交相愛也이니라.
상왈 왕격유가 교상애야

○ 假(거짓 가, 이를 격) 有(있을 유) 家(집 가) 勿(말 물) 恤(구휼할 휼, 근심할 휼) 交(사귈 교) 相(서로 상) 愛(사랑 애)

구오九五는 왕이 그 집에 이르렀음이니, 근심하지 않아도 길하리라.

상象에 이르기를, '왕격유가王假有家'는 서로 사귀어 사랑함이니라.

개요概要

구오九五는 강건정위剛健正位·득중得中한 효爻로 성인聖人이다. 성인지도聖人之道에 믿음으로 걱정하지 않아도 吉함을 말한다.

각설 [120]

왕격유가王假有家 **물휼**勿恤 **길**吉 성인지도聖人之道에 지극함이 있으니 절대 걱정하지 않아도 길하다는 것이다. 성인聖人의 지극함이 가정(가인지도家人之道=군자지도)에 있으니 걱정하지 않아도 된다는 것이다. 가인家人의 역할중의 하나가 가정을 풍족히 하는 것이다. 부부夫婦(성인聖人·군자)가 화목하여 만 백성의 모범이 되니 무슨 걱정이 있으며, 길吉하지 않은 것이 있겠는가.

120 (觀中) 근심하지 않아도 길吉하다. 왜냐하면 중위中位를 얻었기 때문이다. 중정지도中正之道란 말은 이효二爻에서 이미 말씀하고 있다('재중궤在中饋라 정貞이라 길吉하리라')

소상사小象辭[121]

왕가유가王假有家 교상애야交相愛也 군주인 구오효九五爻가 착한 아내를 맞아 화락한 가정을 가지게 된 것이다. 왕이 아닌 가장家長으로서 가족적인 분위기를 사랑한다는 것이다.

[上九]는 有孚코 威如ㅣ면 終吉하리라. (水火旣濟)
상구 유부 위여 종길 수화기제

象曰, 威如之吉은 反身之謂也ㅣ라.
상왈 위여지길 반신지위야

❍ 有(있을 유) 孚(믿을 부, 미쁠 부) 威(위엄 위) 如(같을 여) 終(끝날 종) 吉(길할 길) 反(되돌릴 반) 身(몸 신) 謂(이를 위)

상구上九는 믿음을 두고 위엄이 있는 듯하면 마침내 길하리라.

상象에 이르기를, '믿음을 두고 위엄이 있는 듯하다.'는 것은 내 자신을 돌이켜 봄을 이름이라.

개요概要

상구上九가 나라와 가정의 큰 어른이요, 인사적으로는 할아버지를 말하고 있다. 성인지도聖人之道를 근원으로 반신수덕反身修德하면서 도덕적인 모범을 보여야 한다는 것이다.

각설[122]

---

121 (觀中) ❶교상애交相愛 : 비괘否卦 구오九五의 분우구원賁于丘圓하는 마음으로 사랑으로서 합덕하는 것이다. ❷정전제도井田制度 : 기본적인 경제생활을 기본으로 효제孝悌, 교육敎育, 왕도정치王道政治 실현하는 제도이다.

122 (觀中) 위여威如는 화천대유火天大有, 오효五爻에 위威가 나온다. 하도원리河圖原理는 믿음을 바탕으로 한다. 성인聖人의 말씀으로써 나에게 전해진 천도天道에 관한 믿음이다.

유부위여종길有孚威如終吉 아래에 있는 사람들은 제각기 자기 할 일을 다 하였으므로 최상위에 있는 사람도 반드시 성실과 신의를 바탕으로 한 믿음을 가지고, 위엄으로 소임을 다한다면 마침내 길吉하다는 것이다. 다시 말하면 성인지도聖人之道에 대한 믿음과 위엄으로 하면 끝까지 길吉하다는 의미로 이는 가정을 다스리는 지혜를 말하고 있는 것이다. 즉 규율과 믿음으로 하나가 된 가정은 끝까지 길吉하다는 것이다. 위엄이란 자기 역할을 다 하는 보편적인 가치와 도덕적인 모범을 보일 때 드러난다.

소상사小象辭[123]

반신지위야反身之謂也 자신을 반성하여 유부위여有孚威如를 행한다는 것이다. 상구효上九爻는 부정위不正位爻이라 수신이 필요하다. 성인지도를 실천하는 모범을 보여야 한다. 기제괘旣濟卦 상육효上六爻는 건도乾道에 순응하고 이신사호순履信思乎順하며, 기제旣濟를 지속할 수 있다는 것이다. 그러므로 건도乾道를 외면해서는 안 된다.

---

123 (觀中) 반신反身원리는 수산건괘水山蹇卦다.

✐ 가인괘家人卦에서 치가治家의 원칙으로 삼고 있는 이여정利女貞이란 남자男子(성인聖人)는 정도正道로 하고, 여자女子(군자君子)는 정도貞道로 해야 한다는 것이다. 정가正家가 평천하平天下의 근원임 말하고 있다. 정도正道의 가정家庭을 이루기 위해서 말은 반드시 사실事實이어야 하며, 행동行動은 성인지도聖人之道에 대한 항심恒心으로 일이관지一以貫之해야 한다고 한다. 왜냐하면 언행言行이 일치一致되어야 정도正道의 가정家庭을 이룰 수 있기 때문이다.

화 택 규 괘 38.火澤睽卦

도전괘 倒顚卦 — 화택규괘 火澤睽卦 → 풍화가인괘 風火家人卦

음양대응괘 陰陽對應卦 — 화택규괘 火澤睽卦 → 수산건괘 水山蹇卦

상하교역괘 上下交易卦 — 화택규괘 火澤睽卦 → 택화혁괘 澤火革卦

호괘 互卦 — 화택규괘 火澤睽卦 → 수화기제괘 水火旣濟卦

효변 爻變

화택규괘 火澤睽卦	初爻變 而爲未濟卦	二爻變 而爲筮嗑卦	三爻變 而爲大有卦	四爻變 而爲損卦	五爻變 而爲履卦	上爻變 而爲歸妹卦

	화수미제괘 火水未濟卦	화뢰서합괘 火雷筮嗑卦	화천대유괘 火天大有卦	산택손괘 山澤損卦	천택이괘 天澤履卦	뇌택귀매괘 雷澤歸妹卦

요지要旨

괘명卦名 이 괘는 상이上離의 화火(☲) + 하택下兌의 택澤(☱) = 화택규괘火澤睽卦(䷥)이다.

괘의卦意 새로운 변화를 위한 모색과 결단에 대한 말이다. 태소녀兌少女와 이중녀離中女는 음괘陰卦로써 서로 어긋난다. 또한 남녀가 서로 다르니(이異) 탐색이(동同) 필요하다. 즉 분합分合의 원리이다. 이異로 대립과 갈등이 유발되나, 동同으로 화합을 도모할 수 있다. 그러므로 대립과 갈등을 넘어서서 상생相生과 소통의 모색이다. 즉 지금까지의 삶의 방식은 종終이고, 새로운 삶의 방식으로 전환하기 위한 모색이라고 할 수 있다.

괘서卦序 「서괘」에서 "가도家道는 궁窮하면 반드시 어그러지므로 규睽로써 받았다.(家道窮必乖, 故 受之以睽)"라고 하였다.
가 도 궁 필 괴 고 수 지 이 규

괘상卦象 내괘內卦(하괘下卦)는 태괘兌卦이며, 외괘外卦(상괘上卦)는 리離로 물(소녀)과 불(중녀)이 서로 어긋난다는 것이다. 육효六爻 중에서 초효初爻만 정위正位이고, 나머지는 부정위不正位 효爻이다.

睽는 小事에 吉하리라.
규 소사 길

어긋나지만(규睽는) 작은 일에 길하리라.

각설[124]

소사小事 **길**吉 규睽는 서로 어긋남으로 소사小事(개인의 내면적인 공부)

---

124 (觀中) 규睽는 흘겨볼 규이다. 불구자이다. 소사小事(소정小貞)는 학문하는 일이다. 내 심성을 닦아, 내 인격성을 축덕畜德하는 일이다. 대사大事는 왕사王事다. 대사大事, 소사小事는 뇌산소과괘雷山小過卦(새소리의 원리)에서 언급한다. 천산돈괘天山遯卦의 돈세군자遯世君子는 자신의 내면적인 덕德을 닦기 위해 돈세遯世하는 것이다. 이를 소사小事라고 한다. "학문學問하는 일에 있어서 절대로 길吉하다."

가 되어야지 대사大事(왕도정치)가 되면 서로 곤란하다. ❶대大는 양陽으로 외면적인 일이며, ❷소小는 음陰으로 내면적인 일을 말한다. 바꾸어 말하면 마음속으로 하면 길吉하다는 것이다. 작은 일(소사小事)은 화합和合하나 큰일(대사大事)은 의義가 상한다.

규睽는 개인 차원에서는 이루어지는 결단의 행동이다. 사물은 서로 어긋나지만 화합의 여지를 가지고 있다. 그러므로 순리되로 하면 화합할 수 있다는 것이다.

[彖曰] 睽는 火動而上하고 澤動而下하며
단왈 규 화동이상 택동이하

二女ㅣ 同居하되 其志ㅣ 不同行하니라.
이녀 동거 기지 부동행

說而麗乎明하고 柔進而上行하야 得中而應乎剛이라
열이려호명 유진이상행 득중이응호강

是以小事吉이라. 天地ㅣ 睽而其事ㅣ 同也ㅣ며
시이소사길 천지 규이기사 동야

男女ㅣ 睽而其志ㅣ 通也ㅣ며
남녀 규이기지 통야

萬物이 睽而其事ㅣ 類也ㅣ니 睽之時用이 大矣哉라.
만물 규이기사 류야 규지시용 대의재

○ 睽(어긋날 규) 火(불 화) 動(움직일 동) 澤(못 택) 動(움직일 동) 同(한가지 동) 居(있을 거) 志(뜻 지) 行(갈 행) 說(기꺼울 열) 麗(걸릴 려{여}) 明(밝을 명) 柔(부드러울 유) 進(나아갈 진) 得(얻을 득) 中(가운데 중) 應(응할 응) 剛(굳셀 강) 是(옳을 시) 事(일 사) 吉(길할 길) 天(하늘 천) 地(땅 지) 男(사내 남) 通(통할 통) 萬(일만 만) 物(만물 물) 類(무리 류{유}, 동류 류)

단彖에 이르기를, 규睽는 불은 움직여서 위로 올라가고, 못은 움직여서 아래로 내려온 것이다. 두 여인女人이 함께 있으나 그 뜻은 함께 행하지 않는다 하니라. 기뻐해서 밝은 것에 거처하고(걸리고), 유柔(육오六五)가 위로 올라가 중中을 얻어서 강剛(구이九二)에 응한다. 이러므로 작은 일은 길吉함이라. 천지天地는 서로 어긋나지만 그 일은 같으며, 남녀男女는 서로 어긋나지만 그 뜻은 통通하며, 만물은 서로 어긋나지만 그 일은 같으니, 규睽의 사용하는 때가 크도다.

각설[125]

규화동이상택동이하睽火動而上澤動而下 괘상卦象을 인사적으로 비유해서 나타난 현상을 규睽의 상象을 보고 설명하고 있다. 불은 타서 올라가고, 물은 아래로 내려오는 것을 말한다.

이녀동거二女同居 기지부동행其志不同行 두 여자(이중녀離中女와 태소녀兌少女)가 어려서는 한 집에 있으나, 출가出家한 뒤에는 그 뜻이 같지 않은 것이다

열이려호명說而麗乎明 상괘上卦인 리離(☲)의 밝음이 하늘에 걸려 있다.

유진이상행柔進而上行 득중이응호강得中而應乎剛 시이소사길是以小事吉 육오효六五爻가 유순득중柔順得中한 효爻로써 군위君位에 있으면서 구이효九二爻와 상응하고 있다. 그러므로 대사大事는 감당을 못하고, 소사小

125 (觀中) ❶단에 이르기를 : 지천태괘地天泰卦의 원리가 규괘도수睽卦度數에서 구체적으로 나타나게 된다. 성인聖人·군자지도君子之道가 거듭나는 원리를 표상하고 있는 괘卦가 선후경삼일도수先後庚三日度數와 결부된 가인규괘家人睽卦다. 가인家人은 내야內也, 규睽는 외야外也라고 했다. 명이明夷는 외야外也라고 했다. 밖에서 나타나는 역수변화원리曆數變化原理를 직접 표상하는 괘卦가 명이明夷卦다. ❷택동이화澤動而下 : 화동이상火動而上하고 택동이화澤動而下(위에서부터 내려온 것)는 괘체卦體를 말함. ❸열이려호명說而麗乎明 : 열說은 태괘兌卦에서 온 것이요, 명明은 리괘離卦에서 온 것이다. ❹득중이응호강得中而應乎剛 : 유진이상행柔進而上行이라야 새소리(역수원리曆數原理)를 깨달을 수 있다. ❺소사小事 : 도道를 연구硏究하는 일(학문하는 일)이 소사小事다. ❻규지시용대의재睽之時用大矣哉 : 규괘睽卦의 도수度數(경자신축庚子辛丑)에 해당되는 때의 작용성을 의미한다. 진간손태震艮巽兌의 원리가 감리괘坎離卦로 집약표상이 되어있다. 그러면 감괘坎卦에서는 무엇을 말하고 있는가? 역수원리曆數原理에 있어서 달의 원리를 말하고 있다. 시용時用은 중수감괘重水坎卦에 나오는 험지시용대의재險之時用大矣哉다. 일월日月의 변화가운데 달의 변화(회삭현망晦朔顯亡)가 위주가 되어 역수변화를 가져온다.

事는 길吉하다는 것이다.

천지규이기사동야天地睽而其事同也 천지天地의 형상形象은 다르지만 서로의 작용으로 만물을 만들어내는 것은 같다. 그러므로 이동異同이다.

남녀규이기지통야男女睽而其志通也 남男과 여女가 서로 어긋나되, 그 구求하고자 하는 뜻은 통한다.

만물萬物 규이기사류야睽而其事類也 만물이 만萬가지로 생김새와 성질性質은 다르되 천지天地로부터 생성生成되어서 품부稟賦받은 음양陰陽의 기운氣運은 같다는 것이다.

규지시용睽之時用 대의재大矣哉 이렇게 겉은 달라보이되 실제로는 같은 것이 천지天地의 이치이므로, 어긋날 때에도 그 근본은 통하고 있다는 것을 알아서 – 해소될 수 있는 대립이다. – 행行하니 규睽의 때와 씀이 크다는 것이다.

> **[象曰]** 上火下澤이 睽ㅣ니 君子ㅣ 以하야 同而異하나니라.
> 상왈 상화하택 규 군자 이 동이이

○ 火(불 화) 下(아래 하) 澤(못 택) 睽(어긋날 규) 異(다를 이)

상象에 이르기를, 위에 불이 있고 아래에 못이 있는 것이 규이니, 군자君子는 이로써 같이하면서도 다르니라.

각설[126]

동이이同而異 동이이同而異 이이동異而同을 알아야 한다. 이것이 규괘睽卦

126 (觀中) 상화하택上火下澤은 불은 위로 올라간다. 상上은 위로 올라간다(작용성을 의미)는 뜻이다. 부모의 입장과 자식의 입장은 차이가 있다. 이를 올바르게 깨달아야 한다. 이에 비구匪寇가 혼구婚媾로 변할 수 있는 것이다. 즉 뜻이 일치하여(마음이 하나로 일치해)야 한다. 마음에 있어서는 같기 때문에 몸에 있어서는 다르다. 동이同異가 하나로 되어 있다.

의 이치理致이다. 따라서 이異는 동同을 전제로 하는 것이다. 마음이 하나로 일치해야 한다. 마음에 있어서는 같기 때문에 몸에 있어서는 다르다. 그러나 동이同異가 하나로 되어있다.

[初九]는 悔亡하니 喪馬勿逐하야도 自復이니
초구 회망 상마물축 자복

見惡人이면 无咎ㅣ리라. (火水未濟)
견악인 무구 화수미제

象曰, 見惡人은 以辟咎也이니라.
상왈 견악인 이피구야

○ 悔(뉘우칠 회, 근심할 회) 亡(망할 망) 喪(죽을 상) 馬(말 마) 勿(말 물) 逐(쫓을 축) 自(스스로 자) 復(돌아올 복) 見(볼 견) 惡(악할 악) 无(없을 무) 咎(허물 구) 辟(피할 피, 물리칠 벽, 부를 벽, 임금 벽)

초구初九는 뉘우침이 사라지니 말馬을 잃고 좇지 않아도 스스로 돌아오니, 악인惡人을 만나도(보아도) 허물이 없느니라.

상象에 이르기를, 악인惡人을 만나보는 것은 허물을 피하려는 것이니라.

개요概要

「효사爻辭」 전체의 내용은 처음(내괘內卦 삼효三爻)은 어긋나지만 후에는 (내괘內卦 삼효三爻)합해지는 것을 말하고 있다. 초구가 어긋남을 해결하기 위해서 악인이라도 만나서 화합을 이루라는 것이다.

각설[127]

127 (觀中) ❶ 회망悔亡 : 왜 무조건 후회하는 일이 없다고 하는가? ❷견악인見惡人 : 「효사爻辭」 속에 등장하는 '악인惡人'은 화택규괘火澤睽卦가 유일하다. 상붕원리喪朋原理가 상마喪馬이다. ❸'자복自復'은 칠일래복七日來復. 상마물축자복喪馬勿逐自復이 어디에서 되는가? 화택규괘火澤睽卦의 태괘兌卦의 초효初爻이기 때문이다. 악인惡人은 소인小人이다. 자복自復은 사

상마물축喪馬勿逐 말을 잃어버려도 쫓지 않는다는 것이다. 그러므로 어긋난다는 것이다. 말은 내버려두면 집으로 돌아오는 성질에 비유한 것이다. 말은 양陽으로 드러남이요 외면적이며, 음陰은 내면적이다. 상마喪馬는 성인지도聖人之道를 잃고, 소인지도, 기득권, 각종의 미련 등에 빠지는 것이다.[128]

자복自復 ❶초구初九가 구사九四의 양기陽氣에 가로 막혀 본래성을 회복한다는 것이다. ❷억지로 합하려고 하지 않아도 저절로 뜻이 합해진다는 것이다.

견악인見惡人 무구无咎 양陽은 선善이 되고, 음陰은 악惡이 된다. 그러므로 악인惡人(육삼六三)을 보면 조심하고 경계警戒하라는 것이다. 그러나 대립각을 세울 필요가 없다는 것이다.(和而不同)(화이부동) 악인을 관용寬容과 포용력으로 대하고, 혐오와 분노를 피하면서 삼가하면 악인惡人을 보아도 허물이 없다는 것이다.

소상사小象辭[129]

견악인見惡人 이피구야以辟咎也 악인惡人은 육삼六三을 말한다. 초구初九가 구사九四와 더불어 육오六五를 도우려면, 육삼六三 악인惡人을 지나야 한다. 또한 악인惡人일수록 거절하거나 피하지만 말고, 관용과 포용력으로 교화敎化하는 것이 재앙과 허물을 피할 수 있는 방법이다.

효도수四爻度數에서 이루어진다. 왜냐하면 초효初爻와 사효四爻는 상응관계相應關係에 있기 때문이다. 칠일래복원리七日來復原理와 유관하다.

128 구사九四와 음효陰爻가 안된다. 나아가려 하나 말을 잃어버려 나아가지 못함에 비유하고 있다.

129 (觀中) 이피구야以辟咎也란 천지비天地否 소인지도小人之道를 막아낼 수 있다. 벽구辟咎는 돈세무민遯世无悶을 말한다.

[九二]는 **遇主于巷**하면 **无咎**ㅣ리라. (火雷噬嗑)
구이 우주우항 무구 화뢰서합

象曰, 遇主于巷이 **未失道也**이니라.
상왈 우주우항 미실도야

○ 遇(만날 우) 主(주인 주) 于(어조사 우) 巷(거리 항) 未(아닐 미) 失(잃을 실) 道(길 도)

구이九二는 임금을 골목에서 만나면 허물이 없느니라.

상象에 이르기를, 임금을 골목에서 만나는 것은 도道를 잃지 않음이니라.

개요概要

구이九二와 육오六五의 비공식적인 만남으로 어긋남을 해결함을 말한다.

각설[130]

우주우항遇主于巷 구이九二와 육오六五는 부정위(不正位)로 예禮를 갖추지 못했다. 그러므로 비공식적, 독대, 우연한 만남을 의미하는 것이다. 따라서 우합遇合으로 군신간의 오해를 풀어 허물이 없다.[131] 군자君子가 성인聖人의 뜻을 깨달았다는 것이다.

소상사小象辭

미실도야未失道也 세상世上 모두가 규睽지만 정도正道를 잃지 않으면 반드시 만날 수 있다. 즉 일치一致될 수 있다.

---

130 (觀中) 우항陋巷에서 만난다. 군자가 성인聖人의 뜻을 깨달은 것이다. 화택규괘火澤睽卦에서는 이주夷主, 화뢰서합괘火雷噬嗑卦에 득금시得金矢(사효四爻), 득황금得黃金(오효五爻)이라 하였다.

131 『주역절중』에서는 "춘추의 법도에 따라 예를 갖춘 즉 회會라고 하고, 예를 갖추지 못한 것을 우遇라고 한다.(春秋之法, 禮備則曰會, 禮不備則曰遇)"라고 하였다.

[六三]은 見輿曳코 其牛ㅣ 掣ㅣ며 其人이 天且劓니
육삼 견여예 기우 체 기인 천차의

无初有終이니라. (火天大有)
무초유종 화천대유

象曰, 見輿曳는 位不當也일새오
상왈 견여예 위부당야

无初有終은 遇剛也이니라.
무초유종 우강야

○ 見(볼 견) 輿(수레 여) 曳(끌 예, 이끌 예, 당길 예) 牛(소 우) 掣(끌 체, 이끌 체, 막을 체, 당길 철) 天(중머리 천) 且(또 차) 劓(코벨 의) 无(없을 무) 初(처음 초) 有(있을 유) 終(끝날 종) 遇(만날 우) 剛(굳셀 강)

육삼六三은 (사람이) 수레를 이끄는 것을 보고, 그 소가 끄는 것이며, 그 사람은 머리를 깎이고(천天) 또 코를 베이니, (정심正心을 가지면)시작은 없어도 끝(마침)은 있느니라.

상象에 이르기를, '수레를 이끌고 가는 것은 자리가 마땅치 않음이오, '시작始作은 없고 끝만 있다.'는 것은 강剛을 만남이니라.

개요概要

부정위不正位한 음효陰爻로써 구이九二와 구사九四의 양효陽爻속에서 마음을 못 정하고 있는 상象이다. 그 이유는 ❶육삼六三은 상구上九와 응효應爻이나 구사九四가 가로막고(기우체其牛掣), 구이九二는 뒤에서 끌어당기고 있거나(견여예見輿曳), ❷세상사가 모두가 어긋나 있어서 갈팡질팡하고 있기 때문이다.

각설[132]

132 (觀中) 기우체其牛掣는 이것도 괘卦를 가리키는 것이다. '재귀일거載鬼一車'는 직접 화택규괘火澤睽卦를 가리킨다. "그 소(산천대축괘山天大畜卦에서 길러낸 소, 중화리괘重火離卦에서

견여예見輿曳 사람이 수레를 뒤에서 잡아 당기는 것을 본다. 구이효九二爻가 육삼六三을 잡아당긴다는 것이다.

기우체其牛掣 소가 끄는 것을 본다는 것은 육삼六三을 구사효九四爻가 가로막는 것이다.

기인천차의其人天且劓 육삼효六三爻가 강행하면 자신이 머리가 깎여지고 코가 베이는 중형을 당하는 것을 뜻한다.

무초유종无初有終 상구上九와 뜻이 합해지는 것이다.

소상사小象辭 133

우강遇剛 음陰이 양陽을 만난다. 마침내 합해지는 것이다. 이것은 성인지도聖人之道를 깨달았다. 속죄의 시작으로 선후천원리先后天原理가 드러남을 의미하기도 한다.

온 것이다.)가 끈다.", 즉 "리괘離卦가 끌고 간다."는 말이다. 소(牛)는 빈우牝牛다. 화택규괘火澤睽卦의 중화리괘重火離卦의 「괘사卦辭」가 축빈우畜牝牛 길吉이라고 한 것이다. 화택규괘火澤睽卦의 택澤이 고장이 났다는 말이 아니다. 감괘坎卦가 감위여坎爲輿이다. 감괘坎卦가 고장이 났다는 말이다. 그러므로 '견여예見輿曳코'라고 한 것은 '감위다생坎爲多眚'인데, '기우체其牛掣'다. 리괘離卦가 끌고 간다는 말이다. 후천원리后天原理를 묻어 놓기 위해서 알기 어렵게 말씀을 한 것이 아닌가? 한다. 수레가 고장이 나면 일반적으로 말이 끌고 가지, 소가 끌고 가지는 않는다. '기우체其牛掣'(소가 끄는 수레)가 어디 있는가? 소가 끄는 수레가 있었어도 마차馬車라고 했다. 수레는 말이 끄는 것이 원칙이다. 감괘坎卦가 수레 고장난 것을 상징상징한다. '견여예見輿曳코 기우체其牛掣'는 지수사괘地水師卦가 되고, 화수미제괘火水未濟卦가 된다. 언제든지 먼저 언급된 것이 내괘內卦다. 기인천차의其人天且劓의 천차의天且劓는 틀림없는 (무자戊子)기축己丑의 산천대축괘山天大畜卦를 가리킨다. 기인其人이란 무엇을 의미하는가? 특정한 인물을 가리키는 것이 아니다. 「괘사卦辭」속에 기인其人이 언급된 괘卦가 중산간괘重山艮卦이다. 그러므로 '기인其人'은 간군자艮君子를 가리킨다. 산천대축괘山天大畜卦에서 화택규괘火澤睽卦의 사이에 선후천변화원리先后天變化原理가 완전히 속에서 작용을 하기 시작하여 변화현상이 객관적으로 나타나는 것은 규건도수睽蹇度數에서 선후천변화先后天變化현상이 객관적으로 나타난다. 3효가 표상하는 역易의 작용성, 규괘睽卦 안에서의 역도易道의 작용성을 3효가 표상한다. 그 상징성을 우리는 파악해야 한다. 극형을 가하는 것으로 파악해서는 안 된다.

133 (觀中) 우강遇剛은 무엇이 강剛을 만났다는 말인가? 삼효三爻가 음효陰爻이다. 즉 음陰이 양陽을 만났다는 말이다. 즉 유우강柔遇剛이다. 우遇는 부정적否定的으로 해석하면 안 된다. 음양원리陰陽原理로 해석한다. '우강遇剛'이란 음陰이 양陽을 만났다는 긍정적 의미다. 우강遇剛은 천도天道를 깨우침이다.

[九四]는 睽孤하야 遇元夫하야 交孚ㅣ니
구사 규고 우원부 교부

厲하나 无咎ㅣ리라. (山澤損)
려 무구 산택손

象曰, 交孚无咎는 志行也이니라.
상왈 교부무구 지행야

○ 睽(사팔눈 규) 孤(외로울 고) 遇(만날 우) 元(으뜸 원) 夫(지아비 부) 交(사귈 교) 孚(미쁠 부) 厲(위태로울 려, 갈 려{여}) 无(없을 무) 咎(허물 구) 志(뜻 지) 行(갈 행)

구사九四는 어긋나서 외롭다 하야 훌륭한 사람을 만나 믿음으로써 서로 사귀니 위태로우나 허물이 없느니라.

상象에 이르기를, 믿음이 있으면 허물이 없다 함은 뜻이(성인지의聖人之意가) 행함이니라.

개요概要

구사九四는 부정위不正位한 효爻로서 응효應爻가 없고, 육오六五와는 비比이다.

각설[134]

우원부遇元夫 **교부**交孚 서로 어긋났지만 믿음을 가지고 서로 만나기로 한다는 것이다. 원부元夫는 초구효初九爻를 말하며, 착한 지아비라는 의

134 (觀中) 교부려交孚厲 무구无咎 : 교부交孚란 믿음을 통해 하나로 음양陰陽이 합덕이 된다. 우원부遇元夫의 원부元夫가 무엇인가? 성인지도聖人之道를 가리킨다. 성인聖人의 뜻과 하나가 된다. 여厲는 어디서 온 여厲인가? 규睽는 외外이기 때문에 밖(하늘)으로부터 오는 위태로운 일이다. 변화지고變化之故. 우원부遇元夫의 부夫는 뇌풍항괘雷風恒卦 오효五爻의 부자재의夫子制義의 부夫다. 「계사繫辭」의 부역夫易은 천도天道를 위주로 한 말씀이다. 건원乾元 지원地元이다. 원부元夫를 괘卦로 해석한다면 원부元夫는 중뢰진괘重雷震卦 아니면 천뢰무망괘天雷无妄卦다. 원자元者 선지장야善之長也(인仁). 원부를 만나 사람은 실존적實存的 존재存在로서의 인간人間이다.

미이다. 초구효初九爻를 믿음과 정성으로 만나야 한다는 것이다.

무구无咎 초구初九와 같이 덕德을 가진 사람과 함께하면 허물이 없다는 것이다.

소상사小象辭[135]

지행야志行也 어긋났다가 다시 만나는 것이다. 이것이 동이이同而異현상이다.

[六五]는 悔亡하니
육오 회망

厥宗이 噬膚ㅣ면 往에 何咎ㅣ리오. (天澤履)
궐종 서부 왕 하구 천택이

象曰, 厥宗噬膚는 往有慶也이니라.
상왈 궐종서부 왕유경야

○ 悔(뉘우칠 회) 亡(없을 망) 厥(그 궐) 宗(마루 종) 噬(씹을 서) 膚(살갗 부) 往(갈 왕) 何(어찌 하) 慶(경사 경)

육오六五는 뉘우침이 없어진다 하니 그 종족이 살을 씹으며 나아감이면 (쉽게 만남이면), 무슨 허물이 있으리오.

상象에 이르기를, 그 종족의 살을 씹으며 나아가면 경사가 있느니라.

개요概要

육오六五는 부정위不正位 득중得中한 효爻로 구이九二와 응효應爻이다. 모든 일이 어긋나지만 중도中道에 대한 자각과 믿음으로 헤쳐나간다는 말이다.

---

135 (觀中) ❶지행志行 : 이 도수度數에서 뜻이 행行해지기 시작한다. 수뢰둔괘水雷屯卦 초효初爻에서 언급된 성인지의聖人之意가 화택규괘火澤睽卦에 와서 군자에 의하여 행해진다. ❷교부交孚는 초구初九와 원리적으로 뜻을 통한 합덕을 말한다. (양중음양陽中陰陽)

각설

서부噬膚 이 구절은 서합괘噬嗑卦 육이효六二爻로 진리를 씹는 것을 비유하여 말한다. 오효五爻의 마음가짐이다. 살을 깊이 무는 것은 지극한 관심과 정성을 육오효六五爻가 구이효九二爻에게 보이는 것이다. 모든 일이 해결되어 합하는 것이다. 그러므로 궐종서부厥宗噬膚는 종족과 가족이 고기를 씹어준다는 의미로 이는 천도天道의 자각을 말한다. 다시 말하면 중도中道를 깨우치는 과정이다.

왕往 **하구**何咎 자강불식自强不息하면 혹은 정성과 관심으로 일이관지一以貫之하면 결과적으로 허물이 없다는 것이다.

소상사小象辭 136

왕유경야往有慶也 좋은 것을 초월하여 경사가 있다는 것이다. 자천우지길무불리自天佑之吉無不利 원리이다.

---

136 (觀中) 왕유경야往有慶也 : '왕往에 유경有慶이다.'라는 말이다. 유경有慶은 대유지경大有之慶(자천우지길무불리自天佑之吉無不利)을 말한다. 유有가 단순히 있다라는 개념 외에 괘효사에 있어서 공자孔子가 쓴 말씀은 전부 서괘원리序卦原理와 연관성을 갖고 있다. 화천대유괘火天大有卦 상효上爻의 자천우지길무불리自天佑之吉無不利가 대유경大有慶(대유괘大有卦의 상서로운 복을 상징하는 말이다.)이다. '유예대유득有豫大有得'이란 말도 대유괘大有卦의 원리를 자득했다는 뜻이다. 궐종소부厥宗噬膚의 원리를 실천해 나가면 반드시 경사가 있다. 왜 화천대유괘火天大有卦 5효와 천화동인괘天火同人卦 2효에 나온 「효사爻辭」가 하나로 결부가 되어 화택규괘火澤睽卦 오효五爻에 '궐종서부厥宗噬膚'라고 했겠는가? 동인괘同人卦 2효가 화천대유괘火天大有卦 5효다. 천화동인괘天火同人卦 둘러놓으면 화천대유괘火天大有卦 5효가 되기 때문이다.

[上九]는 睽孤하야 見豕負塗와 載鬼一車ㅣ라
상구 규고 견시부도 재귀일거

先張之弧ㅣ라가 後說之弧하야 匪寇ㅣ라
선장지호 후탈지호 비구

婚媾ㅣ니 往遇雨則吉하리라. (雷澤歸妹)
혼구 왕우우즉길 뇌택귀매

象曰, 遇雨之吉은 群疑ㅣ 亡也이니라.
상왈 우우지길 군의 망야

❍ 睽(사팔눈 규) 孤(외로울 고) 豕(돼지 시) 負(질 부) 塗(진흙 도) 載(실을 재) 鬼(귀신 귀) 車(수레 거) 先(먼저 선) 張(당길 장, 베풀 장) 弧(활 호) 後(뒤 후) 說(벗어날 탈, 말씀 설) 匪(아닐 비) 寇(도둑 구) 婚(혼인할 혼) 媾(화친할 구) 往(갈 왕) 遇(만날 우) 雨(비 우) 則(법칙 칙, 곧 즉) 吉(길할 길) 群(무리 군) 疑(의심할 의)

상구上九는 어긋나서 외로워 돼지가 흙을 뒤집어 쓴 것 같고, 귀신 한 수레를 실은 것이라 먼저 활을 겨누다가 나중에는 활을 벗겨 놓는다. 도적이 아니라 혼인을 구하려는 것이니, 가다가 비를 만난다면 길하리라.

상象에 이르기를, '비를 만나면 길할 것이라.'는 말은 모든 의심이 없어짐이니라.

개요概要

상구上九는 육삼六三과 서로 어긋남을 말한다.

각설[137]

137 (觀中) ❶견시부도見豕負塗 : 도道를 등지고 있다는 말이다. '진흙 도塗'자가 '거리 도'자와 통용. 돼지가 진흙을 질머지고 있는 것과 귀신이 수레안에 가득 타고 있는 것과 무슨 관계關係가 있는가? 귀신이 수레에 가득 타고 가는 것을 실제로 본 적이 있는가? 이것들은 전부 다른 괘를 가리켜 한 말이다. 「효사爻辭」는 다른 괘와의 연관성을 밝히기 위해선 한 말씀이라는 것을 알아야 한다. 사물의 형상에다 비겨 가지고 표현할 수밖에 없기 때문에 다른 괘를 지적하는 것이다. '견시부도見豕負塗'란 말은 만물萬物에까지 성인聖人의 공덕이 미쳐야 한다는 뜻이다. ❷재귀일거載鬼一車 : 괘를 가리키고 있다. 거車를 리괘離卦로 생각한다면 풍화가인괘風火家人卦이다. ❸선장지호先張之弧 후설지호後說之弧 : 선천先天을 의미한다. 변화는 시

규고睽孤 규고睽孤는 애꾸눈의 외로움이다. 상구효上九爻와 육삼효六三爻가 상응하지만 육삼효六三爻가 구이九二와 구사九四속에 들어 있으니 육삼효六三爻는 상구上九爻와 상응하기가 어렵다. 의심하는 것이다. 또한 상구효上九爻는 육오효六五爻와 친한 관계이다. 이것이 규고睽孤이다.

견시부도見豕負塗 도道를 등지고 있음을 본다는 것이다. 그러나 성인聖人의 공덕이 미물微物에 미쳐야 한다는 뜻이다.

재귀일거載鬼一車 귀신이 수레안에 가득 타고 있는 것은 음양관계陰陽關係에 있어서 눈에 헛것이 보이는 형태이다. 망령됨의 극심함이다. 다시 말하면 상구효上九爻와 육삼六三의 규睽에 대한 나쁜 형상을 그린 것이다.

선장지호先張之弧 **후탈지호**後說之弧 상구上九가 육삼六三을 의심하여 처음에는 활을 쏘려고 하였다가 뒤에는 활을 쏘지 않았다는 것이다.[138] 다시 말하면 처음에는 육삼六三이 더러운 형상을 하고 있어 적으로 오인하여 활을 쏘려고 하다가 그만두었다는 것이다. 의심이 풀어진 심리적인 변화상태이며, 선후천원리로 볼 수도 있다.

왕우우칙길往遇雨則吉 왕往은 육삼효六三爻와 만난 것이며, 우雨는 비를 맞아야 만물이 번성하게 됨으로 길하다는 것이다. 사람으로는 운우지정雲雨之情을 말하는 것이다. 운우遇雨는 비를 만나는 자는 사람이요, 비는 내려준 것은 하늘이다. 즉 신인神人합덕이 된다.

간속에서 나타나는 것이다. 이것을 상징적으로 표현하자니까 규睽라고 한 것이다. 외눈으로 흘겨보는 것은, 가인家人·규睽·건蹇·해괘解卦에서 선장지호후설지호先張之弧後說之弧가 된다. ❹비구혼구匪寇婚媾 : 도적인 줄 알았는데 혼인할 배필이다. ❺왕우우즉길往遇雨則吉 : 여기의 비는 뇌수해괘에서 만난다. 비를 만나는 자는 누구인가? 사람이요, 비는 하늘이 내려준 자. 즉 신인神人합덕이 된다. 비를 맞아야 만물이 번성하게 된다. 백과초목개갑탁百果草木皆甲坼(反生, 「설괘說卦」, 진괘震卦설명) 여기의 길吉은 「괘사卦辭」에서 말한 소사길小事吉의 길吉이다. 즉 상효上爻로 종합하고 있다.

138 장張의 궁弓은 의미이고, 장長은 발음이다. 활 시위를 당긴다는 뜻이다. 또 설說은 벗어날 탈脫이다.

소상사小象辭

우우지길遇雨之吉 **군의망야**群疑亡也 육삼六三과 만나 운우지정雲雨之情을 나누니 마침내는 이제까지 품었던 의심이 풀려서 서로 정情으로 화합和合하게 된다. 그래서 길吉한 것이다. 성인聖人의 말씀에 대한 모든 의심이 해소되며, 이단천하지의以斷天下之疑되는 것이다.[139]

✐ 규괘睽卦는 대립과 갈등을 넘어서서 상생相生과 소통疎通의 모색이다. 즉 새로운 방식으로 전환하기 위한 모색과 결단이라고 할 수 있다. 사회적 갈등을 딛고 넘어서서 상생相生과 소통疎通을 모색하는 원칙으로 동이이同而異 이이동異而同을 알아야 한다. 규괘睽卦는 인간사의 어긋남부터 성인聖人 군자지도君子之道의 어긋남까지 이이동異而同으로 말하고 있다. 이것이 규괘睽卦의 이치理致이다. 다름(이異)은 같음(동同)을 전제로 하는 것이다. 즉 동同을 전제로 이異의 해결책을 모색하여야 한다는 것이다. 그렇다면 동이同異는 결국 하나로 되어 있다고 할 수도 있을 것이다.

139 '군의망야群疑亡也'란 성인聖人의 말씀에 대한 모든 의심이 해소되어 이로써 천하의 의심을 결단하는 것이다.

수산건괘

39. 水山蹇卦

雷水解卦 火澤睽卦 山水蒙卦 火水未濟卦

도전괘
倒顚卦

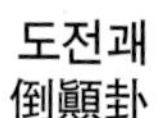

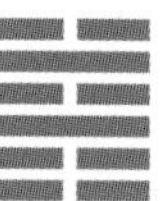

수산건괘
水山蹇卦

뇌수해괘
雷水解卦

음양대응괘
陰陽對應卦

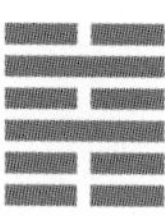

수산건괘
水山蹇卦

화택규괘
火澤睽卦

상하교역괘
上下交易卦

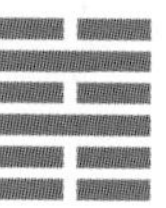

수산건괘
水山蹇卦

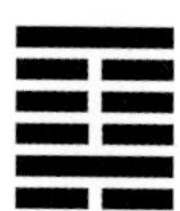

산수몽괘
山水蒙卦

호괘
互卦

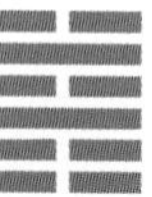

수산건괘
水山蹇卦

화수미제괘
火水未濟卦

효변 爻變	初爻變 而爲旣濟卦	二爻變 而爲井卦	三爻變 而爲比卦	四爻變 而爲咸卦	五爻變 而爲謙卦	上爻變 而爲漸卦
수산건괘 水山蹇卦	**수화기제괘** 水火旣濟卦	**수풍정괘** 水風井卦	**수지비괘** 水地比卦	**택산함괘** 澤山咸卦	**지산겸괘** 地山謙卦	**풍산점괘** 風山漸卦

요지要旨

괘명卦名 이 괘는 상감上坎의 수水(☵) + 하간下艮의 산山(☶) = 수산건괘水山蹇卦(䷦)이다.

괘의卦意 험난한 시련속에서 나아가야 할 도리를 설명하고 있다. '건蹇'을 파자하면 건寒+족足이다. 차거운 발은 혈맥이 통하지 못해 절게된다. 절음발이로 움직이기가 곤란하다는 것이다.

괘서卦序 「서괘」에서 "규睽는 어그러짐이니 어그러지면 반드시 어려움이 있으므로 건蹇으로써 받았다.(睽者, 乖也. 乖必有難, 故 受之以蹇)"라고 하였다.
규 자 괴 야 괴 필 우 난 고 수 지 이 건

괘상卦象 험한 감수坎水가 위에 있고, 간산艮山이 아래에 있으니 두 가지가 겹쳐 있는 상象이다. 다시 말하면 바다와 강물을 해쳐 건너갔는데 앞에 험한 산山이 가로 막고 있다. 이것이 건蹇의 상象이다. 험한 일을 당하면(감坎) 그쳐야 한다는(지止) 것이다. 이것은 험한 것을 보면 스스로 기다렸다가 행동하는 지혜를 말한다.

잡괘雜卦 '건蹇은 어려운 것이니(蹇難也)' 험난한 가운데서도 중정지도中正之道를 행行함으로서 피흉취길避凶取吉해야한다.
건 난 야

蹇은 利西南하고 不利東北하며
건 이서남 불리동북

利見大人하니 貞이라 吉하니라.
이견대인 정 길

건蹇은 서남西南은 이롭고 동북東北쪽은 이롭지 아니 하며, 대인大人을 만나보는 것이 이롭다 하니, 곧음이라 길吉하니라.

각설 [140]

건蹇 건蹇은 외발이다. 절뚝발이 건蹇자다. 즉 어렵고 험난한 가운데 정도正道를 행함으로써 길吉함을 찾아야 한다는 것이다.

감수坎水(바다, 강)를 겨우 건너가니, 앞에 험한 산이 가로막고 있다. 이것이 건蹇이다.

이서남利西南 불리동북不利東北 문왕팔괘도文王八卦圖에서 서남西南은 곤坤이고, 동북東北은 간艮이다. 곤坤은 평탄하고 쉬운 뜻이 있고, 간艮은 높고 험준한 뜻이 있다. 어려운 때를 당하여 쉽고 평탄한 데에 순히 처해야 하며, 험한 곳을 무모하게 가려하면 어려움이 더욱 가중되어 이로운 것이 없다는 것이다. 이것을 종시원리終始原理로도 볼 수 있다.

> **[彖曰] 蹇**은 難也ㅣ니 險在前也ㅣ니 見險而能止하니
> 단왈 건 난야 험재전야 견험이능지
>
> 知矣哉라 蹇利西南은 往得中也일새오
> 지의재 건이서남 왕득중야
>
> 不利東北은 其道ㅣ 窮也일새오 利見大人은 往有功也일새오
> 불리동북 기도 궁야 이견대인 왕유공야
>
> 當位貞吉은 以正邦也일새니 蹇之時用이 大矣哉라.
> 당위정길 이정방야 건지시용 대의재

---

140 (觀中) ❶화택규火澤睽와 수산건괘水山蹇卦는 무엇을 의미하는가? 한국의 역사를 역리易理에 비추어 본다면 어떤 괘에 해당이 되는가? 규睽·건괘蹇卦에 해당한다. 음양陰陽이 보합대화保合大和(인격적 차원에서 완전히 하나가 된 것을 합덕이라고 한다.)가 되려면, 여기서 인격적 인간이 탄생한다. 간태艮兌합덕원리에 의해 군자가 태어나게 되어있다. ❶이서남利西南 불리동북不利東北 : 서남방西南方(음방陰方)과 동북방東北方(양방陽方)이, 즉 음양陰陽쌍방이 갈등을 빚어낸다. 5爻까지(대건붕래大蹇朋來) 가도록 갈등을 빚는 현상을 나타내는 것이 수산건괘水山蹇卦다. 성인聖人과 군자가 합덕을 표상하는 괘이기 때문이다. 곤괘坤卦(동북상붕)에서 잃어버린 벗을 수산건괘水山蹇卦 5爻에서 만나다. 합덕대상으로서의 짝을 만나지 못했다는 의미다. 붕朋은 여성적인 친구를 의미한다. 이에 '달 월月'字를 포개어 놓은 것이다. '우友'는 손을 악수한 것을 상형화한 것이다. 두 손을 맞붙들은 것이다. 손(수手)은 간괘艮卦를 상징한다.

○ 蹇(절 건) 難(어려울 난) 險(험할 험) 在(있을 재) 前(앞 전) 見(볼 견) 險(험할 험) 能(능할 능) 止(발 지) 知(알 지) 蹇(절 건) 利(이로울 이{리}) 西(서녘 서) 南(남녘 남) 得(얻을 득) 中(가운데 중) 不(아닐 불) 東(동녘 동) 北(북녘 북) 其(그 기) 道(길 도) 窮(다할 궁) 往(갈 왕) 功(공 공) 當(당할 당) 位(자리 위) 貞(곧을 정) 吉(길할 길) 正(바를 정) 邦(나라 방) 時(때 시) 用(쓸 용)

단彖에 이르기를, 건蹇은 어려운 것이니, 험한 것이 앞에 있으니, 험한 것을 보고 능히 그칠 줄을 아니 지혜로움이라. '건蹇은 서남쪽에 이利가 있다.'고 하는 것은 앞으로 나가면 중中을 얻음이오, '동북東北쪽은 이로움이 없다는 것은 그 도가 다 되었음이오. 대인을 만나면 이롭다는 것은 가면 공功이 있음이오, 정위正位에 있어 바르고 길함은 나라를 바르게 함이니, 건蹇의 때와 사용함이 크도다.

각설[141]

견험이능지見險而能止 험險은 간艮이고, 지止는 간艮이다. 그러므로 험난한 일을 만나면 머물러야 한다는 것이다. 이것이 어려움을 극복하는 지혜라는 것이다.

지의재知矣哉 견험이능지見險而能止한 결과로 지혜롭게 되었으며 그 결과 건蹇이 되지 않는다는 것이다.

건이서남蹇利西南 왕득중야往得中也 건蹇의 때엔 평이平易한 곳에 처함이 이로우니, 서남西南은 곤방坤方이라 순順하고, 평이平易함이라 이롭다는 것이다.[142]

---

141 (觀中) 견험이능지見險而能止 지의재知矣哉
❶견見은 깨닫는다는 뜻이다. 견見 = 각覺 ❷지止는 시행. "지혜있는 자가 아니고서는 그 험險을 알지 못한다."

142 『이천역전』에서는 "건蹇의 때엔 평이平易함에 처함이 이로우니, 서남西南은 곤방坤方이라 순하고 평이함이 되고, 동북東北은 간방艮方이라 험조險阻함이 되며, 구九가 위로 올라가서 오五에 거하여 중정中正의 자리를 얻었으니, 이는 가서 평이平易한 땅을 얻은 것이므로 이로운 것이다. 오五가 감험坎險의 가운데 처하였는데 평이平易하다고 이른 것은 괘卦가 본래 곤坤이었는데 오五가 감으로 말미암아 감坎을 이루었다. 그러므로 다만 가서 중中을 얻음을 취하였고, 감坎을 이룬 뜻은 취하지 않은 것이다. 어려운 때를 당하여 또 위험한 곳에 멈추

불리동북不利東北 동북東北은 간방艮方이라 험조險阻함을 말한다. 그러나 실제적인 방위가 아니라 비유한 말이다. 험조함을 앞두고 멈출 줄 알아야 한다는 것이다. 잘못 가면 진퇴양난의 처지에 빠지게 된다.

기도궁야其道窮也 어려움이 극에 달해 험난함에서 벗어날 수 없다.[143]

당위정길當位貞吉 정위正位에 처하여 정행貞行을 하면 길吉하다.

건지시용蹇之時用 대의재大矣哉 비록 위험한 시대에 처하더라도 시지즉지時止則止, 시행즉행時行則行할 줄 알아야 한다는 것이다.

[象曰] 山上有水ㅣ 蹇이니
상왈 산상유수 건

君子ㅣ 以하야 反身修德 하나니라.
군자 이 반신수덕

○ 蹇(절 건) 反(되돌릴 반) 身(몸 신) 修(닦을 수) 德(덕 덕)

상象에 이르기를, 산山위에 물이 있음이 건蹇이니, 군자는 이로써 내 몸을(자신을) 돌이켜보고 덕德을 닦는다 하니라.

각설

반신수덕反身修德 인간의 인생살이라는 것이 앞에 산과 물이 가로막혀 있는 것처럼 난관에 봉착되는 경우가 허다하다. 이때 이것을 해쳐나갈 수 있는 방법은 내 자신을 돌이켜 덕을 닦는 것이다.[144] 『대학』의 명명덕明明德과도

면 어려움이 더욱 심해진다. 그러므로 동북東北은 이롭지 않은 것이다. '기도궁야其道窮也'는 건蹇이 궁극窮極함을 이른 것이다.(蹇之時, 利於處平易, 西南 坤方, 爲順易, 東北 艮方, 爲險阻, 九上居五而得中正之位, 是 往而得平易之地. 故爲利也. 五居坎險之中而謂之平易者, 蓋卦本坤, 由五往而成坎, 故但取往而得中, 不取成坎之義也. 方蹇而又止危險之地, 則蹇益甚矣, 故不利東北, 其道窮也, 謂蹇之極也.)"라고 하였다.

143 종시원리終始原理로 보면, 기도其道는 여자의 도道라고 할 수 있다. 왜냐하면 동북상붕東北喪朋의 상붕喪朋은 처녀로 마지막이요, 주부로써 시작함을 의미하기 때문이다.

144 (집설集說) ❶맹자는 "행하고도 얻지 못함이 있거던, 모두 자신을 돌이켜 찾아야 하니,

같은 의미이다. 반신反身 ⇨ 극기克己이고, 수덕修德 ⇨ 복례復禮이다.

[初六]은 往하면 蹇코 來하면 譽리라. (水火旣濟)
초육 왕 건 래 예 수화기제

象曰, 往蹇來譽는 宜待也이니라.
상왈 왕건래예 의대야

○ 往(갈 왕) 來(돌아올 래, 올 래{내}) 譽(기릴 예) 蹇(절 건) 宜(마땅할 의) 待(기다릴 대)

초육初六은 가면 어렵고 오면 명예가 있으리라.
상象에 이르기를, 가면 어렵고 오면 명예를 얻음은 마땅히 기다려야 함이니라.

개요概要

초육初六은 부정위不正位로 지금 가면 갈수록 험난하다. 또한 움직이지 않고 수양修養하면 명예롭다는 것이다. 다리를 저는 사람은 가지 말고 가만히 머물면서 수양하고 있는 것이 좋다는 것을 비유한 것이다.(반신수덕反身修德)

각설

왕건래예往蹇來譽 래來는 그쳐서 나아가지 않고 그대로의 뜻으로 불왕不往, 지야止也, 대야待也의 뜻이다. 시의성時宜性이 중요하다. 때가 올 때까지 기다려야 한다. 그러면 길吉하고, 나아가면 흉凶하다.

자신이 바꾸어지면 천하가 돌아오는 것이다. (『맹자』「이루장」 상上, "행유불득자行有不得者, 개반구제기皆反求諸己, 기신정이천하귀지己身正而天下歸之)"라고 하였다. ❷『성경聖經』「이사야서」에서는 "얻지 못함은 구하지 않았기 때문이요, 구했는데 얻지 못함은 정욕으로 구하였기 때문이다."라고 하였다.

[六二]는 王臣蹇蹇이 匪躬之故ㅣ라.
육이 왕신건건 비궁지고

(水風井)
수풍정

象曰, 王臣蹇蹇은 終无尤也ㅣ리라.
상왈 왕신건건 종무우야

○ 王(임금 왕) 臣(신하 신) 蹇(절 건) 匪(아닐 비) 躬(몸 궁) 故(옛 고) 終(끝날 종) 无(없을 무) 尤(허물 우, 더욱 우, 근심할 우)

육이六二는 임금과 신하의 어렵고 어려움이니, 내 몸의 연고가 아님이라.

상象에 이르기를, '임금과 신하가 어렵고 어렵다.'는 것은 마침내 허물이 없느니라.

개요概要

육이六二는 유순정위柔順正位·득중得中한 효爻로서 구오九五와 응효應爻이다. 열심히 노력해서 어려움을 극복함을 말한다.

각설[145]

왕신건건王臣蹇蹇 왕신王臣은 구오九五와 육이六二를 지칭한다. 건건蹇蹇은 어렵고 어렵다는 의미로서 구오九五와 구삼九三의 어려움을 말하기도 한다. 건괘蹇卦는 외괘外卦(☵)와 내호괘內互卦(☵) 모두가 감괘坎卦로써 거듭하여 험한데 빠져 있다. 따라서 감지감坎之坎이라 건건蹇蹇이다.

비궁지고匪躬之故 자신의 연고가 아니고 다 세상을 구하기 위한 어려움 때문이라 그 뜻은 의미가 있다.

145 (觀中) 왕신건건王臣蹇蹇은 왕통王統을 좇아 행해지지 못했다(跛行). 왕통王統과 도통道通은 일치一致되어 행해져야 한다. 왕통王統과 도통道統이 일치되어 행해지는 것을 성통聖統이라고 한다. 당우삼대唐虞三代까지만 성통聖統이 전해져 왔다. 그 이후에는 학문적 연원인 학통學統만 전해졌다. 도통道統은 심법心法으로 전한다. 왕통王統은 사실로 전해진다. 왕신王臣은 선성인先聖人의 신하臣下인 군자君子를 가리킨다.

소상사小象辭

종무우야終无尤也 무우无尤는 자신에게 허물이 없다는 것으로 무구无咎와는 구별된다. 왕신건건王臣蹇蹇으로 힘들게 고생하지만 중생구도衆生求道의 과정에서 생긴 어려움이라 결과의 여부에 상관없이 허물이 없다는 것이다.

[九三]은 往하면 蹇코 來하면 反이리라. 구삼 왕 건 래 반	(水地比) 수지비
象曰, 往蹇來反은 內ㅣ 喜之也이니라. 상왈 왕건래반 내 희지야	

○ 反(되돌릴 반) 喜(기쁠 희)

구삼九三은 가면 어려움(절고)이 있고, 오면(나아가지 않으면, 그대로 있으면) 자신을 돌이킴이니라.

상象에 이르기를, '가면 어려움이 있고 오면(나아가지 않으면, 그대로 있으면) 자신을 돌이킨다 함은 안(아래의 두 음효陰爻)에서 기뻐함이니라.

개요概要

구삼효九三爻는 정위正位이나 과중過中으로 덕德이 부족하다. 나아가지 말고 반신수덕反身修德해야 할 위치이다.

각설[146]

왕건往蹇 나아갈 수는 있으되 험난하다는 것이다. 외괘外卦로 넘어가는 자리이다.

래반來反 되돌아 온다는 것이다. ❶래來는 나아가지 않는다는 의미이다. ❷반反이라는 것은 불진不進, 회복의 의미를 가진다.

146 (觀中) 반反은 인간의 몸으로 돌이킨다(2효, 비궁지고匪躬之故의 궁躬).

소상사小象辭

내희지야內喜之也 희喜는 형이상학적形而上學的인 즐거움으로 심성내면心性內面에서 외부外部로 나오는 즐거움이다. 도학道學이나 학문學問의 탐구과정에서 나오는 즐거움이다. 반면에 낙樂은 외부外部에서 내면內面으로 들어가는 즐거움이다.

[六四]는 往하면 蹇코 來하면 連이리라. (澤山咸)
육사 왕 건 래 연 택산함

象曰, 往蹇來連은 當位ㅣ 實也이니라.
상왈 왕건래연 당위 실야

○ 往(갈 왕) 蹇(절 건) 來(올 래{내}) 連(이어질 연, 잇닿을 연{련}) 當(마땅할 당) 位(자리 위) 實(열매 실)

육사六四는 가면 어려움이 있고 오면(그대로 있으면) 이어질 것(연대)이리라. 상象에 이르기를, '가면 어려움이 있고 오면(그대로 있으면) 이어질 것(연대)이라함은 자리가 마땅하고, 진실함이니라.

개요概要

육사六四는 어려움을 극복하기 위해서는 나아가지 말고 구삼九三과 힘을 합쳐야 한다는 것이다.

각설

왕건래연往蹇來連 래연來連은 육사효六四爻의 위 아래가 양효陽爻이니 가만히 있으면 좋다는 것이다. 즉, 육사효六四爻가 래연來連하여 구삼효九三爻와 내희內喜가 된다는 것이다.[147] 따라서 난관의 극복을 위해 힘을 합

147 『이천역전伊川易傳』에서는 "가면 더욱 감험坎險의 깊음에 들어가니, 가면 어려운 것이다. 건난蹇難의 때에 거하여 함께 어려움과 곤액에 처한 자는 그 뜻이 상의相議하지 않아도 같고, 또 사四가 상위上位에 거하여 아래에 있는 자와 똑같이 자리의 바름을 얻었으며, 또 삼三

쳐 연대를 이루어야 한다는 것이다.

소상사小象辭 [148]

당위실야當位實也 진실한 마음으로 하나가 되어 제 자리에서 구삼九三과 연합하여 건도蹇道를 이루면 그 처한 자리가 실實(진실함)해지는 것이다.

[九五]는 大蹇에 朋來로다. (地山謙)
구오 대건 붕래 지산겸

象曰, 大蹇朋來는 以中節也이니라.
상왈 대건붕래 이중절야

○ 朋(벗 붕) 蹇(절 건) 來(올 래{내}) 節(마디 절)

구오九五는 큰 어려움을 당함이니, 벗이 옴이로다.

상象에 이르기를, '큰 어려움을 당함이니, 벗이 온다.'는 것은 중정中正의 절도節度를 지킴이니라.

개요概要

구오九五는 매우 큰 어려움에 직면해 있으나 육이六二와 연대하고 있다. 즉 연합하여 중정지도中正之道를 실천해 나가는 것이다.

각설 [149]

과 서로 가까우니 서로 친한 자이고 이二와 초初는 동류同類이니 서로 더불어 하는 자이니, 이는 아래와 뜻을 함께 하여 무리가 따르고 붙는 것이다. 그러므로 오면 연합連合한다고 말한 것이다. 오면 아래에 있는 무리와 서로 연합連合하니, 무리와 연합連合함은 건蹇에 처하는 도리를 얻은 것이다. (往則益入於坎險之深, 往蹇也. 居蹇難之時, 同處艱厄者, 其志不謀而同也. 又四居上位而與在下者, 同有得位之正, 又與三相比, 相親者也. 二與初同類, 相與者也. 是與下同志, 衆所從附也. 故曰來連, 來則與在下之衆相連合也. 能與衆合, 得處蹇之道也.)"라고 하였다.

148 연대의 전제조건은 성실과 진실함이다. 그러므로 래연來連는 마음이 하나가 됨을 말하며, 구삼九三과 연계連繫를 말한다.

149 (觀中) 대건붕래大蹇朋來는 택산함괘澤山咸卦에서 '동동왕래憧憧往來 붕종이사朋從爾思'

대건붕래大蹇朋來 구오九五가 인군人君의 자리에 있으면서 모든 건蹇의 책임責任을 맡고 있으니 '대건大蹇'이다. 비록 어려운 때이나 자신의 본분을 지키고 기다리고 있으면, 정응正應인 육이六二의 도움은 물론 초육初六의 '래예來譽', 구삼九三의 '래반來反', 육사六四의 '래연來連', 상육上六의 '래석來碩' 등 신하들의 도움이 다가온다는 것이다.

소상사小象辭

이중절야以中節也 중도中道로서 절제節制, 절개를 지켜나간다는 것이다.

[上六]은 往하면 蹇코 來하면 碩이라
상육 왕 건 래 석

吉하리니 利見大人하니라. (風山漸)
길 이견대인 풍산점

象曰, 往蹇來碩은 志在內也일새오
상왈 왕건래석 지재내야

利見大人은 以從貴也이니라.
이견대인 이종귀야

○ 往(갈 왕) 蹇(절 건) 來(돌아올 래, 올 래{내}) 碩(클 석) 吉(길할 길) 志(뜻 지) 在(있을 재) 利(이로울 리{이}) 見(볼 견) 從(좇을 종) 貴(귀할 귀)

상육上六은 가면 어려움(험난함)이 있고 그대로 있으면(오면) 큼이라 길吉하리니, 대인大人을 만나보는 것이 이로우니라.

상象에 이르기를, "가면 어렵고 오면 여유로움은 뜻이 안에 있는 것이오, 대

(믿음을 가지고 합덕을 한다.)하던 것이 수산건괘水山蹇卦에 와서 혼인한다. 간태합덕괘艮兌合德卦는 택산함괘澤山咸卦다. 처녀총각이 시집가고 장가가려면 통혼이 되어야 한다. 이러한 현상을 상징적으로 표현하고 있는 것이 "동동왕래憧憧往來 붕종이사朋從爾思"라고 한 것이다. 건蹇은 외발이다. 절뚝발이 건蹇자字다. 묘능시眇能視(화택규火澤睽) 파능리跛能履(수산건水山蹇). 종시원리終始原理를 그대로 표상하고 있는 괘가 뇌택귀매괘雷澤歸妹卦이다. 귀매歸妹는 인지종시人之終始이다.

인大人을 보는 것이 이로움은 귀함을 따름이니라."

개요概要

상육上六은 어려움의 극한極限에 처해있으나 나아가지 않고 돌아옴으로써 그 어려움이 극복되어지는 상황을 설명하고 있다.

각설[150]

왕건래석往蹇來碩 위험한데로 나아가지 않으면 큰 결실이 온다는 것이다. 석과불식碩果不食이다.

이견대인利見大人 이견대인利見大人하지 않으면 석과碩果가 될 수 없다.

소상사小象辭

지재내야志在內也 상육上六이 구오九五를 따르니 뜻이 구오효九五爻가 있다는 것이다.

이종귀야以從貴也 구오효九五爻인 왕위王位를 따른다는 것이다.

✐ 건괘蹇卦의 건蹇은 어려운 것이다. 험난함 속에서 피흉취길避凶取吉의 방법을 제시하고 있다. 인간사人間事에서도 앞에 산과 물이 가로막혀 있는 것처럼 험조함의 난관에 봉착되면 멈추고, 반신수덕反身修德하라는 것이다. 즉 험조한 난관의 어려움을 헤쳐나갈 수 있는 방법은 오로지 내 자신을 돌이켜 덕德을 닦는 것이라고 말한다.

---

150 (觀中) 왕건래석往蹇來碩은 수산건괘水山蹇卦의 삼효三爻 간괘艮卦와 상응이 되기 때문이다. 산지박山地剝의 상효上爻에 석과불식碩果不食이라 했다. 석碩자는 간괘艮卦를 가리킨다. 수산건괘水山蹇卦 3효 때문에 '왕건래석往蹇來碩'이란 말이 나오게 된 것이다.

40.雷水解卦

뢰 수 해 괘

도전괘
倒顚卦

뢰수해괘
雷水解卦

수산건괘
水山蹇卦

음양대응괘
陰陽對應卦

뢰수해괘
雷水解卦

풍화가인괘
風火家人卦

상하교역괘
上下交易卦

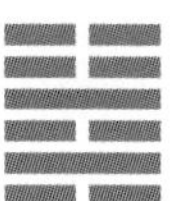

뢰수해괘
雷水解卦

수뢰둔괘
水雷屯卦

호괘
互卦

뢰수해괘
雷水解卦

수화기제괘
水火既濟卦

효변
爻變

뢰수해괘
雷水解卦

初爻變 而爲歸妹卦	二爻變 而爲豫卦	三爻變 而爲恒卦	四爻變 而爲師卦	五爻變 而爲困卦	上爻變 而爲未濟卦
뇌택귀매괘 雷澤歸妹卦	**뇌지예괘** 雷地豫卦	**뇌풍항괘** 雷風恒卦	**지수사괘** 地水師卦	**택수곤괘** 澤水困卦	**화수미제괘** 火水未濟卦

요지要旨

괘명卦名 이 괘는 상진上震의 뢰雷(☳) + 하감下坎의 수水(☵) = 뇌수해괘雷水解卦(䷧)이다.

괘의卦意 해解는 소인지도를 제거함으로써 맺힌 것이 풀리는 것으로 '해결解決, 해동解凍, 해산解産, 해방解放' 등을 말한다. 해解는 위로는 우레(진震)가 움직이고, 아래로는 험한 물(坎)이 있어, 험한 과정을 지나 마침내 풀리는 것이요, 해결하는 것이니 '뇌수해雷水解'이다.

해解는 각角+도刀+우牛로 풀어질 해解이다. 외괘外卦인 진震은 밖으로 움직여 나오는 것이니 동우動牛의 뿔(각角) 형상이다. 해괘解卦에서 말미암이니, 소뿔을 단김에 빼듯 풀 때는 과감히 행하여야 함을 의미한다.

괘서卦序 「서괘」에서 "끝까지 어려울 수만은 없고, 일이 풀릴 때가 이르기 마련이므로 건괘蹇卦 다음 해괘解卦를 놓았다.(物不可以終難, 故受之以解.)"라고 하였다. 하경下經 10번째 괘卦인 해解는 하경下經 수괘首卦인 함咸에서 수태受胎된 생명生命을 열 달만에 해산하는 때이다. 전체 괘서卦序로써는 40번째에 해당하니, 하도河圖와 낙서에서 본체수를 제외한 밖의 수가 모두 40으로써 밖으로 풀려 행해지는 것과 일치한다.[150]

괘상卦象 해解는 험한 내적인 과정을 지난 뒤 밖으로 순히 풀려 움직여 나오는 괘卦이다. 내괘內卦 감수坎水는 북방北方·겨울괘이고 외괘外卦 진목震木은 동방東方·봄卦이니, 이것은 겨울이 지나 봄이 이르러 해동解凍된 때를 의미한다. 또한 내괘內卦의 감수坎水가 밖의 진목震木을 수생목水生木함으로써 초목이 움터 나오는 상象이다.

---

150 하도河圖에서 1·6(수), 2·7(화), 3·8(목), 4·9(금)의 사방 생성의 수가 40이요, 낙서洛書에서 5中을 제외한 1·2·3·4와 6·7·8·9의 합이 40이다.

解는 利西南하니 无所往이라 其來復이 吉하니
해 이서남 무소왕 기래복 길

有攸往이어든 夙이 吉하리라.
유유왕 숙 길

○ 利(날카로울 이{리}) 西(서녘 서) 南(남녘 남) 无(없을 무) 所(바 소) 往(갈 왕) 其(그 기) 來(올 래{내}) 復(돌아올 복) 길吉(길할 길) 有(있을 유) 攸(바 유) 夙(일찍 숙)

해解는 서남쪽이 이로우니 갈 바가 없음이라 그 되돌아옴이 길하니, 갈 곳이 있음이어든 빨라야 길하리라.

각설

해解 이서남利西南 서남西南은 곤방坤方이다. 곤坤은 순종이며, 따라서 모든 험난함을 순종의 미덕美德으로 해결함이 이롭다. 해괘解卦의 호괘互卦가 수화기제괘이다. 즉 해괘解卦 속에 들어 있다.

무소왕无所往 모든 것이 다 풀려서 할 일이 없다는 것이다.

기래복其來復 길吉 봄이 되면 모든 것이 되돌아오니 길吉하다는 것이다. 그러므로 험난으로부터 벗어나도 자기 본성本性을 지키며, 할 일을 다하는 것이다.

유유왕有攸往 숙길夙吉 해괘解卦 때의 일은 빨리하는 것이 좋다는 의미이다. 만약 건蹇의 어려움이 남아 있다면 커지기 전에 빨리 해결하는 것이 길吉하다는 것이다.

[彖曰] 解는 險以動이니 動而免乎險이 解라.
단왈 해 험이동 동이면호험 해

解利西南은 往得衆也일새오 其來復吉은 乃得中也일새오
해이서남 왕득중야 기래복길 내득중야

有攸往夙吉은 往有功也이니라
유유왕숙길 왕유공야

天地解而雷雨作하며
천지해이뢰우작

雷雨作而百果草木이 皆甲坼하나니 解之時ㅣ 大矣哉라.
뇌우작이백과초목 개갑탁 해지시 대의재

❍ 解(풀 해) 險(험할 험) 動(움직일 동) 免(면할 면) 險(험할 험) 得(얻을 득) 衆(무리 중) 來(올 래{내}) 復(돌아올 복) 吉(길할 길) 乃(이에 내) 雷(우레 뢰{뇌}) 雨(비 우) 作(일으킬 작, 지을 작) 果(실과 과) 草(풀 초) 木(나무 목) 皆(다 개) 甲(첫째 천간 갑) 坼(터질 탁)

단彖에 이르기를, 해解는 험으로써 움직인 것이니, 움직임으로써 험한 것을 면하는 것이 해解(풀림)이다. '해解는 서남쪽이 이롭다.'는 것은 (그곳에)가면 무리를 얻음이오, '그 되돌아옴이 길하다.'는 것은 마침내 중中을(중中 = 구이九二) 얻음이오, '갈 곳이 있으면 빨라야 길하다.'는 것은 그곳에 가면 공功이 있음이니라. 하늘과 땅이 풀려서 우레와 비가 일어나고, 우레와 비가 일어나서 온갖 과목果木과 초목草木이 모두 껍질이 터져서 새싹이 돋아나니 (이로써) 해解의 때가 크도다.

각설 [151]

---

151 (觀中) ❶동이면호험動而免乎險 해解 : 마음이 움직여야 한다. 마음이 움직여 무엇을 면하는가? 험조한 고비를 무난히 통과할 수 있다. ❷해이서남解利西南 : 곤괘坤卦의 「괘사卦辭」가 그대로 옮겨져 있다. 뇌수해의 해解는 무슨 의미인가? 역易의 말씀을 올바르게 해석한 군자를 의미한다는 뜻이다. 이서남利西南이란 벗을 만났다는 말이다. 즉 득붕得朋(음양이 합덕, 간艮·태兌=군자지도와 진震·손巽=성인지도聖人之道가 합덕이 되었다는 말이다.) ❸왕득중야往得衆也 : 민심을 얻었다는 말이다. 유유왕有攸往의 왕往이다. 성인聖人·군자지도의 길을 좇아서 우선적으로 마음이 그 길을 좇아가야 한다. '왕득중往得衆'이란 지수사괘地水師

해解 험이동險以動 해解는 하괘下卦 감坎으로 험하고 상괘上卦 진震으로 움직인다.

동이면호험動而免乎險 해解 움직여서 험한 곳으로부터 나오는 것이 해괘解卦이다. 험險은 어려움과 학정에 시달림이다.

해이서남解利西南 왕득중야往得衆也 서남득붕西南得朋이다. 관대하고 포용력 있게 하면 많은 무리(백성)을 얻음을 말한다. 득중得衆은 득곤得坤을 의미한다.

기래복길其來復吉 내득중乃得中也 그 때가 돌아와 길吉한 것은 이에 중도中道를 얻었기 때문이다.

유유왕숙길有攸往夙吉 왕유공야往有功也 때가 되어 움직임에 있어서는 예괘豫卦의 육이六二처럼 기미를 보고 빨리 알아서 행하면 공功이 있다는 것이다. ❶유유왕有攸往은 실제적 삶의 방향과 반대로 마음은 과거의 본성을 지향함을 말하고, ❷왕유공야往有功也는 미래적인 공功을 의미한다.

천지해이뢰우작天地解而雷雨作 천지天地의 기운이 풀려서 화합和合하면 우레와 비가 생긴다.

백과초목百果草木 개갑탁皆甲坼[152] 개갑탁皆甲坼의 개皆는 모든 종자가 입이 벌어져 싹이 올라온다. 갑甲을 파자하면 ㅣ은 뿌리이고, 전田은 밭이다.

해지시대의재解之時大矣哉 천지天地는 천지天地의 기운이 상교相交, 상통相通한다. 이 기운을 만물이 받아 다 깨어나는 것이니, 해의 때가 큰 것이

卦의 원리(왕도정치)를 깨닫는다. ❹해지시대의재解之時大矣哉 : 천도天道의 변화원리를 말한다. 천지지도天地之道가 합덕合道가 되려면 변화가 있어야 한다. '갑탁甲坼'이란 만물의 생기가 충천하는 것이다. 중생重生의 생生이다. 중생원리重生原理를 표상하는 거듭나는 것이다. 생생지위역生生之謂易의 뒤의 생生자다.

152 천지天地가 풀려 우레와 비가 일고, 우레와 비가 일어서 백과초목이 모두 싹이 튼다. '해解'의 시의는 크기도 하다! 해解는 이해이다. 예수님께서 이미 말씀하신 것처럼, '일흔 번의 일곱 번도 용서하기'이다. 신해수증信解修證이다. 믿음이 있고서, 이해하게 되며, 수행하여 성취하시고, 모든 것을 몸소 증명하게 되는 것이다. 성인聖人께서 이미 사람들을 위하여 인생의 바른 길을 실천해 보였다.

다. 험난함 속에서도 해결책은 있다는 것이다. 다시 말하면 상극 속에 상생의 방법이 있다.

[象曰] 雷雨作이 解니 君子ㅣ 以하야 赦過宥罪하나니라.
상왈 뇌우작 해 군자 이 사과유죄

○ 赦(용서할 사, 놓아줄 사, 풀어줄 사) 過(허물 과, 지날 과) 宥(감할 유, 넉할 유, 관대할 유(寬)), 용서할 유) 罪(허물 죄)

상象에 이르기를, 우레와 비가 일어남이 해解이니, 군자는 이로써 허물을 용서하고 벌을 가볍게 하나니라.

각설 [153]

뇌우작雷雨作 해解 우레와 비의 출현으로 만물이 봄을 맞아 해동되고, 풀리는 것을 말한다. 인사적人事的으로는 화합하면 풀리다는 것이다.

사과유죄赦過宥罪 해괘解卦의 시대라 허물과 죄를 풀어주고, 관용으로 그 죄를 사면해주는 것을 의미한다. 사과유죄赦過宥罪속에는 시時와 해解의 의미가 들어 있다. 모르고 한 과실過失은 중대사안이라도 사면해주고, 고의적 범죄도 관대하게 그 죄를 경감시켜준다는 것이다.

[初六]은 无咎하나니라. (雷澤歸妹)
초육 무구 뇌택귀매

象曰, 剛柔之際라 義无咎也ㅣ니라.
상왈 강유지제 의무구야

○ 剛(굳셀 강) 柔(부드러울 유) 際(사이 제) 義(옳을 의) 无(없을 무) 咎(허물 구)

153 (觀中) 사과유죄赦過宥罪 : '사과유죄赦過宥罪'를 할 수 없을 정도로 큰 죄를 범한 인간은 사형에 처하는 것이다. 「계사하」, 제5장에서도 언급하고 있다.

초육初六는 무구无咎하니라.

상象에 이르기를, 강剛(= 구사九四)과 유柔(= 초육初六)가 사귀는 것이라 의리가 허물이 없느니라.

개요概要

초육初六은 부정위不正位한 효爻이나 해괘解卦의 초효初爻로 처음으로 모든 험난함이 제거되어 허물이 없다고 한다.

각설

무구无咎 초육初六은 부정위不正位한 효爻이나 해괘解卦의 처음으로 모든 험난함이 제거되어 허물이 없다. 바꾸어 말하면 어린이가 세상에 처음 나왔는데 무엇이 두렵고, 무엇이 이를 규제할 것인가? 아무런 구애를 받지 않는 것을 말한다.[154]

소상사小象辭[155]

강유지제剛柔之際 의무구야義无咎也 초육初六(유柔)과 구사九四(강剛)의 교제交際이다. 둘 다 부정위不正位이지만 음양상통陰陽相通으로 상응相應함으로 허물이 없다고 한 것이다.

[九二]는 田獲三狐하야 得黃矢니 貞吉이니라. (雷地豫)
구이 전획삼호 득황시 정길 뇌지예

象曰, 九二貞吉은 得中道也이니라.
상왈 구이정길 득중도야

154 『주역본의周易本意』에서 "어려움이 이미 풀렸고 유柔로서 아래에 있으면서 위에 정응正應이 있으니, 무슨 허물이 있겠는가. (難旣解矣, 以柔在下, 上有正應, 何咎之有.)"라고 하였다.

155 (觀中) 강유지제剛柔之際는 천지天地가 교제하는 것이다. 강건곤유剛乾坤柔의 강유剛柔이다. '의무구야義无咎也'라고 한 것은 초효初爻이므로 행할 때가 아니다.

○ 田(사냥할 전, 밭 전) 獲(잡을 획, 얻을 획) 三(석 삼) 狐(여우 호) 得(얻을 득) 黃(누를 황) 矢(화살 시)

구이九二는 사냥해서 여우 세 마리를 잡고 누런 화살을 얻으니 (마음을) 언제나 바르게 해서 길하니라.

상象에 이르기를, 구이九二가 곧으면 길吉하다는 것은 중도中道를 얻음이니라.

개요概要

군자가 소인을 어떻게 물리치는가에 대한 말이다.

각설[156]

전획삼호田獲三狐 소인小人(소인지도小人之道)인 여우 3마리(초육初六, 육삼六三, 상육上六)를 잡았다(제거)는 것이다.[157]소인지도의 해로움을 제거했다는 것이다. 그러므로 성인聖人의 말씀으로서 내 귀에 들려왔다는 것이다.

득황시得黃矢 건도乾道, 성인지도聖人之道를 깨달은 것이다.

정길貞吉 구이九二는 득중得中·부정위不正位한 효爻로서 ❶중도中道에 곧아야 길吉하다, ❷중도中道로써 소인지도小人之道를 제거하는 것이다.

소상사小象辭

구이정길九二貞吉 **득중도야**得中道也 구이九二가 곧으면 길한 것은 중도中道를 득得했기 때문이다.

---

156 (觀中) 득황시得黃矢의 황시黃矢는 명이괘明夷卦다. 명이괘明夷卦에서 역수원리를 깨달아야한다. 명이괘明夷卦의 무엇을 얻었는가? 초효初爻(명이우비수기익明夷于飛垂其翼)에서는 새를, 수기익垂其翼이니까, 새소리가 내려온 것이다. 성인聖人의 말씀으로서 내 귀에 들려왔다. 왜 하필 삼호三狐인가? 삼역원리三易原理다. 선천원리先天原理(낙서원리洛書原理)를 깨달은 것이다. 낙서원리洛書原理를 깨달으면 하도원리河圖原理를 깨닫게 된다. 명이괘明夷卦의 원리는 종시원리終始原理다. 선천이 끝나면서 후천이 시작하는 도수度數다.

157 전田은 사냥(사냥 할전佃)의 의미로 이것은 진리를 얻어 해로움을 제거한다는 것이다.

[六三]은 負且乘이라 致寇至니 貞吝이니라. (雷風恒)
육삼 부차승 치구지 정인 뇌풍항

象曰, 負且乘이 亦可醜也 ㅣ며
상왈 부차승 역가추야

自我致戎이어니 又誰咎也 ㅣ리오.
자아치융 우수구야

○ 負(질 부) 且(또 차) 乘(탈 승) 致(보낼 치) 寇(도둑 구) 至(이를 지, 이르게 할 지) 亦(또 역) 可(옳을 가) 醜(추할 추) 也(어조사 야) 自(스스로 자) 我(나 아) 致(보낼 치) 戎(도적 융, 되 융) 又(또 우) 誰(누구 수) 咎(허물 구)

육삼六三은 짐을 지고 또 (마차를) 탐이라 도둑을 이르게 함이니, 곧아도 인색함이니라.

상象에 이르기를, '짐을 지고 또 (마차를) 탄다'는 것은 추한 일이며, 나 자신이 도둑을 불러 이르게 했으니, 또 누구를 허물하겠는가.

개요概要

육삼六三은 부정위不正位·과중過中한 위태로운 효爻이다. 전형적인 소인지도小人之道이다. 이에 대한 경계를 당부하고 있다.

각설[158]

부차승負且乘 육삼六三은 분수에 맞지 않는 일을 한다. 소인지도小人之道를 행한다는 것이다.

치구지致寇至 부차승負且乘의 결과론으로서 도둑을 자초하게 된다는 것이다.

정인貞吝 부차승負且乘이라 곧아도 인색吝嗇하다는 것이다. 즉 비정상적으

158 (觀中) 부차승負且乘은 소인이 걸어가는 길이다. 뇌풍항괘雷風恒卦의 소인지도小人之道는 삼효三爻, 부항기덕不恒其德한 자(대인지도大人之道를 무시한 자). '부차승負且乘 치구지致寇至' 도둑을 자초하니 결과론이다.

로 자리를 차지할 경우 자리를 유지하기 위해서 노력해도 어렵다는 것이다.

소상사小象辭

우수구야又誰咎也 도적을 부른 이유가 자신에게 있기 때문에 누구를 탓할 바가 못된다는 것이다.

[九四]는 **解而拇**ㅣ라 **朋至斯孚**ㅣ니라. (地水師)
구사 해이무 붕지사부 지수사

象曰, 解而拇는 **未當位也**이니라.
상왈 해이무 미당위야

❍ 解(풀 해) 而(말이을 이=너 이爾), 拇(엄지손가락 무, 엄지발가락 무) 朋(벗 붕) 至(이를 지) 斯(이 사) 孚(믿을 부, 정성 부, 미쁠 부) 未(아닐 미) 當(당할 당) 位(자리 위)

구사九四는 너의 엄지발가락과 교제하면(풀면) 벗이 이르러서 정성으로 대함이니라. (이에 믿을 것이다.)

상象에 이르기를, '너의 엄지발가락과 교제한다는(풀면) 것은 자리가 마땅하지 않음이니라.'

개요概要

구사九四는 나 자신의 욕심을 버리고 믿음으로 교제할 것을 말한다.

각설[159]

해이무解而拇 초육初六과의 관계를 설명하고 있다. '너의 엄지발가락을 풀라.'는 것은 ❶ 자신을 붙잡는 욕심을 먼저 버려라. ❷ 나를 버리라는

159 (觀中) 해이무解而拇(십수원리十數原理가 드러나야 된다.)는 엄지를 구부렸던 것을 펴라. 함괘咸卦의 함기무咸其拇가 해괘解卦에 와서 믿게 된다.

의미이다. 초육初六은 소인지도를 지칭한다. 이而는 너 이爾자를 의미한다. 그러면 벗도 있고, 돕는 이도 절로 생긴다.[160]

붕지사부朋至斯孚 미당위야未當位也 이 성실함으로 벗(구이九二)이 이르게 된다는 것이다. 함괘咸卦의 함기무咸其拇가 해괘解卦에 와서 믿게 된다.

소상사小象辭[161]

해이무解而拇 미당위야 존위尊位가 아니므로 겸손히 하라는 뜻이다. 무拇(엄지손가락 무)로 초효初爻로 음양陰陽 감응感應의 첫 단계이기 때문이다.[162] 미당야未當也는 소인小人때문에 갈등하고 고생하는 자리이다.

[六五]는 君子ㅣ 維有解ㅣ면 吉하니
육오 군자 유유해 길

有孚于小人이리라.
유부우소인

(澤水困)
택수곤

象曰, 君子有解는 小人의 退也이니라.
상왈 군자유해 소인 퇴야

○ 維(오로지 유, 얽을 유) 有(있을 유) 解(풀 해) 孚(미쁠 부) 退(물러날 퇴)

160 (집설) ❶『명심보감』에 보면, 공자孔子께서 말씀하시기를, "군자에게 세 가지 경계警戒해야 할 바가 있다. [1]연소할 때에는 혈기가 아직 진정되지 못한지라 경계警戒해야 할 바가 여색女色에 있고, [2]장성함에 미쳐서는 혈기가 한창 굳센지라 경계警戒해야 할 바가 쟁투爭鬪에 있고, [3]늙음에 이르러서는 혈기가 이미 쇠약한지라 경계警戒해야 할 바가 탐득貪得에 있다." 하였다. ❷『경행록』에서는 "삶을 온전히 보존하려는 이는 욕심을 적게 하고, 몸을 온전히 보호하려는 이는 명예를 피한다. 욕심 없기는 쉬우나 명예 없애기는 어렵다."고, 하였다. ❸'불가佛家'에서의 다섯 가지 욕심으로 첫째 재물욕財物欲, 둘째 명예욕名譽欲, 셋째 식욕食欲, 넷째 수면욕睡眠欲, 다섯째는 색욕色欲이 있다. 따라서 사람의 행동을 잘 분석해 본다면 대개 이런 욕심 때문에 움직인다고 해도 과언이 아니다. 그러므로 성인聖人의 큰 가슴이 아니고서야 어찌 이런 욕심없는 행동이 가능하겠는가?

161 (觀中) 미당위야未當位也는 지수사괘地水師卦가 되기 때문에 미당위未當位라고 한 것이다. 지수사괘地水師卦 사효四爻는 가만히 앉아 있으라는 것이다

162 부孚를 주자朱子는 믿을 부자字로, 이천伊川은 정성 부孚로 주석하였다.

육오六五는 군자가 오로지 해결함이 있으면 길하니, 소인에게도 믿음으로 감화할 수 있으리라.
상象에 이르기를, '군자가 해결함에 있다' 함은 소인이 물러감이라.

개요概要

중정지도中正之道에 대한 말이다.

각설

군자君子 **유유해길**維有解吉 **유부우소인**有孚于小人 소인小人도 믿게 된다는 것이다. 유維는 '오직 유維'·'얽을 유維'자이다. 따라서 성인聖人(육오六五)과 군자君子(구이九二)가 떨어지지 않도록 붙들어 놓고, 만사를 해결함으로써 길吉하다는 것이다. 왜냐하면 소인지도小人之道로부터 멀어지고 구이九二와 만남이기 때문이다.[163]

소상사小象辭

군자유해君子有解 **소인퇴야**小人退也 3음陰을 제거해서 소인을 물리침으로서 군자유해君子有解가 가능하다.

[上六]은 公用射隼于高墉之上하야 獲之니
상육 공용석준우고용지상 획지

无不利니라. (火水未濟)
무불리 화수미제

象曰, 公用射隼은 以解悖也이니라.
상왈 공용석준 이해패야

○ 公(공변될 공) 用(쓸 용) 射(궁술 사, 쏠 석) 隼(새매 준) 高(높을 고) 墉(담 용) 獲(얻을 획, 잡을 확) 解(풀 해) 悖(어그러질 패)

163 주자朱子와 이천伊川은 유부有孚의 부孚를 '작은증거, 작은시험(미험微驗)으로 주석하였다.

공公이 높은 담 위있는 매를 쏘아 잡았으니, 이롭지 않은 것이 없느니라.

상象에 이르기를, '공公이 매를 쏘았다.'는 것은 어지로운 것을 해결(해방)하니라.

개요概要

상육上六이 유일한 정위正位이다. 이것은 성인지도聖人之道로 소인지도小人之道를 해결할 수 있음을 말한다.[164]

각설[165]

공용석준우고용지상公用射隼于高墉之上 새 매를 잡은 것은 소인지도小人之道를 물리치고 하늘의 소리인 성인지도聖人之道를 붙잡았다는 소리이다.[166] 용석준用射隼은 성인지도聖人之道를 잡았다는 말이다.[167]

획지무불리獲之无不利 성인聖人·군자지도를 잡아서(자각하여) 난세를 다스리니 이롭지 않음이 없다는 것이다.

---

164 『이천역전伊川易傳』에서 "군자君子가 풀어버리는 것은 소인小人을 물리쳐 버림을 이르니, 소인小人이 떠나가면 군자君子의 도道가 행해진다. 이 때문에 길(吉)한 것이다.(君子之所解者, 謂退去小人也. 小人去則君子之道行, 是以吉也.)"라고 하였다.

165 (觀中) 왜 뇌수해괘雷水解卦 상효上爻에서 왜 화택규괘火澤睽卦를 언급하는가? 기가 막힌 말이다. '공公'은 군자를 의미. "군자가 활을 쏴서 새를 잡았다." 무슨 말인가? 신도神道를 깨달았다는 말이다. 이통신명지덕以通神明之德이 되었다는 말이다. 새소리를 올바르게 알아들을 수 있게 되었다는 말이다. 새소리가 날라간다면 아주 좋지 못한 흉한 일이라는 것이다(뇌산소과괘雷山小過, 4爻). 뇌산소과雷山小過에 새 조鳥 자字가 할아버지 조祖 자字로 바뀌었다. 새 매를 잡았다고 하는 것은 십이익지원리十而翼之原理를 깨달았다는 말이다. 새로운 이론을 들은 것이다. 새소리가 무엇인가?「잡괘雜卦」에 "혁革은 거고야去故也요 정鼎은 취신야取新也이라"고 했다. 새로운 소리를 들었다는 말이다.『주역周易』속에는 새로운 소리가 들어 있다. '고용지상高墉之上'은 풍산점괘風山漸卦다. 고高은 손巽이요, 용墉은 간괘艮卦(언덕)다. 풍산점괘風山漸卦에서 쏘아대는 것이다.

166 『이천역전伊川易傳』에서 "상육上六은 높은 곳이나 군위君位는 아니므로 공公이라 말하였으니,(上六, 尊高之地나 而非君位, 故曰公)"라고 하였다.

167 『이천역전伊川易傳』에서 "준隼은 사납고 해치는 물건이니, 해로운 짓을 하는 소인小人을 상징象徵한 것이다.(隼, 害之物, 象爲害之小人)"라고 하였다.

소상사小象辭[168]

이해패야以解悖也 해패解悖는 선천의 패륜, 내면적인 패륜에서 완전한 벗어나는 것이다. 즉 소인지도小人之道, 패륜지도悖倫之道가 다스려져 혼란과 무질서로부터 평온을 되찾았다는 것이다. 상육上六의 정위正位가 나머지 부정위不正位를 다스렸다고 할 수 있다.

✎ 해괘解卦는 소인지도小人之道를 물리치면 모든 것이 풀린다고 말한다. 그러므로 해解의 때를 맞아 군자君子는 소인小人들의 허물을 용서하고, 벌을 가볍게 하는 사과유죄赦過宥罪의 관용寬容으로 그 허물을 덮고, 모든 어려움을 해결하고 안정을 도모한다는 것이다.

---

168 (觀中) '공용사준우고용지상公用射隼于高墉之上' 하여 새 매를 잡은 것은 무엇을 의미하는 것인가? 패륜지도悖倫之道를 완전히 해소시킨 것을 의미한다. 패도가 사라지고 천도天道에 있어서는 음양陰陽이 합덕同道된다. 인도人道에 있어서는 소인지도小人之道를 완전히 용해시켜 없애버리는 것이다. 뇌수해괘 상효上爻가 동動하면 화수미제괘火水未濟卦가 된다. 미제괘未濟卦는 하도원리河圖原理이다. 이에 "용도龍圖는 미제지상未濟之象"이라고 했다. 하도원리河圖原理는 도생역성작용원리倒生逆成作用原理다. 도생원리倒生原理(십이익지十而翼之)를 깨달았다는 말이다. 역생원리逆生原理가 일이관지원리一以貫之原理다.

산 택 손 괘

41.山澤損卦

도전괘
倒顚卦

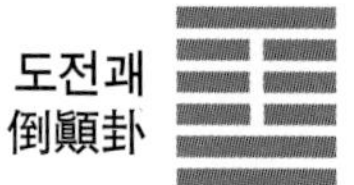

산택손괘
山澤損卦

풍뢰익괘
風雷益卦

음양대응괘
陰陽對應卦

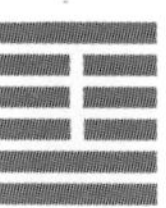

산택손괘
山澤損卦

택산함괘
澤山咸卦

상하교역괘
上下交易卦

산택손괘
山澤損卦

택산함괘
澤山咸卦

호괘
互卦

산택손괘
山澤損卦

지뢰복괘
地雷復卦

효변 爻變	初爻變 而爲蒙卦	二爻變 而爲頤卦	三爻變 而爲大畜卦	四爻變 而爲睽卦	五爻變 而爲中孚卦	上爻變 而爲臨卦
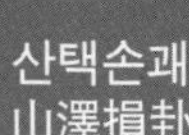						
산택손괘 山澤損卦	**산수몽괘** 山水蒙卦	**산뢰이괘** 山雷頤卦	**산천대축괘** 山天大畜卦	**화택규괘** 火澤睽卦	**풍택중부괘** 風澤中孚卦	**지택임괘** 地澤臨卦

요지要旨

괘명卦名 이 괘는 상간上艮의 산山(☶) + 하태下兌의 택澤(☱) = 산택손괘山澤損卦(䷨)이다.

괘의卦意 나눔의 도에 대한 설명이다. 덜어냄의 손損은 아래 것을 덜어 위를 더해주는 것이니 이것은 내 것을 덜어 남에게 주는 것을 의미한다. 하경下經의 수괘首卦인 택산함괘澤山咸卦(䷞)에서 산택통기山澤通氣로[169] 포태胞胎한 생명生命을 열 달이 지나 밖으로[170] 덜어내는[171] 인사적人事的인 의미도 있다. 성실하고 진실한 마음으로부터 우러나오는 믿음이 있으면, 중도中道를 얻게 되어, 무구无咎하고 길吉하여 바르게 되니 일을 행할 만한 것이다. 즉 소인지도小人之道, 사심私心을 덜어냄을 말한다.

괘서卦序 서괘序卦에서 "해解는 늦춰짐이니 늦춰지면 반드시 잃는 바가 있으므로 손損으로써 받았다.(解者(해자) 緩也(완야), 緩必有所失(완필유소실), 故(고) 受之以損(수지이손).)"라고 하였다.

괘상卦象 산과 못을 상징하는 간괘艮卦(☶)와 태괘兌卦(☱)로 구성되어 있다. 아래를 덜어 위로 보태는 것은 위가 아래를 보탠다는 것을 의미한다. 연못이 깊어지면 산이 더욱 높아지는 것이다.

> **損**(손)은 有孚(유부)ㅣ면 元吉(원길)코 无咎(무구)하야 可貞(가정)이라 利有攸往(이유유왕)하니
> 曷之用(갈지용)이리오 二簋(이궤)ㅣ 可用享(가용향)이니라.

○ 損(덜 손) 孚(믿을 부, 미쁠 부) 元(으뜸 원) 吉(길할 길) 无(없을 무) 咎(허물 구) 可(옳을 가) 貞(곧을 정) 利(이로울 리) 有(있을 유) 攸(바 유) 往(갈 왕) 曷(어찌 갈) 用(쓸 용) 簋(제기 이름 궤) 享(제사바칠 향)

169 『주역』, 택산함괘澤山咸卦 「구사효九四爻」, "동동왕래憧憧往來"

170 『주역』, 뇌수해괘雷水解卦 「단사彖辭」, "갑탁甲坼(해산解産)"

171 『주역』, 산택손괘山澤損卦의 구삼효九三爻, "삼인행三人行 즉손일인則損一人"

손損은 믿음이 있음이면 크게 길吉하고 허물이 없어서 가히 바름이라, 갈 데가 있으면 이롭다 하니, (손도損道를) 어찌 쓰리오. 두 대그릇이면 가히 제사에 쓰임이니라.

각설[172]

유부有孚 괘 전체가 리괘離卦의 상象이니 믿음이 있는 상象이고, 또 여섯 효爻가 모두 응應하니 '유부有孚'이다.

갈지용曷之用 이궤가용향二簋可用享 제사와 같이 정성을 다해 행해야 하는 예禮에 있어서도 대그릇 둘만을 쓰듯이 간략하고 검소하게 하지만 정성을 다하면 모든 사람이 믿어서 승복承服한다는 것이다.[173]

상괘上卦 간艮(☶)은 묘당廟堂 아래에서, 하괘下卦 태兌(☱)는 음식飮食으로 제사祭祀를 지내는 것이다.[174] 이것은 천지지도天地之道를 잘 받들라는 의미이다.

---

172 (觀中) ❶ 유부有孚란? 학역군자學易君子에 있어서는 믿음이 서야 된다. 그러므로 '천지소조자순야天之所助者順也 인지소조자신야人之所助者信也'라고 했다. ❷'원길元吉'이란 위(하늘)에서부터 내려주는 상서로운 복이다. 화지진火地晉, 이효二爻, 수자개복우기왕모受玆介福于其王母의 왕모王母는 곤괘坤卦 이효二爻다. 천지天地(어머니)로부터 내려지는 사랑이다. ❸'가정可貞'은 정도正道가 옳다(가능하다). '이유유왕利有攸往'(갈바를 둠이 이로우니라)은 도덕원리道德原理이기 때문에 이유유왕利有攸往이다. 소所자를 쓰지 않았다. 왜냐하면 마음이 움직여갈 그 과정이기 때문이다. ❹갈지용이궤가용향曷之用二簋可用享의 갈지용曷之用이란 어떻게 써야 하는가? 어느 방향으로 움직여가야 하는가? 이궤가용향二簋可用享이란 용심用心부터 제대로 하라는 말이다. 이궤二簋로 향사享祀에 쓴다. 천지지도天地之道를 잘 받들라.

173 『예기禮記』에 큰 제사祭祀는 팔궤八簋 또는 육궤六簋를 쓰고, 보통 제사祭祀에는 사궤四簋, 특별히 간략한 제사祭祀에는 이궤二簋를 쓴다고 했으니, 이궤二簋는 서직黍稷(기장과 피)만을 쓰는 제일 간략한 제사祭祀이다.

174 손익지도損益之道와 공자孔子

❶『공자가어孔子家語』에 자공의 물음에 답하기를 "공자께서 역을 읽으시다가 손괘巽卦 익괘益卦에 이르자 탄식하며 말씀하시되 '덜고자 하는 자는 더하고, 더하고자 하는 자는 잃음이라'이라. (공자독역지손익孔子讀易之損益, 위연이탄왈謂然而嘆曰, 者損者益, 자익자결者益者訣.)"라고 하였다. ❷『회남자淮南子』에는 "공자孔子께서 손괘損卦와 익괘益卦를 읽으시고는 탄식歎息하시며 '이利를 탐해서 가면 해롭고, 해를 좇아서 가면 이로우니 이해利害와 화복禍福의 문門을 알 수 있다. (공자독손익이탄왈孔子讀損益而嘆曰, 혹욕리지적或慾利之適, 족이해지足以害之, 혹욕해지적或慾害之適, 족이리지足以利之, 이해화복지문利害禍福之門, 불가불찰不可不察.)"라고 밝히고 있다. 따라서 손익지도損益之道는 스스로의 마음에 있는 것이다.

'이궤二簋'란 하나는 군자君子가 가지고 있는 심성心性의 그릇이요, 또 다른 하나는 성인聖人이 가지고 있는 마음이다. '이궤二簋'가 서로 감응感應이 된다. 제사祭祀를 통해 무엇과 무엇이 감응感應이 되는가? 인간人間이 깨닫게 되는 것은 마음이다.

[彖曰] 損은 **損下益上**하야 **其道** | **上行**이니
단왈 손 손하익상 기도 상행

損而有孚 | 면 **元吉无咎可貞利有攸往**이니
손이유부 원길무구가정이유유왕

曷之用二簋可用享은 **二簋應有時**며
갈지용이궤가용향 이궤응유시

損剛益柔 | **有時** | 니 **損益盈虛**를 **與時偕行**이니라.
손강익유 유시 손익영허 여시해행

○ 曷(어찌 갈)應(응할 응) 時(때 시) 損(덜 손) 剛(굳셀 강) 柔(부드러울 유) 盈(찰 영) 虛(빌 허) 與(줄 여) 偕(함께 해)

단彖에 이르기를, 손損은 아래를 덜어서 위를 더해주는 것이니, 그 도道는 위로 행함이니, '덜어내는데 믿음이 있으면 크게 길吉하고, 허물이 없고, 가히 바르게 할 수 있으며, 갈 데가 있으면 이로움이 있다. 어떻게 쓸 것인가. 두 그릇이면 가히 제사祭祀지낼 수 있다.'는 것은 두 그릇만으로도 시의時宜에 응함이 있으며, 강剛을 덜어 유柔에 더하게 하는 것도 때(시의時宜)가 있는 것이니, 덜고 더하고 차고 비는 것을 때와 더불어 함께 행함이니라.

각설[175]

175 (觀中) ❶기도상행其道上行 : 손하損下의 손損은 욕심을 떨어내라는 것이다. ❷'원길무구가정리유유왕元吉无咎可貞利有攸往'의 가능한 근거는 믿는 마음에 있다. '믿을 부孚'자로 집약. ❸이궤응유시二簋應有時 손강익유유시損剛益柔有時 : 뇌택귀매괘 사효四爻에 '유시有時'가 나온다. ❹응應은 이기감응二氣感應의 응應이다. 교감交感이며, 감응感應이다. 하나로 교감交感되었다. 사귀어져야 느낌이 생기는 것이다. 느낌이 생기는 것은 둘이 사귀어야 한다. 교交를

손하익상損下益上 기도상행其道上行 아래 것을 덜어 위로 더해주는 것이니, 이것은 내 것을 덜어 남에게 주는 의미이다.[176]

손이유부損而有孚 원길무구가정이유유왕元吉无咎可貞利有攸往 덜어주되 믿음으로 하면 원길元吉, 무구无咎, 가정可貞, 이유유왕利有攸往을 할 수 있다는 의미이다.

전제로 하지 않고서 감感은 나타나지 않는다. 교交가 없는 느낌은 없다. 그것을 무엇이라고 말하는가? 거기에 응답한다(감응感應). ❺'이궤二簋'는 '제사祭需를 간략하게 차렸다.'는 말이다. 제사음식을 차려서 담는 제기 대바구니이다. 제수는 간략하게 제사를 지내지만 마음은 몽땅 다 바치는 것이다. ❻'유시有時'의 유有는 화천대유괘火天大有卦이다. 하늘로부터 복福을 받을 수 있는 제사祭祀는 이궤응유시二簋應有時이다. 하늘이 복을 내려주는 때다. 화천대유火天大有, 상효上爻의 '대유상길大有上吉'의 유자有字다. '손강익유유시損剛益柔有時'의 유柔는 빈 것을 의미이다. 하도낙서원리河圖洛書原理에 있어서 十에서 시작하면 하나씩 체감작용遞減作用을 한다(十⇨九⇨八…). 낙서원리洛書原理는 체증작용遞增作用, 적극적으로 적積하는 것이다. ❼이궤응유시二簋應有時라고 말해 놓고, 바로 뒤이어 손강익유유시損剛益柔有時(천지합덕天地原理)라고 하여 같이 붙어있다. '유시有時'라는 말이 이중으로 강조하고 있다. '손강익유유시損剛益柔有時'란, 유시有時는 바로 그 때, 위대한 때이다. 라는 의미이다. '유有'는 대大와 같다. 뇌택귀매雷澤歸妹, 사효四爻가 동動하면 지택임괘地澤臨卦가 된다. 지택임괘 사효四爻가 '지임至臨'이라 했다. 이에 지택임괘「괘사」에 '지우팔월유흉至于八月有凶'이라 한 것이다. 추석절기가 들어있는 八月로 착각하지 말라. 『주역』에 등장하는 숫자는 전부 하도낙서河圖洛書와 관련이 있다. ❽'이궤二簋'란 제수담는 그릇으로 착각하지 말라. 그릇 하나는 누가 가지고 있는 그릇인가? 군자가 가지고 있는 그릇이요, 또 다른 그릇하나는 누구 가지고 있는 그릇인가? 하나님이 갖고 있는 하나님의 마음이다. 그릇 하나는 군자가 마음속에 갖고 있는 심성心性이다. '이궤二簋'가 서로 감응感應이 된다. 제사를 통해 무엇과 무엇이 감응感應이 되는가? 자손의 마음과 돌아간 부모의 마음과 감응感應하는 것이다. 여기서 인간이 깨닫게 되는 것이다. 대시이동待時而動해야 될 바로 그 때, 움직여 나가야 될 때, 감동되어지는 때, 움직여나가야 될 때, 그 때를 가리킨다. '이궤응유시二簋應有時' 내 마음과 하늘의 마음이 감응感應이 되는 때, 그 위대한 때(天人이 합덕될 수 있는 아주 위대한 때)이다. '이궤二簋'란 간략하게 제사를 지낸다. 제수를 간략하게 마련하여 제사지낸다. 그러나 이궤二簋란 마음의 문제다. 군자와 성인聖人의 마음, 산택손괘山澤損卦 오효五爻와 상효上爻가 성인聖人의 마음과 천지天地의 마음을 상징한다. 이에 '이궤응유시二簋應有時'라고 한 것이다. ❾손익영허損益盈虛현상은 주로 어디에 나타나고 있는가? 달의 정사政事다. 즉 일월지정日月之政의 원리다. 시간(역사)을 섭리하는 원리다. 손익영허損益盈虛 여시해행與時偕行하는 주체는 군자다. 이에 지산겸괘에 "천도天道는 휴영이익겸虧盈而益謙하고 지도地道는 변영이류겸變盈而流謙하고 귀신鬼神은 해영이복겸害盈而福謙하고, 인도人道는 오영이호겸惡盈而好謙하나니"라고 하여 천지신인지도天地神人之道가 손익영허원리損益盈虛原理에 의하여 섭리되어 가고 있다.

176 『주역절중』에서는 "어찌 신하가 자신의 온 몸을 바쳐 주인을 섬기고, 백성은 군주를 섬기고 봉헌한다. 이것이 다 아래를 덜어서 위로 더하는 일이다. 반드시 이와같은 후라야 상하가 교류하고, 그 뜻이 같아지니, 어찌 그 도가 위로 행하여지는 것이 아닌가? (豈如人臣之致身事主, 百姓之服役奉公, 皆損下益上之事也. 必如此, 然後上下交而志同, 豈非其道上行乎?)"라고 하였다.

이궤응유시二簋應有時 시의성時宜性에 맞는 시중지도時中之道의 중요성을 말하고 있다. 응應은 가슴(마음)으로 끌어 앉는 것이다.

손강익유유시損剛益柔有時 **손익영허**損益盈虛 **여시해행**與時偕行 시손즉손時損則損하고 시익즉익時益則益하는 시의성時宜性의 중요성을 말하고 있다. 그러므로 「단사彖辭」에 시時 자字가 3번이나 들어 있는 것이다.

> **[象曰]** 山下有澤이 損이니 君子ㅣ 以하야
> 상왈 산하유택 손 군자 이
>
> 懲忿窒欲하나니라.
> 징분질욕

○ 懲(징계할 징, 혼날 징, 억제할 징) 忿(성낼 분) 窒(막을 질) 欲(하고자 할 욕)

상象에 이르기를, 산山 아래에 못이 있는 것이 손損이니, 군자는 이로써 분노憤怒를 억누르고 욕심慾心을 막는다 하니라.

각설[177]

징분질욕懲忿窒欲 군자는 성냄을 불 끄듯이(수水) 막고, 욕심은 물 막듯이(산山) 막는다. 자기 수양을 목표로 공부하는 것이다. 공부란 나를 버리는 것이다. 다시 말하면 덜어내는 상황을 수양의 계기로 삼는다는 것이다. 그러므로 진리를 담을 수 있고, 마음의 평화를 누릴 수도 있다.
본성을 보존하는데 저해되는 요소들을 제거하는 것이다.

---

177 (觀中) ❶징분질욕懲忿窒欲 : 만물위에 위대한 혜택을 내려줄 수 있는 그러한 괘가 간괘艮卦다. ❷욕慾은 물욕物慾 ❸분忿은 사람을 미워하는 것. ❹'징분질욕懲忿窒欲'이 되어야 개과천선改過遷善이 가능하다.

[初九]는 已事ㅣ어든 遄往이라야 无咎ㅣ리니
초구 이사 천왕 무구

酌損之니라.
작손지

(山水蒙)
산수몽

象曰, 已事遄往은 尙合志也이니라.
상왈 이사천왕 상합지야

○ 已(이미 이, 마칠 이) 事(일 사) 遄(빠를 천) 往(갈 왕) 酌(헤아릴 작, 참작할 작, 따를 작) 損(덜 손) 尙(오히려 상) 志(뜻 지)

초구初九는 이미 이루어진 일은 빨리 가야(떠나야) 허물이 없는 것이니 (중도中道를) 참작하여 덜어냄이니라.

상象에 이르기를, '일을 그만 두고 빨리 간다(떠나간다).'는 것은 숭상함이 뜻에 맞음이니라.

개요概要

초구(初九)는 양강정위陽剛正位한 효爻로써 일을 마치고 육사六四에 더하면 허물이 없음을 말한다.

각설

이사已事 이已는 이미 이루어진 일이다.[178]

천왕遄往 왕무구往无咎 이미 이루어진 일은(이사已事) 행동을 빨리 옮기는 것이 허물이 없다는 것이다.[179]

---

178 (집설(集說)) ❶『주역전의』에서는 "위에 더하는 자는 일이 끝났으면 속히 떠나가서 그 공(功)을 차지하지 말아야 이에 허물이 없는 것이다.(所益於上者事旣已, 則速去之, 不居其功, 乃无咎也.)"라고 하여 일을 끝남을 말한다. ❷『주역본의』에서는 "하던 일을 그만두고 속히 가서 더해줌은 허물이 없는 길이다.(輟所爲之事而速往以益之, 无咎之道也)"라고 하여 중지中止'를 말한다. ❸『주역정의』에서는 '만약에 각자의 맡은 바를 버려두고 가면 허물이 크며, 오만이다.'(若事已不往, 則爲激慢)고 하였다. ❹『주역절중』에서는 "일을 마친다는 뜻은 마치 배움을 다하고 남은 힘이 있고 난후에 정치에 나아간다는 것으로 이치가 정밀하다.(已事之義, 謂如學優而后從政之類 於理亦精)"라고 하였다.

179 이천伊川은 『역전易傳』에서 '초구初九가 육사六四를 돕는 일을 마치거든, 공功을 주장主張

작손지酌損之 술잔을 통해서 뜻을 주고 받는다는 것이다. 덜어줄 때는 중도中道에 적합토록 헤아려서 하라는 말이다. 즉 자신의 상황을 고려하여(참작하여) 덜어내야 한다는 것이다.

소상사小象辭

상합지야尙合志也 외괘外卦(상괘上卦)와 뜻이 합해지는 것이다. 상尙을 상上으로 보면 상괘上卦를 의미한다. 따라서 초구효初九爻와 육사효六四爻가 서로 뜻이 합치되는 것을 말한다.[180]

[九二]는 **利貞**이니 **征**이면 **凶**하니
구이 이정 정 흉

弗損이라야 **益之**리라. (山雷頤)
불손 익지 산뢰이

象曰, 九二利貞은 **中以爲志也**이니라.
상왈 구이이정 중이위지야

○ 利(이로울 리{이}) 貞(곧을 정) 征(칠 정) 凶(흉할 흉) 弗(아닐 불) 損(덜 손) 益(더할 익)

구이九二는 바르면 이로우니, (욕심을 가지고) 나아가면 흉凶하니, (다름을) 덜지 말아야 유익하리라.

상象에 이르기를, 구이九二는 곧으면 이롭다는 것은 중도中道로써 뜻을 삼음이니라.

개요概要

구이九二는 나아가지 않고, 자신을 지키는 것이 육오六五를 돕는 것이다.

하지 말고 빨리 물러나야 허물이 없다'(下之益上, 當損己而不自以爲功, 所益於上者事旣已, 則速去之, 不居其功, 乃无咎也.)라고 하였다.

180 『주역본의』에서는 "상尙은 상야相也"라고 하였다.

각설[181]

이정利貞 정흉征凶 구이九二는 강건중정剛健中正의 효爻로써 육오六五와 정응正應의 관계로 그 강건함이나 스스로 중덕中德을 지켜 바르게 하는 것이 이롭고, 나아가면 흉凶하다는 것이다.

불손弗損 익지益之 초구初九는 덜어야 하지만 구이九二는 바름을 덜어내지 않아도 좋다. 이 말은 자신을 지키는 것이 자신뿐 아니라 남에게도 도움을 준다는 것이다.[182] 구이九二의 강직함으로 유약한 육오六五를 돕는 것이다.

소상사小象辭

중이위지야中以爲志也 중도中道로써 뜻을 삼았기 때문이다.

[六三]은 三人行앤 則損一人코 육삼 삼인행 즉손일인	
一人行에는 則得其友ㅣ로다. 일인행 즉득기우	(山天大畜) 산천대축
象曰, 一人行은 三이면 則疑也ㅣ리라. 상왈 일인행 삼 즉의야	

○ 三(석 삼) 人(사람 인) 行(갈 행) 則(곧 즉, 법칙 칙, 본받을 측) 損(덜 손) 得(얻을 득) 友(벗 우)

육삼六三은 세 사람이 가면 한 사람을 잃고, 한 사람이 가면 벗을 얻음이로다.

181 (觀中) 왜 '이정利貞코 왕征이면 흉凶하니'라고 했는가? 밖으로 돌아다니지 말라. 떨어버릴 것이 아니라 위에서부터 은혜를 받아야 한다. 이효二爻는 中을 얻고 있기 때문에 성인聖人의 뜻을 깨달을 수 있어야 한다.

182 주자는 『주역본의』에서 "마음의 변화가 없이 (자신의) 임무를 충실히 수행해 나아감이 위를 더해주는 것이다. (言不變其所守, 乃所以益上也.)"라고 하였다.

상象에 이르기를, '한 사람이 간다.'는 것은 셋이면 곧 의심하리라.

개요概要

육삼六三은 손괘損卦의 원리를 인사人事에 비유하여 균형과 조화의 차원에서 설명하고 있다.

각설[183]

삼인행三人行 즉손일인則損一人 천지天地나 모든 만물의 짝은 음양陰陽 둘인데 셋은 지나치고 또 짝이 안 맞아 화합和合하지 못하므로, 하나 (태괘泰卦 구삼九三)을 덜게 된다는 것이다.

일인행一人行 즉득기우則得其友 태괘泰卦 구삼九三은 혼자 가다가 곤坤을 만나 상구上九가 되니 그 짝을 얻은 것이다. 이것이 지나친 것을 덜고 모자란 것은 보태어 알맞게 균형과 조화를 이루어지도록 하는 것이 손損의 도道인 것이다. (간태합덕艮兌合德)

---

183 (觀中) 우友(붕朋자로 규정하지 않았다.)란 소녀가 소남少男을 만난 것을 의미한다. 함항괘원리咸恒卦原理가 군자와 성인聖人의 합덕을 상징한다. 풍뇌익괘風雷益卦는 천신지도天神之道를 상징하는 괘다. 산택손괘山澤損卦는 군자를 상징한다. 여기서 처녀와 총각이 완전히 성혼成婚되어 신방에 들어간 것을 의미한다. 택산함괘澤山咸卦는 4효다. 산택손괘山澤損卦와 택산함괘澤山咸卦는 소남소녀괘少男少女卦가 합친 괘다. 수산건괘水山蹇卦와 화택규괘火澤睽卦에서 합덕이 된다. 합덕원리를 깨달았을 때에야 비로소 君子가 될 수 있다. 인간(일반사람, 군자)의 입장에서 한 말이다. '삼인항즉손일인三人行則損一人'이란 건괘乾卦에서 손하익상損下益上하여, 건괘乾卦(☰)에서 한 爻를 덜어내어 지천태괘地天泰卦에서 산택손괘山澤損卦로 변한 것이다. 손괘損卦의 기본바탕은 지천태괘地天泰卦이다. 태괘泰卦의 삼효三爻가 위로 올라가 간괘艮卦가 된다. '일인항즉득기우一人行則得其友'하니까 어떻게 되겠는가? 간태艮兌가 합덕한다. 일인행一人行은 손괘損卦 삼효三爻의 입장에서 한 말이다.

소상사小象辭

삼즉의야三則疑也 인사人事로 보면 제3자가 개입하면 음양陰陽의 균형과 조화가 깨져서 서로를 의심한다는 것이다.

[六四]는 損其疾호대
육사 손기질

使遄이면 有喜하야 无咎ㅣ리라.
사천 유희 무구

(火澤睽)
화택규

象曰, 損其疾하니 亦可喜也ㅣ로다.
상왈 손기질 역가희야

○ 損(덜 손) 其(그 기) 疾(병 질) 使(시킬 사, 부릴 사, 하여금 사) 遄(빠를 천) 有(있을 유) 喜(기쁠 희) 无(없을 무) 咎(허물 구)

육사六四는 그 병을 덜게 하되, 빠르게 할수록 기쁨이 있고, 허물이 없으리라.

상象에 이르기를, 그 병을 들어낸다면 또한 가히 기쁨이로다.

개요概要

육사六四는 응효應爻인 초구初九의 군자지도의 도움으로 허물이 없게 된다.

각설[184]

손기질損其疾 **사천**使遄 **유희**有喜 **무구**无咎 소인지도小人之道 혹은 인욕人慾을 빨리 버리면 기쁨이 있고, 허물이 없다는 것이다. 그러므로 크게 길하다는 것이다.

---

184 (觀中) 손기질損其疾은 인간군자의 입장에서 군자의 인격의 병든 병균을 다 떨어버리라는 말이다. 쏟아버리라는 말. 병든 병균을 다 떨어버린 것을 대상에서는 징분질욕懲忿窒欲(욕심을 막아냄)으로 표현한다. 소인지도小人之道를 드러낸다.

소상사小象辭

역가희야亦可喜也 육사六四를 도와주는 것이 초구初九 자신에게도 이익이 되기 때문에 또한 기쁘다고 하는 것이다. 그러므로 역亦은 초구初九의 입장이라고 할 수 있다.

[六五]는 **或益之**면 **十朋之**라 **龜**도 **弗克違**하리니
육오 혹익지 십붕지 구 불극위

元吉하니라. (風澤中孚)
원길 풍택중부

象曰, 六五元吉은 **自上祐也**ㅣ니라.
상왈 육오원길 자상우야

○ 或(혹 혹) 益(더할 익) 十(열 십) 朋(벗 붕) 龜(나라 이름 구{거북 귀,틀 균}) 弗(아닐 불) 克(이길 극) 違(어길 위) 元(으뜸 원) 吉(길할 길)

육오六五는 혹 보탬이 있으면 십붕지라 거북(낙서)도 능히 어기지 못하리니, 크게 길하니라.

상象에 이르기를, 육오六五의 크게 길하다는 것은 하늘로부터 도움이라.

개요概要

육오六五는 성인지도聖人之道의 자각과 순종을 통한 하늘의 섭리를 설명하고 있다.

각설 [185]

185 (觀中) 십붕지十朋之는 하도원리河圖原理요, 붕은 대건붕래大蹇朋來, 동동왕래붕종이사憧憧往來朋從爾思의 붕朋이다. 혹或이 내 마음속에 은혜를 내려줌(도道를 깨닫게 함) 누구라고 꼬집어 말할 수는 없기 때문에 혹或이라고 했다. 혹或은 하늘이 될 수 있고, 성인聖人, 육갑도수六甲原理, 역도易道가 될 수가 있다. 인격적 존재에 한해서 혹이라고 한다. 인격적 존재가 사는 세계(국國)이다. 혹或+구口 =국國이다 . 붕朋은 태괘兌卦를 가리킨다. 괘효원리에

혹익지或益之 십붕지十朋之 내 마음속에서 성인聖人과 합덕되어 천도天道를 자각하게 된다는 것이다.[186] 육오六五는 군위君位라 왕도정치로 덕화德化를 베풀어 백성을 잘살게 하면 그것이 익益이다.[187]

구불극위龜弗克違 극克은 ~할 수 있다. 능能의 의미이다. 하늘의 뜻을 지도地道를 표상하는 낙서洛書가 어길 수 없다는 것이다.

소상사小象辭

자상우야自上祐也 하늘로부터 도움이 있다는 것이다.

[上九]는 弗損코 益之면 无咎코 貞吉하니 利攸有往이니
상구 불손 익지 무구 정길 이유유왕

得臣이 无家ㅣ리라. (地澤臨)
득신 무가 지택임

象曰, 弗損益之는 大得志也이니라.
상왈 불손익지 대득지야

○ 弗(아닐 불) 損(덜 손) 益(더할 익) 无(없을 무) 咎(허물 구) 貞(곧을 정) 吉(길할 길) 利(이로울 리{이}) 攸(바 유) 有(있을 유) 往(갈 왕) 得(얻을 득) 臣(신하 신) 无(없을 무) 家(집 가)

있어서 태괘兌卦는 백성을 상징한다. 역수원리曆數原理에 비기면 붕朋은 합덕원리이기 때문에 십수원리十數原理이다. 즉 간艮과 합덕할 수 있는 주체로서의 벗(붕朋)이기 때문이다. 하도원리河圖原理(십붕지十朋之)와 낙서원리洛書原理(구불극위龜弗克違)가 합덕이 되었다('십붕지十朋之'). '구불극위龜弗克違'를 육갑六甲으로 표현하면 갑진甲辰이 무진戊辰이 된다.

186 (집설) 십붕十朋에 대하여 이천伊川은 『역전易傳』에서 "열 명의 벗"이라고 하였고, 주자朱子『본의本義』는 "귀한 거북, 두 개의 화폐, 큰 거북이"라고 하였다. 또한 붕朋은 은殷나라 때 옥玉과 패貝를 화폐로 사용하였다. 옥玉 5개를 한조로 해서 두 줄로 엮은 것을 각珏이라고 하고, 조개 5개를 한조로 해서 두 줄로 엮은 것을 붕朋이라고 하였다고 한다. 그러므로 붕朋도 십十을 의미한다고 할 수도 있다.

187 『서경書經』「홍범편洪範篇」에서 의사결정방식에 대하여 "❶왕 스스로 심사숙고 ⇨ 해결 × ❶대신들과 상의⇨ 해결 × ❸백성들과 상의 ⇨ 해결 × ❹시초점 혹은 거북점과 상의한다. 그 결과 왕이 따르고, 대신이 따르고, 백성이 따르고, 시초점 거북점이 따르면 대동大同이다."라고 하였다.

상구上九는 덜지 않고 더해주면 허물이 없고, 곧으면 길吉하며, 갈 데가 있으면 이로우니, 신하臣下를 얻고 집이 없느니라.
상象에 이르기를, '덜지 않고 더해준다.'는 것은 크게 뜻을 얻음이니라.

개요概要

상육上六은 진리와 사랑은 드러내지 않고도 나누면 나눌수록 커짐을 설명하고 있다.

각설[188]

불손익지弗損益之 무구无咎 사랑과 학문은 교사무궁敎思无窮으로 남을 가르치면 자신의 학문과 지식은 줄어들지 않고 도리어 이익이 된다. 보태고 나누면 나눌수록 빛나는 것이다.(수풍정괘水風井卦 참조)
득신무가得臣无家 온 천하가 신하되기를 원하니, 내 집이 없는 것이다. 즉 천하의 집이 다 내 집이나 마찬가지이다.

소상사小象辭

불손익지弗損益之 대득지야大得志也 들지 않고 보탬이 되는 것은 큰 뜻을 얻

---

188 (觀中) 왕王이 인재를 선발하는데 가문家門을 고려하지 말라는 뜻이다. 군자의 덕을 갖추었거든 그대로 등용하라. 산천대축괘山天大畜卦의 "불가식길양현不家食吉養賢"이라고 했다. 제 집에 들어가서만이 밥을 먹으려고 하지 말라. 밖에서 밥을 먹어도 괜찮다. 어진 사람이거든 적극적으로 문밖을 쫓아가서라도 가르쳐주어라. 이것이 공자孔子의 학문하는 태도다. 이러한 원리(간태艮兌합덕원리)를 표상하고 있는 것이 정역괘도正易卦圖다. 이에 정역괘도正易卦圖는 팔간산八艮山에서 시작하여 칠지七地로 끝난다. 곤도坤道는 삼태택三兌澤에서부터 시작한다. 양陽의 원리는 팔간산八艮山에서부터 시작하여 이천二天(중천건重天乾)으로 끝나고, 음陰의 작용원리는 삼태택三兌澤에서부터 시작하여 칠지七地(중지곤重地坤)로써 끝난다. 이에 육효중괘六爻重卦原理가 정역괘도正易卦圖에 이르러 다 드러난다. 즉『주역』의 원리의 전모가 다 밝혀진다. 불손익지弗損益之란 상효上爻이므로 떨어버릴 것이 없다. 손損하는 것이 아니라 익지益之하는 것이 하늘의 본래 뜻이다. 무구无咎는 인간의 입장에서는 무구无咎요, 정길貞吉한 것이다. 인도적 입장人道的 立場에서 상효上爻의 뜻을 규정하면 무구정길无咎貞吉이다. 이유유왕利有攸往(행行할 바를 둠이 이롭다.) 득신무가得臣无家는 「서괘」원리를 밝히기 위한 언급이다.

었기 때문이다. 이것은 ❶성인지도聖人之道를 자각했다. ❷천도天道를 얻었다는 의미이다. 그러므로 계사상편繫辭上篇에서 '성인聖人·군자지도君子之道를 함께 나누면 그 냄새가 난초와 같다.' 한 것이 아닌가 한다.

✐ 손괘損卦는 내 것을 덜어 남에게 주는 것이다. 탐욕을 덜어내는 것이다.

아래를 들어 위로 보태는 것은 위가 아래를 보탠다는 것을 전제로 한 것이다. 연못이 깊어지면 산이 더욱 높아지는 것이다. 또한 인간 본성을 보존하는데 저해되는 소인지도小人之道와 욕심을 덜어내는 것이다. 징분질욕懲忿窒欲이라 군자는 성냄을 불끄듯이(水) 막고, 욕심慾心은 물막듯이(山) 하라고 한다. 이것은 자기수양自己修養을 목표로 공부하는 것이다. 공부란 나를 버리는 것이다. 다시 말하면 덜어내는 상황을 수양의 계기로 삼는다는 것이다. 그러므로 그 빈 곳에 진리를 담을 수 있고, 마음의 平和를 누릴 수도 있다고 한다.

42.風雷益卦

풍뇌익괘

도전괘
倒顚卦

풍뇌익괘
風雷益卦

산택손괘
山澤損卦

음양대응괘
陰陽對應卦

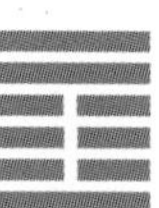

풍뇌익괘
風雷益卦

뇌풍항괘
雷風恒卦

상하교역괘
上下交易卦

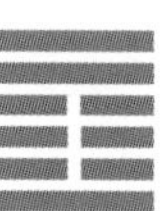

풍뇌익괘
風雷益卦

뇌풍항괘
雷風恒卦

호괘
互卦

풍뇌익괘
風雷益卦

산지박괘
山地剝卦

효변 爻變	初爻變 而爲觀卦	二爻變 而爲中孚卦	三爻變 而爲家人卦	四爻變 而爲无妄卦	五爻變 而爲頤卦	上爻變 而爲屯卦

풍뇌익괘 風雷益卦	**풍지관괘** 風地觀卦	**풍택중부괘** 風澤中孚卦	**풍화가인괘** 風火家人卦	**천뢰무망괘** 天雷无妄卦	**산뢰이괘** 山雷頤卦	**수뢰둔괘** 水雷屯卦

요지要旨[189]

괘명卦名 이 괘는 상손上巽 풍風(☴) + 하진下震의 뢰雷(☳) = 풍뢰익괘風雷益卦(䷩)이다.

괘의卦意 보탬에 대한 말이다. 익괘益卦(䷩)는 손괘損卦(䷨)의 도전괘이다. 익益은 손損을 전제로 하는 것이다. 익괘益卦는 사람들을 유익하게 해주는 괘卦이다.[190]

괘서卦序 서괘序卦에서 "덜고 그치지 않으면 반드시 더하므로 익益으로써 받았다.(損而不已, 必益, 故 受之以益.)"라고 하였다.
손이불이 필익 고 수지이익

괘상卦象 상괘上卦 손巽은 목도木道이며, 하괘下卦 진雷은 움직인다는 의미이다. 이것은 천도天道, 진리眞理로써 사람들을 교화敎化하여 도덕적 세계를 이룬다는 것이다.

益은 **利有攸往**하며 **利涉大川**하니라.
익 이유유왕 이섭대천

❍ 益(더할 익) 利(이로울 이{리}) 有(있을 유) 攸(바 유) 往(갈 왕) 涉(건널 섭)

익益은 갈 데가 있으면 이롭다 하며, 큰 내를 건너는 것이 이로우니라.

각설

익益 하늘의 은총과 섭리 혹은 왕도정치를 통한 은택을 말한다.

---

189 (觀中) 익益은 자천우지自天佑之 길무불리吉無不利의 의미를 표상하는 괘다. 익益은 신도神道가 지상地上에 펼쳐짐을 말한다. 「계사하」편에서 "포희씨몰包犧氏沒, 신농씨작神農氏作, 착목위사斲木爲耜, 유목위뢰揉木爲耒, 뇌누지리耒耨之利, 이교천하以敎天下, 개취제익蓋取諸益.", 이익利益이란 진리眞理에 순응하는 것. 따라서 선천先天에는 '구이종시懼以終始'하는 마음으로 무구无咎하게 살아야 하며, 영예榮譽는 후천에 주어지는 것이다. 변화의 험조한 고비를 건너가야 한다. 건너가다 빠지면 안 된다. 이유유왕利有攸往은 선천先天의 변화원리이요, 이섭대천利涉大川은 선천先天에서 후천后天으로 건너가는 것이다.

190 『이천역전伊川易傳』에서 "위의 것을 아래에 더하면 더할수록 그 근본이 더욱 견고해진다.(下厚則上安, 故益下爲益)"라고 말한다.

이섭대천利涉大川 만사萬事가 유익할 때는 무슨 일이든 형통하다. 하늘의 은총이나 왕도정치로 아래인 근본이 견고해진 것이다. 그러므로 이섭대천이라고 한 것이다.

[彖曰] 益은 **損上益下**하니 **民說无疆**이오
단왈 익 손상익하 민열무강

自上下下하니 **其道**ㅣ **大光**이라
자상하하 기도 대광

利有攸往은 **中正**하야 **有慶**이오
이유유왕 중정 유경

利涉大川은 **木道**ㅣ **乃行**이니라
이섭대천 목도 내행

益은 **動而巽**하니 **日進无疆**하며 **天施地生**하니
익 동이손 일진무강 천시지생

其益이 **无方**하니 **凡益之道**ㅣ **與時偕行**하나니라.
기익 무방 범익지도 여시해행

○ 民(백성 민) 說(기꺼울 열) 无(없을 무) 疆(지경 강) 慶(경사 경) 利(이로울 이, 날카로울 이{리}) 涉(건널 섭) 乃(이에 내) 行(갈 행) 動(움직일 동) 巽(겸손할 손,) 日(해 일) 進(나아갈 진) 施(베풀 시) 凡(무릇 범) 與(줄 여) 偕(함께 해)

단彖에 이르기를, 익益은 위를 덜어서 아래에 더함이니 백성의 기뻐함이 끝이 없음이오. 위에서 아래로 내려오니 그 도道가 크게 빛난다. '갈 데가 있으면 이롭다.'는 것은 중도中道로써 정도正道를 향하므로 경사가 있다는 것이오. '큰 내를 건너는 것이 이롭다.'는 것은 나무를 만드는 도(목도木道)가 행行하여지는 것이니라. 익益은 움직임이 순손順巽해서 날로 나아감이 끝이 없으며, 하늘이 베풀고 땅이 생하니 그 보탬이 방소가 없다 하니, 무릇 익益의 도道는 때(시의성)과 더불어 행하여지느니라.

각설

손상익하損上益下 위에서 덜어가지고 아래(사람들)에 복을 내려주는 것이다. 아래에 있는 자들이 은혜를 받아서 다시 위로 더해준다는 것이다. 육효六爻로 보면, 상구효上九爻를 덜어서 육삼효六三爻에 더해주는 것이다.

자상하하自上下下 하늘의 은총이 위로부터 아래 백성에게 내려온다.

중정유경中正有慶 육이六二와 구오九五가 중정中正이다. 중정지도中正之道를 행하면 경사가 있다.

이섭대천利涉大川 **목도내행**木道乃行 이섭대천利涉大川은 목도木道로서 건널 수 있다.[191]

동이손動而巽 **일진무강**日進无疆 유익함으로써 겸손하고, 날로 한량없이 유익해 진다는 것이다.

천시지생天施地生 **기익무방**其益无方 하늘이 베풀고(비·바람과 햇살) 땅이 (이것을 받아 만물을 생육生育)낳음에, 그 은총(유익함)이 끝이 없다는 뜻이다.

범익지도凡益之道 **여시해행**與時偕行 유익有益하게 하는 방법도 더불어 때에 따라서 익益하게 해야 한다. 손익지도損益之道도 시중지도時中之道가 되어야 빛이 난다.

[象曰] 風雷ㅣ 益이니
상왈 풍뢰 익

君子ㅣ 以하야 **見善則遷**하고 **有過則改**하나니라.
군자 이 견선즉천 유과즉개

○ 見(볼 견) 善(착할 선) 則(법칙 칙{곧 즉, 본받을 측}) 遷(옮길 천) 過(허물 과, 지날 과) 改(고칠 개)

191 『이천역전伊川易傳』에서는 '목도木道'를 '익도益道'(木[益]道乃行)로 고쳐 읽었다.

상象에 이르기를, 바람과 우레가 익益이니, 군자君子는 이로써 선善을 행하고 허물이 있으면 고친다.

개요概要[192]

바람이 일어나면 우레가 울고 우레가 있는 곳에 바람이 일어나듯이, 바람과 우레가 서로 돕는 상象을 군자가 보고, 착한 것을 있는 바람이 옮기듯이 빨리하고, 허물이 있으면 우레를 두려워하듯이 신속하게 고쳐서 공구수신恐懼修身하는 것이다.

각설

견선즉천見善則遷 군자는 선善을 보고 본받아서 옮기도록 한다.(현재시점)
유과즉개有過則改 지나간 과거의 허물을 깨닫고 고친다.(과거시점)

> **[初九]**는 利用爲大作이니 元吉이라야 无咎ㅣ리라. (風地觀)
> 초구 이용위대작 원길 무구 풍지관
>
> 象曰, 元吉无咎는 下ㅣ 不厚事也이니라.
> 상왈 원길무구 하 불후사야

○ 爲(할 위) 作(지을 작) 元(으뜸 원) 길吉(길할 길) 无(없을 무) 咎(허물 구) 厚(두터울 후) 事(일 사)

초구初九는 큰 일을 이루도록 이롭게 씀이니 크게 길吉함이라야 허물이 없느니라.
상象에 이르기를, '크게 길吉하고 허물이 없을 것이다.' 함은 본디 아래가 두터운 일을 감당하지 못함이니라.

192 '풍뢰익風雷益'의 풍風은 신도神道를 상징하며, 뢰雷는 천도天道가 변화할 때 인간에게 주어지는 두려움을 상징하는 괘卦가 진괘震卦(천도天道의 위험을 상징)다.

개요 槪要

초구初九는 「계사상」편 1장의 건지대시乾知大始요 곤작성물坤作成物에 해당한다.

각설

이용위대작利用爲大作 ❶초구初九는 백성이다. 백성의 근본은 농사를 짓는 것에 힘씀이 이롭다. 큰 일(대작大作)을 이루기 위해서 하늘이 하시는 일을 이롭게 사용한다는 의미이다. 대작大作은 건지대시乾知大始요, 곤작성물坤作成物이다. 그러므로 대작大作은 역도易道를 깨우침이요, 순응하는 것이다.

원길무구元吉无咎 익도益道에 대하여 선(원元 = 선善)하면 허물이 없다는 것이다. 최선의 노력으로 대업大業을 하여 익益을 구하라는 것이다.

소상사 小象辭

하下 불후사야不厚事也 초효初爻는 아래에 있는 백성이라 대작大作(= 후사厚事)함이 이로우나 시의時宜가 아니므로 감당할 수가 없다. 그러므로 수신修身하라는 것이다.

[六二]는 或益之라 十朋之니 龜弗克違하나니 永貞이니
육이 혹익지 십붕지 구불극위 영정

吉하며 王用享于帝라도 吉하니라. (風澤中孚)
길 왕용향우제 길 풍택중부

象曰, 或益之는 自外來也이니라.
상왈 혹익지 자외래야

○ 或(혹 혹) 益(더할 익) 朋(벗 붕) 龜(거북 구(귀)) 弗(아닐 불) 克(능할 극, 이길 극) 違(어길 위) 永(길 영) 貞(곧을 정) 吉(길할 길) 王(임금 왕) 用(쓸 용) 享(제사 바칠 향) 于(어조사 우) 帝(임금 제) 自(~부터 자) 外(밖 외) 來(올 래{내})

육이六二는 혹 보탬이라. 하도(십붕十朋)이니, 낙서도 능히 어기지 아니하나니, 오래토록 곧으면 길하며, 왕이 하늘(천제)에 제사를 지내더라도 길할 것이다.

상象에 이르기를, '혹 보탬이라.'는 것은 밖으로부터 온다는 말이다.

개요概要

육이六二는 유순정위柔順正位 득중得中한 효爻이다. ☞ 중부中孚 이효二爻의 음양陰陽합덕(성인聖人·군자君子)의 희열喜悅이다.

각설

혹익지或益之 십붕지十朋之 혹익지或益之의 혹或은 정신적인 것이다. 왜냐하면 손익損益으로 물건을 주고 받는 것이 아니기 때문이다. 십붕지十朋之는 하도河圖의 십수원리十數原理로 천도天道를 의미한다.[193]

구불극위龜弗克違 영정永貞 길吉 지도地道를 표상하는 낙서洛書도 능히 어기지 못한다는 것이다. 중정지심中正之心이라야 한다. 이때 극克은 능能의 의미이다. 영정길永貞吉과 향우제길享于帝吉은 정성어린 마음과 천도天道에 대해 영원히 곧음이 있어야 길吉 하다는 것이다.

왕용향우제王用享于帝 길吉 왕이 천제天帝에게 제사를 지내는 정성어린 마음이면 길吉하다는 것이다.

193 『주역절중』에서는 곽옹의 말을 인용하여 "보탬이란 어떤 사람이 더해주는 것을 말한다. 십붕(하도의 중심수)을 거북(낙서)도 능히 어기지 않으니, 거북의 신령함이 돕는 것이다. 왕이 상제에게 제사를 지내는데 사용해도 길하다. 하늘이 보태는 것이다. 하늘도 또한 어기지 않는데 하물며 사람이며, 귀신이 어기겠는가.(或益之, 人益之也, 十朋之龜不克違, 龜神益之也, 王用享于帝길吉, 天益之也, 天且不違, 況於人與鬼神乎)"라고 하였다.

소상사小象辭

혹익지或益之 자외래야自外來也 중정지심中正之心으로 영정永貞을 하게 되면 구오효九五爻의 덕화德化가 유익하게 미친다. 자외래야自外來也는 외괘外卦에서 미친다, 밖에서 온다는 것이다. 이것은 하늘에서 온다는 의미이다. 인사적人事的으로는 천지지도天地之道에 입각하여 올바르게 행동하면 타인他人으로부터 유익함이 있다는 것이다.

[六三]은 益之用凶事앤 无咎ㅣ어니와
육삼 익지용흉사 무구

有孚中行이라야 告公用圭리라. (風火家人)
유부중행 고공용규 풍화가인

象曰, 益用凶事는 固有之也이니라.
상왈 익용흉사 고유지야

❍ 益(더할 익) 用(쓸 용) 凶(흉할 흉) 事(일 사) 孚(미쁠 부) 中(가운데 중) 行(갈 행) 告(알릴 고) 公(공변될 공) 圭(홀 규) 固(굳을 고, 진실로 고)

육삼六三은 보탬을 흉사凶事에 쓰면 허물이 없거니와 믿음을 가지고 중도를 행하여 공公에게 고告하는 데에 규圭를 쓰리라.

상象에서 말하기를 '익용흉사益用凶事'는 진실로 (흉사凶事가) 있을 때 행하니라.

개요概要

손익損益의 시용時用이 중요하다. 손익지도損益之道가 시중지도時中之道이기 때문이다.

각설[194]

익지용흉사益之用凶事 무구无咎 위를 덜어서 아래를 유익하게 보태는 것이다. 인사적인 군민관계로 보면 흉년凶年이나 흉사凶事가 있을 때 국왕이 백성을 도우는 것이다. 이 때 국왕은 백성을 도울 때 신의가 있고, 공명정대해야 한다.(칭물평시秤物施惠)

유부중행有孚中行 천도天道에 대한 믿음을 가지고 중도中道를 행한다는 것이다.

고공용규告公用圭 군자에게 있어서는 무구无咎로 끝나는 것이 아니라 성인聖人에 고하는데 믿음으로 해야 한다는 것이다. 사명을 자각하는 것이다.

이때 ❶공公은 구오九五 성인聖人, 엄군嚴君을 의미하고, ❷규圭는 관인官印, 신표信標이며, 도학적道學的으로는 믿음, 자각을 의미한다.

소상사小象辭[195]

고유지야固有之也 틀림없이 혹은 진실로 행하라는 것이다. 즉 흉사때 재앙을 극복하기 위해 다른 사심私心이 없이 자기 자리에서 시의성時宜性에 맞게 익益의 도道를 행한다는 것이다.

---

194 (觀中) 고공용규告公用圭 : 공公에게 무엇으로써 고告하는가? 공익적 공익이다. 사령장을 주는 것이다. 익괘益卦에서 사령장을 받아야 한다. 즉 역도易道를 깨달아야 한다. 군자로서의 명命을 깨달아야 한다. 규圭는 증표(천자天子가 제후諸侯를 봉奉하는 사령장辭令狀.)를 의미한다. 하늘에서 내려주는 것이 아니라 자신이 깨달아야 한다. 64각으로 된 도장으로써 공公에게 고告한다. 이는 무엇을 의미하는가? '규圭를 이용하게 공公에게 명(사명使命)을 부여한다는 의미다.' 소인小人에게 주어지는 익지용흉사益之用凶事에는 군자君子는 무구无咎이다.

195 유有는 실제적으로 상구上九의 도움을 받지 못하였으나 마음속엔 뜻을 두고 있다.

[六四]는 中行이면 告公從하리니
육사 중행 고공종

利用爲依며 遷國이니라. (天雷无妄)
이용위의 천국 천뢰무망

象曰, 告公從은 以益志也이니라.
상왈 고공종 이익지야

○ 行(갈 행) 告(알릴 고) 公(공변될 공) 從(좇을 종) 爲(할 위) 依(의지할 의) 遷(옮길 천) 國(나라 국) 志(뜻 지)

육사六四는 중도中道를 행함이면 공公에게 고하여 따르게 하리니 이에(대중의 여론) 의지해서 나라를 옮기는 것이 이로우니라.

상象에 이르기를, '공公에게 고告하여 따르게 한다.'라고 하는 것은 이로써 (백성들을) 유익하게 해줄 뜻이니라.

개요槪要

성인지도聖人之道를 실천하는데 따르는 이로움을 말한다.

각설

고공종告公從 성인지도에 고告하여 그 뜻을 따른다는 것이다.[196]

이용위의利用爲依 성인지도聖人之道에 의지하여 사용하면 이롭다는 것이다. 성인지도聖人之道를 근원으로 정도正道를 행하면서 백성의 뜻을 살핀다.

천국遷國 성인지도聖人之道를 자각하면 선후천변화先后天變化가 아루어진다는 것이다.(❶지옥⇨ 천당, ❷차안此岸의 언덕⇨ 피안彼岸의 언덕, ❸선천⇨ 후천后天을 말한다.)

---

196 『주역절중』에서는 "육사六四는 육삼六三에 더해주는 일을 주도하지만 군주가 아니기 때문에 전횡을 할 수가 없어 공에게 고하여야 한다. 중도에 맞도록 행한즉 보고 따르게 되는 것이다. (四正主於益下者, 然非君位, 不敢自專, 必告於公也. 中行則見從矣.)"라고 하였다.

소상사小象辭[197]

이익지야以益志也 민심을 따르는 것은 유익함이 있기 때문이며, 민심에 따라 행할 시에도 반드시 중행中行을 해야 비로소 유익하다는 것이다.[198]

[九五]는 有孚惠心이라 勿問하야도 元吉하니
구오 유부혜심 물문 원길

有孚惠我德이니라. (山雷頤)
유부혜아덕 산뢰이

象曰, 有孚惠心이라 勿問之矣며
상왈 유부혜심 물문지의

惠我德이 大得志也ㅣ라.
혜아덕 대득지야

○ 有(있을 유) 孚(미쁠 부) 惠(은혜 혜, 어질 혜, 불쌍히 여길 혜) 勿(말 물) 問(물을 문) 元(으뜸 원) 我(나 아) 德(덕 덕) 得(얻을 득) 志(뜻 지)

구오九五는 진실한 마음(성심誠心 = 참된 마음)을 가지고 사랑하는 마음이라, 묻지 않아도 크게 길하니, (백성이) 믿음(정성)이 있고 나의 덕德을 은혜롭게 여김이니라.

상象에 이르기를, '믿음(성심誠心)을 가지고 사랑하는 마음이라, 묻을 것도 없으며, '혜아덕惠我德'은 크게 뜻을 얻음이라.

개요概要

197 (觀中) 이익지야以益志也는 「대상大象」의 이以가 사효四爻로 옮겨가 쓰인 것이다. '이익지야以益志也'란 뜻은 마음속에 들어가 있다. 뜻으로 은총을 받는다. 익益이란 은총恩寵을 받는다는 의미이다. 손상익하損上益下의 익益이다. 백성을 돕고자 하는 뜻이기도 하다. 내 마음속에 뜻으로서 은총을 받는다. 천지지성정天地之性情과 내 생각(인격성人格性)이 하나로 통해지는 것이다. 이것을 익지益之라고 한 것이다. '공公이 이용하여 내 뜻속에서 내 덕을 넉넉하게 해준다.' 그러니까 견선즉천見善則遷, 유과즉개有過則改가 되는 것이다. '견선즉천見善則遷'이 사효四爻의 천국遷國이라는 말로 구체화되어 언급이 된 것이다.

198 정이천은 「역전易傳」에서 "천하를 유익하게 할 뜻을 아뢰는 것이다.(告之以益天下之志也)"라고 하였다.

구오九五는 강건중정剛健中正 득중得中한 효爻로 천하天下에 은혜를 베풀려는 마음을 말한다.

각설

유부有孚 천도天道, 성인지도聖人之道에 대한 믿음이다.

혜심惠心 임금이 백성을 위하는 마음가짐이다. 즉 은혜를 베푸려는 마음으로 백성을 유익하게 한다는 것이다.

물문勿問 이러한 정치를 하면 절대 묻지 않아야 한다는 것은 조금도 의심할 필요가 없기 때문이다.

혜아덕惠我德 성인聖人이 가지고 있는 믿음으로 성인聖人(구오九五) 스스로도 은혜가 넉넉해진다. 진실한 사랑은 덜어도 손해보지 않는 것이다. 아我는 구오九五를 말한다. 나의 덕을 은혜롭게 여긴다는 것은 천하의 모든 사람이 나의 은덕에 진심으로 보답하려는 생각을 말한다.

소상사小象辭

대득지야大得志也 무형의 유익함, 정신적인 측면에서의 큰 뜻을 얻는 것이다. 이괘頤卦 오효五爻의 '손이종상順以從上'하는 성인聖人이 천도天道를 득得한다.

[上九]는 莫益之라 或擊之리니
상구 막익지 혹격지

立心勿恒이니 凶하니라. (水雷屯)
입심물항 흉 수뢰둔

象曰, 莫益之는 偏辭也일새오 或擊之는 自外來也이니라.
상왈 막익지 편사야 혹격지 자외래야

○ 莫(없을 막{저물 모,고요할 맥}) 益(더할 익) 或(혹 혹) 擊(부딪칠 격) 立(설 입{립}) 心(마음 심) 勿(말 물) 恒(항상 항) 偏(치우칠 편) 辭(말 사) 自(스스로 자, ~로 부터의 자)

상구上九는 더해주지 않음이라(유익함만 구하지 마라) 혹 공격하기도 함이니 혹 공격받을 지도 모르니)하기도 마음을 세우는 것이 항구치 못하면 흉凶하리라.

상象에 이르기를, '더해주지 않는다(유익만을 추구하면).'는 것은 편벽하다는 말이요, '혹 공격하기도 한다.'는 것은 외부(천벌天罰)로부터 오는 것이니라.

개요概要

보태려만 하지마라, 하늘이 친다는 것이다.

각설[199]

막익지혹격지莫益之或擊之 유익함만을 추구하다보며 반드시 흉凶이 온다. 그러나 진리眞理에 대한 욕심에는 혹격지或擊之가 없다. 왜냐하면 남에게 피해를 주는 것이 아니기 때문이다.

입심물항立心勿恒 입심立心은 항심恒心으로 욕심을 버리는 마음이 항상하지 못하면 흉凶하다는 것이다. 따라서 길흉吉凶은 내 마음에 달려 있는 것이다.[200]

소상사小象辭

편사偏辭 편백됨을 말하며, 부중不中이다. 그러므로 모든 사람이 더해주

---

199 '입심물항立心勿恒'은 『논어論語』에도 나온다. 혹격지或擊之는 천벌을 내림.

200 「繫辭下」 5章에서 "군자가 그 몸을 편안히 한 뒤에 움직이며, 그 마음을 편안하게 한 뒤에야 말하며, 그 사귐을 정한 뒤에야 구하나니 군자는 이 셋을 닦는 까닭에 온전하나니, 위태함으로써 움직이면 곧 백성이 더불어 하지 아니하고, 두려움으로써 말하면 곧 백성이 응하지 아니하고, 사귐이 없이 구하면 백성이 주지 않나니, 주는 이가 없으면 곧 상傷하게 하는 자가 이르나니 역에 말하길 '더하지 마라 혹 치리니 마음을 세워 항상하지 못하니 흉凶하다'라고 하니라.(孔子曰 君子安其身而後動, 易其心而後語, 定其交而後求. 君子脩此三者故全也. 危以動則民不與也, 懼以語則民不應也. 无交而求則民不與也, 莫之與則傷之者至矣. 易曰 莫益之 或擊之 立心勿恒 凶.)"라고 하였다.

지 않는 것이다.

✎ 익益은 위의 것을 덜어 아래로 보태주는 손상익하損上益下이다. 손하익상損下益上에 대한 결과이다. 이것이 손익損益의 이치이다. 즉 나를 덜어냄으로써 진리를 깨닫는 보탬을 얻을 수 있다는 것이다.「대상사大象辭」에서 하늘이 비·바람과 햇살로 베풀고, 땅이 이것을 받아 만물萬物을 생육함에 그 유익함이 끝이 없다. 그러므로 군자는 바람과 우레가 서로 돕는 상象을 보고, 선한 것을 있는 바람이 옮기듯이 빨리하고, 지나간 과거에 허물이 있으면 우레를 두려워하듯이 신속하게 고쳐서 공구수신恐懼修身하라고 말한다.

택　천　쾌　괘

43.澤天夬卦

도전괘
倒顚卦

택천쾌괘
澤天夬卦

천풍구괘
天風姤卦

음양대응괘
陰陽對應卦

택천쾌괘
澤天夬卦

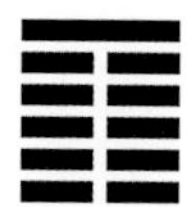

산지박괘
山地剝卦

상하교역괘
上下交易卦

택천쾌괘
澤天夬卦

천택이괘
天澤履卦

호괘
互卦

택천쾌괘
澤天夬卦

중천건괘
重天乾卦

효변 爻變	初爻變 而爲大過卦	二爻變 而爲革卦	三爻變 而爲兌卦	四爻變 而爲需卦	五爻變 而爲大壯卦	上爻變 而爲乾卦
택천쾌괘 澤天夬卦	택풍대과괘 澤風大過卦	택화혁괘 澤火革卦	중택태괘 重澤兌卦	수천수괘 水天需卦	뇌천대장괘 雷天大壯卦	중천건괘 重天乾卦

요지要旨

괘명卦名 이 괘는 상태上兌의 택澤(☱) + 하건下乾의 천天(☰) = 택천쾌괘澤天夬卦(䷪)이다.

괘의卦意 결단의 도에 대한 설명이다. 쾌괘夬卦는 3월괘卦로서 파종을 위한 처결, 결단을 의미한다. 24절기로는 청명과 곡우의 절이라 음陰의 무리는 사라지고 양기陽氣가 왕성하여 백화초목이 만발하는 때이다. 쾌괘夬卦(䷪)는 군자가 소인지도小人之道를 심판하는 괘卦다. 괘상으로 보면 5양陽이 1음陰을 결단하는 형상으로 소인이 물러갈 때는 군자君子를 해치고 물러간다. 그러므로 소인을 군자화하는 것이 좋다는 것이다.

괘서卦序 서괘序卦에서 "더함이 그치지 않으면 반드시 결단해야 하기 때문에 쾌괘夬卦로 받는다.(益而不已, 必決, 故 受之以夬)"라고 하였다.
익이불이 필결 고 수지이쾌

괘상卦象 양효陽爻가 다섯이고, 음효陰爻가 하나이다. 따라서 군자는 많고, 소인小人은 적은 형상이다. 따라서 5양陽이 1음陰을 결단하는 형상이다.

夬는 揚于王庭이니 孚號有厲ㅣ니라.
쾌 양우왕정 부호유려

告自邑이오 不利卽戎이며 利有攸往하니라.
고자읍 불리즉융 이유유왕

○ 夬(터놓을 쾌{깍지 결}) 揚(드날릴 양, 오를 양) 庭(뜰 정) 孚(정성 부, 미쁠 부, 믿을 부) 號(부르짖을 호) 有(있을 유) 厲(위태로울 려) 告(알릴 고) 自(스스로 자) 邑(고을 읍) 不(아닐 불) 利(이로울 리{이}) 卽(곧 즉) 戎(군사 융, 싸움 융, 되 융)

쾌夬는 임금의 뜰에서 드날림이니, 믿음으로 부르짖어 위태로움이 있음이니라. 자신의 고을에 고함이오, 군사로 나아가는 것이 이롭지 아니하며, 갈 바가 있어 이로우니라.

각설[201]

양우왕정揚于王庭 왕이 있는 뜰로써(법정, 공개된 모임) 만인萬人이 알게 되었다는 말이다. 『주역정의』에서는 "백관이 자리하는 곳(백관소재지처百官所在之處)"로 설명한다. '양우왕정揚于王庭'은 숨어 있는 소인을 왕정王庭에서 결단한다는 뜻으로 소인의 무리를 조회朝會의 자리나 법정法廷에서 공개적으로 단죄하는 것은 공명정대함을 말한다.

부호유려孚號有厲 소인을 군자화하는 것으로 성誠과 신信으로 호소한다.[202]

고자읍告自邑 내 고을이 먼저 고한다는 말은 내 자신을 먼저 돌아본다는 것이다.

불리즉융不利卽戎 소인小人을 다스리는 방법을 말한다. 소인을 힘으로만 하면 이롭지 않다는 것이다. ❶12벽괘설로 보면 쾌괘夬卦(䷪)는 3월괘로써 조금 있으면 소인지도가 물러가는 상象이다. ❷도학적으로 보면 소인을 감화시켜 스스로 물러나게 하는 것이 좋다는 것이다.

---

201 (觀中) 쾌괘夬卦의 잡괘雜卦가 화천대유火天大有卦다. 자천우지길무불리自天佑之吉無不利라, 하늘로부터 복(은혜)을 받는다. 명命은 하늘로부터 받는다. 쾌괘夬卦가 손익괘損益卦 다음에 배정이 된 것은 「서괘」에 의거한 것임을 알 수 있다. 서괘원리가 역도易道의 기본적인 학문적인 체계다. 학문적인 이론체계는 서괘원리로 표현된다. 「잡괘雜卦」는 그 괘卦의 작용성作用性을 말한다. 그 작용성에 의해 변화가 나타나기 때문에 변화원리적 특징이다. 변화하는데 있어서의 특징을 쾌괘夬卦의 심판 대상은 소인小人이다. 주효主爻는 상효上爻다. 하늘꼭대기 위에 인간이 생각이 올라가 있다. 그러한 사람을 심판한다.

202 『이천역전伊川易傳』에서는 '호號는 호령과 경계로써 명중지사命衆之辭이다.(號者, 命衆之辭)'라고 하였다.

[彖曰] 夬는 決也ㅣ니 剛決柔也ㅣ니
단왈 쾌 결야 강결유야

健而說하고 決而和하니라
건이열 결이화

揚于王庭은 柔ㅣ 乘五剛也일새오
양우왕정 유 승오강야

孚號有厲는 其危ㅣ 乃光也일새오
부호유려 기위 내광야

告自邑不利卽戎은 所尙이 乃窮也일새오
고자읍불리즉융 소상 내궁야

利有攸往은 剛長이 乃終也이니라.
이유유왕 강장 내종야

❍ 夬(터놓을 쾌{깍지 결}) 決(정할 결, 터질 결) 剛(굳셀 강) 柔(부드러울 유) 健(튼튼할 건) 說(기꺼울 열) 和(화할 화) 揚(오를 양) 庭(뜰 정) 乘(탈 승) 五(다섯 오) 號(부르짖을 호) 危(위태할 위) 光(빛 광) 尙(숭상할 상, 오히려 상) 窮(다할 궁) 終(끝날 종)

단彖에 이르기를, 쾌夬는 결단함이니, 강剛이 유柔를 결단하는 것이니, 굳세고 기뻐하며 결단하고 화합하니라. '양우왕정揚于王庭'은 유柔가 다섯 강剛을 타고 있기 때문이요, '믿음으로 부르짖어 위태로움이 있다는 것'은 그 위태로움이 이에 빛나는 것이오, '자신에게 고해야지 힘으로 하는 것은 이롭지 못하다는 것'은 숭상하는 바가 마침내 궁극함이오, 가는 바가 있어 이로움은 강剛의 자라서 마침내 끝남이니라.

각설[203]

쾌결야夬決也 강결유야剛決柔也 건이열결이화健而說決而和 쾌夬는 결決이다. 강剛이 유柔를 결단하는 것이다. 건실健實하게 나가고 사람을 기쁘게 하며, 결단하나 부드럽게 한다. ❶쾌결夬決는 쾌夬는 결단을 의미한다. ❷건이열健而說은 쾌괘夬卦(☱☰)의 괘덕卦德을 말한다. 굳세고 기뻐한다 함은 자기의 할 일을 하면서 밖으로는 경계하면서 좋은 듯 아무런 내색없이 대접하는 것이다. ❸결이화決而和는 결단을 할 때 화和한다는 것이다.

양우왕정揚于王庭 유승오강야柔乘五剛也 '임금의 뜰에서 선양한다.'는 것은 유柔가 다섯 강剛을 탔기 때문이다. 성심誠心을 다해서 부르짖으니 위태로움이 있을 것이라 했는데, 그 위태로움을 도리어 빛날 것이다.

부호유려孚號有厲 기위내광야其危乃光也 소인을 단죄하는 위태함과 어려움을 다섯 양陽이 믿음과 정성으로 뜻을 모으고 또 경계警戒하면서 단죄함에 빛나게 됨이요.

고자읍불리즉융告自邑不利卽戎 소상내궁야所尙乃窮也 먼저 자기 고을에 고告하고, 군사를 일으키지 않는다는 것은 숭상하는 바가 이에 궁하기 때문이다. 즉 자신을 먼저 다스리지 않고, 무력을 숭상하게 되면 결국 궁한데 이르게 됨을 말한다.

이유유왕利有攸往 갈 데가 있으면 이利롭다는 것은 강剛의 뻗어남이 여기서 끝나기 때문이다.

강장내종야剛長乃終也 아래의 다섯 양陽이 자라서 순양괘順陽卦인 건乾이 되어 마침(終)을 말함이라.

---

203 (觀中) '강결유야剛決柔也'는 효爻를 위주로 한 말씀이요, 건이열健而說은 괘卦를 위주로 한 말씀이다. 자라는 과정이 끝났다는 말이다. 극수極數의 경지에 이른 것이다. 양陽이 자라는 과정이 장차 끝나게 된다. 택천쾌괘澤天夬卦(43)가 밑에서부터 끝까지 올라가 자라는 것이다. 끝의 양효陽爻는 석과碩果를 상징한다. 그러니까 무성无成이다. 군자지도가 열매를 맺는다. 무성유종无成有終(곤괘坤卦 삼효三爻이다. '내종乃終'은 장차, 미래적 의미이다. '쾌夬·구姤·박剝·복괘復卦는 음양陰陽합덕을 전제로 한 대응관계다.

[象曰] 澤上於天이 夬니
상왈 택상어천 쾌

君子ㅣ 以하야 施祿及下하며 居德하야 則忌하나니라.
군자 이 시록급하 거덕 칙기

○ 澤(못 택) 天(하늘 천) 施(베풀 시) 祿(복 록{녹}) 及(미칠 급) 下(아래 하) 居(머물 거, 있을 거) 德(덕 덕) 則(법 칙 칙{곧 즉, 본받을 측}) 忌(꺼릴 기)

상象에 이르기를, 못이 하늘 위에 있는 것이 쾌夬니, 군자는 이로써 녹祿을 베풀어서 아랫사람에게 미치게 하며, (군자는) 덕德에 머물면서 법도에 맞지 않는 것을 금하니라.

각설 [204]

거덕칙기居德則忌 군자가 소인을 결단한다는 것은 덕德에 머물면서 자신에게 엄격하게 하여 모범을 보임으로써 소인이 따라 오도록 하는 것이다.

---

204 (觀中) ❶거덕칙기居德則忌 : 유덕군자有德君子라고 남이 높이 받드는 것을 좋게 생각하지 말라. 왜냐하면 인간은 교만해지기 쉽기 때문이다. 덕위德位에 걸맞는 자리에 앉아 있는 것을 꺼린다는 것이다. 소인지도小人之道가 완전히 없어진 다음이 아니기 때문이다. 남이 유남군자有德君子라고 일컬어 주는 것을 꺼린다는 뜻이다. 종전의 주석은 제대로 하지 못하고 있다. 변화하는 시기다. 따라서 현실적으로 높은 자리에 앉는 것을 꺼리는 것이다. 다시 말해 사악한 것으로부터 자기를 삼가 조심하는 것이다. ❷'거덕居德'이란 덕성德性을 체體로 한다는 말이다. 내가 깨달은 주체성을 체體로하여 작용作用은 어떻게 하게 되는가? 사회적으로 (동서남북) 작용하게 된다. 도道를 깨닫는 것은 시간성時間性에 의하여 깨달아야 한다. 왜냐하면 도道는 시간적 존재이기 때문이다. 이 도道가 인간안에 내재화되어 인간의 선성善性으로 주어진 것이다. 이를 인간이 후천적后天的으로 인성人性과 지성知性을 내용으로 하는 덕성德性을 깨달아야 한다. ❸중中은 시간성이 기본이 되어 있고, 정正은 사회성이 기본이 되어있다. 십오十五가 역사의 중심축이다. 역사란 인간의 삶을 중심으로 하는 시간을 말한다. '시록급하施祿及下'는 천풍구괘天風姤卦에서 온 것이다. 이에 구괘姤卦에도 「대상大象」에 '시명고사방施命誥四方'의 시施자가 등장한다. 시명時命을 내려주면서 녹을 같이 내려준다. 곤호상자필반하의 상하上下는 택천쾌괘澤天夬卦 상효上爻에서 간 것이다. 시施는 천天의 은택이 내림을 말한다.

[初九]는 壯于前趾니 往하야 不勝이면 爲咎ㅣ리라. (澤風大過)
초구 장우전지 왕 불승 위구 택풍대과

象曰, 不勝而往은 咎也이니라.
상왈 불승이왕 구야

○ 壯(씩씩할 장) 于(어조사 우) 前(앞 전) 趾(발 지) 往(갈 왕) 勝(이길 승) 爲(할 위) 咎(허물 구)

초구初九는 앞으로 나가는 발이 씩씩함이니, 가서 (정도正道로, 정정당당한 마음으로) 이기지 못함이면 허물이 됨이리라.

상象에 이르기를, (정도正道로서) 이길 수 없으면서 가는 것이 허물이니라.

개요概要

초구初九는 힘이 미약하다. 그러므로 소인小人을 결단할 시기나 처지가 아니고 힘을 기를 때이다. 왜냐 하면 소인지도小人之道의 결단은 온 힘을 다해서 정도正道로 해야 하기 때문이다.

각설[205]

장우전지壯于前趾 발꿈치의 씩씩함으로 나아간다는 것은 외향적으로 씩씩하게 나아가는 것이다. 초효初爻로 재능도 경륜도 없이 경거망동하여 낭패를 보는 형국이다.

불승위구不勝爲咎 군자지도(초구初九)로 소인지도(상육上六)를 이기지 못하면 허물이 된다는 것이다.

---

205 (觀中) 장우전지壯于前趾니 밖으로 나가려고 한다. 앞으로 나가다가 만일에 이기지 못하면(불승不勝, 길흉자정승자吉凶者貞勝者의 승勝이다.) 정도正道가 앞서 나가는 때라야 정승貞勝이 된다. 삼효三爻가 음효陰爻이면 승강乘剛했기 때문에 위태롭다. 문을 열고 앞으로 나갈려고 하다가는 이기지 못하는 경우(정도貞道가 아닐 적에는)는 허물이 된다.

소상사小象辭

불승이왕不勝而往 **구야**咎也 정도正道로 나아가서 이기지 못하면 허물이 된다. 다시 말하면 이기지 못하면서 나아감은 허물이 된다는 것이다.

[九二]는 惕號ㅣ니 莫夜애 有戎이라도 勿恤이로다. (澤火革)
구 이 척 호 모 야 유 융 물 휼 택 화 혁

象曰, 有戎勿恤은 得中道也이니라.
상 왈 유 휼 물 휼 득 중 도 야

○ 惕(조심할 척, 두려워할 척) 號(부르짖을 호) 莫(없을 막, 저물 모, 고요할 맥) 夜(밤 야) 勿(말 물) 恤(근심할 휼, 구휼할 휼)

구이九二는 삼가하면서 부르짖음이니, 밤이 저물도록 싸움이 있더라도 근심하지 아니함이로다.

상象에 이르기를, '밤이 저물도록 싸움이 있더라도 근심할 것이 없다.'는 것은 중도中道를 얻음이니라.

개요概要

구이九二는 부정위不正位이지만 중도中道의 자각을 통해 성심誠心으로 회개를 하면 변고가 있어도 근심할 필요가 없다는 것이다.

각설[206]

척호惕號 조심스럽게 부르짖고, 자신에게 엄격함을 소인小人에게 보임으로써 소인小人이 감화되어 따르도록 한다.

---

206 (觀中) ❶물휼勿恤은 '막야莫夜'는 저녁을 말한다. ❷'유융有戎' 밤에 도적이 나타났다 할지라도 걱정할 것이 없다. 왜? 이효二爻가 동動하면 혁괘革卦가 되기 때문이다. 혁괘革卦, 2爻에 기일己日이라 했다. 역수변화曆數變化가 나타난다. ❸척호惕號 : 조심성이 있는 두려움으로 부르짖는다.(수양修養하고, 회개하고) ❹막야莫夜 : 밤이 되기 전前에, 역수원리曆數原理의 조짐이 있기 전前에.

모야莫夜 밤이 늦도록, 밤낮으로의 의미이다.

소상사小象辭 [207]

득중도야得中道也 구이九二는 득중得中을 하였고 중도中道로써 자신을 살피며, 조심스럽게 부르짖으면 염려할 필요가 없다.

[九三]은 壯于頄하야 有凶코 獨行遇雨ㅣ니
구삼 장우규 유흉 독행우우

君子는 夬夬라 若濡有慍이면 无咎ㅣ리라. (重澤兌)
군자 쾌쾌 약유유온 무구 중택태

象曰, 君子夬夬라 終无咎也일새니라.
상왈 군자쾌쾌 종무구야

○ 壯(씩씩할 장) 頄(광대뼈 규{구}) 獨(홀로 독) 行(갈 행) 遇(만날 우) 雨(비 우) 若(같을 약) 濡(젖을 유) 有(있을 유) 慍(성낼 온)

구삼九三은 광대뼈 위에 나타나니, 크게 흉凶함이 있고, 혼자서 가다가 비를 만남이니, 군자는 (시비와 선악을) 결단함이라, 노여움에 젖어 있을 것 같으면 허물이 없느니라.

상象에 이르기를, 군자는 (시비와 선악을) 결단함이라. 는 것은 마침내 허물이 없느니라.

개요概要

구삼九三은 허물이 많은 효爻이나 정위正位로 상육上六 소인지도에 대해 올바른 의지를 가져야 함을 밝히고 있다.

207 (觀中) 중도中道(가인지도家人之道)를 깨달았기 때문에 걱정할 것이 없다.

각설 [208]

장우규유흉壯于頄有凶 광대뼈는 소인지도小人之道인 상육효上六爻를 척결하려는 강한 의지의 모습이며, 불의不義를 보고 노怒한 모습이다. 상구上九와 응應하지 않으려고 하는 모습을 말한다. 구삼효九三爻는 상육上六과 사적으로 내통이 있으면 공사公私를 막론하고 흉凶함이 있다. 그러므로 상육上六과 응應하지 않으려는 모습이다.

독행우우獨行遇雨 음양陰陽이 상교相交하여 비를 맞는 것은 천지합덕으로써 소통과 조화를 의미한다. 도학적道學的으로는 뇌수해괘雷水解卦를 상징하며, 해탈의 경지를 말한다.

군자쾌쾌君子夬夬 비록 상육上六과 상응相應의 관계이나, 군자의 결단은 공사公私를 가리지 않고 과감히 결단해야 한다는 것이다. 쾌쾌夬夬는 시비是非와 선악善惡을 구분하는 것이다.

약유유온若濡有慍 상육효上六爻와 정응관계正應關係라 젖어들어 간다고 하나 성냄이 있다는 것은 내면적으로는 그렇치 아니하다는 것이다.(화이부동和而不同) 온慍은 성내고 그 근심함이다. 비록(다만) 성내고 노여움에 젖어있지라도 상육上六(폭군暴君)와 상응해야 하는 어려운 시기이다. 상육上六과 더불지 않는 것이 무구无咎하다는 것이다. 소인지도를 척결함에는 5양陽이 힘을 합하여 1음陰을 물리칠 때라 상육上六의 노여움에 젖는듯 하면서 과감히 물리칠 수 있어야한다. 사사私事로운 정情에 이끌리면 안 된다는 것이다. 군자는 결단해야 한다.

---

208 (觀中) 장우구壯于頄(광대뼈구)는 장壯은 진괘震卦요, 구頄는 간괘艮卦다. 즉 산뢰이괘山雷頤卦다. 쾌夬·구괘姤卦를 합쳐 놓으면 택풍대과괘澤風大過卦가 되고, 대과괘大過卦의 대응괘對應卦가 산뢰이괘山雷頤卦다. 장우구와 유흉有凶이 논리적論理的으로 연관이 닿지 않는다. 그러므로 장우구壯于頄는 괘卦를 가리키는 것임을 알 수 있다. '독행우우獨行遇雨'란 독행우우할 수 있는 자는 군자이다. '군자는 쾌쾌夬夬이라' 소인小人·군지지도君子之道를 분명하게 판단할 수 있는지라 홀로 그 길을 좇아서 행行하기 때문에, 성인聖人의 도문道門을 좇아서 행해가다 보면 도의지문道義之門이 열리게 된다. '야유유온若濡有慍' 석척야의 마음이 젖어드는 것 같다. 마음속으로 그렇게 느낀다는 말이다.

[九四]는 臀无膚ㅣ며 其行次且ㅣ니
구사 둔무부 기행자저

牽羊하면 悔ㅣ 亡하련마는 聞言하야도 不信하리로다. (水天需)
견양 회 망 문언 불신 수천수

象曰, 其行次且는 位不當也일새오
상왈 기행차저 위부당야

聞言不信은 聰不明也이니라.
문언불신 총불명야

○ 臀(볼기 둔) 无(없을 무) 膚(살갗 부) 其(그 기) 行(갈 행) 次(머뭇거릴 자, 버금 차) 且(머뭇거릴 저, 또 차) 牽(끌 견) 羊(양 양) 悔(후회할 회) 聞(들을 문) 言(말씀 언) 不(아닐 불) 信(믿을 신) 聰(귀 밝을 총)

구사九四는 볼기(궁둥이)에 살이 없으며, 그 가는 것이 머뭇거리니, 양羊을 끌고 가면 후회함이 없으련만 말을 들어도 믿지 아니함이로다.

상象에 이르기를, 그 가는 것이 머뭇거리는 것은 자리가 마땅치 않기 때문이요, 말을 들어도 믿지 않는 것은 귀가 밝지 못함이니라.

개요概要

구사九四는 진리眞理에 대한 확신을 갖지 못하고 소인지도의 처결에 대하여 머뭇거림을 말한다.

각설[209]

둔무부臀无膚 엉덩이에 살이 없어 머뭇거리는 모습을 말한다. 성인지도

209 (觀中) 사효四爻는 나가도 될 때인데 둔무부臀无膚다. '견양牽羊'이란 태괘兌卦를 견제한다는 말이다. '회망悔亡하련마는' 장차 뉘우칠 일이 없을텐데, 양陽을 붙들어 매는 것과 문언불신聞言不信의 관계는 무엇인가? 태괘兌卦의 주효主爻가 상효上爻다. 사효四爻에서 앞으로 더 가지 못하게 견제해야 한다. 쾌괘夬卦의 사효四爻가 동動하면 수천수괘水天需卦가 되기 때문이다. 아직 기다려라. 볼기짝에 살이 오를 때까지 기다려라. '둔무부臀无膚'의 살(부)은 고기다. '문언불신聞言不信'이란 때를 기다리라는 말이다. 군자지도는 때가 되어야 행해지는 성인聖人·군자지도이기 때문에 때를 기다리라. '견양牽羊'의 견牽을 '정이천'은 진震이라고 해석, 진震이 아니고 억제하는 뜻이다.

에 편안히 안주하지 못한다는 것이다.

기행자저其行次且 그 행하는 바를 하지 않고, 머뭇거리며 나아가지 않는 것을 말하며, 좌불안석을 말한다. 진리眞理에 대한 확신을 갖지 못하고 머뭇거림고 있음이다. 버금 차次는 머뭇거릴 (자)로, 또 차且는 머뭇거릴 (저)이다. 그러므로 불진不進이다.

견양牽羊 상육효上六爻를 다루는 방법을 말한다. 결단하려고 한다.

문언불신聞言不信 소인배는 말해도 듣지 않고, 믿지도 않는다. 마음도 없으면서 앞서가려 하고, 조언을 해도 듣지 않으니 지혜롭지 못하다.

소상사小象辭 210

위부당位不當 **총불명**聽不明 위位가 부당하고, 귀가 밝지 못하다. 귀가 어두운 것이 아니라 마음에 없기 때문에 들리지 않는 것이다. 이것이 불명이다. 귀가 들리지만 나쁜 소리할 때는 못들은 척하는 것이다.[211]

[九五]는 莧陸夬夬니 中行이라 无咎니라. (雷天大壯)
구오 현육쾌쾌 중행 무구 뇌천대장

象曰, 中行无咎는 中未光也이니라.
상왈 중행무구 중미광야

○ 莧(비름 현{패모 한}) 陸(뭍 륙{육}) 夬(터놓을 쾌{깍지 결})

구오九五는 쇠비름(莧陸)을 단호하게 결단하면서 중도中道로 행하면 허물이 없느니라.

---

210 문언불신聞言不信은 인간은 어리석기 때문이다.

211 『대학』 제7장, "마음이 있지 아니히면 보아도 보이지 않고, 들어도 들리지 않으며, 먹어도 그 맛을 알지 못한다.(필불재언必不在焉, 시이불견視而不見, 청이불문聽而不聞, 식이부지미食而不知味.)"라고 하였다.

상象에 이르기를, 중도中道를 행함에는 허물이 없으나 중中이 빛나지 못함이다.

개요概要

구오九五는 강건중정剛健中正 득중得中한 효爻로 소인지도의 척결은 중도中道로써 공명정대하게 해야 함을 말한다.

각설[212]

현륙쾌쾌莧陸夬夬 쾌쾌夬夬는 형용사로서 명쾌하게 시비선악是非善惡을 갈라놓았다는 것이다. 상육上六을 결단함에 있어서 결단해야 할 것은 결단해야 한다는 것이다. 왜냐하면 현莧은 진괘震卦요, 육陸은 땅(곤괘坤卦)은 상징하므로 성인지도聖人之道가 지표위로 나타나는 것이기 때문이다. 그러므로 건곤지도乾坤之道를 같이 깨달아야 한다는 것이다.[213]

중행무구中行无咎 소인지도를 결단을 하는 것은 중도中道로 하여야 허물이 없다는 것이다.

소상사小象辭

중미광야中未光也 중도中道를 행했으나, 상육上六(국사國師)을 몰아낸(결단한) 것이 자랑은 아니므로 빛나지 않는다는 의미이다. 구오九五가 상

---

212 (觀中) 뇌천대장괘雷天大壯卦의 건괘乾卦의 원리만을 가지고서는 역도易道를 알 수 없다. 건곤괘乾坤卦의 원리를 같이 깨달아야 한다. 현육쾌쾌莧陸夬夬란 무슨 뜻인가? 쾌쾌夬夬는 형용사이다. 명쾌하게 시비선악是非善惡을 갈라놓았다. 현莧은 진괘震卦요, 육陸은 땅은 상징하므로 뇌지예괘雷地豫卦(성인지도聖人之道, 지숭知崇)다. 뇌출지분雷出地奮으로 성인지도聖人之道가 지표地表위로 나타나는 것이다. 뇌지예괘雷地豫卦를 둘러놓으면 지산겸괘地山謙卦(군자지도, 예비禮卑)가 된다. 성인聖人의 말씀을 통해서 대유괘大有卦의 원리를 깨닫게 되어있다. 왜 '중행中行이라 무구无咎'라고 했는가? 아직까지 선천도수先天度數가 다 떨어지지 않았기 때문이다.

213 현육莧陸은 채송화과로 대표적인 음물이다. 『주자어류朱子語類』에서는 "현莧은 마치현馬齒莧이고, 륙陸은 상륙商陸이다."라고 하여 음기가 많은 식물로 언급하고 있다.

육上六과 친비親比라 척결은 했지만 사적 감정이 남아 있어 광명정대하지는 못할 수 있다는 것이다.

[上六]은 无號ㅣ니 終有凶하니라. (重天乾)
상육 무호 종유흉 중천건

象曰, 无號之凶은 終不可長也일새니라.
상왈 무호지흉 종불가장야

○ 无(없을 무) 號(부르짖을 호) 終(끝날 종) 有(있을 유) 凶(흉할 흉) 不(아닐 불) 可(옳을 가) 長(길 장)

상육上六은 부르짖을 데가 없으니 마침내(끝내) 흉凶함이 있느니라.

상象에 이르기를, 부르짖을 데가 없어 흉凶함이란 끝내 길지 못하니라.

개요概要

상육上六의 소인지도는 호소하고 나아갈 곳이 없다. 그러므로 결국 소멸됨을 말한다.

각설

무호종유흉无號終有凶[214] 상육上六은 고립된 상태로 부르짖을 곳이 없다. 결과적으로 마침내 흉凶하다는 것이다.[215]

---

214 「누가복음」 제23장 46절 예수님이 마지막 운명運命하실 때 "예수께서 큰 소리로 불러 가라사대, 아버지여, 내 영혼을 아버지 손에 부탁하나이다."라고 하였다. 즉, 믿음이 있는 부르짖음(기도)은 반드시 응답한다. 확실한 믿음이 없다면 죽을 때 제대로 한 마디도 할 수 없을 것이다. ☞ 군자의 도리道理, 지성至誠이면 감천感天이다. 불가佛敎에서도 진리에 대한 믿음으로 저 언덕을 넘어갈 수 있는 것이 아닐까?

215 『이천역전伊川易傳』에서는 "호소하고 울부짖고, 두려워해도 소용이 없어서 반드시 흉함이 있다는 것이다.(故云无用號畏懼, 終必有凶也.)"라고 하였다.

소상사小象辭

종불가장야終不可長也 소인은 군자속에서 오래가지 못한다는 말이다. 소인이 자동으로 물러간다. 왜냐하면 쾌괘夬卦(䷪)는 3월괘이지만 조금 있으면 4월괘인 건괘乾卦(䷀)가 온다는 것이다.[216]

✎ 쾌괘夬卦는 군자가 소인지도小人之道를 결단하는 괘이다.
소인지도小人之道는 비록 한때 성盛할 수 있으나 결국은 소멸한다. 그러므로 이에 대한 군은 믿음을 가져야 한다는 것이다. 군자가 소인지도를 결단할 때에도 방심하지 말고, 덕德에 머물면서 늘 경계할 것을 말하고 있다. 즉 공명정대하고 반신수덕反身修德하여, 덕德으로써 하라는 것이다.

216 군자가 소인지도小人之道를 결단하는 괘이다. 소인지도小人之道는 한때 성盛할 수 있으나 결국은 소멸한다. 그러므로 이에 대한 군은 믿음을 가져야 한다는 것이다.

천 풍 구 괘

44. 天風姤卦

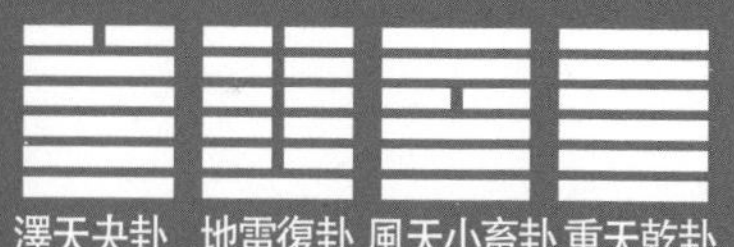

澤天夬卦 地雷復卦 風天小畜卦 重天乾卦

도전괘
倒顚卦

천풍구괘
天風姤卦

택천쾌괘
澤天夬卦

음양대응괘
陰陽對應卦

천풍구괘
天風姤卦

지뢰복괘
地雷復卦

상하교역괘
上下交易卦

천풍구괘
天風姤卦

풍천소축괘
風天小畜卦

호괘
互卦

천풍구괘
天風姤卦

중천건괘
重天乾卦

효변 爻變	初爻變 而爲乾卦	二爻變 而爲遯卦	三爻變 而爲訟卦	四爻變 而爲巽卦	五爻變 而爲鼎卦	上爻變 而爲大過卦
천풍구괘 天風姤卦	중천건괘 重天乾卦	천산돈괘 天山遯卦	천수송괘 天水訟卦	중풍손괘 重風巽卦	화풍정괘 火風鼎卦	택풍대과괘 澤風大過卦

요지要旨[217]

괘명卦名 이 괘는 상건上乾의 천天(☰) +하손下巽의 풍風(☴) = 천풍구괘天風姤卦(䷫)이다.

괘의卦意 하늘의 섭리와 만남에 대한 설명이다. 구괘姤卦는 5월괘이다.(하지夏至) 지상地上은 온溫하고, 지하地下는 냉冷한 계절이라 잡초(소인지도小人之道)가 잘 자란다. 이러한 상황에서 군자가 성인지도聖人之道와 만나 소인지도小人之道를 결단하는 방식을 설명하고 있다.

음陰〉양陽의 상象이라 여덕女德의 부정不貞함을 말한다. 그러므로 물용勿用이라고 하는 것이다. ❶구姤는 우遇로써 음양陰陽, 사물의 만남의 법칙을 말한다. 만남의 도리는 예禮로써 합치하고, 올바름을 지켜야 하고, 올바르지 못한 만남을 비판한다. ❷구姤는 천지天地, 음양陰陽, 남녀男女가 만나는 이치를 설명하고 있다. 그 과정이 바로 성쇠소식盛衰消息이다. 이러한 음양관계陰陽關係를 군자君子, 소인지도小人之道에 구체적으로 적용하여 육효사六爻辭를 설명하고 있다.

괘서卦序 「서괘」에서 "쾌夬는 결단함이니 결단하면 반드시 만나므로 구

---

217 (觀中) 구姤는 천지비괘天地否卦의 원리를 표상하는 卦다. 천풍구괘天風姤卦의 주효主爻가 초효初爻이다. 하경下經에 배치되었지만 역수원리曆數原理에 있어서 선천적 원리先天的原理가 위주이다. 태괘泰卦에서 후천적后天的 원리를 표상하는 육갑도수도수는 무엇인가? 동인괘同人卦는 성인聖人과 군자君子가 만나는 원리(=음양陰陽합덕, 천지天地합덕, 성인聖人·군자합덕원리, 동심지언同心之言). 구괘姤卦는 태괘兌卦의 「잡괘雜卦」로, 쾌괘夬卦는 미제괘未濟卦의 「잡괘雜卦」로 나가 있다. 궁宮을 같이 하는 쾌夬·구괘姤卦인데, 왜 다른 괘卦의 잡괘雜卦로 결부를 시킬 때는 전연 궁宮을 달리하는 태괘兌卦와 미제괘未濟卦와 결부가 되었는가? 천풍구괘天風姤卦 자체는 어떤 의미를 표상하는가? 천지상우원리天地相遇原理 표상한다. 쾌괘夬卦도 마찬가지다. 쾌괘夬卦는 양陽의 입장에서 유柔를 만난다(강결유야剛決柔也). 천풍구괘天風姤卦의 입장은 '유우강柔遇剛'이다. 적극적으로 만나려고 하는 주체는 유柔이다. 태괘兌卦는 장차 시집가야 될 소녀를 상징하는 것이 아니다. 중괘重卦로서의 태괘兌卦이기 때문이다. 다 자란 처녀의 입장(화택규괘火澤睽卦에서 신방에 들은 처녀의 입장을 표상한다.)벌써 신방을 치르고 있는 규수다. 이에 '려택麗澤'이 태兌라고 한 것이다. 화택규괘火澤睽卦는 신방을 치르는 규수를 상징하는 괘다. 신방에 들은 규수의 입장을 표상하는 괘다.
여女는 몽괘蒙卦 육삼六三은 어리석은 여자로서 구제할 길이 있다. 구괘姤卦의 여자는 미색을 겸비한 기氣가 센 여자로서 구제할 길이 없다.

괘姤卦로 받는다.(夬者 決也, 決必有所遇, 故, 受之以姤)"라고 하였다.
쾌자 결야 결필유소우 고 수지이구

괘상卦象 구괘姤卦는(䷫) 하늘(건乾) 아래 바람(손巽)이 부는 상象이며, 안이 손순한 가운데 밖으로 강건剛健하게 행하는 덕德이 있다.

> **姤**는 **女壯**이니 **勿用取女**ㅣ니라.
> 구 여장 물용취녀

○ 姤(만날 구) 女(여자 여{녀}) 壯(씩씩할 장) 勿(말 물) 用(쓸 용) 取(취할 취)

구姤는 여자가 씩씩함이니, 여자를 취하지 말지니라.

각설

구여장姤女壯 구姤는 음陰이 자라서 위로 올라가기 때문에 '장壯'이라고 한다. 그러나 이 만남은 올바르지 못하다는 것이다.[218] 왜냐하면 음양의 만남이기 때문이다. (상우함장相遇咸章)

물용취녀勿用取女 여자가 씩씩하면 득得보다는 실失이 많아 취하지 말라는 것은 손장녀巽長女가 먼저 주장하여 남자를 만나는 것이기 때문이다.(유우강柔遇剛) ❶택산함괘澤山咸卦의 '취녀取女 길吉'은 양陽이 음陰에게 먼저 주장하기 때문이며, 천풍구괘天風姤卦는 음陰이 양陽보다 먼저 주장하기 때문에 '물용취녀勿用取女'이다. ❷산수몽괘山水蒙卦의 '물용취녀勿用取女'는 육삼六三이 정응正應인 상구上九를 두고 가까이 있는 구이九二에 이끌려 행동이 불순하기 때문이다.

천풍구괘天風姤卦의 '물용취녀勿用取女'는 초육初六이 아래에 시생始生하여 화순和順의 덕德으로 수양하고 덕을 쌓어야 할 본분을 버리고 양陽과 맞서

---

218 『이천역전』에서는 "한 음陰이 처음 생기니, 이로부터 자라나 점점 성대盛大해지면 이는 여자女子가 장차 자라나고 장성하는 것이다. 음陰이 자라면 양陽이 사라지고, 여자女子가 건장하면 남자男子가 약해진다. (一陰始生, 自是而長, 漸以盛大, 是女之將長壯也. 陰長則陽消, 女壯則男弱.)"라고 하였다.

싸우려하기 때문이다.

[彖曰] 姤는 遇也 l 니 柔遇剛也 l 라.
단왈 구 우야 유우강야

勿用取女는 不可與長也이니라.
물용취녀 불가여장야

天地相遇하니 品物이 咸章也 l 오
천지상우 품물 함장야

剛遇中正하니 天下에 大行也 l 니 姤之時義 l 大矣哉라.
강우중정 천하 대행야 구지시의 대의재

○ 姤(만날 구) 遇(만날 우) 柔(부드러울 유) 剛(굳셀 강) 與(줄 여) 品(물건 품) 咸(다 함) 章(글 장, 빛날 장)

단彖에 이르기를, 구姤는 만나는 것이니, 유柔가 강剛을 만난 것이라, '여자를 취하지 말라.'는 것은 가히 더불어 오래 할 수 없느니라. 하늘과 땅이 (기운으로써) 서로 만나니 만물이 모두 빛나는 것이오, 강剛이 중정中正을 만난다 하니, 도道가 천하天下에 크게 행하여 지는 것이니, 구姤의 때와 뜻이 크기도 하다.

각설 [219]

---

219 (觀中) 유우강야柔遇剛也의 유柔가 강剛을 결단 또는 심판(결판)한다는 의미가 들어있다. 유우강야柔遇剛也(유柔가 양陽을 만나기를 요구한다)이란 구괘姤卦의 기본입장이다. 아내가 먼저 잠자리를 할 것을 요청한다. 우遇란 합덕을 의미한다. 불가여장야.不可與長也는 자라는 과정의 처녀와 총각이 아니기 때문이다. "더불어서 자라는 이치를 표상하는 卦가 아니다." 함장咸章의 '글장 장' 자는『주역』의「괘사卦辭」,「효사爻辭」의「계사繫辭」에 근거를 둔 정치원리이다. 품물品物은 만물을 가리킨다. 천지인天地人 삼재三才가 성도합덕成道合德 성장成長되었다는 말이다(육위성장六位成章). '함咸'은 은연중 택산함괘澤山咸卦를 가리킴 강우중정剛遇中正(중정지도中正之道가 드러난다.) 강剛은 천지天地를 대표한다. 천天·지地·인人 삼재지도三才之道를 대표하는 강할 강剛 자字다. 천지天地가 성인聖人·군자君子를 만났다. 상우함장相遇咸章의 의미를 종합해 가지고 있는 우遇이다. 천하대행야天下大行也란 성인聖人 군자지도君子之道가 인류 역사속에 크게 행해졌다. 대행大行은 산천대축괘山川大畜卦 상효上爻,「소상小象」에도 나온다. 구지시의姤之時義 대의재大矣哉의時는 가인家人·규睽·건蹇·해지시解之時

유우강야柔遇剛也 유柔가 강剛을 만난다 함은 ❶음陰이 양陽을 만나는 것이다. ❷음양陰陽이 만나는 것이 구괘姤卦이다. 상우함장相遇咸章이라 음양의 만남이 있고 난후에 만물이 생장生長하는 것이다.

천지상우天地相遇 품물함장品物咸章 천지天地가 서로 만남으로(형이상학적인 기운의 상통相通) 만물을 자라게 함을 말한다.

강우중정剛遇中正 천하대행야天下大行也 오효五爻 성인聖人과 이효二爻 군자가 서로 만나 천하의 큰 덕德을 행할 수 있음을 말한다. 즉 중정지도中正之道를 행함을 말한다.

[象曰] 天下有風이 姤ㅣ니 后ㅣ 以하야 施命誥四方하나니라.
상왈 천하유풍 구 후 이 시명고사방

❍ 施(베풀 시) 命(목숨 명) 誥(깨우칠 고, 가르칠 고, 고할 고)

상象에 이르기를, 하늘 밑에 바람이 있는 것이 구이니, 후后가 이로써 명命을 내려 사방四方의 (백성들을) 깨우치니라.

각설 220

다. 천지天地, 천인天人이 합덕되는 때(해지시의解之時義 대의재大矣哉).

220 (觀中) 시명고사방施命誥四方의 고誥란 그렇게 말한다는 뜻이다. 천풍구괘天風姤卦의 괘상卦象 자체가 천지비天地否의 상象이다. 역사적 사명으로서의 명命이다. 인격적 생명의 개념으로 파악해야 철학적 진리眞理를 깨달을 수 있다. 원후元后(당우삼대唐虞三代의 창업지주)란 천명天命을 받아 천명天命을 전달하는 전달자다. 그러므로 최고의 주재자는 하늘인 셈이다. 이에「단사彖辭」에 "천지상우天地相遇, 품물함장品物咸章也"라고 한 것이다. 천도天道가 내려오니 지도地道가 받든다. ❶시施는 하늘로부터 드리워지는 은혜다. 왜 풍행風行이라 하지 않았는가? 바람이 직접 움직이는 때가 아니고, 음양합덕원리를 표상할 뿐이다. 천지天地가 합덕하여 성인聖人·군자지도君子之道를 땅이 잉태하는 원리를 표상. '유有'란 속에 가지고 있다. ❷후后는 천자天子의 개념, 군후君后는 정치적 표현이다. 군君이 천지天地의 원리를 본받음 ❸방方은 지도地道개념, 사방四方은 사방四方의 백성을 의미, 임금이 백성에게 때에 맞게 일하라는 것이다. 풍지관괘風地觀卦의「대상大象」에 왜 '풍행지상風行地上'이라 했는가? 역사속에 역사적으로 운행한다. 성인지도聖人之道가 시간적으로 전개되었다는 원리를 표상.

천하유풍天下有風 하늘로부터 바람(신도神道, 목도木道)이 불어와 만물에 두루 파고드는 것이다.

시명고사방施命誥四方 임금이 백성에게 시의성時宜性에 맞도록 명命하는 것이다. 24절기에 맞도록 일을 시키는 것이다. ❶시施는 하늘로부터 드리워지는 은혜다. ❷명命은 역사적 사명으로서의 명命이다. ❸사방四方은 공간적인 표현이다.[221]

[初六]은 **繫于金柅**면 **貞**이라 **吉**코 **有攸往**이면 **見凶**하리니
초육 계우금니 정 길 유유왕 견흉

羸豕孚蹢躅하니라. (重天乾)
이시부척촉 중천건

象曰, 繫于金柅는 **柔道**ㅣ **牽也**이니라.
상왈 계우금니 유도 견야

○ 繫(맬 계) 金(쇠 금) 柅(말뚝 니, 무성할 니{이}) 攸(바 유) 往(갈 왕) 見(볼 견) 凶(흉할 흉) 羸(여윌 리{이}, 어릴 리, 약할 리) 豕(돼지 시) 孚(믿을 부,(=떠다닐 부浮) 蹢(뛸 척, 머뭇거릴 척) 躅(뛸 촉, 머뭇거릴 촉)

초육初六은 쇠말뚝(금니金柅 = 쇠로 만든 수레를 정지시키는 연장)에 매면, 곧으면 길하고, 갈 데가 있으면 흉凶함을 본다 하리니, 여윈 돼지가 경박하게 날뛰어 다닌다 하니라.

상象에 이르기를, '금니(쇠말뚝)에 매어놓는다.'는 것은 유柔의 도道(소인지도)를 견제하는 것이다.

이에 관괘觀卦는 선천先天에 성통聖統이 역사의 중심축으로써 전개됨으로 당우삼대의 성인聖人이 득위得位를 하게 된 것이다. 이에 풍지관괘風地觀卦는 상경上經에 배정이 된 것이요, 천풍구괘天風姤卦는 군자지도가 지상地上위에 구체적으로 행해져야 할 원리를 표상하여야 할 입장인데, 군자지도를 잉태하는 원리까지 만을 표상. 탯집속에서 군자지도가 탄생되어 행해지는 원리는 쾌夬·구姤·췌萃·승괘升卦는 직접 표상하지 못한다.

221 시간과 공간은 천도의 존재구조를 지탱해주는 두 기둥이다. 이러한 우주안에서 어떻게 살아가야하는 기준이 바로 우주의 법칙을 본받은 당위의 법칙이다.

개요概要

육효전체六爻全體의 내용은 소인지도小人之道가 성盛한 상황에서 군자가 소인지도를 어떻게 통제할 것인가에 대하여 천도天道와의 만남으로 설명하고 있다.

각설[222]

계우금니繫于金柅 초육初六이 1음陰이나 나아가려고 하는 소인小人으로 쇠발뚝에 매어둔다는 것은 소인지도에 대한 경계사이다. 다시 말하면 군자가 소인小人인 초육初六을 경계警戒하고 다루는 방법을 말한다. 쇠발뚝(금니金柅)은 천도天道의 상징으로 천도天道에 매어놓았다는 것이다.[223]

정길貞吉 초육初六은 부정위不正位로 천도를 근원으로 바르게 분수를 지키면 길吉다는 것이다.

유유왕有攸往 **견흉**見凶 초육初六의 음陰이 쇠발둑에 매여 있지 않고, 자기 분수를 모르고 경거망동 움직여서 가게 되면 혹은 그대로 방임하면 흉凶하다는 것이다.

이시부척촉羸豕孚蹢躅 여윈돼지가 쇠발뚝에 매여서 날뛰는 형상이다.

---

222 (觀中) ❶리시부척촉羸豕孚蹢躅 : 금니金柅는 구괘姤卦다. 천풍구괘天風姤卦에다 매어놓았다. 초효初爻가 천풍구괘天風姤卦의 원리를 「계사繫辭」했다. 무엇에다 붙들어 매어 놓는가? 소를 매어놓았다. 천뢰무망天雷无妄, 3효에 "무망지재无妄之災는 혹격지우或繫之牛하나 행인지득行人之得이 읍인지재邑人之災이니라."라고 했다. 대인지도大人之道를 잉태한, '유유왕有攸往이면' 행할 바를 두면(행行하려고 한다면)행할 때가 아니다. '리시부척촉羸豕孚蹢躅'이란 무엇인가? 척촉蹢躅은 불안하고 초조하여 발을 구룬다. 부孚는 2세의 생명을 부화하기 위해 알을 품고 있는 모양. '리시부척촉羸豕孚蹢躅'의 돈豕는 감괘坎卦요, 발은(척촉蹢躅) 진괘震卦이다. 뇌수해괘雷水解卦다. 여기의 전반부의 내용과 후반부의 내용이 맞지 않는다. 그렇다고 견강부회적 해석을 하지 말라. 그것은 괘卦를 가리키는 것(육갑도수六甲度數)임을 알아야 한다. ❷계우금니繫于金柅 : 천명天命에 의해 앞으로 나가지 못하게 함이다. 구괘姤卦의 초효初爻에 묶어둠, 니柅(무성할 니)는 풍천소축괘風天小畜卦이다. ❸척촉蹢躅 : 좌차左次, 차차次且 ❹견흉見凶 : 강剛을 못 만나고, 유柔를 만나므로 흉하다는 것이다.

223 금니金柅는 쇠로 만든 수레를 정지시키는 기구(연장)이다. 그러므로 여기에서 금니金柅는 아무도 알 수 없는 그 부처, 열반, 견성성불見性成佛하는 본래 면목을 말한다. 불변不變의 성품性品자리이다. 다른 말로 하면, 성인聖人의 자비심이다

❶이시羸豕는 여윈 사나운 돼지를 말한다. ❷부孚는 부浮로 둥실둥실 떠다닌다. 경거망동하게 다닌다. 즉 경거망동하고 제멋대로 움직인다는 의미이다. ❸척촉蹢躅은 곤경에 빠진 발정난 암퇘지이거나 진리眞理를 모르는 곤경에 빠진 소인小人이 날뛰는 모양을 형상하고 있다.

소상사小象辭[224]

유도견야柔道牽也 소인小人(음도陰道)을 이끌어 가는 것을 말한다. 이것은 소인小人(초육初六爻)를 어떻게 하면 성장하여 나아가지 못하도록 견제하는가를 의미한다.

[九二]는 包有魚라 无咎하나 不利賓하니라. (天山遯)
구이 포유어 무구 불리빈 천산돈

象曰, 包有魚는 義不及賓也이니라.
상왈 포유어 의불급빈야

○ 包(꾸러미 포, 쌀 포) 魚(고기 어) 賓(손 빈)

구이九二는 꾸러미에 생선이 있으면 허물이 없을 것이니, 손님에게는 이롭지 못하니라.

상象에 이르기를, '꾸러미 생선이 있다.'는 것은 의리義理가 손님에게까지 미치지 못함이니라.

개요槪要

구이효九二爻는 중덕中德의 위位로써 초육初六을 바로잡고, 교화敎化시키며,

---

224 (觀中) 유도견야柔道牽也의 견牽은 끌 견이며, 견제한다, 나아간다(진進)의 뜻이다. 음효陰爻가 자라 올라가면 마지막에 이르러서는 소인지도小人之道이다. 여기서는 소인지도小人之道를 견제하다의 뜻이다. 계우금니繫于金柅는 우리 밖으로 뛰어나가지 않게 견제한다. 견牽은 잠용潛龍위치에 음물陰物이 나아가려 하지만 멈추게 하고자 함이다. 소인小人을 이끌고 간다. 초육初六을 견제하는 것이다.

모범을 보여야 허물이 없다는 것을 말한다.

각설[225]

포유어무구包有魚无咎 구이효九二爻가 소인小人인 초육初六을 잘 포섭하면 그 결과로 허물이 없게 된다는 것이다. 왜냐하면 천풍구괘天風姤卦(䷫)는 5월괘이며, 천산둔괘天山遯卦(䷠)는 6월괘이요 10월괘인 중지곤괘重地坤卦(䷁)로 변함으로써 이효二爻도 음효陰爻로 변하기 때문이다.[226] 구이효九二爻는 중덕中德의 위位로써 초육初六을 바로잡고, 교화敎化시키며, 모범을 보여야 허물이 없다는 것이다. 이때, ❶'포包'는 포용함, 꾸러미 등을 말한다.[227] ❷'어魚'는 초효初爻 음물陰物, 소인小人, 백성, 민중을 말한다.

불리빈不利賓 초육효初六爻의 응효應卦인 구사효九四爻가 손님賓이다. 혹은 다른 양陽을 총칭하기도 한다. 군자와 소인의 관계를 말한다. 구이九二는 초구初九 소인의 위에 있으니, 초육初六을 바로잡고 교화敎化시키며, 모범을 보여야 한다는 것이다. 만약 소인의 힘을 제지하지 못하면 나머지 사양四陽에게 악영향을 미친다는 것이다.[228]

---

225 (觀中) 중中을 얻은 효爻이기 때문에 포유어包有魚다. 중정지도中正之道의 위치에 처해있다. 하늘로부터 주어지는 복을 받아 간직할 수 있다. 하늘로부터 진리眞理의 씨를 받은 것이다. 이를 몸에 간직할 수 있다. 빈賓은 어디서 온 것인가? 풍지관괘風地觀卦 사효四爻, '천산둔괘天山遯卦'이라 했다. 돈遯·대장괘大壯卦는 임臨·곤괘觀卦의 음양대응괘陰陽對應卦이다.

226 절기節氣와 12괘卦

區分	11월	12월	1월	2월	3월	4월	5월	6월	7월	8월	9월	10월
괘명	復	臨	泰	大壯	夬	乾	姤	遯	否	觀	剝	坤
괘상 卦象	䷗	䷒	䷊	䷡	䷪	䷀	䷫	䷠	䷋	䷓	䷖	䷁

227 『시경詩經』「소남」편에서는 "갈대줄기로 만든 풀바구니이다."라고 하였다.

228 『이천역전伊川易傳』에서는 "'불리빈(不利賓)'은 꾸러미에 있는 어물을 어찌 손님에까지 미치게 하겠는가. 이는 다시 외인(外人)에게 미치게 할 수 없음을 이른 것이다. 만나는 도(道)는 마땅히 전일(專一)하여야 하니, 둘이면 잡되다.(不利賓, 包之魚, 豈能及賓, 謂不可更及外人也. 遇道當專一, 二則雜矣.)"라고 하였다.

소상사小象辭[229]

의불급빈야義不及賓也 구이효九二爻는 다른 양陽들과 달리 초육初六과 가장 가까운 위치로써 중덕中德과 의리義理로써 초육初六을 잘 다스려 구사효九四爻를 비롯한 다른 양효陽爻에게 그 영향이 미치지 않도록 해야 한다는 것이다.[230]

[九三]은 臀无膚ㅣ니 其行은 次且ㅣ니
구삼 둔무부 기행 자저

厲하나 无大咎ㅣ리라. (天水訟)
려 무대구 천수송

象曰, 其行次且는 行未牽也이니라.
상왈 기행차저 행미견야

❍ 臀(엉덩이 둔, 볼기 둔) 膚(살갗 부) 行(갈 행) 次(머뭇거릴 자, 버금 차) 且(머뭇거릴 저, 또 차) 厲(위태로울 여, 갈 려{여}) 未(아닐 미) 牽(끌 견)

구삼九三은 볼기에 살이 없음이니 그 행함이 머뭇거리니, 위태롭게 생각하면 큰 허물은 없느니라.

상象에 이르기를, '그 가는 것이 머뭇거린다.'는 것은 앞으로 행함에(가는 것이) 아직 견제를 당하지(끌려가지) 않음이니라.

개요概要

구삼九三은 상구上九와 불응不應이라 진퇴양난(고립무원)으로 머뭇거린다.

---

229 (觀中) 효爻의 시의성時義性(=이효二爻)으로 보아, 천풍구괘天風姤卦의 시의성時宜性을 전형적으로 표현한 효爻이다.

230 『이천역전伊川易傳』에서는 "이二가 초初를 만남에 밖에 딴 마음이 있게 해서는 안되니, 마땅히 꾸러미에 어물魚物이 있는 것과 같이 하여야 한다. 꾸러미의 어물魚物은 의리상 손님에게 미칠 수 없는 것이다.(二之遇初, 不可使有二於外, 當如包之有魚, 包之魚, 義不及於賓客也.)"라고 하였다.

그러나 아직은 소인지도小人之道로 인해 해害가 없어니 조심하면 큰 허물은 없다는 것이다.

각설

둔무부臀无膚 볼기에 살이 없다는 것은 편치 못하다는 것은 장차 다가올 소인小人의 화禍를 생각하니 머뭇거린다는 것이다. 왜냐하면 구이九二가 초육初六에게 먹이고 나면 다음이 구삼九三 차례이기 때문이다.

기행자저其行次且 행동하는 데 주저하는 형국을 말한다.

려厲 무대구无大咎 구삼九三은 상구上九와 불응不應이라 진퇴양난으로 머뭇거린다. 그러나 아직은 소인지도小人之道로 인해 해害가 없어니 조심하면 큰 허물은 없다는 것이다.

소상사小象辭[231]

행미견야行未牽也 삼효三爻가 위험하다는 것을 알고 행동하는데 주저한다는 말이다. 아직은 소인지도小人之道인 초육初六에 끌려가지 않았다는 의미이다.

> **[九四]**는 包无魚ㅣ니 起凶하리라. (重風巽)
> 구사 포무어 기흉 (중풍손)
>
> 象曰, 无魚之凶은 遠民也이니라.
> 상왈 무어지흉 원민야

구사九四는 꾸러미(포)에 생선이 없으니 흉凶이 일어난다 하리라.

상象에 이르기를, 생선이 없어서 흉凶하다는 것은 백성을 멀리 함이니라.

231 (觀中) 행미견야行未牽也는 때가 아닌 때이므로 행해 나갈려는 마음을 견제해야 하는데 견제하지 못했다. 견牽은 유혹에 끌리는 것으로 따라서 식구덕食舊德하여 종상從上해야 한다.

개요概要

구사九四는 포용력도 없고, 소인지도小人之道를 제지할 능력도 없기 때문에 흉함이 일어난다는 것이다.

각설

포무어包无魚 **기흉**起凶 득중得中을 한 구이효九二爻에게 자기의 응應(어魚)을 빼앗겼다는 것이다. 구사九四는 대신大臣으로 손巽(신도神道, 목도木道)으로 왕도정치를 하여 초육初六인 백성으로부터 신망을 얻어야 함에도 불구하고 그러지 못해 앞으로 흉凶함이 일어날 것을 예고하고 있다. 다시 말하면 구사九四는 포용력도 없고, 소인지도小人之道를 제지할 능력도 없기 때문에 흉함이 일어난다는 것이다.

소상사小象辭[232]

원민야遠民也 구사九四는 대신大臣의 위位로써 중정中正의 덕德을 잃고, 백성이 멀어지도록 정치를 했다는 것이다. 초육初六과 멀어짐에 대한 위정자의 마음가짐을 말하고 있다. 즉 제후諸侯의 위치에서 백성을 구제하지는 않고 자기 욕심만 채우는 것이다.[233]

232 (觀中) 백성을 마음속에서 밀어냈다(소외疏外시켰다.) 손巽은 위의 입장에서 아래를 내려보는 입장(신도神道, 신명神明=천시지명天施之命). 아래의 입장에서 보면 태괘兌卦(백성을 표상)가 된다. 하늘과 인간의 입장이 상대적 관계성을 갖는다.

233 향원鄕愿은 덕지적야德之賊也라.

[九五]는 以杞包瓜ㅣ니 含章이면 有隕自天이리라. (火風鼎)
구오 이기포과 함장 유운자천 화풍정

象曰, 九五含章은 中正也일새오
상왈 구오함장 중정야

有隕自天은 志不舍命也이니라.
유운자천 지불사명야

○ 杞(나무 이름 기, 박달나무 기, 버들 기) 包(꾸러미 포, 쌀 포) 瓜(참외 과, 오이 과) 含(머금을 함) 章(빛날 장, 글 장) 隕(떨어질 운(=佑) 志(뜻 지) 舍(어긋날 사, 버릴 사, 집 사) 命(목숨 명)

구오九五는 산버들잎으로 외를 쌈이니, 빛나는 것을 품었다면 하늘로부터 떨어지는 것이 있으리라.

상象에 이르기를, 구오九五의 아름다움을 품었다는 것은 중도中道를 근원으로 정도正道를 행함이오, '하늘로부터 떨어지는 것이 있다.'는 것은 뜻이 천명을 버리지 아니함이니라.

개요概要

구오효九五辭는 소인지도小人之道가 성盛한 시기에서 바람직한 통제 방법을 설명하고 있다. 즉 세력있는 소인지도小人之道를 다루는 방법을 말한다.

각설[234]

234 (觀中) 함장含章을 「단사彖辭」에서는 함장咸章(겉으로 드러남)이라 했다. 정괘鼎卦는 태국胎宮안에 들어있는 괘이므로 탯집속에 머금어 있다. 곤괘坤卦 삼효三爻, '함장가정혹종왕사含章可貞或從王事'라 했다. '이기포과以杞包瓜'는 무엇인가? 간위과艮爲果다. 구기자 열매는 넝쿨이요, 나무다. 왜 하필 구기자 나무를 언급하고 있겠는가? 괘로는 무슨 괘를 가리키겠는가? '이기以杞'는 손괘巽卦요, '고瓜'는 간괘艮卦다. 이에 풍산점괘風山漸卦이다. 풍산점괘風山漸卦의 과정(시집가고 장가가는 과정)을 거쳐야 한다. 풍산점괘風山漸卦의 시위에 도달해서야 함장含章한다. 여자가 시집을 가야 아이를 가질 수 있다. 함장含章은 포태원리胞胎原理를 말한다. 천지天地가 성인聖人 군자지도君子之道를 포태하는 원리이다. 유운자천有隕自天(하늘로

이기포과以杞包瓜 보자기로 싸기도 어려운 것을 버들잎으로써 외(오이, 호박)를 싼다고 하는 것은 군자가 소인小人을 감싸기가 어렵다는 것을 나타내고 있다. 기杞는 큰 나무 이름 기로써 ❶'우번'은 냇버들로, ❷'왕필'은 구기枸杞(호깨나무)로, ❸『역전易傳』와 『본의本義』에서는 잎이 큰 나무로 설명한다.[235]

함장유운자천含章有隕自天 소인小人을 잘 다스리면 하늘로부터 천복天福(은총恩寵)이 있다는 것을 말한다. (운隕 = 우佑) 함장含章은 빛나는 휘장을 머금음. 진리眞理의 말씀을 머금는 것이다.

소상사小象辭

지불사명야志不舍命也 순천順天해야 한다는 것이다. 명命은 천리天理, 천명天命을 말한다.[236]

부터 드리워짐이 있는데)이란 하늘로부터 도道가 내리워졌다. 하늘이 도덕원리를 성명원리로 내려주었다. 유有자(화천대유火天大有, '알악양선순천휴명遏惡揚善順天休命')는 하늘로부터 복으로 드리워졌다. '유운자천有隕自天'된 원리는 중정지도中正之道를 잉태孕胎하고 있다. 중정지도中正之道이기 때문에 '이기포과以杞包瓜'라고 했다.

235 (집설) ❶『이천역전伊川易傳』에서는 "기杞는 높은 나무로 잎이 크니, 처함이 높고 체(體)가 크면서 물건을 감쌀 수 있는 것은 기杞나무요, 아름다운 열매가 아래에 있는 것은 오이이니, 아름다우면서 아래에 거한 것은 측미側微한 현자賢者의 상象이다. 구오九五가 높이 군위君位에 거하여 아래로 현재賢才를 구하니, 지극히 높은 이로서 지극히 낮은 사람을 구함은 마치 기杞나무 잎으로 오이를 싸는 것과 같으니, 스스로 낮추고 굽히기를 이와 같이 하고, 또 안에 중정中正의 덕德을 온축蘊蓄하여 아름다움이 충실하니, 인군人君이 이와 같으면 구하는 바를 만나지 못함이 없을 것이다. –後略– (–前略– 杞 高木而葉大, 處高體大而可以包物者, 杞也. 美實之在下者, 瓜也, 美而居下者, 側微之賢之象也. 九五尊居君位而下求賢才, 以至高而求至下, 猶以杞葉而包瓜, 能自降屈如此, 又其內蘊中正之德, 充實章美, 人君如是, 則无有不遇所求者也. –後略–)"라고 하였다. ❷『주역본의周易本義』"오이는 음물陰物로 아래에 있는 것이니, 달고 아름답고 잘 물러터지며, 기杞는 고대高大하고 견실堅實한 나무이다. 오五가 양강중정陽剛中正으로 위에서 괘卦의 주체主體가 되어 아래로 처음 생겨 반드시 물러터질 음陰을 방지防止하여 그 상象이 이와 같다. 그러나 음양陰陽이 번갈아 이김은 시운時運의 떳떳함이니, 만약 아름다움을 함축하고 숨겨 조용히 제재하면 조화造化를 회복할 수 있다. 하늘로부터 떨어짐이 있다는 것은 본래는 없었는데 갑자기 있는 상象이다.(瓜 陰物之在下者, 甘美而善潰, 杞 高大堅實之木也. 五以陽剛中正, 主卦於上而下防始生必潰之陰, 其象如此, 然陰陽迭勝, 時運之常, 若能含晦章美, 靜以制之, 則可以回造化矣. 有隕自天, 本无而有之象也.)"라고 하였다.

236『이천역전伊川易傳』에서는 "명命은 하늘의 이치이고, 사舍은 어긋나는 것이다. 지극한 정

[上九]는 姤其角이면 吝하니 无咎ㅣ니라.
상구 구기각 인 무구

(澤風大過)
택풍대과

象曰, 姤其角은 上窮하야 吝也이니라.
상왈 구기각 상궁 인야

○ 姤(만날 구) 角(뿔 각, 깨달을 각) 窮(다할 궁, 막힐 궁) 吝(인색할 인, 아낄 린{인})

상구上九는 그 뿔에서 만남이라(깨달음을 만나니), 인색하니 허물할 곳이 없느니라.

상象에 이르기를, '그 뿔에서 만난다.'는 것은 위에서 궁하니 인색함이니라.

개요概要

시명고사방施命誥四方하는 주체로서 후위后位이다.

각설

구기각姤其角 각角은 형태상 극極으로 마지막을 의미한다. 여기서 초육初六을 만났다는 것은 음陰이 양陽을 잠식하여 10월卦인 곤괘坤卦(䷁)가 될 때의 구기각姤其角으로 음陰의 극성기極盛期를 말한다. 각角은 역도易道를 깨닫게 되었다는 말이기도 하다.

인吝 무구无咎 상구上九는 뿔 끝에서 만나니 궁하여 인색하고, 허물할 곳이 없다고 한 것이다.

소상사小象辭

상궁린야上窮吝也 상위上位에 있으면서 ❶응효應爻가 없고, 초육初六은 거

성과 중정中正함으로써 자기를 구부려 어진 이를 구求하고, 뜻을 천리天理에 합치하는데 두었으므로 하늘로부터 반드시 떨어짐을 얻는다.(命 天理也, 舍 違也, 至誠中正, 屈己求賢, 存志合於天理, 所以有隕自天, 必得之矣.)"라고 하였다.

리가 멀어서 나아갈 곳이 없으니, ❷내 생각이 극極에 달하면 인색하다는 것이다. 그러므로 허물할 곳이 없다고 말한다.

✐ 구괘姤卦는 우遇로써 천지天地, 음양陰陽, 남녀男女등 만남의 이치를 설명하고 있다. 만남의 도리는 예禮로써 합치하고, 올바름을 지켜야 하고, 올바르지 못한 만남을 비판한다. 즉 상우함장相遇咸章이다.

택지췌괘
45.澤地萃卦

도전괘
倒顚卦

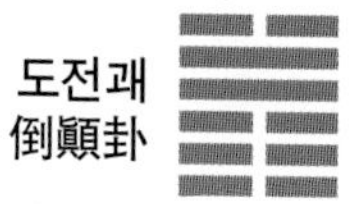

택지췌괘
澤地萃卦

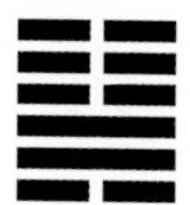

지풍승괘
地風升卦

음양대응괘
陰陽對應卦

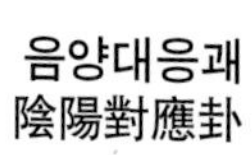

택지췌괘
澤地萃卦

산천대축괘
山天大畜卦

상하교역괘
上下交易卦

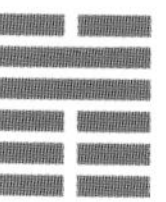

택지췌괘
澤地萃卦

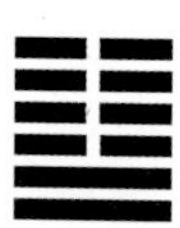

지택임괘
地澤臨卦

호괘
互卦

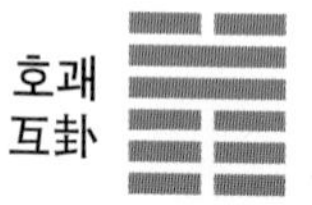

택지췌괘
澤地萃卦

풍산점괘
風山漸卦

효변
爻變

택지췌괘 澤地萃卦	初爻變 而爲隨卦	二爻變 而爲困卦	三爻變 而爲咸卦	四爻變 而爲比卦	五爻變 而爲豫卦	上爻變 而爲否卦
	택뢰수괘 澤雷隨卦	택수곤괘 澤水困卦	택산함괘 澤山咸卦	수지비괘 水地比卦	뇌지예괘 雷地豫卦	천지비괘 天地否卦

요지要旨[237]

괘명卦名 이 괘는 상태上兌의 택澤(☱) + 하곤下坤의 지地(☷) = 택지췌괘澤地萃卦(䷬)이다.

괘의卦意 취함의 도리에 대한 설명이다. 췌萃는 모일 췌로 모우는 것이다. (1)닥쳐올 환란에 대비하여 인재와 민심을 모우는 것이다. (2)흘러가는 물을 못에 모우는 것이다. (3)인격함양을 위한 영양소(성인지도聖人之道)를 모으는 것이다. 성인지도를 자각하고 실천하면 길吉로 나아갈 수 있다는 것이다. 그러므로 육효사六爻辭 모두 무구无咎가 들어 있다.

괘서卦序 『서괘』에서 "구姤는 만남이니 만물이 서로 만난 뒤에 모이므로 췌萃로써 받는다.(**姤者遇也, 物相遇以後 聚, 故 受之以萃.**)"라고 하였다.
구자우야 물상우이후 취 고 수지이췌

괘상卦象 하곤下坤은 순順이고, 상태上兌는 기쁨으로 이것은 기쁜 마음으로 순종하는 것을 의미한다. 또한 땅위에 물이 모여 연못을 이루고, 연못의 물은 만물을 윤택하게 하는 것이다.

萃는 亨하니 王假有廟ㅣ니 利見大人하니 亨하니 利貞하니라.
췌 형 왕격유묘 이견대인 형 이정

用大牲이 吉하니 利有攸往하니라.
용대생 길 이유유왕

○ 萃(모일 취(췌)) 亨(형통할 형) 王(임금 왕) 假(이를 격, 지극할 격, 거짓 가) 有(있을 유) 廟(사당 묘) 利(이로울 리) 見(볼 견) 亨(형통할 형) 貞(곧을 정) 用(쓸 용) 牲(소 생, 생고기 생, 희생 생)

---

237 (觀中) 군자가 선천先天에 학문하는 원리다. 내 몸을 중심으로 하여 영양소를 섭취한다. 군자가 자기의 덕을 기르는데 무엇으로 섭취하는가? 학문을 통해서 인격을 함양할 수 있는 영양소를 섭취하게 된다. 영양소를 모아들인다는 췌萃이다. 잡괘雜卦는 택화혁澤火革이다. 췌괘萃卦는 지산겸괘地山謙卦의 잡괘雜卦로 나가있다. 그러므로 췌괘萃卦는 전적으로 군자지도를 표상. 이에 「괘사卦辭」가 이견대인利見大人(「괘사卦辭」에 '이견대인利見大人'은 군자지도를 표상한다.)이다.

취萃는 형통亨通하니 왕이 사당(종묘)에 이르니, 대인大人을 보는 것이 이롭다하니, 형통亨通하나 곧아야 이롭다 하니라. 큰 소를 쓰면 길吉하니, 갈 바가 있으면 이롭다 하니라.

개요槪要

「괘사卦辭」에서는 '제사'를 통하여 사람들과 회통하게 하고, 민심을 취합하고 중지衆志를 모은다는 것이다. 「단사彖辭」에서는 바름으로써 모은다고(취이정聚以正) 말한다. 천명天命에 대한 신념과 바른 도道로 사람과 민심을 모우면 길하다.

각설[238]

췌萃 결실을 갈무리하기 위해 모우는 것이다. 군자의 학문원리로서 인격함양을 위한 영양소를 모우는 것이다. 즉 깨달음의 모임이다.

형亨 사물事物을 분산하면 소멸消滅하고, 취합하면 생성되므로 형통하다.

왕가유묘王假有廟 민심은 취합하는데는 성인지도를 숭상하여 종묘宗廟에 제사를 지내듯이 순종이 중요하다는 것이다.

이견대인利見大人 강건剛健 중정中正한 구오효九五爻(대인大人)와 유순柔順 중정中正한 육이효六二爻가 만나야 그 결과로 형통하게 된다는 것이다.

이정利貞 올바르게 해야 이롭다는 것이다.

용대생用大牲 큰 소를 잡아서 풍성하게 종묘宗廟에 제사를 드리고, 백성과 잔치를 벌여도 좋다는 것이다. 소는 순종을 의미함으로 하늘에 순종하여 제사를 드린다는 의미로 해석할 수 있다.

---

238 (觀中) 왕격유묘王假有廟란 왕이 사당집에 내려왔다. 여기의 왕王은 누구인가? 성인聖人이다. 『주역』에서 언급된 왕王은 선왕先王(득위得位한 성인聖人)을 의미한다. 격假은 신神의 왕래이다. 이유유왕利有攸往은 군자가 행할 바를 둠이 이로우니라. '이견대인利見大人'이란 선천에 성인聖人이 밝혀 놓은 진리(역도易道)를 깨달음이 이로우니라. '견見'은 '관기소감이천지만물지정가견의觀其所感而天地萬物之情可見矣'의 견見(깨달음)이다. '형亨하니 이정利貞'란 정도를 이용할 수 있는 원리를 깨닫는다. 용대생用大牲이 길吉이니까 이유유왕利有攸往이다

[彖曰] 萃는 聚也니 順以說하고 剛中而應이라
단왈 췌 취야 순이열 강중이응

故로 聚也ㅣ니라.
고 취야

王假有廟는 致孝享也일새오
왕격유묘 치효향야

利見大人亨은 聚以正也일새오
이견대인형 취이정야

用大牲吉利有攸往은 順天命也일새니
용대생길이유유왕 순천명야

觀其所聚而天地萬物之情을 可見矣리라.
관기소취이천지만물지정 가견의

○ 萃(모일 췌) 聚(모일 취) 順(순할 순) 說(기꺼울 열) 剛(굳셀 강) 應(응할 응) 故(옛 고) 假(이를 격, 거짓 가) 廟(사당 묘) 致(보낼 치) 孝(효도 효) 享(제사바칠 향) 牲(희생 생) 順(순할 순) 觀(볼 관) 所(바 소) 聚(모일 취) 萬(일만 만) 物(만물 물) 情(뜻 정)

단彖에 이르기를, 췌萃는 모이는 것이니, 유순柔順함으로써 기뻐하고, 강剛(구오九五)이 득중得中으로(육이六二) 응應함이라. 그러므로 모이는 것이니라. 왕王이 종묘에 이르는 것은 효성을 다해서 제사지내는 것이오. '대인大人을 보는 것이 이롭다.'고 하는 것은 정도正道로써 모이기 때문이오, '큰 소를 쓰면 길吉하고, 갈 데가 있으면 이롭다.'는 것은 천명에 순응하는 것이니, 그 모이는 바를 보면 천지만물의 뜻을 가히 볼 수 있으리라.

각설 [239]

---

239 (觀中) ❶췌萃 : 합한다의 의미로 분分과 반대. ❷순이열강중이응順以說剛中而應 : 순이열順以說의 순順은 곤괘이다. 열說은 태괘兌卦에서 온 것이다. '강중이응剛中而應' 오효五爻는 양효陽爻요, 이효二爻는 음효陰爻이므로 이효二爻와 오효五爻가 다 중정中正을 얻음이다. 강중이응剛中而應의 강중剛中은 위에서 밑으로 드리워짐이며(하도원리河圖原理), 응應은 밑에서 위로 작용하는 것(낙서원리洛書原理)을 말한다.
❸ 치효향야致孝享也. [1]치효향致孝享(정성껏 받든다)하기 때문에 왕이 宗廟(사당)에 강림하

순이열順以說 천도天道에 순종함으로써 기뻐한다는 말이다.

취야聚也 구오효九五爻로 모여든다는 것이다.

치효향야致孝享也 종묘의 제사는 부모에 대한 효孝를 다함과 같은 의미를 내포하고 있다고 할 수 있다. 왜냐하면 왕王이 정성을 다한 제사를 보고 사람들이 모여들기 때문이다. 비록 왕위王位에 있을 지라도 개인적인 효孝로써 사람됨을 백성에게 보여서 민심民心의 취합을 말한다. 결국 효孝는 자신을 위한 것이다.

취이정야聚以正也 마음속으로 감복하여 모여들고, 정도正道로써 취한다는 것이다.

순천명야順天命也 천명天命에 대한 순응과 본성本性대로 살아가는 것을 말한다.

관기소취觀其所聚 민심이 취합되는 것을 살펴보면 미래를 판단할 수 있다는 것이다.

천지만물지정天地萬物之情 천하의 민심이 취합되는 것을 보고 효심孝心을 다하여 향사享祀함과 정도正道로서 모이는 것과 천명天命에 순응하면 천지만물天地萬物의 뜻을 알아볼 수 있다는 것이다.

심. ②금상今上과 선왕先王이 제사祭祀를 통해 만난다. '치致'는 극치에 이르렀다(지극한 경지에 이르름) "지극한 효심을 가지고 선성인先聖人에게 정성을 다 바침." ③성인지학聖人之學은 자신의 생명을 다 살라 바칠 각오를 해야 천명天命을 깨달을 수 있다.

❹취이정야聚以正也 : 정도正道로 모아 내 인격을 길러 나간다. ❺용대생길이유유왕用大牲吉利有攸往 순천명야順天命也 : 대생大牲(기축己丑)은 육갑도수로 해석하라. 대생大牲은 제수를 풍성하게 장만하여 종묘에 가서 제사를 지낸다는 말이다. 그런데 「효사爻辭」에서는 약禴(간략히 여름제사를 지냄)이라 했다. ❻관기소취이천지만물지정觀其所聚而天地萬物之情 가견의可見矣 : 관觀은 풍지관괘風地觀卦(성인지도聖人之道가 천하에 행해지는 원리를 표상)의 원리를 관찰하여 깨달아라. 아이를 잉태한 군자(천풍구괘天風姤卦)에게 영향을 공급해 주고 있다는 원리를 표상. 췌괘萃卦에서 잉태된 군자지도가 태어나 행해지는 원리를 표상. 가인家人·규睽·건蹇·해괘解卦에서 행해진다. 췌괘萃卦에 일월日月과 천지天地 문제를 직접 언급하지 않고 있다. 뇌풍항괘雷風恒卦와 다른 점이 바로 그것이다. 택산함괘澤山咸卦에는 천지감응天地感應을 말하고 있다. 남녀감응男女感應(간태艮兌합덕=군자와 백성)원리만을 표상하는 것이 함괘咸卦가 아니다. 천지天地의 감응感應 원리를 남녀의 감응感應 원리로 표상한 것이 함괘咸卦다. 그러나 췌괘萃卦는 주로 선성인先聖人과 군자와의 관계를 위주로 표상한다.

[象曰] 澤上於地 | 萃니
상왈 택상어지 췌

君子以하야 除戎器하야 戒不虞하나니라.
군자이 제융기 계불우

○ 澤(못 택) 地(땅 지) 萃(모일 췌) 除(다스릴 제, 버릴 제, 섬돌 제,) 戎(병기 융, 군사 융) 器(그릇 기) 戒(경계할 계) 虞(헤아릴 우, 근심할 우)

상象에 이르기를, 못이 땅 위에 있는 것이 췌萃이니, 군자는 이로써 병기를 손질하여 뜻하지 않은 (헤아리지 못한) 변을 경계警戒하나니라.

개요概要

땅위에 못이 있으므로 물이 많이 모인 상象이다. 물이 많이 모이면 넘쳐서 샐 염려가 있으니, 반드시 제방을 쌓아 막아야 한다. 군자가 이러한 상象을 보고 사람이 많이 모이면, 이견이 생겨 분쟁이 일 것을 예상하여 대비하고 경계警戒하는 것이다.

각설[240]

택상어지澤上於地 주위의 물이 모여 못이 되었다는 것이다.

제융기除戎器 무기를 손질하고 보존하여 유사시에 만반의 대비를 한다는 것이다. 제除는 수리하고 정비하며 보존의 의미를 가진다.

계불우戒不虞 불우란? 편치 못할 일, 뜻밖의 일, 병란이나 좋지 못할 때를 생각하여 미리 근심 경계하는 것이다.

---

240 (觀中) 제융기除戎器(융기를 제거해라)란 무엇인가? 무장 해제시키라는 말이 아니다. 마음속에 남을 해치려고 하는 마음이며, 군자의 몸(덕기德器) 계불우戒不虞는 생각지 못한 어려운 일을 경계警戒하라(소인지도小人之道에 대해). 사환이예방지思患而豫防之(기제旣濟)는 뇌지예괘雷地豫卦의 어떤 효爻로 예방이 되는가? 이효二爻이다(지기知幾).

[初六]은 有孚ㅣ나 不終이면 乃亂乃萃하릴새
초육　유부　부종　내란내췌

若號하면 一握爲笑하리니 勿恤코 往하면 无咎ㅣ리라. (澤雷隨)
약호　일악위소　물휼　왕　무구　택뢰수

象曰, 乃亂乃萃는 其志亂也이니라.
상왈　내란내췌　기지난야

❍ 乃(이에 내) 亂(어지러울 란{난}) 萃(모일 췌) 若(같을 약) 號(부르짖을 호) 握(쥘 악) 笑(웃을 소) 勿(말 물) 恤(구휼할 휼)

초육初六은 믿음(정성)이 있으나 끝내지(진실함이 온전치 않으면) 못하면 이에 어지럽기도 하고(어지러워졌다가) 이에 모이기도 함이라. 만약에 울부짖으며 (무리들이) 하나같이(다같이) 손을 잡고 웃을 것이니, 근심하지 말고 가면 허물이 없느니라.

상象에 이르기를, '이에 어지러워졌다가 이에 모이기도 한다.'는 것은 그 뜻(심지)이 어지러우니라.

개요概要

초육初六은 부정위不正位·부중不中한 효爻이다. 손을 움켜잡고 <손바닥을 오무리고(낙서洛書) 펴고(하도河圖) = 중정지도> 웃게 될 것이니, 만약 위를 향해서 진심으로 소리치면 양陽과 손을 잡고(초육初六과 구사九四) 웃게 될 것이다.

각설[241]

241 (觀中) 초효初爻가 동動하면 택뢰수괘澤雷隨卦이다. 택뢰수괘澤雷隨卦의 뜻은 수시隨時에 있다. 시의성時宜性에 순응順應하라(때를 기다려라). 유부유종有孚有終이라야 되지 부종不終은 안된다. ❶내난내췌乃亂乃萃는 올바르게 영양섭취를 할 수 없다는 말이다. 군자의 마음속이 혼란하다. 머리속이 어지럽다. 이에 역도易道(성인지의聖人之意)를 올바르게 깨달을 수

유부불종有孚不終 (구사효九四爻)에 대한 믿음(정성)은 있으나 끝내는 함께하지 않는 것이다. (유부유종有孚有終과 비교)

내란내췌乃亂乃萃 초육初六의 뜻이 온당치 못한 상태를 말한다.

약호若號 초육初六이 행동하기가 어려움을 말한다.

일악위소一握爲笑 한 번 손을 움켜 잡고 웃는다는 것은 천도天道에 대한 울부짖음으로 보아야 한다. 왜냐하면 손을 움켜잡는 것은 낙서洛書의 오수五數요, 손을 폄은 하도河圖의 십수十數이니, 이는 하도河圖·낙서원리洛書原理, 즉 천지지도天地之道를 의미하는 것이다.

물휼왕勿恤往 무구无咎 초육初六은 아무런 염려를 말고 초지일관으로 구사효九四爻(후천后天)를 향해가면 허물이 없다는 것이다.

소상사小象辭

내란내췌乃亂乃萃 기지란야其志亂也 그 뜻이 어지러운 것이다.

없게 된다. 난亂은 췌萃의 반대되는 개념으로만 해석을 할 것이 아니라 군자의 췌萃하는 일을 어지럽힌다는 것이다. ❷'약호若號'란 만약 부르짖는다면(선호도이후소先後眺而後笑, 성인聖人에 대해서 울부짖으며 호소하는 것), 자기의 죄과를 회개하는 마음에서 우러나오는 부르짖음. 하늘을 원망하는 부르짖음이 아니다. 마음에서 우러나오는 부르짖음이다. ❸'일악위소一握爲笑'란 여러 사람의 웃음 거리가 된다고 해석하면 안 된다. 많은 사람(衆)을 가리킨다고 해석하면 안된다(여러 사람의 웃음 거리가 된다.). '일옥一握'(손바닥을 다 폄 = 십수十數 = 하도河圖, 다섯 손가락을 다 구부림 = 오수五數 = 낙서洛書 폄)은 하도낙서원리河圖洛書原理를 말한다. 하도낙서원리河圖洛書原理를 깨달음으로써 집중執中(성인聖人의 도道를 깨달아야 한다. 그래야 집중執中이 된다.)한다.

[六二]는 引하면 吉하야 无咎하리니
육이 인 길 무구

孚乃利用禴이리라. (澤水困)
부내리용약 택수곤

象曰, 引吉无咎는 中하야 未變也이니라.
상왈 인길무구 중 미변야

○ 引(끌 인) 孚(정성 부, 미쁠 부) 乃(이에 내) 利(이로울 리) 用(쓸 용) 禴(종묘 여름제사 이름 약) 未(아닐 미) 變(변할 변)

육이六二는 (구오효九五爻가) 이끌어주면 길吉하고 허물이 없을 것이니, 정성을 드리되(진실함이 있으면), 여름제사를 올리듯이 간소하게 정성을 다해서 제사를 지내도 이로우리라.

상象에서 말하기를, '인길무구引吉无咎'는 중도中道에 대한 뜻이 변하지 않았느니라.

개요概要

육이六二는 유순중정柔順正位 득중得中 효爻로 구오九五와 응효應爻이다. 그러므로 구오九五가 이끌어주면 허물이 없다는 것이다.

각설[242]

인길무구引吉无咎 인引은 구오九五와 정위正位로서 합덕하면 허물이 없다는 것이다.

부내리용약孚乃利用禴 약禴은 여름에 지내는 종묘제사宗廟祭祀로써 음식이 귀貴하고, 잘 상傷하는 때에 지내는 제사祭祀로 제수는 간략히 하되

242 (觀中) 성인聖人의 도통을 좇아서 이끈다(인引). 연원을 바로 잡아야 한다. 태괘兌卦를 잡아당긴다. 어느 계통을 좇아 태괘兌卦를 잡아당기는가? 부내리용약孚乃利用禴이란 약제로 제사를 받든다(이용利用).

정성은 많이 들여야 한다는 것이다.[243]

소상사小象辭[244]

중미변야中未變也 중도中道에 대한 뜻이 변하지 않았다는 것이다. 따라서 중정中正의 덕德을 지키면 길吉하다는 것이다.

[六三]은 萃如嗟如ㅣ니 无攸利하나
육삼 췌여차여 무유리

往하면 无咎ㅣ어니와 小吝하니라. (澤山咸)
왕 무구 소린 택산함

象曰, 往无咎는 上이 巽也이니라.
상왈 왕무구 상 손야

○ 萃(모일 췌) 如(같을 여) 嗟(탄식할 차, 슬퍼할 차) 无(없을 무) 攸(바 유) 利(이로울 리{이}) 巽(겸손할 손)

육삼六三은 (음이니) 취합되는 듯 탄식하는 듯하다. (응應이 없어서) 이로울 바가 없다 하나, (본성 그대로) 나아가면 허물이 없거니와 조금은 인색하니라.

상象에 이르기를, '가면 허물이 없다는 것은 위가 손순함이니라.

개요概要

육삼六三에서 췌여차여萃如嗟如라 함께 함이 순조롭지 못함을 말한다. 왜냐하면 상육上六과는 불응不應이고, 구사九四는 초육初六의 응효應爻라 구하지 못하기 때문이다.[245]

243『주례周禮』에 의하면 ❶춘향春享은 사祀, ❷하제夏祭는 약禴, ❸추향秋享은 상嘗, ❹동제冬祭는 증烝으로 하제夏祭를 제외한 나머지 제수祭需는 풍성하게 올린다고 기술하고 있다.

244 중도中道는 변함이 없다는 뜻과 시위時位에 있어서는 아직 변화變化하기 이전이다. 라는 뜻도 있다.

245『이천역전伊川易傳』에서는 "삼三이 처음에 사四와 이二에게 모이기를 구하다가 얻지 못

각설

췌여차여萃如嗟如 구사효九四爻와 함께하고자 하는 마음을 의미하기도 하고, 상육上六과 응應하지 못함을 탄식하기도 한 육삼六三은 심정心情을 말하고 있다. 즉 모우려고 하다가 뜻대로 되지 못한 상황을 의미한다.

왕무구往无咎 상응相應이 없으니 없는 그대로 혹은 본성本性되로 나아가면 허물이 없다는 것이다.

왕往 신도(신도神道=진리)에 순종하면서 나아가는 것이다.

소린小吝 음陰의 본성을 지키지 못하고, 마음의 변화로 양陽을 생각하면 거리낌이 있게 된다는 것이다.

소상사小象辭

상손야上巽也 ❶하늘이 받아들임. ❷하늘이 신도神道를 베풂. ❸위에 감응感應이 있다(들어온다)는 말이다.

[九四]는 **大吉**이라야 **无咎**ㅣ리라. (水地比)
구사 대길 무구 수지비

象曰, 大吉无咎는 **位不當也**이니라.
상왈 대길무구 위부당야

○ 位(자리 위) 不(아닌가 부{아닐 불, 클 비}) 當(마땅할 당)

구사九四는 크게 길吉하여야 허물이 없느니라.

상象에 이르기를, '크게 길吉하여 허물이 없다.'는 것은 자리가 마땅치 않음이니라.

한 뒤에 가서 상육上六을 따랐으니, 사람의 행위가 이와 같으면 비록 구하는 바를 얻더라도 또한 다소 부끄러운 것이다.(三始求萃於四與二, 不獲而後, 往從上六, 人之動爲如此, 雖得所求, 亦可小羞吝也.)"라고 하였다.

개요概要

구사九四는 부정위不正位·부중不中한 효爻이다. 그러나 구오九五의 신임을 받으면 대길大吉이며, 유종有終이다.[246]

각설[247]

대길무구大吉无咎 구사효九四爻는 부정위不正位로써 대신大臣의 지위에 있다. 따라서 아래 삼음효三陰爻을 취합聚合하여 일을 잘해야 구오효九五爻에게 신임을 받을 수 있다. 다시 말하면 자기의 위치에서 구오九五의 신임에 대한 책임을 다하는 것이 대길大吉이다. 대길大吉은 유종有終을 말한다.

소상사小象辭

위부당야位不當也 구사효九四爻의 부정위不正位 부중한 효이지만 대길大吉이라고 하여 아래 삼음효三陰爻가 모인다. 이것이 허물이 될 수 있는 자리라는 것이다.

[九五]는 萃有位라 无咎하니 匪孚ㅣ어든
구오 췌유위 무구 비부

元永貞이라야 悔亡하리라. (雷地豫)
원영정 회망 뢰지예

象曰, 萃有位는 志未光也이니라.
상왈 췌유위 지미광야

○ 萃(모일 췌) 有(있을 유) 咎(허물 구) 匪(아닐 비) 孚(미쁠 부) 元(으뜸 원) 永(길 영) 貞(곧을 정) 悔(후회할 회) 亡(없을 망) 志(뜻 지) 未(아닐 미) 光(빛 광)

246 『주역절중周易折中』에서는 "존위에 있지 않으면서 많은 인심을 얻었기 때문에 반드시 크게 길한 후에 가히 허물이 없다.(無尊位而得衆心, 故必大吉而後可以无咎)"라고 하였다.

247 (觀中) 대길大吉은 유종有終이다. 결과가 유종有終(열매가 맺음)으로 나타남. 초효初爻의 무구无咎를 사효四爻로 받아 넘긴 것이다.

구오九五는 (사람들을) 모우는데 위位를 가지고 있고, 허물이 없으나, (여러 사람들에게) 믿음(정성精誠)을 얻지 못하면 (구오九五가 스스로 반성하고) 크게 오래동안 바르면 후회함이 없다 하리라.

상象에 이르기를, '(사람들을) 모으는데 위位를 가지고 있다.'는 것은 아직 뜻이 광대하게 펼쳐지지 못함이니라.

개요概要

구오九五는 췌괘萃卦의 주효로 정위正位·득중得中한 효爻이지만 원영정元永貞이라야 후회함이 없다. 왜냐하면 제위帝位에 있으면서 사람을 모우지 못하는 것은 허물이 되기 때문이다. 그러므로 반신수덕反身修德을 통해 원형정元亨貞해야 한다는 것이다 .

각설[248]

췌유위萃有位 천하의 사람들은 누가 임금이 되든 그 위位를 보고 모이게 된다는 것이다.

비부匪孚 믿음이 얻지 못하면 사람들이 모여들지 않음을 말한다.

원영정元永貞 군왕君王은 삼덕三德인 원영정元永貞을 해야한다. ❶원元은 지극히 착한 것(선지장善之長)으로 원래부터라는 뜻이 있고, ❷영永은 영구함에 변함이 없는 것으로 상常이다. ❸정貞은 정도正道로써 행하는 것으로 정이고正而固이다.

회망悔亡 망亡은 무無이다.

---

248 (觀中) ❶췌유위萃有位라고 한 것은 성인지도聖人之道(5효)를 기준으로 해서 영양소를 모아라. 비부匪孚란 만일 믿음을 가지지 않았다면, 원영정元永貞라야 회망悔亡하리라. ❷'원영정元永貞'이란 가장 기본적으로 평생을 곧은 마음(직심直心)으로 살아가는 사람(학문을 하지 않은 사람 가운데도 그런 사람이 있다.) ❸'췌유위萃有位라 무구无咎'라고 한 것은 췌괘萃卦의 기본 입장을 알 수 있다. 오효五爻의 위치는 조건을 붙일 자리가 아니다. ❹초효初爻와 합덕은 하고 있지만 부당위不當位이므로 구오九五에서 외비지外比之해야 한다. ❺비부匪孚 : 선천적先天的 믿음이 발휘되지 못함. ❻원영정元永貞 : 본말本末을 갖춤. 체體를 굳건히 함.

소상사小象辭 [249]

지미광야志未光也 백성들이 위만 보고 복종함으로 그 뜻이 밝지 못하다. 그리고 군왕은 정성과 믿음과 덕德으로 민심을 취합해야하는데 권력으로 취합하면 그 뜻이 빛나지 못하고 취합이 안된다는 것이다.

[上六]은 **齎咨涕洟**니 **无咎**ㅣ니라. (天地否)
상육 재자체이 무구 천지비

象曰, 齎咨涕洟는 **未安上也**이니라.
상왈 재자체이 미안상야

○ 齎(슬퍼할 재, 가져올 재, 휴대할 자) 咨(탄식할 자, 상의할 자) 涕(눈물 체) 洟(콧물 이)

상육上六은 슬퍼서 탄식하며, 눈물과 콧물을 흘려야 허물이 없느니라.
상象에 이르기를, '슬퍼서 탄식하며, 눈물과 콧물을 흘린다.'는 것은 위가 높아서 편안하지 못함이니라.

개요概要

상육上六은 췌괘의 종終으로 유약하고 지위가 없어서 사람을 모우려해도 따르지 않는다. 그러나 취함에 실패하지만 스스로 위태로움을 알고, 진심으로 회개함으로써 허물을 면한다.

각설 [250]

재자체이齎咨涕洟 취합이 되지 않은 어려운 상황에서 마음속으로 탄식

---

249 (觀中) 췌유위萃有位란? 췌유위萃有位라 무구无咎니라고 한 것까지 포함한다. 왜 '지미광야志未光也'라고 했는가? 뇌지예괘雷地豫卦이기 때문이다. 아직 성인지도聖人之道가 행해지는 때가 아니기 때문이다.

250 (觀中) 왜 재자체이齎咨涕洟를 하는가? 호도號咷한다. 위(성인聖人과 하나님, 부모父母)에 대한 미안한 생각을 하기 때문이다. 학역學易은 종일건건석척약終日乾乾夕惕若 = 마음속으로 호도號咷하는 것이다.

하며 슬퍼한다는(재자齎咨) 것이다. 왜냐하면 음유거극陰柔居極으로써 함께 모여 반겨 줄 사람이 없어 그 자리가 편안하지 못하기 때문이다. 그러므로 어려운 상황에서 탄식하고 슬퍼하는 가운데서도 공구수신恐懼修身과 반성함으로써 더 큰 재앙을 면할 수 있다는 것이다.

소상사小象辭

미안상야未安上也 윗 자리에 있어도 편하지 않은 것은 아직 성인지도聖人之道가 행해지는 때가 아니기 때문이다.[251] 비통한 가운데에서 다시 반성해야 재앙을 면할 수 있다. 아니면 더 큰 재난을 당할 수 있다.

✎ 췌萃(모일 췌(취))는 진리를 모우고, 환란에 대비하여 인재를 모우는 것이다. 즉 모임과 단결의 문제이다. 그 이치가 취이정聚以正이다. 즉 바름으로써 모은다는 것이다. 천명天命에 대한 신념과 바른 도道로 모으면 길하다. 그러므로 췌(취)괘萃卦의 육효사六爻辭 모두에 무구无咎가 들어 있다.

---

251 「계사하」편 5장에서 "덕은 박한데 지위는 높으며, 지혜는 적은데 꾀하는 것은 크며, 힘은 적은데 책임이 무거우면,(박이위존德薄而位尊, 지소이모대知小而謨大, 역소이임중力小而任重)"라고 하였다.

지풍승괘
46.地風升卦

도전괘
倒顚卦

지풍승괘
地風升卦

택지췌괘
澤地萃卦

음양대응괘
陰陽對應卦

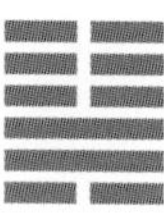

지풍승괘
地風升卦

천뢰무망괘
天雷无妄卦

상하교역괘
上下交易卦

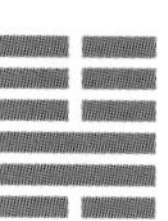

지풍승괘
地風升卦

풍지관괘
風地觀卦

호괘
互卦

지풍승괘
地風升卦

뇌택귀매괘
雷澤歸妹卦

효변
爻變

지풍승괘
地風升卦

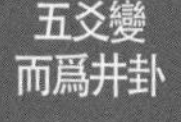

初爻變 而爲泰卦	二爻變 而爲謙卦	三爻變 而爲師卦	四爻變 而爲恒卦	五爻變 而爲井卦	上爻變 而爲蠱卦
지천태괘 地天泰卦	지산겸괘 地山謙卦	지수사괘 地水師卦	뇌풍항괘 雷風恒卦	수풍정괘 水風井卦	산풍고괘 山風蠱卦

요지要旨

괘명卦名 이 괘는 상곤上坤의 지地(☷) + 하손下巽의 풍風(☴) = 지풍승괘地風升卦(䷭)이다.

괘의卦意 승升은 승昇으로 작은 것이 축적되어 차근차근 올라가서 큰 것을 이루는 도리를 말한다.[252] 올바른 승升은 유승柔升이다. 점진적으로 때에 따라 나아감으로 지속적인 발전을 의미한다. 이를 위해서는 제사祭祀를 지내는 것처럼 모든 것을 정성스럽게 한다.[253] 승괘升卦의 유형으로는 ❶낮은 곳에서 높은 곳으로 계단을 올라가듯이 차근차근 올라간다. ❷작은 것이 커지고, 약한 것이 강해지는 것이다. ❸어린 나무가 큰 나무가 되는 것이다. ❹사람이 성장해 제 구실을 하는 것이다.

괘서卦序 「서괘」에서 "췌는 모이는 것이니 모이면 올라가는 것이 승升이다. 그러므로 승이 받았다.(萃者(췌자) 聚也(취야), 聚而上者(취이상자) 謂之升(위지승), 故(고) 受之以升(수지이승))"라고 하였다.

괘상卦象 곤상坤上은 순종의 덕을 가지고 있고, 풍하風下은 천도天道의 섭리를 표상하고 있다. 이는 천도天道에 대한 순종과 겸손으로 나아가 상승함을 말한다.

> **升**(승)은 **元亨**(원형)하니 **用見大人**(용견대인)호대 **勿恤**(물휼)코 **南征**(남정)하면 **吉**(길)하리라.

○ 升(되 승) 元(으뜸 원) 亨(형통할 형) 見(볼 견) 勿(말 물) 恤(근심할 휼, 구휼할 휼) 南(남녘 남) 征(칠 정= 나아갈 진進)

---

252 (집설集說) ❶정이천은 『이천역전伊川易傳』에서 "승升은 나아가 올라가는 것이다.(升 進而上也)"라고 하였다. ❷공영달은 『주역정의周易正意』에서 "승은 위로 올라간다는 뜻이다.(升者, 登上之意)"라고 하였다.

253 『주역』에서 나아감의 유형은 다음과 같다. ❶진괘晉卦 : 진리를 향해 나아감이다. ❷점괘漸卦 : 기다렸다가 점진적으로 나아감이다. ❸승괘升卦 : 나무가 자라서 큰 나무가 되는 것이다.

승升은 크게(원래부터) 형통하니 대인大人을 만나보는데 쓴다하되, 근심하지 않고 남쪽을 치면 길吉하리라.

개요概要[254]

승괘升卦는 진리眞理에 대한 겸손과 순응으로 순리順理에 따라 상승하는 괘卦이다.

각설

승升 원형元亨 승升은 단계를 밟아서 점진적으로 나아가는 것으로 누구나 노력하면 크게 형통해 진다는 것이다.

물휼勿恤 진리眞理에 대한 믿음으로 나가면 근심할 필요가 없다는 것이다.

남정南征 남南은 리離로써 진리, 지혜, 밝음을 말하며, 일월지도日月之道를 의미한다. 남南은 사람이 향하는 것이니 전진前進함을 말한다. 내괘內卦는 손巽으로 전진前進의 의미이고, 외괘外卦는 곤坤으로 순종順從의 의미이다. 육효六爻로 보면 구이九二가 육오六五에게 나아감을 의미한다.

---

254 (觀中) 일월日月이 동산에 솟아오는 것을 표상한다. 혁革·정괘井卦와 공통성이 있다. 췌萃·승괘升卦는 건乾·곤괘坤卦의 입장이다. 천지天地합덕을 통한 일월日月의 작용이며, 일월日月을 매개로 천지天地가 합덕을 하는데, 혁革·정괘鼎卦는 인도人道를 중심으로 한 괘卦요, 췌萃·승괘升卦는 역수원리曆數原理를 위주로 한 괘卦다. 승괘升卦는 뇌지예괘雷地豫卦와 직접적인 연관을 갖는다. 공자孔子의 「십익十翼」에 있어 '순順'은 하도원리河圖原理이며, '역逆'은 낙서원리洛書原理를 의미한다. 승升(승昇)은 무엇인가? 황중월皇中月이 솟아 올라오는 원리이다. 복상월復上月이 떨어지고, 황중월皇中月이 솟아오르는 후천적 역수원리를 표상하는 괘卦가 지풍승괘地風升卦다. 상경上經에서는 뇌지예괘雷地豫卦에서 묻어 놓았다. 지풍승괘地風升卦가 뇌지예괘雷地豫卦의 「잡괘雜卦」로 나가있다. 지풍승괘地風升卦가 곤괘坤卦의 입장이라면 화풍정괘火風鼎卦는 인간(성인聖人)의 입장이다. 화풍정괘火風井卦는 포태궁胞胎宮에서 제일 먼저 태어난 도道가 장자長子이다. 솥의 주인은 종묘宗廟에서 제사祭祀를 지낼 때 제수를 만드는 가장 중요한 제기祭器이다. 뇌지예괘雷地豫卦의 주된 의의는 '기쁨'(희喜)이다. 승升은 크게 형통한다. 대인大人을 만나볼 것이다. 걱정할 것이 없다. 앞으로 가면 길吉할 것이다.

[彖曰] 柔ㅣ 以時升하야 巽而順하고
단왈 유 이시승 손이순

剛中而應이라 是以大亨하니라.
강중이응 시이대형

用見大人勿恤은 有慶也ㅣ오 南征吉은 志行也ㅣ라.
용견대인물휼 유경야 남정길 지행야

○ 柔(부드러울 유) 時(때 시) 升(오를 승, 되 승) 巽(겸손할 손, 손괘 손) 順(순할 순) 剛(굳셀 강) 中(가운데 중) 應(응할 응) 是(옳을 시) 亨(형통할 형) 用(쓸 용) 見(볼 견) 勿(말 물) 恤(근심할 휼) 有(있을 유) 慶(경사 경) 南(남녘 남) 征(칠 정=진進) 吉(길할 길) 志(뜻 지) 行(갈 행)

단彖에 이르기를, 유柔로써 때로 오른다 하야, 겸손하고 순하고, 강剛이 득중하여 응함이라, 이러므로 크게 형통하니라. '대인大人을 만나보면 걱정이 없다.'는 것은 경사가 있음이요, '남쪽으로 가면 길吉하다.'는 것은 뜻이 행해짐이라.

각설[255]

255 (觀中) ❶'유이시승柔以時升'이란 말은 승괘升卦가 유일하다. 천지지도天地之道도 유이시승柔以時升이기 때문에 그 시의時宜에 맞게 행行한다. 승升은 승昇과 같다. 태양太陽이 돌아 올라오고, 달이 돌아 올라온다는 뜻이다. 지풍승괘地風升卦는 일월운행원리日月運行原理를 상징하는 괘卦이다. 지풍승괘地風升卦가 태궁胎宮 안에 들어가 화풍정괘火風鼎卦와 그 의의에 있어서 공통성을 갖는다. 성인聖人·군자지도君子之道는 시의성時宜性에 맞게 행해져야 한다. 현저인장저용顯諸仁藏諸用, 천도天道에 있어서 유도柔道가 지도地道다. '유이시승柔以時升'의 시時는 해지시解之時를 가리키며, 만물과 더불어 황중월皇中月(후천后天 역수원리曆數原理에 의해 일월지정日月之情이 행해짐)이 솟아 올라온다. ❷시이대형是以大亨 : 시이是以란 말은 64괘에 보편적으로 붙은 말이 아니다. '손이순巽而順'은 지풍승괘地風升卦의 괘체卦體를 말한다. '강중이응剛中而應'은 이효二爻(양효陽爻, 위에서부터 내려온 것)와 오효五爻(음효陰爻, 밑에서부터 올라간 것)의 관계다. ❸용견대인물휼用見大人勿恤 유경야有慶也, 남정길南征吉 지행야志行也 : 용견대인用見大人이란 무엇인가? 용견대인用見代人 대인지도大人之道로 깨닫는다. 왜냐하면 지풍승괘地風升卦는 천도天道이기 때문이다. 용用은 이以자와 의미가 같다. 대인지도大人之道로서 깨닫는다. 그러므로 「괘사卦辭」에 원형元亨이라 한 것이다. 남정南征은 무엇과 관련되는가? 남방南方에 리괘離卦가 배치되어 있다. 64괘 서괘원리에 있어서는 정남방正南方에 배치된다. 경慶이란 신인神人합덕의 경지에 도달하여 역도易道를 깨닫는다는 말이다. 건蹇·해괘解卦의 이서남利西南의 남南이다. ❹ 손이순巽而順 강중이응剛中而應 : 외유내강外柔

유이시승柔以時升 육오효六五爻인 유柔가 구이효九二爻와 상응하여 시의성時宜性에 맞게 나아감을 말한다. 유순柔順한 도道가 적시適時(시의성에 맞게)에 상승한 것이다. 이때 적시란 시지즉지時止則止 시행즉행時行則行과 같은 의미이다.

손이순巽而順 진리眞理에 공손하고(손巽), 순응함을(곤坤) 말한다.

강중이응剛中而應 이효二爻와 오효五爻가 득중정得中正하여, 서로 응함을 말한다.

용견대인물휼用見大人勿恤 유경有慶 '대인大人을 만나보면 걱정이 없다. 경사가 있음이요.'라고 함은 대인大人을 만나 진리에 대한 자각을 함으로서 신인神人합덕인 경사가 있다는 것이다.[256] '용用'은 이以와 동일한 의미로 대인지도大人之道로써 깨닫는 것을 말한다.

유경有慶 역도易道·천도天道·진리眞理의 자각을 말한다.

남정南征 진리와 지혜로 나아감이다.[257]

[象曰] 地中生木이 升이니
상왈 지중생목 승

君子ㅣ 以하야 順德하야 積小以高大하나니라.
군자 이 순덕 적소이고대

○ 地(땅 지) 中(가운데 중) 生(날 생) 木(나무 목) 升(되 승, 오를 승) 君(임금 군) 子(아들 자) 以(써 이) 順(순할 순) 德(덕 덕) 積(쌓을 적) 小(작을 소) 高(높을 고) 大(큰 대)

內剛 ❺율곡栗谷의 『자경론自警論』에서 "인생살이의 험난險難과 비극悲劇은 자기의 성격 탓이다."라고 하였다.

256 공영달은 『주역정의周易正義』에서 "크게 통하는 덕으로 대인을 보니 막히는 것을 걱정할 필요 없이 반드시 경사로운 결과에 이르기 때문에 경사가 있을 것이다.(以大通之德, 用見大人, 不憂否塞, 必致慶善, 故曰有經也)"라고 하였다.

257 (집설集說) ❶『이천역전』에서는 "남南은 리괘離卦의 방향이기 때문이다.(南 人之所向, 南征, 謂前進也)"고, 하였다. ❷『주역본의周易本義』에서는 "남쪽으로 가면 길(吉)함은 뜻이 행해지는 것이다.(南征吉, 志行也.)"라고 하였다.

상象에 이르기를, 땅 속에서 나무가 살아나오는 것이 승升이니, 군자는 이로써 덕德에 순종하고(삼가하고) 작은 것을 쌓음으로써 크게 높이느니라.

각설 [258]

지중생목승地中生木升 땅 가운데 나무가 살아서 올라가는 승괘升卦의 상象이다.

순덕順德 곤도坤道는 건도乾道에 순종해야한다는 것이다. 순손順巽이다.

적소이고대積小以高大 학문을 통해 덕德은 조금씩 쌓아 높고 크게 하는 것이다.[259] (진덕수업進德修業)

---

258 (觀中) ❶지중생목地中生木 : 땅속에서 솟아오른 나무는 하늘을 향해 자란다. 땅속에서 생명에너지를 모아 자라는 것이다. 지풍승괘地風升卦의 지중생목地中生木은 나무를 상징하는 손괘巽卦가 땅 아래에 있는데 그것을 지중생목地中生木이라고 했다. 그러면서 초효初爻가 손괘巽卦의 주효主爻이므로 믿을 윤允 자字를 쓴 것이다. 땅위를 뚫고 힘차게 솟아올 것을 믿으라는 말이다. 이에 췌괘萃卦 다음에 지풍승괘地風升卦가 나온다. 「주역周易」에 나타난 '순順'자는 전부 하도원리河圖原理를 의미한다. 어디서 '지중생목地中生木'이 되는가? 뇌수해괘雷水解卦(백과초목개갑탁百果草木皆甲坼)에서 이루어진다.
❷군자이君子以 순덕順德
[1]덕德은 땅에서 축적蓄積을 하게 되어있다. 이에 곤괘坤卦 「대상大象」에 '후덕재물厚德載物'이라고 한 것이다. 하도원리河圖原理를 의미하는 '순順' 자字이다. 사역취순舍逆取順의 하도원리河圖原理다. 이를 『정역正易』에서는 도역도순倒逆度順이라고 했다. 도倒는 거꾸러질 도자가 아니라 '순할 도' 자이다. 이에 나는 '도순 도' 자字라고 한다. 거기에 화응和應하기 위해 순종해 좇아간다. [2]'순덕順德'(산지박山地剝)은 지산겸괘地山謙卦를 가리킨다. 순順은 곤괘坤卦, 덕德은 간괘艮卦에서 온 것이다. 날마다 조금씩 쌓아 올라간다. 어디까지 올라가도록 쌓는가? 위대한 곳에 이르도록. '고대高大'는 손위고巽爲高, 건위대乾爲大, 풍천소축風天小畜卦이다. 소축괘小畜卦를 가리키기 때문에 적소積小라고 한 것이다. 64괘속에는 대축괘大畜卦(다식전언왕행이축기덕多識前言往行以畜其德)도 있다. 대축괘大畜卦도 덕德을 길러나간다. 풍천소축괘風天小畜卦는 '의문덕懿文德'이라고 했다. 학문을 통해 군자가 덕을 닦아나간다. 왜 지풍승괘地風升卦의 「대상大象」에서 풍천소축괘風天小畜卦와 지산겸괘地山謙卦를 언급하게 되었는가? 지산겸괘地山謙卦와 지풍승괘地風升卦는 효爻 하나가 차이가 난다. 괘상卦象이 서로 비슷하다.

259 『주역본의』에서는 "덕을 삼감이라順(愼)"라고 하고, 『이천역전』에서는 "덕(德)을 순히 닦아서 작은 것을 쌓고 쌓아 고대(高大)함에 이른다.(以順修其德, 積累微小, 以至高大也.) 라고 하였다.

[初六]은 **允升**이니 **大吉**하니라. (地天泰)
초육 윤승 대길 지천태

象曰, 允升大吉은 **上合志也**이니라.
상왈 윤승대길 상합지야

○ 允(진실로 윤) 升(오를 승, 되 승) 大(큰 대) 吉(길할 길) 上(위 상) 合(합할 합) 志(뜻 지)

초육初六은 진실하게 올라감이니, 크게 길하니라.

상象에 이르기를, '진실하게 올라감이니, 크게 길하다.'는 것은 위와(구이九二)와 뜻이 합해짐이니라.

개요概要

초육初六은 부정위不正位한 효爻이다. 그러나 유순柔順함으로 구이九二 군자君子를 따라야 길吉함을 말한다.

각설 [260]

윤승대길允升大吉 손순巽順해야함에도 초효初爻는 부정위不正位이다. 따라서 구이九二 양효陽爻를 진실하게 따름으로써 나아가고, 크게 길吉하다는 것이다. (대길大吉≠원길元吉)[261]

소상사小象辭 [262]

상합지야上合志也 상上은 구이九二로서 초육初六인 음陰과 위에 있는 구

---

260 윤승允升은 목도木道가 솟아 올라온다. 땅속에서 하늘을 향해 힘차게 솟아오르다. 윤승允升이란? 승升을 믿는다. 즉 성인지도聖人之道를 믿는다.

261 『주역절중周易折中』에서는 "초효는 손괘의 주효로써 아래에 있는데 마치 나무의 뿌리와 같아서 땅의 기를 얻어 생장한다.(初六巽主居下, 而木之根也, 而得氣而從也)"라고 하였다.

262 (觀中) 상합지야上合志也는 위에 있는 분(하느님)과 군자君子의 뜻이 일치한다.

이九二의 뜻이 합合해졌음을 말한다.[263]

[九二]는 孚乃利用禴이니 无咎ㅣ리라. (地山謙)
구이 부내리용약 무구 지산겸

象曰, 九二之孚는 有喜也이니라.
상왈 구이지부 유희야

○ 孚(미쁠 부) 乃(이에 내) 利(이로울 리{이}) 用(쓸 용) 禴(종묘 제사 이름 약)

구이九二는 믿음이 있으면 간소하게 제사를 지내도 허물이 없느니라.

상象에 이르기를, 구이九二의 믿음은(부성孚誠) 기쁨이 있느니라.

개요概要

구이九二는 육오효六五爻에 대한 진실한 마음이라야 허물이 없다.

각설

부내리용약孚乃利用禴 구이효九二爻는 강중剛中으로 유중柔中인 육오효六五爻에게 마음속으로 정성을 다해 진실로 순종하고, 중도中道에 따라 행함을 말한다. 약禴은 여름제사를 말한다. 정성을 다하는 것이다.

소상사小象辭

유희有喜 중도中道를 행行하면 마음속에서 나오는 즐거움이 있다는 것이다.

263 『이천역전伊川易傳』 "위에 있는 자와 뜻이 합하여 함께 올라가니, 상上은 구이九二를 이른다. 이二를 따라 올라가면 바로 이二와 뜻을 함께 하는 것이니, 강중剛中의 현자賢者를 믿고 따르기 때문에 대길大吉한 것이다.(與在上者, 合志同升也, 上 謂九二, 從二而升, 乃與二同志也, 能信從剛中之賢,[一作道]所以大吉,)"라고 하였다.

[九三]은 升虛邑이로다. (地水師)
구삼 승허읍 지수사

象曰, 升虛邑은 无所疑也이니라.
상왈 승허읍 무소의야

○升(오를 승, 되 승) 虛(빌 허) 邑(고을 읍) 无(없을 무) 所(바 소) 疑(의심할 의)

구삼九三은 빈 고을에 올라감이로다.
상象에 이르기를, 빈 고을에 올라감은 의심할 바가 없느니라.(아무 것도 걸림이 없다.)

개요概要

구삼九三은 정위正位·과중過中한 효爻이다. 그러므로 겸손한 마음으로 과감하게 올라야 한다는 것이다.

각설

승허읍升虛邑 허읍虛邑으로 내 마음을 비우면 아무런 장애 없이 상승하는 남정南征을 의미함다. 승허읍升虛邑은 도통의 경지이다. 도통 경지는 군자지도가 천하를 행行하여 의심이 해결됨을 말한다.

소상사小象辭

무소의야无所疑也 의심하는 바가 없다. 자신을 비워야 의심할 바가 없는 것이다.

[六四]는 王用亨于岐山이면 吉코 无咎하리라. (雷風恒)
육사 왕용향우기산 길 무구 뇌풍항

象曰, 王用亨于岐山은 順事也이니라.
상왈 왕용향우기산 순사야

○ 王(임금 왕) 用(쓸 용) 亨(제사바칠 향, 형통할 형) 于(어조사 우) 岐(갈림길 기) 山(뫼 산) 順(순할 순) 事(섬길 사)

육사六四는 왕이 기산에서 제사지낸다. 길吉하고 허물이 없으리라.

상象에 이르기를, '왕이 기산에서 제사지낸다.'는 것은 도리道理에 순종(섬기는)함이니라.

개요概要

육사六四는 육오六五에 순종하는 마음이라야 허물이 없다.

각설[264]

왕용형우기산王用亨于岐山 서주西周의 산山인 기산岐山에서 올리는 제사로써 정성을 다해 중도中道에 순응하면 길吉하고 허물이 없다는 것이다. 다시 말하면 마음으로 존위尊位에 순종하면 반드시 나아가 길吉함을 얻는다는 것이다.[265]

---

264 왕용형우기산王用亨于岐山의 왕王이 문왕文王이라는 과거의 주석에 대하여 논란이 많다. 기산은 서산西山이다. 실제로 기산岐山에서 제사祭祀를 지내는 일을 의미하는 것이 아니다. 하늘의 뜻을 진심으로 받드는 마음씨를 표현한 것이다. 기산岐山은 주周의 시조始祖 공유公劉가 유주幽州에 도읍都邑을 정定했으나 8대 태왕太王(문왕文王의 조부祖父)때 와서 기산岐山으로 천도遷都를 했다고 한다. 일반적으로 천자天子는 천지天地에 제사하고, 제후諸侯는 자신의 영지領地에서 산천山川에 제사를 하는 것이 원칙이다. 기산岐山은 주의 서쪽에 있는 산으로 봉우리가 갈라진 것을 유래하여 기산岐山이라고 칭한 것이다.

265 (집설) 『이천역전』에서는 '형亨을 형통함'으로 주석註釋하고, 『주역본의』에서는 '향享으로' 주석하였다.

소상사小象辭 [266]

순사順事 산천山川에 제사를 지냄은 중도中道에 순종함을 보여주기 위함이다.[267]

[六五]는 貞이라야 吉하리니 升階로다. 육오 정 길 승계	(水風井) 수풍정
象曰, 貞吉升階는 大得志也ㅣ리라. 상왈 정길승계 대득지야	

○ 貞(곧을 정) 길吉(길할 길) 升(오를 승, 되 승) 階(섬돌 계) 大(큰 대) 得(얻을 득) 志(뜻 지)

육오六五는 곧으면 길吉하리니, 섬돌에 오름이로다.

상象에 이르기를, '곧으면 길吉하고 섬돌에 오른다.'는 것은 뜻을 크게 얻느니라.

개요槪要

육오六五는 중효中爻로 구이九二와 상응相應하여 올라가는 것이 계단에 오르듯 쉽게 오른다는 것이다.

각설 [268]

---

266 (觀中) 왕용형우기산王用亨于岐山 : 왕王은 문왕文王이 서백일 때의 일이니 후존하여 부르는 것이다. 수괘隨卦 상육上六에서는 태泰가 정서방正西方이므로 '서산西山'이라 하고, 여기서는 곤坤이 서남향西南方이기 때문에 기산岐山이라 하였다.

267 『주역정의周易正義』에서는 "사물의 실제에 따라 공을 세우고, 일을 세운다.(順物之情而 立功立事)"라고 하였다.

268 '승계升階'란 섬돌 위를 올라가면 어디에까지 올라가는가? 군자의 생각이 형이상形而上의 세계로 도달하게 된 것이다. '대득지야大得志也'란 천지지정天地之情과 성인지의聖人之意를 크게 깨달음. 여기서 대형大亨이 되어진 것이다. 승升은 「단사彖辭」의 '유이시승柔以時升'의 승升이다.

정길貞吉 천도天道에 대한 곧고 바른 마음이라야 길하다는 것이다.

승계升階 육오六五는 중효中爻로 구이九二와 상응하여 올라가는 것이 계단에 오르듯 쉽게 오른다는 것이다. 섬돌을 올라간다 함은 군자의 순종하는 마음으로 형이상의 세계로 도달하게 된 것이다.

소상사小象辭

정길승계貞吉升階 형이상학적인 세계에 도달하여 중도中道에 입각하여 올바르게 함으로써 길吉하다

대득지야大得志也 천지지정天地之情과 성인지의聖人之意를 크게 깨달음

[上六]은 冥升이니 利于不息之貞하니라. 상육 명승 이우불식지정	(山風蠱) 산풍고
象曰, 冥升在上하니 消不富也 ㅣ로다. 상왈 명승재상 소불부야	

❍ 冥(어두울 명) 升(오를 승, 되 승) 利(이로울 리{이}) 于(어조사 우) 不(아닐 불) 息(그칠 식, 숨 쉴 식) 貞(곧을 정)

상육上六은 어둡게 오름이니 쉬지 아니하고 곧음이 이로우니라.

상象에 이르기를, 어둡게 오름이니, 위에 있으면 사라져서 부富하지 못함이로다.

개요概要

상육上六은 지나침은 혼미하고 어둡다. 소인지도小人之道에 대한 경계사이다.

각설

명승冥升 나아감이 극도에 달하면 흉凶하여 어두워 진다.

이우불식지정利于不息之貞 종일건건終日健健이다. 쉼없이 꾸준히 함이 이롭다는 것이다. 더 이상 경거망동하게 나아가지 말고 멈추라는 것이다. 즉 머무르는 공부, 내적 정진 공부를 말한다. 그 결과로 명승冥升이 명승明升으로 바뀐다는 것이다.

소상사小象辭[269]

소불부야消不富也 『주역』에서는 빈貧과 악惡이 현실에서 나타나지 않도록 하기 위해 빈貧을 불부不富로, 악惡을 불선不善으로 표현했다.(부富 = 진進)

---

269 불가佛家의 삼법인설三法印說중 하나인 제행무상諸行無常은 '일체一體의 만들어진 것은 시간의 추이에 따라 생멸변화生滅變化하며, 늘 그대로 있는 것이 없다.'라는 뜻이다. 혹자는 '제행무상諸行無常, 시생멸생是生滅法, 생멸멸이生滅滅而 적멸위락寂滅爲樂'에 대한 모든 것을 다 알고 나서, 어떤 이는 자신의 이름을 제적除籍이라 고쳤다고 한다.

✐ 승升은 승昇으로 작은 것이 축적되어 차근차근 올라가서 큰 것을 이루는 도리를 말한다. 승升의 이치는 손이순巽而順에 있다. 즉 진리眞理에 겸손하고(손巽), 순응함(순順)을 말한다. 진리眞理에 대한 겸손과 순리順理에 따라 점진적漸進的으로 나아가면서 누구나 노력하면 크게 형통해 진다는 것이다. 그러므로 진리眞理에 대한 믿음으로 나가면 절대 근심할 필요가 없다고 말한다. 목적 제일주의 가치관에 허덕이는 사람들에게 학문을 통해 덕德은 조금씩 쌓아 높고 크게 하는 지혜를 말하고 있다.

택수곤괘

47.澤水困卦

水風井卦 山火賁卦 水澤節卦 風火家人卦

도전괘
倒顚卦

택수곤괘
澤水困卦

수풍정괘
水風井卦

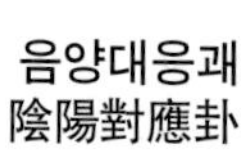

음양대응괘
陰陽對應卦

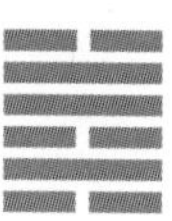

택수곤괘
澤水困卦

산화비괘
山火賁卦

상하교역괘
上下交易卦

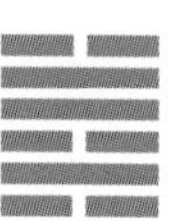

택수곤괘
澤水困卦

수택절괘
水澤節卦

호괘
互卦

택수곤괘
澤水困卦

풍화가인괘
風火家人卦

효변
爻變

初爻變
而爲兌卦

二爻變
而爲萃卦

三爻變
而爲大過卦

四爻變
而爲坎卦

五爻變
而爲解卦

上爻變
而爲訟卦

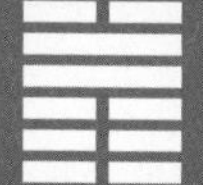

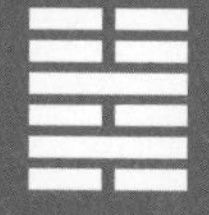

택수곤괘 澤水困卦	중택태괘 重澤兌卦	택지췌괘 澤地萃卦	택풍대과괘 澤風大過卦	중수감괘 重水坎卦	뇌수해괘 雷水解卦	천수송괘 天水訟卦

요지要旨[270]

괘명卦名 이 괘는 상태上兌의 택澤(☱) + 하감下坎의 수水(☵) = 택수곤괘澤水困卦(䷮)이다.

괘의卦意 곤함에 대한 설명이다. 곤괘困卦의 곤困은 구口 + 목木 = 피곤함, 고난, 떨어짐을 의미이다. 곤괘困卦는 고난에서 벗어날 때 인간의 가치가 드러남을 말한다. 또한 성인지도聖人之道에 대한 굳은 신념으로 때를 기다려 어려움을 돌파해 나가는 것을 말하고 있다. 또한 고난에 처해있는 군자가 이 어려움을 해쳐나갈 수 있는 지혜를 말한다. 달리 말하면 소인小人의 곤함은 육신肉身의 곤함이요, 군자君子의 곤함은 진리眞理의 곤함이다.

괘서卦序 「서괘」에서 "올라가고 그치지 않으면 반드시 곤困하므로 곤困으로써 받는다.(升而不已, 必困, 故 受之以困.)"라고 하였다.[271]
승이불이 필곤 고 수지이곤

괘상卦象 연못 밑에 물이 있다는 것은 연못에 물이 없다는 것이다. 그러므로 고난과 곤경을 의미한다. 또한 육효六爻로 보면 양효陽爻가 음효陰爻에 둘러싸여 있다.[272]

---

270 (觀中) 여자가 자식을 잉태하는 사물의 형상에다 비겨가지고 군자지도의 뜻을 표현한 것이다. 곤정혁정困井革鼎에 군자지도가 잉태되어 있음을 반드시 알아야 한다. 곤정혁정困井革鼎을 포태궁胞胎宮이라고 하는 까닭은 무엇인가?(무슨 원리를 표상하는 괘인가?) 인도人道에 있어서는 곤困·정괘井卦다. 따라서 곤괘困卦의 「대상大象」에 '군자이치명수지君子以致命遂志'라고 한 것이다. 군자지도를 학문하는 방법을 말씀한 것이다.

271 『이천역전』에서 "곤괘困卦는 「서괘전序卦傳」에 '올라가고 그치지 않으면 반드시 곤(困)하다. 그러므로 곤괘(困卦)로 받았다.' 하였다. 승升은 아래로부터 올라가는 것이니, 아래로부터 위로 오름은 힘으로써 나아감이니, 그치지 않으면 반드시 곤困하다. 그러므로 승괘升卦의 뒤에 곤괘困卦로써 받은 것이니, 곤困은 피곤함의 뜻이다. 괘卦됨이 태兌가 위에 있고 감坎이 아래에 있으니, 물이 못 위에 있으면 못 가운데 물이 있는 것인데, 마침내 못의 아래에 있으니 못이 말라 물이 없는 상象으로 곤핍困乏의 뜻이 된다. 또 태兌가 음陰으로 위에 있고, 감坎이 양陽으로 아래에 있으며, 상육上六이 두 양陽의 위에 있고 구이九二가 두 음陰의 가운데 빠져 있으니, 모두 음유陰柔가 양강陽剛을 가리운 것이니, 이 때문에 곤困이라 한 것이다. 군자君子가 소인小人에게 엄폐掩蔽를 당함은 곤궁困窮한 때이다.(困 序卦, 升而不已, 必困, 故受之以困, 升者 自下而上, 自下升上, 以力進也, 不已 必困矣, 故升之後, 受之以困也, 困者 憊乏之義, 爲卦 兌上而坎下, 水居澤上, 則澤中有水也, 乃在澤下, 枯无水之象, 爲困乏之義. 又兌以陰在上, 坎以陽居下, 與上六在二陽之上而九二陷於二陰之中, 皆陰柔於陽剛, 所以爲困也. 君子爲小人所蔽, 窮困之時也)"라고 하였다.

272 『논어』, 「팔일」편의 "애이불상哀而不傷, 낙이불음樂而不淫"과 『맹자』, 「진심장」편 "군자

困은 亨코 貞하니 大人이라 吉코 无咎하니 有言이면 不信이니라.
곤 형 정 대인 길 무구 유언 불신

○ 困(괴로울 곤) 亨(형통할 형) 貞(곧을 정) 无(없을 무) 咎(허물 구) 有(있을 유) 言(말씀 언) 不(아닐 불) 信(믿을 신)

곤困은 형통하고 바르니, 대인大人이라야 길吉하고 허물이 없으니, (실천은 없고) 말만 있으면 믿지 않느니라.

각설

곤困 형정亨貞 곤困함은 중도中道로써 정貞으로 노력하면 형통하다는 것이다. 군자君子는 곤困할수록 견고해진다. 몸은 곤困하고 마음은 곤하지 않기 때문이다.

대인길무구大人吉无咎 보통 사람은 곤함을 면키 어려우니 대인大人이라야 길吉하고 허물이 없다는 것이다.

유언불신有言不信 언행일치 없이 말로만 일관한다면 남이 믿지 않는다는 것이다.

[彖曰] 困은 剛揜也ㅣ니
단왈 곤 강엄야

險以說하야 困而不失其所亨하니 其唯君子乎인뎌
험이열 곤이불실기소형 기유군자호

貞大人吉은 以剛中也일새오
정대인길 이강중야

有言不信은 尙口乃窮也이니라.
유언불신 상구내궁야

삼락君子三樂(君子有三樂, 而王天下不與存焉. 父母俱存, 兄弟無故, 一樂也. 仰不愧於天, 俯不怍於人, 二樂也. 得天下英才而敎育之, 三樂也.)"을 참고.

○ 揜(가릴 엄), 險(험할 험) 說(기꺼울 열) 窮(다할 궁)

단彖에 이르기를, 곤困은 강剛이 가려짐이니, 험하나 기뻐하여 곤困하지만 그 형통亨通하는 바를 잃지 아니하니, 그 오직 군자만이 할 수 있는 일인가! '곧으면 대인大人은 길吉하다.'는 것은 강剛으로써 득중得中을 함이오. 말만 있고 믿지 않는다는 것은 말만 숭상崇尙하면 마침내 곤궁困窮해지니라.

각설 273

강엄야剛揜也 곤괘困卦의 형상은 양효陽爻가 음효陰爻 사이에 가려져 있다. 군자지도가 소인지도小人之道에 가려져 있다는 것이다.

험이열險以說 외부로는 험하나 내부로는 기쁨이 있다.

곤이불실기소형困而不失其所亨 군자는 곤할지라도 도道를 닦아 그 형통한 바를 잃치 않는다는 것이다.

유언불신상구내궁야有言不信尙口乃窮也 말이 있어도 믿지않는 것은 말만 내세우고 실천하지 않으면 마침내 궁해진다는 것이다. 성인의 말씀이 있는데 불신하여 그 뜻을 깨닫지 못해서 곤궁해진다는 것을 말한다.

[象曰] 澤无水 | 困이니 君子 | 以하야 致命遂志하나니라.
상왈 택무수 곤 군자 이 치명수지

○ 致(보낼 치, 다할 치, 이를 치) 命(명 명, 목숨 명) 遂(이를 수) 志(뜻 지)

273 (觀中) ❶ 험이열險以說 곤이불실기소형困而不失其所亨 : 엄揜은 천지지도天地之道가 가리워짐이다. 험이열險以說의 험險은 감괘坎卦이며, 열說은 태괘兌卦에서 온 것이다. 험지시용險之時用이 규건괘睽蹇卦에서 나타난다. '곤이불실기소형困而不失其所亨'이란 '그 통하는 바를 잃어버리지 않는다.' 이에 자득自得했다. '기유군자호其唯君子乎'란 말은 동인괘同人卦와 여기 둘 뿐이다. ❷우언불신有言不信 : 성인聖人이 말씀을 전달했는데도 불구하고 그 뜻을 잘못 받아들였기 때문에(성인聖人의 말씀에 대한 믿음이 서지 않았기 때문에), 3효를 염두에 두고 한 말씀이다. 따라서 곤괘坤卦는 어떤 의미에 있어서는 3효가 주효主爻라고도 할 수 있다. ❸상구내궁尙口乃窮 : 말씀을 숭상했는데 그 뜻을 깨닫지 못했다. 구口는 택수곤괘澤水困卦 상효上爻에서 온 것이다.

상象에 이르기를, 못에 물이 없는 것이 곤困이니, 군자는 이로써 천명에 이르러 뜻을 이루니라.

각설 [274]

택무수곤澤无水困 못에 물이 없어서 곤한 것이다. 고난을 겪어야 공부가 완성된다는 의미를 내포하고 있다.

치명수지致命遂志 ❶명命에 이른다는 것은 순응한다는 것이다. 즉 천명에 순종하고 행함으로써 나의 뜻을 이룬다는 것이다. ❷목숨을 다해 하늘의 뜻을 따른다.

[初六]은 臀困于株木이라 入于幽谷하야
초육 둔곤우주목 입우유곡

三歲라도 不覿이로다. (重澤兌)
삼세 부적 중택태

象曰, 入于幽谷은 幽不明也이니라.
상왈 입우유곡 유불명야

○ 臀(볼기 둔) 困(괴로울 곤) 株(가지 주, 그루 주) 木(나무 목) 幽(그윽할 유, 어두울 유) 谷(골 곡) 三(석 삼) 歲(해 세) 覿(볼 적, 볼 도)

초육初六은 궁둥이가 나무 그루터기에 걸려 괴로움을 당함이라, 깊은 골짜기로 들어가 삼년이라도 (사람을) 보지 못함이로다.
상象에 이르기를, '어두운 골자기로 들어간다.'는 것은 어두워서 밝지 못함이니라.

개요概要

소인小人의 곤궁함이오. 육신肉身의 곤궁함이다.

---

274 (觀中) 성인지도聖人之道는 생명을 걸어 놓고 학문을 해야 한다는 말이다.

각설 [275]

둔곤우주목臀困于株木 나무 그루터기에 앉자 곤困하여 편치 못함을 말한다. 즉 앉을 자리가 아닌데 앉아있는 것이다(부정위不正位).

입우유곡入于幽谷 깊고 어두운 골짜기로 들어간다는 것은 곤困의 정도가 심해진다는 것이다. 즉 진퇴양난의 곤경이나 지극히 곤궁한 상태에 빠진다.

삼세불적三歲不覿 여러 해를 지나도 광명(성인聖人, 군자지도君子之道)을 보지 못한다는 것이다.

소상사小象辭

입우유곡入于幽谷 유불명야幽不明也 인간의 생각과 욕심으로 계곡에 들어가면 어두워 밝지 못해 곤함이 있다는 것이다.

[九二]는 困于酒食이나 朱紱이 方來하리니 利用亨祀ㅣ니
구이 곤우주식 주불 방래 이용향사
征이면 凶하니 无咎ㅣ니라. (澤地萃)
정 흉 무구 택지췌
象曰, 困于酒食은 中이라 有慶也ㅣ리라.
상왈 곤우주식 중 유경야

○ 困(괴로울 곤) 于(어조사 우) 酒(술 주) 食(밥 식) 朱(붉을 주) 紱(인끈 불) 方(바야흐르 방, 모 방) 來(올 래) 利(이로울 리) 用(쓸 용) 亨(제사지낼 향, 형통할 형) 祀(제사 사) 征(칠 정) 凶(흉할 흉) 慶(경사 경)

---

275 (觀中) ❶둔곤우주목臀困于株木 : 입우유곡入于幽谷하야 삼세三歲라도 불도不覿이로다. 주목株木은 손괘巽卦이다. ❷입우유곡入于幽谷 삼세三歲 : 선천先天을 지칭한다. '입우유곡入于幽谷'의 손巽은 입야入也, 유곡幽谷은 산속으로 들어갔다. 그러면 입우유곡入于幽谷이란 무슨 괘卦인가? 산풍고괘山風蠱卦다. 선천先天的 시위에서 고통을 느낀다. 학문學問하는 사람이 갈등을 느낀다. 심세三歲는 선천적先天的 시위時位에선 성인聖人·군자지도君子之道가 절대로 보이지 않는다.

구이九二는 술과 밥에(성인지도) 괴로움을 당하나, 붉은 인끈을 찬 임금(성인)이 바야흐로 오려 하리니, 정성껏 제사祭祀를 지내면 이로우나, 앞으로 나아가면 흉凶하니, 허물이 할 곳이 없느니라.
상象에 이르기를, '술과 밥에 괴로움을 당한다.'는 것은 강중剛中의 덕德이 있어 경사가 있으리라.

개요概要

군자의 곤궁함은 진리眞理의 곤궁함이요, 소인小人의 곤궁함은 외물外物에 대한 곤궁함이다.

각설[276]

곤우주식困于酒食 구이九二는 득중한 효爻로써 진리에 대한 곤궁함이나 아직은 성인지도에 대한 마음은 변하지지 않는다는 것이다. 주식酒食은 군자의 영양소인 성인지도聖人之道이다.
주불방래朱紱方來[277] 주불朱紱은 구오九五를 말하고, 군자君子에게는 천작天爵을 의미한다. 이것이 구오九五·성인聖人이 구이九二·군자에게 바로 온다는 것이다. 즉 바로 하늘의 섭리가 온다는 말이다.
이용향사利用亨祀 정성을 지극히 드리는 제사를 말한다.(예중박물禮重博物)
정흉무구征凶无咎 성인지도를 순종하며 따라야 함에도 불구하고, 앞으로 나아가면 흉凶이라 허물할 곳이 없을 것이다.[278]

---

276 (觀中) 성인聖人의 말씀을 음식에 비유한 것. 주식酒食은 택수곤괘澤水困卦의 감괘坎卦(음식을 표현)다. 내괘內卦의 과정에선 어려움을 느낀다.

277 불紱은 인끈 불 자字로 무릎을 가리는 천을 말한다. 임금은 주색朱色의 띠가 달린 하의를 입고, 신하는 적색赤色의 띠가 달린 하의를 입는다. 주색은 적색보다 더 붉은 색이다.

278 (집설) ❶『이천역적伊川易傳』에서는 "'정흉무구정征凶无咎'는 곤할 때에 만일 지성至誠으로 편안히 처하여 천명天命을 기다리지 않고 가서 구한다면 난難을 범하여 흉함을 얻으리

소상사小象辭

중유경야中有慶也 구이九二는 중도中道를 행行하는 사람이라 경사가 있어 곤困하지 않다.[279]

[六三]은 困于石하며 據于蒺藜ㅣ라
육삼 곤우석 거우질려

入于其宮이라도 不見其妻ㅣ니 凶토다. (澤風大過)
입우기궁 불견기처 흉 택풍대과

象曰, 據于蒺藜는 乘剛也일새오
상왈 거우질려 승강야

入于其宮不見其妻는 不祥也이니라.
입우기궁불견기처 불상야

○ 困(괴로울 곤) 于(어조사 우) 石(돌 석) 據(의거할 거) 于(어조사 우) 蒺(가시나무 질) 藜(가시나무 려(여)) 入(들 입) 其(그 기) 宮(집 궁) 不(아닐 불) 見(볼 견) 妻(아내 처) 乘(탈 승) 剛(굳셀 강) 祥(상서로울 상)

육삼六三은 돌에 곤困하여 가시덤불에 걸려있음이라 그 집에 들어가도 그 아내를 보지 못하니, 흉凶토다.

상象에 이르기를, '질려에 몸을 의지한다.'는 것은 강剛을 타고 있음이오, '그 집에 들어가도 그 아내를 보지 못한다.'는 것은 상서롭지 못함이니라.

개요概要

대표적인 소인小人의 곤궁함이다.

니, 이것은 스스로 취하는 것이다. 장차 누구를 허물하겠는가.(征凶无咎, 方困之時, 若不至誠安處以俟命, 往而求之, 則犯難得凶, 乃自取也. 將誰咎乎)"라고 하였다. ❷『주역본의周易本義』에서는 "만일 가면 알맞은 때가 아니므로 흉하나 의(義)에 있어서는 허물이 없음이 된다.(若征行則非其時, 故凶而於義爲无咎也.)"라고 하였다.

279 종말終末에 가서는 천명天命을 깨닫게 될 것이다.

각설[280]

곤우석困于石 거우질려據于蒺藜[281] 육삼효六三爻는 반석과 같은 돌(양陽物=구사효九四爻)에 곤困하고, 가시덤풀(음陰物=상육효上六爻)에 걸려있는 곤란한 상황이다. 즉 육삼효六三爻는 진퇴進退가 곤란한 상황이다. 또한 괘상卦象을 보면 삼효三爻는 양단의 양효陽爻에 빠져있다. 부정위不正位로써 종일건건終日健健하고 삼가하고 근신해야할 시기임에도 불구하고 독선과 아집으로 나아가면 돌 뿌리에 부딪치고, 가시덤불에 걸린다(소인지도小人之道에 안주한다)는 것이다.

불견기처不見其妻 흉凶 성인지도聖人之道를 믿지 않아서 정도正道(가인지도家人之道=군자지도君子之道)를 보지 못한다는 것이다.

---

280 (觀中) ❶ 곤우석困于石 거우질려據于蒺藜 : '곤우석困于石'이란 깨지지 않은 돌을 의미한다. 간괘艮卦가 돌을 상징하는 괘卦다. 수산건괘水山蹇卦에서 대건붕래大蹇朋來가 안된 것이다. 붕우朋友가 등을 둘러대면 생사길흉화복生死吉凶禍福이 갈라진다. '거우질려據于蒺藜' 가시덤불에 속에서 안주하려 드니까 고통을 느끼게 된다. 맹자孟子는 '천명天命을 깨달은 자는 담 밑에 가서 서 있지도 않는다.'라는 말을 한 것이다. 어디에 가서 곤궁하게 되었는가? 질려蒺藜 때문에 곤궁하게 된 것이다. '곤우석困于石 거우질려據于蒺藜'는 수산건괘水山蹇卦를 가리킨다. 규睽·건괘蹇卦는 극처極處에 도달함을 의미한다. 형이상학적인 세계에 도달하여 궁극지경에 이름을 말한다. 백척간두에서 진일보하면 부처의 세계로 들어가게 된다. 형이하학적 차원에서 형이상의 차원을 지향하여 궁극지경에서 한 걸음 더 나아가면 하도河圖의 세계(십수원리十數原理의 세계)로 들어가게 된다. 이 세계가 역도易道의 세계다. ❷입우기궁入于其宮 : 잉태孕胎가 안된 것이다. 3효이기 때문이다. 궁宮은 여자의 자궁子宮으로 잉태孕胎하는 원리를 역도易道를 거기에다 비겨 가지고 상징적으로 표현한 것이다. 성인聖人 군자지도君子之道가 어디에 잉태孕胎되어 있는가? 도서원리圖書原理에(성인聖人의 말씀속에, 천지지도天地之道속에)잉태孕胎되어 있다는 것이다. 이에 포태궁胞胎宮과 합덕문合德門은 유기적 관계다. 음양陰陽이 합덕함으로써 포태궁胞胎宮에 잉태孕胎를 시킬 수가 있는 것이다. 성인聖人·군자君子가 잉태孕胎하는 이치에다 비겨가지고 천지합덕天地原理를 남녀포태합궁男女胞胎合宮하는 원리에 비겨 가지고 상징적으로 표현한 것이다. 8괘 원리가 전부 합덕문合德門과 포태궁胞胎宮의 원리에 집약된다. 가인괘家人卦(군자의 세계)의 세계에 들어가지 못했다는 것이다. ❸불견기처不見其妻 : 아내를 잃어버린 것이다. 가인지도家人之道를 깨닫지 못한 것이다. 왜 깨닫지 못하는가? 성인聖人의 말씀이 있는데도 믿지 않기 때문이다. ❹흉凶 : 소인지도小人之道를 상징하는 효다. 마음의 고통을 말한다.

281 질려蒺藜는 납가새 질蒺이고, 나라 이름 려藜로 납가새 혹은 남가새라는 풀이며, 잎에 가시가 있다. 돌에 막혀서 곤난을 받았고, 가시가 있는 질려蒺藜에 몸을 의지하는 것이니, 참으로 곤궁困窮한 형편이다. 인사적으로는 집에 들어가도 그 아내를 보지 못한다는 것은 어디에도 받아줄 사람이 없다는 의미이다.

소상사小象辭[282]

승강야乘剛也 양효陽爻인 강剛을 타고 있다는 것이다.

불상야不祥也 재앙과 흉한 징조의 시작을 말한다.

[九四]는 來徐徐는 困于金車일새니
구사 래서서 곤우금거

吝하나 有終이리라. (重水坎)
인 유종 중수감

象曰, 來徐徐는 志在下也일새니 雖不當位나 有與也이니라.
상왈 래서서 지재하야 수부당위 유여야

❍ 來(올 래) 徐(천천할 서) 困(괴로울 곤) 金(쇠 금) 車(수레 거) 吝(아낄 린{인}) 有(있을 유) 終(끝날 종) 雖(비록 수) 不(아닐 불, 막힐 비}) 當(당할 당) 位(자리 위) 與(줄 여)

구사九四는 천천히 온다는 것은 쇠수레에 곤함이니, 인색하지만 끝이 있으리라.

상象에 이르기를, '서서히 온다.'는 것은 (구사九四의) 뜻이 아래에 있는 것이니, 비록 자리는 마땅하지 않지만 함께 함이 있느니라.

개요槪要

구이九二와 마찬가지로 군자의 곤궁이요, 진리의 곤궁함이다.

각설[283]

---

282 (觀中) ❶승강乘剛 : 부차승치구지負且乘治寇至 한 것이다. ❷입우기궁入于其宮불견기처不見其妻 : 가인괘家人卦를 가리키는 집 궁 자다. 아내를 집사람이라고 한다. 아내가 거처하는 방이 안방이다. 아내를 볼 수 없다는 말은 소인小人이므로 가인지도家人之道가 깨달아지지 못한 것이다.

283 (觀中) 곤우금거困于金車는 집안에 생명을 상징하는 또는 장자를 상징, 신도神道를 상징하는 나무가 들어있는 것이다. 나무는 땅속에서 올라오는 생명을 상징한 것이다. 성인지도

래서서來徐徐 초구初九와 구사九四의 상응相應이 서서히 이루어 진다는 것이다. 곤우금거困于金車 금거金車는 건위금乾爲金이고, 곤위대여坤爲大輿이다. 그러므로 천지지도를 깨우치지 못해서 당하는 곤궁함이다.

소상사小象辭 284

지재하야志在下也 뜻이 아래에 있다는 것은 백성들에게 뜻이 있다.

유여야有與也 정위正位는 아니나, 더불어 참여한다는 의미가 있다. 도의道義의 세계에 참여한다.

[九五]는 劓刖이니 困于赤紱하나
구오 의월 곤우적불

乃徐有說하리니 利用祭祀ㅣ니라. (雷水解)
내서유열 이용제사 뇌수해

象曰, 劓刖은 志未得也일새오
상왈 의월 지미득야

乃徐有說은 以中直也일새오 利用祭祀는 受福也이니라.
내서유열 이중직야 이용제사 수복야

○ 劓(코 벨 의) 刖(발꿈치벨 월) 困(괴로울 곤) 赤(붉을 적) 紱(인끈 불) 乃(이에 내) 徐(천천할 서) 有(있을 유) 說(말씀 설) 利(이로울 리) 用(쓸 용) 祭(제사 제) 祀(제사 사) 志(뜻 지) 未(아닐 미) 得(얻을 득) 直(곧을 직) 受(받을 수) 福(복 복)

구오九五는 코를 베이고 발꿈치를 베임이니, 신하(적불)에 피곤하나 (끝끝내 계속하면) 이에 서서히(천천히) 기쁨이 있으리니, 제사를 지내는 것이 이로

聖人之道가 드러날 때에는 고통을 느낀다는 것이다. 초야草野에 묻혀있다는 것이다. 유종有終은 군자유종君子有終의 유종有終이다. "오는 것이 서서히 온다." 종말에 가서는 천명天命을 깨닫게 된다.

284 (觀中) ❶지재하야志在下也 : 뜻이 아래에 있다. 즉 아래의 백성들에게 있다. 초야에 묻혀 있다는 뜻도 된다. '지재하志在下'란 주로 초효初爻를 가리킨다. ❷유여有與 : 줄 여자다. 응하는 바가 있다. 참여하다는 뜻과 더불다(합덕)의 의미가 있다. 도의의 세계에 참여한다. ❸래서서來徐徐 : 진리眞理를 따르지 않는 안타까운 상황이다.

우니라.

상象에 이르기를, '코를 베이고 발꿈치를 베인다.'(의월劓刖)는 것은 아직 뜻을 얻지 못함이오. '천천히 기쁨이 있다.'(래서서來徐徐)는 것은 중도中道로써 (마음을)곧게 함이오. '제사祭祀를 지내는 것이 이롭다.'(이용제사利用祭祀)는 것은 복을 받음이니라.

개요概要

구오九五는 중정지도中正之道로 어려움을 견디어 내고 마침내 기쁨의 결과를 가져온다는 것이다.

각설 [285]

---

285 (觀中) 의월劓刖 곤우적불困于赤紱의 '의월劓刖'은 산뢰이괘山雷頤卦를 가리킨다. 코베고, 발뒷꿈치를 잘라내는 형벌刑罰이 택수곤괘澤水困卦 사효四爻에 언급言及되는 까닭은 무엇인가? 괘卦를 가리키는 것임을 알아야 한다. '의劓'는 간괘艮卦요, '월刖'은 진震(진위족震爲足)이다. 산뢰이괘山雷頤卦에서 코와 발을 베어 버리면 무슨 괘卦가 되겠는가? 택풍대과괘澤風大過卦가 된다. 거기서 무엇이 갈라지는가? 산뢰이괘山雷頤卦는 되려 양정원리養正原理다. 무엇이 양정養正을 하는가? 성인지도聖人之道로 군자를 기른다. 산수몽괘山水蒙卦에 몽이양정성공야蒙以養正聖功也라고 했다. 성인聖人에게 주어진 사명使命이 바로 거기에 있다. 이頤는 양정養正(성인聖人의 공덕功德). 산뢰이괘山雷頤卦의 주효主爻는 초효初爻와 상효上爻다. 택풍대과괘澤風大過卦도 마찬가지다. 상효上爻와 초효初爻 때문에 택풍대과괘澤風大過卦의 동요棟橈의 좋지 않은 현상이 나타나는 것이다. 그러니까 천지지도天地之道다. 풍뢰익괘風雷益卦, 상효上爻에 '막익지혹격지莫益之或擊之'는 무엇이 갈라지는가? 군자와 소인小人에게 주어지는, 거기서 화복禍福이 갈라진다. 군자에게는 복福을 소인小人에게는 흉을 준다. 그렇기 때문에 삼효三爻에 '익지용흉사益之用凶事'라고 한 것이다. 초初·상효上爻의 「효사爻辭」의 뜻이 삼三·사효四爻로 반영이 되어 그대로 나타나는 것이다. '의월劓刖'은 코를 베고, 발뒷꿈치를 베는 것은 변화를 말한다. 즉 산뢰이괘山雷頤卦가 변變하면 택풍대과괘澤風大過卦가 된다는 것을 말하고 있다. 초初·상효上爻가 음효陰爻이면서 그 음효陰爻가 그 괘卦를 형성形成하는데 주장主長이 된 것이라면, 음괘陰卦는 다양多陽이요, 양괘陽卦는 다음이다. 산뢰이괘山雷頤卦의 초初·상효上爻의 양효陽爻가 음효陰爻로 변하면서, 그것이 6효卦에 있어서 주효主爻가 된 괘는 어떤 괘인가? 그것이 택풍대과괘澤風大過卦다. 따라서 '의월劓刖'이란 택풍대과괘澤風大過卦로 변한다는 말이다. 대괘괘大過卦는 재앙을 의미하는 괘卦다. 이 재앙은 천지天地로부터 오는 재앙이다. '적불赤紱'(수풍정괘水風井卦를 가리킴)은 무슨 괘를 가리키는가? 관복官福을 내려준다는 뜻이겠는가? 하늘이 주는 관복이다. '의월劓刖'이기 때문에 상효上爻와 초효初爻가 주는 의월劓刖이다.' 적불赤紱이나 주불朱紱이나 관복官福의 차이만 있을 뿐이다. '적불赤紱'(하도원리河圖原理)이란 한 것은 중효中爻이기 때문이다. 주불朱紱과 적불赤紱은 본질적으

의월劓刖 곤우적불困于赤紱 의월劓刖은 코를 베고 (구오九五는 상육上六에게), 발뒤꿈치를 (구이九二는 초육初六에게) 잘라내는 형벌이다. 대과괘大過卦는 재앙을 의미하는 괘卦다. 이 재앙은 천지天地로부터 오는 재앙이다. ❶주불朱紱은 하늘이 성인聖人에게 내려주는 벼슬이다. ❷적불赤紱은 성인聖人이 군자에게 내려주는 벼슬이다.[286]

내서유열乃徐有說 이용제사利用祭祀 중정지도中正之道를 행行함으로써 늦게나마 기쁨이 있게 하니, 제사祭祀를 지내는 것과 같이 지극한 정성으로 하면 이利롭다는 것이다.

소상사小象辭

미득야未得也 구이九二가 오지 않았다는 것이다.

이중직야以中直也 중직中直은 중정지도中正之道를 말한다.

이용제사利用祭祀 수복야受福也 제사祭祀를 드리는 정성어린 마음이 모든 것을 이롭게 하고, 그 결과로써 복福도 받는다는 것이다.

로 다르지는 않다. 오효五爻는 성인聖人에게 주어지는, 즉 하늘이 내려주는 벼슬이다. 주불朱紱(지도地道인 낙서원리洛書原理를 상징)은 군자에게 내려주는 벼슬이다. '곤우적불困于赤紱'이란 도道를 잃어버린다는 말이다(역도易道를 깨닫지 못함). 山雷頤卦와 택풍대과괘澤風大過卦가 한 궁안에 들어있는 卦이다.

286 이에 대한 논란은 많다. 그러나 필자는 적불赤紱은 신하臣下가 임금에게 나아갈 때 무릎에 드리우는 붉은 천으로 해석함을 따르고자 한다.

[上六]은 困于葛藟와 于臲卼이니 曰動悔라하야
상육 곤우갈류 우얼올 왈동회

有悔면 征하야 吉하리라. (天水訟)
유회 정 길 천수송

象曰, 困于葛藟는 未當也일새오
상왈 곤우갈류 미당야

動悔有悔는 吉行也이니라.
동회유회 길행야

❍ 困(괴로울 곤) 于(어조사 우) 葛(칡 갈) 藟(칡 덩굴 류{유}) 臲(문지방 얼, 위태할 얼) 卼(위태할 올) 動(움직일 동) 悔(뉘우칠 회) 有(있을 유) 征(칠 정) 吉(길할 길)

상육上六은 칡덩굴과 위태함에 곤함이니, 말하기를 '움직이면 뉘우친다'라 하여 뉘우침이 있으면 가서 길吉하리라.

상象에 이르기를, '칡덩굴과 위태로움에 괴로움을 받는다.'는 것은 자리가 마땅하지 아니한 것이오. 움직이면 후회함이 있고 뉘우치면 가는 데 길吉하니라.

개요概要

상육上六은 초육初六과 육삼六三과는 달리 칡넝굴에 묶여서 위태로운 상황이지만 후회함이 있으면 벗어날 수 있어 길吉함이 있다는 것을 말하고 있다.

각설 [287]

287 (觀中) 곤우갈류困于葛藟는 진괘震卦다. 곤우갈류困于葛藟의 갈류葛藟는 진괘震卦요, 갈류葛藟은 칡덩굴(곤경困境)이다. 우얼올于臲卼의 얼臲(문지방 얼)=곤閫(문지방 곤)은 간괘艮卦다. 산뢰이괘山雷頤卦를 가리킨다. 산뢰이괘山雷頤卦의 양효陽爻가 음효陰爻로 바뀌면 택풍대과괘澤風大過卦가 된다. 올卼(위태할 올), 택풍대과괘澤風大過卦를 가리킨다. 왈동회曰動悔, 유회有悔 정길征吉의 '왈동회曰動悔라하야 유회有悔'를 어떻게 해석할 수 있는가? 동회유회動悔有悔로 해석(건괘乾卦 상효上爻와 같은 식으로 해석한다면)하면 안된다. 동회動悔와 유회有悔의 회悔의 차이점은? 유회有悔는 군자의 마음속으로의 뉘우침이요, 동회動蛔는 소인적 입

곤우갈류困于葛藟 **우얼올**于臲卼 상육上六의 곤困한 상태이다. 이러한 처지에서 나아가면 흉凶하다. ❶곤우갈류困于葛藟는 칡덩굴이 나무를 감아 올라가서 나무를 뒤덮어 결국 나무가 죽게 되는 형상을 말한다. ❷얼올臲卼은 위태롭고 혼미한 상태, 불안한 모습을 말한다.

동회유회動悔有悔 움직일 때마다 후회한다. 그러나 잘못에 대한 뉘우침이 있고, 과감하게 행동하면 길吉하다는 것이다.

소상사小象辭

곤우갈류困于葛藟 **미당야**未當也 상육上六이 넝굴에 묶여서 곤함을 당하는 것은 마땅함(시의성)을 얻지 못했기 때문이다.

동회유회動悔有悔 **길행야**吉行也 잘못을 뉘우치고, 중도中道의 시의성에 맞게 군자지도를 행하면 길吉하다는 것이다. 군자는 곤경에 처했을 때 자신에 대한 시험이요 과정이라고 생각하고 노력하지만, 소인은 곤경에 처했을 때 자포자기하고 스스로 타락한다. 이것이 곤괘困卦의 요지이다.

장의 행동으로 움직이는 움직임이므로 동회動悔다(움직이기만 하면 후회할일이 생긴다). 유회有悔는 하늘이 회개悔改하게끔 도와준다. 동회動悔는 군자가 자발적으로 마음을 회개하는 쪽으로 작동시킨다. 동회유회'動悔有悔'는 천지天地와 군자의 마음이 일치해서 움직여가는 것을 말한다.

✐ 곤괘困卦는 고난에 처해있는 어려움을 헤쳐나갈 수 있는 지혜를 말하고 있다. 곤困함의 원인은 성인聖人의 말씀을 불신不信하여 그 뜻을 깨닫지 못함에서 비롯된다고 한다. 곤困함의 유형으로는 소인小人의 곤함은 육신肉身의 곤함이요, 군자君子의 곤함은 진리眞理의 곤함을 말한다.

그리고 그 해결책으로는 비록 곤困할지라도 성인지도聖人之道에 대한 굳은 신념으로 때를 기다려 어려움을 돌파해 나가면 그 형통한 바를 잃치 않는다고 말하고 있다.

수풍정괘
48.水風井卦

澤水困卦 火雷筮嗑卦 風水渙卦 火澤睽卦

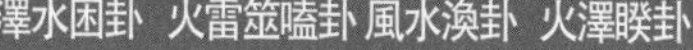

도전괘
倒顚卦

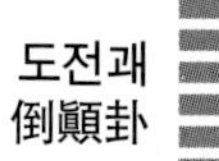

수풍정괘
水風井卦

택수곤괘
澤水困卦

음양대응괘
陰陽對應卦

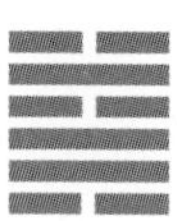

수풍정괘
水風井卦

화뢰서합괘
火雷筮嗑卦

상하교역괘
上下交易卦

수풍정괘
水風井卦

풍수환괘
風水渙卦

호괘
互卦

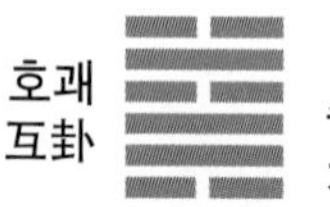

수풍정괘
水風井卦

화택규괘
火澤睽卦

효변 爻變	初爻變 而爲需卦	二爻變 而爲蹇卦	三爻變 而爲坎卦	四爻變 而爲大過卦	五爻變 而爲升卦	上爻變 而爲巽卦
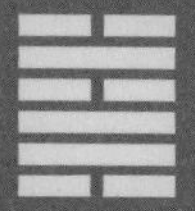						
수풍정괘 水風井卦	수천수괘 水天需卦	수산건괘 水山蹇卦	중수감괘 重水坎卦	택풍대과괘 澤風大過卦	지풍승괘 地風升卦	중풍손괘 重風巽卦

요지要旨[288]

괘명卦名 이 괘는 상감上坎의 수水(☵) + 하손下巽의 풍風(☴) = 수풍정괘水風井卦(䷯)이다.

괘의卦意 정괘井卦는 우물(진리의 물)과 인간의 관계를 말한다. 나무로 정井자를 만들어 우물로 사용했다. 물로서 만물萬物을 양육하듯이, 진리眞理의 상징인 우물의 물을 두레박(목도木道)퍼서 사람들의 인격적 생명을 양육養育하는 것이다. 달리 말하면 ❶낙서원리洛書原理로써 왕도정치 원리를 말한다. ❷수신修身과 교화敎化를 말한다고 할 수 있다.

괘서卦序 「서괘」에서 "위에서 곤한 자는 반드시 아래로 내려오기 때문에 정괘로 받았다.(困乎上者, 必反下, 故 受之以井)"라고 하였다. 사람이 곤궁
곤호상자 필반하 고 수지이정
해지면 한걸음 물러나 자기 성찰의 과정을 통해서 중정지도中正之道의 자각을 통해서 곤궁함을 극복할 수 있다.

괘상卦象 괘상 전체의 의미로 보면 진리眞理로써 수양과 양육養育을 의미한다.[289] 상수上水는 진리이며, 하풍下風은 들어간다는 의미이다. 왜냐하면 '손巽은 입야入也'이기 때문이다.

---

288 (觀中) 왕도정치원리를 설명하고 있다. 군자지도의 존재론적 근거로서의 낙서원리洛書原理를 말씀하고 있다. 이에 5효에 '정렬한천식井洌寒泉食'이라고 한 것이다. 지수사괘地水師卦와 밀접한 관련이 있다. 『주역』의 음식지도飮食之道는 인격적 생명을 함양시켜나가는 영양소이다. 이 영양소는 성인·군자의 말씀을 통하여 얻게 된다. 성인지학聖人之學을 통해서 정치원리를 표상하고 있다. 곤困·정괘井卦는 인도人道를 중심으로 해서 성인지도聖人之道를 표상하고 있다. 그리고 혁革·정괘鼎卦는 천지지도天地之道인 동시에 천신지도天神之道이다. 그러므로 여기에 무엇이 언급이 되는가? 택화혁괘에 천도天道를 중심으로 하기 때문에 성인聖人이 등장하는 것이다. 중풍손重風巽의 손괘巽卦는 우물물을 상징한다. 이에 오효五爻에 가서 물을 퍼올릴 수 있는 것이다. 역도易道의 내용체계를 표상하는 괘가 수풍정괘水風井卦다. 역사적인 혁명원리가 읍邑(수풍정水風井, 천도天道의 변혁원리)에서 나온 것이다. 수풍정괘水風井卦가 감괘坎卦와 결부된 것은? 감괘坎卦는 물(水)을 상징하며, 물은 진리眞理를 상징한다.

289 왕필王弼은 "기른다 (山水以養 養以不窮者也)"라고 하였다.

井은 改邑호대 不改井이니 无喪无得하며 往來ㅣ 井井하나니
정 개읍 불개정 무상무득 왕래 정정

汔至ㅣ 亦未繘井이니 羸其甁이면 凶하니라.
흘지 역미귤정 리기병 흉

○ 井(우물 정) 改(고칠 개) 邑(고을 읍) 无(없을 무) 喪(죽을 상) 得(얻을 득) 往(갈 왕) 來(올 래) 汔(거의 흘) 至(이를 지) 亦(또 역) 未(아닐 미) 繘(두레박줄 귤(율)) 羸(상할 이, 여윌 리) 甁(병 병, 두레박 병)

우물은 고을은 고치되 우물은 고치지 못하니, (우물은) 잃는 것도 없고 얻음도 없다 하며, 오고 가는 이가 우물을 쓰나니(우물을 먹으니), 거의 이르러도 또한 우물에 끈을 드리우지 못함이니, 그 두레박을 깨뜨리면 흉하니라.

각설

정개읍불개정改邑不改井 고을의 문물제도(인문·자연환경)는 변화시킬 수 있지만 우물에 지하수를 모아 먹는 방법(중정지도中正之道)은 변할 수 없다. 왜냐하면 우물의 덕은 불변이기 때문이다. 군자가 많은 사람들에게 은혜를 베풀어도 그 덕이 변하지 않듯이, 우물에 물을 모아 먹는 정덕井德도 변함이 없다는 것이다. 이것이 역도易道의 불역지리不易之理이다. 그것은 시공時空을 초월한 불변의 진리다.

무상무득无喪无得 우물의 물이 늘지도 줄지도 않는다는 것이다. 우물물은 아무리 길러 먹어도 마르지 않고 더 좋은 물이 나오며, 또한 그냥 두어도 넘치지 않는다.

왕래정정往來井井 우물의 물은 오가는 사람들이 내 것같이 먹는다. 또한 먹을수록 더 좋은 물이 나오니 진리의 나눔이 더욱 빛나는 것을 의미한다고 할 수 있다.

흘지역미율정汔至亦未繘井 리기병흉羸其甁凶[290] 두레박줄이 우물이 이르렀는데 퍼올리지 못하고 도리어 두레박이 깨졌으니 흉凶하다는 것은 먼저, 정괘井卦의 「괘사卦辭」에서 왕도정치의 내용을 비유하고 있는바 유덕有德한 사람이 없으면 이것을 이룰 수 없다는 것이다. 다음으로 사람의 마음이 굳지 못하여 중간에 그만 두면 그 결과가 흉凶하다는 것이다.

[彖曰] 巽乎水而上水ㅣ 井이니 井은 養而不窮也하니라
단왈 손호수이상수 정 정 양이불궁야

改邑不改井은 乃以剛中也일새오
개읍불개정 내이강중야

汔至亦未繘井은 未有功也일새오 羸其甁이라 是以凶也ㅣ라.
흘지역미귤정 미유공야 이기병 시이흉야

○ 巽(손괘 손) 水(물 수) 井(우물 정) 養(기를 양) 窮(다할 궁) 改(고칠 개) 邑(고을 읍) 乃

290 (觀中) 개읍불개정改邑不改井의 개읍改邑은 했는데 불개정不改井인가? 우물은 변동이 없다. 우물은 무엇을 상징하는가? 성인지도聖人之道를 상징한다.『주역』의 물(水)은 성인聖人 군자지도君子之道를 상징한다. 읍邑을 고쳤다는 말은 무슨 말인가? 변화變化했다는 말이다. 사람 사는 세계가 바뀌었다는 말이다. 사람이 사는 세계가 바로 천지이다. 천지가 바뀌었다는 말이다. 왜 하필이면 수풍정괘水風井卦에서 '개읍불개정改邑不改井'이라고 했는가? 수풍정괘水風井卦는 왕도정치원리를 표상하는 괘卦다. 우물은 많은 사람이 길어다 먹게 뚜껑을 열어놓으라. 성인聖人의 말씀을 귀담아 들어야 천명(십수원리十數原理)을 알 수 있다는 말이다. '개읍改邑은 했는데 불개정不改井인가?' 물을 퍼올릴 수 있는 원천源泉이 우물이다. 이에 정열한천식井洌寒泉食(천여수위행天與水違行)이라 했다. 하늘로부터 드리워지는 진리眞理다=천여수위행天與水違行. 진리를 무엇으로 상징적으로 드리워졌는가? 무엇으로 만물의 생명生命을 부여했는가? 물이다. 정열한천식井洌寒泉食의 '한천寒泉'은 천수송괘天水訟卦다. 정열한천식井洌寒泉食이란 하늘과 진리眞理(샘물)가 일치一致되어 터져나온다. 무상무득无喪无得 왕래정정往來井井의 '왕래정정往來井井'이란 우물을 오고가는 사람들이 물을 퍼먹는다. 음식에 관하여 여러 괘에서 말씀하고 있다. 택수곤괘澤水困卦에서는 주식酒食에 관하여 말하고 있다. 모든 사람에게 생명의 영양소를 공급하는 것이다. 정정井井은 질서정연함이다. 실존적인 인간이 살아가는 원리는 낙서원리洛書原理, 괘효원리卦爻原理로 표상된다. 흘지역미율정汔至亦未繘井, 리기병羸其甁이란 두레박을 깨뜨려서는 안된다. 나무를 파서 만든 두레박을 말함. 두레박을 드리웠는데 두레박이 닿을 듯 말듯하다. 나무로 만든 두레박 위에 물이 담겨져 있어야 한다. 나무=손괘巽卦, 물이 감괘坎卦이므로 수풍정괘水風井卦다. 물을 담고 있는 두레박에 비유. 두레박이 우물물의 수면 위에 거의 도달했으나 아직 물까지는 닿지 못했다. 물을 퍼올리기 전에 두레박을 깨뜨리면 흉하다.

(이에 내) 剛(굳셀 강) 汔(거의 흘) 至(이를 지) 亦(또 역) 未(아닐 미) 繘(두레박줄 율(귤)) 功(공 공) 羸(상할 리, 여윌 리{이}) 瓶(두레박 병, 병 병)

단彖에 이르기를, 물속에 나무를 넣어서 물을 길어 올리는 것이 우물이니 우물은 (마음을)길러서 다함이 없느니라. 고을은 고쳐도 우물은 고치지 않는 것은 마침내 (구이九二, 구오九五) 강剛으로 득중한 때문이오. 거의 우물 수면에 이르렀으면서도 우물물에 줄을 다 펴지 못한 것은 공이 있지 아니함이오, 그 두레박까지 깨뜨렸으니 이러므로 흉凶이라.

각설

손호수이상수巽乎水而上水 정井 손巽은 목木이고, 감坎은 수水이라, 나무로 만든 두레박을 사용하여 물을 길러 올리는 것이다. 손巽은 입야入也로 물에 들어간다는 의미이요, 상上은 물을 퍼올린다는 뜻이다.

정井 양이불궁야養而不窮也 정괘井卦의 괘덕卦德으로 우물의 물은 사용할수록 빛나고, 우물의 저장된 진리는 사용할수록 빛난다는 것이다.

개읍불개정改邑不改井 문물제도는 고쳐도 진리를 나누는 것은 고칠 수 없다는 것이다. 맹자의 정전원리井田原理는 읍邑의 원리原理다.

내이강중야乃以剛中也 이효二爻와 오효五爻의 강중지도剛中之道는 성인지도聖人之道요, 천지지도天地之道다. 그러나 '내이강중야乃以剛中也'란 오효五爻를 위주로 한 말씀이다.

흘지역미율정汔至亦未繘井 미유공야未有功也 두레박을 드려 가지고 수면에 닿을 듯 말듯하다. 우물물은 바깥으로 끌어올려야 하는데 못 끌어 올렸으니 공功이 없다고 하는 것이다.

리기병羸其瓶 사람의 급한 마음과 욕심으로 하니, 두레박이 상傷 했다는 것이다.

[象曰] 木上有水 | 井이니
상왈 목상유수 정

君子 | 以하야 勞民勸相하나니라.
군자 이 노민권상

❍ 勞(위로할 노{로}, 수고할 노) 民(백성 민) 勸(권할 권, 권면할 권) 相(서로 상)

상象에 이르기를, 나무 위에 물이 있는 것이 정井이니, 군자君子는 이로써 백성을 위로하고 서로 도울 것을 권면하나니라.

각설 [291]

노민권상勞民勸相 임금이 백성을 위로하고, 도움되는 책력冊曆이나 농법農法을 권한다는 것이다. 왕도정치원리이다.[292] 다시 말하면 성인지도(용구원리用九原理)로 권면하고, 자각토록 하여 군자지도(용육원리用六原理)를 실천토록 한다는 중정지도中正之道 원리를 말한다.

[初六]은 井泥不食이라 舊井에 无禽이로다. (水天需)
초육 정니불식 구정 무금 수천수

象曰, 井泥不食은 下也일새오 舊井无禽은 時舍也이니라.
상왈 정니불식 하야 구정무금 시사야

291 (觀中) 목상유수木上有水라야 물을 퍼올리게 된다. 그런 다음에 물을 마실 수 있는 것이다. 노민권상勞民勸相의 노민勞民은 손괘巽卦에서 간 것이다. 권상勸相은 감괘坎卦 오효五爻에서 간 것이다. 서로 권장한다. 정괘井卦의 괘체卦體가 용구원리용구원리用九原理를 기본으로 하고 있다. 노민권상勞民勸相 자체는 용육원리用六原理다. 그러나 우물을 퍼 올려 퍼먹기까지는 용구원리用九原理다. 용구원리用九原理는 학문을 통해서 깨닫게 되고, 용육원리用六原理는 실천하는 것이다.

292 노민권상勞民勸相은 조선시대 향촌 사회의 자치규약이며, 사회질서 확립을 위한 유교적 도덕적 사회규범인 향약鄕約과 관계를 살펴볼 수 있다. 향약의 4대 덕목은 ❶덕업상권德業相勸 : 선행을 권장하고, 잘못은 고쳐주는 것, ❷과실상규過失相規 : 나쁜 행실은 서로 규제함 ❸예속상교禮俗相交 : 서로 사귀는 예의를 지키는 것, ❹환난상휼患難相恤 : 어려운 일을 서로 도와주는 것

○ 井(우물 정) 泥(물 흐려질 니, 진흙 니{이}) 食(밥 식) 下(아래 하) 舊(예 구) 井(우물 정) 無(없을 무) 禽(날짐승 금) 時(때 시) 舍(버릴 사, 집 사)

초육初六은 우물이 흐려서 먹을 수 없음이라, 옛 우물에 새가 없음이로다.
상象에 이르기를, '우물이 흐려서 먹을 수 없다.'는 것은 아래에 있음이오.
'옛 우물에 새가 없다.'는 것은 그때에 버림이니라.

개요概要

초육初六은 부정위不正位한 효爻로 버려진 우물에 비유하여 설명하고 있다.

각설[293]

정니불식井泥不食 우물에 진흙(역도易道가)이 흐려있어 먹을 수가 없다는 것이다. 초육初六의 위位가 부당不當함이다. 이것은 천명天命을 깨우치지 못했다는 것이다.

구정무금舊井无禽 오랫동안 버려진 우물로 새들도 먹지 않는다는 것이다.

소상사小象辭[294]

정니불식하야井泥不食下也 조금 파다 오랫동안 버려진 우물로 진흙이 흐려있어 먹을 수가 없거나, 아니면 가장 아래의(초효初爻) 물은 진흙이 섞여있어 먹을 수가 없다는 것이다.

시사야時舍也 시의성을 버렸다는 것이다.

---

293 (觀中) 식食자는 수천수괘水天需卦만을 가리키는 것이 아니다. 이외의 수천수水天需의 '수우주식需于酒食', 천수송괘天水訟卦의 '식구덕食舊德', 지화명이괘地火明夷卦의 '삼일불식三日不食' 등 여러 군데서 나온다. 금禽은 '금훼지속'이라고 한 간괘艮卦를 가리킨다. 군자가 먹을 수 없다. 그러므로 우물을 청소해야 한다. '우물이 흐려졌다.' 우물을 수축하지도 않고, 퍼내지도 않았기 때문이다. '구정舊井에 무금无禽'의 금禽은 무엇을 의미하는가? 인격형성에 영향소를 공급하지 못하는 것은 진리眞理가 아니다. 금禽은 하도원리河圖原理(십수원리十數原理)를 의미한다. 새소리는 아래로 내려와야 한다. 그러기 위해서 날개를 드리워야 한다. 지화명이괘地火明夷卦, 초효初爻에 '수기익垂其翼'이라 한 것이다.

294 (觀中) 하下는 소집하所執下의 하下다. '정니井泥'란 역도易道가 흐려졌다. 사물의 법칙으로 착각했기 때문이다. 어느 때에 가서 수축하는가? 사효四爻이다.

[九二]는 **井谷**이라 **射鮒**ㅣ오 **甕敝漏**ㅣ로다. (水山蹇)
구이 정곡 석부 옹폐루 수산건

象曰, 井谷射鮒는 **无與也**이니라.
상왈 정곡석부 무여야

○ 射(쏠 석, 쏠 사) 鮒(붕어 부), 甕(독 옹) 敝(해질 폐) 漏(샐 루{누})

구이九二는 우물속의 골짜기(계곡)라 붕어를 쏘음이오, 독(두레박)이 깨어져서 물이 샘이로다.

상象에 이르기를, '우물속의 골짜기라 붕어를 쏘음이오.'라 함은 (위에서) 함께함이 없는 것이다.(응해주는 사람이 없는 것이다.)

개요概要

구이九二는 구오九五와 불응不應으로 우물의 역할을 제대로 못하고 있다. 인사적으로는 민심을 제대로 파악하지 못했다는 것이다.

각설[295]

정곡석부井谷射鮒 정곡井谷은 작은 계곡에서 나오는 우물(천泉)이다. 또는 우물이 산골짜기 모양으로 파였다는 설도 있다.[296] 석부射鮒는 붕어는 백성이다. 화살로 붕어를 쏘았다는 것은 패도정치를 의미한다고 할 수 있다.

---

295 (觀中) 정곡석부井谷射鮒의 '붕어 부'字자이다. 우물속 깊은 곳에서 붕어를 잡았다. 고기는 백성을 상징한다. 여자의 가랭이를 통해서 주입된 석부다(붕어=백성). 화살로 붕어를 잡았다는 말이 아니라 민심을 얻었다는 말이다. 붕어와 새는 의미가 같다. 풍택중부風澤中孚의 신급돈어信及豚魚이다. 학鶴(봉황鳳凰)이 등장. '무여야无與也'란 백성이 응해주지 않는다. 王臣蹇蹇匪躬之故(자기가 잘못하여 곤란을 겪는 것은 아니다.) 하늘로부터(밖으로부터 오는) 연고다. 井谷射鮒의 鮒(붕어)는 태괘兌卦를 가리킨다. '정곡석부井谷射鮒'란 간괘艮卦가 태괘兌卦를 쏜 것이다. 사규양유혈괘士刲羊有血卦(수산건괘水山蹇卦)이다. 선천先天의 패도는 백성을 손상시키는 정치이데올로기이다. 옹폐루甕敝漏는 구오九五와 상응相應하지 못한 것이다. 우물의 역할은 상上으로 해야하는데 초육初六으로 향向하는 것이다.

296『주역절중周易折中』에서는 "우물속에 물이 나오는 구멍이다.(井中出水之穴竅也)"라고 하였다.

옹폐루甕敝漏 우물의 역할은 위로 해야 하는데 독이 깨져서 아래로 새나는 형상形狀과 같은 것이다. 옹甕은 두레박 옹으로 물을 퍼 올리는 그릇을 말한다.

소상사小象辭

무여야无與也 구이九二가 초육初六과 상교相交하고 정응관계인 구오효九五爻와 함께 하지 않는다는 것이다.

[九三]은 **井渫不食**하야 **爲我心惻**하야 **可用汲**이니
구삼 정설불식 위아심측 가용급

王明하면 **竝受其福**하리라. (重水坎)
왕명 병수기복 중수감

象曰, 井渫不食은 **行**을 **惻也**일새오 **求王明**은 **受福也**이니라.
상왈 정설불식 행 측야 구명왕 수복야

○ 井(우물 정) 渫(깨끗히 할 설, 칠 설) 食(밥 식) 爲(할 위) 我(나 아) 心(마음 심) 惻(슬퍼할 측) 可(옳을 가) 用(쓸 용) 汲(물기를 급, 길을 급) 王(임금 왕) 明(밝을 명) 竝(함께할 병, 아우를 병) 受(받을 수) 福(복 복)

구삼九三은 우물물이 맑아도 먹지 않는다. 나의 마음을 슬프게 하여 가히 물을 길어 쓸수 있으니 임금이 명석하면 더불어 그 복을 받으리라.
상象에 이르기를, '우물물이 맑아도 먹지 않는 것은 행함을 슬퍼하는 것이오, 왕의 명석함을 구하는 것은 그 복을 받느니라.

개요概要

구삼九三은 인사적으로는 사람들이 나를 알아주지 않거나, 내 능력의 행함을 얻지 못하거나, 구오九五가 나를 중용해 주지 않아서 슬프다는 것이다.

각설[297]

정설불식井渫不食 위아심측爲我心惻 먼저, 도학적으로는 우물은 깨끗한데 사람들이 먹지 않으니 슬프다는 것은 진리를 외면하니 슬프다는 것이다. 다음으로, 인사적으로는 사람들이 나를 알아주지 않거나, 내 능력의 행함을 얻지 못하거나, 임금이 나를 중용해 주지 않아서 슬프다는 것이다.

가용급可用汲 우물을 길러 사용할 수 있다는 것이다. 인사적으로 등용하여 활용할 수 있다는 것이다.

왕명병수기복王明竝受其福 구오九五 성인聖人이 명석하여 진리를 함께 나누고, 또한 초야草野에 묻혀있는 인재를 등용한다면 그 복福을 함께 받는다는 것이다.

소상사小象辭

행측야行惻也 행하지 않음을 슬퍼한다는 것이다. 이것은 진리를 외면하니 슬프다는 의미이다.[298]

---

297 (觀中) 정설井渫은 우물을 깨끗하게 청소하는 것이다. '불식不食'청소를 해 놓았는데 사람들이 먹지 않는다. '위아심측爲我心惻' 이에 내 마음(성인聖人)이 슬퍼지게 되었다. '가용급可用汲'은 우물을 퍼 올려 먹을 수 있다. '왕명병수기복王明幷受其福' 천하사람이 길어다 먹기 위해서는 왕명王明(왕도정치원리가 밝혀져야 한다.)해야 된다. 백성들과 더불어 그 복을 받을 수 있을 것이다.

298 (집설) ❶『이천역전伊川易傳』은 "자신의 능력의 행함을 얻지 못함을 슬프다.(以不德行 憂惻也)"라고 하였다. ❷『주역본의』에서는 "우물은 깨끗한데 사람들이 먹지 않으니 길 가는 사람들이 슬퍼한다.(行惻者, 行動之人, 皆以爲惻也)"라고 하였다.

[六四]는 井甃ㅣ면 无咎ㅣ리라. (澤風大過)
육사 정추 무구 택풍대과

象曰, 井甃无咎는 修井也이니라.
상왈 정추무구 수정야

○ 井(우물 정) 甃(수리할 추, 벽돌담 추) 无(없을 무) 咎(허물 구) 修(고칠 수, 다스릴 수)

육사六四는 우물을 수리하면 허물이 없느니라.

상象에 이르기를, '우물을 수리하면 허물이 없을 것이다.'는 것은 우물을 고침이니라.

개요概要

육사六四는 정위正位한 효爻이라 유순柔順하게 우물의 문제점을 보완하여 허물을 면하고 있다.

각설[299]

정추무구井甃无咎 우물에 문제가 있으면 우물을 새롭게 수리하고 고치는 것이다. 정추井甃은 어려운 상황에서의 자기수양修養을 말하기도 한다. 육사六四는 음유陰柔로 물을 기를 수가 없 다. 자신을 버리고, 겸손한 마음으로 잘못을 고쳐야 할 때이다.

소상사小象辭

수정야修井也 우물 속을 수리하여 물을 깨끗하게 하는 것이다. 자신의 성찰과 변화로써 어느 정도의 공부가 이루어진 것을 의미한다.

---

299 (觀中) 우물을 다시 수축하는 것이다. 우물안을 청소하는 것이다. 벽돌을 구운 기와. 무너진 데 벽돌을 쌓아라. 대괘괘大過卦는 인간에 있어서는 섭대천涉大川(통과해 넘어가야 한다.)해야 한다.

[九五]는 井冽寒泉食이로다.
구오 정렬한천식

(地風升)
지풍승

象曰, 寒泉之食은 中正也이니라.
상왈 한천지식 중정야

○ 井(우물 정) 冽(맑을 열, 기울 렬, 찰 렬{열}) 寒(찰 한) 泉(샘 천) 食(밥 식)

구오九五는 우물 물이 맑고 찬 샘물을 먹음이로다.

상象에 이르기를, 찬 샘물을 먹는 것은 중도中道로써 정도正道를 행함이니라.

개요概要

구오九五는 정위正位·득중得中한 효爻이다. 맑고 시원한 진리의 샘물을 사람들에 먹여 세상을 이롭게 한다는 것이다.

각설 300

정렬한천식井冽寒泉食 정열井冽은 지중유수地中流水로 맑은 샘을 말한다. 천泉은 끊임없이 샘솟아 흐르는 진리를 의미한다. 식食은 만민萬民에게 진리를 먹여 이롭게 한다는 것이다. 즉 홍익인간의 이념이다.

---

300 (觀中) 렬冽은 지중地中으로 흘러가던 샘물이 겉으로 '터져나올 렬'字다. 어느 괘卦에서 땅속으로 흐르던 샘물인가? 지수사괘地水師卦 '지중유수地中有水'의 물이다. 이것이 수풍정괘水風井卦 5효爻에서 터져 나온다. 즉 지수사괘地水師卦에서 언급된 왕도王道가 어디에서 행해지는가? 하경下經 진손간태震巽艮兌에서 행行해진다. 두레박으로 퍼 올린 물을 상징한다. 여기의 물은 어디에서 퍼올린 것인가? 손괘巽卦의 가랭이를 통해서 하늘의 중정中正之氣가 주입注入되어 들어간 손괘巽卦의 중효中爻다. 한천寒泉은 천수송괘天水訟卦이다. 선천先天에는 그 물을 먹을 수 없었는데, 사효四爻에서 정추井甃했기 때문에 오효五爻에 가서는 터져 나오는 샘물을 온 인류人類가 퍼먹어도 무상무득無償無得이 된다. 지풍승괘地風升卦는 후천일월后天日月이 솟아올라오는 것을 상징하는 괘卦이다. 따라서 정렬한천식井冽寒泉食은 진리眞理(생명원리生命原理)를 완전히 깨우침을 말한다

소상사小象辭 [301]

한천지식寒泉之食 중정야中正也 맑고 찬 샘물은 군자의 인격적인 영양소인 성인지도聖人之道이며, 중정지도中正之道이다.

[上六]은 井收勿冪이니 有孚ㅣ라 元吉이니라. (重風巽)
상육 정수물멱 유부 원길 중풍손

象曰, 元吉在上이 大成也이니라.
상왈 원길재상 대성야

○ 井(우물 정) 收(거둘 수) 冪(덮을 멱, 덮개 멱)

상육上六은 우물물을 길어내고 덮지 마라. 믿음(진실함)이 있음이라 크게 길하니라.

상象에 이르기를, 크게 길吉한 것이 위에 있다는 것은 크게 이루어진 것이니라.

개요槪要

상육上六은 진리眞理의 말씀을 모든 사람과 함께 나누라는 것이다.

각설 [302]

---

301 (觀中) 중정지도中正之道를 상징한다고 공자孔子는 풀고 있다. 천도天道에 있어서는 중위정역원리中位正易原理요, 인간에 있어서는 성명지리性命之理이다. 성명지리性命之理가 중정지도中正之道요, 인의지도仁義之道다.

302 (觀中) 우물을 덮는 막이다(덮개 멱冪). 우물을 잘 수리(중수重修)를 한 것이다. 그래 놓고 덮개를 덮지 않았다. 왜냐하면 온 세상 사람들이 와서 다 퍼먹으라고 하기 때문이다. 5爻에서 터져 나온 샘물은 어느 괘卦에서 땅속으로 흐르던 샘물인가? 지수사괘地水師卦에서는 그 샘물이 땅속으로 흘러가던 샘물이다. 지수사괘地水師卦는 상경上經에 있는 괘卦이기 때문에 시기적으로 선천시대先天時代다. 이에 "지중유수地中有水가 사師"라고 한 것이다. 땅속에 있는 물도 흘러간다. 그것이 땅속으로 흐르던 어디에서 터져 나오는가? 수풍정괘水風井卦 5효爻에서 터져 나온다. 이에 지수사괘地水師卦에서 언급된 왕도王道가 어디에서 행해지는가? 하경下經, 진손간태震巽艮兌다. 진손간태震巽艮兌가 나타난 다음에, 진손간태震巽艮兌가 중심이 되어 지수사괘地水師卦에서 언급한 왕도王道가 구체적으로 나타나는 것이다. 이에 「서

정수물멱井收勿冪 우물을 길러먹고 덮개를 덮지 말라는 것은 왕래정정往來井井의 도道를 유지하기 위함이다. 왜냐하면 진리는 샘물과 같아서 나누어 사용할수록 빛나기 때문이다. 이는 도통의 경지를 말한다.

원길元吉 원길元吉은 대성인大成人으로서 수양한 사람이 아니면 할 수가 없다. 원길元吉을 항상 간직하고 있는 것이 성인聖人의 경지이다.

소상사小象辭 303

대성야大成也 진리의 말씀이 공간에서 크게 이루어지는 것이다. 진리에 대한 자각을 한 사람만이 대성할 수 있다.

✎정괘井卦의 우물은 물로 만물을 양육하듯이, 진리眞理의 상징인 우물의 물을 두레박(목도木道)으로 퍼서 사람들의 인격적 생명을 양육養育하는 것을 말하고 있다. 우물의 물은 오가는 사람들이 내 것같이 먹는다. 진리를 함께 나누기 위해 사람과 새도 또한 누구나 마실 수 있는 맑고 찬 우물로 진리를 나누어 모두를 이롭게 하라는 것이다. 그러기 위해 깨끗이 청소하고, 수리하며, 우물을 사용하지 못하게 하거나 두레박을 깨뜨리거나, 우물물이 고여 썩지 않도록 해야 한다는 것이다.

괘」에 "주기자主器者, 막약장자莫若長子, 고故 수지이진受之以震"라고 하여 진震이 장자적長子的인 사명을 받아 가지고 인간으로 태어난 것이 맏아들 장자다. 주역에 있어서 장자는 무엇인가? 장남·장녀괘가 진震·손괘巽卦다. 진震·손괘巽卦는 뇌풍항괘雷風恒卦요, 성인지도聖人之道다. 우물물을 열어 놓고 온 동네 사람들이 왔다 갔다 하면서 그 우물 물을 다 퍼먹으라고 한 것이다. 그런데 '정열井洌, 한천식寒泉食'이라고 했다. 우물이란 것은 퍼 먹으면 퍼 먹을수록 수량은 더 풍부해지게 된다. 여기(괘사卦辭)에 '왕래정정往來井井'이란 말이 나온다. 그런데 우물에서 물을 길어 올리는 두레박을 깨트리면 흉凶하다는 것이다. 두레박은 깊은 우물에 닿지 않아 퍼 올리지 못해도 흉凶하다는 것이다. '유부有孚라 원길元吉'이 우물을 길어다 먹는 방법이다. 성인지언聖人之言에 대한 믿음으로 퍼먹어라.

303 (觀中) 성인聖人이 천도天道(하도원리河圖原理)를 완전히 깨우친 것이다. 누구든지 생명수生命水를 끌어 쓸 수 있는 세계이다.

49. 澤火革卦

택 화 혁 괘

도전괘
倒顚卦

화풍정괘
火風鼎卦

음양대응괘
陰陽對應卦

택화혁괘
澤火革卦

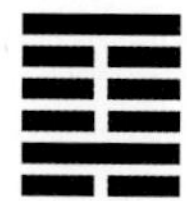

산수몽괘
山水蒙卦

상하교역괘
上下交易卦

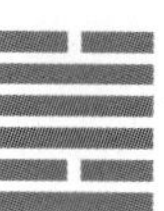

택화혁괘
澤火革卦

화택규괘
火澤睽卦

호괘
互卦

택화혁괘
澤火革卦

천풍구괘
天風姤卦

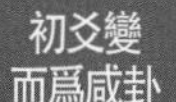

효변
爻變

택화혁괘
澤火革卦

初爻變 而爲咸卦	二爻變 而爲夬卦	三爻變 而爲隨卦	四爻變 而爲旣濟卦	五爻變 而爲豐卦	上爻變 而爲同人卦
택산함괘 澤山咸卦	택천쾌괘 澤天夬卦	택뢰수괘 澤雷隨卦	수화기제괘 水火旣濟卦	뇌화풍괘 雷火豐卦	천화동인괘 天火同人卦

요지要旨

괘명卦名 이 괘는 상태上兌의 택澤(☱) + 하이下離의 화火(☲) = 택화혁괘澤火革卦(䷰)이다.

괘의卦意 혁괘革卦는 개혁, 변혁으로 낡은 병폐를 고친다는 의미이다. 우물의 형태는 그대로 두고, 내부를 혁신하는 것이 혁革이다.[303] 다시 말하면 『주역』의 핵심철학인 변혁, 개혁을 말한다. 변혁의 성공조건으로 첫째는 민심을 얻어야 하며, 둘째는 공명정대 해야 함을 말하고 있다.

괘서卦序 서괘에서 "우물의 도道는 변혁하지 않을 수 없으므로 혁革으로써 받았다.(井道 不可不革, 故 受之以革)"[304]라고 하였다.
정도 불가불혁 고 수지이혁

잡괘雜卦 혁革은 낡은 것은 버리고, 잘못된 병폐는 제거하는 것이다. 「잡괘」에서의 혁革·정괘鼎卦를 비교比較하면 ❶정鼎은 새로운 것을 취하는 것이요, ❷혁革은 옛것을 바꾼다(갱更)는 의미이다. (「잡괘雜卦」 "革去故也, 鼎取新也.")
혁거고야 정취신야

괘상卦象 혁괘革卦는 연못(택澤)위에 불(화火)이 있는 상象이다. 물은 아래로 내려가고, 불은 위로 올라간다. 그러나 「설괘」편 제8장에서 "수화상체水火相逮"라고 하여 서로가 미친다고 하였다. 택화혁괘澤火革卦의 상하교역괘上下交易卦는 화택규괘火澤睽卦이다. 화택규괘火澤睽卦는 '이이동異而同, 동이이同而異'로 모색과 결단을 말한다.

> **革**은 **已日**이라야 **乃孚**하리니 **元亨利貞**하야 **悔亡**하니라.
> 혁 이일 내부 원형이정 회망

○ 革(고칠 혁) 已(이미 이) 乃(이에 내) 孚(믿을 부) 悔(후회할 회) 亡(없을 망, 망할 망)

---

303 『설문해자』에서는 혁革에 십十이 3개라 삼십년을 한세대로 간주함(三十年爲一世而道更也)

304 『이천역전』에서는 "우물이란 물건은 그대로 두면 썩고 바꾸면 청결해지니, 변혁變革하지 않을 수 없는 것이다. 그러므로 정괘井卦의 뒤에 혁괘革卦로써 받은 것이다.(井之爲物, 存之則穢敗, 易之則淸潔, 不可不革者也. 故井之後, 受之以革也.)"라고 하였다.

혁은 이미 그날이라야 이에 믿음이 있다 하리니, (변혁을 한 뒤에는) 크게 형통하고 (마음이) 곧으면 이利롭고 뉘우침이 없느니라.

각설[305]

혁革 이일내부已日乃孚 이일已日은 고쳐야 할 날(이미 작정한 날, 이미 그날), 혁명을 하고자 한날이 지났을 때를 말한다. 이일내부已日乃孚은 혁명에 성공한 후에야 믿을 수 있다는 것이다.[306]

원형이정元亨利貞 회망悔亡[307] 변혁이나 혁명이 온 백성이 갈망한 것을 원형이정이라고 하고, 회망悔亡은 그 결과이다.

---

305 (觀中) 성인지도聖人之道를 구체적으로 설명하고 있다. 성인聖人은 직접 천명天命을 받은 자이다. 그러므로 「중용中庸」에서, "是故, 誠者 天之道也, 誠之者, 人之道也."고 하였다. 「잡괘雜卦」편은 뇌화풍괘雷火風卦이다. 뇌화풍괘雷火風卦는 변화원리를 직접 표상하고 있는 괘다. 풍豊은 다고야多故也(천지지대고天地之大故 = 풍여환절豊旅渙節)이다. 환渙·절괘節卦는 지상地上에 나타나는 천도天道의 변화를 표상한다. 지상地上에 나타나는 변화는 조석지리潮汐之理로 표상한다. 하늘 위에 나타나는 변화는 풍豊·여괘旅卦다. 풍괘豐卦로 표상된 변화현상과 혁괘革卦의 변화원리는 같은 내용이다. 왜냐하면 혁괘革卦가 택지췌괘澤地萃卦의 잡괘雜卦로 나가 있다. 택지췌괘澤地萃卦는 곤괘坤卦의 중정지기中正之氣(잡괘離卦)쏙 빼어 태궁胎宮안에 들어가 잉태孕胎한 것이 택화혁괘澤火革卦다. 즉 췌괘萃卦와 혁괘革卦는 어머니와 자식과의 관계에 비유할 수 있다.

306 이일已日, 기일己日, 사일巳日을 두고 논란이 있다. 이일已日에 대하여 ①왕필王弼은 『주역주』에서 '이일已日로 종료된 날이나 때가 이른 것'이라고 하였다. ② 주진은 『한상역설』에서 무기戊己의 기己로 보았다.(엄연석의 주역(하)에서 재인용)

307 (觀中) ❶기일내부已日乃孚 : 풍택중부風澤中孚 2효인 학의 새끼를 말한다. 육갑六甲은 기축己丑이 기본이다. '기己'로 읽어야 한다. '부孚' 자字가 쓰인 것은 64卦 서괘원리속에 포태궁괘胞胎宮卦가 있음을 예비한 것임을 알아야 한다. 군자지도가 세상에 밝혀지는 것을 비유한 것이다. 후천원리后天原理속에는 남녀의 합덕에 의한 2세 생명이 잉태되는 원리가 들어있다. ❷원형이정元亨利貞悔亡 : 천도天道를 위주로 대형이정大亨以正(정도正道로써 크게 깨달아라. 선후천원리先后天原理를 일관하는 원리가 정역원리正易原理이다.)을 해석한다면 천도운행원리天道運行原理(일월지도, 천지지도天地之道)로. 인간을 위주로 말한다면 대형이정大亨以正 원리原理(=원형이정元亨利貞)는 인간에게 주어진 천명天命이다.

[彖曰] 革은 水火ㅣ 相息하며 二女ㅣ 同居호대
단왈 혁 수화 상식 이녀 동거

其志不相得이 曰革이라. 已日乃孚는 革而信之라.
기지불상득 왈혁 이일내부 혁이신지

文明以說하야 大亨以正하니 革而當할새 其悔ㅣ 乃亡하나니라.
문명이열 대형이정 혁이당 기회 내망

天地ㅣ 革而四時ㅣ 成하며 湯武ㅣ 革命하야
천지 혁이사시 성 탕무 혁명

順乎天而應乎人하니 革之時ㅣ 大矣哉라.
순호천이응호인 혁지시 대의재

❍ 革(고칠 혁) 相(서로 상) 息(그칠 식, 숨 쉴 식) 同(같을 동) 居(있을 거) 其(그 기) 志(뜻 지) 相(서로 상) 得(얻을 득) 乃(이에 내) 孚(미쁠 부, 믿을 부) 信(믿을 신) 文(무늬 문) 明(밝을 명) 說(기꺼울 열) 當(마땅할 당) 悔(후회할 회) 成(이룰 성) 湯(넘어질 탕) 武(굳셀 무) 順(순할 순) 乎(어조사 호) 應(응할 응) 哉(어조사 재)

단彖에 이르기를, '혁은 물과 불이 서로 쉬게 하며, 두 여자가 함께 있으나, 그 뜻을 서로 얻지 못하는 것을 혁革이라.' '때가 이미 이르러 믿을 수 있다.'는 것은 변혁變革되어야만 믿음이라. 문체가 나고 밝음으로서 (백성들이) 기쁘하고, 바름으로써 크게 형통하니, 변혁이 마땅할새 그 후회함이 끝내 없느니라. 천지天地가 변혁해서 사시四時가 이루어진다고 하며, 탕왕과 무왕武王은 혁명을 일으켜서 하늘에 따르고 사람에 응하니, 변혁의 그 때의 뜻은 크기도 하다.

각설 308

308 (觀中) ❶왈혁曰革 : 택화혁괘澤火革卦도 선천괘先天卦이다. 규괘睽卦까지는 기지부동행其志不同行이다. '수화상식水火相息'의 식息은 자란다, 사라진다 의 뜻이 있다. 일월日月이 서로 교체되면서 영허소식盈虛消長을 반복하여 간다. ❷기회내망其悔乃亡 : 문명文明은 리괘離卦이며, 열說은 태괘兌卦에서 온 것이다. "(일월원리日月原理, 역수원리曆數原理가)태괘兌卦로 작용한다." 문명文明이란 말 자체는 인도人道的 표현이나, 역수원리적曆數原理的 입장에서 보면 일월역수원리曆數原理에 근거하고 있음을 알 수 있다. 대형이정大亨以正의 '정正'은 이설以說에

수화상식水火相息 **이녀동거**二女同居 서로를 그치게 하기위해 싸우면서 공존하고 있다.(불상리不相離, 불상잡不相雜) 중녀中女(리離)와 소녀少女(태兌)가 동거하여 그 뜻이 부딪치면 상극相剋과 상식相息을 한다. 이는 본질은 변화하지 않지만 시의時宜에 따라 환경이 변한다는 것이다.

대형이정大亨以正 바름으로써 크게 형통하다고 함은 변혁의 목적이 정당해야 함을 의미한다.

혁이당革而當 개혁의 마땅함으로 변혁變革이 이루어짐을 말한다.

천지혁이사시성天地革而四時成 천지天地의 도道로서 혁革을 설명한 것이다. 사계절이 변화하지만 천지天地의 본 바탕은 그대로라는 것이다.

탕무혁명湯武革命 **순호천이응호인**順乎天而應乎人 탕무혁명의 역사적 사례를 통해서 혁명이란 천도에 순응하고, 사람들의 호응에 의해 이루어짐을 말하고 있다.[309] 또한 그 이후에도 신뢰을 얻기 위해서 잠시도 마음공부를 소홀히 하지 않았다는 것이다.[310]

서, 대형大亨은 문명文明에서 온 것이다. 정도正道로써 크게 깨닫는다. 이에 군자가 사덕원리四德原理를 정확하게 깨달을 수 있다. '혁이당革而當할새'란 역수원리曆數原理와 인간의 사덕원리四德原理가 착 들어맞는다. 시위성時位性에 있어서 당위當爲가 된 것은, 시위성時位性과 시의성時宜性이 완전히 일치된 시점은 수산건괘水山蹇卦이다(당위정길이정방야當位貞吉以正邦也). 포태궁胞胎宮안에 들어있던 대인군자지도大人君子之道가 가인家人·규睽·건蹇·해解의 합덕문合德門을 통해 탄생되어 나가는 것이다. 이를 당위정길이정방야當位貞吉以正邦也(천하만방을 바로 잡을 수 있다.)라고 한 것이다. 천지天地간에 잉태된 성인聖人 군자지도君子之道가 어느 도수度數에서 태어나 천하에 행해지는가? 기해己亥·경자庚子·신축辛丑·임인壬寅·계묘癸卯 도수원리度數原理에 의해 드러나게 된다. 현도신덕행顯道神德行이 된다. 곤困·정井·혁革·정괘鼎卦가 합덕문合德門卦와 밀접한 관련성을 갖고 있다. 화풍정괘火風鼎卦의 '정위응명正位凝命'의 정위正位는 가인괘家人卦에서 이루어진다. ❸천지혁이사시성天地革而四時成에서 '사시성四時成'이란 사시원리四時原理가 성도成道한다. 천지天地도 변화해야 한다. 역수변화를 통해, 역수원리曆數原理가 성도된다. 사영이성역四營而成易의 성成이다. '혁지시대의재革之時大矣哉'가 해지시解之時다.

309 하河의 걸왕傑王과 은殷의 주왕紂王이 포악한 정치로 향락에 빠지고, 백성을 탄압하여 원성이 높자 탕湯(은왕조殷王朝의 시조始祖)과 무武(주왕조周王朝의 시조始祖)임금이 역성혁명易姓革命을 하여 왕조王朝를 바꾸었다.

310 『대학』, 「傳2장」에서, "탕왕이 반명에 이르기를, 진실로 하루가 새롭게 되거든, 나날이 새롭게 하고, 또 나날이 새롭게 하라(湯之盤銘曰, 苟日新, 日日新, 又日新.)"라고 하였다.

[象曰] 澤中有火 | 革이니 君子 | 以하야 治歷明時하나니라.
상왈 택중유화 혁 군자 이 치력명시

○ 治(다스릴 치) 歷(지날 력, =책력 력曆{역}) 明(밝을 명) 時(때 시)

상象에 이르기를, '못 속에 불이 있는 것이 혁이니, 군자는 이로써 역법을 다스려 때를 밝히느니라.

각설 [311]

치력명시治歷明時 책력으로 때를 밝혀 다스린다는 것은 변혁의 때가 중요함을 말하고 있다.[312]

[初九]는 鞏用黃牛之革이니라. (澤山咸)
초구 공용황우지혁 택산함

象曰, 鞏用黃牛는 不可以有爲也이니라.
상왈 공용황우 불가이유위야

○ 鞏(묶을 공) 用(쓸 용) 黃(누를 황) 牛(소 우) 革(고칠 혁, 가죽 혁) 爲(할 위)

초구初九는 누런 쇠가죽으로 굳세고 단단하게 함이니라.

---

311 (觀中) 성인聖人의 말씀을 통하여 역수원리曆數原理를 깨달아야 한다고 한 것이다. 역수원리曆數原理를 밝혀 때를 파악해야 한다. 주역공부를 왜 하는가? 치력명시治曆明時하기 위해서이다. 기수朞數를 밝히는 정사政事다. 치력명시治歷明時는 역수曆數를 다스려 시간時間을 밝혀둔다는 의미이다. 예로부터 혁명革命을 한 뒤에는 반드시 역법曆法과 정령政令, 예악禮樂을 고쳐서 민심을 새롭게 하였다.

312 『이천역전伊川易傳』에서는 "물과 불이 서로 멸식滅息함이 혁革이니, 혁革은 변혁變革이다. 군자君子가 변혁變革의 상象을 관찰하여 해와 달과 성신星辰의 옮기고 바뀜을 미루어 역수曆數를 다스려서 사시四時의 차례를 밝힌다. 변혁變革의 도道는 일의 지극히 큼과 이치의 지극히 밝음과 자취의 지극히 드러남이 사시四時만한 것이 없으니, 사시四時를 관찰하여 변혁變革에 순응하면 천지天地와 더불어 그 차례가 합하리라.(水火相息 爲革, 革 變也. 君子觀變革之象, 推日月星辰之遷易, 以治歷數, 明四時之序也. 夫變易之道, 事之至大, 理之至明, 跡之至著, 莫如四時, 觀四時而順變革, 則與天地合其序矣)"라고 하였다.

상象에 이르기를, '누런 쇠가죽으로 굳세고 단단하게 한다.'는 것은 가(함)히 됨이 있는 것이 아니니라.

개요概要

초구효初九爻는 맨 아래 효爻로써 시초단계이니, 변혁變革은 처음부터 은밀하고 신중하게 해야 된다는 것이다.

각설[313]

공용황우지혁鞏用黃牛之革 변혁變革의 시초단계로 내부적인 결속과 외부적인 신중함을 쇠가죽으로 묶어놓은 것과 같이 ❶자신의 분분을 다하거나 ❷초효初爻로 잠용물용潛龍勿用이니, 아직은 함부로 변혁을 시도할 때가 아니라는 의미이다.

소상사小象辭

불가이유위야不可以有爲也 초구효初九爻는 맨 아래 효로써 지금은 변혁의 때가 아니므로 개혁에 대해 매우 신중히 접근해야 한다는 것이다.

[六二]는 已日乃革之니 征이면 吉하야 无咎하리라. (澤天夬) 육이 이일내혁지 정 길 무구 택천쾌
象曰, 已日革之는 行有嘉也이니라. 상왈 이일혁지 행유가야

○ 已(이미 이) 乃(이에 내) 革(고칠 혁, 가죽 혁) 征(칠 정) 嘉(아름다울 가)

313 (觀中) 택산함괘澤山咸卦, 초효初爻, 함기무咸其拇, 엄지를 구부리면 하나요(태극太極), 엄지를 펴면 열이 된다. 열에서 끝났으니까 열에서 시작한다(하도원리河圖原理). 황우黃牛가 기축己丑이다. 황우黃牛를 괘卦로 해석한다면 곤괘坤卦인 동시에 지화명이괘地火明夷卦이다. 곤괘坤卦의 원리가 지화명이괘地火明夷卦로 본격적으로 드러나기 시작한다. 빈우牝牛로 해석하면 리괘離卦(「괘사卦辭」 '축빈우길畜牝牛吉')가 된다. 천산돈괘天山遯卦는 간괘艮卦가 들어가 있으므로 집지용황우지혁執之用黃牛之革이라 했다. 잡는 것은 손으로 잡기 때문이다. 여기는 혁괘革卦이므로 공鞏자를 쓴 것이다.

육이六二는 때가 이미 정한 날이어야 마침내 변혁을 일으킴이니, (그대로) 나아가면 길吉하고 허물이 없느니라.
상象에 이르기를, '때가 이미 정한 날에 변혁을 일으킨다.'는 것은 가면 아름다움이 있느니라.

개요概要

육이六二는 유순정위柔順正位·득중得中한 효爻이다. 나아가면 길吉하여 허물이 없다는 것이다.

각설[314]

이일내혁지已日乃革之 **정길**征吉 **무구**无咎 육이효六二爻는 유순중정柔順中正하고 구오九五와 정응正應관계인 괘卦로써 모든 것이 갖추어 졌을 때(시의성時宜性) 실행實行하면 길吉하고, 허물이 없다는 것이다. 개혁의 호기는 문제점(부폐가)이 극대화되었을 때이다.

소상사小象辭

행유가야行有嘉也 변혁變革을 하는데 기쁨이 있다는 것은 건괘乾卦「문언文言」에서 "형亨이라는 것은 아름다운 모임이다."라고 말한다. 모든 것이 절차에 맞게 되고, 민심에 부응한다면 그 결과가 아름답게 된다는 것이다.

---

314 (觀中) '내乃'는 지금으로부터 바뀌어 나가기 시작한다. '내혁지乃革之니'「효사爻辭」이기 때문에 작용성을 표상하기 위해 지之자를 첨가하고 있다. 내괘內卦의 입장은 학문을 하는 입장이기 때문에 학문하는 입장을 좇아 나간다. 무엇과 만나니까 아름답게 모인다고 하는가? 역수원리曆數原理, 육갑원리六甲原理, 즉 역도易道와 만난다. 사효四爻에서 정도正道로써 크게 깨닫게 된다. 대형이정大亨以正의 형亨 도수度數가 이효二爻 도수度數이다. '기일己日이라 내혁지乃革之'란 학문적 입장에서 역도易道를 깨닫는다는 것이다. '행유가야行有嘉也'는 누구의 뜻을 형통했다는 말인가? 쾌괘夬卦 이효二爻(막야유융莫夜有戎)의 뜻(천지天地의 뜻)을 깨달았다는 말이다.

[九三]은 征이면 凶하고 貞이라도 厲하니
구삼 정 흉 정 려

革言이 三就면 有孚ㅣ리라. (澤雷隨)
혁언 삼취 유부 택뢰수

象曰, 革言三就어니 又何之矣리오.
상왈 혁언삼취 우하지의

○ 厲(갈 려{여}) 就(이룰 취)

구삼九三은 나아가면 흉凶하고, (마음을) 올바르게 하여도 위태롭다 하니, (백성)혁명의 말이 여러 번 있으면(이루어지면) 믿음(진실함)이 있으리라.
상象에 이르기를, 개혁改革의 말이 세 번에 이르니, 또 어디로 가겠는가?

개요概要

구삼九三은 정위正位로써 경계사와 더불어 진실한 마음으로 변혁變革을 해야 함을 말한다.

각설[315]

정흉征凶 정려貞厲 구삼九三은 과중過中한 효爻로서 혼자서 움직이는 것을 좋아한다. 원형이정으로 움직여야 하는데 내 생각으로 움직이면 안된다는 것이다. 달리 말하면 목표를 이루기 위해서 급히 나아가면 흉하다는 것이다. 왜냐하면 변혁(혁명)은 그 당위성과 치밀한 계획을 가지고 나

---

315 (觀中) ❶믿음을 갖게 되리라(믿음을 둘지니라). 부孚를 '알깔 부'라 변화를 뜻한다. 속에서 생명이 겉으로 나온다는 말이다. 완전히 변화해 버리는 것이다. 세계가 확 바뀌는 것이다. 알 속의 세계와 밖으로 나온 세계와는 전연 다르다. ❷수隨·고괘蠱卦는 선천적 원리를 표상한다. 선천적 입장에서 밖으로 나가는 것은 학문의 길로 가는 것이 아니라 감투의 길로 나가는 것이 되므로 흉凶하다. 밖으로 행하려 들면 흉凶하다는 것이다. '정征이면 흉凶하니'란? 왜냐하면 아직 때가 안되었기 때문이다. 정征은 칠 정자가 아니라 '가다'라는 뜻이다. ❸'혁언삼취革言三就'란 "혁언이 세 번 나타났다." 즉 삼역괘도三易卦圖 원리가 다 밝혀졌다는 것이다.

아가야 하기 때문이다. 그러므로 혁언삼취革言三就 유부有孚이다.[316]

혁언삼취革言三就 유부有孚 변혁(혁명)의 요구가 여러 번 있을 때 신중을 기해 행行하면 사람들의 진실한 믿음이 있어 개혁이 가능하다는 것이다. ❶삼취三就는 여러 번의 의미이고, ❷유부有孚는 백성(민심民心)들이 믿고 진실로 호응한다는 것이다.

소상사小象辭[317]

우하지의又何之矣 변혁의 당위성을 강조하는 말로 틀림없이 그렇게 된다는 것이다. 혁명 이외에 달리 방법이 없다는 것이다.

[九四]는 **悔亡**하니 **有孚**코 **改命**하니 **吉**하니라. (水火旣濟)
구사 회망 유부 개명 길 수화기제

象曰, 改命之吉은 **信志也**이니라.
상왈 개명지길 신지야

❍ 悔(후회할 회) 亡(없을 망) 有(있을 유) 孚(믿을 부) 改(고칠 개) 命(목숨 명) 信(믿을 신) 志(뜻 지)

구사九四는 후회함이 없다 하니, 믿음(진실함)이 있으면 명命을 (따라) 고친다고 하니 길하니라.

상象에 이르기를, '명을 고쳐도 길하다.'는 것은 뜻을 믿기 때문이니라.

---

316 변혁의 때에는 지나친 성급함으로 각종의 싱황을 무시하는 것은 재앙을 초래한다. 그러나 지나친 망설임과 보수주의도 위험을 초래한다.

317 (觀中) ❶혁언삼취革言三就 : 정역원리正易卦圖의 원리가 밝혀진 다음에 역도易道가 완성되어지는 것이다. 더 갈 데가 없다. 삼역괘도三易卦圖가 나온 다음에라야 성인聖人의 말씀을 통해서 혁언(역도易道)이 3번 등장한다. 삼세三歲의 삼三은 내괘內卦(선천先天과정)를 의미한다. 칠일래복七日來復은 육갑원리六甲原理를 중심中心으로 표현한 말이다. ❷우하지의又何之矣 : 극치에까지 갔는데 또 어디를 더 갈 수가 있겠는가? 마음속에는 뜻이 들어 있다. 그러니까 지뢰복괘地雷復卦에 '천지지심天地之心'이라고 한 것이다. 이 천지지심天地之心을 계승한 성인聖人·군자君子의 뜻으로 변했다. 그리고 정情으로도 변했다. 그러니까 성인聖人의 의意와 정情은 모두 마음의 작용이다.

개요概要

구사九四는 천명天命에 따른 변혁을 말한다.

각설[318]

회망悔亡 천명天命에 따른 혁명革命은 과거過去의 모든 것에 대한 후회가 없어진다.

유부개명有孚改命 **길**吉 민심民心이 믿고 따른다는 것은 천명天命에 의한 변혁變革이 가능하다. 명命을 바꾸어 길吉함이 있다는 것은 하늘과 사람에 순응順應한다는 것이다. (順乎天而應乎人 순호천이응호인) 즉 개명改命이란 천시天時, 천명天命이 바뀜을 말한다.

소상사小象辭[319]

신지야信志也 민심이 천명天命에 따라 개혁改革하는 자者의 뜻을 믿는다.[320]

[九五]는 大人이 虎變이니 未占에 有孚 | 니라. (雷火豐)
구오 대인 호변 미점 유부 뇌화풍

象曰, 大人虎變은 其文이 炳也이니라.
상왈 대인호변 기문 병야

---

318 유부有孚는 혁언삼취革言三就로 얻어진 믿음이다.

319 (觀中) 지志는 출발과 목표를 분명하게 세운 것을 말한다. 수뢰둔괘水雷屯卦 초효初爻 풀이에 "지행정야志行正也"라고 한 것이다. 혁괘革卦 자체는 행하는 때가 아니라 풍화가인괘風火家人卦에 가서 군자지도는 행해지게 되어 있다.

320 『이천역전伊川易傳』에서는 "명命을 고쳐 길한 것은 상하上下가 그 뜻을 믿어주기 때문이니, 정성이 이미 지극하면 상하上下가 믿는다. 변혁變革의 도道는 상하上下의 믿음을 근본으로 삼으니, 마땅하지 않고 정성이 없으면 믿지 않는다. 마땅하기만 하고 믿어주지 않아도 오히려 행할 수 없는데 하물며 마땅하지 않음에랴.(改命而吉, 以上下信其志也. 誠旣至, 則上下信矣[一作也]. 革之道, 以上下之信爲本, 不當, 不孚 則不信, 當而不信, 猶不可行也. 況不當乎.)"라고 하였다.

○ 虎(범 호) 變(변할 변) 未(아닐 미) 占(점 점, 차지할 점) 孚(미쁠 부) 炳(빛날 병, 밝을 병, 나타날 병)

구오九五, 대인大人이 범처럼 변하니, 점을 치지 아니함에 믿음이 있느니라.

상象에 이르기를, '대인大人이 범처럼 변한다.'는 것은 그 문채가 빛남이니라.

개요概要

구오九五는 강건정위剛健正位·득중得中한 효爻로서 변혁變革을 통해 중정지도中正之道를 밝게 드러낸다는 것이다.

각설[321]

대인호변大人虎變 대인大人은 호랑이의 털갈이처럼(변變) 아름답고 질서秩序있는 세상으로 바꾼다는 것이다.

미점유부未占有孚 대인호변大人虎變의 결과로써 변혁에 대한 정당성을 민심이 믿는다는 것이다.

소상사小象辭

기문병야其文炳也 대인大人의 강건중정剛健中正한 덕德이 밝게 드러나고 빛나는 것을 말한다. 문文은 문체이며, 병炳은 밝게 빛나는 것이다.

321 (觀中) 천지신인天地神人전체를 언급할 수 있다. '미점未占이라도 유부有孚' 점占을 치지 않았는데도 믿는다. 여기의 부孚는 부화할 부孚이다. 태궁胎宮속에 들어있던 태아胎兒가 나타난 것이다. 호虎자가 무슨 괘卦를 상징하는가? 간괘艮卦다. '기문其文이 병야炳也'란 불꽃이 일어나듯 빛난다. 문文은 천문天文, 인문人文을 총망라한 문門이다.

[上六]은 君子는 豹變이오 小人은 革面이니
상육 군자 표변 소인 혁면

征이면 凶코 居貞이면 吉하리라.
정 흉 거정 길

(天火同人)
천화동인

象曰, 君子豹變은 其文이 蔚也일새오
상왈 군자표변 기문 위야

小人革面은 順以從君也이니라.
소인혁면 순이종군야

○ 革(고칠 혁) 面(낯 면) 征(칠 정) 凶(흉할 흉) 居(있을 거) 貞(곧을 정) 吉(길할 길) 蔚(씩씩할 울, 풀이름 울, 성할 위) 從(좇을 종)

상육上六은 군자가 표범처럼 변함이오, 소인小人은 안색만 고치니, (그대로) 가면 흉凶하고 바른 데 행하면 길吉하리라.

상象에 이르기를, '군자가 표범처럼 변한다.'는 것은 그 문채가 빛나는 것이오, 소인小人이 안색만을 고치는 것은 (겉으로만) 순종해서 임금을 따름이니라.

개요概要

상육上六은 변혁의 끝이다. 이제는 약속한 개혁의 내용을 지속적으로 추진해 나가야한다. 즉 개혁改革은 정도貞道에 벗어나지 않아야 길吉하다고 말한다.

각설[322]

---

322 『이천역전伊川易傳』에서는 "사리事理가 밝게 드러나서 범의 문채文采가 밝음이 성함과 같으니, 천하天下에 믿지 않는 이가 있겠는가.(事理明著, 若虎文之炳煥明盛也. 天下有不孚乎.)"라고 하였다. 이 말은 소인小人으로 살아온 이도 순간에 군자가 될 수 있다. 마음속에서 심성이 순간적으로 바뀌는 것을 표변豹變이라고 한 것이다. '소인혁면小人革面'은 소인의 면모에서 군자의 면모로 바꾼다는 것이다. '정征이면 흉凶코' 행行할 때는 아니다. 그러한 원리가 군자에 의해 깨달아진 것이다.

군자표변君子豹變 소인혁면小人革面 군자는 악惡을 멀리하고 선善한 행동을 표범의 가죽 무늬가 빛나는 것처럼 뚜렷하다. 그러나 소인小人은 겉모습만 바꾼다.

정흉征凶 거정길居貞吉 대인大人은 혁명革命후에 아무렇게나 인재人才를 쓰면 흉하고, 소인小人과 군자를 구분하여 사람을 쓰면 개혁을 완수할 수 있다.

소상사小象辭[323]

순이종군야順以從君也 소인小人이 안색만을 고치는 것은 겉으로만 따르는 면종복배面從腹背를 말한다.

✐ 혁괘革卦는 개혁, 변혁으로 낡은 병폐를 고친다는 의미이다. 우물의 형태는 그대로 두고, 내부를 혁신하는 것이 혁革이다. 혁革은 옛것을 바꾼다(갱更)는 의미로, 변혁은 그 때가 중요하다고 말한다. 그리고 변혁의 성공조건으로 먼저 민심을 얻어야 하며, 다음으로는 공명정대公明正大 해야 하고, 마지막으로 개혁의 내용을 지속적으로 추진해 나가야 한다고 밝히고 있다.

323 (觀中) 소인혁면小人革面에서 왜 변變자를 안 쓰고 면面자를 썼는가? 얼굴 표정만 바꾸어서는 안 된다는 것이다.

화풍정괘
50. 火風鼎卦

도전괘
倒顚卦

화풍정괘
火風鼎卦

택화혁괘
澤火革卦

음양대응괘
陰陽對應卦

화풍정괘
火風鼎卦

수뢰둔괘
水雷屯卦

상하교역괘
上下交易卦

화풍정괘
火風鼎卦

풍화가인괘
風火家人卦

호괘
互卦

화풍정괘
火風鼎卦

택천쾌괘
澤天夬卦

효변 爻變	初爻變 而爲大有卦	二爻變 而爲旅卦	三爻變 而爲未濟卦	四爻變 而爲蠱卦	五爻變 而爲姤卦	上爻變 而爲恒卦
화풍정괘 火風鼎卦	**화천대유괘** 火天大有卦	**화산여괘** 火山旅卦	**화수미제괘** 火水未濟卦	**산풍고괘** 山風蠱卦	**천풍구괘** 天風姤卦	**뇌풍항괘** 雷風恒卦

요지要旨[324]

괘명卦名 이 괘는 상上 리화離火(☲) + 하下 손풍巽風(☴) = 화풍정괘火風鼎卦(䷱)이다.

괘의卦意 정괘鼎卦는 새로운 것으로 바뀐다. 성인지도聖人之道로 인재를 양육하여 변혁에 대비한다는 것이다. 「잡괘雜卦」에서는 "鼎은 取新"이라고 하여, 솥에 들어가면 새로운 것으로 바뀐다는 것을 의미한다. 즉 형이상학적 변화이다.

괘서卦序 「서괘」에서 "물건을 변혁함은 가마솥 만함이 없으므로 정鼎으로써 받는다.(革物者 莫若鼎, 故 受之以鼎)"라고 하였다.

괘상卦象 손목巽木으로 불을 땐다. 즉 연마 혹은 절차탁마切磋琢磨의 수련과정을 거쳐서 인격자가 된다는 것이다. 인재人材의 양육원리養育原理나 장자長子의 법통法統을 말한다.

> **鼎은 元吉亨하니라.**
> 정 원길형

○ 鼎(솥 정) 元(으뜸 원) 吉(길할 길) 亨(형통할 형)

정鼎은 크게 길吉하고, 형통하니라. (길吉은 술문의 논란이 있음)

각설

원길형元吉亨 원길元吉하기 때문에 대통하게 되었다는 뜻이다. 원길형元

---

324 (觀中) 선왕지도先王之道를 상징하는 괘이다. 돌아간 성인聖人을 상징하는 괘이다. 인도人道에 있어서는 성인聖人을 상징하는 괘이다. 성인聖人·군자君子가 나오는 괘를 의미한다. 무엇을 통해 천명天命을 깨닫게 되는가? 시간성을 깨달음으로써 천명天命을 깨닫게 된다. 역학적 표현으로 말한다면 역수원리曆數原理를 깨닫는 것을 말한다. 기수朞數가 아니라 역수원리曆數原理이다. 기수朞數는 물리적 시간이지만 역수曆數는 원리적 시간이다. 철학적 표현으로는 시간성 원리이다. 다시 말하면 시간을 존재하게끔 하는 시간의 존재근거로서의 시간성 원리이다.

吉亨, 원형길元亨吉도 관계가 없다. 왜냐하면 원형元亨이 곧 길吉이기 때문이다. ❶원길元吉은 처음부터 끝까지 크게 좋은 것을 말한다. ❷대길大吉은 인간의 노력으로 흉凶에서 길吉로 가는 것이다.

[彖曰] 鼎은 象也ㅣ니 以木巽火ㅣ 亨飪也ㅣ니
단왈 정 상야 이목손화 팽임야

聖人이 亨하야 以享上帝하고 以大亨하야 以養聖賢하니라.
성인 팽 이향상제 이대팽 이양성현

巽而耳目이 聰明하며 柔進而上行하야
손이이목 총명 유진이상행

得中而應乎剛이라 以元亨하니라.
득중이응호강 이원형

❍ 鼎(솥 정) 巽(손괘 손) 亨(삶을 팽(=烹), 형통할 형) 飪(익힐 임) 亨(드릴 향, 제사바칠 향) 養(기를 양) 賢(어질 현) 聰(귀 밝을 총)

단彖에 이르기를, 정鼎은 상象이니, 나무로써 불을 들여서 음식을 삶아 익히니, 성인聖人은 음식을 삶아서 상제께 제사지내고, 또 많이 삶아서(도道를 낳아서) 이로써 성현을 기르느니라. 유순柔順하고, 귀와 눈이 총명하며, 유柔(육오六五)가 나아가 위로 올라가 중中을 얻어서 강剛(구이九二)과 응함이라. 이로써 크게 형통亨通하니라.

각설 [325]

---

325 (觀中) ❶정상야鼎象也 : 산지박山地剝의 관상觀象은 군자란 괘효상수원리卦爻象數原理를 소식영허消息盈虛原理를 가지고 연구하라는 말이다. 이는 역도易道 자체를 상징적으로 그대로 표상(정鼎은 상야象也). 소식영허消息盈虛원리를 전형적으로 표상하는 것은 상경上經의 감坎·리괘離卦요, 소식영허消息盈虛 원리를 종합적으로 표상하고 있는 괘는 손損·익괘益卦다. 정괘鼎卦에서 괘효의 상수원리를 정확히 밝혀 놓은 것이다. 형상形象을 가지지 않은 인간심성적 문제는 그릇(수풍정水風井, 두레박, 뇌수해雷水解, 몸에 비유=장기어신대시이동藏器於身待時而動)에 비겨 가지고 표현하고 있다. 군자의 도덕성을 담고 있는 덕기德器를 상징적으로 표상한다. 제기祭器가운데 가장 중요한 것이 솥(鼎)이다. ❷성인팽이향상제聖人亨以享

정鼎 상야象也 상象은 형이상학적形而上學的 의미로 역도易道 그 자체를 말한다.

이목손화형임야以木巽火亨飪也 목木으로써 화火에 손순巽順하여 음식물을 익히고 삶으니 솥의 사명을 다하는 것이다.

이대팽以大亨 이양성현以養聖賢 정鼎의 이치理致를 깨닫고 본받아 성현들을 길러내는 것과 같다. 대형이정大亨利貞의(정鼎) 원리(도덕원리)로 성현을 기른다는 의미이다.

손이이목巽而耳目 총명聰明 하괘下卦는 손巽(☴)으로 손순巽順하고, 상

上帝 : 제수祭需를 장만한다는 말이 아니라 역경易經에 기록된 말씀을 가지고 군자君子의 덕德을 길러주는 영양소를 제공해 준다는 뜻이다. 성경聖經에서 육덕肉德할 수 있는 영양소를 섭취하라는 말이다. 음식열락飮食設樂이 그 말이다. 택수곤괘澤水困卦에 주식酒食이라는 말이 나온다. 정열한천식井洌寒泉食이란 샘물을 퍼서 마신다는 그런 말이 아니다. 역경易經을 통通하여 도道를 깨닫는 그러한 샘물을 말한다. '이목손화以木巽火'란? 제수祭需를 마련하기 위해 이목以木(=신도神道)손화巽火해야 한다. 제수祭需를 솥안에 듬뿍담아 넣고 불을 때야 하는 것 아니냐? "나무로써 불속을(불밑으로) 들어갔다." '팽亨'은 삶을 팽이고, 임飪은 익힐 임飪자다.('이룰 성成'과 같다.) 나무가 불 밑에 들어가면 '순호천이응호인順乎天而應乎人'(중택태重澤兌, 「단사彖辭」)하는 원리原理를 깨닫게 되고, 물과 배합을 해서는 중생衆生에게 혜택을 내려주게 되어있다. 역학에 있어서 수화작용水火作用을 감坎·리괘離卦로 표현한다. 이것을 무엇이 매개로 하는가? 군자의 이목耳目이다. 마음속에 가지고 있는 심이心耳와 심안心眼이다. ❸이양성현以養聖賢. : 대팽大亨(도道를 쌓는 것이다.)하여 교사郊祠의 예禮부터 하는 것이다. 성도성덕成道成德된 도덕원리를 가지고 성인聖人이 성현을 기른다. 대형이정大亨以正(천지도야天之道也, 천지명야天之命也)의 원리로 성현을 기른다. 어디에서 대형이정大亨利貞의 원리를 말하고 있는가? 역경易經이다. ❹손이이목巽而耳目 총명聰明 : 신성영명성神性靈明性이다. 풍천소축風天小畜, "군자이의문덕君子以懿文德" 떳떳할 의懿이다. 예지성이 내면속에서 밝혀지는 것을 말한다. 천지일월지도天地日月之道(천문天文·인문人文)를 주체적으로 자각 체득했다는 말이다. 따라서 역학적 진리는 깨달아야 한다(자각적 진리眞理다.). 하이데거도 "이성의 초월은 오성에 의지할 수밖에 없다."라고 말하고 있다(존재를 자각하기 위해서는). 여기까지는 말하고 있는데 '주체적 자각'이라는 말은 하지 못하고 있다. 이통신명지덕以通神明之德된 차원에서의 밝음을 의미한다. 성인聖人의 말씀을 통해서 하나님의 뜻의 소리를(명령命令) 올바르게 들을 줄 아는 마음의 귀가 열렸다는 말이다. 命令은 말로 전달된다. 소리없는 소리다. 즉 무성무취無聲無臭한 소리다. 이 소리를 마음의 귀로 듣는 것이다. 성인聖人의 말씀을 통하여 뜻을 깨달았다는 말이다. '손이이목巽而耳目이 총명聰明'이란 지혜智慧가 열려야 된다는 말이다. 말씀을 귀로 들을 줄 알아야 한다. 성인聖人의 말씀을 귀로들을 줄 알아야 한다. '손巽'은 입야入也(내면의 세계로 들어가 마음의 눈이 열려야 한다.) ❺득중이응호강得中而應乎剛 시이원형是以元亨 : 지풍승괘地風升卦의 중정지기中正之氣를 쏙 뽑아가지고 나온 것이 화풍정괘火風鼎卦다. 승괘升卦에서는 '유이시승柔以時升'이라 한다. 정도貞道로써 크게 깨달았기 때문에 이목耳目이 총명해진 것이다.

괘上卦는 리離(☲)로 총명聰明하니 이것이 정괘鼎卦의 괘덕卦德이다. 성현의 말씀으로 깨달음이다. 총명이란 지혜가 열여야 한다는 것이다.

유진이상행柔進而上行 육오효六五爻가 있는 상괘上卦의 리離(☲)는 염상炎上이므로 육오효六五爻가 상행上行한다고 하는 것이다.

[象曰] 木上有火ㅣ 鼎이니
상왈 목상유화 정

君子ㅣ 以하야 正位하여 凝命하나니라.
군자 이 정위 응명

○ 凝(엉길 응, 정항 응, 이를 응)

상象에 이르기를, 나무 위에 불이 있는 것이 정鼎이니, 군자君子는 이로써 자리를 바르게 하고 천명을 이르게 하나니라.

각설 [326]

326 (觀中) 목상유화木上有火란 나무 위에 불이 타는 것이다. 수풍정水風井이다. 정鼎은 천지부모天地父母 조상祖上 받드는 제기다. 부모조상父母祖上을 받드는 자가 군자다. 성인聖人을 받들어 모시는 것을 통하여 천지天地를 받들게 되어 있다. 십오성통十五聖統을 체體로 하여 군자는 사덕四德을 행하게 되어 있다는 뜻이다. 화풍정괘火風鼎卦를 바꾸어 놓으면 풍화가인괘風火家人卦가 된다. 그러므로 가인지도家人之道를 행하는 자다. 정위응명正位凝命이란? 천명天命을 이룬다. 응凝은 '이룰 응'자다. 성명成命이 되는 것이다(천명天命을 완전히 이루었다.). 자신의 위치를 올바르게 거居하면서 자신에게 주어진 사명(천명)을 완수한다. 여기의 '정위正位'는 풍화가인괘風火家人卦의 '여女 정위호내正位乎內'로 나타난다. ("단에 이르기를, 가인家人, 여정위호내女正位乎內, 남정위호외男正位乎外, 남녀정천지지대의야男女正天地之大義也.") 여기의 여女는 군자君子를 곤도坤道에 비유했기 때문이다. 성인聖人에 대해 군자는 곤도적坤道的 입장이다. 군자를 길러낸 성인聖人이다. 어디에서부터 출발하는가? 수신修身·제가齊家·치국治國·평천하平天下 등 4단계를 거쳐 천하天下를 안정시키는 데까지 확충해 나간다. 자기의 위치를 찾아 직분을 유감없이 수행함으로써 천명을 수행한다. 초야에 묻혀있던 성인聖人·군자지도君子之道가 지표위에 솟아오르는 것. 즉 현도신덕행顯道神德行, 현룡재전見龍在田은 군자지도요, 비룡재천飛龍在天은 성인지도聖人之道다. 군자의 도덕성이 하나의 실제 사실로 드러난다. 이에「효사爻辭」에는 '정유실鼎有實'이라 했다. 정위正位가 풍화가인괘風火家人卦다. 가인家人·규睽·건蹇·해괘解卦로 성명成命이 된다. 즉 뇌수해괘雷水解卦는 천도天道의 성도원리成道原理를 표상한 것이라면 가인괘家人卦는 성인聖人·군자지도君子之道의 성도

정위응명正位凝命 솥의 단정하고 진중한 모습을 본받아 군자는 자기의 위치를 바르게 하고 천명天命을 완수한다는 것이다.[327] ❶의凝은 성成의 의미이고, ❷명命은 각정성명各正性命과 비교比較할 수 있다. 정괘井卦는 개명改命이 있으면 길吉하며, 정괘鼎卦는 명命을 실천하는 의명凝命이다. 의凝는 모으고 이룬다. 즉 천명(사명)을 실천한다는 것이다.

[初六]은 **鼎**이 **顚趾**하야 **利出否**하니
초육 정 전지 이출비

得妾하야 **以其子**면 **无咎**ㅣ리라. (火天大有)
득첩 이기자 무구 화천대유

象曰, 鼎顚趾나 **未悖也**일새오 **利出否**는 **以從貴也**이니라.
상왈 정전지 미패야 이출비 이종귀야

❍ 鼎(솥 정) 顚(꼭대기 전, 엎어질 전) 趾(발 지) 未(아닐 미) 悖(어그러질 패) 利(날카로울 이{리}) 出(날 출) 否(아닐 비) 從(좇을 종) 貴(귀할 귀)

초육初六은 솥이 발꿈치가 엎어지나, 비색한 것을 내놓는 것이 이로우니, 첩을 얻으면 아들로써 허물이 없느니라.

상象에 이르기를, 솥이 발꿈치가 엎어지나 (도리道理에) 어그러짐은 아니오, '비색한 것을 내놓으면 이롭다'는 것은 이로써 귀함을 따름이니라.

원리成道原理를 표상한다.

327 불가佛家에서는 정괘鼎卦를 선禪이라고 한다. 선禪은 범어 선나禪那의 준말이다. 정定, 정려靜慮, 기악棄惡, 사유수思惟修라 번역한다. 조용히 앉아 선악善惡을 생각지 않고, 시비是非에 관계하지 않고, 유무有無에 간섭하지 않아서 마음을 안락 자제한 경지에 노닐게 하는 것이다. '선禪'은 자신 속에 자신을 발견하는 작업이며, 나아가 스스로 자신을 개발하고 성장시키는 작업이라고 할 수 있을 것이다. 마찬가지로 솥(내용물을 삶는 것=鼎)은 변혁시킨다는 의미이기도 한데, 날 것이나 굳은 물건物件을 솥에 삶아서 익혀 연하게 만들어, 사람을 먹인다는 것이다. 정괘鼎卦를 옆에서 볼 때 초육初六은 솥의 족足, 육오六五는 솥의 귀에 해당한다. 이것을 다시 상하上下의 괘상卦象으로 보면, 아래는 나무(손巽), 위는 불(리離)이다. 나무에 불을 붙여서 솥 안의 물건을 삶는 모양이니 곧 솥의 쓰임새이다. '솥'은 신神에게 제사祭祀지내고 어진 이를 기르는 그릇이니, 옛부터 왕王의 권위權威를 보여주는 귀중한 보물로 취급되었다.

개요概要

초육初六에서는 공부란 욕심, 편견, 독선을 버리는 것이며, 많이 버리면 버릴수록 크게 얻게 되니 이롭다는 것을 말한다.

각설 [328]

정鼎 전지顚趾 솥은 원래 발이 세 개이나 초효初爻는 음陰으로 발이 두 개이니 솥이 엎어지는 것이다.

---

328 (觀中) 정전지鼎顚趾의 '정鼎'은 주기자主器者 막약장자莫若長子의 솥이다. 속(소인지도小人之道)에 있는 것을 다 쏟아 버리기 위해서 깨끗이 버려야 될 쓰레기를 청소해 낸 것이다. 솥을 사용하지 않아 온갖 오물이 다 들어있으므로 엎어버려라는 것이다. 그렇게 마음을 버려야 한다. 학문적으로 자신이 서야 한다. 이에 건괘乾卦「문언文言」2효에 '학이취지學以聚之'라고 하여 '학學'부터 말하고 있다. '출비出否'란 소인지도小人之道를 쓸어버린다. 선천先天소인지도小人之道를 쏟아버리는 것이 이롭다. 득첩得妾은 아내를 맞이하는 것이다(가인지도家人之道=군자지도君子之道를 깨달아라). 택수곤괘澤水困卦에서는 아내가 눈에 보이지 않았다. 복공속覆公餗'의 공公은 군자君子를 말한다. 「계사하繫辭下」편, 5장에 "정鼎이 절족折足하야 복공속覆公餗하니 기형其形이 옥渥이라 흉凶이라 하니"라고 한 것은 소인小人을 말한다. 성인聖人이 정해 놓은 문물제도文物制度를 다 부수고 있다는 것이다.

❶이기자무구以其子无咎 : 그 자식이 무난하게 넘어갈 수 있다. 선보과善補過이다.

[1]'이기자以其子'란 군자지도를 이용한다. 이자以字를 조심하라. 「단사」에 '이以'자가 연속적으로 3번 나온다. 왜 그러한가? 천지天地人 삼재지도三才之道가 공통적으로 대형이정大亨以正("정도正道로써 크게 형통한다.")의 원리를 이용한다는 말이다. 천지인天地人 삼재三才를 일관一貫하여 작용되는 원리가 대형이정大亨以正의 원리(역도易道)이다. [2]'이양성현以養聖賢'은 사람의 입장이요(사람이 대형이정大亨以正의 원리를 이용하는 써 이以자다), '이대형而大亨'과 '이향상제以享上帝'는 성인聖人을 위주로 대형이정大亨以正의 원리를 표상한다.

❷화천대유괘火天大有卦의 원뜻은 상효上爻(자천우지自天佑之)에 있다. 이에 '정鼎이 전지顚趾'라고 한 것이다. '정鼎이 전지顚趾'란? (화천대유괘火天大有卦를 둘러놓으면 천화동인괘天火同人卦가 된다.) 정괘鼎卦 초효初爻가 동動한 것이 화천대유괘火天大有卦요, (화풍정괘火風井卦 아래위를 둘러놓은 것)천화동인괘天火同人卦를 가리킨다(천화동인天火同人, 이효二爻가 성인聖人의 무리(도徒)를 상징하는 효이다.). '정鼎이 전지顚趾'해 놓으니까 무엇이 되겠는가? 수풍정괘水風井卦(낙서원리洛書原理)를 하도원리河圖原理로 전도顚倒시켜 놓는 괘가 정괘鼎卦다. 이에 하도낙서원리河圖洛書原理가 여기서부터 합덕原理가 본격적으로 작용한다. '정鼎이 전지顚趾'(하도원리河圖原理)한 것이 천화동인괘天火同人卦다. 그렇게 되니까 이출비利出否가 되는 것이다. 대인大人이란 십오十五성인聖人이라는 말이다. 건곤乾坤합덕원리를 표상하고 있는 성인聖人. 초효初爻는 군자의 입장에서 하는 말이다. 왜냐하면 초효初爻가 동動하면 대유괘大有卦가 되기 때문이다. 그런데 사효四爻는 그렇지 않다. '전鼎이 전지顚趾'해야 하는데(지저분한 오물을 털어버려야 하는데), 사효四爻 소인小人은 군자가 정鼎이 전지顚趾하여 이출비利出否하는데, 소인小人은 '정鼎이 절족折足'(솥의 다리를 부러트림)한다.

비출비利出否 비否는 천지비天地否의 소인지도小人之道이라 버리는 것이 이롭다는 것이다. 솥의 내용물을 쏟아내지 않고서는 새로운 것을 채울 수 없다.

득첩이기자무구得妾以其子无咎 첩妾을 두는 것은 아들을 얻기 위함이니 허물이 없다는 것은 천지天地합덕을 의미한다. 가인지도家人之道의 자각을 통한 군자지도를 행하기 위함이다. 득첩得妾은 가인지도家人之道를 자각한다는 것이다. 천지지도天地之道의 합덕으로 미래를 맞아하는 것이다.

첩妾은 처妻와 동일한 의미로 여자(군자)가 자신을 낮추어 말하는 것이다.(신첩臣妾= 소첩小妾)

소상사小象辭[329]

미패야未悖也 솥이 망가진 것이 아니라 청소를 위해 엎어놓은 것이다. 그러므로 도리에 어긋난 것이 아니다.

이종귀야以從貴也 천賤(小人之道 소인지도)한 것에서 귀貴(聖人之道 성인지도)한 것을 따르려 한다.

---

329 (觀中) 이종귀야以從貴也는 패悖는 소인지도小人之道이며, 귀貴는 성인지도聖人之道이다. '이종귀以從貴'란 성인聖人의 말씀에 순종한다. 이기자以其子가 이종귀以從貴이다. 성인聖人의 말씀속에 군자지도가 담겨져 있기 때문이다. 다음으로 정전지鼎顚趾은 동인同人의 음식飮食이나 소인小人이 가로챈 솥의 음식飮食이고, 귀貴는 귀인貴人의 도리道理를 말한다.

[九二]는 鼎有實이나 我仇有疾하니
구이 정유실 아구유질

不我能卽이면 吉하리라
불아능즉 길

(火山旅)
화산여

象曰, 鼎有實은 愼所之也ㅣ오
상왈 정유실 신소지야

我仇有疾이나 終无尤也ㅣ리라.
아구유질 종무우야

○ 鼎(솥 정) 實(열매 실) 我(나 아) 仇(원수 구, 짝 구) 有(있을 유) 疾(병 질) 我(나 아) 能(능할 능) 卽(나아갈 즉, 곧 즉) 愼(삼갈 신) 所(바 소) 終(끝날 종) 尤(허물 우, 근심할 우, 더욱 우)

구이九二는 솥에 실속(음식)이 있으나, 나의 짝이 나쁜 병이 있다하니, 내게 능히 다가오지 못하게 하면 길하리라.

상象에 이르기를, '솥에 실속(음식)이 있다'는 것은 행하는 바를 삼가라는 말이오. '내 짝에게 병이 있다'는 것은 마침내 허물이 없으리라.

개요概要

구이효九二爻는 부정위不正位이다. 그러므로 구이九二 군자가 도道를 행하려면 육오六五성인聖人의 마음과 일치되어야 함을 말한다.(이인동심二人同心) 그러므로 초육初六의 소인지도를 멀리하면 길하다는 것이다.

각설[330]

정유실鼎有實 구이九二가 양효陽爻이니 실實이다. 솥 안에 음식물(성인지도聖人之道)이 있다.[331] 또한 솥의 구조로 보면 음식이 가득찬 중간의 위

330 정유실鼎有實은 솥속에 음식물이 들어있기 때문에 길吉로 판정한다. 아구유질我仇有疾의 아我는 성인聖人의 입장이요, 성인聖人의 짝은 군자다. 이 군자가 음식을 잘 못 먹는다는 것이다.

331 (觀中) 정유실鼎有實은 산풍고괘山風蠱卦에서 중산간괘重山艮卦로 생각할 수 있다. 산풍

치라고 할 수 있다.

아구유질我仇有疾 나의 짝은 원래 성인聖人과 군자君子의 관계이지만 이 때 나의 짝(군자)은 초육初六을 말한다. 군자가 앓고 있는 병은 성인聖人의 말씀에 관한 의심병이다. 아직까지 마음속에 갈등을 느끼는 사태이다. 하지만 군자가 도道를 행하려면 성인聖人의 마음과 일치되어야 함을 말한다.(이심동인二人同心)[332]

불아능즉不我能卽 길吉 구이九二가 육오六五와 상응하고, 초육初六을 가까이 하지 못하게 함을 말한다.[333] 왜냐하면 정鼎은 구이九二의 음식물을 밖으로 들어 올려서 나누어 먹어야 하는데 솥바닥(초육初六)에 두면 안 된다는 의미이기 때문이다.[334]

소상사小象辭

신소지야愼所之也 솥안의 음식물은 조심하지 않으면 넘치기 때문에 행동을 조심해야한다는 말이다. 자신의 재주를 삼가야지 아니면 흉凶하다는 것이다. 소지所之의 소所는 형이상학적 의미이다.

아구유질我仇有疾 종무우야終无尤也 초육初六과 상응인 구사九四를 만나기 전에 구이九二를 넘보는 형상이지만, 구이九二가 틈을 보이지 않고, 육

고괘山風蠱卦의 입장은 선천적先天的 시위이므로 군자가 마음속에서 갈등을 느끼게 된다. 손괘巽卦의 입장에서 열매를 간직하고 있다면 간괘艮卦와 결부가 되어있다는 말이다. 외괘外卦를 간괘艮卦라고 한다면 산풍고山風蠱요, 중산간괘重山艮卦라고 할 수 있다. "내 짝이 약간은 감기를 앓고 있으나 결과에 가서는 무구无咎할 것이다."

332『주역본의』에서는 유질有疾에 대하여 "구이九二가 초육初六과 친비親比의 관계가 도리에 어긋난다. (我仇,謂初, 陰陽相求而非正, 則相陷於惡而爲仇矣.)"라고 하였다.

333 (觀中) 불아능즉不我能卽은 내가 군자에게 가까이 갈 수 없게 되었다. 군자가 앓고 있는 병病은 성인聖人의 말씀에 관한 의심병이다. 아직까지 마음속에 갈등을 느끼는 사태이다. 군자가 도道를 행하려면 성인聖人의 마음과 일치해야함. 이 효爻가 동動하면 화산여火山旅→ 군자가 도道를 행하기 위해서는 성인聖人의 마음과 동심同心(성인聖人의 뜻을 깨달아야 한다.)이 되어야 한다.

334『이천역전』에서 '불아능즉不我能卽'을 "내게 능히 나아가지 못하게 하면 길하다.(使不來卽我, 則吉也)"라고 하였다.

오六五와 상응하며, 스스로 지키고 행하는 바가 신중하기 때문에 허물이 없다는 것이다.

[九三]은 **鼎耳**ㅣ **革**하야 **其行**이 **塞**하야 **雉膏**를 **不食**하나
구삼 정이 혁 기행 색 치고 불식

方雨하야 **虧悔**니 **終吉**이리라. (火水未濟)
방우 휴회 종길 화수미제

象曰, 鼎耳革은 **失其義也**이니라.
상왈 정이혁 실기의야

○ 鼎(솥 정) 耳(귀 이) 革(고칠 혁, 가죽 혁) 塞(막힐 색) 雉(꿩 치) 膏(기름 고, 살찔 고) 食(밥 식) 方(바야흐르 방) 雨(비 우) 虧(줄어들 휴, 이지러질 휴) 悔(후회할 회) 終(끝날 종)

구삼九三은 솥 귀를 고쳐서 그 행함이 막혀 꿩 기름을 먹지 못하나, 바야흐로 비가 내려서 후회함이 줄어들어 마침내 길하리라.

상象에 이르기를, '솥의 귀를 고쳤다'는 것은 그 뜻(올바름)을 잃음이니라.

개요概要

구삼九三은 변화의 시의성時宜性에 대하여 말하고 있다. 왜냐하면 구삼九三은 솥귀가 있는 위치이다.

각설[335]

---

335 (觀中) ❶정이혁鼎耳革 기행색其行塞의 혁革은 택화혁괘澤火革卦에서 유래한다. 정괘鼎卦의 '정이혁鼎耳革'이라고 그대로 언급된 효가 삼효三爻로써 솥귀가 바뀌는데 솥귀가 떨어져 나가 보수를 하는 것이 아니다. ❷치고불식雉膏不食은 꿩 기름을 꼭 먹어야 하는데 먹지를 못했다. 즉 군자가 인격을 길러나가는데 영양소로 섭취하지 못했다는 말이다. ❸정괘鼎卦 삼효三爻의 원리(택화혁괘의 원리)를 깨닫지 못했다. 치고雉膏는 괘卦를 가리키는 것임을 알 수 있다. 기름은 무엇과 결부되는가? 고택膏澤이라 하듯이. 치雉는 '이위치離爲雉'다. 고膏를 택澤이라 해석한다면 화택규괘火澤睽卦이다. 화택규괘火澤睽卦는 오황극원리五皇極原理를 상징하는 괘이다. '방우方雨'로 바야흐르 비오는 이야기를 하고 있다. 비오는 이야기와 치골雉膏를 못먹었다는 말과 무슨 관계가 있겠는가? '방우方雨'도 괘를 가리킨다. "바야흐르 비가 온다." 어느 괘를 기리키는가? 갑탁甲坼이란 중생重生의 생生이다. 새 종류는 간괘艮卦에

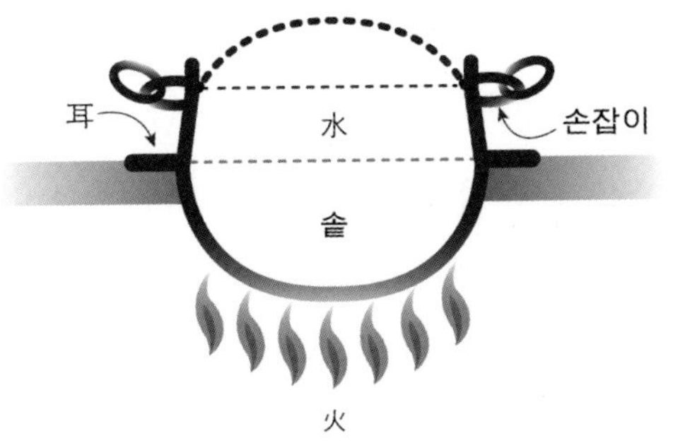

정이혁鼎耳革 정괘鼎卦의 도전괘가 혁괘革卦이다. 이것은 정괘鼎卦의 삼효三爻가 변혁變革의 시점임을 말하는 것이다. 솥의 원리로 보면 솥귀가 상하上下의 분기점으로 수화水火의 변화變化가 있는 곳이다. 정이鼎耳는 새로운 의미를 부여한 고리라고 할 수 있다. 그러므로 구삼九三이 바뀌는 것을 의미하기도 한다.

기행색其行塞 솥귀는 아래의 불기운이 위로 올라오지 못하도록 막는 역할을 한다. 수화水火의 조화를 중간에서 조절, 변화시킨다. 솥귀가 없어면 들기가 불편한 것처럼, 인재가 있어도 나아갈 길이 없음을 비유한 것이다.

치고불식雉膏不食 군자의 인격적인 영양소를 섭취하지 못한다는 의미이

검훼지속黔喙之屬을 말하고 있다. 감괘坎卦는 물을 상징하는 괘인데 밑의 효爻를 양효陽爻로 바꾸어 놓으면 태괘兌卦가 된다. 즉 못에 고여있는 물이 된다. 이에 치고雉膏는 간괘艮卦가 아니면 태괘兌卦다. 치고불식雉膏不食이란 "미제괘未濟卦의 원리를 깨닫지 못했다."는 말이다. ❹방우휴회方雨虧悔 종길終吉 : 정이혁鼎耳革의 혁革은 택화혁괘澤火革卦, '디행색其行塞' 솥 귀가 바뀌는데, 솥귀를 땜질하는 것이 아니다. [1]'치고불식雉膏不食'란? 왜 꿩기름이 언급되는가? 꿩기름을 먹지 못했다. 군자가 인격을 기를 수 있는 영양소를 먹지 못했다는 말이다. 택화혁괘 澤火革卦의 삼효三爻의 원리原理를 깨닫지 못했다는 말이다. [2]'방우方雨'는 어느 괘를 가리키는가? '밀운불우密雲不雨, 자아서교自我西郊'의 '서교西郊'는 공간개념을 시간개념으로 바꾸어 놓으면, '서교西郊'는 후천적后天的 개념을 표상한다. 서남득붕西南得朋, 동북상붕東北喪朋이다. 뇌수해괘雷水解卦(가인家人·규睽·건蹇·해解)를 가리킨다. 이에 화택규괘火澤睽卦, 상효上爻에 "그 길을 따라 가 비를 맞아야 한다.(왕우즉길往雨則吉)"이라고 했다. 왜 하필 내乃자를 쓰지 않고, 방方자를 썼는가? 건蹇·해괘解卦에서 동서남북東西南北 방위개념方位概念으로 언급하고 있기 때문이다. 지금 당장(방方) 닥쳐온다. '종길終吉'은 3효가 동動하면 미제괘未濟卦(하도원리河圖原理)가 되기 때문이다. [3]'정이혁鼎耳革, 실기의야失其義也'의 '정이혁鼎耳革'이라는 말속에 「효사爻辭」(정이혁鼎耳革이라 기행其行이 색塞하야 치고불식雉膏不食)의 뜻이 생략된 것이다. '실기의失其義'란 '기행其行이 색塞하야 치고불식雉膏不食'을 해석한 것이다. 화택규괘火澤睽卦의 원리를 알지 못한 것이다.『만해집』 가운데 화택규괘火澤睽卦에 대한 해석이 있으나 상극원리相剋原理로 해석하고 말았다. 규괘睽卦의 원리를 간태艮兌합덕원리로 해석하지 못하고 있다. 규睽·건蹇卦(황극점을 표상하는 괘)가 음양陰陽합덕原理)이다.

다. 『주역』에서 언급된 음식은 먹는 음식을 가리키는 것이 아니라 정신적·인격적 영양소이다. 즉 성인聖人의 말씀을 깨닫는 것을 말한다.

방우方雨 **휴회종길**虧悔終吉 바야흐르 비가 온다는 것은 음양화합陰陽和合의 결과이다. 솥으로 보면 수화조절水火調節이 잘되어 음식을 익혀내는 형상을 말한다. 육효六爻로 보면 육오六五와 조화를 이루어 뉘우침이 줄어들고, 마침내 길하게 된다는 것이다.

소상사小象辭

실기의야失其義也 구삼九三이 취해야 할 마땅한 도리 혹은 올바른 뜻을 (망각)잃었다는 것은 변화의 시점을 놓쳤다는 것이다.[336]

[九四]는 鼎이 折足하야 覆公餗하니
구사 정 절족 복공속

其形이 渥이라 凶토다.
기형 악 흉

象曰, 覆公餗하니 信如何也오.
상왈 복공속 신여하야

(山風蠱)
산풍고

○ 鼎(솥 정) 折(꺾을 절) 足(발 족) 覆(뒤집힐 복) 公(공변될 공) 餗(죽 속) 形(모양 형) 渥(두터울 악) 凶(흉할 흉)

구사九四는 솥의 다리가 부러져 공公의 음식을 엎으니, 그 형상이 악착한지라 흉凶토다.

상象에 이르기를, 공公의 음식을 엎질렀으니 그 믿음인들 어떠하겠는가.

개요概要

구사九四 자신의 위位(사효四爻)를 깨닫고 정도正道로 행하여야 함을 암시하

336 『주역정의』에서는 "속을 비워서 받아드리는 뜻을 잃어버린 것이다.(失其虛中納受之義也)"라고 하였다.

고 있다.

각설[337]

정절족鼎折足 복공속覆公餗 구사九四는 초육初六과 상응한다. 재능이 부족한 부정위不正位의 초육初六에 일을 맡기니 절족折足하고, 복공속覆公餗의 결과를 초래한다. 구사九四 자신의 위(사효四爻)를 깨닫고 정도正道로 행하여야 함을 암시하고 있다.

기형其形 악渥 형形은 정鼎의 본체本體이며, 악渥은 셀 루漏의 의미로 육신肉身의 욕구, 욕망에 젖어있는 모습을 말한다.

소상사小象辭

신여하야信如何也 더 말할 나위없이 나쁘다는 것이다. 그 믿음이야 오죽하랴? 신의信義가 필요하다는 것이다.

> **[六五]**는 鼎黃耳金鉉이니 利貞하니라. (天風姤)
> 육오 정황이금현 이정 천풍구
>
> 象曰, 鼎黃耳는 中以爲實也이니라.
> 상왈 정황이 중이위실야

○ 鼎(솥 정) 黃(누를 황) 耳(귀 이) 金(쇠 금) 鉉(솥귀 현) 利(이로울 이) 貞(곧을 정) 爲(할 위) 實(열매 실)

---

337 (觀中) ❶「계사하繫辭下」, 제5장에서 설명('덕박이위존德薄而位尊'이란 천작天爵은 낮은데, 현실적인 지위만이 높이 올라가 있다.). '정鼎이 절족折足하야 복공속覆公餗(군자가 먹어야 될 양식이 담긴 솥을 둘러엎음)하니'란 군자가 먹을 양식을 덮어버림. 4효는 시위적時位的으로 후천원리后天原理가 성숙될 단계다. 성인聖人이 밥을 다 지어 뜸까지 들여놓은 제수를 쏟아버린 것. '기형其形이 악渥'은 지저분하다. '신여하야信如何也'란 믿음이 어떻겠는가? 눈꼽만큼도 성인지도聖人之道에 관한 믿음이 없는 이가 소인小人이다. 중산간괘重山艮卦, 「단사彖辭」에 '동정불실기시기도광명動靜不失其時其道光明'이라 했다. ❷시의성時宜性에 앞서나간 것은 선미실도先迷失道라고 함. ❸산풍고괘山風蠱卦에서는 이기자以其子라고 하지 않고, 유자고무구有子考无咎라고 했다.

육오六五는 솥의 누른 귀에 금金으로 만든 고리이니, 바르면 이로우니라.

상象에 이르기를, 솥의 누른 귀는 (육오六五)중으로써 실實(내용물)을 삼느니라.

개요概要

육오六五는 부정위不正位이나 유순柔順·득중得中한 효爻이다. 솥의 음식은 건도乾道로써 해야 함을 말한다.

각설[338]

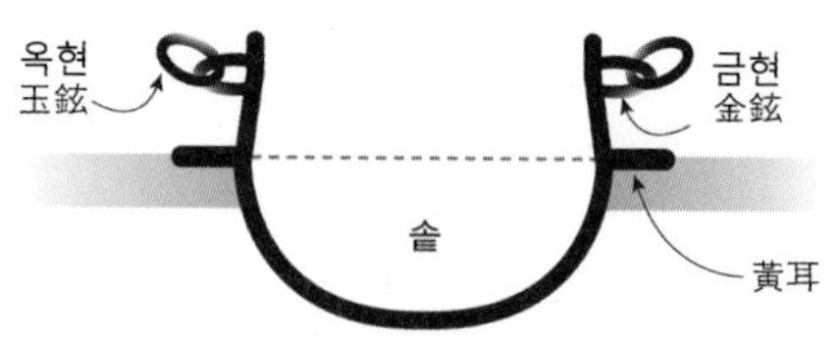

정황이금현鼎黃耳金鉉 육오六五가 만민에게 혜택을 주는 것이다. 또 솥에서 음식을 잘 요리하여 그 음식물을 가지고 다니면서 중도中道를 분배하여 만민萬民을 먹여살리는 형상이다.[339] ❶황이黃耳는

---

338 (觀中) 황黃은 곤坤, 금金은 건괘乾卦로 지천태地天泰이다. 이耳는 감坎, 현鉉은 건乾 = 수천수水天需이다.(때를 기다리라. 어느 때를 기다리라는 말인가? 태어날 때를 기다린다. 어머니의 뱃속에 들어있는 성인聖人·군자지도를 보고 빨리 행하라고 한다면 행할 수 있겠는가?) ❶'솥 귀'는 손잡이다. 괘상卦象을 가리킨다. 황이黃耳와 금현金鉉을 각각 풀어볼 수도 있고, 황이금현黃耳金鉉을 두 개로 구분하여 생각할 수도 있다. 황黃과 금金을 생각한다면(황이금현黃耳金鉉을 하나의 괘卦로 해석하면) 지천태괘地天泰卦이다. 황이黃耳를 하나의 괘로, 금현金鉉을 다른 하나의 괘로 본다면, 황黃은 곤坤이요, 이耳는 감괘坎卦로 지수사地水師이다. 금金은 건乾이요, 현鉉은 감坎卦이므로 천수송天水訟 아니면 수천수괘水天需卦다. 따라서 황이금현黃耳金鉉은 하늘에 있어서는 수需·송괘訟卦요, 땅에 있어서는 사師·비괘比卦다. '중위위실中以爲實'은 이효二爻의 정유실鼎有實의 '실實'이다. 지수사괘地水師卦 이효二爻가 주효主爻이기 때문에 군자지도(왕천하지도王天下之道)를 표상한다. ❷'정황이금현鼎黃耳金鉉'을 이정利貞이라고 한 것을 아주 조심스럽다. 황이금현黃耳金鉉은 기본적으로 태괘泰卦(이정지도利貞之道)이다. 성정원리性情原理를 깨닫는 것은 이정지도利貞之道에 있다(이정자利貞者 성정야性情也). 원형이정元亨利貞은 만물생장원리萬物生長原理이기 때문에 선천원리先天原理다. 만물萬物의 성수成遂, 성장원리成藏原理는 후천원리后天原理다. 천지비天地否원리가 선천先天원리이면서 만물생장원리萬物生長原理이요, 지천태원리地天泰原理는 후천원리后天原理이면서 만물성수萬物成遂, 성장원리成藏原理이다. 태괘泰卦가 「서괘」에 있어 앞에 배정이 된 것은 후천적后天的 의의를 밝혀 놓고 있는 것이 성경聖經으로서의 『주역』의 입장이다.

339 (집설) ❶『이천역전』과 『주역본의』에서는 육오六五가 가운데를 비우고, 질기고 강한 구

누런 솥귀, 솥을 병풍처럼 둘러싸고 있는 것을 말한다. 육오효六五爻가 곤도坤道의 덕이 있음을 나타내고 있다. ❷금현金鉉은 솥귀 위의 쇠고리(건도乾道)의미한다. ❸옥현玉鉉은 솥귀 위의 옥고리(건도乾道) 말한다. 이정利貞 솥이 움직이는 것이 아니라 고정固定된 것이라는 것이다.

소상사小象辭 [340]

중이위실야中以爲實也 황이黃耳가 곤坤이고, 금현金鉉이 건乾이라, 중정지도中正之道로 실實(내용물)한 것이다.

[上九]는 鼎玉鉉이니 大吉하야 无不利니라. 상구 정옥현 대길 무불리	(雷風恒) 뇌풍항
象曰, 玉鉉在上은 剛柔ㅣ 節也이니라. 상왈 옥현재상 강유 절야	

○ 鼎(솥 정) 玉(옥 옥) 鉉(솥귀 현) 剛(굳셀 강) 柔(부드러울 유) 節(마디 절)

상구上九는 솥이 옥玉으로 만든 고리이니, 크게 길吉해서 이롭지 아니함이 없느니라. 상象에 이르기를, 옥玉으로 만든 고리가 위에 있는 것은 강유剛柔가 조절하니라.

개요概要

상구上九는 부정위不正位한 효爻지만 옥현玉鉉으로 강유剛柔를 조절하여 길吉하게 됨을 말한다.

각설

정옥현鼎玉鉉 옥현玉鉉은 불에 달구어진 솥이 뜨겁기 때문에 열을 받지

이九二와 응한다고 하였다. ❷『주역절중周易折中』에서는 '상구上九'로 주석하고 있다.

340 실實이란? 건곤乾坤之道를 바탕으로 양성현養聖賢하는 것.

않는 옥玉으로 만든 고리이다. 상구上九는 양陽으로 음陰의 자리에 있다. 옥현玉鉉은 강유剛柔를 조화시킬 수 있다.

대길大吉 무불리无不利 정鼎의 소임所任은 음식에 있고, 음식을 만들면 끄집어내어야 먹을 수 있다. 그러므로 옥현玉鉉을 사용하여 뜨거운 솥에 음식을 끄집어내어 모든 사람들을 먹여서 즐겁게 하고, 혜택을 주는 것이니 대길大吉이고, 무불리无不利이다.

소상사小象辭

강유절야剛柔節也 열熱이 옥고리에서 그쳐 솥을 들고 다닐 때 손잡이로써 용이하다. 강剛은 양陽이고 열熱이며, 유柔는 음陰이고 한寒이다. 따라서 옥현玉鉉은 뜨거운 것과 찬 것을 잘 조절한다.(절節)

✐ 정괘鼎卦는 새로운 것으로 바꾸는 것이다.

솥은 신神에게 제사지내고 어진 이를 기르는 그릇이며, 왕王의 권위權威를 보여주는 귀중한 보물寶物로 취급되었다. 솥에 들어가면 새로운 것으로 바꾼다는 것을 의미한다. 형이상학적 변화이다. 성인지도聖人之道로 인재를 양육養育하여 변혁에 대비한다는 것이다. 그러나 잘못 등용하면 절족折足하여 복공속覆公餗의 결과를 초래할 수도 있다.

또한 괘상卦象으로보면 손목巽木으로 솥에다 불을 땐다. 즉 연마 혹은 절차탁마切磋琢磨의 수련과정을 거쳐서 인격자가 된다는 것이다. 그러므로 정위응명正位凝命하여 군자는 솥의 단정하고 진중한 모습을 본받아 자신을 바르게 하고 천명天命을 실천한다는 것이다.

중 뢰 진 괘

51.重雷震卦

도전괘
倒顚卦

중뢰진괘
重雷震卦

중산간괘
重山艮卦

음양대응괘
陰陽對應卦

중뢰진괘
重雷震卦

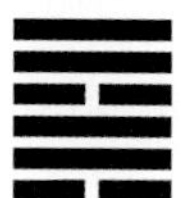

중풍손괘
重風巽卦

상하교역괘
上下交易卦

중뢰진괘
重雷震卦

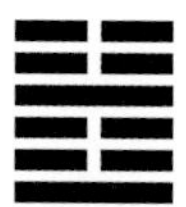

중뢰진괘
重雷震卦

호괘
互卦

중뢰진괘
重雷震卦

수산건괘
水山蹇卦

효변
爻變

중뢰진괘
重雷震卦

初爻變 而爲豫卦	二爻變 而爲歸妹卦	三爻變 而爲豐卦	四爻變 而爲復卦	五爻變 而爲隨卦	上爻變 而爲筮嗑卦
뇌지예괘 雷地豫卦	**뇌택귀매괘** 雷澤歸妹卦	**뇌화풍괘** 雷火豐卦	**지뢰복괘** 地雷復卦	**택뢰수괘** 澤雷隨卦	**화뢰서합괘** 火雷筮嗑卦

요지要旨

괘명卦名 이 괘는 상진上震의 뢰雷(☳) + 하진下震의 뢰雷(☳) = 중뢰진괘重雷震卦(䷲)이다.

괘의卦意 우레와 같이 두려움을 통하여 세상을 놀라게 함으로써 자기 성찰과 경계의 기회를 통해 혼돈에 대한 대처 방법을 말하고 있다. 사람들을 두렵게 함으로써 신중하게 행동하는 공구수신의 계기로 삼는다.

괘서卦序 「서괘」에서 "기물器物을 주관하는 자는 장자長子만한 자가 없으므로 진震으로써 받는다.(主器者 莫若長子, 故 受之以震)"라고 하였다.
주기자 막약장자 고 수지이진

정괘鼎卦가 주기主器라면, 가정의 주기主器는 장남長男이라 정괘鼎卦 다음에 진괘震卦가 온다는 것이다.

잡괘雜卦 "震은 起也."라고 하였다.
진 기야

> 震은 亨하니 震來에 虩虩이면 笑言이 啞啞이리니
> 진 형 진래 혁혁 소언 액액
>
> 震驚百里에 不喪匕鬯하나니라.
> 진경백리 불상시창

○ 震(벼락 진) 亨(형통할 형) 來(올 래{내}) 虩(두려워하는 모양 혁) 笑(웃을 소) 啞(벙어리 아, 웃음 액, 깔깔거리며 웃을 액) 驚(놀랄 경) 百(일백 백) 里(마을 리) 喪(죽을 상) 匕(비수 비, 숟가락 시, 젓가락 시) 鬯(향불 창, 종손 창, 울창주 창)

진震은 형통亨通하니, 천둥이 칠 때(올 때) 두려워서 놀라면, (우레가 그친 다음에) 웃고 말하는 것이 즐거우니, 천둥소리가 백리까지 놀라게 함에 제사지내는 숟가락과 술은 놓지 않느니라.

각설[341]

진형震亨 진震은 천둥을 말하며, 양기陽氣가 발發하는 것이라 형통하다.

진래震來 혁혁虩虩 우레가 왔을 때 무섭고 두려운 상태의 모습을 말한다. 죄지은 사람은 천벌을 받을 것 같은 기분이 들어 혼비백산하는 때, 죽기 직전의 때를 말한다.

소언액액笑言啞啞 우레가 끝나고 나서 서로 쳐다보고 웃는 것을 말한다. 말과 행동을 조신(벙어리)하게 한다는 것이다.

진경백리震驚百里 우레가 백리百里를 놀라게 한다. 백百은 하도낙서河圖洛書의 합合이다. 그러므로 천지지도天地之道로 온 세상을 놀라게 한다.

불상시창不喪匕鬯 정성精誠이 지극한 사람으로 조상에 대한 향념向念이 지극한 사람에게는 천지신명天地神明도 해치지 않는다는 것이다.[342] 요컨대, 시창匕鬯은 중정지도中正之道, 성심誠心, 자신의 신념信念과 사상思想, 진리眞理를 의미한다. ❶'시匕'는 숟가락 시 자字로 제사때 수저 그릇에 놓는 숟가락이다. 정선된 마음, 자신의 신념과 태도를 의미한다. ❷창鬯은 향기로운 술 창 자字로 제사때 강신하기 위하여 울금향으로[343] 담근 향기로운 술을 말한다.

---

341 (觀中) ❶'진래혁혁震來虩虩, 소언액액笑言啞啞(아주 기쁘게 웃는 웃음소리)' 우레치고 번개가 칠 때(천지天地가 진동해 온다), 조심하라(혁혁虩虩). 하늘과 성인聖人을 공경하면서 경건하게 자신을 반성하라. 이에 공치복恐致福이라 해석함. '진래혁혁震來虩虩'은 천지변화天地變化현상이다. 역수曆數가 변화하기 위해서 천지天地가 변화變化한다. 변화현상 때문에 성인聖人의 우환이 생겨남. 역수曆數는 조용히 변화하지 않는다. ❷진래혁혁震來虩虩은 선호도先號咷현상이요, 후소後笑현상은 '소언아아笑言啞啞'으로 표현할 수 있다. ❸'진경백리震驚百里에 불상시창喪匕鬯'은 정성을 받침(시창匕鬯)이다. 진래혁혁震來虩虩을 진경백리震驚百里에 불상시창不喪匕鬯하는 정신자세로 표현한다. 백리百里는 온 세계를 놀라게 한다. '진래혁혁震來虩虩'은 해지시解之時에 나타난다. 진짜 우레 소리는 어디에서 나오는가?「십익十翼」에서 들을 줄 알아야 한다. ❹불상시창不喪匕鬯 : 진리眞理를 깨우친 군자君子의 생활태도生活態度를 말한다.

342 일설에는 창군鬯君은 장자長子를, 창손鬯孫은 종손宗孫으로 설명한다.

343 울금향鬱金香은 백합과에 속하는 풀이라고 한다. 울금향 술은 악귀를 물리치는 효력이 있다하여 신혼부부가 첫날밤에 사용했다고 한다.

[彖曰] 震은 **亨**하니 **震來虩虩**은 **恐致福也**ㅣ오
단왈 진 형 진래혁혁 공치복야

笑言啞啞은 **後有則也**이니라.
소언액액 후유칙야

震驚百里는 **驚遠而懼邇**ㅣ니
진경백리 경원이구이

出可以守宗廟社稷하야 **以爲祭主也**ㅣ리라.
출가이수종묘사직 이위제주야

○ 震(벼락 진, 우레 진) 來(올 래{내}) 虩(두려워하는 모양 혁) 恐(두려울 공) 致(보낼 치) 福(복 복) 笑(웃을 소) 言(말씀 언) 啞(벙어리 아, 웃음 액, 깔깔거리며 웃을 액) 後(뒤 후) 有(있을 유) 則(법칙 칙) 驚(놀랄 경) 遠(멀 원) 懼(두려워할 구) 邇(가까울 이) 出(날 출) 可(옳을 가) 以(써 이) 守(지킬 수) 宗(마루 종, 사당 종) 廟(사당 묘) 社(토지의 신 사) 稷(기장 직, 오곡의 산 직) 爲(할 위) 祭(제사 제) 主(주인 주)

단彖에 이르기를, 진은 형통하니, 천둥(우레)이 (올 때)칠 때 놀라는 것은 두려워해서 복을 오게 하는 것이오, 웃는 소리가 깔깔되는 것은 천둥 뒤에는 법도法度가 있음이니라. 천둥소리가 백리까지 놀래는 것은 먼 데를 놀라게 하고 가까운 데를 두렵게 하는 것이니, (시창을 잃지 않는 자는) 나아가서 종묘와 사직을 지켜서 제주祭主가 될 수 있느니라.

각설 [344]

진래혁혁震來虩虩 우레가 칠 때 사람들이 놀라는 모습을 형상한 것이

344 (觀中) ❶'소언액액笑言啞啞, 후유칙야後有則也'은 선호도이후소先後咷而後笑의 원리를 표상한다. '불상시창不喪匕鬯'이란 제사지낼 때 잔을 올리는 심정을 가지고 성인聖人의 말씀을 존경하는 것이다. 공恐은 마음의 자세를 조심, 공치복야恐致福也란 조심함으로써 복을 받는다. 마음을 경건하게 가짐으로써 복을 받게 된다. '소언액액笑言啞啞은 후유칙야後有則也'란 뒤에 반드시 천칙天則을 깨닫게 된다. 천칙天則을 깨닫게 됨으로 소언액액笑言啞啞하게 된다.
❶종묘사직宗廟社稷의 제주祭主노릇을 할 수 있는 자격을 가진 도道는 장자지도長子之道, 즉 진괘震卦의 성인지도聖人之道이다. 여기의 출出은(성인聖人·군자지도가 세상 밖으로 표출되어 나옴.) 중생衆生에서 나온 출出자다. 구이懼邇가 심성내면적心性內面的인 세계를 성찰하는 것이다. 구공수성懼恐修省이다. 종묘사직宗廟社稷을 지키는 것(천하국가를 올바르게 지킴)은 성인聖人 군자지도君子之道를 지키는 것이다.

다.[345]

공치복야恐致福也 우레가 쳐 세상 사람들을 놀라게 하나 두려움에 선한 본성本性으로 돌아가 자신의 본성을 지키면 복福이 온다는 것이다.

후유칙야後有則也 후에는 법法이 된다는 것이니, 그러므로 나쁜 짓을 못한다는 것이다.

경원이구이야驚遠而懼邇也 가깝게는 조심하게 한다는 것이다. 외면적인 세계를 원遠으로, 내면적內面的인 세계를 이邇로 규정한다. 그러므로 구이懼邇는 심성내면적心性內面的인 세계를 성찰하는 것이다

출가이수종묘사직出可以守宗廟社稷 이위제주야以爲祭主也 나가서 종묘사직을 지켜 제주가 된다 함은 불상시창不喪匕鬯을 설명한 구절이다. 종묘宗廟는 국가의 사당이다. ❶사社는 천지天地의 신神에게 제사를 지냄이며, ❷직稷은 추수감사에 대한 제사이다.

[象曰] 洊雷ㅣ 震이니 君子ㅣ 以하야 恐懼脩省하나니라.
상왈 천뢰 진 군자 이 공구수성

○ 洊(거듭할 천, 이를 천) 雷(우레 뇌{뢰}) 震(벼락 진) 恐(두려울 공) 懼(두려워할 구) 脩(닦을 수, 포 수) 省(살필 성)

상象에 이르기를, 거듭하여 천둥치는 것이 진이니, 군자君子는 이로써 두려워하며 몸을 닦고 반성하나니라.

각설[346]

345『주역본의』에서 "혁혁은 불안한 모양(不安之貌)"라고 하였다.

346 (觀中) ❶'천뇌洊雷'(洊(이를 천)우레가 밀어닥침)란 뇌수해괘雷水解卦를 가리킴. 자신을 반성하여 심법心法을 닦는다(공구수성恐懼修省). 택수곤澤水困의 '유언불신有言不信', 택천쾌澤天夬, 사효四爻에 '문언불신聞言不信'이다. 공구恐懼는 대과괘大過卦, 독립불구둔세무민獨立不懼遯世無悶이다. 대과괘大過卦의 문제 때문에 중뇌진괘重雷震卦에 구공수성懼恐修省도 문제

천뢰洊雷 진震 괘卦의 상하上下가 모두 진괘震卦로써 우레가 밀어닥침을 말한다. '진래震來'가 대과괘大過卦의 '동요棟橈' 현상과 같은 의미이다.

공구수성恐懼脩省 자신을 반성하여 두려워하고 조심하여 수양修養하고 살펴보는 것으로 심법心法을 닦는다.

[初九]는 震來虩虩이라야
초구 진래혁혁

後에 笑言啞啞이리니 吉하니라. (雷地豫)
후 소언액액 길 뇌지예

象曰, 震來虩虩은 恐致福也일새오
상왈 진래혁혁 공치복야

笑言啞啞은 後有則也이니라.
소언액액 후유칙야

○ 震(벼락 진) 來(올 래{내}) 虩(두려워하는 모양 혁) 後(뒤 후) 笑(웃을 소) 言(말씀 언) 啞(벙어리 아) 有(있을 유) 則(법칙 칙})

초구初九는 천둥이 칠 때 두려워하고 놀람이라야 후에 웃는 소리가 액액하니(깔깔거리니) —말과 행동을 조신하게 하면— 길吉할 것이다.

상象에 이르기를, "진동震動이 옴에 혁혁함은 두려워하여 복福을 이룸이요, 웃고 말함이 액액啞啞 - 삼가함은 두려워한 뒤에 본받음(법칙法則)이 있느니라."

가 된다. ❷'진래震來'가 대과괘大過卦의 '동요棟橈'현상이다. ❸'천뇌洊雷'란 감괘坎卦(수뢰둔水雷屯, 뇌수해雷水解)다. 즉 수뢰둔괘水雷屯卦가 뇌수해괘雷水解卦의 비가 올 때까지는 구공수성懼恐修省해야 한다는 말이 들어 있다. 수뢰둔괘水雷屯卦가 뇌수해괘雷水解卦로 끝남. 수뢰둔괘水雷屯卦 때문에 수천수水天需의 운상어천雲上於天의 구름이요, 소축괘小畜卦의 밀운불우密雲不雨도, 해괘解卦에서부터 비가 오기 시작한다. 건蹇·해괘解卦가 서교西郊(서남원리西南原理가 작용하는 때)다. '천뇌洊雷'현상은 뇌수해괘雷水解卦 도수度數에서 나타난다. 「주역」에서 말하는 변화變化는 뇌수해괘雷水解卦의 해지시대의재解之時大矣哉에 나타나는 변화와 관련된다. 건도변화乾道變化, 천지天地變化는 해지시解之時이다.

개요概要

초구初九의 「효사爻辭」는 「괘사卦辭」와 유사하고, 「소상사小象辭」는 「단사彖辭」와 동일하다. 64괘 중에서 유일하다.

각설[347]

진래혁혁震來虩虩 하늘에 대한 두려움으로 놀라고 두려운 상황을 말한다.

소언액액笑言啞啞 구사일생九死一生으로 살아나서 웃음소리가 난다는 것이다. 하늘의 두려움을 알고, 말과 행동을 삼간다는 의미이다. 요컨대, 하늘에 대한 두려움으로 자기 성찰을 함으로써 후에 기쁘게 웃을 수 있다는 것이다. 그리고 우레가 한번 지나갔다고 해서 다시 방종해지지 말라는 경고의 의미이다.

소상사小象辭[348]

공치복야恐致福也 하늘을 두려워하여 나쁜 일을 하지 못하니 복福이 온다. 진괘震卦의 결과론이다.

후유칙야後有則也 천둥이 친 뒤 웃음이 나는 것은(삼가한다는 것은) 후에 법도法度가 있기 때문이다.

---

347 (觀中) '진내혁혁震來虩虩, 후소언아아後笑言啞啞'이란 우레치고 번개칠 때에 조심하라는 말. 하늘과 성인聖人을 존경尊敬하면서 자기를 반성하라(공치복恐致福). '호도號咷'란 무엇인가? 진래혁혁震來虩虩이 선호도후소先號咷而後笑의 선호도先號咷다. 그래야 '후後에 소언액액笑言啞啞'이다. 후유칙後有則이라고 하고 있기 때문이다. 선호도이후소先號咷而後笑의 원리原理를 중뇌진괘重雷震卦로 표현하고 있다.

348 (觀中) 복福이란 신神의 인격성에 의해 부여한다. 물질적인 것이 아니다. → 보일 시示변은 신神을 상징하고, 전田의 내부 십十은 중정지도中正之道이다.

[六二]는 震來厲ㅣ라 億喪貝하고 躋于九陵이니
육이 진래려 억상패 제우구릉

勿逐이라도 七日得하리라. (雷澤歸妹)
물축 칠일득 뇌택귀매

象曰, 震來厲는 乘剛也이니라.
상왈 진래려 승강야

○ 厲(위태로울 려{여}, 갈 려{여}) 億(헤아릴 억, 생각할 억, 억 억) 喪(죽을 상) 貝(조개 패) 躋(오를 제) 于(어조사 우) 九(아홉 구) 陵(큰 언덕 릉{능}) 勿(말 물) 逐(쫓을 축) 七(일곱 칠) 日(해 일) 得(얻을 득)

육이六二는 천둥이 올 때 위태로움이라, 헤아려보건데 많은 재물을 잃고 언덕에 오름이니, (연연해서) 쫓지 마라. 7일이면 얻느니라.

상象에 이르기를, '진래려震來厲'는 강剛을 타고 있느니라.

개요概要

육이六二는 정위正位·득중得中한 효爻로서 칠일래복원리七日來復原理를 설명하고 있다.[349]

각설[350]

---

349 12벽괘설

區分	11월	12월	1월	2월	3월	4월	5월	6월	7월	8월	9월	10월
區分	大雪 冬至	小寒 大寒	立春 雨水	驚蟄 春分	淸明 穀雨	立夏 小滿	芒種 夏至	小暑 大暑	立秋 處暑	白露 秋分	寒露 霜降	立冬 小雪
卦名	復	臨	泰	大壯	夬	乾	姤	遯	否	觀	剝	坤
卦象	䷗	䷒	䷊	䷡	䷪	䷀	䷫	䷠	䷋	䷓	䷖	䷁

350 (觀中) ❶진래려억상패震來厲億喪貝의 패貝는 보물(덕위德位)을 상징한다. 덕德을 보물寶物이라고 한 것이다.(성인지대보왈위聖人之大寶曰位), 억億은 중생衆生이다. ❷'진래려震來厲'란 우레가 닥쳐온다. 우레가 치니까 위태한 것이다. ❸'억상패億喪貝'와 제우구릉躋于九陵이 무슨 연관이 있는가? 억億은 모든 인류이며, 상패喪貝란 본래성을 상실을 말한다. '제우구릉躋于九陵'은 능선을 바로 걸어서 꼭대기로 올라갔다. 구九는 낙서도수가(선천도수) 극치점까지 도달했다. ❹ 제우구릉躋于九陵 물축칠일득勿逐七日得이란? 선천先天과정에서는 얻지 못한다는 뜻

진래여震來厲 억상패億喪貝 우레가 치니 위태하며, 많은 사람들이 본성을 잃어버린다. 우레가 와서 위태로우니 많은 보물을 잃어버린다. 이때 억상億喪은 헤아려서 포기한다, 혹은 재물에 연연하지 않는다는 의미가 타당해 보인다.[351]

제우구릉躋于九陵 구릉(매우 높은 언덕)에 올라 높은 곳으로 피한다. 달리 말하면, 낙서구수원리洛書九數原理를 의미한다.

물축勿逐 칠일득七日得 강물에 떠내려가는 재물에 연연해하지 말고 시

이다. 화택규火澤睽, "초구初九, 회망悔亡, 상마물축자복喪馬勿逐自復, 견악인見惡人, 무구无咎"고 하였다. 하도용마원리河圖龍馬原理(성인·군자지도)를 잃어버렸지만 쫓아가지 않아도 돌아올 때 되면 돌아온다. 어느 때가 되면 돌아오는가? 칠일七日째되면 돌아온다. ❺'제우구릉躋于九陵'이란 용구도수用九度數까지 걸어 올라간다. 낙서작용洛書作用 도수度數가 구수九數로써 끝나기 때문이다. ❻'물축勿逐이라도 칠일득七日得'("붙들려고 쫓아가지 않는다고 해도")이란 칠일래복七日來復된 도수度數가 후천도수后天度數다. 득得이란 무엇인가? 잃어버렸던 본래성을 인간이 다시 회복하게 된다. ❼억億은 억조창생億兆蒼生의 중생衆生을 말함. ❽'억상패億喪貝'란 내게 가장 중요한 잃어버린 본성을 다시 회복함을 말한다. 보물을 쫓아가지 않더라도 칠일七日에 가서는 되돌아온다. 칠일래복원리七日來復原理를 괘효로 표현한 것이 6효중괘원리다. 도서원리의 칠일래복의 근거는 육갑원리에 두고 있다. 즉, 도서원리로서의 칠일래복원리七日來復原理를 근거로 하여 괘효원리卦爻原理로서의 6효중괘 구성원리가 성립한다. 괘효원리로 바꾼 이유는 군자지도를 물리적 공간성에 실제로 사실로써 표상하자니까. 군자지도는 공간적으로 행해져야 된다. 즉 명명덕어천하明明德於天下가 되어야 한다. 선후천원리先后天原理를 동북서남원리東北西南原理로, 시간성時間性 원리原理를 공간성空間性 원리原理로 바꾸어 표현할 수밖에 없다. 시간성 원리는 구수九數로 작용作用하고, 공간성의 작용원리는 오행원리五行原理를 기본으로 하여 사방으로 작용하게 된다. 사방四方으로 작용하게 되니까 역수원리曆數原理에 있어서는 구九·팔八·칠七·육六, 육六이라는 숫자가 기본이 되어진다. 6효로 표상이 되어 있지만 사덕원리四德原理를 표현하고 있다. 이에 6효를 사덕원리四德原理로 표상하기 위해서는 어떻게 해야 하는가? 초효初爻와 사효四爻는 뜻에 있어서 합쳐진다. 상효上爻와 삼효三爻가 또 합쳐지고, 시간성의 원리로서의 시의성時宜性을 주로 표상하고 있는 것(시간성을 위주로)은 초효初爻와 상효上爻이다. 시의성時宜性과 시위성時位性이 교차되는 그 일치성一致性을 공자孔子는 '시중時中'이라 했다. 시중時中의 중中은 맞을 중中자다. 그 시간이 시의성時宜性에 적중했다는 말이다. 삼三·사효四爻는 주로 시위성時位性을 위주로 규정한다. 초初·상효上爻는 시의성時義性을 위주로 하는 효이다. 초효初爻가 가지는 시의성時宜性은 사효四爻의 시위에 나타나게 되고, 상효上爻가 갖는 시의성時宜性은 삼효三爻의 시위時位에 반영되어 나타나게 된다. 군자에 있어서 몸은 삼효三爻, 마음은 사효四爻로 상징된다.

351 (집설集說) 억億에 대한 선유先儒들의 의견은 분분하다. ❶'정현'은 "십만을 억(十萬曰億)"이라고 하여 많은 수를 말한다. ❷『주역절중周易折中』에서는 '정여해'의 말을 인용하여 "억은 헤아린다(億 度也)"라고 하였다. ❸『주역집해周易集解』에서는 '우번'의 말을 인용하여 "억은 아쉬워하는 말이다(億 惜辭也)"라고 하였다.

창을 챙기면 족하다는 것이다. 중정지도中正之道로 하면 붙들려고 쫓아가지 않아도 잃어버렸던 본래성本來性을 다시 회복하게 된다. 칠일래복원리七日來復原理는 괘효卦爻로 표현한 것인데 6효중괘원리로 일곱번째 돌아온다는 것이다. 그리고 12벽괘설에서도 일곱번째 돌아옴을 확인할 수 있다. 그 의미를 살펴보면 비록 어려움에 처해 있더라도 성인지도에 대한 믿음을 가지고 반성하며 기쁜 마음으로 행하면 하늘로부터 도움이 있어 길하여 이롭지 아니함이 없다고 한다. 왜냐하면 성인聖人 군자지도는 반드시 돌아오기 때문이다. 그러므로 「괘卦·효사爻辭」 안에 길흉吉凶과 우리의 갈 바를 가르쳐주고 있는 것이다.

소상사小象辭

승강야乘剛也 초구初九 를 육이六二가 타고 있다는 것이다.

[六三]은 震蘇蘇ㅣ니 震行하면 无眚하리라. (雷火豊)
육삼 진소소 진행 무생 뇌화풍

象曰, 震蘇蘇는 位不當也이니라.
상왈 진소소 위부당야

○ 震(벼락 진) 蘇(멀 소, 쑥 소, 까무러칠 소, 차조기 소) 眚(눈에 백태 낄 생) 位(자리 위) 當(마땅할 당)

육삼六三은 천둥이 쳐서 넋을 잃고 까무러침이니, 우레가 지나가면 재앙災殃이 없느니라.

상象에 이르기를, '천둥이 쳐서 넋을 잃는다.'는 것은 자리가 마땅하지 않음이니라.

개요概要

육삼六三은 부정위不正位·부중不中한 효爻지만 하늘의 소리에 두려워하면 재앙은 없다는 것이다.

각설 [352]

진소소震蘇蘇 진행무상震行无眚 육삼六三은 유柔로서 양陽자리에 있으니 부정위不正位이다. 바르지 못하기 때문에 우레 소리를 듣고 두려움이 지나쳐 까무러친다. 그러나 만약 '恐懼脩省(공구수성)'하여 자신의 인위적인 허물(생眚)을 고쳐 나간다면 재앙災殃이 없어지는 것이다. 우레가 지나가도 또 두려워하고 조심하는 것이다.[353]

소상사小象辭 [354 355]

위부당야位不當也 부중不中, 부정위不正位가 두려움의 원인이 된다는 것이다.

> **[九四]**(구사)는 震(진)이 遂泥(수니)라. (地雷復 지뢰복)
>
> 象曰(상왈), 震遂泥(진수니)는 未光也(미광야)ㅣ로다.

○ 震(벼락 진) 遂(드디어 수) 泥(빠질 니)

---

352 (觀中) 위험한 고비의 절정은 지나갔다. 이에 생명이 다시 되살아나려고 한다. 진소소震蘇蘇는 두려워하며 안절부절하는 것, 마음이 풀어져 정신이 없는 상태를 말한다.

353 ❶ 생眚은 인격적인 허물이고, ❷재災는 자연적인 허물이다.

354 『이천역전』에서는 "양陽은 강물剛物이요 진震은 동動하는 뜻이니, 강剛으로서 동動에 처하면 본래 빛나고 형통亨通하는 길이 있으나 마침내 강정剛正함을 잃고 중음重陰에 빠져서 수니遂泥를 이루었으니, 어찌 광대하겠는가. 미광未光이라고 말한 것은 양강陽剛은 본래 진분震奮할 수가 있으나 덕德을 잃었기 때문에 빠져 있음을 나타낸 것이다.(陽者 剛物, 震者 動義, 以剛處動, 本有光亨之道, 乃失其剛正而陷於重陰, 以致遂泥, 豈能光也. 云未光, 見陽剛本能震也, 以失德故 泥耳.)"라고 하였다.

355 '천둥이 드디어 가라앉는다.'는 것은 양陽의 힘이 크지 못하기 때문이다. 예수님을 죽음의 십자가에 못 박히게 했던 땅이며, 많은 성인聖人들을 죽음으로 내몰았던 곳, 그 땅이다.

구사九四는 천둥이 드디어 진흙이라(가라앉는다).

상象에 이르기를, '진수니震遂泥'는 아직 빛이 나지 못함이로다.

개요概要

구사九四는 외호괘外互卦인 감괘坎卦에 빠져 있다.

각설

진震 수니遂泥 우레가 진흙속에 빠져 들어갔다. 사효四爻의 양陽은 위 아래로 음陰이 두 개씩 있다. 이곳은 더럽고 부정한 곳에 벼락이 친다는 것이다.

소상사小象辭

미광야未光也 진괘震卦는 움직여야 빛이 나는데 진흙속에 빠졌으니 빛날 수가 없다.

> **[六五]**는 震往來ㅣ 厲하나 億하야 无喪有事ㅣ니라. (澤雷隨)
> 육오 진왕래 려 억 무상유사 택뢰수
>
> 象曰, 震往來厲는 危行也일새오
> 상왈 진왕래려 위행야
>
> 其事ㅣ 在中하니 大无喪也니라.
> 기사 재중 대무상야

○ 往(갈 왕) 來(올 래{내}) 厲(갈 려{여}) 億(헤아릴 억, 억 억) 喪(잃어버릴 상, 죽을 상) 危(위태할 위) 行(갈 행) 事(일 사) 在(있을 재)

육오六五는 천둥이 가고 오는 것이 위태롭다 하나, 미리 헤아리면 일을 상喪하게 하는 일이 없느니라.[356]

356 『주역본의』에서는 "육오六五는 진震이 오고감이 위태로우니, 억측億測하여 하고 있는 일

상象에 이르기를, '천둥이 가고 오는 것이 위태롭다.'는 것은 행동하면 위험하다는 말이오, 그 일이 중中에 있으니 크게 상하는 일이 없느니라.

개요概要

육오六五는 부정위不正位·득중得中한 효爻이다. 자리가 바르지 못하나 바르게 하면 크게 잃는 것은 없다고 한다.

각설[357]

진왕래려震往來厲 우레가 있을 때 오가면 위험하다. 우레가 오갈 때는 위태롭다.

억億 미리 생각해보면, 미리 헤아려보면~ 의미이다.

무상유사无喪有事 무상无喪은 중도中道를 실천하는 사람은 하늘이 상傷하게 하지 않는다는 것이다. 재물을 잃는 것은 잃은 것이 아니다. 그러므로 무无이다. 유사有事는 중정지도中正之道, 천명, 역사적 사명을 말한다. 요컨대, 천명天命은 소중하고 재물은 아무 것도 아니니, 우레 때 목숨을 걸고 재산을 지키려 애쓰지 말라는 말이다.

소상사小象辭[358]

기사재중其事在中 **대무상야**大无喪也 그 일이 중도中道에 있으니 하늘로부터 크게 상함이 없다는 것이다.

[중中]을 상실하지 말아야 한다.(震 往來, 億无喪, 有事.)"라고 하였다.

357 (觀中) 진왕래려震往來厲하니 '억무상億无喪'백성이 잃어버리는 일이 없다. 즉 본성을 얻었다. '유사有事'는? 왕천하사업王天下之事業이다.

358 (觀中) 왜 대무상大无喪이라 했는가? 오효五爻가 동動하면 택뢰수괘澤雷隨卦가 되기 때문이다.

[上六]은 震이 索索하야 視ㅣ 矍矍이니
상육 진 삭삭 시 확확

征이면 凶하니 震不于其躬이오 于其隣이니
정 흉 진불우기궁 우기린

无咎오 婚媾는 有言이리라. (火雷噬嗑)
무구 혼구 유언 화뢰서합

象曰, 震索索은 中未得也일새오
상왈 진삭삭 중미득야

雖凶无咎는 畏鄰戒也이니라.
수흉무구 외린계야

○ 索(찾을 색, 동아줄 삭, 두려울 삭) 視(볼 시) 矍(두리번거릴 확) 征(칠 정) 凶(흉할 흉) 不(아닐 불) 于(어조사 우) 躬(몸 궁) 隣(이웃 린) 婚(혼인할 혼) 媾(화친할 구) 雖(비록 수) 畏(두려워할 외) 鄰(이웃 린=隣) 戒(경계할 계)

상육上六은 천둥(우레)이 칠 때 두려워서 눈을 두리번거리니, (이러한 상황에서) 나아가면 흉凶하니, 천둥이 그 몸에 미치지 아니함이오, 그 이웃이면, (미리 경계하면, 헤아리면) 허물이 없음이오, 혼인을 구하면 말이 있으리라.

상象에 이르기를, '천둥이 칠때, 두려워서 눈을 두리번거린다.'는 것은 중도中道를 얻지 못함이오, '비록 흉凶하나 허물이 없다'는 것은 이웃의(변고를 보고) 경계警戒하고 두려워함이니라.

개요概要

상육上六에 진괘震卦의 총체적인 의미가 담겨져 있다고 할 수 있다. 진震의 폭음과 섬광으로 인간에게 두려움과 충격을 준다. 이러한 상황을 두려워하고 반성하니 공구수신恐懼修身이다. 진괘震卦는 하늘이 인간을 징치懲治하는 괘卦이니 진경백리震驚百里라도 불상시창不喪匕鬯하여 이러한 시련을 중정지도中正之道로 극복해야 함을 말하고 있다.

각설[359]

진삭삭震索索 시확확視矍矍 상육上六이 우레로 두려워하는 상황이다. ❶확확矍矍은 두려워하여 눈이 획획 돌아가는 모습이고, ❷삭삭索索은 우레에 두려운 모습이다.

정흉征凶 그대로 나아가면 흉凶하다. 인욕人慾에 집착하여 나아가면(행行하면) 우레와 사람들에게 화를 당할 가능이 있다. 그러므로 흉凶이다.

진불우기궁震不于其躬 우기린于其隣 무구无咎 상육上六은 유약柔弱한 재질才質이다. 우레가 내 몸에 떨어지지 않았으나 이웃(육오六五)의 변고를 보고 공구수성하면 허물이 없다는 것이다.[360]

혼구婚媾 유언有言 육삼六三과 혼구婚求는 같은 음陰이라 허물의 말이 있게 된다. 공구수신恐懼修身을 통해서 자신을 성찰해야 할 시기에 인간과 교합交合은 올바른 일은 아니라 말이 있다. 흠이 있게 된다는 것이다.

소상사小象辭

중미득야中未得也 우레에 두려워하는 것은 아직은 중도中道를 얻지 못했다.

외린계야畏鄰戒也 우레가 떨어진 이웃(육오六五)을 보고 경계警戒하고 조심한다는 것이다. 즉 소인小人이 재앙災殃을 자초하는 것을 보고 군자는 구공수성懼恐修省한다는 것이다. 이웃을 두리번거리며 경계警戒하여 '구

---

359 (觀中) ❶진삭삭震索索(깜깜한 방중에 손으로 더듬는다. 진괘震卦는 변화의 절정기(가장 위험한 때) ❷'시확확視矍矍'(리괘離卦)이므로 '진삭삭震索索'과 '시확확視矍矍'은 화뢰서합火雷噬嗑, 뇌화풍괘雷火豊卦이다. ❸풍여서비豊旅噬賁는 형벌원리刑罰原理를 표상한다. '진불우기궁震不于其躬'란 진震이 그 몸(궁躬 = 간군자艮君子)에 우레가 닥쳐오는 것이 아니라 그 이웃(기린其隣=동린東隣=소인小人)에 우레가 닥쳐온다. ❹'혼구유언婚媾有言'란 "혼인婚姻할 짝이 말을 둔다." 택수곤괘澤水困卦의 유언불신有言不信의 '유언有言'이다. '혼구유언婚媾有言'란(대인大人) 진괘震卦의 이효二爻와 오효五爻가 동動하면 태괘兌卦를 가리킨다. 진괘震卦가 대인大人의 입장立場이라면 혼구婚媾는 손괘巽卦를 가리킨다.

360 『주역정의』에서는 "이웃의 움직임을 보고 두려워하고, 무서워하여 스스로 경계하여야 허물이 없을 수 있다.(畏隣之動, 懼而自戒, 乃德无咎)"라고 하였다.

공수성懼恐修省'하니 허물이 없게 되는 것을 뜻한다. 육효六爻로 보면 외호괘外互卦 감坎(☵)으로 '구공懼恐'하다가 상육上六이 동動한 상괘上卦 리離(☲)로 '수성修省'하니 허물이 없어지는 것이다. 진괘震卦 여섯 효爻가 다 무구无咎인 것도 '구공수성懼恐修省'하기 때문이다.

✐ 진괘震卦는 우레와 같이 두려움을 통하여 세상을 놀라게 함으로써 자기 성찰과 경계의 기회를 통해 혼돈에 대한 이치를 말하고 있다. 다시 말하면 사람들을 두렵게 함으로써 신중하게 행동하는 공구수신恐懼修身의 계기로 삼는다. 그리고 놀라고 두려운 상황에서도 시창匕鬯을 잃지 말라고 당부한다. 이 때 시창匕鬯이란 중정지도中正之道, 성심誠心, 자신의 신념信念과 사상思想, 진리眞理를 의미한다.

중 산 간 괘
52.重山艮卦

도전괘
倒顚卦

중산간괘
重山艮卦

중뢰진괘
重雷震卦

음양대응괘
陰陽對應卦

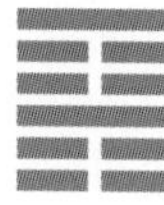

중산간괘
重山艮卦

중택태괘
重澤兌卦

상하교역괘
上下交易卦

중산간괘
重山艮卦

중산간괘
重山艮卦

호괘
互卦

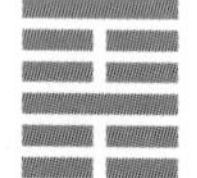

중산간괘
重山艮卦

뇌수해괘
雷水解卦

효변
爻變

중산간괘
重山艮卦

初爻變 而爲賁卦	二爻變 而爲蠱卦	三爻變 而爲剝卦	四爻變 而爲旅卦	五爻變 而爲漸卦	上爻變 而爲謙卦
산화비괘 山火賁卦	**산풍고괘** 山風蠱卦	**산지박괘** 山地剝卦	**화산여괘** 火山旅卦	**풍산점괘** 風山漸卦	**지산겸괘** 地山謙卦

요지要旨

괘명卦名 이 괘는 상간上艮의 산山(☶) + 하간下艮의 산山(☶) = 중산간괘重山艮卦(䷳)이다.[361]

괘의卦意 간괘艮卦 멈춤, 머무름의 도道, 지어지선至於至善의 경지를 말한다.[362] 불가佛家의 논리로 보면 육신의 욕구와 욕망인 루漏를 부처님의 말씀을 듣고 모두 다 버리는 것이다. 루漏는 미혹함이며, 번뇌의 근본인 탐, 진, 치 삼독三毒이다.[363] 이것을 인간사에 비유하여 구분하면 진간震艮의 움직임과 멈춤(동지動止)이다. 만사가 진간震艮으로 작용하며, 이것으로 길흉화복吉凶禍福이 결정된다고 할 수 있다.[364] 간괘艮卦는 지止의 상황狀況이지만 심적心的으로 상통相通한다.[365]

괘서卦序 「서괘」에서 "진震은 동함이니 물건은 끝내 동할 수 없어 멈추므로 간艮으로써 받는다고 하였다.(震者 動也, 物不可以終動 止之, 故受之以艮.)"라고 하였다.
진자 동야 물불가이종동 지지 고 수지이간

---

361 (觀中) 역학은 기본적으로 역사철학적인 원리다. 우주역사를 섭리하는 원리인 동시에 인류의 역사를 섭리하는 원리다. 역사철학의 발생지가 어디라야 역리易理에 부합하는가? 간방艮方이라야 한다. 간艮은 뿌리 간 자字다. 간艮자를 왼쪽으로 둘러놓으면 몸 신身자字이다. 오른쪽으로 둘러놓으면 줄기 간幹자字가 된다. 이에 간괘艮卦에 '몸 신身'자가 같이 붙어 나온다. ❶근根은 목木 + 간艮, 간艮은 인간의 몸을 가리킨다. ❷인간의 마음은 시의성時宜性(시간의 존재근거)과 같이 움직여야 한다. 시의성時宜性은 어디에서 깨닫는가? 마음속에서 깨닫는다. 서양철학적인 표현으로는 시간성으로, 역학에서는 시의성時宜性이라고 한다. 잡괘雜卦가 감괘坎卦다. 그리고 이괘履卦의 잡괘雜卦로 나가있다.

362 『대학大學』 '삼강령三綱領'의 지어지선止於至善의 경지境地를 말한다. (대학지도大學之道, 재명명덕在明明德, 재친민在親民, 재지어지선在止於至善)

363 불가佛家에서 말하기를 깨달음에 장애가 되는 근본적인 세 가지(탐욕·진에(嗔恚:화냄)·우치(愚癡:어리석음))의 번뇌(삼독三毒)를 탐진치라고 하였다.

364 간艮은 한 마디로 소인小人이며, 그가 넘어야 할 산山이며, 막힘이다. 그러나 산山이 아무리 높아도 하늘 아래 뫼인 것이다. 오르고 또 오르면 넘을 수 있는 산山인 것이다. 『대학』 팔조목중의 격물格物·치지治知, 성의誠意·정심正心은 하괘下卦에, 수신修身·제가齊家·치국治國·평천하平天下는 상괘上卦에 해당한다.

365 간괘艮卦의 철학적인 의미는 매우 중요하다, 주돈이周敦頤는 『주역정의』에서 "복잡한 법화경法華經의 내용도 간괘艮卦 하나로 다 해결할 수 있다.(一部法華經只消一個艮卦可了)"라고 하였다.

괘상卦象 이 괘卦는 상하上下가 모두 산이다. 그리고 아래의 이음二陰이 위의 일양一陽에 머물고 있는 상象이다.

艮其背면 不獲其身하며
간 기 배 　불 획 기 신

行其庭하야도 不見其人하야 无咎ㅣ리라.
행 기 정 　불 견 기 인 　무 구

○ 艮(그칠 간, 머무를 간, 어긋날 간) 背(등 배) 不(아닐 불) 獲(얻을 획) 身(몸 신) 行(갈 행) 庭(뜰 정) 見(볼 견)

그 등에서 그치면 그 몸을 얻지 못하며, 그 뜰에 가도 그 사람을 보지 못하여 허물이 없느니라.

각설

간기배艮其背 불획기신不獲其身[366] 사람은 자신의 등을 볼 수 없다. 자기의 몸이 볼 수 있는 곳이 그친다(머문다)는 것은 그치는 곳에 알맞게 그치는 것이다. 즉 지어지선至於至善의 도통경지에 들어선 것처럼 자기 몸이 있는지 없는지 느끼지 못한다는 것이다. 그러므로 배背(등)는 감각을 느끼는 신체적 도구가 아니므로 무无와 같은 것이다. 배背(등)는 신체의 일부이므로 도통의 문제는 자기 자신에 의해서 결정되는 것이다. 그러므로 간기배艮其背의 결과는 불획기신不獲其身이다. 그 등에 그친 것은 잡된 생각을 보지 않아 물욕物慾에 이끌리지 않아서 허물이 없다는 것이다.[367]

---

366 (觀中) '간기배艮其背'의 배背(등 배)는 등심이다. 군자에 있어서는 역수성통원리에 뿌리를 박고 있어야 한다는 것이다. 왜냐하면 반드시 성인聖人의 성통원리에 연원을 가지고 있어야 군자라 할 수 있기 때문이다. 여기의 기인其人은 성인적聖人的 개념이 위주가 된다.

367 『이천역전』에서 "사람이 그침을 편안히 여기지 못하는 까닭은 욕심에 동하기 때문이니, 욕심이 앞에서 끄는데 그침을 구하면 얻을 수 없다. 그러므로 간艮의 도道는 마땅히 등에 그쳐야 하는 것이다. 보는 것이 앞에 있는데 등은 마침내 등지고 있으니, 이는 보이지 않는 것

그러므로 불획기신不獲其身은 장자莊子의 "아망我忘"으로 진정한 안주安住이다. 나와 타인이 쌍망雙忘이 되어 진리眞理에 몰입沒入됨을 말한다. 요컨대, 배背는 보지를 못하니 자기 몸이 있는지 없는지 느끼지 못한다는 것이다. 이것이 지어지선至於至善의 경지요, 무망无妄의 경지境地이다.

행기정行其庭 불견기인不見其人 무구无咎 행기정行其庭은 뜰은 밖을 의미한다. 뜰 밖을 돌아다녀도 서로 보지 않는다. 즉 '인망人忘', 너와 나를 모두 잊는다는 것이다. 또는 외적 사물을 볼 수 없어 물욕物慾이 없기 때문에 무구无咎하다는 것이다. 즉 사물의 유혹을 등지고 있어 허물이 없다는 것이다.

[彖曰] 艮은 止也ㅣ니 時止則止하고 時行則行하야
단왈 간 지야 시지즉지 시행즉행

動靜不失其時ㅣ 其道光明이니 艮其止는 止其所也이니라.
동정불실기시 기도광명 간기지 지기소야

上下ㅣ敵應하야 不相與也일새
상하 적응 불상여야

是以不獲其身行其庭不見其人无咎也ㅣ라.
시이불획기신행기정불견기인무구야

❍ 艮(머무를 간) 止(머무를 지) 時(때 시) 行(갈 행) 動(움직일 동) 靜(고요할 정) 失(잃을 실) 光(빛 광) 明(밝을 명) 所(바 소) 敵(대적할 적, 도적 적) 應(응할 응) 相(서로 상) 與(줄 여) 獲(얻을 획) 身(몸 신) 庭(뜰 정)

이니, 보이지 않는 곳에 그치면 욕심으로써 마음을 어지럽힘이 없어 그침이 이에 편안할 것이다. '불획기신不獲其身'은 몸을 보지 못함이니, 나[자아自我]를 잊음에 이른다. 자아自我가 없으면 그칠 수 있으나 자아가 없지 못하면 그칠 수 있는 도道가 없다. 뜰에 가면서도 사람을 보지 못한다는 것은 정제庭除의 사이는 지극히 가까우니, 등에 있으면 비록 지극히 가까우나 보지 못하니, 외물外物과 사귀지 않음을 이른다. 외물外物이 접하지 않고 안에 욕심이 싹트지 않아 이와 같이 그치면 그침의 도道를 얻으니, 그침에 있어 허물이 없음이 된다.(人之所以不能安其止者, 動於欲也, 欲牽於前而求其止, 不可得也. 故艮之道, 當艮其背, 所見者在前而背乃背之, 是所不見也, 止於所不見, 則无欲以亂其心, 而止乃安. 不獲其身, 不見其身也, 謂忘我也, 无我則止矣, 不能无我, 无可止之道, 行其庭不見其人, 庭除之間, 至近也. 在背則雖至近, 不見, 謂不交於物也. 外物不接, 內欲不萌, 如是而止, 乃得止之道, 於止, 爲无咎也.)"라고 하였다.

단彖에 이르기를, 간艮은 그치는(멈추는) 것이니, 그쳐야 할 때에 그치고 가야할 때에 가서, 동정動靜이 그 때를 잃지 않는다면 그 도道가 빛날 것이며, 그칠 곳에 그침은 그 멈출 곳에 멈춤이라.(제자리를 얻은 것이다) 상하上下가 모두 대적하야, 서로 함께(더불어)하지 못한다. 이런 까닭으로 그 몸을 얻지 못하고, 그 뜰에 가도 사람을 보지 못하는 것니 허물이 없느니라.

각설 368

간지야艮止也 시지즉지時止則止 시행즉행時行則行 멈춤의 도에 대한 설명이다. 간艮은 지야止也(=거居), 지止는 동動과 정靜, 즉 동정적動靜的 개념을 복합적으로 가지고 있다. 시의성時宜性에 맞게 진퇴進退를 한다는 것이다. 시지時止의 지止(=거居, 지어지선止於至善)는 머물러야 할 때를 말한다. '광명光明'은 중화리괘重火離卦요, 하늘로부터 드리워지는 빛이다.

---

368 (觀中) ❶'기도광명其道光明'은 역도易道의 빛이 머리 속에 비쳐 들어온다. 이통신명지덕以通神明之德한 다음에야 이류만물지정以類萬物之情(올바로 사물을 다스릴 수 있는 지혜가 열림)이 가능한 것이다. 「계사상」」편, 제10장, "고故 능통천하지지能通天下之志, 유기야唯幾也, 고능성천하지무故能成天下之務"의 '능통천하지지能通天下之志'한 다음에 '능성천하지무能成天下之務'가 되어야 한다. 이것이 군자의 사명이다. 마음의 움직임이 선행先行된 후에 뒤따라가는 것이 행동이다. ❷'지기소야止其所也'는 그 세계에 그쳐서 그 세계 안에 살아야 한다. 바로 그친 이 세계가 인간이 살아야 할 세계다. 사람이 살아야 할 세계란 것이 '지어지선止於至善'이다. '지기소야止其所也'란 각정성명各正性命이 되었다는 말이다. ❸'불상여야不相與也'란 적敵은 도적 적 자가 아니라 '대적할 적' 자이다. ❹'상하적응上下敵應'이란 낙서원리洛書原理와 하도원리河圖原理는 상하적응上下敵應(순역順逆)관계에 있는 원리原理라는 말과 같다. 마음이 어긋난 것이다. 화택규火澤睽, 「단사彖辭」에서 "이녀동거二女同居, 기지부동행其志不同行"이라고 한 것이다. 상하적응上下敵應은 전연 유명幽明을 달리하는 관계성을 갖고 있다. 성인聖人과 군자가 사는 세계가 다를 뿐이나 마음으로 서로 통하게 된다. 서로 끌어앉고 합덕하는 그러한 입장은 아니다. 성인聖人(유계幽界)과 君子(명계明界)는 음양陰陽이 상반되는 世界에 살고 있다. ❺행기정불견기인무구야行其庭不見其人无咎也란 '행기정불견기인行其庭不見其人'(삼효三爻를 가리킴)인데 결론結論은 무구无咎이다. 가슴속에 들어있는 마음씨는 볼 수가 없다(불견기인不見其人). 인격성자체人格性自體는 보이지 않는다. 인격성人格性은 마음으로 깨닫게 되어있다. 성인聖人과 군자는 상하적응上下敵應하야 불상여야不相與也의 관계로 합덕을 한다. 인격적 관계는 마음으로 서로 통하게 되어있다. 기인其人은 상효上爻의 인격성을 지칭하는 그 사람이다. 상효上爻는 천지지심天地之心이다. 천지지심天地之心을 그대로 이어받은 성인聖人의 마음, 대인大人의 인격적 존재를 지칭한 것이다. ❻어느 때 하는 것이기에 행기정行其庭이 무구无咎인가? 성명지리性命之理는 심성내면적心性內面的인 세계에 존재하는 진리眞理이므로 원리原理라고 한다.

동정불실기시動靜不失其時 기도광명其道光明 동정動靜(지행止行)의 모든 것을 때를 잃지 않고 알맞게 하면 그 도道가 밝게 빛난다는 것이다. (시중지도時中之道) 광명光明은 하늘로부터 드리워지는 빛이다.[369]

간기지艮其止 지기소야止其所也 '지止'는 '살 거居' 자字의 뜻과 같다. 물리적 공간상의 특정한 위치를 가리키는 것이 아니다. 마음(인격성人格性)이 거居하는 장소이다. 도덕적인 세계가 사람이 살 장소이다. 이것이 '간기배艮其背'에 대한 해석이다. 그쳐할 그 장소에 그치며, 반드시 그 장소에 머물러야 함을 주장하고 있다. 일상생활의 능지能止를 말한다.[370]

상하적응上下敵應 불상여야不相與也 여섯 효 모두가 응應하지 못하여 서로 더불어 하지 못한다. 이런 관계를 두고, 상하上下가 적대하고 있다는 것이다.[371]

행기정불견기인무구야行其庭不見其人无咎也 '행기정불견기인行其庭不見其人'의 결론結論은 무구无咎이다.

> **[象曰] 兼山이 艮이니 君子 | 以하야 思不出其位하나니라.**
> 상왈 겸산 간 군자 이 사불출기위

○ 兼(겸할 겸) 艮(머무를 간, 그칠 간, 어긋날 간) 思(생각할 사) 不(아닐 불) 出(날 출) 位(자리 위)

---

369 광光은 간괘艮卦라 한다면, 명明은 리괘離卦다

370 「대학大學」 경經 1장에서 "머무름을 안 뒤에 정함이 있고, 정해진 뒤라야 능히 고요해질 수 있고, 고요해진 뒤라야 능히 편안할 수 있으며, 편안해진 뒤라야 능히 생각할 수 있으며, 생각한 뒤라야 능히 얻을 수 있다.(知止而后有定, 定而后能靜, 靜而后能安, 安而后能慮, 慮而后能得)"라고 하여, 간괘艮卦 초효初爻에서부터 그치기 시작한 것을 상구효上九爻에 와서 '려이후능득慮而后能得' 하여 완전히 그침을 얻게 되는 것이다. 이는 초육初六에서 '격물格物'하여 상구上九에서 '평천하平天下'한다는 뜻도 되며, '물유본말物有本末'하고 '사유종시事有終始'하니 그 선후先後를 알고 동정動靜의 때를 아는 것이 중요한 것이다.

371 『주역절중周易折中』에서는 "효의 위치를 가지고 말하면 음양이 상응하는 것이 없고, 서로 더불어 하지 않는다.(以卦體言, 陽上陰下, 止其所也. 以爻位言, 陰陽無應, 不相與也.)"라고 하였다.

상象에 이르기를, 산山을 겹친 것이 간艮이니, 군자는 이로써 생각이 그 지위에서 벗어나지 않느니라.

각설[372]

사불출기위思不出其位 중도中道로써 자기의 본분(분수)에 맞게 행行하며 알맞게 그쳐 있다는 것이다. 군자의 자리에서 이탈되면 안 된다. 생각(사思)은 마음의 움직임이다.[373] 자기가 머물고 있는 그 위치(군자가 살아가야 할 도덕적인 세계)에서 이탈하지 않는다.[374]

[初六]은 艮其趾라 无咎하니 利永貞하니라. (山火賁)
초육 간기지 무구 이영정 산화비

象曰, 艮其趾는 未失正也이니라.
상왈 간기지 미실정야

○ 艮(머무를 간) 趾(발 지) 利(이로울 리) 永(길 영) 貞(곧을 정) 趾(발 지) 未(아닐 미) 失(잃을 실) 正(바를 정)

초육初六은 그 발꿈치에 머무름이라, 허물이 없으니 영원히 곧으면 이롭다 하니라.

---

372 (觀中) 군자의 자리에서 이탈되면 안 된다는 것이다. 겸산兼山은 택산함괘澤山咸卦와 관련을 말한다. 겸謙에서 말씀 언言변이 떨어져 나간 것이다(겸兼). 지산겸괘地山謙卦의 간艮은 성언호간成言乎艮이 위주爲主이다. 그런데 언言을 생략하면서 생략하는 속에 사실은 태괘兌卦를 암시하고 있다. 이에 겸산兼山은 겸언兼言이라는 말이 같이 들어있다. 겸산兼山은 중택태괘重澤兌卦를 상대로 하는 겸산謙山이기 때문에 말씀 언言변을 생략하는 이면에 역설적으로 태괘兌卦를 전제로 한 겸할 겸兼자다. '사불출기위思不出其位'가 군자가 운심지법運心之法(성인지학聖人之學을 공부하는 방법)이다.

373 『논어論語』「헌문憲問」편에 "그 지위에 있지 않으면 그 정사政事를 도모하지 않는다.(子曰 不在己位, 不謨其政.)"라고 하고, "군자는 그 자리에서 따날 생각을 하지 않는다(君子 思不出其位.)"라고 하여 군자의 마음가짐을 말한다.

374 『이천역전』에서는 "군자는 간지의 상을 관찰하여 생각함이 그칠 곳에 편안하여 그 지위를 벗어나지 않으나, 위位에 처한 분수이다.(君子觀艮止之象, 而思安所止, 不出其位也. 位者, 所處之分也.)"라고 하였다.

상象에 이르기를, '그 발에 머무른다.'는 것은 바른 것을 잃지 않았느니라.

개요概要

초육初六은 부정위不正位한 효爻로서 발꿈치에 머물고 있다.

각설[375]

간기지艮其趾 사람의 발은 마음의 움직임에 따라 맨 먼저 움직인다.[376] 발에서 멈춤은 일의 시작단계나 그 이전以前에서 멈춘다는 것이다.

이영정利永貞 간괘艮卦의 초효初爻이므로 영정永貞해야 이롭다고 하는 것이다. 초육初六은 시작도 하기 전前에 그 일의 끝을 알고, 아예 시작도 하지 않았기 때문에 허물이 없다는 것이다. 그러므로 이영정利永貞해야 한다는 것이다.[377]

소상사小象辭[378]

미실정야未失正也 움직이기 이전以前에 멈춤이라 올바름을 잃지 않는 것이다. 가야할 곳은 가고, 정당한 일이 아니면 하지 않는다.

---

375 (觀中) '간기지艮其趾'(산뢰이山雷頤의 양정원리養正原理를 가리킴)란 진괘震卦(성인지도聖人之道)에 내 생각이 머무르게 된다. 초효初爻가 동하면 산화비괘山火賁卦가 된다. 이에 산화비괘山火賁卦에서 "이교멸지屨校滅趾"라고 한 것이다. 성인聖人의 도학道學에 한발자국 들여놓게 된 것이다. '이영정利永貞'은 용육원리用六原理, 군자지학君子之學의 길을 좇아가라. 용육영정원리用六永貞原理가 이롭다.

376『이천역전』에서는 "발꿈치는 움직일 때 제일 먼저 움직인다. 발꿈치의 멈춤은 움직이는 초기에 멈추는 것이다. 일의 초기에 멈추면 정도를 잃음에 이르지 않는다. 그러므로 허물이 없다. (趾, 動之先也. 艮其趾, 止於動之初也. 事止於初, 未至失正, 故无咎也.)"라고 하였다.

377『주역절중周易折中』에서는 "움직이기 이전에 멈춤은 쉬우나, 이미 움직이고 나서 멈추는 것은 어렵다.(止于動之先, 則易, 而止于旣動之後, 則難)"라고 하였다.

378 (觀中) 간기지艮其趾의 지趾(진震)은 동정動靜(음양陰陽)은 서로 표리관계이다

[六二]는 艮其腓니 不拯其隨ㅣ라 其心不快로다. (山風蠱)
육이 간기배 부증기수 기심불쾌 산풍고

象曰, 不拯其隨는 未退聽也이니라.
상왈 부증기수 미퇴청야

○ 腓(장딴지 배(비)) 拯(구원할 증, 건질 증) 隨(따를 수) 快(쾌할 쾌) 退(물러날 퇴) 聽(들을 청)

육이六二는 그 종아리에 머무는 것이니, 구원하지 못하고 그대로 따르는 것이라 그 마음이 불쾌함이로다.

상象에 이르기를, '구원하지 못하고 그대로 따른다.'는 것은 물러서서 (말을) 듣지 아니함이니라.

개요概要

육이六二는 유순정위柔順正位 득중得中한 효爻로서 장단지에서 멈추고 있다.

각설 [379]

부증기수不拯其隨 구원하지 못하고 그것을 따른다. 육이六二 장딴지는

---

379 (觀中) 기심불쾌其心不快 : '부증기수不拯其隨'란 수인자隨人者(소인小人)를 구제하지 못한 것이다. 수괘隨卦의 '이희수인자以喜隨人者'를 구제해야 하는데 제지하지 못했다. 왜냐하면 선천先天이기 때문이다. 수괘隨卦, 이효二爻, 소인지도小人之道와 연계되면 군자지도는 잃게 된다. '기심불괘其心不快'는 '기인其心'은 누구의 마음? 하나님의 마음이다. 대인大人의 마음이 즐겁지 않다. ❶배腓는 행行함을 의미한다. 행하지 말아야 될 때 행하는 소인小人을 구제救濟하지 못했기 때문에 그 마음이 좋지 않다. 왜 소인小人을 구제救濟하지 못했는가? 소인小人 자신自身이 물러서서 성인聖人의 말씀을 들으려고 하지 않았기 때문이다. ❷'미퇴청未退聽'이란 소인小人 자신自身이 물러서 성인聖人의 말씀을 들으려고 하지 않았기 때문이다. 그러므로 부증기수不拯其隨(소인小人을 구제救濟하지 못함)하게 된 것이다. 이효二爻는 '시지즉지時止則止'의 때다. 즉 물러서야 될 때요, 행정行正할 때가 아니다. 진進(사효四爻) 퇴退(초효初爻, 돈세遯世), 닉즉행지樂則行之(사효四爻), 우즉위지憂則違之(초효初爻). ❸부증기수不拯其隨 : 타의에 의해 움직이는 것이다.

자발적(독립적)으로 움직이지 못한다. 즉 타의에 의해서 움직인다. 그러므로 위에 있는 과강부중過剛不中한 구삼효九三爻에게 따르고, 이끌리지 않을 수가 없다. 타의他意에 의해 움직이기 때문에 그 마음이 유쾌하지 못 것이다. (기심불쾌其心不快) 이미 움직이고 있는 상태에서의 그치는 것이다. 미숙한 멈춤의 도道이다. 장단지는 하체下體의 미숙한 부분이다.

소상사小象辭

미퇴청야未退聽也 퇴退는 뒤나 밑에 있는 자를 말한다. 즉 퇴청이란 구삼효九三爻가 밑에 있는 육이효六二爻의 말을 들어주지 않는다는 것이다. 그러므로 타의에 의해 움직이는 것(부증기수不拯其隨)이라고 하는 것이다. 왜냐하면 소인小人 자신이 물러서 성인聖人의 말씀을 들으려고 하지 않았기 때문이다. 청聽은 종從이다. 아래의 말을 듣는 것을 말한다. 감괘艮卦의 내호괘內互卦가 감괘坎卦(☵)이다.

[九三]은 艮其限이라 列其夤이니 厲ㅣ 薰心이로다. (山地剝)
구삼 간기한 열기인 려 훈심 산지박

象曰, 艮其限이라 危ㅣ 薰心也이니라.
상왈 간기한 위 훈심야

○ 艮(머무를 간, 그칠 간, 어긋날 간) 限(지경 한, 한계 한) 列(줄 렬{열}, 벌릴 열) 夤(등뼈 인, 조심할 인) 厲(갈 려{여}) 薰(찔 훈, 더울 훈, 향풀 훈)

구삼九三은 그 허리에 머무는 것이라 그 등뼈를 쪼개는 것 같으니, 위태로워서 마음을 태움이로다.

상象에 이르기를, '그 허리에 머무르는' 것은 위태로워서 마음을 태우는 것이니라.

개요概要

구삼九三은 정위正位로 허리에서 멈추고 있다. 멈추지 말아야 할 곳에 멈춘 것이다. 그러므로 답답한 것이다.

각설[380]

간기한열기인艮其限列其夤 '간기한艮其限'의 한限은 신체로는 상체와 하체가 붙어 있는 허리부분이다. 육효六爻로는 구삼효九三爻가 내괘內卦와 외괘外卦 경계임을 말한다. '열기인列其夤'이란 머리 위와 몸 밑을 가리킨다. 등뼈가 나뉘는 것 같다. 열列은 렬裂(찢을 열{렬})로 찢어지는 것이다. 분열이다. 허리의 멈춤이니, 등살이 찢어져 위태롭고 고통스러운 것과 같다. 허리는 하체의 상단부로 멈춤이 가장 늦어진 시기이다. 그러므로 고통이 가장 심하다. 마음을 태운다. 흉凶하다. 모두 중정中正의 덕德을 잃어 버렸다.

소상사小象辭

려훈심厲薰心 마음속에서 불이 난다(훈薰)는 말이다. 제한을 받아서 생겨난 위험과 위태로움에 마음이 찢긴 것을 척추와 허리에 비유한 말이다.

---

380 (觀中) ❶'간기한艮其限'의 한限은 상체와 하체가 붙어 있는 지점, 상하(내외)의 경계선을 말한다. 3효는 허리부분을 가리킨다고도 할 수 있으나, 여기의 '열기인列其夤'은 아니다. 머리와 목밑의 경계선을 가리키는 한限이다. 마음과 머리의 합작품合作品이 생각이다(사불출기위思不出其位). ❷'열기인列其夤'이 무엇인가? '등뼈 인夤, 조심할 인夤' 자字이다. 심장을 싸고 있는 척추 부분을 말한다. 심장이 막 터지는 것(列)을 말한다(신체의 변화가능성이 있음을 말한다.). '열기인列其夤'이란 머리 위와 몸 밑을 가리킨다. 택산함괘澤山咸卦에서는 함기매咸其脢(등심, 양쪽 뼈 사이에 있는 고기부분)라 했다. '인夤'은 뼈를 가리킨다. 간괘艮卦에서 하는 말은 머리 쪽에 더 比重을 둔다. '인夤'은 공경, 슬플 척惕 자字의 의미이며, 인연 인因자, 등뼈 인夤 등의 개념이 더 있다. 사실은 부정적 개념에 더 비중을 두고「효사爻辭」가 쓰여짐. 왜냐하면 이 효爻가 동動하면 산지박괘山地剝卦가 되기 때문이다. 욕심에 불이 타 심장에 해를 끼친다(려훈심厲薰心). ❸려훈심厲薰心 : 마음속에서 불이 난다(훈薰)는 말이다. 훈심薰心은 심장에 열이 나서 터지는 것을 말한다. 자신의 죄를 회개하는데 마음에서 나타나는 심정의 변화속에 열을 느끼게 된다. 그런데 큰 죄를 지은 자는 극복하기 힘들 것이다. 건괘乾卦 3효의 려厲와 같은 의미다. "위태한 것이 심장을 쪄버린다."

훈심薰心은 심장에 열이 나서 터지는 것을 말한다. 자신의 죄를 회개하는데 마음에서 나타나는 심정의 변화속에 열을 느끼게 된다.

심心 하늘로부터(상효上爻) 드리워진 천심天心이다.

[六四]는 艮其身이니 无咎ㅣ니라. (火山旅)
육사 간기신 무구 화산여

象曰, 艮其身은 止諸躬也이니라.
상왈 간기신 지저궁야

○ 止(머무를 지) 諸(모두 저(제)) 躬(몸 궁)

육사六四는 그 몸에 머무름이니, 허물이 없느니라.

상象에 이르기를, '그 몸에 머무른다.'는 것은 저 몸에(자기 자신에만) 그침이니라.

개요概要

형이하의 몸에서 형이상적인 마음을 말한다. 육사六四는 득정得正으로 시지즉지時止則止할 수 있다. 『대학大學』에서 "부富는 집을 윤택하게하고, 덕德은 몸을 윤택하게 한다."[381]라고 하였다. 육사六四는 정위正位로 몸 전체가 멈추고 있다.

각설[382]

간기신艮其身 그 몸의 멈춤은 그 일을 통째로 멈춘다는 것이다. 이제는

381 『대학』 전傳5장, "부윤옥富潤屋, 덕윤신德潤身."

382 (觀中) 돈세군자遯世君子가 행할 때가 닥쳐오는 것이다. 초효初爻의 무구无咎가 사효四爻에 그대로 반영된다. 사효四爻에 신身 자字가 되려 등장하고, 삼효三爻에는 심心 자字가 등장한다. 삼효三爻의 마음은 어디서 온 것인가? 하늘로부터(상효上爻) 드리워진 천심天心이다. 이에 삼효三爻에서 군자는 무엇을 얻게 되는가? 천심天心, 복성復性하게 되고, 소인小人은 재앙災殃을 맞게된다.

멈춤의 때가 아니라 어떻게 멈추어야 하는지를 통해 얼마나 성숙한 멈춤의 도를 실행할 수 있는가를 말하고 있다. 일부만의 멈춤이 아니라 그릇됨의 근원을 찾아 전부를 멈추니 무구无咎이다.

소상사小象辭

지제궁야止諸躬也 신身은 신체身體이며, 궁躬은 자신自身의 마음을 의미한다. 즉 자신의 억제에 대하여 말하고 있다.

[六五]는 艮其輔ㅣ라 言有序ㅣ니 悔亡하니라. (風山漸)
육오 간기보 언유서 회망 풍산점

象曰, 艮其輔는 以中으로 正也이니라.
상왈 간기보 이중 정야

○ 輔(도울 보, 볼 보, 광대뼈 보) 序(차례 서) 悔(후회할 회) 亡(없을 망)

육오六五는 그 뺨에 머무름이니, 말에 질서秩序가 있으니, 후회함이 없느니라.
상象에 이르기를, '그 뺨에 머무른다.'는 것은 중도中道로써 바르게 함이니라.

개요槪要

육오六五는 부정위不正位 득중得中한 효爻로서 그 뺨에서 머물고 있다.

각설[383]

간기보艮其輔 그 뺨에 멈춘다는 것은 뺨은 말을 하는 입과 관련된 기관

---

383 (觀中) 오효五爻는 행할 때가 다가왔다. '간기보艮其輔'(간태艮兌가 합덕이 되다)란 태위보협兌爲輔夾, 산택손괘山澤損卦 아니면 택산함괘澤山咸卦다. 그런데 산택손괘山澤損卦이다. 간태艮兌가 뜻이 통한 것이다. '언유서言有序'? 성인聖人의 말씀에 따라 순응하며 살아간다. 순성명지리順性命之理의 언言은 열언호태說言乎兌, 성언호간成言乎艮의 말씀이다. 말씀의 주인은 바로 대인大人이다.

이다. 즉 말을 함부로 하지 말아야 한다는 것이다.

언유서言有序 성인聖人의 말씀에 따라 순응하며 살아간다. 사람이 해야 할 말에 대한 멈춤의 도道이다. 빰에서 멈추면 말에 순서順序와 질서가 생긴다. 그러므로 회망悔亡이다.

소상사小象辭[384]

이중정야以中正也 중정지도中正之道를 행하라는 것이다.

[上九]는 **敦艮**이니 **吉**하니라. (地山謙)
상구 돈간 길 지산겸

象曰, 敦艮之吉은 **以厚終也**이니라.
상왈 돈간지길 이후종야

○ 敦(도타울 돈, 다스릴 퇴, 아로새길 조, 덮을 도) 以(써 이) 厚(두터울 후) 終(끝날 종)

상구上九는 돈독히 머물러서 길하니라.

상象에 이르기를, '돈독히 머물러서 길吉하다.'는 것은 그 끝나는 것을 후하게 하니라.

개요概要

상구上九는 후덕함으로 멈추고 나아감에 경계가 없다. 멈춤과 그침이란? 멈

384 (觀中) '이중정야以中正也'에서 정正 자를 연문衍文이라 했다. 왜냐하면 음효陰爻이기 때문에 이중정以中正이 불가능하다고 생각했던 것이다. 그러나 동효動爻가 되면 풍산점괘風山漸卦가 되어 양효陽爻가 되므로 오효五爻 자체가 이중정以中正이 가능하게 된다. 만약에 동動하지 않는다고 생각한다면 '중中'은 어디에서 온 것이라 할 수 있겠는가? 득중得中하면 정正은 그 가운데 있다. 정正은 이효二爻에서 온 것이다. 이효군자二爻君子의 마음이 성인聖人의 마음과 일치一致가 되었다. 이에 정正은 이효二爻에서 연유한 것이라면 중中은 이효二爻와 오효五爻가 공히 득중得中을 하고 있기 때문에 '이중정以中正'이라고 할 수 있다. 게다가 '간기보艮其輔'(중산간괘重山艮卦 자체의 입장에서 이효二爻와 오효五爻가 합덕이 되었다는 말. 이에 이효二爻와 오효五爻가 공히 이중정以中正이 가능하게 된다.)라고 하고 있다.

춤의 도를 깨달아 마침내 그 경계를 허무는 것이다. 멈춤과 나아감에 경계가 없다는 것이다. 그쳐도 진행되고, 나아가도 멈추어 있는 것, 이것이 돈간敦艮이다.[385]

각설 [386]

돈간敦艮 시종일관始終一貫 후덕厚德함으로 돈독하게 함을 말한다. 상구효上九爻가 변하면 지산겸地山謙이니, 겸덕謙德으로 간지艮止하니 길吉하다는 것이다.

소상사小象辭

이후종야以厚終也 상구上九는 감괘坎卦의 끝이라 교만할 수 있으나, 멈춤의 도를 돈독히 하여 돈간敦艮의 결과로 후종厚終한 것이다.[387] 후종厚終이란 독실하게 열매가 맺는 것이다. 후덕厚德이란 땅에서 자생自生된 것이 아니라 하늘로부터 받은 것이다.

---

385 『주역』, 「계사상」편, 제10장, "오직 신묘한 까닭에 빨리 아니해도 빠르며 행하지 아니해도 이르나니(유신야고唯神也故, 부질이속不疾而速, 불행이지不行而至)"라고 하였다.

386 (觀中) ❶ 돈간敦艮은 안토돈호인安土敦乎仁이다. 돈敦은 인간에 있어서는 중생重生(거듭난다)의 의미이다. 도덕원리道德原理를 깨달아야 안토돈호인安土敦乎仁이 된다. '안토돈호인安土敦乎仁'이 어디서 되는가? 지뢰복괘地雷復卦에서 된다. 간艮도 토土이다. 진괘震卦는 땅을 뚫고 위로 솟아오르는 생명력이라면, 간괘艮卦는 땅을 향해서 위로부터 드리워지는 의미를 갖고 있다. 상효上爻가 동動하면 지산겸괘地山謙卦가 되기 때문에 돈간敦艮이라 한 것이다. ❷ '후종厚終'이란 독실하게 열매가 맺음을 말한다. 산지박山地剝, '상이후하안택上以厚下安宅, 후덕재물厚德載物', 후덕厚德은 땅에서 자생自生된 것이 아니라 하늘로부터 받은 것이다. 박괘剝卦의 석과碩果를 받아 후덕재물厚德載物이 된 것이다. ❸돈간敦艮 : 소성종이소성시所成終而所成始에 대한 돈독한 믿음이다. 기자箕子동래東來의 목적目的을 의미한다.

387 곤괘坤卦「문언文言」의 필유여경必有餘慶을 참고.

❒ 택산함괘澤山咸卦와 중산간괘重山艮卦 비교[388] [389]

택산함괘澤山咸卦		중산간괘重山艮卦[371]	
초육 初六	함기무咸其拇(엄지발가락)	초육 初六	간기지艮其趾(발꿈치)
육이 六二	함기배咸其腓(장딴지)	육이 六二	간기배艮其腓(장딴지)
구삼 九三	함기고咸其股(허벅다리)	구삼 九三	간기한艮其限(허리, 마음)
구사 九四	함기심咸其心(마음)	육사 六四	간기신艮其身(心身, 등)
구오 九五	함기매咸其脢(등)	육오 六五	간기보艮其輔(볼, 입)
상육 上六	함기보협설咸其輔頰舌 (볼·뺨·혀/입)	상구 上九	돈간敦艮(후덕)

✐ 간괘艮卦는 멈춤, 머무름의 도道를 말하며, 지어지선至於至善의 경지에 머물 것을 당부하고 있다. 즉 인간적 육신肉身의 욕구와 욕망인 루漏를 버리는 것이다. 불가佛家에서는 루漏는 미혹함이며, 번뇌의 근본인 탐, 진, 치 삼독三毒이라고 말한다. 결국 간괘艮卦의 핵심核心은 자신의 성찰省察을 통해 종심소욕불유구從心所慾不踰矩, 무심無心의 경지境地, 무망无妄의 경지境地에 나아가라고 충고하고 있다.

---

388 멈춤의 도를 신체의 각 부분과 연결하여 설명한 것은 택산함괘澤山咸卦와 같은 양상이다. ❶간기지艮其趾(발꿈치) : 일의 첫 단계에서 멈춤 혹은 시작도 하지 않은 단계에서 멈춤. ❷간기배艮其腓(장딴지) : 일이 상당부분 진척됨, 장단지, 혹은 허리가 움직이면 당연히 움직여야 할 발이 움직이지 않아서 불쾌하다. ❸간기한艮其限(허리) : 허리에 멈춤이다. 전속력 질주상태 그러므로 멈추는데는 고통이 심하다. ❹ 간기신艮其身(심신心身) : 몸 전체의 멈춤이다, 욕망의 열차가 속도가 줄어들어 멈추더라도 탈선하지 않은 상태이다. ❺ 간기보艮其輔(볼) : 그 뺨에 멈추는 것으로 입을 의미한다. ❻ 돈간敦艮(후덕) : 돈독한 멈춤이다. 멈춤의 도를 깨달은 상태이다. 멈춤과 나아감이 구별되지 않는 경지이다. 저절로 멈춰지고, 멈춰있어도 저절로 나아가는 경지.

389 전체로 보면 간艮은 지止의 구체적 실천내용을 3가지 말한다. ❶사악邪惡함을 억제하고 ❶정도正道(지어지선止於至善)에 머물고 ❸본분에 충실하다는 것이다. 간괘艮卦의 핵심은 자신의 성찰을 통한 종심소욕불유구從心所慾不踰矩이며, 무심無心의 경지境地, 무망无妄의 경지境地를 말한다.

풍 산 점 괘

53.風山漸卦

도전괘
倒顚卦

풍산점괘
風山漸卦

뇌택귀매괘
雷澤歸妹卦

음양대응괘
陰陽對應卦

풍산점괘
風山漸卦

뇌택귀매괘
雷澤歸妹卦

상하교역괘
上下交易卦

풍산점괘
風山漸卦

산풍고괘
山風蠱卦

호괘
互卦

풍산점괘
風山漸卦

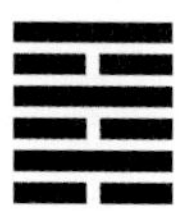

화수미제괘
火水未濟卦

효변
爻變

初爻變 而爲家人卦	二爻變 而爲巽卦	三爻變 而爲觀卦	四爻變 而爲遯卦	五爻變 而爲艮卦	上爻變 而爲蹇卦
풍화가인괘 風火家人卦	중풍손괘 重風巽卦	풍지관괘 風地觀卦	천산돈괘 天山遯卦	중산간괘 重山艮卦	수산건괘 水山蹇卦

풍산점괘
風山漸卦

요지要旨

괘명卦名 이 괘는 상손上巽의 풍風(☴) + 하간下艮의 산山(☶) = 풍산점괘風山漸卦(䷴)이다.

괘의卦意 기러기가 날아가는 여러 유형에 비유하여 단계적인 점진漸進의 도道를 말한다. 점괘漸卦는 간괘艮卦에 머물다가 점진적으로 나아가는 것이다, 반면에 진괘晉卦와 승괘升卦는 올라가는 것이다.[390]

괘서卦序 「서괘」에서 "간艮은 멈춤이니 물건은 끝내 멈출 수 없으므로 점漸으로 받는다.(艮者止也, 物不可以終止, 故受之以漸.)"라고 하였다.
간자지야 물불가이종지 고수지이점

괘상卦象 상손上巽은 겸손이며, 하간下艮은 머무는 것이라 겸손하게 멈추어서 시의성時宜性에 맞게 나아감을 말한다.

잡괘雜卦 여자(군자君子)가 시집을 가는 것은 남자(성인聖人)를 기다리는 것이다.(漸은 女歸이니 待男行也.) 점괘漸卦는 여자가 육례六禮를 갖추어 시집을 가는 것을 비유하여 점진漸進의 도道를 설명하고 있다.
점 여귀 대남행야

漸은 **女歸**ㅣ **吉**하니 **利貞**이니라.
점 여귀 길 이정

○ 漸(점점 점) 歸(시집갈 귀) 吉(길할 길) 利(이로울 리{이}) 貞(곧을 정)

점漸은 여자가 시집가는 데 길吉하니, 바르게 하면 이로우니라.

개요概要

점漸은 형이상적인 '진보進步'를 의미한다. 즉 질서와 믿음을 가지고 때(시時)를 따르는 것을 의미한다.

---

390 『주역절중』에서 "땅속에서 나무가 생겨 때에 따라 올라간다. 산위에 나무가 있으니 점차적으로 나아간다.(地中生木, 以時而升, 山上有木, 其進以漸)"라고 하여 점괘漸卦와 승괘升卦의 의미를 구분하고 있다.

각설

여귀女歸 길吉 여자가 시집감에 희열이 있고, 새로운 변화를 맞이하는 것이라 길吉하다는 것이다. 왜냐하면 절차에 맞게 점진적으로 나아가기 때문이다. 그러므로 여귀지도女歸之道가 군자지도君子之道 이다.

이정利貞 혼인을 육례六禮를 갖추어 바르게 한다는 것이다.[391] 즉 마음가짐, 정조관념 등을 항상 바르게 해야 한다는 것이다.(이영정利永貞) 이것을 육효중괘六爻重卦로 보면 중효中爻인 이二·삼三·사四·오효五爻가 모두 득위得位하였으며, 초효初爻와 상효上爻는 음陰이 아래하고 양陽이 위에 있으니 모든 효爻가 바른 것이다.

[彖曰] 漸之進也ㅣ **女歸**의 **吉也**ㅣ라.
단왈 점지진야 여귀 길야

進得位하니 **往有功也**ㅣ오 **進以正**하니 **可以正邦也**ㅣ니
진득위 왕유공야 진이정 가이정방야

其位는 **剛得中也**이니라. **止而巽**할새 **動不窮也**ㅣ라.
기위 강득중야 지이손 동불궁야

○ 漸(점점 점) 進(나아갈 진) 歸(돌아갈 귀) 吉(길할 길) 得(얻을 득) 位(자리 위) 往(갈 왕) 有(있을 유) 功(공 공) 可(옳을 가) 邦(나라 방) 其(그 기) 位(자리 위) 剛(굳셀 강) 止(발 지) 巽(겸손할 손) 動(움직일 동) 窮(다할 궁)

단彖에 이르기를, 점漸은 나아가는 것이니, 여자가 시집가는 데 길하니라. 나아가서 바른 지위를 얻었으니 가면 공功이 있음이오. 나아가는 것을 바른 길로써 하니 나라를 바르게 할 수 있을 것이니, 그 자리는 강剛으로써 중中을

---

391 『의례儀禮』의 「사혼례士婚禮」에서는 육례六禮에 대하여 다음과 같이 언급하고 있다. ❶납채納采 : 신랑집에서 신부집으로 혼인을 구하는 의식.(중매) ❷문명問名 : 양가의 성姓을 서로 아는 것. ❸납길納吉 : 혼처의 마땅함을 가족회의를 열어 가부를 결정하는 것. ❹납징納徵 : 신랑집에서 채단을 함에 넣어 신부집으로 보내는 것. ❺청기請期 : 신랑집에서 신부집으로 사주단자를 보내고 택일擇日을 청하는 것. ❻친근親近 : 신랑이 신부집으로 가서 신부를 맞이하여 오는 것.

얻음이니라. 머물러서 유순柔順하니 움직여도 궁함이 없음이라.

각설 [392]

점지진야漸之進也 여귀길야女歸吉也 진이진漸之進은 점진적으로 앞으로 나아간다는 것이다. 여자가 시집을 가는데 육례六禮를 갖추어 점진적으로 하는 것을 귀歸라고 하고, 예禮를 갖추지 않고 혼인을 하는 것을 분奔이라고 한다. 그러므로 여자(군자)는 육례六禮를 갖추어 혼인을 하는 것이 길吉하는 것이다.(여귀길야女歸吉也)

진득위進得位 왕유공야往有功也 주부主婦의 위位를 얻어 자녀를 두고 현모양처賢母良妻로서 가정家庭을 이끌어 간다

진이정進以正 수기치인修己治人, 수신제가修身齊家을 말한다.

가이정방야可以正邦也 수신제가修身齊家를 하면 치국평천하治國平天下를 할 수 있다는 것이다.

기위其位 강득중야剛得中也 육이六二와 구오九五의 득중정위得中正位를 말한다.

지이손止而巽 동불궁야動不窮也 안으로는 유순柔順(손巽)의 덕德으로 지키고(지止), 밖으로 손순히 처신하여 행行하므로 움직임에 궁窮함이 없는 것이다.

---

392 (觀中) ❶점지진시간漸之進時間은 점차적으로 진행(역도易道도 점차적漸次的으로 진행進行) ❷진득위進得位란 나아가서 현실적인 지위를 얻는다. ❸왕유공往有功은 행行할 것 같으면 공功이 있다. 어디서 득위得位하는가? 시간적인 위치는 삼三·사효四爻요, 군자의 인격적인 지위는 이二·오효五爻에서 얻는다. 삼三·사효四爻는 천시天時의 시의성時宜性을 규정한다. 하늘이 주관하는 시간의 위치, 시간성을 규정한 것이다. ❹사이정방可以正邦 : 정도正道로써 현인지업賢人之業을 진행進行시킨다. 그러므로 천하만방天下萬放을 바로 잡는데 가능可能하다. ❺강득중剛得中 : 강득중剛得中은 오효五爻를 가리킴. ❻지이손의止而巽의 지止는 거居이다, 지어지선止於至善의 지止이다. 각정성명各正性命된 세계世界(정방正邦)이며, 손巽은 신도神道이면서 성인지도聖人之道를 상징한다. 인간에 있어서 어디에서 손괘巽卦의 원리를 나타내는가? 공손恭遜이다. 성인지도聖人之道에 대해 군자君子는 공손해야 한다.

[象曰] 山上有木이 漸이니
상왈 산상유목 점

君子 以하야 居賢德하야 善俗하나니라.
군자 이 거현덕 선속

○ 山(뫼 산) 木(나무 목) 漸(점점 점) 君(임금 군) 以(써 이) 居(있을 거) 賢(어질 현) 德(덕 덕) 善(착할 선) 俗(풍속 속)

상象에 이르기를, 산山 위에 나무가 있는 것이 점이니, 군자는 이로써 어진 덕德을 쌓아서 풍속을 바르게 하나니라.

각설 [393]

거현덕居賢德 선속善俗 풍속風俗을 어진 덕德으로 선善하게 점진적漸進的으로 변화시킨다는 것이다.

[初六]은 鴻漸于干이니
초육 홍점우간

小子ㅣ 厲하나 有言이라 无咎ㅣ니라. (風火家人)
소자 려 유언 무구 풍화가인

象曰, 小子之厲ㅣ나 義无咎也이니라.
상왈 소자지려 의무구야

○ 鴻(큰 기러기 홍) 漸(점점 점) 于(어조사 우) 干(물가 간, 방패 간) 小(작을 소) 子(아들 자) 厲(위태로울 려{여}) 言(말씀 언) 義(옳을 의) 无(없을 무) 咎(허물 구)

초육初六은 기러기가 물가로 나아감이니, 어린 아이가 위태로워 말이 있으

393 (觀中) 산상유목山上有木은 군자가 천지天地 신도神道를 깨닫는 것이다. 성인聖人·군자君子를 위주로 팔괘八卦를 해석해야 한다. ❶산상山上은 팔간산八艮山(군자지도君子之道), 군자가 무엇을 깨닫게 되는가? ❷유수有水, 성인지신도聖人之神道이다. 현인지덕賢人之德의 원리를 깨달아 그 세계안에서 살아감. ❸선속善俗은 백성의 풍속風俗을 잘 다스린다.

나 허물이 없느니라.

상象에 이르기를, 어린 아이의 위태로움은 의리로 보아 허물이 없느니라.

개요概要

초육初六은 부정위不正位한 효爻로 물가에 나가있다.

각설 [394]

홍점우간鴻漸于干 기러기가 물가에 나아감이 철새의 이동처럼 질서 정연함을 의미한다. 왜냐하면 기러기는 질서와 믿음, 시의성을 상징하기 때문이다. 점괘漸卦에서는 혼례, 남녀간을 기러기로 말하고 있다.[395]

소자려小子厲 유언有言 무구无咎 소자小子는 어린이, 새끼 기러기, 사물事物의 시초始初, 처음 시집온 여자을 말한다. 소자小子는 처음은 근심이 되나 군자가 성인聖人의 말씀을 간직하고 있기 때문에 무구无咎하다.

소상사小象辭

소자지려小子之厲 의무구야義无咎也 소자小子(초육初六, 소녀少女)는 위태로우나 지이손止而巽으로 정이고正以固하기 때문에 의리義理로 보아 무구无咎하다.

---

394 (觀中) 홍점우간鴻漸于干의 간干(나무의 원 줄기, 사효四爻에서는 목木으로)은 육갑원리六甲原理를 의미한다. ❶유언有言은 택수곤괘澤水困卦의 유언불신有言不信이며, 택천쾌괘澤天夬卦의 문언불신聞言不信이고, 혁괘革卦의 혁언삼취革言三取의 언言이다. ❷소자려小子厲? 위험한 고비를 지나가야 한다. ❸유언有言이란 군자가 성인聖人의 말씀을 간직하고 있기 때문에 무구无咎하다. ❹'의무구義无咎'란 의義는 상효上爻와 초효初爻에 많이 나온다. 사효四爻의 시위에 있어서 시위성時位性을 초효初爻가 규정하고, 사효四爻의 때와 매치되는 시간성時間性은 초효初爻가 규정한다. 이에 의무구義无咎(의리義理로 보아 무구无咎하다.)라고 한 것이다. ❺홍鴻 : 예禮. 양기陽氣를 따라 질서있게 날아간다.

395 『주역절중周易折中』에서는 "여섯 효가 모두 기러기 상을 취하고 있다. 그것은 왕래의 때가 있고, 선후의 질서가 있어서 점괘漸卦의 의미를 말하는데 가장 적절하다. 혼례를 치르는데 있어서 기러기를 이용하는데 이것보다 더 나은 짝이 없기 때문에 여자를 시집보낸다는 의미에 있어서 가장 적절하다.(六爻皆取鴻象, 往來有時, 先後有序, 于漸之義爲切也, 婚禮用雁, 取不再偶, 又于女歸之義爲切也.)"라고 하였다.

[六二]는 鴻漸于磐이라 飮食이 衎衎하니 吉하니라. (重風巽)
육이 홍점우반 음식 간간 길 중풍손

象曰, 飮食衎衎은 不素飽也이니라.
상왈 음식간간 불소포야

○ 鴻(큰 기러기 홍) 漸(점점 점) 磐(반석 반, 너럭바위 반) 飮(마실 음) 食(밥 식) 衎(좋은 음식 간, 즐길 간) 不(아닐 불) 素(본디 소, 휠 소) 飽(배부를 포)

육이六二는 기러기가 반석 위로 날아감이라, 좋은 음식을 즐겁게 먹는 것이니, 길하니라.

상象에 이르기를, '좋은 음식飮食을 즐겁게 먹는 것'은 공연히(한갓) 배불리기 위한 것이 아님이라.

개요概要

육이六二는 유순정위柔順正位·득중得中한 효爻로서 반석磐石 위에 나가있다. 반속은 편안하고 안정된 장소이다.

각설

홍점우반鴻漸于磐[396] 기러기가 반석磐石위로(구오九五와 정위관계로) 나아감이니 안전하다는 것이다.

간간衎衎 즐길 간으로 맛있는 좋은 음식으로 화락和樂한 모습이다. 육이六二는 유순중정柔順中正한 주부主婦를 상징하기도 한다

소상사小象辭

불소포야不素飽也 육이六二(부인婦人)가 밥을 짓어 한갓 배불리 먹고자

---

396 (觀中) 음식이 간간衎衎하다는 것은 음식을 즐겁게 먹는다는 것이다. 음식飮食=수천수水天需(수천수水天需의 음식지도飮食之道는 감괘坎卦에서 온 것), 때를 기다린다. 불소포不素飽란 본래부터 배부른 것이 아니라 후천적으로 성인聖人의 말씀을 통해 성인지도聖人之道를 공부했기 때문이다.

함이 아니라, 가인지도家人之道에 맞는 군자의 인격적인 영양소인 좋은 음식을 제공하고, 성인聖人·군자지도를 계승 존속시키는 것을 의무로 한다.[397] 경전經典을 통해 자신의 심성을 닦았기 때문에 천명天命으로 생명력을 얻으니 배가 부른 것이다(이효二爻가 동動하면 중풍손괘重風巽卦(☴)이기 때문이다).

[九三]은 鴻漸于陸이니 夫征이면 不復하고
구삼 홍점우륙 부정 불복

婦孕이라도 不育하야 凶하니 利禦寇하니라.
부잉 불육 흉 이어구

象曰, 夫征不復은 離群하야 醜也일새오 (風地觀)
상왈 부정불복 이군 추야 풍지관

婦孕不育은 失其道也일새오 利用禦寇는 順相保也이니라.
부잉불육 실기도야 이용어구 순상보야

○ 鴻(큰 기러기 홍) 漸(점점 점) 陸(뭍 륙{육}) 夫(지아비 부) 征(갈 정, 칠 정) 復(돌아올 복) 婦(며느리 부) 孕(아이 밸 잉) 育(기를 육) 凶(흉할 흉) 利(이로울 리) 禦(막을 어) 寇(도둑 구) 離(떼놓을 이{리}) 群(무리 군) 醜(추할 추) 用(쓸 용) 順(순할 순) 相(서로 상) 保(지킬 보)

구삼九三은 기러기가 뭍으로 날아감이니, 남편男便이 나가서 돌아오지 않고, 아내는 아이를 잉태하여도 기르지 못하야 흉凶하니, 도둑을 막는 것이 이로우니라.

상象에 이르기를, '남편이 나가서 돌아오지 않는 것'은 같은 무리(류類)를 떠난 것이니 추한 것이오, '아내가 아이를 잉태하여도 기르지 못하는 것'은 정도正道를 잃었기 때문이오. '도둑을 막는 것이 이롭다는 것'은 이치에 순응

397 『이천역전』에서는 "소素는 공空이다.(素, 空也.)"라고 하였고, 『주역본의』에서는 "소포素飽는 『시경詩經』의 소찬素飡이란 말과 같으니, 얻기를 도道에 맞게 하면 헛되이 배부름이 되지 아니하여 처함이 편안할 것이다(素飽, 如詩言素飡(餐), 得之以道, 則不爲徒飽而處之安矣.)"라고 하였다. 소素를 '공연히'로 해석하였다.

해서 서로 보전함이니라.

개요概要

구삼九三은 정위正位로 뭍에 나가 있다. 부정한 방법으로 나아가면 흉凶하게 됨을 경계사로 설명하고 있다.

각설[398]

홍점우륙鴻漸于陸 기러기는 수조水鳥로써 물가나 하늘에 있으면 편안하지만, 뭍이나 나무위에 있으면 편안하지 않고 흉凶하다. 이것은 기러기 부부가 본분을 망각하고 있음을 의미한다.

부정夫征 불복不復 남편이 가정을 돌보지 않는 것이다. 육효六爻로 보면 구삼九三이 육이六二·육사六四에게 나쁜 마음이 쏠리는 것이다.

부잉婦孕 불육不育 아내가 부정不貞을 하였기에 수태를 하여도 기르지 못한다는 것이다. (부정불복夫征不復 = 불임불육婦孕不育)

이어구利禦寇 음양陰陽 모두가 부정不貞한 것을 막아야 한다는 것은 인욕人慾에서 오는 마음의 도적을 막고 중도中道에 순응하면 이롭다는 것이다.

소상사小象辭[399]

순상보야順相保也 이치에 순응해서 순리로써 서로 보전한다는 것이다.

---

398 (觀中) 아주 흉凶하다. 여자가 애를 가져도 낙태를 한다는 말이다(낙태된 자식을 낳는다는 말이다.). 왜 그러한가? 3爻이기 때문이다. 3효는 아직 때가 아니기 때문이다. 여기 기러기를 가지고 말한다. 기러기가 높은 곳에서 낮은 곳으로 내려온다. 내려와야 길吉하다는 것이다. 여기의 기러기로 상징된 것은 어디에서 유래된 것인가? 점괘漸卦다. 풍風은 손괘巽卦를 말한다. 손괘巽卦의 기러기는 신神을 상징한다.『주역』에서 새는 전부 신神을 상징한다. 홍점우륙鴻漸于陸은 산지박괘다. 말세현상을 표상한다. 지뢰복괘地雷復卦도 성인聖人·군자지도가 아직 땅속에 있음을 표상한다.

399 (觀中) ❶이군추야離群醜也 : 백성을 내 관심밖으로 밀어내버렸다. 이에 소인小人이 되었다. 자신의 명리를 추구하는데 혈안이 되어 성인지도聖人之道를 사적인 명리를 추구하는데 이용한다. 이를 향원鄕原이라 함. ❷순상보야順相保也 : 순리順理(하도원리河圖原理=합덕原理)로 서로 보존한다.

그러므로 구삼九三은 강위剛位에 있고, 정응正應관계가 없으니 조급히 움직이면 안된다는 것이다.[400]

[六四]는 鴻漸于木이니 或得其桷이면 无咎ㅣ리라. (天山遯)
육사 홍점우목 혹득기각 무구 천산돈

象曰, 或得其桷은 順以巽也이니라.
상왈 혹득기각 순이손야

○ 鴻(큰 기러기 홍) 漸(점점 점) 木(나무 목) 得(얻을 득) 桷(서까래 각, 가로 뻗은 가지 각)

육사六四는 기러기가 나무로 날아감이니, 혹 편안한 가지를 얻는다면 허물이 없느니라.
상象에 이르기를, '혹 편안한 가지를 얻는다.'는 것은 순종順從으로써 겸손함이니라.

개요概要

육사六四는 나무위에 나아가 있다. 기러기는 수조水鳥이라 나무위가 불편하다. 그러나 노력의 여하에 따라 득각得桷을 하면 편안할수 있다.

각설[401]

홍점우목鴻漸于木 기러기가 나무에 앉아 있는데 불안·불편하여 피곤하

---

400 『주역절중周易折中』에서는 "오직 근신하여 스스로를 지켜 바깥에서 오는 도적이 타지 못하게 만들면 과강한 잘못을 구하여 이로울수 있다.(惟能謹愼自守, 使寇无所乘, 則可以救其過剛之失而利)"라고 하였다.

401 (觀中) 각桷은 석가래 각, 목木(목성木星)+각角=각桷, 점괘漸卦의 주효主爻는 사효四爻이다. 홍鴻(=간艮)점우목漸于木(=손巽)은 바로 풍산점괘風山漸卦를 말한다. ❶'혹득기각或得其桷' 혹이 그 각桷을 얻게 해 주었다. 혹或은 인간이 아니다. 신(하늘)을 상징한다. 득得을 군자가 자각했다는 의미가 아니다. 그렇다면 혹或자를 쓸 필요가 없을 것이다. 혹或이 군자로 하여금 각桷의 원리原理를 자각하게 해 주었다는 의미다. 각桷은 안식처이며, 남자를 얻기 위해서는 호돈好遯해야 한다. ❷'순이손順以巽'은 풍지관風地觀(성인聖人의 말씀), 그런데 점괘漸卦에는 지地가 없다. 관천지신도觀天之神道의 원리를 군자가 깨달은 것이다.

다. 왜냐하면 기러기는 수조水鳥로 발에 갈귀가 달려있어 나뭇가지는 불편하기 때문이다.

혹득기각或得其桷 구삼九三은 육사六四에게 양강陽剛의 서가래의 역할을 해준다. 혹或이 그 각桷을 얻게 해 주었다. 혹或은 하늘을 상징한다. 그러므로 하늘이 군자로 하여금 각桷의 원리를 자각하게 함을 얻었다는 의미이다.

소상사小象辭

순이손야順以巽也 중도中道에 순종하고 겸손하게 받아드렸다는 말이다. 즉 '겸손하고 기쁨으로 행하면 마침내 형통하다는 것(巽而說行 乃亨也)'을 의미한다.
손 이 열 행 내 형 야

[九五]는 鴻漸于陵이니 婦ㅣ 三歲를 不孕하나
구 오 홍 점 우 릉 부 삼 세 불 잉

終莫之勝이라 吉하리라.
종 막 지 승 길

(重山艮)
중 산 간

象曰, 終莫之勝吉은 得所願也이니라.
상 왈 종 막 지 승 길 득 소 원 야

❍ 鴻(큰 기러기 홍) 漸(점점 점) 陵(큰 언덕 릉{능}) 婦(며느리 부) 歲(해 세) 孕(아이 밸 잉) 終(끝날 종) 莫(없을 막{저물 모, 고요할 맥}) 勝(이길 승) 願(원할 원)

구오九五는 기러기가 언덕으로 날아감이니, 아내가 삼년이 되어도 아이를 잉태하지 못하나, 마침내 이것을 이길 수 없을 것이라. 길하리라.

상象에 이르기를, '마침내 이것을 이길 수 없을 것이라. 길하다.'는 것은 원하는 바를 얻음이니라.

개요概要

구오九五는 강건정위剛健正位·득중得中한 효爻로 언덕위에 나가 있다.

각설

홍점우릉鴻漸于陵 외괘外卦인 손巽(☴)도 높은 곳인데, 구오九五가 동動하여 간艮(산山)이 되었으니 '언덕(능陵)'이다. 인사적으로 왕실王室이나 귀한 집으로 시집감을 의미한다.

종막지승終莫之勝 길吉 육사六四와 구삼九三이 구오九五를 이기지 못한다는 것이다. 성인지도를 이기지 못한다는 말이다.

부삼세불잉婦三歲不孕 육이六二는 육사六四와 구삼九三이 가로막고 있어 오랫동안 수태受胎를 못하다가 마침내, 정응正應인 구오九五와 응應하여 잉태孕胎하게 되었다는 것이다. 그러므로 소인지도小人之道는 군자지도를 이길 수가 없다는 것이다.

소상사小象辭

득소원야得所願也 육이六二와 구오九五가 응應하여 잉태孕胎하여 원하는 바를 얻어 소원을 이루었다는 것이다.[402]

[上九]는 鴻漸于陸이니
상구 홍점우륙

其羽ㅣ 可用爲儀니 吉하니라. (水山蹇)
기우 가용위의 길 수산건

象曰, 其羽可用爲儀吉은 不可亂也이니라.
상왈 기우가용위의길 불가난야

○ 陸(한길 규, 뭍 륙{육}) 羽(기러기 우, 깃 우) 儀(거동 의, 예의 의) 亂(어지러울 난)

402 『구약성서舊約聖書』, 「잠언서箴言書」 24:1 "악인惡人의 형통亨通함을 부러워하지 말며, 그와 함께 있으려고 하지도 말지어다."라고 하였다.

상구上九는 기러기가 하늘로 날아감이니, 그 날개를 가히 의식에 쓸 수 있을 것이니, 길하니라.
상象에 이르기를, '그 깃은 의식에 쓸 수 있을 것이니, 길하다.'는 것은 가히 어지럽힐 수 없음이니라.

개요概要

상구上九는 기러기 무리처럼 질서있고 바르게 나아간다.

각설

홍점우륙鴻漸于陸 뭍(육陸)은 한길 규逵의 의미로써 기러기가 날아다니는 길을 말한다.(운로雲露)

기우其羽 가용위의可用爲儀 기러기가 창공을 날아 이탈함이 없이 질서정연하다는 것이다. 육효六爻의 여섯 단계를 거쳐 날아간다는 것이다. 그러므로 도통의 경지를 말한다고 할 수 있다. 우羽은 십수원리十數原理이다. 십수원리十數原理가 드리워져서 군자가 역도易道를 깨닫고, 후천后天으로 간다는 것이다.(선후천변화先后天變化)

소상사小象辭

불가난야不可亂也 ❶지어지선止於至善을 말한다. 점괘漸卦의 점진漸進의 도道를 말한다. 기러기가 시의時宜에 따라 점진漸進하는 형상을 말한다. ❷인간사는 점漸으로 시작하여 이루어진다.[403]

403 초효初爻에서 상효上爻까지 기러기가 날아서 물가, 바위, 산릉, 나무, 언덕, 높은 하늘로, 저低에서 고高로, 근近에서 원遠으로 질서정연하게 나아감을 말한다.

✐ 점괘漸卦는 단계적인 점진漸進의 도道를 말한다.

점漸이란 바름(정貞)을 가지고 점진적으로 나아가는 것이다. 즉 늦더라도 올바르게 나아감을 원칙으로 삼고 있다. 또한 육효사六爻辭에서는 먼저, 기러기를 비유하며 점진적으로 가까운 곳에서 먼 곳으로 나아감을 상징하고 있다.

다음으로 여자가 출가하는 것을 비유하여 예禮를 갖추고 단계적으로 합해야 함을 말한다. 그러므로 군자는 어진 덕에 머물면서 풍속風俗을 점진적漸進的으로 선善하게 변화變化시키라고 말한다.

뇌택귀매괘

54.雷澤歸妹卦

風山漸卦 風山漸卦 澤雷隨卦 水火旣濟卦

도전괘
倒顚卦

뇌택귀매괘
雷澤歸妹卦

풍산점괘
風山漸卦

음양대응괘
陰陽對應卦

뇌택귀매괘
雷澤歸妹卦

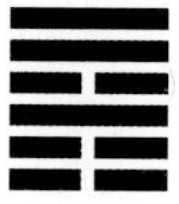

풍산점괘
風山漸卦

상하교역괘
上下交易卦

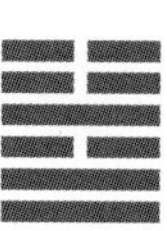

뇌택귀매괘
雷澤歸妹卦

택뢰수괘
澤雷隨卦

호괘
互卦

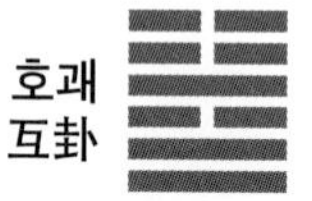

뇌택귀매괘
雷澤歸妹卦

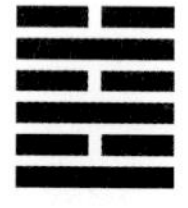

수화기제괘
水火旣濟卦

효변
爻變

뇌택귀매괘
雷澤歸妹卦

初爻變 而爲解卦	二爻變 而爲震卦	三爻變 而爲大壯卦	四爻變 而爲臨卦	五爻變 而爲兌卦	上爻變 而爲睽卦
뇌수해괘 雷水解卦	**중뢰진괘** 重雷震卦	**뇌천대장괘** 雷天大壯卦	**지택임괘** 地澤臨卦	**중택태괘** 重澤兌卦	**화택규괘** 火澤睽卦

요지要旨

괘명卦名 이 괘는 상진上震의 뢰雷(☳) + 하태下兌의 택澤(☱) = 뇌택귀매괘雷澤歸妹卦(䷵)이다.

괘의卦意 천도天道에 대한 군자君子의 도리道理를 자각, 합덕하는 계대원리繼代原理를 말한다. 인사적人事的으로 남녀男女관계, 부부夫婦관계를 말한다. 귀歸는 출가出嫁로 하여 시집을 가는 것이며, 군자君子는 시집을 가서 성인지도聖人之道에 따라야 길吉하다는 것이다.

괘서卦序 「서괘」에서 "점漸은 나아감이니 나아가면 반드시 돌아오는 바가 있으므로 귀매歸妹로써 받는다.(**漸者進也, 進必有所歸, 故受之以歸妹.**)"라고 하였다.
(점자진야 진필유소귀 고수지이귀매)

괘상卦象 하괘下卦의 소녀少女(군자君子)(☱)가 상괘上卦의 장남長男(☳)(성인聖人)을 따라가는 상象이다. 곤괘坤卦의 동북상붕東北喪朋의 이치理致가 있다. 시집간 여자(군자君子)에 대한 경계警戒로써 중정지도中正之道를 요구한다.

> **歸妹**는 **征**하면 **凶**하니 **无攸利**하니라.
> 귀매 정 흉 무유리

○ 歸(돌아갈 귀) 妹(누이 매) 征(칠 정) 攸(바 유)

귀매歸妹는 가면 흉凶하니, 이로운 바가 없느니라.

각설 [404]

---

404 (觀中) 점괘漸卦와 귀매괘歸妹卦는 군자君子와 성인聖人이 합덕하는 것을 표상하는 괘卦다. 성통聖統은 선천先天에 전개한다. 가인家人, 규睽, 건蹇, 해괘解卦와 밀접한 관련되어 있다. 점漸·귀매歸妹의 과정을 거쳐 가인家人·규睽·건蹇·해解의 역도易道가 드러나게 되어있다. 파능이괘跛能履卦로 문제를 제기하여, 귀매괘歸妹卦의 주효主爻는? 삼효三爻와 사효四爻,

귀매歸妹 정흉征凶 귀매歸妹는 여자가 시집을 가는 것이니, 부정不貞한 마음을 가지고 나아가면 흉凶하다는 것이다.[405] 일종의 경계사警戒辭이다.

귀매歸妹는 여자를 시집보내는 것은 첫째, 인간이 천도天道를 내재화內在化하는 것을 비유한 것이다. 둘째, 진태震兌합덕이다. 성인지도聖人之道, 부부지도夫婦之道, 군자지도를 행함이다. 셋째, 천상天上의 신랑新郎과 심성내면心性內面에서 합덕하는 것으로 볼 수 있다.

[彖曰] 歸妹는 天地之大義也ㅣ니
단왈 귀매 천지지대의야

天地不交而萬物이 不興하나니 歸妹는 人之終始也ㅣ라.
천지불교이만물 불흥 귀매 인지종시야

說以動하야 所歸ㅣ 妹也ㅣ니 征凶은 位不當也일새오
열이동 소귀 매야 정흉 위부당야

无攸利는 柔乘剛也이니라.
무유리 유승강야

○ 交(사귈 교) 萬(일만 만) 物(만물 물) 興(일 흥) 說(기꺼울 열) 動(움직일 동) 所(바 소) 歸(돌아갈 귀) 妹(누이 매) 征(칠 정) 乘(탈 승) 剛(굳셀 강)

단彖에 이르기를, 귀매歸妹는 천지天地의 큰 의리이니, 천지天地가 교접하지

점괘漸卦는 간괘艮卦가 주효主卦이고, 귀매괘歸妹卦는 태괘兌卦가 주효主卦다. 귀매괘歸妹卦의 주효主爻의 뜻은 상효上爻 효사爻辭로 표현이 되어있다. 상효上爻는 삼효三爻와 음양대응관계陰陽對應關係에 있다. 천天·지地·인人 삼재三才의 원리를 종합적으로 점漸·귀매괘歸妹卦가 표상된다. 신랑신부新郎新婦가 잠자리를 같이 하는 원리에 비겨 천天·지地·인人 삼재三才 합덕원리를 직접 표상하는 것이 가인괘家人卦와 뇌수해괘雷水解卦이다. 소과괘小過卦의 잡괘雜卦로 나가있다. 이는 나갈 때가 아니고, 가인家人·규睽·건蹇·해解때에 가야 행할 수 있다. '무유리无攸利' 상효上爻에 나온다.

405 '공영달'은 『주역정의周易正義』에서 "나아가면 흉凶하니, 이로움이 없다고 하는 것은 귀매괘를 경계하는 말이다(정흉征凶, 무수리자無脩利者, 귀매지계야歸妹之戒也) 이는 시집을 가는 군자가 성인지도聖人之道를 따라야 길吉함을 경계하는 말이다."라고 하였다.

않으면 만물萬物이 흥할 수 없나니, 귀매歸妹는 사람의 마침과 시작이다. (여자가) 기뻐하여 (남자를) 움직이는 것은 시집가는 바가 매이니, '가면 흉凶하다.'는 것은 위位가 부당하기 때문이오. '이로운 것이 없다.'는 것은 유柔가 강剛을 탐이니라.

각설[406]

천지지대의야天地之大義也 남녀男女 혼인婚姻은 인륜지사人倫之事의 상도常道이며, 천지정의天地定義이다. 그러므로 부정不貞을 경계하고 정도正道로써 행行한다는 것이다. 음양陰陽합덕원리, 선후천원리先后天原理를 귀매歸妹에 비유하고 있다.

인지종시야人之終始也 사람의 종시終始란 여자가 시집을 감은 처녀로 마지막(종終)이요, 부인으로 시작(시始)을 의미한다.[407]

위부당야位不當也 초효初爻와 상효上爻를 제외한 나머지 괘卦가 모두 부정위不正位이다. 이것은 성인聖人 군자지도君子之道 합덕의 방법과 시기에 대한 언급이라고 할 수 있다.

유승강야柔乘剛也 육삼六三이 구이九二를, 육오六五가 구사九四를 타고 있다. 이것은 태소녀兌少女가 가진 정열이 도度가 넘치고 있음을 말하고 있다.

---

406 (觀中) ❶귀매歸妹 천지지대의야天地之大義也 : 풍화가인괘風火家人卦에도 나온다. 무엇으로 천지지대의天地之大義가 서는가? 역도易道로 천지天地를 세우고 있는 것이다. 천지비天地否 오효五爻에서부터 대의大義가 드러나기 시작한다. ❷인지종시야人之終始也 : 사람에 있어서 알파요, 오메가다. 인人은 남녀男女를 통칭한 것이다. 만물을 홍작興作이란 천지天地의 대의大義를 인류 역사속에 구현시키기 위해 성인聖人·군자가 합덕을 말한다. ❸열이동說以動소귀매야所歸妹也 : 열說(=태兌)이동以動(=진震), 우귀于歸해야할 사람은 매妹다(태괘兌卦). 혼인에 있어 규수가 주인이다. ❹정흉위부당야征凶位不當也, 무유리유승강야无攸利柔乘剛也 : 정흉征凶은 위부당야位不當也은 시간성時間性에 근거한 말이다. 시의時宜에 맞지 않는 행동行動은 재앙災殃을 초래하며, '무유리无攸利는 유승강柔乘剛 가치적價値的 관념觀念이다. 유승강柔乘剛이란 천도天道를 무시하는 것이다.

407 『주역』, 「잡괘」편, "귀매歸妹 여지종야女之終也"

[象曰] 澤上有雷ㅣ 歸妹니
상왈 택상유뢰 귀매

君子ㅣ 以하야 永終하야 知敝하나니라.
군자 이 영종 지폐

○ 澤(못 택) 雷(우레 뢰{뇌}) 歸(돌아갈 귀) 妹(누이 매) 敝(가려질 폐, 해질 폐, 깨질 폐)

상象에 이르기를, 못(택澤) 위에 우레(뢰雷)가 있는 것이 귀매歸妹이니, 군자는 이로써 영구히 끝을 맺어서 가려짐을 아는 것이라.

각설 [408]

영종지폐永終知敝 영종永終은 성인聖人·군자지도가 영원한 것처럼, 부부夫婦가 백년해로하는 항구恒久之道를 말한다. 지폐知敝는 ❶부부夫婦가 정도正道로 일관해야하나, 부정不貞한 것이 있다면 마음이 가려진다(폐敝). 이것을 아는 것이 지폐知敝이다. 영종永終을 위한 경계사이다. ❷미리 폐단이 생김을 알고 미리 예방한다는 것이다. 인사적으로는 부부지도이요, 도학적道學的으로는 성인·군자지도를 말한다.

[初九]는 歸妹以娣니 跛能履라 征이라도 吉하리라. (雷水解)
초구 귀매이제 파능리 정 길 뇌수해

象曰, 歸妹以娣는 以恒也일새오 跛能履吉은 相承也이니라.
상왈 귀매이제 이항야 파능리길 상승야

○ 歸(시집갈 귀) 妹(누이 매) 娣(하님 제, 여동생 제) 跛(절뚝발이 파) 能(능할 능) 履(밟을 리{이}) 征(칠 정=진進) 吉(길할 길) 相(서로 상) 承(받들 승)

---

408 (觀中) 성인聖人·군자합덕원리는 영종원리永終原理이다. 길이 유종有終, 곤괘坤卦, 「문언文言」에서 "용육영정用六永貞은 이대以大로 종야終也"라고 하였다.
영종永終 : 항구지도恒久之道, 새로운 삶, 대명종시大明終始의 자각自覺이다.

초구初九는 누이의 시집을 하님(계집종)으로써 함이니, 절름발이도 걸을 수 있음이라, 가면 길하리라.
상象에 이르기를, '시집을 하님으로써 함'은 항상恒常하기 위한 것이오. '절름발이도 걸을 수 있으니 길하다.'는 것은 서로가 잇기 위함이니라.

개요概要

초구初九는 정위正位로 겸손한 마음으로 검소하게 시집을 간다. 이 때는 음양을 구분하지 않고 모두 여자(군자)로 본다.

각설[409]

귀매이제歸妹以娣 처녀가 시집을 갈 때 하님(계집종의 높임말)(하님娣=잉첩(媵妾))을 데리고 간다는 것이다.[410]
파능리跛能履 정길征吉 하님(계집종)의 도움을 받으니, 가면 길吉하다는 것이다.

소상사小象辭

---

409 (觀中) 천賤한 여자가 아니다. "양반집 규수가 양반집 신랑과 혼사를 정定했다가 그 신랑이 결함이 있다고 하여 종從으로 데리고 갔던 계집종을 대신 시집보냈다."고 하는 것이 종래의 주석註釋이다. '파능리跛能履'는 천택이괘天澤離卦가 아니고, 수산건괘水山蹇卦이다. 제을귀매帝乙歸妹란, 제을帝乙이 누이동생을 시집보내는 것이다. 손아래 누이 매, 처녀가 시집을 갈 때 따라가는 계집종(하님娣) '이항야以恒也'의 항괘恒卦를 가리키며, 항도恒道(부부지도夫婦之道=가인家人, 성인지도聖人之道)를 이용利用한다는 말이다. '상승야相承也'(간태艮兌가 합덕이 되어 성인聖人·군자지도가 행해지게 된다.) 란 도와줄 사람이 있다. 초효初爻가 양효陽爻이니까 초효初爻가 와서 도와줄 던 계집 나 혼자만이 성인지도聖人之道를 이어받드는 것이 아니다. 혼인한 다음에 아내와 더불어 조상을 받든다. 왜 '정征이라도 길吉'이라 했는가? 초효初爻가 동動하면 뇌수해雷水解가 되기 때문 뇌수해괘雷水解卦 도수度數는 사효四爻에 가서야 패도覇道를 완전히 해소시킬 수 있는 군자지도가 행해지게 된다.

410 잉첩媵妾과 개제介娣 비교 : 하님은 잉첩媵妾으로 계집종이고, 제娣(여동생 제, 손아래 동서 제)는 여동생으로 개제介娣라고 하여 정부인인 언니와 함께 첩으로 같이 시집을 가는 고대 중국의 풍습이었다.

이항야以恒也 성인지도聖人之道, 부부지도夫婦之道의 항도恒道로써 시집살이를 잘하기 위함이다.

상승야相承也 신부新婦의 덕德(군자지도)으로 백년해로(항구지도恒久之道) 하여 시집의 가통家統(성인지도聖人之道)을 계승한다. 상승相承은 진태震兌합덕이며, 군자지도의 덕德으로 항구지도恒久之道하여 성인지도聖人之道를 계승繼承한다는 것이다.

[九二]는 眇能視니 利幽人之貞하니라. 구이 묘능시 이유인지정	(重雷震) 중뢰진
象曰, 利幽人之貞은 **未變常也**이니라. 상왈 이유인지정 미변상야	

○ 眇(애꾸눈 묘) 能(능할 능) 視(볼 시) 利(이로울 리{이}) 幽(그윽할 유) 人(사람 인) 之(갈 지) 貞(곧을 정) 未(아닐 미) 變(변할 변) 常(항상 상)

구이九二는 애꾸눈으로 능히 보니, 은자隱者의 곧음이 이롭다 하니라.

상象에 이르기를, '은자의 곧음이 이로울 것이다'는 것은 상도常道를 변치 않음이니라.

개요概要

구이九二는 부정위不正位·득중得中한 효爻로 성인지도를 바르게 실천해야 한다.

각설 [411]

---

411 (觀中) 돌아간 성인聖人이 밝혀 놓은 정도貞道이다. 유인幽人은 무엇인가? 군자의 입장에서는 탯집속에 들어가 있는 아이, 즉 군자가 산골짜기 속에 묻혀 있는 군자, 성덕成德이 되기 이전의 군자를 말한다. 중풍손괘重風巽卦, 초육初六, 진퇴進退, 이무인지정利武人之貞이라 했다. 유인幽人은 여기서는 살아있는 사람이 아니다. '묘능시眇能視'는 규괘睽卦를 가리킨다.

묘능시眇能視 하님(성인聖人·군자지도君子之道)의 도움으로 애꾸눈, 당달봉사도 능히 볼 수 있다.

이유인지정利幽人之貞 유인幽人처럼 은밀하고 바르게 하면 이롭다는 것이다. 동북상붕東北喪朋원리, 시집간 여자는 너무 날뛰지 말고 성덕成德이전以前의 군자인 유인幽人처럼 하라는 것이다.

소상사小象辭

미변상야未變常也 가도家道에 순응하는 본연의 상도常道에 벗어나지 않았다는 것이다. 구이九二에게도 상도尙道가 필요하다는 것이다.

[六三]은 **歸妹以須**ㅣ니 **反歸以娣**니라. (雷天大壯)
육삼 귀매이수 반귀이제 뇌천대장

象曰, 歸妹以須는 **未當也**이니라.
상왈 귀매이수 미당야

○ 歸(돌아갈 귀) 妹(누이 매) 以(써 이) 須(천할 수, 기다릴 수, 모름지기 수) 反(되돌릴 반) 娣(하님 제, 여동생 제) 當(당할 당)

육삼六三은 누이동생을 시집보내는데 기다려야 함이니, 되돌아가서 하님(잉첩)으로써 시집을 감이니라.

상象에 이르기를, '누이동생을 시집보내는데 기다린다.'는 것은 마땅치 않음이니라.

개요概要

육삼六三은 부정위不正位·과중過中한 효爻이다. 그러므로 적절한 때를 기다

'미변상未變常' 변變할 수 없는 진리眞理이다.

려야 한다.

각설[412]

귀매이수歸妹以須 수須(기다릴 수)는 남자가 통혼해 올 때를 기다리라는 말이다. 군자가 성인聖人보다 앞질러 가면 안 된다는 것이다. 즉 소녀가 시집갈 수 있도록 기다려야 한다는 것이다. 남행男行(천도운행)을 기다려 군자지도를 행해야 한다는 것이다.

반귀이제反歸以娣 되돌아가 잉첩으로 누이동생을 시집 보낸다는 것은 소녀가 자라서 시집갈 만큼 적령기가 되었다는 말이다. 그러나 시집갈 곳이 없다.

소상사小象辭[413]

미당야未當也 혼인을 하지 못하고 기다린다는 것은 서로가 마땅하지 않

---

412 (觀中) ❶귀매이수歸妹以須 : 과거에는 '수須'에 대하여 '천賤하다'라고 해석하였다. '기다리다'는 뜻으로 해석하지 않고 있다. 남행男行(천도天道의 운행, 남자男子의 통혼通婚을 기다려야 한다.)을 기다려 군자는 도道를 행해야 한다(시집을 가야한다.). 즉 군자는 '후천이봉천시後天而奉天時'해야 한다. 선천先天해서는 안 된다. 천도天道보다 앞질러 나가서는 안 된다. 천도天道운행에 뒤따라가야 한다. 무슨 때를 기다리는가? 하늘의 입장에서는 인간이 성도성덕成道盛德될 때를 기다리는 것이다. 인간의 입장에서는 무엇을 기다리는가? ❷반귀이제反歸以娣 : 누이동생 '제娣' 자字이다. 수須는 남자가 통혼해 올 때를 기다리라는 말이다. 때를 기다려서 여자는 시집을 가야 하는데, '귀매이수歸妹以須, 반귀이제反歸以娣'에 대한 과거의 주석註釋은 ①천한 여자를 의미한다고 했다. ②귀한 집 처녀가 시종을 대신 시집을 보냈다고 했다. 괘卦로는 태괘兌卦를 말하는 것이다. 점괘漸卦의 손괘巽卦(장녀괘長女卦)를 둘러놓으면 소녀괘少女卦인 태괘兌卦가 된다. 따라서 '반귀이제反歸以娣'라고 한 것은 소녀가 자라서 시집갈 만큼 적령기가 되도록 자랐다는 말이다. 자字란 태괘兌卦로 시집간다는 말이다. 태소녀兌少女가 다 자라 가지고 무엇으로 시집가는가? 뇌택귀매雷澤歸妹, 태兌로 시집간다. 이에 간태艮兌합덕괘는 산택손괘山澤損卦요, 택산함괘澤山咸卦이다. 이것이 소남소녀少男少女음양합덕괘다. 왜 택산함괘澤山咸卦가 하경下經 첫머리에 등장하게 되었는가? 택산함괘澤山咸卦가 시집을 가서 무엇이 되는가? 택산함괘澤山咸卦를 둘러놓으면 무엇이 되는가? 뇌풍항괘雷風恒卦가 된다. 장남장녀괘長男長女卦가 된다. 즉 부부夫婦가 된다라는 말이다. 초효初爻의 귀매이제歸妹以娣의 제娣가 삼효三爻까지 이어짐. '반反'이란 낙서洛書에서 하도河圖로 돌이킨다.

413 (觀中) 시기가 아직 안되었다. 기다리라는 말이다. 이에 3효에 이런 말씀을 하게 된 것이다. 왜냐하면 3효는 선천적先天的 시위를 표상하는 효이기 때문이다.

기 때문이다.[414]

[九四]는 歸妹愆期니 遲歸 | 有時니라. (地澤臨)
구사 귀매건기 지귀 유시 지택임

象曰, 愆期之志는 有待而行也이니라.
상왈 건기지지 유대이행야

○ 歸(돌아갈 귀) 妹(누이 매) 愆(늦출 건, 정성 건, 허물 건) 期(기약할 기) 遲(늦을 지) 有(있을 유) 待(기다릴 대) 行(갈 행)

구사九四는 시집가는 시기時期가 늦추어짐이니, 늦게 보냄은 (시집갈) 때가 있음이니라.

상象에 이르기를, 시기를 늦추는 뜻은 (마땅한 사람을) 기다리고 있다가 행함이니라.

개요概要

구사효九四爻는 부정위不正位로 시의성時宜性을 기다리는 것이다.

각설[415]

414『이천역전』에서는 "마땅하지 않다는 것은 처지와 덕德과 시집감을 구하는 방법이 모두 마땅하지 않은 것이다. 그러므로 취하는 자가 없으니, 이 때문에 기다리는 것이다.(未當者, 其處, 其德, 其求歸之道, 皆不當, 故无取之者, 所以須也.)"라고 하였다.

415 (觀中) ❶귀매건기歸妹愆期 : 시집갈 때가 지난 것처럼 느낀다. 뇌택귀매괘雷澤歸妹卦 4효가 동動하면 지택림괘地澤臨卦가 된다. '건기愆期'란 정한 시간이 연기되어 나간다는 말이다. 이에 뒤이어 '지귀유시遲歸有時'(시기가 늦추어진다. 물려나간다는 말이다.)라고 한 것이다. 약속한 예정된 때가 지났다는 말이다. 지나간 것이 아니다. 물려나간 것이다. 이에 뒤이어 '지귀유시遲歸有時'(혼인婚姻날짜가 지연되어 나간 것이다.)라고 한 것이다. 귀매歸妹의 매妹는 시집안 간 처녀를 상징하는 매妹 자字이다. ❷처녀 시집가는 일에 비유하여 무엇을 말하고자 하는 것인가? 신인神人합덕원리를 설명하기 위해서이다. 군자와 백성들의 인격적 합심을 말한다. 남녀구정원리에다가 비겨 가지고 상징적으로 표현한 것이다. 늦게 시집간다고 해도 때가 있는 것이다. 우주의 역사를 인간이 자꾸 물려(앞으로 밀려 내고 있다. 인간이 성덕成德이 안 되었기 때문이다) 놓고 있는 것이다. ❸때가 지나간 것처럼 느껴지는데 아니다. 지연된 것 같지만 바로 그 때가 적기다. 시의성時宜性에 적중하는 때다. '유시有時'란 말은 산택손괘山澤損卦 「단사彖辭」에 두 번 거푸 나오고, 귀매괘歸妹卦 사효四爻등 총 3회만이 나온다. 이 효爻의 뜻은 '지임至臨'이다(때가 이르렀다.). 귀매괘歸妹卦 사효四爻는 초효初爻와 대응

귀매건기歸妹愆期 지귀유시遲歸有時 좋은 배필이 없어서 혼인이 늦추어짐을 말한다. 기다림에 있어서 때가 있다는 것이다. 삼효三爻는 시집 갈 곳이 없고, 사효四爻는 시집을 안 가는 것이다.

소상사小象辭[416]

유대이행야有待而行也 시집을 못가는 것이 아니라 안 가는 것이다. 기다렸다가 알맞은 사람과 혼인하려는 것이다.

[六五]는 帝乙歸妹니 其君之袂ㅣ
육오 제을귀매 기군지몌

不如其娣之袂ㅣ 良하니 月幾望이면 吉하리라. (重澤兌)
불여기제지몌 양 월기망 길 중택태

象曰, 帝乙歸妹不如其娣之袂良也는
상왈 제을귀매불여기제지몌양야

其位在中하야 以貴行이니라.
기위재중 이귀행

○ 帝(임금 제) 乙(새 을) 歸(돌아갈 귀) 妹(누이 매) 娣(여동생 제) 袂(차림새 몌) 良(좋을 량{양}) 幾(거의 기) 望(바랄 망) 袂(소매 몌) 貴(귀할 귀)

육오六五는 제을(임금)이 누이동생을 시집보냄이니, 그 임금의 차림새가 잉첩(하님, 여동생)의 차림새보다 좋지 못하니, 달이 보름에 가까우니 길하리라.

상象에 이르기를, '제을이 누이동생을 시집보내는데, 그 임금의 차림새가 잉첩(하님, 여동생)의 차림새만큼 좋지 못하다.'는 것은 그 자리가 중中에 있다

관계에 있다. 이효二爻, 묘능시眇能視(화택규火澤睽), 초효初爻, 파능리跛能履(수산건水山蹇). 규괘睽卦는 신인神人합덕원리(천인天人합덕원리)를 말한다. 화택규괘火澤睽卦가 지천태괘地天泰卦이다. 태괘泰卦의 원리가 구체적으로 나타나는 시위성時位性이다.)이다. 괘卦가 화택규괘火澤睽卦요, 수산건괘水山蹇卦이다. 가인家人·규睽·건蹇·해解도수'이다. (후천后天을 구분. 시간적 경계선) 천지제天地際이다.

416 (觀中) 점괘漸卦의 신랑이 장가오는 것을 기다려 여자가 시집을 간다.

하야 귀함으로써 행함이니라.

개요概要

육오六五는 부정위不正位이나 득중得中한 효爻이다. 자만하지 말고 유순柔順하면 길吉하다는 것이다.

각설 [417]

제을귀매帝乙歸妹 갑甲은 양陽 · 남자男子이고, 을乙은 음陰 · 여자女子이다. 그러므로 제을帝乙은 공주로 임금의 둘째 딸, 둘째 누이동생이라고 할 수 있다. 일설一說에는 제을帝乙은 은殷나라 주왕紂王의 부왕父王이라고

---

417 (觀中) ❶제을귀매帝乙歸妹 기군지메불여기제지메其君之袂不如其娣之袂 : 임금의 옷 소매가 막내 여동생의 옷소매만 못하다. 군자지도가 성인지도聖人之道보다 찬란하게 드러난다는 말이다. '기군지메其君之袂'는 성인지도聖人之道를 상징한다. 기군지메其君之袂? 제을帝乙은 선왕先王을 의미한다. 괘효卦爻를 그은 것은 후세군자에게 왕천하지도王天下之道를 밝히기 위해서다. 제을帝乙(선왕先王)귀매歸妹(군자君子), 기제其娣는 시집가는 제을帝乙의 누이동생, 메袂는 옷깃, 소매로 해석한다. ❷양良 : 제수가 시집올 때보다도 더 초라하게 누이를 시집보내는 것이다. '막내딸 제'字이다. '메袂'(메)란 옷을 말한다. 예禮는 사람에 있어서 옷과 같은 것이다. 제娣는 천한 계집아이가 아니다. 문자 그대로 '소녀少女다.'라는 말이다. 즉 소녀少女가 자라서 시집을 간다는 말이다. 손괘巽卦가 장녀長女라면 소녀少女는 태괘兌卦다. 그러니까 뇌택귀매雷澤歸妹다. 태괘兌卦가 시집을 간다는 말이다. 때를 언제까지 기다렸는가? 남자가 통혼해 올 때까지 기다린 것이다. 이에 풍산점괘風山漸卦에 "여귀대남행야女歸待男行也"(잡괘雜卦)라고 한 것이다. ❸여귀대남행女歸待男行이란? 무엇을 말하는가? 인간인 남자를 의미하는 것이 아니다. 인간의 입장에서는 천도天道의 운행을 기다린다는 말이다. 남南은 양陽, 즉 태양지정太陽之政을 상징한다. 귀매괘歸妹卦의 여자는 무엇을 상징하는가? 사람(군자)을 상징한다. 인간이 성도성덕成道成德될 때까지 하늘의 입장에서는 기다리는 것이다. 하늘은 인간의 성덕成道를 기다린다. 하늘과 인간이 서로 기다리는 것이다. 이에 택뢰수괘澤雷隨卦는 인간이 성도성덕成道成德될 때까지를 기다려 가지고 여자와 혼인하라는 말이다. 이에 "수시지의대의재隨時之義大矣哉"라고 한 것이다. "시집가는 누이동생의 옷깃의 호화찬란함 아름다움만도 못하다." ❹월기망月幾望 : 종전의 주석은 "달이 거의 보름이 되었다."라고 주석했다. 음양陰陽합덕, 일월역수日月曆數에 있어서 음양력陰陽曆이 합덕되는 원리를 말하는 것이다. '이미 기幾' 자字가 아니다. '거의 기幾' 자字이다. 달이 거의 보름(天心月)이 되었다고 하는 것은 무엇을 말하는가? 물리적 존재로서의 내가 의심하고 있는 문제를 달의 형체에 비겨 가지고 도덕원리를 판단해 놓은 것이다. 도덕원리를 밝히자니까 군자와 소인지도小人之道로 구분하여 설명하지 않을수 없다. 도덕원리는 성명원리요, 인격성의, 도덕원리는 인위적 규정에 의한 규범적인 것이 아닐 천지天地도수度數에 의하여 규정되어진 원리를 말한다. 월기망月幾望의 어떤 원리를 깨달아야 하는가? 선천先天 도수度數가 궁극지경에 이르게 됨을 깨달아야 한다.

도 한다.

기군지메其君之袂 임금이나 왕녀의 차림새를 의미하며, 성인지도聖人之道를 상징한다.

불여기제지메不如其娣之袂 임금이나 왕녀의 차림새가 초구初九 서민(하님, 잉녀)이 잘 차려 입은 것만 못하다는 것은 공주가 하가下嫁를 하면서 겸손함을 말한다. 그러므로 기제지메其娣之袂는 군자지도와 중덕中德으로 겸손함을 말한다.

월기망月幾望 길吉 덜 찬 보름달처럼 자만이나 교만함이 없이 겸손하면 좋다는 것이다.

소상사小象辭

기위재중其位在中 **이귀행야**以貴行也 임금 혹은 왕녀가 중용지도(성인聖人·군자지도)로 고귀하게 행동하기 때문이다.[418]

[上六]은 女ㅣ 承筐无實이라
상육 여 승광무실

士ㅣ 刲羊无血이니 无攸利하니라. (火澤睽)
사 규양무혈 무유리 화택규

象曰, 上六无實은 承虛筐也이니라.
상왈 상육무실 승허광야

○ 女(여자 여{녀}) 承(받들 승) 筐(광주리 광) 无(없을 무) 實(열매 실) 士(선비 사) 刲(찌를 규, 죽일 규, 베일 규) 羊(양 양) 无(없을 무) 血(피 혈) 虛(빌 허)

상육上六은 여자의 시집가는 광주리를 이어 받았으나 실實이 없고, 신랑이 양羊을 찔러 피가 없으니, 이로울 것이 없느니라.

418 (觀中) 종귀이행야從貴而行也, 신랑新郞과 합덕을 한다. 귀貴는 윗분을 가리킨다. 이귀하천대득민以貴下賤大得民이다.

상象에 이르기를, '상육上六에 실實이 없는 것'은 빈 광우리를 이어 받음이니라.

개요概要

상육上六은 성인지도聖人之道와 합덕合德이 이루어 지지 못했다.

각설[419]

여승광무실女承筐无實 사규양무혈士刲羊无血 총각이 신방新房에 들어가 신부와 합방을 했는데, 규수는 '승광무실承筐無實'이 되고, 신랑은 '규양무혈刲羊無血'(선비가 양을 찔렀는데 피가 나오지 않았다.)이다. 즉 아이를 잉태하지 못했다는 말을 비유해서 표현한 말이다. 그러므로 시집·장가갈 때를 기다리라는 것이다.[420] 여승광무실女承筐无實의 ❶광筐은 대나무로 만든 제수를 담는 광주리로 여자의 모든 것을 상징한다. ❷여자가 실물이 없는 광주리를 이어 받았다는 것이다. 사규양무혈士刲羊无血은 살아있는 양羊을 찔러 피가 나지 않음은 부정한 방법으로 인격적인(성인聖人 군자합덕, 천인天人합덕) 합덕이 이루어지지 않았음을 말한다. **무유리无攸利** 모두가 이로운 바가 없고 허사라는 것이다.

---

419 (觀中) ❶여승광무실女承筐无實 : 시집갈 때까지 기다리라는 것이다. ❷사규양무혈士刲羊无血 : 총각이 신방新房에 들어가 신부新婦와 합방을 했는데, 규수는 '승광무실承筐無實'이 되고, 신랑新郞은 '규양무혈刲羊無血'(선비가 양을 찔렀는데 피가 나오지 않았다)이다. 즉 아이를 잉태하지 못했다는 말이다. 빈 광우리를 이고 갔다. 광우리를 가득채워야 살림 잘하는 주부主婦이다. 시집간 여자가 생육生育을 못하는 여자는 승허광承虛筐이고, 남편의 입장에서는 '규양무혈刲羊無血'된 것이다. 그것과 같다는 말이다. 점漸·귀매歸妹될 때까지(시집가고 장가갈 때까지)기다리라는 것이다. 택산함괘澤山咸卦 사효四爻가 동動하면 수산건괘水山蹇卦가 된다. 규양刲羊을 했으면 유혈有血이 되어야 한다. "동동왕래憧憧往來 붕종이사朋從爾思"하던 것이 수산건괘水山蹇卦 5효에 '대건붕래大蹇朋來'라고 한 것이다. 붕우관계朋友關係는 믿음으로 맺어진다. 여자가 시집갈 때 빈 광우리를 이고 가서는 안 된다. 어떤 괘卦를 가리키는가? '승광무실承筐無實', 과果는 간괘艮卦다. 승광무실괘承筐有實卦는 화택규괘火澤睽卦다. 귀매괘歸妹卦의 상효上爻가 동動하면(음효陰爻가 양효陽爻로 변하면), '승허광承虛筐'은 소인지도小人之道이다. ❸규양무혈刲羊无血 : 인격적인 합덕이 안된다는 것이다.

420 이도평李道評은 『주역집해찬소』에서 "여자라고 말하거나, 남자(사士)라고 말하는 것은 아직은 부부가 되지 않았다는 것이다.(女曰, 男曰, 未成夫婦之事)"라고 하였다.

소상사小象辭

승허광야承虛筐也 시집간 여자가 생육生育을 못하는 것을 말한다.[421]

✐ 귀매괘歸妹卦는 천도天道에 대한 군자君子 도리道理의 자각自覺이다. 합덕合德을 여자가 출가出嫁하여 시집을 가는 것에 비유하여 설명하고 있다. 즉 군자君子가 시집을 가서 성인지도聖人之道에 따라야 길吉하다는 것이다.

여자(군자)를 시집보내는 것으로 첫째, 인간의 천인합일에 비유한 것이다. 둘째, 진태합덕震兌合德으로 성인지도聖人之道, 부부지도夫婦之道, 군자지도君子之道를 행함이다. 셋째, 천상天上의 신랑新郎과 심성내면心性內面에서 합덕合德하는 것으로 말하고 있다. 그리고 성인聖人·군자지도君子之道가 영원永遠한 것처럼, 부부夫婦가 백년해로百年偕老하는 항구지도恒久之道를 말한다.

---

421 『이천역전』에서는 "광주리에 담겨진 것이 없다면 이는 빈 광주리이니, 빈 광주리로 제사祭祀할 수 있겠는가. 이는 제사祭祀를 받들 수 없음을 말한 것이다. 여자女子가 제사祭祀를 받들 수 없다면 헤어지고 끊어야 할 뿐이니, 이는 여자女子가 시집감에 종終이 없는 것이다.(筐无實 是空筐也. 空筐可以祭乎, 言不可以奉祭祀也. 女不可以承祭祀, 則離絶而已, 是女歸之无終者也.)"라고 하였다.

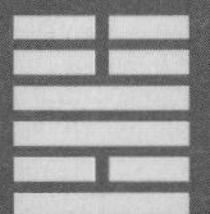

뇌 화 풍 괘
55.雷火豐卦

도전괘
倒顚卦

뇌화풍괘
雷火豐卦

화산여괘
火山旅卦

음양대응괘
陰陽對應卦

뇌화풍괘
雷火豐卦

풍수환괘
風水渙卦

상하교역괘
上下交易卦

뇌화풍괘
雷火豐卦

화뢰서합괘
火雷筮嗑卦

호괘
互卦

뇌화풍괘
雷火豐卦

택풍대과괘
澤風大過卦

효변 爻變	初爻變 而爲小過卦	二爻變 而爲大壯卦	三爻變 而爲震卦	四爻變 而爲明夷卦	五爻變 而爲革卦	上爻變 而爲離卦
뇌화풍괘 雷火豐卦	**뇌산소과괘** 雷山小過卦	**뇌천대장괘** 雷天大壯卦	**중뢰진괘** 重雷震卦	**지화명이괘** 地火明夷卦	**택화혁괘** 澤火革卦	**중화리괘** 重火離卦

요지要旨

괘명卦名 이 괘는 상진上震의 뢰雷(☳) + 하이下離의 화火(☲) = 뇌화풍괘雷火豐卦(䷶)이다.

괘의卦意 풍豐을 『설문해자』에서 예禮를 행하는 그릇인 두豆에 음식물이나 물건이 풍만한 것을 말한다. 또한 '풍豐'은 용기用器에 물건이 가득 찬 것이요, '만滿'은 물이 가득찬 것이다. 왕도정치의 측면에서 보면 밝은 지혜로 국민들을 살펴보면 정치의 결실이 풍성해진다는 것이다.

괘서卦序 「서괘」에서 "돌아갈 곳을 얻은 자는 반드시 커지므로 풍豐으로써 받았고(得其所歸者 必大, 故 受之以豐)"라고 하였다.
득 기 서 귀 자 필 대 고 수 지 이 풍

'豐者 大也'이며, 「잡괘雜卦」에서 '豐者 多故'라고 하여 풍豐은 번영·풍성·
풍 자 대 야 풍 자 다 고

성대함을 의미한다. 하지만 그 성대함은 영원한 것이 아니라 일시적, 상대적이라 희로애락의 연고가 많다.

괘상卦象 풍豐은 안을 밝고(리離) 밖으로는 움직이는(진震) 덕德이 있으므로, ❶밝은 지혜知慧 ❷진리로써 행하는 까닭에 풍성하게 된다. ❸밝은 지혜로 백성을 살펴보면 정치의 결실이 풍성하다는 것이다.

> **豐**은 亨하니 王이 假之하나니 勿憂인댄 宜日中이니라.
> 풍 형 왕 격지 물우 의일중

❍ 豐(풍성할 풍) 假(이를 격) 勿(말 물) 憂(근심할 우) 宜(마땅할 의)

풍豐은 형통亨通하니, 왕王만이 이에 이를 수 있다 하나니, 근심하지 말며, 해가 중천中天에 솟아 있는 것처럼 해야 하니라.

각설 422

422 (觀中) ❶「서괘」에서 풍豐은 대야大也, 「잡괘雜卦」에서는 다고多故 라고 하였다. 즉 대고大故다. 대大는 천도天道이다. 풍괘豐卦의 「잡괘雜卦」는 수천수괘水天需卦다. 천도天道가 운행運

풍형豊亨 풍豊은 천하天下를 밝혀서 사해四海에 그 이름이 진동震動하며, 만물萬物이 풍성豊盛하니 형통한 것이다

왕격지王假之 군자의 마음속에 성인지도聖人之道가 강림해 온다는 것이다. 지극함에 이른다는 것이다.

물우의일중勿憂宜日中 근심하지 말고 성인지도를 믿으면 해가 충천中天에 뜬 것 같이 밝게 되는 것이다. 즉 성인지도가 온 천하天下를 비춘다.

[彖曰] 豊은 大也ㅣ니 明以動이라
단왈 풍 대야 명이동

故로 豊이니 王假之는 尙大也일새오
고 풍 왕격지 상대야

勿憂宜日中은 宜照天下也이니라.
물우의일중 의조천하야

日中則昃하며 月盈則食하나니 天地盈虛도 與時消息이온
일중즉측 월영즉식 천지영허 여시소식

而況於人乎ㅣ며 況於鬼神乎여.
이황어인호 황어귀신호

❍ 明(밝을 명) 以(써 이) 動(움직일 동) 豊(풍성할 풍) 假(이를 격) 尙(숭상할 상) 勿(말 물) 憂(근심할 우)日(해 일) 中(가운데 중) 宜(마땅할 의) 照(비출 조) 昃(기울 측) 月(달 월) 盈(찰 영) 則(곧 즉) 食(월식 식,) 虛(빌 허) 與(줄 여) 時(때 시) 消(사라질 소) 息(살 식, 숨 쉴 식) 況(하물며 황) 鬼(귀신 귀) 神(귀신 신)

단彖에 이르기를, 풍豊은 성대한 것이니 밝음으로써 움직임이라, 이런 까닭에 풍豊이니, '왕王만이 이에 이를 수 있다.'는 것은 큰 것을 숭상함이오. '근심하지 않으려면 해가 중천에 솟아 있는 것처럼 해야 한다.'는 것은 천하를 고루 바꿈이니라. 해가 중천에 오르게 되면 기울고, 달이 차면 이지러지나니

行할 때를 기다려라. 즉 천시天時를 기다리라. ❷'왕격지王假之', 격假는 격格(올 격), 래來자와 같다. 군자의 마음속에 성인聖人의 뜻이 강림해 오신다. 그 때에 가서 성인聖人의 뜻이 감응感應이 되어온다. 그러므로 '물우의일중勿憂宜日中'이다.

하늘과 땅이 차고(영盈), 빔(허虛)이 때와 함께 사라지고, 숨을 쉬는데(살아나는데) 하물며 사람에 있어서며, 귀신鬼神에 있어서랴.

각설[423]

명이동明以動 밝은 지혜로써 행하기 때문에 풍豊이다.

왕격지王假之 왕이 이른다는 것은 곧 제출호진帝出乎震의 뜻이라 할 수 있다.

상대尙大 천지天地의 대도大道를 숭상崇尙, 천지변화원리天地變化原理이다.

의조천하야宜照天下也 하괘下卦의 이허중離虛中이 화취조火就燥하여 건乾으로 가고, 상괘上卦의 진하련震下連은 동성상응同聲相應하여 리離로 가면, 화천대유火天大有를 이루어 마땅히 천하天下를 고루 비추는 뜻이 있다.

일중즉측日中則昃 월영즉식月盈則食 해와 달도 차면 반드시 기우는 때가

---

423 (觀中) ❶「서괘」에 '풍자대야豊者大也'라 했다. '상대尙大'란 천하지대고원리天下之大故原理를 숭상하라는 말이다. 천지天地人 삼재지도三才之道가 성도成道합덕하기 위해서 나타나는 그 어려운 간난의 고비이다. 중수감괘重水坎卦에 "천험불가승야天險不可升也요 지험산천구능야地險山川丘陵也이니 왕공설험이수기국王公設險以守其國하나니 험지시용대의재險之時用大矣哉!"라고 했고, 수산건괘水山蹇卦에 "견험이능지見險而能止, 건지시용대의재蹇之時用大矣哉, 규지시용대의재睽之時用大矣哉"라고 풍자대야豊者大也이라. 뇌수해괘雷水解卦, 상효上爻에 '대시이동待時而動'고 하였다. 수산건괘水山蹇卦 상효上爻는 '대시이동待時而動하는 군자君子이라'. 상대천도尙大天道를 숭상한다. 하늘에 의해 나타나는 변화지고變化之故라. 인간의 잘못으로 나타나는 대고大故가 아니다. '명明(리괘離卦)이동以動(진괘震卦)이라 고故로 풍豐'은 괘명卦名을 확정풍자이유確定豊者理由를 설명한다. ❷물우의일중勿憂宜日中 의조천하야宜照天下也 : '물우의일중勿憂宜日中'이란 대낮(12시)이 된 것을 걱정하지 말라. 즉 선천도수先天度數에 극한지경까지 도달함. 한달 도수度數에 비기면 선보름도수度數가 14일까지 왔다는 의미다. 월기망月幾望이란 보름이 거의 거의 찼다는 의미이다. '의조천하宜照天下'의 조照는 중화리괘重火離卦「대상사」'계명조우사방繼明照于四方'에서 온 조照이다. ❸천지일월天地日月도 소식消息하는데 인간과 만물이 어떻게 여시소식與時消息하지 않겠는가? 일중칙측월영칙식日中則昃月盈則食 천지영허여시소식天地盈虛與時消息, 식食은 찼던 것이 비어지기 시작한다. 이황어인호而況於人乎는 가인괘家人卦, 황어귀신호況於鬼神乎는 화택규火澤睽. 천지天地는 건곤괘乾坤卦. 가인괘家人卦와 건곤괘乾坤卦 사이의 괘卦는 영허소식원리盈虛消息原理를 표상하는 괘卦임을 알 수있다. 역도易道란 영허소식원리盈虛消息原理이다. 영허소식盈虛消息을 나타내는 주체主體는 천지신인天地神人, 즉 천지天地와 성인聖人과 군자君子라는 말이다. ❹명이동明以動 : 밝음으로 천하를 진동, 화火는 내면의 밝음, 동動은 진괘震卦이다. ❺왕王 : 성인聖人

있듯이, 풍성함이 지극하다 보면 반드시 기울게 되는 때가 있다. 일월日月의 변화원리를 말한다.

천지영허天地盈虛 천지天地의 변화變化 원리原理이다. 즉 천지天地의 소식영허盈虛消息를 말한다.

[象曰] 雷電皆至ㅣ 豊이니 君子以하야 折獄致刑하나니라.
상왈 뇌전개지 풍 군자이 절옥치형

❍ 雷(우레 뇌{뢰}) 電(번개 전) 皆(다 개) 至(이를 지) 折(꺾을 절) 獄(옥 옥) 致(보낼 치) 刑(형벌 형)

상象에 이르기를, 우레와 번개가 모두 이르는 것이 풍豊이니, 군자는 이로써 옥사를 잘 처결하여 형벌을 집행하나니라.

각설 [424]

뇌전개지雷電皆至 뢰雷는 하늘의 위엄이며, 전電은 하늘이 밝게 빛남을 말한다. 우레와 번개가 함께 나타나는 것은 위엄과 밝음을 다 갖추니 풍豊이다.

절옥치형折獄致刑 천도天道에 입각하여 밝은 지혜와 위엄으로 옥사獄事를 공정公正하고, 형벌을 명백明白히(명明=절折) 집행한다는 것이다. 절옥折獄은 옥사를 다스리는 것이고, 치형致刑은 형벌을 사용하는 것이다.

424 (觀中) 왜 심판의 말이 나오는가를 생각해야 한다. 역도易道를 가지고 소인과 군자를 심판한 것이다. 절옥折獄(머리로 심판)은 리괘離卦에서 온 것이다. 치형致刑(진괘震卦, 치형致刑의 주체主體는 성인聖人이다.)이란 심판을 끝냈다는 말이다. 화뢰서합火雷噬嗑, 산화비山火賁와 관련된다. 화뢰서합火雷噬嗑, 「대상大象」에도 '뇌전雷電'이라 했다.

[初九]는 遇其配主호대 雖旬이나 无咎하니
초구 우기배주 수순 무구

往하면 有尙이리라. (雷山小過)
왕 유상 뇌산소과

象曰, 雖旬无咎는 過旬이면 災也이니라.
상왈 수순무구 과순 재야

○ 遇(만날 우) 配(아내 배) 雖(비록 수) 旬(열흘 순) 往(갈 왕) 尙(오히려 상)

초구初九는 그 짝이 되는 주인을 만나되, 비록 열흘이 걸리지만 허물이 없다 하니, 가면 숭상함이 있으리라.

상象에 이르기를, '비록 열흘이 걸리지만 허물이 없다는 것은 열흘을 지나면 재앙이니라.

개요概要

초구初九는 정위正位로 성인지도聖人之道와 만남이라 허물이 없다.

각설[425]

우기배주遇其配主 초구初九의 짝은 구사九四이나 같은 양陽이다. 그러나 둘 다 양강陽剛한 품성과 자질을 가진 사람들로 좋은 짝이 될 수 있다는 의

---

425 (觀中) 택화혁괘澤火革卦에서는 이일내부已日乃孚라 했다. 혁괘革卦의 기일己日이 뇌화풍괘雷火豊卦에서는 순旬자로 바뀐 것이다. 월기망月幾望이란 열흘이 지났다. 즉 기일도수己日度數에 거의 도달到達했다는 말. 천지역수원리天地曆數原理를 깨달으려고 하는 그 길을 따라 계속가라. 상尙(=상賞)은 가상할 만한 일이 있을 것이다. 왜 배주配主라고 했는가? 초효初爻가 동動하면 뇌산소과괘雷山小過卦가 되기 때문이다. 성인聖人과 군자가 만나는 원리가 소과괘小過卦로 표상한다. 군자가 역수원리曆數原理를 통하는 원리를 표상한다. 이에 새소리(하늘의 뜻=十數原理)가 아래로 내려온다고 한 것이다. 누가 내 귀에 새소리를 전했는가? 성인聖人이다. 소과괘小過卦의 진괘震卦는 성인聖人을 상징하고, 간괘艮卦는 군자를 상징한다. 풍택중부괘風澤中孚卦는 백성과 군자가 만나는 원리를 표상(신급돈어信及豚魚)한다. 동인괘同人卦의 '대사극상우大師克相遇'가 소과괘小過卦의 군자지도와 만나는 것이다.

미로 배주配主이다. 초효初爻가 동動하면 소과괘小過卦로 성인聖人과 군자가 만나는 원리를 표상한다.

수순무구雖旬无咎 열흘은 십수十數, 하도河圖, 천도天道를 의미한다. 그러므로 허물은 없다는 것이다.[426]

왕유상往有尙 천도天道에 의거하여 서로 도우면서 나아가니 그 의리義理가 숭상할만하다.

소상사小象辭[427]

과순재야過旬災也 천도天道를 지나치면 흉凶하게 된다는 것이다. 초구初九 자신을 먼저 내세운다는 것이다. 초효初爻의 효변爻變인 소과괘小過卦 초효初爻 "비위飛爲 이흉以凶"을 참고.

[六二]는 **豊其蔀**ㅣ라 **日中見斗**ㅣ니 **往**하면 **得疑疾**이나
육이 풍기부 일중견두 왕 득의질

有孚發若하면 **吉**하리라. (雷天大壯)
유부발약 길 뇌천대장

象曰, 有孚發若은 **信以發志也**이니라.
상왈 유부발약 신이발지야

○ 豊(풍성할 풍) 蔀(가릴 부, 오두막살이 부, 빈지문 부) 見(볼 견) 斗(별 두, 말 두) 往(갈 왕) 得(얻을 득) 疑(의심할 의) 疾(병 질) 有(있을 유) 孚(미쁠 부) 發(드러낼 발, 쏠 발) 若(같을 약) 信(믿을 신) 志(뜻 지)

육이六二는 그 오두막살이 집을 두껍게 가려져 있음이라, 낮에도 북두北斗를 보니, 가면 의심병을 얻게 됨이나, 믿음(진실함)이 있어 드러나면 길할 것

---

426 (집설) 「이천역전」과 「주역본의」에서는 '순旬'을 '균均'으로 균등하다로 해석하였다. '우번'과 '정현'은 '열흘'로 해석 하였다.

427 (觀中) 유부발약有孚發若이란 마음을 분발시키는 것(역을 공부하는 일). 심성 내면적 현상이므로 같을 약若자를 쓴다. 증마를 타고 나갈 수 있는 군자이다. '득의질得疑疾' 의심나는 일이 여러 번 있게 된다.

이니라.

상象에 이르기를, '믿음이 있어 발한다.'는 것은 믿음으로써 뜻을 드러내는 것이니라.

개요概要

육이六二는 정위正位·득중得中한 효爻로 인간의 교만을 버리고 성인지도聖人之道를 믿고 순종하면 길하다.

각설

풍기부豊其蔀 집을 햇빛이 들지 않도록 인욕과 교만한 마음으로 풍요함을 가린다는 것이다.

일중견두日中見斗 풍기부豊其蔀이니 북두北斗를 볼 수 있다. 가려짐은 고난과 시련이지만 그로 인해 별을 볼 수 있으니 오히려 은총이라고 할 수도 있다.

득의질得疑疾 육오六五에 대한 마음을 말한다.

유부발약有孚發若 육이六二가 육오六五에 대한 성실한 믿음으로 가림을 벗기면 길吉하다는 것이다.

소상사小象辭[428]

신이발지야信以發志也 믿음이 있으면 뜻을 드러낼 수 있다는 것이다,

---

428 (觀中) 화천대유괘火天大有卦 오효五爻에도 나온다. 대유괘大有卦의 원리를 깨닫는 방법은 신이발지信以發志 밖에 없다.

[九三]은 豐其沛라 日中見沫ㅣ오
구삼 풍기패 일중견매

折其右肱이니 无咎ㅣ니라. (重雷震)
절기우굉 무구 중뢰진

象曰, 豐其沛라 不可大事也일새오 折其右肱이라
상왈 풍기패 불가대사야 절기우굉

終不可用也이니라.
종불가용야

○ 豐(풍성할 풍) 其(그 기) 沛(가릴 패, 장막패, 늪 패) 日(해 일) 中(가운데 중) 見(볼 견) 沫(작은 별 이름 매, 거품 말) 折(꺾을 절) 肱(팔뚝 굉) 咎(허물 구)

구삼九三은 가림이 풍성함이라, 한낮에도 작은 별을 볼 수 있음이오, 바른 팔을 꺾으니, 허물할 데가 없느니라.

상象에 이르기를, '가림이 풍성하다.'는 것은 가히 큰일을 해서는 안 된다는 것이오, '그 바른 팔을 꺾는다.'는 것은 끝내 가히 쓸 수 없느니라.

개요概要

구삼九三은 인간의 교만으로 하늘을 가려 대낮에 작은 별이 보인다.[429]

각설[430]

풍기패豐其沛 햇빛을 차단하는데 장막(휘장)을 사용한다는 의미이다.

일중견매日中見沫 장막에 가려있어서 한낮에도 작은 별이 보이는 것이다.

절기우굉折其右肱 구삼九三의 오른팔을 꺾었다는 것은 상육上六과의 관

429 『구약성서舊約聖書』, 「잠언서箴言書」 14:6, "미련한 자는 자기 손으로 집을 허무느니라", 14:6 "교만驕慢한 자는 구하여도 얻지 못함이니라"라고 하였다.

430 (觀中) 풍기패豐其沛(비가 주룩주룩 쏟아진다)는 밖에서 비쳐 들어오는 빛이 비가 오므로 가려진 것이다. 대낮이 밤이 되어 별을 본다(일중견매日中見沫). '낮별 매', '희미할 매'자字다. '절기우맥折其右肱'이란 재앙을 입는다. '풍기패豐其沛라 일중견매日中見沫'는 기旣·미제未濟(역수원리曆數原理표상)를 가리킨다.

계이다. 장막에 가리워져서 한낮에 작은 별을 볼 수 있을 정도로 어두워졌는데도 반성하지 않고, 구삼九三은 자신自身의 힘만을 믿고 가다가 그 오른팔을 잘려서 쓰지 못하게 되었다.

무구无咎 본인의 교만으로부터 얻은 화禍이니 허물할 데가 없는 것이다.[431]

소상사小象辭

풍기패豐其沛 **불가대사야**不可大事也 너무 어두워서 큰일을 할 수가 없다.

절기우굉折其右肱 **종불가용야**終不可用也 구삼九三은 끝내 등용되지 못한다는 것이다.

[九四]는 豐其蔀ㅣ라 日中見斗ㅣ니
구사 풍기부 일중견두

遇其夷主하면 吉하리라. (地火明夷)
우기이주 길 지화명이

象曰, 豐其蔀는 位不當也일새오
상왈 풍기부 위부당야

日中見斗는 幽不明也일새오. 遇其夷主는 吉行也이니라.
일중견두 유불명야 우기이주 길행야

○ 豐(풍성할 풍) 蔀(가릴 부, 오막살이집 부, 빈지문 부) 日(해 일) 中(가운데 중) 見(볼 견) 斗(말 두) 遇(만날 우) 夷(평평할 이, 상할 이, 무리 이) 主(주인 주)

구사九四는 그 오막살이 집이 크게 가려져 있음이라, 한낮에도 북두北斗를 보니, 그 평평한 주인을 만나면 길하리라.

상象에 이르기를, '그 오막살이 집이 크게 가려져 있다'는 것은 자리가 마땅

431 (집설) ❶『이천역전』에서는 "허물을 돌릴 곳이 없다.(無所歸咎也)"라고 하였다. ❷『주역본의』에서는 "허물이 아니다.(无咎 非咎.)"라고 하였다.

하지 않음이오. '낮에도 북두北斗를 본다'는 것은 어둡고 밝지 못함이오. '평평한 주인을 만난다는 것은 길吉'하게 행함이라.

개요概要

구사九四는 인간의 교만으로 대낮에 북두가 보인다. 그러나 어진 사람을 만나면 길하다는 것이다.

각설 [432]

우기이주遇其夷主 이夷는 평平이다. 우기이주遇其夷主란 대등한 주인을 만나면 길吉하다고 함은 성인聖人의 뜻과 만난다는 말이다. 즉 내 생각이 성인聖人의 덕성과 일치한다는 의미로 우遇 자字를 쓴 것이다. 이주夷主는 상비관계이 있는 초구初九는 평등한 관계라 만나면 좋다는 것이다. 공평하고 어진임금을 만나면 길하다. 이때 이夷는 ❶평평할 이 ⇨ 평온한 임금, ❷오랑캐 이 ⇨ 어리석은 임금, 때를 못 만난 임금의 의미로 볼 수 있다.

---

432 (觀中) ❶구사九四는 4효가 동하면 지화명이괘地火明夷卦가 된다. ❷우기이주遇其夷主 길吉 : 그 이주夷主를 만나면 길하다라고 해야 한다. 이夷는 지화명이괘地火明夷卦의 주인을 지칭한 것이다. 뇌화풍괘雷火風卦 4효에 '우기이주遇其夷主'라는 말이 왜 나오는가? 뇌화풍괘雷火豊卦 4효가 동動(변變)하면 지화명이괘地火明夷卦(소인小人과 군자가 갈등을 빚는 괘卦이다.)가 된다. 지화명이괘地火明夷卦의 주主는 누구인가? 지화명이괘地火明夷卦는 기자箕子를 위주로 하여 명이괘明夷卦를 설명하고 있다. 기자箕子의 간정원리艱貞原理가 지화명이괘地火明夷卦의 주된 원리이다. 즉 지화명이괘地火明夷卦, 「단사彖辭」, "이간정利艱貞은 회기명야晦其明也니 내난이능정기지內難而能正其志하니 기자이지箕子以之하니라"고 한 것이다. 각 괘卦와 「효사爻辭」가 모두 다른 괘효卦爻와 연관을 가지고 쓰여진 것이다. 지화명이괘地火明夷卦 5효 기자箕子를 지칭한다(기자의 가르침을 깨달아야 한다.). '우기이주遇其夷主'란 선성인先聖人의 뜻과 만난 주主'란 말이다. 즉 기자의 정신(생각)을 만나다. 내 생각이 성인聖人의 덕성과 일치한다'란 의미로 우遇 자字를 쓴 것이다. 지화명이괘地火明夷卦는 기자 때문에 생겨난 것이다. 이주夷主를 만난다는 말은 무슨 말인가? 지화명이괘地火明夷卦를 만나야 한다는 말이다. 지화명이地火明夷는 무슨 뜻을 표상하고 있는가? 지화명이괘의 원 주인은, 지화명이괘地火明夷卦의 뜻을 전형적으로 표상하는 성인聖人은 문왕文王과 기자箕子 가운데 기자箕子이다. 풍기부豐其蔀의 부蔀는 무엇으로 만드는가? 갈대로 엮은 거적대기이다.

소상사小象辭

위부당야位不當也 시의성時宜性이 없다.

길행야吉行也 성인聖人의 뜻과 하나되면 도통하니 흉凶을 이겨 길吉하다.

[六五]는 來章이면 有慶譽하야 吉하리라. (澤火革)
육오 래장 유경예 길 택화혁

象曰, 六五之吉은 有慶也이니라.
상왈 육오지길 유경야

○ 來(올 래{내}) 章(빛날 장, 글 장) 有(있을 유) 慶(경사 경) 譽(기릴 예) 吉(길할 길)

육오六五는 빛나는 것을(아름다운 덕德이 있는 사람을) 오게 한다면 경사와 명예가 있어 길하리라.

상象에 이르기를, 육오六五의 길함은 경사가 있느니라.

개요概要

육오六五는 부정위不正位이지만 득중得中한 효爻로 중도中道를 얻어서 경사가 있고, 길吉하다.

각설[433]

래장來章 유경예有慶譽 길吉 육오六五는 유약한 군주君主라 햇빛을 되찾아 줄 아름다운 덕(장章)을 가진 어진 이를 구하면 풍성함을 얻어 빛이 다시 비쳐온다.[434] 래장來章으로 경사와 명예가 있어 길吉하다는 것이다.

---

433 (觀中) 래장來章은 빛이 비쳐온다. 장章은 빛날 장章 자字이다. 유경예有慶譽, 길吉

434 『이천역전』에서는 "오五가 음유陰柔의 재주로 풍豊의 주체가 되었으니, 진실로 풍대豊大함을 이루지 못하나 만일 아래에 있는 아름다운 재주를 오게 하여 등용하면 복福과 경사가 있고 또 아름다운 명예名譽를 얻을 것이니, 이른바 길吉하다는 것이다.(五以陰柔之才, 爲豊之主, 固不能成其豊大, 若能來致在下章美之才而用之, 則有福慶, 復得美譽, 所謂吉也.)"라고 하였다.

소상사小象辭

육오지길六五之吉 **유경야**有慶也 천도天道에 순응順應하면 경사慶事가 있다. '積善之家, 必有餘慶, 積不善之家, 必有餘殃'이다.
적선지가 필유여경 적불선지가 필유여앙

> **[上六]**은 **豊其屋**하고 **蔀其家**ㅣ라 **闚其户**라도 **闃其无人**하야
> 상육 풍기옥 부기가 규기호 격기무인
>
> **三歲**라도 **不覿**이로소니 **凶**하니라. (重火離)
> 삼세 불적 흉 중화리
>
> **象曰, 豊其屋**은 **天際翔也**일새오
> 상왈 풍기옥 천제상야
>
> **闚其户闃其无人**은 **自藏也**이니라.
> 규기호격기무인 자장야

❍ 豊(풍성할 풍) 屋(집 옥) 蔀(가릴 부, 빈지문 부) 家(집 가) 闚(엿볼 규) 戶(지게 호) 闃(가릴 격, 고요할 격) 无(없을 무) 三(석 삼) 歲(해 세) 覿(볼 적) 天(하늘 천) 際(가장자리 제, 사이 제) 翔(빙빙 돌아 날 상) 藏(감출 장)

상육上六은 그 집을 풍성하게 하고, 그 집을 가림이라, 그 문을 엿보더라도 가려서 사람이 없다 하야, 3년이 되어도 보지 못하니, 흉凶하니라.
상象에 이르기를, '그 집을 풍성하게 한다'는 것은 하늘에 닿을 듯이 하는(끝까지 날아가는 것이오) 것이오, '그 문을 엿보니 가려서 사람이 없다'는 것은 스스로 몸을 감추는 것이니라.

개요概要

상육上六은 풍괘豊卦의 극極이다. 성인지도聖人之道를 자각하지 못한 소인小人의 말로를 비유하여 풍성함을 가리는 것은 개인의 욕심임을 말한다.

각설 [435]

---

435 (觀中) ❶사람이 보이지 않는다. 그 방안을 들여다보았는데(안방을 들여다 본 것이다. 규관闚觀) 가인家人이 없다. 즉 가인지도家人之道를 깨닫지 못하면『주역』의 본의를 깨닫지 못

풍기옥부기가豐其屋蔀其家 집을 근사하게 지어놓았는데 집 주위를 거적으로 둘러놓았다. 상육上六은 구삼九三과 상응이나 마음속으로는 딴 마음을 가지고 있다. 실속은 없고 겉치레만 요란한 경우를 말한다. 처마가 커서 부유함을 가진다.

규기호격기무인闚其戶闃其无人 그 방안을 들여다보아도 사람이 없다고 함은 가인지도家人之道를 보지 못함이다. 규闚는 엿보는 것이며, 격闃는 고요한 것이다.

삼세불적三歲不覿 흉凶 영원히 보지 못한다. 오가는 사람이 없다.

소상사小象辭 436

천제상야天際翔也 지나친 욕심이 하늘 끝까지 이른 것이다.

자장야自藏也 스스로 감추니, 더불어 할 사람이 없어 흉凶한 것이다. 주검에 이른다. 자신으로 인해 빚어진 일이다.

> 영원히 풍요로움이란 없는 것이다. 풍요속에 방심하고 태만하며 교만과 독선으로 흘러가 흉凶하고, 풍요에 대한 감사와 기쁨으로 겸손과 순종하면 길吉하다.

한다는 말이다. '격기무인闃其无人'이란 가인괘家人卦의 원리를 발견하지(깨닫지) 못했다는 말이다. 선후천원리先后天原理는 천지天地도 어기지 못하는 진리眞理요, 귀신도 어기지 않는 것인데 하물며 사람일까 보냐. 귀신은 무엇을 의미하는 괘인가? 풍화가인괘風火家人卦가 군자지도라면 귀신은 무엇을 의미하는 것이 괘인가? 규괘睽卦와 가인괘家人卦의 원리를 유념해야 한다. "가인家人은 내야內也요, 규睽는 외야外也"(잡괘雜卦)라고 했다. ❷왜 규기문闚其門이라 하지 않고 '규기호闚其戶'라고 했겠는가? 군자지도는 주체적으로 자각해야 한다는 말이다. 처녀가 거처하는 방을 살짝 훔쳐보는 짓을 하지 말라. 군자지도를 깨닫지 못한 의미를 상징한 「효사爻辭」이다.

436 (觀中) 새가(하도원리河圖原理, 역도易道) 하늘로 날아 올라갔다. 역도易道를 깨달을 수 없게 되었다. '자장야自藏也'란 학문하는 사람의 심법心法 문제다. 천당天堂은 하늘 꼭대기에 있는 것이 아니라 인간의 마음속에 들어 있다. 가인괘家人卦의 정명원리正名原理가 용육원리用六原理이다. 군자지도가 용육원리用六原理로 표상이 되어 있기 때문이다. 자장自藏이란 심판을 받은 소인小人이 스스로 죽음을 부른다는 의미이다.

56. 火山旅卦

화산여괘

雷火風卦 水澤節卦 山火賁卦 澤風大過卦

도전괘
倒顚卦

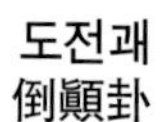

화산여괘
火山旅卦

뇌화풍괘
雷火風卦

음양대응괘
陰陽對應卦

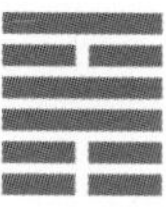

화산여괘
火山旅卦

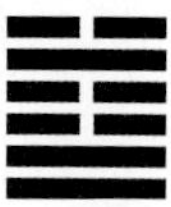

수택절괘
水澤節卦

상하교역괘
上下交易卦

화산여괘
火山旅卦

산화비괘
山火賁卦

호괘
互卦

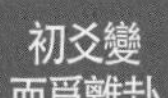

화산여괘
火山旅卦

택풍대과괘
澤風大過卦

효변
爻變

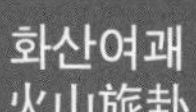

화산여괘
火山旅卦

初爻變 而爲離卦	二爻變 而爲鼎卦	三爻變 而爲晉卦	四爻變 而爲艮卦	五爻變 而爲遯卦	上爻變 而爲小過卦
중화리괘 重火離卦	**화풍정괘** 火風鼎卦	**화지진괘** 火地晉卦	**중산간괘** 重山艮卦	**천산돈괘** 天山遯卦	**뇌산소과괘** 雷山小過卦

요지要旨

괘명卦名 이 괘는 상이上離의 화火(☲) + 하간下艮의 산山(☶) = 화산여괘火山旅卦(䷷)이다.

괘의卦意 여旅는 나그네 여, 여행할 려로써 나그네, 방랑인, 손님의 의미한다. 우리 모두는 지구상에 와 있는 나그네이다. 인생나그네의 여행은 시간적인 여행을 말한다. 즉 인생사의 어려운 역경을 해결하고 지어지선至於至善의 경지에 나아가 머무는 것이 여旅이다.

괘서卦序 「서괘」에서 "풍豊은 큼이니 큼을 궁극히 하는 자는 반드시 그 거처를 잃으므로 여旅로써 받는다.(**豊者大也, 窮大者, 必失其居, 故受之以旅.**)"라고 하였다.
풍자대야 궁대자 필실기거 고 수지이여

괘상卦象 상괘上卦는 리離(☲)로 문명文明, 지혜이며, 하괘下卦는 간艮(☶)의 머무는 것이고, 그침이다. 즉 시간여행의 나그네는 성인지도聖人之道에 머물면서 겸손하면서 유순하게 순종해야 길하다는 것이다.

旅는 小亨코 旅貞하니 吉하니라.
여 소형 여정 길

○ 旅(나그네 여, 함께할 여, 군사 려{여}) 小(작을 소) 亨(형통할 형) 貞(곧을 정)

여旅는 조금 형통하고, 나그네가 (마음을) 바르게 하면 길하니라.

각설 437

여旅 마음속의 시간여행이다. 후천, 또는 저 언덕으로 가는 시간여행이다.

---

437 (觀中) 소형小亨이란 소사小事를 통해서 역도易道를 깨닫는 원리를 표상한다. 마음속으로 여행旅行, 즉 선천세계先天世界에서 후천세계后天世界에로 건너간다. 불행이지불질이속不行而至不疾而速이라 한 것이다. 마음속으로 가는 여행旅行을 시간여행時間旅行이라 한다. 공간여행空間旅行이 아니다. 여인旅人(행인行人, 천뇌무망天雷无妄, 삼효三爻 =화산여火山旅)

소형小亨 육오六五가 유순중정柔順中正한 효爻로써 중中을 얻으니, 소사小事를 통해서 역도易道를 깨닫는 원리를 말한다.[438]

여정旅貞 **길**吉 나그네 생활인 어려움과 역경속에서도 그 바름을 잃지 않았으니 길吉한 것이다. 왜냐하면 비록 작은일 일지라도 경솔해서는 안되고, 마땅히 바른 방향을 지켜야 길吉하다는 것이다.

[彖曰] 旅小亨은 柔ㅣ 得中乎外而順乎剛하고
단왈 여소형 유 득중호외이순호강

止而麗乎明이라 是以小亨旅貞吉也ㅣ니
지이려호명 시이소형여정길야

旅之時義ㅣ 大矣哉라.
여지시의 대의재

○ 得(얻을 득) 外(밖 외) 順(순할 순) 剛(굳셀 강) 止(발 지) 麗(걸릴 려{여}, 고울 려{여}) 明(밝을 명)

단彖에 이르기를, 나그네가 조금 형통한 것은 유柔가 밖에서 중中을 얻어 강剛에 순종하고, 머물러서 밝은 덕德에 걸려있음이라. 이러므로 조금 형통하고, 나그네의 마음이 곧으면 길吉하다는 것이니. 나그네로서 때의 뜻이 큼이라.

각설[439]

438『주역집해』에서는 우번의 말을 인용해서 "소小는 유柔를 말하는데 귀한 자리를 얻어서 강剛을 따르고, 큰 밝음에 붙어있기 때문에 여旅는 조금 형통한 것이다.(小, 謂柔, 得貴位而順剛, 麗乎大明, 故旅小亨.)"라고 하였다.

439 (觀中) 천수송괘天水訟卦가 잡괘雜卦로 붙어 있다. 송괘訟卦는 낙서원리洛書原理로, 여괘旅卦는 화풍정괘火風鼎卦의 잡괘雜卦로 나가있다. 정괘鼎卦 태궁胎宮 밖으로 나타난다. 성인聖人·군자지도君子之道가 출생出生해 나오는 원리를 표상한다. 화풍정괘火風鼎卦로 태어난 성인聖人·군자지도, 천도天道와 신도神道는 누가 주관하는가? 하늘이다. 시간(일월지정日月之政)은 하늘이 주관한다. 풍豊·여괘旅卦의 천지天地 신도神道는 모두 성인聖人이 밝혀 놓게 되어 있다. 화산여괘火山旅卦의 여행은 어디서 어디로 가는가? 탯집 안에 들어있던 아이가 태

여旅 여旅는 마음속으로 가는 시간여행時間旅行이다.

소형小亨 유득중호외이순호강柔得中乎外而順乎剛 유柔가 중위中位를 얻어 강剛을 따르니, 여旅는 조금 형통한 것이다. 육오효六五爻는 유순득중한 주효主爻지만 응효應爻가 없다. 상구上九와 구사九四 두 양효陽爻에 유순하게 따르고 있다. 그러므로 조금 형통한 것이다.

지이려호명止而麗乎明 밝음에 머무는 괘덕卦德을 설명하고 있다. 그러므로 사악한 곳에 빠지지 않는 것이다.

여지시의旅之時義 대의재大矣哉 여旅의 시간여행은 역경에 처해 있다. 이 어려움을 어떻게 풀어가야 하는지를 설명하고 있다. (여명과 석양夕陽 노을의 아름다움)

> **[象曰]** 山上有火ㅣ 旅ㅣ니
> 상왈 산상유수 여
>
> 君子 以하야 明愼用刑하며 而不留獄하나니라.
> 군자 이 명신용형 이불유옥

○ 山(뫼 산) 上(위 상) 有(있을 유) 火(불 화) 旅(나그네 여, 군사 려{여}) 明(밝을 명) 愼(삼갈 신) 用(쓸 용) 刑(형벌 형) 留(머무를 류{유}) 獄(옥 옥)

상象에 이르기를, 산山 위에 불이 있는 것이 여旅이니, 군자君子는 이로써 형

궁胎宮밖의 세계로 여행가는 것이다. 둔屯·몽괘蒙卦로 태어난다. 혁革·정괘鼎卦의 음양대응괘陰陽對應卦는 둔屯·몽괘蒙卦요, 서噬·비괘賁卦의 음양대응괘陰陽對應卦는 곤困·정괘井卦다. 상경上經에서는 둔屯·몽괘蒙卦와 서합噬嗑·비괘否卦로 나뉘어져 있는데, 「하경下經」에서는 곤困·정井·혁革·정괘鼎卦로 합쳐져 있다. 왜 그러한가? 태궁胎宮안에 들어있는 괘卦로 합쳐져 있다. 둔屯·몽蒙·서噬·비괘賁卦는 어린아이로 태어난 아이가 둔屯·몽괘蒙卦요, 둔屯·몽蒙으로 태어난 아니가 어디서 영양을 섭취하여 자라는가? 성인聖人의 말씀으로 밝혀놓은 천지지도天地之道에서 영양을 섭취하여(성인聖人의 말씀) 자란다. 천지天地 도덕원리를 직접 표상하고 있는 괘가 산뢰이괘山雷頤卦다. '유득중호외柔得中乎外'는 "외괘外卦에서 중도中道를 자득自得하여"(오효五爻), '이순호강而順乎剛'이란 천도天道에 순응順應한다(순順은 하도원리河圖原理를 상징). '지이려호명止而麗乎明'의 지止는 간괘艮卦요, 려호명麗乎明은 리괘離卦다. "간괘艮卦와 이괘리괘離卦로 형성形成되었다." '려지시의대의재旅之時義大矣哉'란 여행旅行가는 때의 위대함이 짝이 없다. 여행旅行가는 때는 해지시解之時다.

벌刑罰을 신중히 밝혀 옥사獄事를 남겨두지 않느니라.

각설 [440]

산상유화山上有火 산위의 불이 고정된 것이 아니라 이동하면서 타들어가는 형상을 말한다.

명신용형明愼用刑 법을 집행함에 태양의 밝음처럼 공명정대公明正大하고, 공평公平하며, 신중하게 옥사獄事를 처결(리괘離卦의 성질을 본받아서)한다는 것이다.[441]

소상사小象辭

이불유옥而不留獄 옥사獄事를 신속정확하게 처리하여 의혹됨이 없도록 한다는 것이다.

---

440 (觀中) 옥사獄事를 오래 끌고가면 안 된다. 명신용형이불류옥明愼用刑而不留獄의 용형用刑은 누가 하는가? 간괘艮卦요, 명신明愼은 무엇으로 하는가? 리괘離卦의 원리原理(밝게, 공명정대公明正大)로. 용형用刑의 형刑은 형벌刑罰의 의미가 위주된 것이 아니다. 사과유죄赦過宥罪하기 위해 용형用刑하는 것이다. 명신용형明愼用刑하는 것이 곧 불류옥不留獄(오래동안 옥사에 가두어 두지 않는다.)하는 것이다. 명신용형이불류옥明愼用刑而不留獄은 어느 괘卦와 직접적으로 결부된 말씀인가? 뇌지예雷地豫, 서합噬嗑, 산화비山火賁, 뇌수해雷水解(사과유죄赦過宥罪), 풍택중부괘風澤中孚卦(의옥완사議獄緩死) 등은 풍豊·여괘旅卦의 음양대응괘陰陽對應卦인 환渙·절괘節卦와도 밀접한 관련이 있다. 중부소과괘中孚小過卦는 선후갑삼일원리先后甲三日原理이다. 여인旅人은 풍화가인風火家人으로 군자君子가 여행旅行을 간다. 여괘旅卦의 여행旅行가는 주인主人(주체主體)? 간군자艮君子이다.

441 (집설) ❶『이천역전』에서는 "불이 번져가고 머물지 않는 상象을 관찰하면 옥사獄事를 지체하지 않으니, 옥獄은 부득이不得已하여 만든 것이니, 백성들이 죄罪가 있어 들어오면 어찌 지체하여 오랫동안 머물게 하겠는가.(觀火行不處之象, 則不留獄, 獄者 不得已而設, 民有罪而入, 豈可留滯淹久也.)"라고 하였다. ❷『주역본의』에서는 "형刑을 삼가기를 산山과 같이 하고 지체하지 않기를 불과 같이 하는 것이다.(愼刑如山, 不留如火)"라고 하였다.

[初六]은 旅瑣瑣니 斯其所取災니라. (重火離)
초육 여쇄쇄 사기소취재 중화리

象曰, 旅瑣瑣는 志窮하야 災也이니라.
상왈 여쇄쇄 지궁 재야

❍ 瑣(옥가루 쇄, 가늘 쇄, 자질구레할 쇄=璅) 斯(이 사, 즉(則) 사) 其(그 기) 所(바 소) 取(취할 취) 災(재앙 재)

초육初六은 여행할 때에 사소한 일에 얽매이니, 이것이 그 재앙을 취하게 함이니라.

상象에 이르기를, '여행旅行할 때에 사소한 일에 얽매이면' 뜻이 궁하여 재앙災殃을 불러 오게 하니라.

개요概要

초육初六은 유순하여 마음이 강건剛健하지 못하여 잡념과 욕심에 치우치고, 이기적이고 천박함을 말한다.

각설

여쇄쇄旅瑣瑣 쇄쇄瑣瑣는 나그네가 잘고 간사하며, 천박한 형상을 말한다. 초육初六은 유순하여 마음이 강건剛健하지 못하여 잡념에 치우치고, 이기적이고, 천박함을 말한다.

사기소취재斯其所取災 쇄쇄瑣瑣한 행동의 결과로 재앙을 불러온다는 것이다. 형벌刑罰이란? 소인을 군자화하는 교화敎化가 목적이다.[442]

---

442 『이천역전』에서는 "육六이 음유陰柔로서 여旅의 때에 있으면서 비하卑下한 곳에 처했으니, 이는 유약한 사람이 나그네의 곤궁함에 처하고 비천한 자리에 있는 것이니, 간직한 바가 더럽고 낮은 것이다. 뜻이 낮은 사람이 이미 나그네의 곤궁함에 처하면 야비하고 추잡스러우며 자질구레하여 이르지 않는 바가 없으리니, 이는 뉘우침과 모욕을 부르고 재앙과 허물을 취하는 소이所以이다. 쇄쇄는 야비하고 추잡스러우며 자질구레한 모양이다. 나그네의 곤궁할 때를 당하여 재질이 이와 같으니, 위에 비록 응원應援이 있으나 큰 일을 할 수가 없다.

소상사小象辭

지궁재야志窮災也 천박한 행동의 결과로 뜻이 궁窮하여 재앙을 불러온다는 것이다.

[六二]는 旅卽次하야 懷其資하고 得童僕貞이로다. (火風鼎)
육이 여즉차 회기자 득동복정 화풍정

象曰, 得童僕貞은 終无咎也이니라.
상왈 득동복정 종무구야

○ 旅(나그네 여, 군사 려{여}) 卽(곧 즉) 次(버금 차) 懷(품을 회) 其(그 기) 資(재물 자) 得(얻을 득) 童(아이 동) 僕(종 복) 貞(곧을 정)

육이六二는 여행에서 숙소에 든다 하야, 노자를 품속에 간직하고, 마음이 곧은 어린 종을 얻음이로다.

상象에 이르기를, '마음이 곧은 어린 종을 얻는다.'는 것은 끝내 근심이 없는 느니라.

개요概要

육이六二는 유순정위柔順正位·득중得中한 효爻로서 시간 여행에 필요한 3덕목德目인 즉차卽次, 기자其資, 동복童僕을 말한다.

각설 443

(六以陰柔, 在旅之時, 處於卑下, 是柔弱之人, 處旅困而在卑賤, 所存汚下者也. 志卑之人, 旣處旅困, 鄙猥細, 无所不至, 乃其所以致悔辱, 取災咎也. 猥細之狀, 當旅困之時, 才質如是, 上雖有援, 无能爲也.)" 라고 하였다.

443 (觀中) 려즉차旅卽次의 차次는 여관(집), 회기자懷其資는 노자 돈을 충분히 품고 있다. 회懷는 회만방懷萬邦(지수사地水師, 이효二爻) 아심我心의 아我는 성인聖人의 입장이다. 이효二爻의 입장이기 때문에 '득종복정得童僕貞'이라 한 것이다. 산수몽괘山水蒙卦를 가리킨다. '득동복정得童僕貞'란 장차 도를 깨달을 제자를 얻은 것이다. 군자의 입장에서는 동복童僕도 얻고, 정도正道를 깨달을 수 있는 인연을 맺게 되었다. 왜냐하면 이효二爻가 동動하면 화풍정괘火風鼎卦가 되기 때문이다. 성인聖人과 군자를 하나로 연결시켜 놓은 것이 정괘鼎卦다.

여즉차旅卽次 즉卽은 진進이요, 차次는 사舍로써 나그네가 거처할 곳(거소居所는 군자가 머무는 곳, 돌아갈 고향집(진리의 집), 성인의 품)으로 나아갔다는 의미이다.

회기자懷其資 여행할 노자를 가지고 있다는 것은 성인지도聖人之道를 간직하는 내재화內在化를 말한다.

득동복정得童僕貞 길동무, 동반자, 도반, 스승, 본성을 가진 사람을 얻었다.

소상사小象辭

종무구야終无咎也 유순중정柔順中正한 덕德을 얻었으니 근심이 없다는 것이다.

[九三]은 旅焚其次하고 喪其童僕貞이니 厲하니라. (火地晉)
구삼 여분기차 상기동복정 려 화지진

象曰, 旅焚其次하니 亦以傷矣ㅣ오
상왈 여분기차 역이상의

以旅與下하니 其義ㅣ 喪也ㅣ로다.
이려여하 기의 상야

○ 旅(나그네 려,}) 焚(불사를 분) 童(아이 동) 僕(종 복) 貞(곧을 정) 厲(위태로울 려{여})
亦(또 역) 傷(상처 상) 與(줄 여) 義(옳을 의) 喪(죽을 상)

구삼九三은 여행길에서 그 숙소를 불사르고, 정직한 동복童僕을 잃었으니 위태로우니라. 상象에 이르기를, 여행길에서 숙소를 불태운 것도 또한 상처받는 것이오, 여행하면서 아랫사람을 상대하니 (교만하게 대하는 것은) 그 뜻를 상실함이로다.

개요概要

구삼九三은 정위正位이나 과중過中한 효爻로서 거처居處를 불사르고, 동몽童蒙을 잃어버려 위태롭다.

각설[444]

여분기차旅焚其次 **상기동복정**喪其童僕貞 **려**厲 구삼九三은 과강부중過剛不中한 효爻로 자기 숙소(거소居所)를 불태우고, 교만하여 도반, 동반자까지 잃어버려 위태롭다. ❶여분기차旅焚其次란 안처安處할 수 있는 장소를 태워버렸다. ❷상기동복喪其童僕(벗)까지 잃어버렸다.

소상사小象辭[445]

역이상의亦以傷矣 **이려여하**以旅與下 **기의상야**其義喪也 나그네가 아래 세계(타락한 소인의 세계, 향락의 세계(하下))에 참여했다. 인사적人事的으로는 여행하는 나그네가 아래 사람을 지나치게 대함을 말하기도 한다.

---

444 (觀中) '상기동복喪其童僕은 '수뢰둔水雷屯·산수몽괘山水蒙卦의 군자의 본래성까지 다 잃어버림. 이것이 선후천관계先后天關係에 있어서 어느 도수度數에 와서 회복되는가? 선후경삼일도수先後庚三日度數에 와서 칠일래복七日來復이 된다. 상마물축자복喪馬勿逐自復(규괘睽卦, 초효初爻), 잃어버린 용마(빈마牝馬)가 정유도수丁酉度數에 가서 장마가 되어 돌아온다. 소과小過란 마음속에서 학문하는 일이 지나갔다. 여분기차旅焚其次란 안처安處할 수 있는 장소를 태워버렸다. '상기동복喪其童僕'(벗)까지 잃어버렸다.

445 (觀中) 역이상의亦以傷矣의 상傷은 지화명이괘地火明夷卦에 나온다. '이려여하 기의상以旅與下其義喪'란 여행가는 사람으로써 아래 세계에 참여했다. 즉 동물의 세계(하下)로 타락했다. 선천先天에 미련을 두고 상上과 불응한다.

[九四]는 **旅于處**하고 **得其資斧**하나
구사 여우처 득기자부

我心은 **不快**로다. (重山艮)
아심 불쾌 중산간

象曰, 旅于處는 **未得位也**일새니
상왈 여우처 미득위야

得其資斧하나 **心未快也**이니라.
득기자부 심미쾌야

○ 處(살 처) 得(얻을 득) 資(재물 자) 斧(도끼 부) 我(나 아) 快(쾌할 쾌)

구사九四는 여행하다가 잠잘 곳을 얻고, 그 노자와 도끼를 얻으나, 내 마음은 불쾌함이로다.

상象에 이르기를, '여행하다가 잠잘 곳을 얻었다'는 것은 아직도 자리를 얻지 못함이니, 노자와 도끼를 얻었으나 마음은 아직도 유쾌하지 못하니라.

개요概要

구사九四는 부정위不正位한 효爻로 바른 거처居處를 마련 못해 마음이 불편함을 말한다.

각설 446

여우처旅于處 여행旅行을 가다 객사에 들어 자기가 살 수 있는 곳에 여장을 풀은 것이다. ❶처處는 잠시 머무는 곳이다. ❷차次는 영원히 살 곳이다.

득기자부得其資斧 아심불쾌我心不快 사람들을 의심하여 재물과 도끼(호

446 (觀中) ❶ 여우처旅于處란 여행을 가다 객사에 들어 자기가 살 수 있는 곳에 여장을 풀은 것이다. ❷자부資斧는 병장기(도구, 그릇)다. 여행을 하다가 안착할 수 있는 곳도 마련하고, 노자 돈(여행하는데 필요한 도구)도 충분히 마련한다. 자부資斧는 무슨 괘인가? 리괘離卦(궁시, 병기 등)를 상징한다. ❸'아심불쾌我心不快' 내 마음은 괘快하지 못하다. 왜 '아심불쾌我心不快'인가? 초효初爻의 소인小人을 구제救濟하지 못했기 때문이다.

신용)를 가지고 있지만, 육오六五의 입장에서 보면 마음이 편하지 않다. 아我는 구사九四 자신이다. 여旅의 때를 구제救濟하고자 하나, 부정위不正位로 다스릴 만한 자리(위位)를 얻지 못해 그 뜻을 펴지 못하므로 안타까운 것이다.

소상사小象辭

미득위야未得位也 구사九四의 부정위不正位를 말한다.

심미쾌야心未快也 진리眞理의 말씀안에 지선至善으로 살아야 하나 남을 의심하여 자부資斧를 가지고 다닌다. 그러나 타인들도 나를 그렇게 보는 것이다. 마치 거울을 보는 것과 같다.

> **[六五]**는 射雉一矢亡이라 終以譽命이리라. (天山遯)
> 육 오 석치일시망 종이예명 천산돈
>
> 象曰, 終以譽命은 上逮也이니라.
> 상왈 종이예명 상체야

○ 射(쏠 석, 쏠 사, 궁술사) 雉(꿩 치) 矢(화살 시) 亡(망할 망) 終(끝날 종) 以(써 이) 譽(기릴 예) 命(목숨 명) 逮(미칠 체)

육오六五는 꿩을 쏘아 화살 하나를 없앰이라, 마침내 명예와 명(작명爵命=명복命福)으로써 함이라.

상象에 이르기를, '마침내 명예와 명(작명爵命)이 있을 것이다.'라는 것은 말이 위에 미침이니라.

개요概要

육오六五는 부정위不正位·득중得中한 효爻이다. 인간적인 욕구欲求를 버려야 천명天命이 있음을 말한다.

각설 [447]

석치일시망射雉一矢亡 화살 하나를 잃어버렸다. 새 잡는 화살이다. 화살로 리괘離卦의 밝음을 잡은 것은 그 뜻을 얻음이다. '이위치離爲雉'다. 이것은 리괘離卦의 밝음을 털이 선명한 꿩에 비유한 것이다. 나를 버려야 얻는다는 일시망一矢亡의 원리에도 불구하고 사람들은 욕심慾心에 급급하다.

종이예명終以譽命 꿩을 적중시켰다. 마침내 종말終末에 가서는 명예로운 천명을 봉행하게 되기 때문에 명命을 받게 된다.[448]

소상사小象辭

상체야上逮也 ❶내 생각이 지극히 높은데(천天)까지 통해졌다. ❷체逮는 급及이다. 위에까지 미친다는 것이다.

---

447 (觀中) 꿩을 잡아먹었는데 왜 명에 예譽자가 나오는가? 화살 하나를 잃어버렸다. 화살은 리괘離卦다. 화산여괘火山旅卦 "여旅는 친과親寡"(잡괘雜卦)라고 했다. "친한 이의 숫자가 적다"라고 해석을 했다. 과덕지인은 누구인가? 인군人君을 의미하는 것이 아니다. 보통 백성이다. 여기의 여旅는 「계사상」, 10장의 "부질이속不疾而速 불행이지不行而至"의 의미다. 즉 두 다리로 걸어가지 않았는데 이르렀다는 말이다. 이에 불행해지는 시간적 여행이다. 시간여행은 과거와 미래를 여행할 수 있다. 왜 "정井 거기소이천居其所而遷"(「계사하」 7장)이란 말을 했겠는가? 천뢰무망괘天雷无妄卦에 행인行人은 무엇을 말하는가?
화산려괘火山旅卦의 리괘離卦의 오효五爻가 주효主爻다. 그런데 거기에 화살하나를 잃어버렸다. 오효五爻인 음효陰爻가 무엇으로 움직였다는 말인가? 즉 천산돈괘天山遯卦가 된다. "역왈易曰, 공용석준우고용지상公用射隼于高墉之上, 획지무불리獲之無不利", "자왈子曰, 준자금야隼者禽也. 궁시자기야弓矢者器也. 석지자인야射之者人也. 군자장기어신君子藏器於身 대시이동待時而動, 하불리지유何不利之有?"(「계사하」, 5장)라고 한 거기의 화살이다. 새 잡는 화살이다. '이위치離爲雉'다. 꿩을 적중시켰다. 마침내 종말에 가서는 명예로운 천명을 봉행하게 되기 때문에 천명을 받게된다는 말이다(종이예명終以譽命). 어디에 가서 화살로 새를 잡았는가? 뇌수해雷水解, 상효上爻 '석치일시망射雉一矢亡'은 이위치離爲雉, 화산려괘火山旅卦의 화살하나를 잃어버리면 천산돈괘天山遯卦가 되고, 돈괘遯卦에서 화살을 쏘아 새를 잡으면 화산려괘火山旅卦가 된다.) '석치일시망射雉一矢亡'이란 둔세군자의 입장이라는 말이다. 종이예명終以譽命란 "마침내 가서는 예명譽命을 쓰게 된다." 천산돈괘天山遯卦의 입장에서는 마침내는 예명譽命을 쓰게 된다. 종이예명終以譽命이 가능한 까닭은? 상체上逮이기 때문이다. 천산돈괘天山遯卦의 군자는 대인의 말씀을 통해 하늘까지 관통하게 된다.

448 『주역절중』에서는 주진의 말을 인용하여 "오효는 여괘에서는 군주의 상징을 취하지 않는다. 밝고 빛나는 덕을 가지고 있으며, 영예가 높아져 군주에게 까지 일려져 벼슬을 명령받게 된다.(五帝旅卦, 不取君象, 有文明之德, 則令譽昇聞, 而作名之矣)라고 하였다.

[上九]는 鳥焚其巢ㅣ니 旅人이 先笑後號咷ㅣ라
상구 조분기소 여인 선소후호도

喪牛于易이니 凶하니라. (雷山小過)
상우우이 흉 뇌산소과

象曰, 以旅在上하니 其義焚也ㅣ오
상왈 이려재상 기의분야

喪牛于易은 終莫之聞也이니라.
상우우이 종막지문야

○ 鳥(새 조) 焚(불사를 분) 其(그 기) 巢(집 소) 旅(군사 려{여}) 先(먼저 선) 笑(웃을 소) 後(뒤 후) 號(부르짖을 호) 咷(울 도) 喪(죽을 상, 잃어버릴 상) 牛(소 우) 于(어조사 우) 易(쉬울 이, 바꿀 역)

상구上九는 새가 제 집을 불태우니, 나그네가 처음에는 웃고 나중에는 울부짖음이라, 소를 쉽게 잃음이니, 흉凶하니라.
상象에 이르기를, 나그네로써 (구오九五)위에서 교만하니, 그 뜻을 불사르는 것이오, 소를 쉽게 잃었으나 마침내 (소식을) 듣지 못함이니라.

개요概要

상구上九는 나그네의 마지막이며, 인생의 종말을 의미한다. 이 땅에 하나의 나그네로 왔으니 의미있는 인생을 살다가 죽어야 한다. 무엇을 남기고, 무엇을 가지고 갈 것인가에 대한 의미가 여괘旅卦에 담겨져 있다.

각설[449]

---

449 (觀中) 빈우牝牛다. 기축원리己丑原理이다. 후천군자后天君子이다. 리괘離卦 「단사彖辭」에 축빈우길畜牝牛吉이라 했다. 이 효爻가 동動하면 뇌산소과괘雷山小過卦가 되기 때문에 새가 나온다. 하도낙서원리河圖洛書原理를 새소리에 비유하여 상징的인 표현을 한 것이다. 상효上爻는 어떤 시의時宜로 규정되는가? 삼효三爻로. 삼효三爻의 차次를 태우는 재앙災殃은 뇌산소과괘雷山小過卦로부터 온 것이다. 소과괘小過卦는 하도낙서원리河圖洛書原理를 새의 모양에 비겨 역도易道를 표상한다. '선소후호도先笑後號咷'이다. 하도낙서원리河圖洛書原理를 깨닫지

조분기소鳥焚其巢 새가 자기 집(거처居處하는 집)을 불태우는 것이다.

선소후호도先笑後號咷 먼저 웃고, 나중에는 갈 데가 없어 부르짖어 우는 소인지도小人之道이다.[450]

상우우역喪牛于易 마치 소와 같이 순順한 동물을 (거처하기 편한 집) 너무 쉽게 잃은 것 같으므로 흉凶한 것이다.[451]

소상사小象辭[452]

기의분야其義焚也 상구上九는 교만하여 그 뜻을 불태우는 것이다.

종막지문야終莫之聞也 이 말은 아무리 변화를 말해도 사람들은 믿지 않고, 귀 기울이지 않는다는 것이다. 예사로 웃어넘긴다. 어느 시기가 지나면 잘못하였음을 알고 후회하며 울부짖고 안타까워 한다는 것이다. 스스로 유순柔順한 나그네로써의 덕德을 잃은 것은 끝내 모르거나, 또는 하늘의 소리를 들을 수 없다는 것이다.

> ✎ 여旅는 시간여행時間旅行을 하는 나그네를 말한다.
> 특히 시간 여행에 필요한 3덕목德目인 진리의 집인 즉차卽次, 진리를 자각하는 기자其資, 시간여행의 길동무인 동복童僕을 말한다.

못하면 선소후호도先笑後號咷(=소인지도小人之道)하는 것이다. 선천先天에는 즐거워서 희희락락嬉嬉樂樂했다(선소先笑). 이에 후천后天에 가서는 후호도後號咷한다. 선호도이후소先號咷而後笑는 군자君子이다. 상우우역喪牛于易했기 때문에 선호도이후소先笑後號咷한 것이다.

450 동인괘同人卦 구오九五「효사爻辭」와 비교

451 (觀中) 축丑은 선천先天의 종終이요, 후천后天의 시작이다. 그러므로 변화(선후천변화先后天變化)의 때를 말한다. 그러나 사람들은 변화를 모른다.

452 (觀中) ❶기의분야其義焚也란 그 의리로 보아 집을 태울 수밖에 없다. 종막지문야終莫之聞也의 문聞이란? 종말에 가서는 듣지 못한다. 왜냐하면 생명이 끊어지기 때문이다. 상우우역喪牛于易이란 "소를 변역하는데 잃어버렸다." ❷종막지문야終莫之聞也 : 구원救援의 소리를 듣지 못한다. 시간時間 예정표를 보지 못한다.

중풍손괘
57.重風巽卦

重澤兌卦	重雷震卦	重風巽卦	火澤睽卦

도전괘
倒顚卦

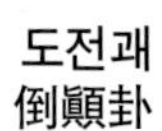

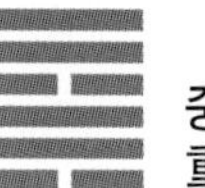

중풍손괘
重風巽卦

중택태괘
重澤兌卦

음양대응괘
陰陽對應卦

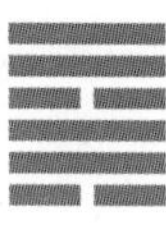

중풍손괘
重風巽卦

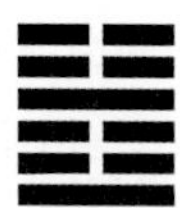

중뢰진괘
重雷震卦

상하교역괘
上下交易卦

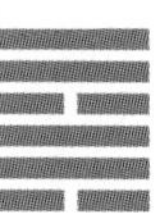

중풍손괘
重風巽卦

중풍손괘
重風巽卦

호괘
互卦

중풍손괘
重風巽卦

화택규괘
火澤睽卦

효변
爻變

중풍손괘
重風巽卦

初爻變 而爲小畜卦	二爻變 而爲漸卦	三爻變 而爲渙卦	四爻變 而爲姤卦	五爻變 而爲蠱卦	上爻變 而爲井卦
풍천소축괘 風天小畜卦	**풍산점괘** 風山漸卦	**풍수환괘** 風水渙卦	**천풍구괘** 天風姤卦	**산풍고괘** 山風蠱卦	**수풍정괘** 水風井卦

요지要旨

괘명卦名 이 괘는 상손上巽의 풍風(☴) + 하손下巽의 풍風(☴) = 중풍손괘重風巽卦(䷸)이다.

괘의卦意 겸괘謙卦의 겸謙과 손괘巽卦의 손巽과 더불어 겸손謙遜을 의미한다. 겸謙은 치자治者의 겸손謙遜이며, 손巽은 아랫사람의 겸손謙遜이라고 할 수 있다. 손괘巽卦는 공손과 겸손함으로 정도正道를 행해야 한다.

괘서卦序 「서괘」에서 "나그네가 되면 용납할 곳이 없으므로 손巽으로써 받았다.(旅而无所容(여이무소용), 故(고) 受之以巽(수지이손))"라고 하였다. 풍성豊盛할 때 교만한 마음으로 사치하고 낭비하여 나그네가 되었으나, 겸손謙遜하고 손順히 따르는 마음을 갖는다면 사람들이 다시 받아들여 같이 기뻐할 수 있는 것이다. 따라서 거듭 손순하라는 뜻에서 손괘巽卦을 여괘旅卦 다음에 두었다는 것이다.

괘상卦象 하나의 음陰이 두양陽 아래에 있어 겸손하고 유순함을 말한다.

잡괘雜卦 「잡괘」에서 "음陰이 양陽 아래에서 순히 엎드려 있는 것이다.(巽(손)은 伏也(복야))"라고 하였다.

> **巽**은 小亨하니 利有攸往하며 利見大人하니라.
> 손　소형　이유유왕　이견대인

○ 巽(공손할 손) 亨(형통할 형) 利(이로울 이{리}) 攸(바 유) 往(갈 왕) 見(볼 견)

손巽은 조금 형통하니, 갈 바가 있어 이롭다 하니, 대인大人을 보면 이롭다 하니라.

각설 [453]

소형小亨 손巽은 장녀長女로 초육효初六爻와 육사효六四爻의 두 음陰이 구이九二와 구오九五 중정中正한 양효陽爻 밑에서 손순히 따르는 상象이다. 그러므로 음陰은 겸손하게 순리順理에 따라야 형통함이라 소형小亨이다.

이유유왕利有攸往 손순遜順의 도道로 나아가니 이利로운 것이다.

이견대인利見大人 초육初六은 구이九二 군자君子를, 육사六四는 구오九五 대인大人을 보는 것이 이롭다는 것이다.

[彖曰] 重巽으로 以申命하나니 剛이 巽乎中正而志行하며
단왈 중손 이신명 강 손호중정이지행

柔ㅣ 皆順乎剛이라 是以小亨하니 利有攸往하며
유 개순호강 시이소형 이유유왕

利見大人하니라.
이견대인

❍ 重(거듭할 중, 무거울 중) 巽(겸손할 손, 손괘 손) 以(써 이) 申(펼 신(=伸), 납 신) 命(명 명, 목숨 명) 剛(굳셀 강) 而(말 이을 이) 志(뜻 지) 行(갈 행) 柔(부드러울 유) 皆(다 개) 順(순할 순) 剛(굳셀 강)

단彖에 이르기를, 거듭한 겸손으로써 명을 펴나니, 강이 중정에 겸손해서 뜻을 행하며, 유가 모두 강을 따름이라, 이러므로 조금 형통하니 갈 바가 있어 이롭다하며, 대인을 보면 이롭다 하니라.

각설 [454]

---

453 (觀中) 잡괘雜卦가 택풍대과괘澤風大過卦다. 택澤은 백성이고, 손巽은 신성神性을 의미한다. 손괘巽卦의 원리로 표현된 신도神道의 원리가 치천하지도治天下之道로 관통貫通한다. 천天·지地·인人 삼재三才를 관통하는 원리가 천하지민天下之民과 그대로 통한다. 중풍손괘重風巽卦가 산화비괘山火賁卦의 「잡괘雜卦」로 나가 작용한다.

454 (觀中) '강剛이 손호중정이지항巽乎中正而志行' 중정지도中正之道에 손순하기 때문에 뜻을 행한다. '유개순호강柔皆順乎剛' 유柔(초효初爻와 사효四爻)는 곤도坤道이다(만물지도萬物之

중손重巽 이신명以申命 중손重巽은 순이손順以巽으로 명命을 받들어 나가는 것이다.

강剛 손호중정이지행巽乎中正而志行 강剛이 중정지도中正之道에 손순하기 때문에 뜻을 행한다.

유柔 개순호강皆順乎剛 초육初六·육사六四의 유순한 두 음陰이 구이九二·구오九五의 두 강剛에 순順히 따르는 것이다.

[象曰] 隨風이 巽이니 君子 以하야 申命行事하나니라.
상왈 수풍 손 군자 이 신명행사

○ 隨(따를 수) 風(바람 풍) 巽(공손할 손) 申(펼 신(伸), 거듭 신, 납 신) 命(명 명)

상象에 이르기를, 따르는 바람이 손巽이니, 군자君子는 이로써 명命을 반복(거듭)해서 일을 행하나니라.

각설 [455]

道). 중풍손괘重風巽卦는 하도원리河圖原理(손이손順以巽)이다. 하도河圖의 생성원리生成原理는 도생역성倒生逆成 원리이다. "강剛에 순종한다." 행하자니까 이견대인이 먼저 전제가 되어야 성인지도聖人之道를 행할 수 있다.

455 (觀中) ❶왜 하필이면 '수풍隨風'이라 했는가? (풍천지손風洊至巽이니라고 해도 괜찮다). 수隨는 택뢰수괘澤雷隨卦다. 병진정사丙辰丁巳(손巽·태괘兌卦다). '수풍隨風'이란 택뢰수괘澤雷隨卦에 있어서 따라가는 주체는 누구인가? 진震장남이다. 그러므로 '수풍隨風'을 어떻게 해석해야 하는가? 괘상卦象으로는 풍뢰익괘風雷益卦를 가리킨다. 이효二爻와 오효五爻의 관계는 6효괘爻卦의 내외중심축內外中心軸을 이룬다. 내괘內卦는 선천원리先天原理, 외괘外卦는 후천后天원리를 표상한다. 즉 선후상응관계先後相應關係. 현실 역사속의 중심축은 선후천원리先后天原理다. 초효初爻(인성仁性), 상효上爻는 지성知性을 상징한다, 덕성德性과 지성知性은 어디에 반영되어 비쳐져 있는가? 내 몸안에 있는 지성知性은 군자의 몸을 상징하는 삼효三爻에 비쳐져 있고, 초효初爻는 사효四爻에 비쳐져 있다. ❷의義는 삼효三爻. '수풍隨風'은 무슨 괘卦를 가리키는가? 바람을 좇아간다. 택뢰수괘澤雷隨卦는 내괘內卦인 진괘震卦가 태소녀兌少女를 좇아간다. 따라서 '수풍隨風'이란 풍風·뇌雷·익괘益卦(뇌풍항雷風恒)를 위주로 한 말씀이다. 풍風·뇌雷·익괘益卦는 뇌풍항괘雷風恒卦의 부부夫婦의 합덕원리作用原理를 직접 표상하는 괘卦다. 혼인현상을 직접 표상하는 괘는 산택손괘山澤損卦다. 그러므로 손괘損卦와 함괘咸卦는 내외선후음양합덕관계內外先後陰陽合德關係다. 함咸·항괘恒卦에서 손損·익괘益卦로 넘어가는 사이에 상하上下, 내외를 표상한다. 일월日月의 합덕원리를 표상하는 것은 진晉·

수풍손隨風巽 수풍隨風이란 신도神道(신명원리神明原理)에 좇아간다.

신명행사申命行事 천명天命을 받들어 왕도정치王道政治를 실현하는 것이다. 천명天命을 신중하게 펴서 왕천하사업王天下事業을 실행하는 것이다. 신申은 펼 신(伸)은 거듭할 중(중重)으로 거듭해서 편다는 의미이다.

[初六]은 進退니 利武人之貞이니라. (風天小畜)
초육 진퇴 이무인지정 풍천소축

象曰, 進退는 志疑也일새오 利武人之貞은 志治也이니라.
상왈 진퇴 지의야 이무인지정 지치야

○ 進(나아갈 진) 退(물러날 퇴) 利(이로울 리{이}) 武(굳셀 무) 貞(곧을 정) 志(뜻 지) 疑(의심할 의)

초육初六은 나아가고 물러감이니, 무인武人의 곧음이 이로우니라.

상象에 이르기를, '나가고 물러가는' 것은 뜻이 의심하는 것이오. '무인武人의 곧음이 이롭다'는 것은 뜻이 다스려짐이니라.

개요概要

초육初六은 부정위不正位 효爻이다. 그러므로 진퇴의 원칙인 시지즉지時止則止 시행즉행時行則行을 말하고 있다.

명이괘明夷卦다. 돈遯·대장괘大壯卦는 상경上經의 임臨·곤괘觀卦와 선후천대응관계先后天對應關係를 표상한다. ❸'수풍隨風'이란 손괘巽卦를 좇아가는 존재存在는 누구인가? 장년남자長年男子, 즉 남편이다. 따라서 풍뇌익괘風雷益卦이다. 수고궁隨蠱宮과 손태궁巽兌宮이 어디에서 합덕하는가? 사효四爻에서 합덕한다. 「서괘」에 있어서 수隨·고蠱와 손巽·태괘兌卦는 어디에서 합덕하는가? 손損·익괘益卦다. ❹수隨·고괘蠱卦와 결부된 손巽·태괘兌卦는 선후음양대응관계先后陰陽對應關係에 있다. 중풍손괘重風巽卦는 성인聖人의 인격성을 표상하는 원리를 위주로 한다. 하경下經의 후천원리后天原理를 표상하는 주체적 인격성을 그대로 표상하는 괘가 진震·간艮·손巽·태괘兌卦다. 왜 하필이면 중풍손괘重風巽卦 오효五爻에서 밝히고 있는가? 상경上經의 수隨·고괘蠱卦와 밀접한 관련이 있음을 말하기 위해 「대상大象」에 수풍隨風이라 한 것이다. 수풍隨風이란 신도神道(신명神明, 육갑원리六甲原理)에 좇아간다. 신명행사申命行事란 신도神道에 의해 목도木道를 펴고 왕도정치를 행함이다.

각설 456

진퇴進退 초육初六의 음陰이 두 양陽(구이九二, 구삼九三)과 만나 선택을 망설이며, 진퇴進退를 거듭한다. 이것은 공손하며, 정도正道를 행하는 과정의 어려움을 말한다.

이무인지정利武人之貞 진퇴를 정할 수 없을 때는 무인武人의 강정剛貞함을 본받아 나아가면 이롭다. 즉 뜻을 세울 때는 중정中正을 근원으로 겸손하되 과단성있게 해야 한다는 것이다.

소상사小象辭 457

지의야志疑也 뜻에 의심나는 점이 있기 때문이다.

[九二]는 巽在牀下ㅣ니
구이 손재상하

用史巫紛若하면 吉코 无咎리라. (風山漸)
용사무분약 길 무구 풍산점

象曰, 紛若之吉은 得中也이니라.
상왈 분약지길 득중야

○ 巽(공손할 손) 在(있을 재) 牀(평상 상) 用(쓸 용) 史(점칠 사, 역사 사) 巫(무당 무) 紛(많을 분, 시끄러울 분, 어지러워질 분) 吉(길할 길) 得(얻을 득)

구이九二는 손巽이 침상 밑에 있으니, 성의를 표하는 것이 많으면 길吉하고

456 (觀中) 진퇴進退는 손괘巽卦다. '이무인지정利武人之貞'은 나갈 때 나가고, 물러설 때 물러선다. 무인武人(천택이괘天澤履卦 삼효三爻)은 태괘兌卦와 리괘離卦에서 온 것이다. 뇌지예괘雷地豫卦의 성인聖人은 천지天地가 소인小人에게의 형벌은 역수변화曆數變化, 즉 뇌우雷雨로 한다. '진퇴리무인지정進退利武人之貞'은 은연중 중부소과괘中孚小過卦와 관련된다.

457 (觀中) '지의야志疑也'는 뜻에 있어 의심나는 점이 있기 때문에 머리 속이 복잡하다. 무인지정武人之貞은 군자지정君子之情이다(정고족이간사원리貞固足以幹事原理, 가인괘家人卦의 정명원리正名原理와 직통直通). 무인지정武人之貞은 사효四爻의 시위時位에 가서 구체적으로 나타난다.

허물이 없으리라.

상象에 이르기를, '성의를 표하는 것이 많으면 길하다'는 것은 중中을 얻음이니라.

개요概要

구이九二는 부정위不正位로 성심誠心으로 정성을 다해야 함을 말한다.

각설[458]

손재상하巽在牀下 손순巽順이라 겸손謙遜함으로 평상 아래에 있다. 지나치게 자신을 낮춘 자로서 부끄러움이 없는 것은 정성을 다하기 때문이다.
용사무분약用史巫紛若 사관史官과 무당巫堂은 기도와 제사를 맡은 자이니 정성을 필요하다. 그러므로 사무史巫는 정성을 의미한다고 할 수 있다. 즉 성인지도聖人之道에 대하여 지극한 정성을 드리는 것을 말한다. 그러므로 길吉하여 허물이 없다는 것이다.

소상사小象辭

득중야得中也 성誠을 다하는 것이 중도中道를 얻음이다.

[九三]은 頻巽이니 吝하나니라. 구삼 빈손 인	(風水渙) 풍수환
象曰, 頻巽之吝은 志窮也이니라. 상왈 빈손지인 지궁야	

○ 頻(자주 빈) 巽(겸손할 손, 손괘 손) 志(뜻 지) 窮(다할 궁)

---

458 (觀中) 하도河圖·낙서원리洛書原理를 말하고 있다. '용사무분약用史巫紛若', 사무史巫로써 분약紛若(무당이 굿한다. 춤추고 노래한다. 풍산점괘風山漸卦는 중부괘中孚卦와 상통) 한다. ❶손재장하巽在牀下 : 자기의 기지를 누르고 하늘에 대해 손순하게 함이다. ❷사무분약史巫紛若 : 신명神明을 구함이다.

구삼九三은 자주 겸손謙遜함이니, 인색하니라.

상象에 이르기를, 자주 겸손謙遜하는 부끄러움은 뜻이 궁함이니라.

개요概要

구삼九三은 강剛으로 유柔에게 굴복하여 뜻을 자주 바꾸어 부끄러움이 생긴 것이다.

각설 [459]

빈손頻巽 **린**吝 구삼九三은 겸손謙遜하지 않으면 안 되는 때에 처하여 어쩔수 없이 겸손謙遜하고자 함이나 그 뜻을 자주 잃으니 인색하다. 면종복배面從腹背이다. 다시 말하면, 빈손頻巽이란 입불역방立不易方하지 못하는 것을 말한다.

소상사小象辭

지궁야志窮也 뜻이 곤궁한 것은 지의志疑와는 달리 해결의 방법이 없다는 것이다.

[六四]는 悔亡하니 田獲三品이로다. (天風姤)
육사 회망 전획삼품 천풍구

象曰, 田獲三品은 有功也이니라.
상왈 전획삼품 유공야

○ 悔(뉘우칠 회) 亡(없을 망, 망할 망) 田(사냥할 전, 밭 전) 獲(얻을 획) 三(석 삼) 品(물건 품)

459 (觀中) 혁革·정괘鼎卦, 화택규괘火澤睽卦는 진晉·명이明夷卦로 표현된 역수원리曆數原理를 근거로 하고 있다. 모든 괘卦가 다 그렇다. 왜 지궁志窮하게 되었는가? 자주 변덕부린다. 상효上爻의 「효사爻辭」가 상기자부喪其資斧(대인지도大人之道를 깨닫지 못함)했기 때문에. 상효上爻의 시위가 삼효三爻에 나타나기 때문이다.

육사六四는 뉘우침이 없다 하니, 사냥해서 삼품을 얻음이로다.

상象에 이르기를, '사냥해서 삼품을 얻는다'는 것은 공功이 있느니라.

개요概要

육사六四는 유순정위柔順正位로 천지인天地人 삼재지도三才之道를 자각하여 후회함이 없음을 말한다.

각설[460]

회망悔亡 공부하는 사람으로써 분명하게 알아야 할 것은 불퇴전不退轉의 공덕功德이다. 언제나 바르고 넘어지지 않으려면 올바른 사람이 되어야 한다. 마음속에 이루었다는 생각마저 없어야 한다. 깜깜하여 아무 것도 모르게 되어야 참으로 된 것이다. 학문이나 도道가 그냥 말로 되는 것이 아니다.

전획삼품田獲三品 전田은 사냥할 전이다. 삼품三品은 군자가 천지인天地人 삼재三才를 자각했다는 것이다. 사냥을 하여 삼품三品을 얻어 상하上下에 두루 공급하였다는 것은 육사六四가 상하上下에 모두 공손하게 행함을 상징하는 것이다.[461]

소상사小象辭

유공야有功也 군자가 천지인天地人 삼재지도三才之道를 자각하여 신명행사申命行事로 얻은 공功이다.

---

460 (觀中) 전획삼품田獲三品이란 세 짐승을 다 잡았다. 천지인天地人 삼재三才를 해득했다는 말이다. 품品은 구체적 사물, 삼품三品을 잡는 것은 성인聖人이 아니라 군자君子다.

461 전확삼품田獲三品는 『예기禮記』「왕재王制」편篇에도 나온다. "천자와 제후가 사냥을 할 때, 화살이 심장에 맞은 곳은 상살上殺이라 하여 건육乾肉을 만들어 제사祭祀에 사용하고, 대퇴부에 맞은 것은 중살中殺로 손님을 대접하는데 사용하며, 내장에 맞은 것은 하살下殺로 자신들의 식용食用으로 사용한다."라고 하였다.

[九五]는 貞이라 吉하고 悔亡하니 无不利니 无初有終이라
구오 정 길 회망 무불리 무초유종

先庚三日하며 後庚三日이니 吉하니라. (山風蠱)
선경삼일 후경삼일 길 산풍고

象曰, 九五之吉은 位正中也이니라.
상왈 구오지길 위정중야

○ 貞(곧을 정) 吉(길할 길) 悔(뉘우칠 회) 亡(없을 망, 망할 망) 无(없을 무) 初(처음 초) 有(있을 유) 終(끝날 종) 先(먼저 선) 庚(고칠 경, 길 경, 일곱째 천간 경) 後(뒤 후)

구오九五는 곧으면 길吉하고 뉘우침이 없어서 이롭지 않은 것이 없으니, 처음은 없으나 끝(마침)이 있음이라. 경일庚日 앞 삼일三日, 경일庚日 뒤 삼일三日이면(신중하게 헤아리면) 길吉하니라.

상象에 이르기를, 구오九五의 길吉하다는 것은 자리가 바름으로 중도中道를 행함이니라.

개요概要

구오九五는 정위正位·득중得中한 효爻로 종시終始원리와 선후경삼일先後庚三日에 대하여 설명하고 있다.

각설 [462]

462 (觀中) ❶무초유종无初有終 : 역도易道의 본질은 종시성終始性에 있음을 말하고 있다. '종즉유시終則有始'가 되려면 어떻게 해야하는가? 과거의 일이 끝나고 새로운 일이 다가온다. 세대가 交替된다는 말이다. ❷선경삼일先庚三日 후경삼일後庚三日 : 경庚이란 무엇인가? 선경삼일先庚三日 후경삼일後庚三日에 가서야 음양陰陽이 다 자라서 합덕成家할 수 있는 단계에 이르게 된 것이다. 따라서 선경삼일先庚三日 후경삼일後庚三日은 성인聖人 격인 신격神格을 그대로 상징한다. 천지天地가 합덕되어진 원리 자체를 지귀신지정상知鬼神之情狀이라고 한 것이다. 십오十五를 따로 떼어서 생각해서는 안 된다. 십오十五란 천지天地가 합덕되어진 그 자체를 가리킨다. 천지天地의 합덕 작용은 4단계段階를 거쳐서야 천지天地가 합덕이 된다. 천지天地가 합덕이 되면서 성도成道가 되는 것이다. 합덕은 성도成道란 말과 역학적 개념은 통通한다. 군자는 임인도수壬寅度數에서 나오게 되어있다. 병인도수丙寅度數에서는 생리적 생명체로서의 어린아이가 탄생한다. 인격성을 자각한 군자는 태어남과 동시에 성덕지인成德之人이

무초유종无初有終 역도易道의 본질은 종시성終始性에 있음을 말하고 있다.

종칙유시終則有始는 과거의 일이 끝나고 새로운 일이 다가온다, 세대가 교체된다. 변화가 있다는 말이다. 공손히 도道를 실천하면 처음을 보람이 없으나, 나중에는 결과가 드러난다는 것이다.

선경삼일先庚三日 후경삼일後庚三日 경庚은 일의 변경이다. 즉 일의 새로운 변화를 말한다.[463] 선경삼일先庚三日 후경삼일後庚三日의 뜻은 '무초유종无初有終'이다. 무초유종无初有從이라 처음(정丁)은 드러나지 않는다. 그러므로 선경삼일先庚三日에는 안 드러나고, 후경삼일后庚三日에 가서야 비로소 종시변화원리終始變化原理가 드러난다.

경일庚日의 3일 전은 정일丁日(부탁과 당부의 의미)이고, 경일庚日의 삼일三日 뒤는 계일癸日(헤아리고, 따지는 의미)이다. 즉 사물이 변형되기 이전에는 반드시 사람들에게 알도록 당부를 하고, 사물이 변경되고 난 이후에는 마땅히 득실을 따져 보는 등 모든 일을 처음과 끝을 신중하게 처리해야 길하다는 것이다. 손괘巽卦 오효五爻가 동動하면 산풍고괘山風蠱卦가 된다.

다. 인격적 존재로서의 군자는 수산건괘水山蹇卦에서 태어난다. ❸ 무초유종无初有終 : 경庚의 원리原理 ❹ 선경삼일先庚三日 : 무기戊己(5.10)가 귀체歸體되고, 정丁이 후갑삼일後甲三日로 들어간다.

463 『주역본의周易本義』에서는 "경庚은 변경함이니, 일을 변하는 것이다. 경庚보다 3일을 먼저 한다는 것은 정丁이요, 경庚보다 3일을 뒤에 한다는 것은 계癸이니, 정丁은 변경하기 전에 정녕丁寧히 하는 것이요, 계癸는 변경한 뒤에 헤아리는 것이니, 변경하는 바가 있으면서 이 점占을 얻은 자는 이와 같이 하면 길吉하다.(庚 更也, 事之變也, 先庚三日 丁也, 後庚三日 癸也, 丁 所以丁寧於其變之前, 癸 所以揆度(탁)於其變之後, 有所變更而得此占者, 如是則吉也.)"라고 하였다.

선삼일先三日↤ ↦ 후삼일後三日

신辛[443] 임壬 계癸 (갑甲) 을乙 병丙 정丁[444] (선후갑삼일先後甲三日)

↖새로운 일의 시작 ↑선천先天의 終

↓後天의 始 ↙새로운 일로 변경

정丁 무戊 기己 (경庚) 신辛 임壬 계癸 (선후경삼일先後庚三日)

소상사小象辭

위정중야位正中也 구오효九五爻의 정위득중正位得中을 말한다

[上九]는 巽在牀下하야 喪其資斧ㅣ니 貞이라도 凶하니라.
상구 손재상하 상기자부 정 흉

象曰, 巽在牀下는 上窮也일새오 (水風井)
상왈 손재상하 상궁야 수풍정

喪其資斧는 正乎아 凶也ㅣ라.
상기자부 정호 흉야

○ 巽(겸손할 손) 牀(평상 상) 喪(죽을 상) 資(재물 자) 斧(도끼 부) 貞(곧을 정) 窮(다할 궁)

상구上九는 겸손한 것이 상아래 있다 하니, 그(몸에 지닌) 재물과 도끼를 잃으니, 곧아도 흉凶하니라.

상象에 이르기를, '겸손이 상아래 있다'는 것은 위에서 궁함이오, '그 재물과 도끼를 잃었다'는 것은 바르겠는가, 흉함이라.

---

464 신일辛日은 신新으로 새롭게 시작

465 참고사항參考事項

❶정丁 : 정일丁日은 정령기행丁寧己行으로 만사가 틀림없이 된다는 의미이다. 향교鄕校와 서원書院에서 초정일初丁日에 제사를 지낸다. 이것은 온 정신을 쏟아 이행하기 위해서이며, 새롭게 출발한다는 의미이다. 즉 변화를 의미한다.(정일丁日은 한달에 3번/조선시대 휴일)

❷선후경삼일先后庚三日의 자의字意

①선경일일先庚一日 : 기己, 다스린다. 선경이일先庚二日 : 무戊, 마름질하다, 백성, 민초, 선경삼일先庚三日 : 정丁, 신중을 기하다, 당하다. ②후경일일后庚一日 : 신辛, 몸과 마음 고생을 헤아림, 후경이일后庚二日 : 임壬, 짊어진 짐을 헤아림, 후경삼일后庚三日 : 계癸, 어려움을 미리 헤아림.

개요概要

상구上九는 지나친 순종으로 흉凶이 생김을 말한다.

각설

손재상하巽在牀下 겸손(巽)이 평상 아래에 있다는 것은 지나치게 겸손으로 과공비례過恭非禮이다. 아첨과 비굴함이다. 구이九二가 '**巽在牀下**(손재상하) **无咎**(무구)' 한 것은 성인지도聖人之道에 대한 지극한 정성이 있기 때문이다.

상기자부喪其資斧 **정흉**貞凶 자부資斧란 돈과 도끼를 잃어 버렸다.(❶그 생활의 기반(재산財産과 권력權力)을 잃어 버렸다. ❷진리의 말씀과 진리의 갑옷을 잃어 버렸다.) 그러므로 아무리 정도正道를 좇아간다 해도 흉凶하다는 것이다.[466]

소상사小象辭

상궁야上窮也 공손恭遜함이 지나쳐서 궁窮하다.

정호흉야正乎凶也 바를 수 있겠는가? 하고 필히 흉凶하게 됨을 강조했다.

466『이천역전』에서는 "자는 가지고 있는 바이요, 부는 결단하는 것이다(資 所有也, 斧 以斷也)"라고 하였다.

✐ 손괘巽卦의 이치는 순이손順以巽이다.

즉 순종과 겸손함으로 천명天命을 받들어 나가는 것이다. 중정지도中正之道에 손순하기 때문에 뜻을 행할 수 있다는 것이다. 그러므로 신명행사申命行事, 즉 천명天命을 겸손하고 신중히 받들고 펴서 왕천하 사업을 실현하라는 것이다.

중택태괘
58.重澤兌卦

重風巽卦 重山艮卦 重澤兌卦 風火家人卦

도전괘
倒顚卦

중택태괘
重澤兌卦

중풍손괘
重風巽卦

음양대응괘
陰陽對應卦

중택태괘
重澤兌卦

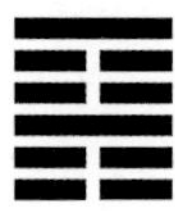

중산간괘
重山艮卦

상하교역괘
上下交易卦

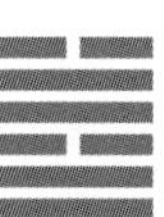

중택태괘
重澤兌卦

중택태괘
重澤兌卦

호괘
互卦

중택태괘
重澤兌卦

풍화가인괘
風火家人卦

효변
爻變

중택태괘
重澤兌卦

初爻變 而爲困卦	二爻變 而爲隨卦	三爻變 而爲夬卦	四爻變 而爲節卦	五爻變 而爲歸妹卦	上爻變 而爲履卦
택수곤괘 澤水困卦	**택뢰수괘** 澤雷隨卦	**택천쾌괘** 澤天夬卦	**수택절괘** 水澤節卦	**뇌택귀매괘** 雷澤歸妹卦	**천택이괘** 天澤履卦

요지要旨

괘명卦名 이 괘는 상태上兌의 택澤(☱) + 하태下兌의 택澤(☱) = 중택태괘重澤兌卦(䷹)이다.

괘의卦意 인간은 누구나 기쁨과 즐거움을 추구한다. 누구는 돈으로, 누구는 학문으로, 누구는 희생과 봉사로 기쁨을 추구한다. 그렇다면 참다운 기쁨은 어디에서 오는가? 중정지도中正之道로 왕도정치王道政治를 행함으로 만 천하가 다 같이 기뻐함을 말한다. 태兌의 선결조건은 정貞이다.

괘서卦序 「서괘」에서 "손巽은 들어감이니 들어간 뒤에 기뻐하므로 태兌로써 받았다.(巽者入也, 入而後 說之, 故 受之以兌.)"라고 하였다.
손 자 입 야 입 이 후 열 지 고 수 지 이 태
거듭 손순遜順하라는 뜻의 손巽을 여旅 다음에 두고, 거듭 기뻐한다는 뜻의 태兌로 그 다음을 둔 것이다.

괘상卦象 상하上下 모두가 기뻐하는 상象이다. 태兌소녀(군자)가 성인지도聖人之道에 순수한 곧음으로 순종함으로써 기쁘하는 것이다.

잡괘雜卦 태兌(☱)는 음陰이 양陽 위에서 기뻐하니 나타나는 것이다.(태견兌見)

兌는 **亨**하니 **利貞**하니라.
태 형 이 정

○ 兌(기쁠 태, 바꿀 태, 빛날 태)

태兌는 형통하니, 곧으면 이롭다.

각설 467

467 (觀中) ❶태괘兌卦의 원리속에 무엇이 들어있는가? 치민원리治民原理, 백성을 감복시키는 원리가 들어있다. 손괘巽卦의 원리는 성인聖人이 밝힌다. 뇌풍장남장녀지도雷風長男長女之道이다. 장남長男·장녀長女(성인聖人)가 신도神道는 밝히게 되어 있다. 艮·兌는 백성을 다스리

태형兌亨 태兌의 형亨은 이정利貞 때에 통通한다. 정도正道로 하면 이롭지만 사욕에 빠져서 기뻐하면 결국은 후회함에 이르게 된다는 것이다.

이정利貞 태괘兌卦는 음효陰爻이며 소녀少女이니, 곧아야 이롭다

[彖曰] 兌는 說也ㅣ니 剛中而柔外하야 說以利貞이라
단왈 태 열야 강중이유외 열이이정

是以順乎天而應乎人하나니
시이순호천이응호인

說以先民하면 民忘其勞하고 說以犯難하면
열이선민 민망기노 열이범난

民忘其死하나니 說之大ㅣ 民勸矣哉라.
민망기사 열지대 민권의재

○ 兌(기쁠 태, 바꿀 태, 빛날 태) 說(기꺼울 열) 剛(굳셀 강) 柔(부드러울 유) 利(이로울 이(리)) 貞(곧을 정) 是(옳을 시) 順(순할 순) 應(응할 응) 先(먼저 선) 民(백성 민) 忘(잊을 망) 勞(일할 노) 犯(극할 범, 능할 법, 범할 범) 難(어려울 난) 勸(권할 권)

단彖에 이르기를, 태는 기뻐하는 것이니, 강이 가운데 하고 유가 바깥해서, 기쁨으로써 바르게 함이 이로움이라, 이로써 하늘에 순하고 사람에게 응하나니, 기뻐함으로써 백성에게 먼저 하면 백성이 그 수고로움을 잊고, 기뻐함으로써 어려움을 극복하면 백성이 그 죽음을 잊나니, 기뻐함의 위대함이 백성에게 권하느니라.

는 사업을 말하며, 이는 군자에게 주어진 절대적 사명이다. 중풍손괘重風巽卦의 주격은 大人이나, 태괘兌卦의 주격은 백성(民)이다. ❷붕朋은 다리 혹은 고기를 상징한다. 우友가 손을 상징하는데(손을 마주 잡는 의미를 상징) 태괘兌卦의 잡괘雜卦는 천풍구天風姤다. 유우강柔遇剛이라 했다. 유결강柔決剛이라 하지 않았다. 유柔는 강剛을 결단할 수도 없다. 곤困은 상우相遇라 했다. 정井은 통야通也(음양陰陽이 하나로 통해졌다), 「서괘」에선 상하관계로 설명한다.(곤호상자필반하困乎上者必反下) 백성이 상上인가? 아니면 임금이 상上인가? 백성과 군자는 상上자와 하下자와 결부될 수 있다. '남하여男下女'란 정치적 관계에 있어 치자治者는 피치자被治者의 밑으로 들어가야 한다. 잡괘雜卦가 구괘姤卦라고 하는 것은 상우相遇라는 의미가 있다. 간괘艮卦와 만나기 위해, 간괘艮卦와 만나는데 있어 신방新房을 꾸미는 괘卦가 화택규괘火澤睽卦와 수산건水山蹇이다(간태艮兌가 수화水火를 가지고 신방新房을 치르는 괘卦다).

각설 [468]

강중이유외剛中而柔外 구이九二와 구오九五가 강양剛陽으로 득중得中함을 의미한다. 마음가짐을 바로하고 기쁨을 알맞게 밖으로 드러내라는 것이다.

순호천이응호인順乎天而應乎人 강중이유외剛中而柔外된 기쁨이니 위로는 천도天道에 순응順應하고 아래로는 백성에게 정도正道로 바르게 응應해서 중정지도中正之道를 실천하는 것이다.

열이선민說以先民 민망기노民忘其勞 지도자가 솔선수범으로 먼저 기쁨으로 앞장서서 백성보다 먼저 행하면 백성이 따라 온다는 것이다. 왕도정치 원리이다.

열이범난說以犯難 민망기사民忘其死 험난함을(명이괘明夷卦, 건괘蹇卦) 극복하면서 이를 무릅쓰고 기쁜 마음으로 솔선수범한다면 백성들이 죽음을 각오하고 따른다는 것이다.

열지대민권의재說之大民勸矣哉 만백성을 감복시킬 수 있는 기쁨이야말로 백성에게 권장할 필요가 있다. 왜냐하면 큰 기쁨을 백성에게 권하면 백성도 큰 기쁨으로 응應하기 때문이다. 그러므로 태괘兌卦의 위대성을

---

468 (觀中) '태兌는 열야說也라' 기뻐하니, 태兌를 서방西方이라고 한 것은 문왕괘도文王卦圖에 의거한다. 태兌는 본래 기쁠 태이다. '강중剛中(이효二爻와 오효五爻)이유외而柔外' '열이이정說以利貞' 기쁨으로 이정지도利貞之道를 이용한다. 이용하기 전前에 깨달아야 한다. 이에 「괘사卦辭」에 형亨이라고 한 것이다. 태괘兌卦의 주된 원리는 정貞에 있다. '시이순호천이응호인是以順乎天而應乎人'(선후갑삼일원리先後甲三日原理)이러한 원리(원인)를 가지고 있기 때문에 순호천이응호인順乎天而應乎人하는 것이다. '순호천이응호인順乎天而應乎人'하는 구체적 방법은 다음과 같다. '설이선민說以先民하면 민망기노民忘其勞'(지산겸地山謙) 군자는 시범을 보인다. '설이범난說以犯難'(주로 명이괘明夷卦를 가리키고, 수산건水山蹇 등이다.)은 고난이다. ⑵난難은 수산건괘水山蹇卦의 어려움(험난險難), 민망기사民忘其死, 죽음을 두려워하지 않은 자에게 생生이 돌아온다. 사死는 대과괘大過卦의 어려운 고비도 넘어갈 수 있다. '설지대說之大 민권의재民勸矣哉' 태괘兌卦의 위대성이, 태괘兌卦의 원리로써 백성의 마음을 고무시켜야 한다. 권勸은 수풍정괘水風井卦의 노민권상勞民勸相이다. '순호천順乎天'(건도乾道에 순응함)은 선후갑삼일원리先后甲三日原理이고, '이응호인而應乎人'은 가인괘家人卦도수이다. 군자지도를 알기 위해서는 선후경삼일원리先后庚三日原理를 먼저 깨달아야 한다. 간艮·태兌합덕원리를 표상하는 괘가 가인家人·규睽·건해蹇解이다.

말하고 있다.

[象曰] 麗澤이 兌니 君子ㅣ 以하야 朋友講習하나니라.
상왈 여택 태 군자 이 붕우강습

○ 麗(걸릴 려, 고울 려{여}) 澤(못 택) 兌(기쁠 태) 朋(벗 붕) 友(벗 우) 講(익힐 강) 習(익힐 습)

상象에 이르기를, 두 못이 걸려 있는 것이 태兌니, 군자는 이로써 벗을 모아 강론하고 익히느니라.

각설 469

여택麗澤 태兌 두 못에 걸려 있는 것이 태兌이다. 두 기쁨이 합해지면 그 효과가 더 커진다.

붕우강습朋友講習 벗이 서로 토론하여 이치理致를 밝게 하고 이것을 반복하여 체득體得하는 것이다.

[初九]는 和兌니 吉하나니라. (澤水困)
초구 화태 길 택수곤

象曰, 和兌之吉은 行未疑也이니라.
상왈 화태지길 행미의야

○ 和(화할 화) 兌(기쁠 태) 行(갈 행) 未(아닐 미) 疑(의심할 의)

초구初九는 화해서 기뻐함이니, 길하니라.

---

469 (觀中) 택수곤괘澤水困卦와 다른 점은 초효初爻가 다르다. 양陽(간艮)과 합덕이 된다. 혁괘革卦의 대인大人·군자지도君子之道가 화택규괘火澤睽卦의 관문을 통해 나타나게 되어있다. 그러므로 려麗(리괘離卦) 택澤(태兌)은 화택규괘火澤睽卦와 택화혁괘澤火革卦를 가리킨다. '붕우朋友(간괘艮卦)강습講習의 '습習은 중수감重水坎으로 상덕행습교사常德行習教事에서 온다.

상象에 이르기를, '화和해서 기쁘게 한다. 길吉하다.'는 것은 행行하는 바가 의심할 것이 없느니라.

개요概要

초육初六은 정위正位로 진리와 하나되는 즐거움을 말한다. 즉 화합하는 즐거움이다.

각설

화태和兌 길吉 화태和兌는 조화로운(음양조화, 인화人和, 진리와 온전히 하나되는 즐거움) 즐거움이다.[470] 그러므로 초구初九는 군자지도와 조화를 하기 때문에 길吉하다.[471]

소상사小象辭[472]

행미의야行未疑也 행하는 바를 의심하지 않는다.

[九二]는 孚兌니 吉코 悔ㅣ 亡하니라. 구이 부태 길 회 망	(澤雷隨) 택내수
象曰, 孚兌之吉은 信志也이니라. 상왈 부태지길 신지야	

○ 孚(믿을 부, 미쁠 부, 정성드릴 부) 兌(기쁠 태) 吉(길할 길) 悔(후회할 회) 信(믿을 신) 志(뜻 지)

구이九二는 믿음으로(진실함으로) 기뻐함이니, 길吉하고 후회함이 없으니라.

---

470 『주역절중周易折中』에서는" 효爻의 위치는 모두 강剛이나 유柔와 친비親比 하지 않고 비른 즐거움을 얻어 조화하지만 나쁜 것으로 빠지지 않는다.(爻位皆剛 不比于柔 得悅之正 和而不流者也)"라고 하였다.

471 『논어論語』, "군자화이부동君子和而不同"라고 하였다.

472 (觀中) 행미의야行未疑也는 실천하는데 전혀 의심이 없는 것이고, 화태和兌는 곤괘困卦 초효初爻의 '유불명야幽不明也'와는 반대 의미로서 순박하고 소박한 마음을 가진 백성이다.

상象에 이르기를, '믿음으로(진실함으로) 기뻐함이니, 길吉하다.'는 것은 뜻을 (정성스럽게) 믿음이니라.

개요概要

구이九二는 부정위不正位이나 득중得中한 효爻로 믿음과 정성을 다했기 때문에 길吉하고 뉘우침이 없다는 것이다.

각설[473]

부태孚兌 길吉 회망悔亡 구이九二는 부정위不正位이나 득중得中한 효爻로 믿음과 정성을 다했기 때문에 길吉하고 뉘우침이 없다는 것이다. ❶부태孚兌는 믿을 수 있는 사람과 나누는 즐거움이다. ❷회망悔亡은 구이九二가 부정위不正位로 바름을 잃은 것이 '회悔'이며, 구이九二가 중덕中德으로 행行하고, 육삼六三 음陰이 아직 힘이 미약한 까닭에 구이九二가 능히 자신을 지킬 수 있으니 '회망悔亡'이다.[474]

소상사小象辭

신지야信志也 중도中道에 대한 믿음이 있어야 한다.

---

473 (觀中) 부태孚兌란 다 자랄 때까지 믿고 기다림이다. 믿음이 섰기 때문에 때를 기다림(태兌가 시집올 때까지). 택뢰수괘澤雷隨卦, 초효初爻에 출문교出門交라 했다. 수괘隨卦 이효二爻에 소자와 장부로 갈라 말씀하였다.

474 『주역본의周易本義』에서는 "강중剛中은 성실함이 되고 음陰에 거함은 뉘우침이 된다. 점치는 자가 성실함으로써 기뻐하면 길(吉)하고 뉘우침이 없어질 것이다. (剛中爲孚, 居陰爲悔, 占者以孚而說, 則吉而悔亡矣.)"라고 하였다.

[六三]은 **來兌**니 **凶**하니라. (澤天夬)
육삼 래태 흉 택천쾌

象曰, 來兌之凶은 **位不當也**이니라.
상왈 래태지흉 위부당야

○ 來(~~ 부터 래, 올래{내}) 兌(기쁠 태) 之(갈 지) 凶(흉할 흉)

육삼六三은 와서(남에게 영합迎合하여) 기뻐함이니, 흉凶하니라.

상象에 이르기를, '와서(남에게 영합迎合하여) 기쁘게 하니, 흉凶하다'는 것은 자리가 마땅하지 않음이니라.

개요概要

육삼六三(소인지도小人之道)이 초구初九와 구이九二(군자지도)를 나쁘게 하려고 하니 흉凶한 것이다.

각설 [475]

래태來兌 흉凶 저來는 ~~로부터 래이다. 그러므로 래태來兌는 저절로 굴러온 즐거움, 노력없이 누군가 가져온 쾌락은 근본을 알 수 없음으로 흉凶하다. 육삼六三은 부중부정위不中不正位한 효爻로써 태兌의 정도正道를 잃어버렸다.[476] 육삼六三(소인지도小人之道)이 초구初九와 구이九二(군자지도)를 나쁘게 하려고 하니 흉凶한 것이다.[477] 왜냐하면 래來는 내려오는 의미이기 때문이다.[478]

---

475 (觀中) 소녀少女가 시집가기 전前에 자진하여 남자를 좇아온다. 여자의 행동이 불순하다. 이 효爻가 동動하면 택천쾌澤天夬가 된다. 소인지도小人之道는 하늘에 의해 심판을 받는다.

476 이정조는『주역집해』에서 "음으로써 양에 자리하고 있기 때문에 위가 부당하고, 나쁜데 빠져서 기쁨을 구하기 때문에 반드시 흉하게 된다.(이음거양以陰居陽, 고위부당故位不當, 함사구열陷邪求悅, 소이필흉所以必凶)"라고 하였다.

477 위로 가는 것을 '왕往'이며, 아래로 내려오는 것을 '래來'이다

478『주역본의周易本義』에서는 "음유陰柔로 중정中正하지 못하면서 태兌의 주체主體가 되어

소상사小象辭

위부당야位不當也 래태來兌은 위位가 부당함에 다른 것(구이九二)에 응應하고자 한다. 소인지도小人之道이다.

[九四]는 商兌未寧이나 介疾이니 有喜니라. (水澤節)
구사 상태미녕 개질 유희 수택절

象曰, 九四之喜는 有慶也이니라.
상왈 구사지희 유경야

○ 商(헤아릴 상, 장사 상) 兌(기쁠 태) 未(아닐 미) 寧(편안할 령) 介(분별할 개, 끼일 개) 疾(병 질) 有(있을 유) 喜(기쁠 희) 慶(경사 경)

구사九四는 헤아려서 기뻐하나 아직 편안하지 못하니, 병을 분별한다면 기쁨이 있느니라.

상象에 이르기를, 구사九四의 기쁨은 경사가 있음이니라.

개요概要

구사효九四爻는 부정위不正位이다. 헤아리는 기쁨이나 편하지 못하다.

각설 [479]

상태미녕商兌未寧 진퇴進退가 헤아려지는 그 기쁨이며, 즐거움이다. 그 잘못됨을 알면서도 이를 쉽게 멀리 하지 못하므로 편안치 못한 것이다.

개질유희介疾有喜 육삼효六三爻의 소인지도小人之道를 분별하고, 구오九五

위에 응應하는 바가 없고 도리어 두 양陽에게 찾아와서 기뻐함을 구하니, 흉한 도道이다.(陰柔不中正, 爲兌之主, 上无所應而反來就二陽, 以求說, 凶之道也.)"라고 하였다

479 (觀中) 상태미녕商兌未寧이란 태괘兌卦의 원리는 상량한다. 백성에 대해 고민한다. 개介(화지진火地晉, 이효二爻 "수자개복우기왕모受玆介福于其王母", 뇌지예괘雷地豫卦, 이효二爻에 각각 나온다.) 질疾은 병을 정확하게 진단했다. 희喜는 지천태원리地天泰原理이며, '개질介疾'은 화지진괘火地晉卦를 말한다.

를 도우며, 절개를 지키면 중정지도中正之道를 이루어 기쁨이 있다는 것이다. 병(질疾)을 분명하게 분별해서(개介) 막아야(지켜야) 기쁨이 있다. 개介는 분명하게 분별한다는 것이다.[480]

소상사小象辭

유경야有慶也 백성에게 기쁨이 있다는 것이다.

[九五]는 孚于剝이니 有厲ㅣ리라. (雷澤歸妹)
구오 부우박 유려 뇌택귀매

象曰, 孚于剝은 位正當也이니라.
상왈 부우박 위정당야

○ 孚(미쁠 부) 于(어조사 우) 剝(벗길 박) 有(있을 유) 厲(갈 려{여}) 位(자리 위) 正(바를 정) 當(마땅할 당)

구오九五는 박해하는 자를 믿는다면 위태로움이 있으리라.

상象에 이르기를, '박해하는 자를 믿는다.'는 것은 자리가 마땅함이니라.

개요槪要

구오九五가 자신의 능력을 믿고 자만하여 상육上六 소인小人을(옹색함을) 믿으면 위태로움이 있다는 것이다.

---

480 『주역본의周易本義』에서는 "사四는 위로 구오九五의 중정中正을 받들고 아래로 육삼六三의 유사柔邪를 가까이 하였다. 그러므로 결단하지 못하여 기뻐할 상대를 헤아려 정함이 있지 못한 것이다. 그러나 질質이 본래 양강陽剛이기 때문에 개연介然히 정도正道를 지켜 유사柔邪를 미워하는 것이니, 이와 같으면 기쁨이 있을 것이다.(四上承九五之中正, 而下比六三之柔邪. 故不能決而商度所說, 未能有定, 然質本陽剛, 故能介然守正而疾惡柔邪也. 如此則有喜矣)"라고 하였다.

각설 [481]

부우박孚于剝 유려有厲 구오九五가 상육上六 소인小人을(옹색함을) 믿으면 위태로움이 있다. 소인지도小人之道(상육上六)가 군자지도(구오九五)를 벗겨먹는다. (산지박괘 참고)[482]

소상사小象辭

위정당야位正當也 구오九五의 정위득중正位得中을 말한다. 그러나 구오九五의 위位는 소인小人들의 공격 표적이다. 방심과 지나친 자신감으로 소인지도를 믿어버리는 과오를 저지러면 안 된다는 경계사이다.

> **[上六]**은 引兌라. (天澤履)
> 상육 인태 천택이
>
> 象曰, 上六引兌는 未光也 이니라.
> 상왈 상육인태 미광야

❍ 引(끌 인) 兌(기쁠 태, 빛날 태) 未(아닐 미) 光(빛 광)

상육上六은 이끌어서 기뻐함이라.

상象에 이르기를, 상육上六의 '이끌어서 기쁘게 한다'는 것은 빛나지 못함이니라.

---

481 (觀中) 석과碩果가 떨어질 때까지 기다려라. 은총이 내려질 때까지.

482 『주역본의周易本義』에서는 "박剝은 음陰을 이르니, 양陽을 소멸시키는 자이다. 구오九五가 양강중정陽剛中正이나 기뻐하는 때를 당하여 존위尊位에 거해서 상육上六과 매우 가까우니, 상육上六은 음유陰柔로 열說의 주체가 되고 열說의 극極에 처하였으니, 망령되이 기뻐하여 양陽을 소멸시키는 자이다. 그러므로 그 점占이 다만 상육上六을 믿으면 위태로움이 있다고 경계한 것이다. (剝, 謂陰能剝陽者也. 九五陽剛中正, 然當說之時而居尊位, 密近上六, 上六, 陰柔爲說之主, 處說之極, 能妄說以剝陽者也. 故其占, 但戒以信于上六則有危也.)"라고 하였다.

개요概要

상육上六의 소인지도가 양효陽爻(구오九五·구사九四)를 끌어들이려고 (유혹해서 기뻐하는 것이다.) 한다. 그러므로 절제를 못하면 흉凶하다.

각설 483

인태引兌 상육上六의 소녀少女가 양효陽爻(구오九五·구사九四)를 끌어들이려고 (유혹해서 기뻐하는 것이다.) 한다. 그러나 절제를 못하면 흉凶하다. 군자의 입장에서 소녀少女를 끌어들어야 한다. 상육上六은 교묘하게 드러내지 않기 때문에 흉凶이 없다. 남들을 끌어들여서 누리는 즐거움이다.

소상사小象辭

미광야未光也 음陰이 양陽을 끌어들이는 음양陰陽의 조화라 빛이 나지 않는다는 것이다. 광대함을 얻지 못한다. 상육上六(소인小人)은 양陽(군자君子)을 깍아 내리려고 한다. 그러므로 관대하지 못하다는 것이다.

✐ 태兌는 천도天道를 근원으로 하여 왕도정치를 해서 만민을 기쁘게 하는 것이다. 예괘豫卦의 예豫도 즐거움을 의미한다. 그러나 예豫의 즐거움은 순종으로 움직여서 얻는 열락悅樂을 말한다. 태兌의 기쁨은 진실함을 근본으로 삼고, 동기가 순수하며, 바르고 정당해야 한다. 그러므로 정정貞正이 태兌의 선결 조건이다.

---

483 (觀中) 군자의 입장에서 태兌를 끌어당겨야 한다. 간괘艮卦의 입장에서 태괘兌卦를 끌어당긴다. 왕천하 원리를 학문적 입장에서 공부해야 할 때이므로 「소상小象」에서 '미광未光'이라고 한 것이다.

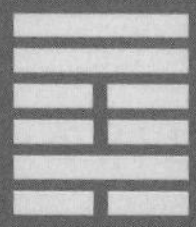

풍 수 환 괘

59.風水渙卦

도전괘
倒顚卦

풍수환괘
風水渙卦

수택절괘
水澤節卦

음양대응괘
陰陽對應卦

풍수환괘
風水渙卦

뇌화풍괘
雷火豐卦

상하교역괘
上下交易卦

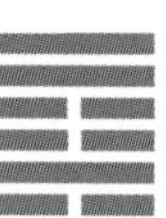

풍수환괘
風水渙卦

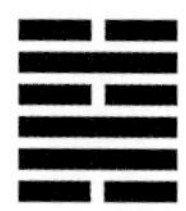

수풍정괘
水風井卦

호괘
互卦

풍수환괘
風水渙卦

산뢰이괘
山雷頤卦

효변
爻變

풍수환괘
風水渙卦

初爻變 而爲中孚卦	二爻變 而爲觀卦	三爻變 而爲巽卦	四爻變 而爲訟卦	五爻變 而爲蒙卦	上爻變 而爲坎卦
풍택중부괘 風澤中孚卦	**풍지관괘** 風地觀卦	**중풍손괘** 重風巽卦	**천수송괘** 天水訟卦	**산수몽괘** 山水蒙卦	**중수감괘** 重水坎卦

요지要旨

괘명卦名 이 괘는 상손上巽의 풍風(☴) + 하감下坎의 수水(☵) = 풍수환괘風水渙卦(䷺)이다.

괘의卦意 환渙은 흩어짐이다.[484] 진리의 확산, 왕도정치의 베품의 의미이요, 환란을 극복하는 지혜를 말한다. 즉 진리와 예악의 흩어짐은 무질서와 환란의 새로운 변화이다.

괘서卦序 「서괘」에서 “기뻐한 뒤에 흩어지므로 환渙으로써 받았다.(說而後 散之, 故 受之以渙)”(열이후 산지 고 수지이환)라고 하였다. 취聚와 산散은 상호의존적이다. 산散은 취聚를 전제로 한다.

괘상卦象 상풍上風은 손목巽木이며, 하수下水는 험난함(감坎)이다. 목도木道로써 험남함을 극복하고, 진리眞理를 전파한다는 것이다. 물위에 바람이 불어서 물이 흩어짐은 진리의 확신이다.

---

484 (觀中) ❶「잡괘雜卦」에서 “환渙은 이야離也”고 하였다. 떠날 리離 자字이다. 어디에 살고 있다가 떠나간다. 환渙·절괘節卦의 뜻을 파악해야 알 수 있다. 환渙·절괘節卦가 진태진간巽兌震艮의 합덕作用에 있어서 환渙·절괘節卦는 손巽·태괘兌卦를 중심으로 한 진震·간괘艮卦의 합덕作用原理를 표상한다. 진간손태震艮巽兌의 합덕작용원리를 직접 표상하는 괘가 풍豊·여旅와 환煥·절괘節卦이다. 풍豊·여괘旅卦는 (손巽·태괘兌卦와 합덕하는 作用에 있어서) 진震·간괘艮卦를 위주로 표상, 환渙·절괘節卦는 손巽·태괘兌卦를 위주로 진震·간괘艮卦와의 합덕관계를 표상하는 괘이다. 진간손태괘震艮巽兌卦로 합덕의 주체성을 표상하고 있다. 진간손태震艮巽兌의 합덕작용의 주체적 기능을 표상하는 괘가 진震·간艮·손巽·태괘兌卦라 태괘兌卦·진震·간괘艮卦와 손巽·태괘兌卦와의 작용성을 위주로 표상하는 괘는 풍豊·여旅·환渙·절괘節卦다. 이에 손절괘煥節卦는 손巽·태괘兌卦와 밀접한 관련성. 중택태괘重澤兌卦를 군민관계에 있어서 간괘艮卦는 주主요, 태괘兌卦을 표상을 상징. 환煥·절節·손巽·태괘兌卦에 있어서 절괘節卦와 밀접한 관련이 있는 괘卦가 중택태괘重澤兌卦이다. 풍수환괘風水渙卦는 중풍손괘重風巽卦와 밀접한 관련이 있다. ❷환괘渙卦가 갖는 역학적 주된 개념은? 「서괘」에서 산散으로 규정. 난리를 맞아 흩어진다는 의미도 있다. 환煥·절괘節卦의 음양대응괘陰陽對應卦는 풍여괘豊旅卦이기 때문이다. 중생衆生을 태워 대천大川을 건너가는 개념槪念이 위주가 된다. 「잡괘雜卦」는 풍산점風山漸이다. 환괘渙卦와 점괘점괘漸卦는 진震·간艮·손巽·태兌의 합덕원리를 표상한다. 천산돈괘天山遯卦에 풍수환괘風水渙卦가 「잡괘雜卦」로 나가있다. 돈괘遯卦는 천지天地와 인간人間이 합덕하는 원리이다. 돈遯·대장大壯은 천지天地와 인간과의 종적인 합덕관계, 풍수환괘風水煥卦는 손괘巽卦가 위주이다. 수택절괘水澤節卦는 태괘兌卦가 위주이다. 손巽·태괘兌卦는 물을 가지고 진간震艮과 합덕작용을 하는 환절괘煥節卦의 음양대응괘陰陽對應卦가 풍려괘豊旅卦다. 풍려괘豊旅卦의 주체는 진震·간괘艮卦다. 진震·간괘艮卦는 무엇을 가지고 손태巽兌와 합덕을 하는가? 불(화火)이다. 풍豊·여旅·환渙·절괘節卦는 진震·간艮·손巽·태兌의 합덕작용원리를 표상하는 괘다.

渙은 亨하니 王假有廟ㅣ며 利涉大川이니 利貞하니라.
환 형 왕격유묘 이섭대천 이정

○ 渙(흩어질 환) 亨(형통할 형) 王(임금 왕) 假(이를 격, 거짓 가) 有(있을 유) 廟(사당 묘) 利(이로울 이{리}) 涉(건널 섭)

환渙은 형통하니, 왕이 사당祠堂에 이르며, 큰 내를 건너는 것이 이로우니, 곧으면 이로우니라.

각설 [485]

환형渙亨 환渙은 흩어지는 것이고, 형통한 것이다

왕격유묘王假有廟 종묘宗廟에 나가서 제사를 지내는 정성으로 하면 이루지 못하는 바가 없다. 민심民心을 모을 수가 있다.

이섭대천利涉大川 이정利貞 이섭대천利涉大川은 왕격유묘王假有廟같은 마음으로 중도中道에 대한 믿음이 곧아야 이롭다. 즉 민심을 모아야 어떤 일이든지 해결할 수 있다는 것이다.[486]

---

485 (觀中) 왕가往假(=격格, 신적神的 존재存在가 오고 감)유묘有廟의 왕은 선왕先王을 의미한다. 환괘渙卦의 주된 개념은 섭대천涉大川하는데 있다. 「계사하」 2장에 "고목위주刳木爲舟하고 섬목위즙剡木爲楫하야 주즙지리舟楫之利로 이제부통以濟不通하야 치원이리천하致遠以利天下하니 개취제환蓋取諸渙"이라 한 것이다. 중부中孚卦에소는 승목주허乘木舟虛했다. 풍수환괘風水煥卦의 나무가 배요, 배를 타고 물을 건너간다는 말이다. 기旣·미제未濟의 제濟는 이섭대천利涉大川 때문에 제濟라고 규정하고 있다. 하도낙서원리河圖洛書原理를 직접 표상하는 괘卦가 기旣·미제괘未濟卦이다. 목도木道를 가지고 천도운행원리인 역수성통曆數聖統을 표상하는 괘卦가 많이 있다. 이섭대천利涉大川은 물과 나무와 관계된 괘卦는 섭대천涉大川의 의미가 있다. 왕격유묘往假有廟의 '유有'는 대유괘大有卦의 원리와 관련(선왕先王의 뜻이 군자의 마음속에 내려온 것이다).

486 『이천역전伊川易傳』에서는 '왕격유묘王假有廟'의 뜻은 취괘萃卦에 자세히 나와 있다. 천하天下가 이산離散하는 때에 왕자王者가 인심人心을 수합收合하여 사당祠堂을 둠에 이르면 이는 바로 중中에 있는 것이다. 중中에 있다는 것은 중中을 구하여 얻음을 이르니, 그 마음을 잡는 것이니, 중中은 마음의 상象이다. 강剛이 옴에 궁극하지 않고 유柔가 지위를 얻어 위로 함께 하니, 괘재卦才의 뜻이 모두 중中을 위주한 것이다. 왕자王者가 환산渙散을 구원하는 도道는 중中을 얻음에 있을 뿐이니, 맹자孟子는 말씀하기를 "백성을 얻는 것이 방법이 있으니, 마음을 얻으면 백성을 얻는다." 하였다. 상제上帝에게 제향祭享하고 사당祠堂을 세움은 민심民心이 돌아오고 따르는 바이니, 인심人心을 돌아오게 하는 방도가 이보다 큼이 없다. 그러

[彖曰] 渙亨은 **剛來而不窮**하고 **柔得位乎外而上同**할새라
단왈 환형 강래이불궁 유득위호외이상동

王假有廟는 **王乃在中也**일새오
왕격유묘 왕내재중야

利涉大川은 **乘木**하야 **有功也**이니라.
이섭대천 승목 유공야

○ 渙(흩어질 환, 풀이름 환) 亨(형통할 형) 剛(굳셀 강) 來(올 래{내}) 窮(다할 궁) 得(얻을 득) 位(자리 위) 乎(어조사 호) 乃(이에 내) 在(있을 재) 假(이를 격, 거짓 가) 有(있을 유) 廟(사당 묘) 乘(탈 승) 木(나무 목) 功(공 공)

단彖에 이르기를, '환渙이 형통亨通하는 것'은 강剛(구오九五)이 와서 궁하지 않고, 유柔(육사六四)가 자리를 밖에 얻어서 위로 함께 함이라. '왕王이 사당祠堂에 이르렀다'는 것은 왕王이 마침내 중中의 자리에 있음이오. '큰 내를 건너는 것이 이롭다'는 것은 '물을 건너는 데는' 나무(목도)를 타야만 공功이 있느니라.

각설 487

강래이불궁剛來而不窮 구오九五의 성인지도聖人之道가 아래로 내려오니 궁窮함이 없다는 것이다.

유득위호외이상동柔得位乎外而上同 육사六四가 정위正位하여, 외괘外卦인 구오九五와 더불어 같이하기 때문이다.

므로 '사당祠堂을 둠에 이른다' 하였으니, 환산渙散을 구원하는 도道가 여기에 지극한 것이다.(王假有廟之義, 在萃卦詳矣. 天下離散之時, 王者收合人心, 至於有廟, 乃是在其中也. 在中 謂求得其中, 攝其心之謂也. 中者 心之象, 剛來而不窮, 柔得位而上同, 卦才之義, 皆主於中也. 王者拯渙之道, 在得其中而已, 孟子曰 得其民有道, 得其心, 斯得民矣. 享帝, 立廟, 民心所歸從也. 歸人心之道, 无大於此, 故云至于有廟, 拯渙之道 極於此也)."라고 하였다.

487 (觀中) 강剛은 구오효九五爻, 불궁不窮은 중정中正의 심心이기 때문이다, 유柔는 사효四爻, 위位는 정위正位, 호乎는 육사효六四爻, 상上은 구오효九五爻이다. 왕격유묘王假有廟에서 환산渙散의 방법方法은 정신통일精神統一이다. 중야中也의 중中은 군자의 심중心中을 말한다.
❶강래이불궁剛來而不窮 : 성인지도聖人之道. ❷유득위호외이상동柔得位乎外而上同의 외外는 사효四爻다. '강래이불궁剛來而不窮'은 강剛이 이효二爻자리로 내려온다.

왕내재중야王乃在中也 구오효九五爻가 중도中道를 가진 위位임을 말한다. 중정지도中正之道로 이섭대천利涉大川할 수 있다.

승목유공乘木有功 목木은 신도神道를 상징이다. 목도木道로 건너갔다.(목도내행木道乃行) 그러므로 목도木道를 타고 가면 공이 있다.[488]

> **[象曰] 風行水上**이 **渙**이니
> 상왈 풍행수상 환
>
> **先王 以**하야 **享于帝**하며 **立廟**하니라.
> 선왕 이 향우제 입묘

○ 風(바람 풍) 行(갈 행) 水(물 수) 享(제사바칠 향, 누릴 향) 帝(임금 제) 立(설 립) 廟(사당 묘)

상象에 이르기를, 바람이 물 위로 가는 것이 환渙이니, 선왕先王은 이로써 상제上帝께 제사를 바치고 사당(묘당廟堂)을 세우느니라.

각설 [489]

풍행수상風行水上 환渙 수水는 건너가야 될 강물이다. 바람이 물위에 행한다는 것은 목도木道를 타고 강江을 건너간다는 것이다.

향우제享于帝 입묘立廟 하늘의 뜻을 의심하지 말고 지극한 정성으로 제사지내고 순응하라는 뜻이다. 입묘立廟는 사당을 세운다는 것이다. [490]

---

488 『주역절중周易折中』에서는"나무를 타고 공이 있다는 것은 나무가 물위에 있는 것을 말하는 것으로 위험을 벗어나는데 도구를 가지고 있다는 뜻을 갖추고 있다.(乘木有功 謂木材水上 便含濟險有具之意)"라고 하였다.

489 (觀中) 향우제를 위해 사당집을 짓는다. 선왕先王을 받들기 위해서. 풍행수상風行水上의 수水는 건너가야 될 강물이다. 강위에 신도神道가 운행한다. 신도神道를 타고서 강을 건너갈 수밖에 없다.

490 『이천역전伊川易傳』에서는 '인심人心을 수합收合함은 종묘宗廟만한 것이 없다. 제사祭祀의 보답은 마음에서 나오기 때문에 상제上帝에게 제향祭享하고 사당祠堂을 세움은 인심人心이 돌아오는 바이니, 인심人心을 붙들고 이산離散을 합치는 방도가 이보다 큰 것이 없다.(收合人心, 无如宗廟, 祭祀之報, 出於其心, 故享帝立廟, 人心之所歸也. 係人心, 合離散之道, 无大於此."라고 하였다.

[初六]은 用拯하되 馬壯하니 吉하니라. (風澤中孚)
초육 용증 마장 길 풍택중부

象曰, 初六之吉은 順也이니라.
상왈 초육지길 순야

○ 用(쓸 용) 拯(건질 증) 馬(말 마) 壯(씩씩할 장) 順(순할 순)

초육初六은 (사람을) 구원하되, 말이 씩씩하니 길하니라.

상象에 이르기를, 초육初六의 길吉하다는 것은 구이九二(군자君子)에 순응順應함이니라.

개요概要

초육初六은 환괘渙卦 「효사」 중에서 유일하게 '환渙' 자字가 없다. 그것은 아직은 마음이 흩어지지 않은 초효初爻이기 때문이다.

각설

용증用拯 구원을 받는다. 구이九二 군자지도를 취한다. 용用은 건도乾道를 사용하는 것이다.

마장馬壯 길吉 말은 양陽物로 구이九二를 의미하며, 마장馬壯은 천도天道의 장성함으로 길吉하다는 것이다.[491]

소상사小象辭

순야順也 초육初六이 구이九二에 순종하는 것이다. 그러므로 흩어지는 것을 구원하여 길할 수 있는 것이 순順이다.

491 『이천역전伊川易傳』에서는 "괘卦의 초初에 거居하였으니, 환산渙散하는 초기이니, 처음 환산渙散할 때에 구원하면 힘쓰기가 이미 쉽고 또 건장한 말이 있으니, 그 길吉함을 알 수 있다. 초육初六은 환산渙散을 구제할 수 있는 재질이 있는 것이 아니요, 다만 구이九二에게 순종하기 때문에 그 상象과 점占이 이와 같은 것이다.(居卦之初, 渙之始也. 始渙而拯之, 爲力旣易, 又有壯馬, 其吉可知, 初六, 非有濟渙之才, 但能順乎九二, 故其象占如此.)"라고 하였다.

[九二]는 渙에 奔其机니 悔亡하리라. (風地觀)
구이 환 분기궤 회망 풍지관

象曰, 渙奔其机는 得願也이니라.
상왈 환분기궤 득원야

○ 渙(흩어질 환) 奔(달릴 분) 机(책상 궤) 悔(후회할 회) 亡(없을 망) 得(얻을 득) 願(원할 원)

구이九二는 (민심이) 흩어지는 때이니(건너가는 때이니), (몸을 기댈 수 있는) 궤(机)로 달려가면 후회함이 없느니라.

상象에 이르기를, 흩어지는 때(건너는 때)에 궤机로 달려가는 것은 원하는 것을 얻음이니라.

개요概要

구이九二는 부정위不正位 효爻이다. 그러나 진리眞理에 의지하면 환란을 극복할 수 있다는 것이다.

각설

환渙 환渙은 물 이름 환으로 강을 건너간다는 의미이다.[492](이섭대천利涉大川)

분기궤奔其机 궤机는 편하게 의지하는 의자를 말하며, 이는 진리(성인지도)에 의지하면 편안하고 후회가 없다는 것을 비유한 말이다.

회망悔亡 이섭대천利涉大川의 시기에 초육初六과 협력하면 후회가 없다.

소상사小象辭[493]

득원야得願也 이섭대천利涉大川의 시기에 구이九二와 초육初六이 모두 부

---

492 분기궤奔其机(풍수환風水渙)란 목도木道에 의지한다는 것이다. 환괘渙卦의 괘명卦名이 삼수변의 물 이름 渙자를 쓴 까닭은 건너간다는 의미를 나타내기 위해서다. 분기궤奔其机는 군자가 목도木道를 공부하는 것이다.

493 궤机는 책상 궤로써 몸을 기대는 안석案席이나 사방침四方枕(사방침은 팔꿈치를 펴고 비스듬히 기대어 앉게 된 큰 베개) 같은 것이다, '흩어지는 때에 궤机로 달려간다'고 하는 것은 진리의 품안에서 편안하게 머물라는 의미이다. 궤机(책상 궤)는 의지할 수 있는 곳이다.

정위不正位이나 서로가 협력하면 원하는 것을 얻을 수 있다는 것이다.

득원得願은 ❶본성本性자리로 돌아가고자 하는 것이다. ❷ 환란의 해소이다.

[六三]은 渙其躬이 无悔니라. (重風巽)
육삼 환기궁 무회 중풍손

象曰, 渙其躬은 志在外也이니라.
상왈 환기궁 지재외야

○ 渙(흩어질 환) 其(그 기) 躬(몸 궁) 志(뜻 지) 在(있을 재) 外(밖 외)

육삼六三은 그 몸이(사사로운 마음을 흩어 버리면) 건너가면 후회함이 없느니라.

상象에 이르기를, 그 몸이(사사私事로운 마음을 흩어 버리는 것) 건너가면 뜻이 밖에 있느니라.

개요概要

육삼六三은 부정위不正位이나 자신을 수양修養하면 뉘우침이 없다는 것이다.

각설[494]

환기궁무회渙其躬无悔 육삼六三은 부정위不正位이나 자신을 수양修養하면 뉘우침이 없을 것이다. 기궁其躬은 그 자신 몸으로 자신을 수양하는 것이다.[495]

소상사小象辭[496]

494 무회无悔는 원래부터 뉘우침이 없는 것이고, 유회有悔는 뉘우침이 있는데 본인本人이 수양修養 노력努力하여 천부지성으로 나아가는 것이다.

495 『주역절중周易折中』에서는"주역 가운데 육삼六三이 상구上九와 상응相應하여 길吉한 경우는 드물다. 오직 환괘渙卦에 상효上爻와 응應한다는 것은 자기를 버리고 위를 따르는 상象이 있기 때문이다.(易中六三應上九, 少有吉矣. 惟當燠時, 則有應上者 忘身徇上之象也.)"라고 하였다.

496 (觀中) 환기궁渙其躬은 산수몽괘山水蒙卦가 수산건괘水山蹇卦로 자란 것이다. 갓 태어나 몽매蒙昧한 군자가 스승을 만나 과행육덕을 하여 수산건괘水山蹇卦(군자를 위주로 왕도정치 원리 표상 = 당위정길이정방야當位貞吉以正邦也)의 지자知者가 된 것이다.(견험이능지지의재

지재외야志在外也 육삼六三의 뜻이 하늘에 있다는 것이다.

[六四]는 渙其群이라
육사 환기군

元吉이니 渙有丘에 匪夷所思ㅣ니라. (天水訟)
원길 환유구 비이소사 천수송

象曰, 渙其群元吉은 光大也이니라.
상왈 환기군원길 광대야

○ 渙(흩어질 환, 물건너갈 환) 群(무리 군) 元(클 원, 으뜸 원) 길吉(길할 길) 渙(흩어질 환) 有(있을 유) 丘(언덕 구) 匪(아닐 비) 夷(평상시 이, 평평할 이, 상할 이, 오랑캐 이) 所(바 소) 思(생각할 사)

육사六四는 그 무리가 (사심私心이) 흩어짐(건너감)이라, 크게 길할 것이니, 환渙에 언덕이 있음이 평상시와 같이 (사람들이) 생각하는 바가 아님이라. 상象에 이르기를, '그 무리가 흩어짐(건너감)은 크게 길할 것이다.'는 것은 그 공능功德이 크게 빛나는 것이니라.

개요概要

육사六四가 이 괘의 주효主爻이다.

각설

환기군渙其群 원길元吉 환기군渙其群을 중생제도衆生濟度원리, 왕도정치 원리로 보면 이섭대천利涉大川의 시기時期에 진리眞理를 자각한 사람이 그 무리를 이끌고 저 언덕으로 감이라 크게 길吉하다고 할 수 있다. 또는 사사私事로운 무리나 마음을 흩어버림이라 크게 길吉하다.[497]

見險而能止知矣哉)

497 『주역본의周易本義』에서는 "음陰에 거居하여 정위正位를 얻고 위로 구오九五를 받드니 환산渙散을 구제할 임무를 담당한 자이며, 아래에 응여應與가 없으니 그 붕당朋黨을 해산하는 상象이 된다. 점치는 자가 이와 같이 하면 대선大善하여 길吉하다. 또 작은 무리를 흩어서 큰 무리를 이루어 흩어진 자들로 하여금 언덕처럼 많이 모이게 한다면 상인常人들의 사려思慮로는 미칠

환유구渙有丘 덕이 언덕같이 높은 대인大人이 무리를 이끌고 대천大川을 건너감을 말한다. 구丘는 대인大人을 지칭한다. 해탈의 경지인 저 언덕을 의미한다. 군자가 거처居處하는 언덕을 말한다.

비이소사匪夷所思 대인大人의 생각과 지혜는 평상시 사람들의 생각하는 것과는 다르다. 그러므로 물에 빠지지 않는다는 것이다.

소상사小象辭

광대야光大也 대인大人의 이섭대천利涉大川이 크게 빛난다는 것이다.[498]

[九五]는 渙에 汗其大號ㅣ면 渙王居ㅣ니 无咎ㅣ리라. (山水蒙)
구오 환 한기대호 환왕거 무구 산수몽

象曰, 王居无咎는 **正位也**이니라.
상왈 왕거무구 정위야

○ 渙(흩어질 환) 汗(땀 한) 號(부르짖을 호) 咷(울 도)

구오九五는 환에 크게 부르짖음(명령)을 땀나듯이 하면, 환에 왕王이 거함이라 허물이 없느니라.

상象에 이르기를, '왕王이 거함에 허물이 없다.'는 것은 사리가 바름이니라.

개요概要

구오九五는 환란患難의 때에 진리眞理에 대한 부르짖음으로 허물이 없다는 것이다.

바가 아님을 말한 것이다.(居陰得正, 上承九五, 當濟渙之任者也. 下无應與, 爲能散其朋黨之象, 占者如是, 則大善而吉, 又言能散其小群, 以成大群, 使所散者聚而若丘, 則非常人思慮之所及也.)라고 하였다.

498 『래주역경도해來註易經圖解』에서는 "대개 사사로운 당(黨)을 세우는 자들은 대개 마음이 어둡고 좁고 작은 자들이다. 생각컨데 한 터럭만큼도 사사로움이 없다면 광명정대하여 그 무리를 능히 흩을 수 있다. 그러므로 크게 빛난다고 한 것이다. (凡樹私黨者, 皆心之暗昧狹小者也. 惟無一毫之私, 則光明正大, 自能渙其群矣. 故曰光大也.)"라고 하였다.

각설 [499]

환渙 한기대호汗其大號 크게 땀을 흘리면서(혼신의 힘을 다해서) 부르짖는다는 것은 선호도이후소先號咷而後笑를 말한다. 순리에 따른다는 것이다. **환왕거渙王居 무구无咎** 이섭대천利涉大川하는데 성인聖人(구오九五=임금)이 진리, 중정지도로 이끌기 때문에 허물이 없다는 것이다.[500]

소상사小象辭

정위야正位也 구오효九五爻는 정위득중正位得中한 위로써 강건중정剛健中正이다.

[上九]는 **渙**에 **其血**이 **去**하고 **逖出**하니 **无咎**ㅣ리라. (重水坎)
상구 환 기혈 거 척출 무구 중수감

象曰, 渙其血은 **遠害也**이니라.
상왈 환기혈 원해야

○ 渙(흩어질 환) 血(피 혈) 去(갈 거) 逖(두려워할 척(=惕), 멀 적) 出(날 출) 遠(멀 원) 害(해칠 해)

상구上九는 환에 그 상傷함이(그 피가) 있으면 버리고, 두려운 곳에서(멀리) 벗어나면 허물이 없느니라.

상象에 이르기를, '환기혈'은 해害를 멀리함이니라.

---

499 (觀中) 환渙에 한기대호汗其大號(선호도이후소先號咷而後笑)란 땀을 흘리면서 크게 부르짖는다. '한기대호汗其大號'는 곤괘困卦 아니면 수택절괘水澤節卦다. 절괘節卦 초효初爻는 비태원리泰否原理를 깨달았기 때문에 정위正位는 화풍정괘火風鼎卦에서 가인괘家人卦다. 택수곤괘澤水困卦로 잉태孕胎된 아이가 화풍정괘火風鼎卦로 태어난다. 가인괘家人卦는 선후천변화先后天變化의 마디를 상징하는 괘卦이다. '환渙에 왕거王居'란, 가인에 있어서 엄군嚴君의 의미를 표상하는 효爻가 오효五爻이다. 한기대호汗其大號는 크게 부르짖는 모습이다. 환란患難의 시대時代에 천자天子가 순리順理에 따라 백성들을 구제救濟하는 것이다. 환왕거渙王居는 성인지도聖人之道에 거함을 말한다.

500 『주역본의』에서는 "구오九五는 양강중정陽剛中正으로 존위尊位에 거하였으니, 환산渙散의 때를 당하여 호령號令과 거자居積를 흩으면 환산渙散을 구제하여 허물이 없을 수 있다. (陽剛中正, 以居尊位, 當渙之時, 能散其號令與其居積, 則可以濟渙而无咎矣, 故其象占如此.)"라고 하였다.

개요概要

상구上九는 환란을 벗어날 수 있는 것은 소인지도小人之道를 버림에 있다고 한다.

각설[501]

기혈其血 거去 이섭대천利涉大川에 상해傷害함(험난함, 소인지도)이 있으면 안 되니 상구上九는 소인지도小人之道(육삼六三·음陰)를 버리라는 것이다.

적출逖出 무구无咎 육삼六三을 조심해 나가면 허물이 없다는 것이다.

소상사小象辭[502]

원해야遠害也 이섭대천利涉大川의 시기라 해로운 것(소인지도小人之道)을 멀리하고 지선至善의 마음으로 최선을 하라는 것이다. 많은 사람들을 고난과 슬픔으로부터 벗어나 희열하게 하는 환산渙散의 방법은 정성(민심)을 모우는데 있다. 그러므로 '왕격유묘王假有廟'라고 한 것이다. 도리어 인간의 이기심(자기심, 붕당심, 소유욕, 투쟁심)은 고난과 비애를 가져온다.

> ✐ 환渙은 진리와 예악禮樂의 흩어짐으로 인한 무질서와 환란을 극복하는 새로운 변화에 대하여 말하고 있다. 그 환란患難 극복의 방법에 대해서도 풍수환괘風水渙卦의 괘상에 보듯이 목도木道(손巽)로써 험남함(감坎)을 극복하고, 진리眞理를 전파한다는 것이다. 이것을 통해서 환란을 극복하고 민심을 한 곳에 모으는 이치를 말한다. 진리의 자각을 통해서 선천의 무질서를 극복하는 선후천원리를 의미하기도 한다.

---

501 (觀中) 환기혈거적출渙其血去逖出은 풍천소축괘風天小畜卦를 그대로 이어온 것이다. 기혈其血(=감坎)거적출去逖出은 뇌수해괘雷水解卦를 가리킨다. '적逖(=척惕)출出' 진괘(震卦)는 군자지도가 태어났다.

502 (觀中) 구덕괘九德卦에서 '손이원해巽以遠害'라고 했다. 위험한 일을 멀리한다.

수 택 절 괘
60. 水澤節卦

風水渙卦 火山旅卦 澤水困卦 山雷頤卦

도전괘
倒顚卦

수택절괘
水澤節卦

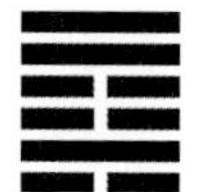

풍수환괘
風水渙卦

음양대응괘
陰陽對應卦

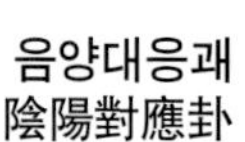

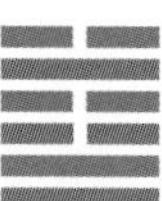

수택절괘
水澤節卦

화산여괘
火山旅卦

상하교역괘
上下交易卦

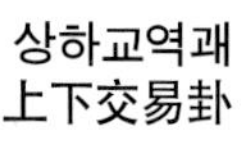

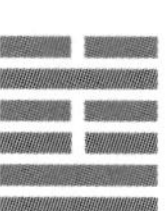

수택절괘
水澤節卦

택수곤괘
澤水困卦

호괘
互卦

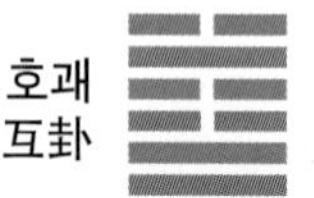

수택절괘
水澤節卦

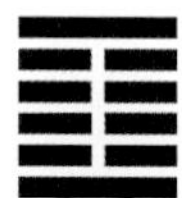

산뢰이괘
山雷頤卦

효변
爻變

初爻變 而爲坎卦 | 二爻變 而爲屯卦 | 三爻變 而爲需卦 | 四爻變 而爲兌卦 | 五爻變 而爲臨卦 | 上爻變 而爲中孚卦

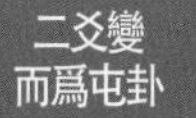

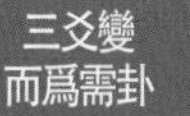

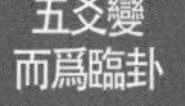

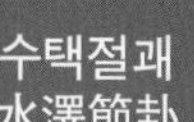

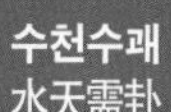

수택절괘
水澤節卦

중수감괘 重水坎卦 | **수뢰둔괘** 水雷屯卦 | **수천수괘** 水天需卦 | **중택태괘** 重澤兌卦 | **지택임괘** 地澤臨卦 | **풍택중부괘** 風澤中孚卦

요지要旨 503

괘명卦名 이 괘는 상감上坎의 수水(☵) + 하태下兌의 택澤(☱) = 수택절괘水澤節卦(䷻)이다.

괘의卦意 절節은 알맞게 할 절로서 역사적 마디, 힘든 마디, 새로운 문명文明의 마디를 말한다. 또한 새로운 예禮와 절도節度의 마디이며, 변화의 시점, 종시변화終始變化에서의 절제를 말한다. 대나무의 마디는 절제의 상징이다. 대나무는 마디가 없으면 하늘 높이 자랄 수가 없기 때문이다. 이것을 ❶개인적 측면에서는 인간 성찰의 절도節度와 자기 절제節制를 말한다. ❷사회적 측면은 문물절도文物節度의 변화원리變化原理, 예악제도禮樂制度를 말한다. ❸자연적 측면은 24절기, 초목의 마디, 사시四時의 변화變化이다.

괘서卦序 「서괘」에서 "환渙은 떠남이니 물건은 끝내 떠날 수 없으므로 절節로써 받는다.(渙者 離也, 物不可以終離, 故 受之以節.)"라고 하였다.
환 자 이 야 물 불 가 이 종 이 고 수 지 이 절

괘상卦象 하괘下卦인 못 위에 상괘上卦인 물이 있다. 이것은 못이 물을 조절하는 절제를 말하고 있다.

잡괘雜卦 절괘節卦의 상하교역괘上下交易卦는 택수곤괘澤水困卦이며, 절괘節卦는 대장괘大壯卦의 잡괘雜卦(비례불비非禮弗履)이며, 절괘節卦의 잡

---

503 (觀中) ❶뇌천대장雷天大壯(정유丁酉)의 이괘雜卦로 나간다. 백성과 군자君子와의 인격적人格的 차원에서 합덕되어지는 관계이다, 합덕은 인격적 차원에서 인격성을 주체로 화합和合이 된다. 인격성은 심성心性(마음과 성정性情)으로 작용한다. 인격성의 주체가 성性이요, 인격성의 정서작용情緖作用이 정情이다. 정서는 인격성의 작용으로 나타난다. ❷대장괘大壯卦는 '비례불이非禮弗履라' 하여 예의원리禮義原理를 표상한다. 절괘節卦의 잡괘雜卦는 산뢰이괘山雷頤卦이다. 이괘頤卦는 진변위간震變爲艮의 원리이다(선천先天이 후천后天으로 변화). 간괘艮卦가 상괘上卦(외괘外卦), 진괘震卦가 하괘下卦(내괘內卦)다. ❸산뢰이괘山雷頤卦가 선천先天이 후천后天이 되는 원리를 표상. 산뢰이괘山雷頤卦의 상하上下를 바꾸면 뇌산소과괘雷山小過卦가 된다. 선천先天이 후천后天으로 변화하는 원리를 주관하는 것은 하늘이다. ❹왜 소과괘小過卦를 소사小事라고 했는가? 산뢰이괘山雷頤卦는 하늘이 하는 일이므로 대사大事다. 소과괘小過卦는 겸謙·예과豫卦를 포개어 놓은 卦다. 성인지도聖人之道와 군자지도를 어디에다 포개어 놓았는가? 군자의 마음(심心)(사효四爻)신身(삼효三爻)안에 주어진 성명지리性命之理를 자각함에 따라 성인聖人·군자지도를 군자의 심신안에서 일치一致시킨다.

괘雜卦는 이괘頤卦(진리眞理의 자각自覺)이다.

節은 **亨**하니 **苦節**은 **不可貞**이니라.
절 형 고절 불가정

○ 節(알맞게 할 절, 마디 절) 亨(형통할 형) 苦(쓸 고) 不(아닐 불) 可(옳을 가) 貞(곧을 정)

절節은 형통하니, 쓴 마디(고절苦節)는 가히 바르지 못함이니라.

각설 [504]

절형節亨 절節은 가장 중요한 덕목으로서 중도中道로 하면 형통하다는 것이다. 인생의 마디마다 성인지도聖人之道와 의논하면 형통하다는 것이다.[505]

고절불가정苦節不可貞 고절苦節은 시時를 지키지 못하면 가히 정도正道를 행할 수 없다는 것이다. 지나친 절제(고절苦節)는 바름으로도 지킬 수 없다는 것이다.[506] 구오九五는 감절甘節인데 상육上六은 지나침으로 고절苦節이다.

---

504 절節은 ❶절제節制(방종에 흐르지 않도록 감성적 욕구를 이성으로써 제어하는 일), ❷절검節儉(절약하고 검소하게 함), ❸절조節操(절개와 지조志操) 등의 뜻이다. 절괘節卦의 아래는 태兌(즐거움 = 못)이고, 위는 감坎(성인聖人=이치=물)이다. 그러나 사람을 괴롭게 하는 지나친 절약節約과 검소, 내지는 낡은 사상이나 풍습에 젖어 고집이 세고 변통성이 없는 고루하고 지나친 절개와 지조등을 고절苦節이라 한다. 고절苦節은 중용中庸을 벗어난 것으로 재앙災殃을 불러올 수 있다. 그래서 '고절苦節은 굳게 지킬 수가 없는 것이다.'라고 했다.

505『계사상』편 제8장에서 "성인聖人이 천하 만물의 움직이는 것을 봄에 있어서, 그 모이고 통通하는 바를 보고(자각하고), 그 전례典禮로써 행行하며, 이것을 글로 표현하여 그 길吉과 흉凶을 판단判斷함이라, 이를 효爻라고 함이니, 천하의 지극히 심오한 것을 말하되 싫어하지 못하며, 천하의 지극히 동함을 말하되 어지럽지 아니하니, (마땅한 이치에) 헤아린 후에 말하고, (괘효사卦爻辭의 말씀에) 의논한 후에 움직이니, 헤아리고 의논한 후에 그 변화를 이룬다. (聖人 有以見天下之動, 而觀其會通, 以行其典禮, 繫辭言, 以斷其吉凶, 是故 謂之爻, 言天下之至賾, 而不可惡也. 言天下之至動, 而不可亂也. 擬之而後 言, 議之而後 動, 擬議 以成其變化.)라고 하였다.

506 공영달은 『주역정의』에서 "일을 행하는데 절제함이 있으면 그 도리는 형통할 것이다.(제사유절制事有節, 기도내형其道乃亨)"라고 하였다.

[彖曰] 節亨은 剛柔ㅣ 分而剛得中할새오
단 왈 절 형 강 유 분 이 강 득 중

苦節不可貞은 其道ㅣ 窮也이니라
고 절 불 가 정 기 도 궁 야

說以行險하고 當位以節하고 中正以通하니라
열 이 행 험 당 위 위 절 중 정 이 통

天地節而四時成하나니
천 지 절 이 사 시 성

節以制度하야 不傷財하며 不害民하나니라.
절 이 제 도 불 상 재 불 해 민

○ 剛(굳셀 강) 柔(부드러울 유) 得(얻을 득) 道(길 도) 窮(다할 궁) 說(기꺼울 열, 말씀 설, 달랠 세) 行(갈 행) 險(험할 험) 當(마땅할 당) 位(자리 위) 節(마디 절) 中(가운데 중) 正(바를 정) 以(써 이) 通(통할 통) 四(넉 사) 時(때 시) 成(이룰 성) 制(마를질 제) 度(법도 도) 傷(상처 상) 財(재물 재) 害(해칠 해) 民(백성 민)

단彖에 이르기를, 절節이 형통하는 것은 강유剛柔가 나뉘어지고, 강剛(구이九二·구오九五)이 중中을 얻음이오, 고절苦節을 가히 굳게 지킬 수가 없는 것은 그 도道가 궁함이니라. 기뻐함으로써 험한 곳에 가고, 지위에 마땅하게 절제하며, 중정中正의 덕으로써 통하니라. 천지天地가 (운행하여)절도節度가 있어서 사계절(사시四時)이 이루어지니, 절節로써 법도를 제정하여 재물을 상하지 않게 하며, 백성을 해치지 아니하리라.

각설 [507]

---

507 (觀中) ❶절형節亨 강유분이강득중剛柔分而剛得中 : 형亨은 깨닫는다. 천지도수天地度數 원리, 하도河圖·낙서원리洛書原理의 근거로서의 육갑원리를 깨달아야 한다. 절괘節卦의 주된 의의는 형통(역도易道를 깨닫는 원리)에 있다. '강득중剛得中'하기 때문에 천심天心이 내 마음속에 강림하게 된다. '강剛 득중得中'되기 때문에 고절苦節하게 된다. "강유剛柔가 나뉘어져 강剛이 중中을 얻게 된다." ❷중정이통中正以通 : 태자泰者는 통야通也. 뇌수해괘雷水解卦로 통하여 해괘解卦를 거쳐 후천세계后天世界(지천태地天泰)로 통한다. ❸불해민不害民 : 하늘이 정해 놓은 천지도수天地度數 원리에 의거해서 천지인天地人 삼재三才가 다 성도成道합덕이

강유분이강득중剛柔分而剛得中 절괘節卦는 강효剛爻가 셋이고, 유효柔爻가 셋으로 강유剛柔가 나누어져 구성되어 있고, 구오九五와 구이九二 두 강剛이 득중得中하였다.

고절불가정苦節不可貞 기도궁야其道窮也 모든 일은 절제하면 형통하다. 그러나 절제가 지나치면 그 도道가 궁窮하게 된다는 것이다. 즉 반드시 재앙이 있다는 것이다.

열이행험說以行險 하괘下卦·태兌(☱)로 사람들이 기뻐할 때는 절節을 망각하기 쉽다. 그러므로 상괘上卦·감坎(☵)의 험險함을 행行하게 된다. 행험行險은 고절苦節이다.

당위위절當位以節 중정이통中正以通 사람은 위치에 당當하여 모든 일을 중절中節로 해야한다는 것이다. 여기서 구오九五가 존위尊位에서 군자의 절조를 지키고 중정中正한 덕德으로써 구이九二와 통通한 것이다.

천지절이사시성天地節而四時成 천지天地가 사시四時를 생生하여 그 운행을 절도節度에 맞게 한다는 것이다. 그 결과로 역도易道를 완성시킨다는 것이다.

절이제도節以制度 천지天地의 절節하는 법法을 본받아 문물제도를 만든다.

불상재不傷財 ❶법과 도량형의 제정하고, 세금도 절도있게(공평과세) 하

되어진다. 지상地上에 살고 있는 인류문화(역사)의 변화다. 즉 지변地變을 말한다. 뇌화풍괘雷火豊卦는 일월日月의 변화를 의미한다. 화산여괘火山旅卦는 시간에 의하여 인간이 여행을 하게 된다. '거기소이천居其所而遷'(「계사하」 7장)이다. 세계가 옮겨진다. 개읍불개정改邑不改井이다. 인류역사의 변화를 의미하는 괘가 수택절괘水澤節卦다. '불상재不傷財하고 불해민不害民'의 상해원리傷害原理를 그대로 표상하는 괘卦가 지화명이괘地火明夷卦다. 이에 명이괘明夷卦도수度數를 넘어갈 때, 상해傷害를, 자기의 생명에 손상을 입어서는 안 된다. 손상을 입지 않기 위해 『주역』을 공부하는 것이다. 화천대유火天大有, 초효初爻에 '무교해无交害'라했다. '불상재不傷財하고 불해민不害民'(생명과 재산)하는 원리가 절괘節卦의 키다. 국민의 생존권은 천부인권天賦人權이다. ❹천지절이사시성天地節而四時成은 역수원리曆數原理의 완성, '절이제도節以制度' 절괘節卦의 원리로써 마디를 제정한 것이다. 어떻게 해야 '불상재不傷財'하게 되는가?

여 백성의 재산에 손해가 없도록 한다. ❷재물의 보호, 이치를 손상치 않는다.

불해민不害民 ❶법을 제정하여 절도節度있게 함으로써 백성에게 해가 생기지 않도록 한다. ❷바른 정치로 인간의 본성을 해치지 않는다.

[象曰] 澤上有水ㅣ 節이니
상 왈 택 상 유 수 절

君子ㅣ 以하야 制數度하며 議德行하나니라.
군 자 이 제 수 도 의 덕 행

○ 澤(못 택) 上(위 상) 有(있을 유) 水(물 수) 節(마디 절) 制(마름질할 제) 數(셀 수, 헤아릴 수) 度(법도 도) 議(의논할 의) 德(덕 덕) 行(갈 행)

상象에 이르기를, 못 위에 물이 있는 것이 절節이니, 군자君子가 이로써 법도를 (마디를)헤아려 제정하며, 그 덕행德行을 의논하나니라.

각설 508

508 (觀中) ❶절節 : 마디(절節)에는 종시변화終始變化현상이 나타나게 되어 있다. ❷제도수制數度는 도수度數를 말한 것이다. 『주역』의 입장은 낙서원리洛書原理를 기반으로 하고 있다. 『정역正易』의 입장은 하도원리河圖原理를 기반으로 하고 있다. 이에 『정역正易』은 천도天道이기 때문에 도수度數라고 규정하고 있다. 『주역周易』은 인도人道이기 때문에 수도數度라고 한 것이다. 여기의 의議는 어디에서 온 것인가? 「계사상」, 제8장, "의지이후擬之而後에 언言하고 의지이후議之而後에 동動이니 의의擬議하야 이성기변화以成其變化하니라"고 했다. 성인聖人은 역수원리曆數原理(卦爻原理)에 비겨 가지고 말씀을 했다. 성인聖人의 말씀을 가리킬 때는 의擬자를 썼고, 성인聖人은 천지만물天地萬物의 형상形象에다 비겨가지고 형이상학적形而上學的 존재원리存在原理로서의 천지도덕원리天地道德原理를 표상했다. '의지이후擬之而後에 '언言'은 성인聖人에게 주어진 사명이요, '의지이후議之而後에 동動'은 군자에게 주어진 사명이다. 그러면 누구와 의논하라는 말인가? 성인聖人이 해 놓은 말과 의논하라는 말이다. 성인聖人은 의리義理를 밝혀 놓았다. 의리義理를 말씀해 놓은 성인聖人의 말씀에 비추어보아라. 「계사상」, 제10장, "군자장유위야君子將有爲也하며 장유행將有行에 문언이이언問焉而以言하거든 기수명야其受命也 여향如響" 간태艮兌의 합덕관계에 있어서 태괘兌卦의 입장이다. 성인聖人과 의논한 다음에는 민심民心(백성)과 의논해야 한다. ❸도수度數를 상징성으로 바꾸어 놓으면 원리가 된다. 이에 "제수도의덕행制數度議德行"이라고 한 것이다. 인간의 인격성을, 인격적 존재의 삶의 원리를 도수度數로 규정한 것이다. 이를 '제수도制數度'라고 한 것이다. 마디를 무

택상유수澤上有水 **절**節 못 위에 물이 있다. 차면 넘쳐 흐르고 모자라면 고이는 상象이 절節이다.

제수도制數度 **의덕행**議德行 수數는 마디이요, 헤아림이다. 마디는 전부 시간을 규정한다. 즉 천도天道를 자각하여 상징체계로 표상한것이 수數이다. 그러므로 중절中節·중행中行된 성인聖人(괘효사·십익十翼)과 덕행德行을 의논한다. 이때, 수數는 예禮의 등급을 헤아림이며, 도度는 법도法度으로 예악禮樂제도를 말한다. 군자가 택상유수澤上有水의 상象을 보고, 고하高下·귀천貴賤·과다過多 등의 도수度數(예수禮數)를 짓고, 이것을 실천함에 과불급이 없었나를 의논하는 것이다. 의덕행議德行이란 사람들의 내면적인 덕德이 외면적인 행동으로 드러날 때, 이것이 성인지도를 근원으로한 예의禮義에 적합한가를 의논하는 것이다.[509]

[初九]는 不出戶庭이니 无咎니라. (重水坎)
초구 불출호정 무구 중수감

象曰, 不出戶庭은 知通塞也이니라.
상왈 불출호정 지통색야

○ 不(아닐 불) 出(날 출) 戶(지게 호) 庭(뜰 정) 知(알 지) 通(통할 통) 塞(막힐 색{변방 새})

초구初九 는 문밖 뜰에 나가지 아니하면, 허물이 없느니라.

상象에 이르기를, 문밖 뜰에 나가지 않는다는 것은 (시운時運의, 때의) 통하고 막힌 것은 아는 것이니라.

엇으로 규정하는가? 도수度數다. 마디를 전부 도수度數로 규정한다. 육갑六甲은 도수度數요, 역수曆數이다. 역수曆數를 시간성의 원리를 도수度數로 규정한다. 법도法度를 규정하는 마디라는 말이다. ❹의덕행議德行 : 도수度數와 도덕의 관계는 내외, 본말관계에 있다. 성인聖人은 괘효원리에 비겨 가지고 말씀을 했다. 성인聖人의 말씀을 말할 때는 의擬자를 썼다. 제수도制數度하야 '의덕행議德行'은 성인聖人의 말씀에 대고 물어 깨달아야 한다.

509 『주역周易』, 「계사상繫辭上」편 제8장에서 "비긴 뒤에 말하고 의논한 뒤에 동하니, 비기고 의논해서 변화를 이루느니라.(擬之而後 言, 議之而後 動, 擬議, 以成其變化.)"라고 하였다.

개요概要

초구初九는 정위正位로 근신하고 수양하면 허물이 없으나 나아가면 감坎에 빠진다.

각설[510]

불출호정不出戶庭 선천先天(호정戶庭)에는 문밖의 뜰에 나가지 않고 근신勤愼·수양修養하는 것이 좋다는 것이다. 잠용물용潛龍勿用이다. 만일 나간다면 그 결과를 효변爻變으로 보면 감괘坎卦의 습감習坎, 감함坎陷이다.

무구无咎 못물은 유수流水가 아니라 지수止水이다. 그러므로 그대로 있으면 허물이 없다는 것이다.

소상사小象辭

지통색야知通塞也 어려움이 생기는 것은 말이 통로가 되기 때문이다. 그러므로 막힘과 통함을 안다는 것은 절제를 아는 것이다. 공자孔子께서 이 효爻를 중요하게 여기시어 「계사繫辭」에 다시 풀이하셨다.[511] 군자는 방안에 거居하더라도 중절中節하라는 것이다.

510 (觀中) 외짝문은 선천先天의 원리를 표상한다. 호정戶庭은 어디인가? 문정門庭과 다르지 않다. '지통색知通塞'이란 합덕문合德門도수度數가 마디(절節=시극時極)이다. 절節은 선후천변화지시극先后天變化之時極이다.

511 『주역』, 「계사상」 8장, "불출호정不出戶庭 무구无咎, 자왈子曰, 난지소생야亂之所生也, 즉언어則言語 이위계以爲階, 군불밀즉실신君不密則失臣, 신불밀즉실신臣不密則失身, 기사幾事 불밀즉해성不密則害成, 시이是以 군자君子 신밀이불출야愼密而不出也."라고 하였다.

[九二]는 **不出門庭**이라 **凶**하니라. (水雷屯)
구이 불출문정 흉 수뢰둔

象曰, 不出門庭凶은 **失時極也**이니라.
상왈 불출문정흉 실시극야

❍ 不(아닐 불) 出(날 출) 門(문 문) 庭(뜰 정) 失(잃을 실) 時(때 시) 極(다할 극)

구이九二는 대문 밖으로 나가지 아니함이라, 흉凶하니라.

상象에 이르기를, 대문 밖으로 나가지 아니함이나, 흉하다는 것은 때를 잃음이 극에 이름이니라.

개요概要

구이九二는 군자君子의 사명이 성인지도聖人之道의 실천에 있음을 말하고 있다.

각설[512]

불출문정不出門庭 **흉**凶 구이九二는 문밖에 나가서 성인지도聖人之道를 실천해야할 군자의 위位이다. 문정門庭은 후천后天인데 대문 밖을 나가 성인지도聖人之道를 실천하지 않으니 흉凶하다. 십 년이 다 되도록 시時를 (역도易道) 깨닫지 못했다.

소상사小象辭

실시극야失時極也 시의성時宜性, 즉 도道를 놓쳤다는 것이다. 때를 읽으면 흉凶하다. (둔괘屯卦 이효二爻 참고)

512 (觀中) 문정門庭은 후천后天 세계이다. 이효二爻를 흉凶하다고 판정해 놓은 효爻는 거의 없다.

[六三]은 **不節若**이라 **則嗟若**하리니 **无咎**ㅣ니라. (水天需)
육삼 부절약 즉차약 무구 수천수

象曰, 不節之嗟를 **又誰咎也**ㅣ리오.
상왈 부절지차 우수구야

○ 不(아닐 불) 節(마디 절) 若(같을 약) 則(곧 즉, 본받을 측) 嗟(탄식할 차) 又(또 우) 誰(누구 수) 咎(허물 구)

육삼六三은 절제하지 않으면 곧 탄식하리니, 허물할 데가(곳이) 없느니라.

상象에 이르기를, 절제切除하지 않으면 탄식하리니, 또 누구를 허물(원망)하리요.

개요概要

육삼六三은 절제하지 않으면 흉凶하고 허물할 곳이 없다. 인사적으로 철이 나지 않은 것이다.

각설[513]

부절약즉차약不節若則嗟若 고절한 사람이 때를 기다리지 못하니 불절약不節若이다. 천도天道에 맞지 않거나, 절제를 하지 않으면 그 결과로 탄식하게 된다는 것이다.

무구无咎 천도운행에 맞지 않음이라, 혹은 절제하지 못함이라 허물할 곳이 없다는 것이다.[514]

---

513 (觀中) 약若은 마음속으로 그렇게 느낀다는 것이다.(정신세계精神世界) '즉차약則嗟若'(중생衆生의 슬픔을 위주로 언급)은 곧 슬퍼지게 된다. 다시 말하면 역도易道를 깨닫지 못하는 사람은 슬픈 일을 당할 수밖에 없다. 삼효三爻가 동動하면 수천수괘水天需卦가 되는데 왜 슬퍼지는가? 때를 기다리지 않고 난동하기 때문이다. '우수구又誰咎'란 또 누가 허물을 할 수 있으리오? '불절약不節若이라 즉차약則嗟若'이란 불절약不節若한 것이 인간에 있어서 슬픈 일이라는 말이다. 수천수괘水天需卦는 때를 기다리라는 괘卦다. 상효上爻의 고절苦節하는 소인小人이 삼효三爻의 시위時位에 있어서는 불절不節한다. 상효上爻에 대해 고절苦節한다는 것은 상극相剋한다는 말이다.

514 『주역본의』에서는 "여기서 말하는 무구는 다른 효와는 달리 허물을 돌릴 곳이 없음을

소상사小象辭

우수구야又誰咎也 이 때 무구无咎의미는 육삼六三은 절제하지 못함이라 허물할 곳이 없다는 것을 말한다. 이러한 의미의 우수구야又誰咎也는 동인괘同人卦와 해괘解卦에서도 보인다.

[六四]는 安節이니 亨하니라. 육사 안절 형	(重澤兌) 중택태
象曰, 安節之亨은 承上道也이니라. 상왈 안절지형 승상도야	

○ 安(편안할 안) 節(마디 절) 亨(형통할 형) 承(받들 승, 이을 승) 道(길 도)

육사六四는 편안한 절제이니, 형통하니라.

상象에 이르기를, '편안한 절제이니, 형통하다.'는 것은 위(하늘)의 도를 이어 받음이니라.

개요槪要

육사六四는 시의성時宜性에 맞는 절제節制이다.[515] 구오九五와 친비親比의 관계로서 안절安節이다.

각설[516]

안절安節 천지운행 자체가 안절安節이다. 천지天地의 합덕으로 사시四時

말한 것이다.(此无咎, 與諸爻異, 言无所歸咎也.)"라고 하였다.

515 『주역절중周易折中』에서는"육삼六三은 정위正位를 얻지 못하고 태兌의 극極에 처하여 이에 넘쳐서 절제하지 못하고, 육사六四는 자리가 마땅하고 구오九五 군주의 뜻을 받들어 순종하기 때문에 편안하게 절제하는 것이다.(六三失位而處兌澤之極, 是乃溢而不節, 六四當位而順承九五之君, 故爲安節)"라고 하였다.

516 (觀中) 풍화가인괘風火家人卦(☲), 승상도承上道란 오효五爻의 신도神道의 뜻을 그대로 이어받음.

가 절도節度에 맞게 행行하여짐을 의미한다. 절괘원리節卦原理를 깨우쳐 지통색知通塞이니 편안한 것이다.

형亨 행함이 없어도 절도에 맞고, 만사萬事가 형통해 진다.

소상사小象辭

승상도야承上道也 구오효九五爻의 뜻을 그대로 이어받는 것이다.

[九五]는 甘節이라 吉하니 往하면 有尙하리라. (地澤臨)
구오 감절 길 왕 유상 지택임

象曰, 甘節之吉은 居位中也이니라.
상왈 감절지길 거위중야

○ 甘(달 감) 節(마디 절) 往(갈 왕) 有(있을 유) 尙(오히려 상) 居(있을 거) 位(자리 위) 中(가운데 중)

구오九五는 절제를 달갑게 함이라 길하니, 가면 숭상함이 있으리라.

상象에 이르기를, '절제를 달갑게 하여 길하다'는 것은 자리가 중도中道에 있느니라.

개요槪要

구오九五는 정위正位·득중得中한 효爻로 낙천지명樂天知命이라 즐겁게 절제함이니 숭상함이 있다.

각설[517]

감절甘節 정위득중正位득중得中으로 모든 일이 알맞게 되는 형상을 말한다. 완전한 낙천樂天으로 지택임괘地澤臨卦(䷒)에서의 감임甘臨이다.[518]

517 (觀中) 감절甘節은 완전한 낙천樂天이다.

518 『이천역전伊川易傳』에서는 "구오九五는 강중정剛中正으로 존위尊位에 거하여 절節의 주체

유상有尙 숭상崇尙함이 있다.

소상사小象辭

거위중야居位中也 중도中道에 머물고 있어 감절甘節은 중절中節이다.

[上六]은 苦節이니 貞이면 凶코 悔면 亡하리라. (風澤中孚)
상육 고절 정 흉 회 망 풍택중부

象曰, 苦節貞凶은 其道ㅣ 窮也이니라.
상왈 고절정흉 기도 궁야

○ 苦(쓸 고) 節(마디 절) 貞(곧을 정) 凶(흉할 흉) 悔(후회할 회) 亡(없을 망) 其(그 기) 道(길 도) 窮(다할 궁)

상육上六은 쓴 마디이니, 곧으면 흉凶하고, 후회하면 (흉凶함이) 없다 하리라.

상象에 이르기를, '고절이니' 곧아도 흉凶하다.'함은 그 도道가 막힘이니라.

개요概要

상육上六은 과중過中으로 괴로운 절제節制를 말한다.[519]

가 되었으니, 이른바 '지위를 담당하여 절제節制하고 중정中正하여 통한다'는 것이다. 자신에 있어서는 편안히 행하고 천하天下는 기뻐하여 따르니, 절제節制함의 달고 아름다운 것이니, 그 길吉함을 알 수 있다. 이러한 방법으로 행하면 그 공功이 크므로 가면 아름답게 숭상할 만한 일이 있는 것이다.(九五 剛中正, 居尊位, 爲節之主, 所謂當位以節, 中正以通者也. 在己則安行, 天下則說從, 節之甘美者也. 其吉可知, 以此而行, 其功大矣. 故往則有可嘉尙也.)"라고 하였다.

519 『이천역전伊川易傳』에서는 "상육上六은 절節의 극極에 거하였으니 절제節制함이 괴로운 자이며, 험險의 극極에 거하였으니 또한 괴로운 뜻이 된다. 굳게 지키면 흉하고 뉘우치면 흉함이 없어질 것이니, 회悔는 과過함을 덜어 중中을 따름을 이른다. 절괘節卦의 회망悔亡은 다른 괘卦의 회망悔亡과 말은 같으나 뜻은 다르다.(上六 居節之極, 節之苦者也. 居險之極, 亦爲苦義. 固守則凶, 悔則凶亡, 悔 損過從中之謂也. 節之悔亡, 與他卦之悔亡, 辭同而義異也.)"라고 하였다.

각설 [520]

고절苦節 절차가 지나쳐 쓰고 수고로운 절節이다.

정흉貞凶 회망悔亡 고절苦節임에도 고집하면 흉凶하고, 뉘우치면 흉凶이 없다는 것이다. 그러므로 길흉吉凶은 회린悔吝에 기인하는 것이다.

소상사小象辭

기도궁야其道窮也 도道가 궁하게 됨은 천도天道를 승강乘剛하기 때문에, 부정不定하기 때문에 궁한 것이다. 궁窮함에는 반드시 재앙이 따른다.

✎ 불가佛家에서 말하기를 깨달음에 장애가 되는 근본적인 세 가지인 탐욕貪慾·진에嗔恚(화냄)·우치愚癡(어리석음)의 번뇌(三毒)를 탐진치라 했던가?

520 (觀中) 회개悔改할 수도 없다. 이미 결판決判이 났기 때문이다. '고절정흉苦節貞凶'이라 한 이유? 상효上爻가 승강(천도天道를 부정)했기 때문이다.

풍 택 중 부 괘

61.風澤中孚卦

부도전괘
不倒顚卦

풍택중부괘
風澤中孚卦

풍택중부괘
風澤中孚卦

음양대응괘
陰陽對應卦

풍택중부괘
風澤中孚卦

뇌산소과괘
雷山小過卦

상하교역괘
上下交易卦

풍택중부괘
風澤中孚卦

택풍대과괘
澤風大過卦

호괘
互卦

풍택중부괘
風澤中孚卦

산뢰이괘
山雷頤卦

효변 爻變	初爻變 而爲渙卦	二爻變 而爲益卦	三爻變 而爲小畜卦	四爻變 而爲履卦	五爻變 而爲損卦	上爻變 而爲節卦
풍택중부괘 風澤中孚卦	**풍수환괘** 風水渙卦	**풍뢰익괘** 風雷益卦	**풍천소축괘** 風天小畜卦	**천택이괘** 天澤履卦	**산택손괘** 山澤損卦	**수택절괘** 水澤節卦

요지要旨[521]

괘명卦名 이 괘는 상손上巽의 풍風(☴) + 하태下兌의 택澤(☱) = 풍택중부괘風澤中孚卦(䷼)이다.

괘의卦意 중부中孚는 중도中道에 대한 믿음을 말한다. 중中을 잉태孕胎하고, 지키기 위해서 성誠·신信·경敬·부孚로 해야 한다는 것이다. 설문해저로 보면 부孚를 파자하면 조爪 + 자子 = 부孚이다. 그러므로 알을 부화시키기 위해서 진실한 믿음과 정성精誠이 필요하다는 것이다.

괘서卦序 「서괘」에서 "절제節制하여 믿으므로 중부中孚로써 받았다. (節而信之라 故로 受之以中孚)"라고 하였다.[522]
절 이 신 지 고 수 지 이 중 부

괘상卦象 중부中孚는 못(태兌)위에 바람(손巽)이 부는 상象으로, 안으로 기뻐하고 밖으로 손순遜順히 행行하여 중심이 미더우니 '풍택중부風澤中孚'이다. 상하교역괘上下交易卦는 택풍대과괘澤風大過卦(䷛)이다.

잡괘雜卦 '중부中孚는 믿음이다.'(中孚信也)
중 부 신 야

---

521 (觀中) 중부中孚는 인지仁知가 묘합妙合이다. 부孚는 중도中道가 알 까고 나온다. 혹은 알 속에 갇혀있던 성인지도聖人之道가 알 까고 나온다는 의미를 가지고 있다. 현재 실존적實存的 인간으로 살고 있는 학역군자學易君子를 위주로 역리易理를 표상한 괘이다. 중부소과괘中孚小過卦는 「하경下經」에 있어서 이궁이괘二宮二卦다. 기제괘旣濟卦가 중부中孚卦의 「잡괘雜卦」로 나와있다. 기제旣濟卦는 도서원리圖書原理에 있어서는 낙서원리洛書原理를 표상(선천원리先天原理). 기제괘旣濟卦가 과거過去의 변화變化만을 표상하는가? 아니다. 미래未來의 세계로 넘어간 다음에는 기제괘旣濟卦의 원리가 그대로 적용된다.

522 『이천역전』에서는 "중부괘中孚卦는 「서괘」편에 '절제節制하여 믿게 한다. 그러므로 중부中孚卦로 받았다.' 하였다. 절節은 절제節制하여 지나치지 않게 하는 것이다. 믿은 뒤에 행할 수 있으니, 위에서 믿어 지키면 아래가 믿어 따르니, 절제節制하여 믿게 함이니, 중부괘中孚卦가 이 때문에 절괘節卦의 다음이 된 것이다. 괘卦됨이 못 위에 바람이 있으니, 바람이 못 위에 행하여 물속을 감동시킴은 중부中孚의 상象이 되니, 감感은 감촉하여 동함을 이른다. 안과 밖이 모두 실實하고 가운데가 비어 있음은 중부中孚의 상象이 되고, 또 이효二爻와 오효五爻가 모두 양陽이어서 중中이 실實하니, 또한 부신孚信의 뜻이 된다. 두 체體에 있으면 중中이 실實하고 전체全體에 있으면 중中이 허虛하니, 중中이 허虛함은 신信의 근본이요, 중中이 실實함은 신信의 바탕이다.(中孚卦, 序卦, 節而信之, 故受之以中孚, 節者 爲之制節, 使不得過越也, 信而後能行, 上能信守之, 下則信從之, 節而信之也, 中孚所以次節也, 爲卦 澤上有風, 風行澤上而感于水中, 爲中孚之象, 感 謂感而動也, 內外皆實而中虛 爲中孚之象, 又二五皆陽[一有而字] 中實, 亦爲孚義, 在二體則中實, 在全體則中虛, 中虛 信之本, 中實 信之質.)"라고 하였다.

中孚는 **豚魚**ㅣ니 **吉**하고 **利涉大川**이니 **利貞**하니라.
중부 돈어 길 이섭대천 이정

❍ 中(가운데 중) 孚(미쁠 부) 豚(돼지 돈) 魚(고기 어) 吉(길할 길) 利(이로울 리) 涉(건널 섭) 大(큰 대) 川(내 천) 貞(곧을 정)

중부中孚는 돼지와 물고기이니 길吉하고, 큰 내를 건너는 것이 이로우니 곧으면 이로우니라.

각설 [523 524]

돈어豚魚 길吉 백성을 거쳐 돼지나 물고기와 같은 미물微物까지도 믿도록 정성을 다하면 길吉하다는 것이다.[525] 백성과 만물萬物을 총망라하여 돈어豚魚라고도 한다. 그러므로 돈어豚魚를 하돈河豚(민물 복어)으로 해석은 곤란하다.

이정利貞 신급돈어信及豚魚의 정신으로 바르게 하면 이롭다는 것이다. 이정지도利貞之道를 사용하는 방법이다.

---

523 (觀中) 왜 풍수환괘風水渙卦와 같이 이섭대천利涉大川이라고 했는가? 목도木道 때문이다. 왜 돈어豚魚 길吉인가? 정치원리에 초점을 맞추어 괘효역으로서의『주역』이 쓰여졌기 때문이다. 돈어豚魚? 수택절괘水澤節卦를 가리키며, 천지만물을 의미한다. 이섭대천利涉大川은 후천后天의 세계로 건너감을 의미한다.

524 목도木道에 대한 내용이 손목巽木이 들어 있는 것은 익益, 환煥, 중부괘中孚卦가 있다. ❶익괘益卦 : 목도내행木道乃行 ❷환괘 煥卦 : 승목유공乘木有功 ❸중부괘中孚卦 : 승목주허乘木舟虛

525『맹자孟子』에서 "인민애물人民愛物"라고 하였다.

[彖曰] **中孚**는 柔在內而剛得中할새니
단왈 중부 유재내이강득중

說而巽할새 孚ㅣ 乃化邦也ㅣ니라.
열이손 부 내화방야

豚魚吉은 信及豚魚也일새오
돈어길 신급돈어야

利涉大川은 乘木고 舟虛也일새오
이섭대천 승목 주허야

中孚코 以利貞이면 乃應乎天也이니라.
중부 이이정 내응호천야

❍ 中(가운데 중) 孚(미쁠 부) 柔(부드러울 유) 在(있을 재) 內(안 내) 剛(굳셀 강) 得(얻을 득) 說(기꺼울 열) 化(될 화) 邦(나라 방) 豚(돼지 돈) 魚(고기 어) 吉(길할 길) 信(믿을 신) 及(미칠 급) 利(이로울 리) 涉(건널 섭) 乘(탈 승) 舟(배 주) 虛(빌 허) 應(응할 응)

단彖에 이르기를, 중부中孚는 유柔(육삼六三, 육사六四)가 안에 있어서 강剛(구이九二, 구오九五)이 중中을 얻으니. 기뻐하고 겸손謙遜하니, 믿음(진실함)이 마침내 나라를 감화시키니라. 돼지와 물고기도 길吉하다는 것은 믿음이 돼지나 물고기에까지도 미침이오. '큰 내를 건너는 것이 이롭다.'는 것은 나무에 타고 배를 비웠기 때문이오. 중도中道의 믿음으로 (심心이 성실誠實해서) 바르게 하면 이롭다는 것은 마침내 하늘이 응함이니라.

각설 526

---

526 (觀中) ❶유재내이강득중柔在內而剛得中의 유柔가 어디 안에 있는가? 내內는 군자의 마음 안에 내재화 됨을 말한다. 이 내재화의 원리를 소과괘小過卦로 표상한다. 중부소과괘中孚小過卦는 군자의 내면적 심성안에 천지인天地人 삼재지도三才之道가 내재화되어있는 것을 표상한다. 천지지도天地之道의 합덕原理가 군자의 심신안에 내재화되어 존재하므로 그것이 알까나오기만 하면 된다. ❷부내화방야孚乃化邦也 : 알까나올 부 자다. 부화되어 나온 입장이다. 열이손說而巽은 괘체卦體의 입장에서 한 말이다. ❸신급돈어야信及豚魚也 : 백성과 만물萬物을 총망라하여 돈어豚魚라고 했다. 성인聖人의 덕화德化는 미물微物인 곤충에까지 미쳐야 한다는 말이다. ❹승목주허야乘木舟虛也 : '승목주허야乘木舟虛也'란 배를 타긴 탔는데 배 안에

유재내이강득중柔在內而剛得中 내재內在는 군자의 마음안에 내재화됨을 말한다. 천지지도天地之道의 합덕원리가 군자의 심신안에 내재화되어 존재한다.

열이손說而巽 유柔는 안에서 마음을 비운 상象이고, 강剛은 각 괘卦의 중中을 얻어 마음이 신실한 상象이다. 따라서 믿음을 갖고 기쁨과 겸손謙遜으로써 행行한다

부내화방야孚乃化邦也 열이손說而巽이니, 자연히 나라 안의 모든 사람이 감화感化되어 믿게 된다.

신급돈어야信及豚魚也 백성과 만물을 총망라하여 돈어豚魚라고 했다. 성인聖人의 덕화德化는 백성은 물론 미물微物인 돼지와 물고기에 까지 미친다는 것이다.

승목주허야乘木舟虛也 신도神道를 깨달으려는 군자가 목도木道에 올라타고, 마음을 비운다는 것이다. 나를 버리고, 독선과 아집을 버리는 것이다. 배안에 비워야 진리眞理를 가득 실을 수 있다.[527]

중부이이정中孚以利貞 내응호천야乃應乎天也 지극한 정성精誠으로 정도正道를 실천하고, 사사私事로움이 없어야 하늘의 덕德(천도天道)과 만날

사람이 없다. 손괘巽卦 때문에 '승목주허야乘木舟虛也'라고 한 것이다. 신도神道를 깨달으려는 군자가 아직 올라타지 않았다. 올라 탈 때가 안 되서 올라타지 않은 것이다. 왜 승목주허乘木舟虛라는 말이 왜 나왔겠는가? 도道가 배안에 가득해야 하는데 도道가 실리지 않았다. 성인聖人·군자지도를 간직한 자는 성인聖人·군자이다. 성인聖人·군자지도君子之道는 바로 신神의 말씀, 즉 신도神道이다. 풍뇌익괘風雷益卦 「단사彖辭」에서는 "목돈행木道乃行"이라고 하였다. 목도木道는 바로 산神의 말씀, 즉 신도神道다. 나무소리를 듣는다는 말은 신神의 소리를 듣는다는 말이다. 이에 신명神明이라는 말이 나온 것이다. 신神은 무엇으로 신神의 말씀을 하고 있는가? 육갑원리六甲原理로 말씀하고 있는 것이다. 이에 "신명저불항神明氐不亢"이라고 한 것이다. ❺ 중부이이정中孚以利貞 : 이정利貞이란 말로 중부中孚卦의 원리를 다 표상한다.

527 『이천역전』에서는 "중부中孚로 험난險難을 건너면 그 이로움이 마치 나무를 타고 냇물을 건너는데 빈 배를 쓰는 것과 같은 것이다. 배가 비면 침몰하거나 전복하는 화가 없으니, 괘卦에 중中이 허虛함은 배가 비어 있는 상象이 된다.(以中孚[一作虛] 涉險難, 其利如乘木濟川而以虛舟也. 舟虛[一有中字] 則无沈覆之患[一无之患二字] , 卦虛中 爲虛舟之象)"라고 하였다.

수 있다.[528]

[象曰] 澤上有風이 中孚ㅣ니
상왈 택상유풍 중부

君子ㅣ 以하야 議獄緩死하나니라.
군자 이 의옥완사

○ 澤(못 택) 上(위 상) 有(있을 유) 風(바람 풍) 中(가운데 중) 孚(미쁠 부) 議(의논할 의) 獄(옥 옥) 緩(느릴 완) 死(죽을 사)

상象에 이르기를, 못 위에 바람이 있는 것이 중부中孚이니, 군자는 이로써 옥사獄事를 의논하며 죽음을 늦추니라.

각설[529]

택상유풍澤上有風 중부中孚 못 위에 바람이 불어 물결이 일어나듯이 만물을 부드럽게 어루만지는 것이 중부中孚의 상象이다. 하늘의 은총 위에 신도神道가 있다.

의옥완사議獄緩死 사람을 교화敎化시켜 올바른 사람이 되면 죽이지 말라는 것이다. 맹자의 성선설과 연관된다.

[初九]는 虞하면 吉하니 有他ㅣ면 不燕하리라. (風水渙)
초구 우 길 유타 불연 풍수환

象曰, 初九 虞吉은 志未變也이니라.
상왈 초구 우길 지미변야

○ 虞(몰이할 우, 근심할 우, 헤아릴 우, 마음을 주는 몰이꾼 우) 吉(길할 길) 有(있을 유) 他(다를 타) 不 (아닐 불) 燕(편안할 연, 제비 연) 志(뜻 지) 未(아닐 미) 變(변할 변)

528 『주역절중周易折中』에서는 "하늘의 도는 사악함을 용납하지 않는다.(天道不容邪)"라고 하였다.

529 (觀中) 택상유풍澤上有風은 하늘의 은총이 내려지는 은택속에 신도神道가 들어 있다.

초구初九는 헤아리면 길吉하니, 다른 것이 있으면 편안하지 못하니라.

상象에 이르기를, 초구初九의 헤아리면 길吉하다는 것은 뜻은 변치 않음이니라.

개요概要

초구初九는 정위正位한 효爻이다. 그러나 잘 헤아려야 길吉하다고 말한다. 그 헤아림에 대해서는 계사상편 제8장에서 "헤아린 연후에 말하고, 의논 후에 행하라(擬之而後 言, 議之而後 行)"라고 하였다. 또한 아래 효爻로써 경거망동 하지 말고 잘 헤아려야 한다는 것이다.

각설[530]

우길虞吉 우虞는 마음을 헤아리는 것(주고 받는 몰이꾼)이다.[531] 그러므로 길吉하다.

유타불연有他不燕 초구初九가 육사六四 이외에 다른 음陰들도 생각하고 있어 편안하지 않다.

소상사小象辭

지미변야志未變也 초구初九는 육사六四에 대한 마음이 변화하지 않았다는 것이다.

---

530 노아의 방주方舟에 비유하면 선善한 세상이 열린다는 참 믿음을 갖고 신천지新天地로 가야 한다. 풍수환風水渙이 정처없이 떠다니는 것이라면, 중부中孚는 믿음을 갖고 이상경理想境에 도달하는 것이다.

531 (집설) '우虞'를 주자朱子와 이천伊川은 '헤아림'으로, 『주역집해』에서는 '편안함(안安)'로 해석하였다.

[九二]는 鳴鶴이 在陰이어늘 其子和之로다 我有好爵하야
구이 명학 재음 기자화지 아유호작

吾與爾靡之하니라. (風雷益)
오여이미지 풍뇌익

象曰, 其子和之는 中心願也이니라.
상왈 기자화지 중심원야

○ 鳴(울 명) 鶴(학 학) 在(있을 재) 음陰(응달 음) 和(화할 화) 我(나 아) 有(있을 유) 好(좋을 호) 爵(벼슬 작, 잔 작) 吾(나 오) 與(줄 여) 爾(너 이) 靡(함께할 미, 연루될 미, 아름다울 미, 쓰러질 미)

구이九二는 우는 학이 그늘에 있거늘 그 새끼가 이에 화답함이로다. 내게 좋은 벼슬이 있어 내가 너와 더불어 함께 하리라.

상象에 이르기를, 그 새끼가 이에 화답한다는 것은 마음으로 중도中道를 원함이니라.

개요概要

구이九二는 득중한 효爻로 진실한 믿음으로 진리와 함께해야 함을 말한다. 즉 성인聖人 군자지도君子之道의 합일合一로 중정지도中正之道를 실천하는 것이다. 공자孔子는 이 효爻를 중重히 생각하여 「계사상」편에서 다시 풀이하셨다.[532]

각설

아유호작我有好爵[533] 나에게 좋은 벼슬이 있는 것은 진리眞理의 말씀을

---

532 『주역』「계사상」편, 제8장, "명학鳴鶴 재음在陰, 기자其子 화지和之, 아유호작我有好爵, 오여이미지吾與爾靡之, 자왈子曰 군자君子 거기실居其室, 출기언出其言 선善, 즉천리지외則千里之外 응지應之, 황기이자호況其邇者乎, 거기실居其室 출기언出其言, 불선不善 즉천리지외則千里之外 위지違之, 황기이자호況其邇者乎, 언출호신言出乎身, 가호민加乎民, 행발호이行發乎邇, 현호원見乎遠, 언행言行 군자지추기君子之樞機, 추기지발樞機之發 영욕지주야榮辱之主也. 언행言行 군자지소이동천지야君子之所以動天地也, 가불신호可不愼乎."라고 하였다.

533 「마태 7장 7절」. "구하라. 그리하면 너희에게 주실 것이요, 찾으라. 그리하면 찾아낼 것

가지고 있다는 것이다.

오여이미지吾與爾靡之 구오九五 성인聖人(오吾)이 구이九二(이爾)군자와 더불어 진리眞理를 함께 하자고 함이다.

소상사小象辭

중심원야中心願也 중도中道(성인지도聖人之道)를 원한다는 것이다,

[六三]은 得敵하야 或鼓或罷或泣或歌ㅣ로다. (風天小畜)
육삼 득적 혹고혹파혹읍혹가 풍천소축

象曰, 或鼓或罷는 位不當也이니라.
상왈 혹고혹파 위부당야

○ 得(얻을 득) 敵(원수 적) 或(혹 혹) 鼓(북 고) 罷(방면할 파) 泣(울 읍) 歌(노래 가)

육삼六三은 적을 얻었다 하야, 혹 북을 두드리기도 하고 그치기도 한다. 혹 울기도 하고 혹 노래를 함이로다.

상象에 이르기를, '혹 북을 두드리기도 하고 그치기도 한다.'는 것은 자리가 마땅하지 않음이니라.

개요槪要

육삼六三은 부정위不正位 과중過中한 효爻이다. 성인聖人을 불신하여 적으로 삼고, 경거망동 하고 있다.

이요, 문을 두드리라. 그리하면 너희에게 열릴 것이니, 구하는 이마다 받을 것이요, 찾는 이는 찾아낼 것이요, 두드리는 이에게는 열릴 것이니라. 너희 中에 누가 아들이 떡을 달라 하는데 돌을 주며, 생선을 달라 하는데 뱀을 줄 사람이 있겠느냐. 너희가 악한 자라도 좋은 것으로 자식에게 줄 줄 알거든 하물며 하늘에 계신 너희 아버지께서 구하는 자에게 좋은 것으로 주시지 않겠느냐. 그러므로 무엇이든지 남에게 대접을 받고자 하는 대로 너희도 남을 대접하라. 이것이 율법이요, 선지자니라."라고 하였다. 율법律法과 선지자先知者의 이치理致는 남을 대접했으면, 대접 받게 될 수가 있다는 것이다. 이렇게 화답하는 것이 하늘의 기틀이다. 하지만 오른 손이 한 것을 왼 손이 모르게 한 사람만 못하다. 왜냐하면 그런 사람은 진심으로 그 사람을 사랑하고 있기 때문이다. 하늘과 서로 통하는 사람이기 때문이다.

각설 534

득적得敵 육삼六三은 음유부정위陰柔不正位로 태兌의 극極에 있고, 소인지도小人之道이다. 중부中孚의 도道를 얻지 못해 진실될 마음이 없다. 그러므로 천도天道를 적敵으로 삼고 갈팡질팡하고 있다.

혹고혹파혹읍혹가或鼓或罷或泣或歌 소인지도小人之道이다. 고鼓·파罷·읍泣·가歌은 타락하여 육사六四를 향해 몸부림치는 극치를 이루고 있다.

소상사小象辭

위부당야位不當也 소인지도小人之道이다. 때가 아닌 때에는 혹고혹파或泣或罷하여 시의성時宜性에 맞지 않다.

[六四]는 **月幾望**이니 **馬匹**이 **亡**하니 **无咎**ㅣ니라. (天澤履)
육사 월기망 마필 망 무구 천택이

象曰, 馬匹亡은 **絶類**하야 **上也**이니라.
상왈 마필망 절류 상야

○ 月(달 월) 幾(기미 기) 望(바랄 망) 馬(말 마) 匹(필 필) 亡(망할 망) 絶(끊을 절) 類(무리 류{유})

육사六四는 달이 거의 보름이 되니, 말이 짝을 잃으면 허물이 없느니라.

상象에 이르기를, '말이 짝을 잃는다.'는 것은 동류同類를 끊고 위를 따름이니라.

개요概要

육사효六四爻는 정위正位이다. 중도中道에 대한 진실한 믿음과 겸손한 마음

---

534 (觀中) 혹고혹파或鼓或罷는 북치고 장구치는 것이며, 놀이를 하다가 파한다. '혹고혹가或泣或歌'는 즐거운 노래도 나오고, 슬퍼서 울기도 한다. 천도天道를 적敵으로 대하는 자는 소인小人이요, 군자는 혹고혹가或鼓或歌한다. 그러나 때가 아닌 때에는 혹읍혹파或泣或罷한다. 그러나 소인은 혹고혹가或鼓或歌한다.

으로 해야 한다. 그러므로 응효應爻인 초효初爻를 잃어도 허물이 없다는 것이다.

각설[535]

월기망月幾望 보름달이 될 직전의 기미를 보이는 음력14일 달을 말한다.[536]

마필망무구馬匹亡无咎 말은 양물陽物이니 초구初九를 말한다. 육사효六四爻가 짝인 초구初九 소인지도小人之道를 잃는 것이다. 지상地上에 있는 류類와 절絶하니 허물이 없다. 왜냐하면 상천上天과 통하기 때문이다. 사람은 (지상地上의 류類) 일만 할 뿐이지 대사大事는 하늘의 명命이 있어야 이루어지는 것이다. 마필馬匹이 없어도 천도운행 법칙에 따라 달은 차오른다.

소상사小象辭

절류상야絶類上也 육사六四가 정응관계인 초구初九 (소인지도小人之道)를 끊고 위의 구오효九五爻(명학鳴鶴=성인지도聖人之道)를 받드는 것이다.[537]

---

535 (觀中) '월기망月幾望'이란 천심월天心月이 극치極致에 도달했다. '마필망馬匹亡' 말의 짝을 잃었다. 왜 갑자기 마馬가 등장登場하는가? '절류상絶類上'은 같은 동류同類를 끊고 어디와 뜻이 통通해졌는가? 상上은 오효五爻(명학鳴鶴=성인聖人)와 상효上爻다. 어미학과 뜻이 통한다. 지상地上에 있는 물건과 통通한 것이 아니라 위로 통通했다.

536 월기망月幾望의 기幾는 음陰 14日이고, 월이망月已望의 이已는 음陰 15일, 월즉망月卽望의 즉卽은 음陰 16日이다.

537 『주역절중周易折中』에서는 "진실함에는 동시에 두 가지를 동시에 허용하지 않는다.(孚不用于有二)"라고 하였고, 『이천역전』에서는 "동류를 끊고서 위의 오를 따른다.(其類斷而上從五也)"라고 하였다.

[九五]는 **有孚攣如**ㅣ니 **无咎**ㅣ니라. (山澤損)
구오 유부연여 무구 산택손

象曰, 有孚攣如는 **位正當也**이니라.
상왈 유부연여 위정당야

❍ 有(있을 유) 孚(미쁠 부) 攣(걸릴 련{연}) 如(같을 여) 位(자리 위) 正(바를 정) 當(마땅할 당)

구오九五는 믿음이 있어 서로 (손을) 당기는 것(걸려있는 것)과 같이 하면 허물이 없느니라.

상象에 이르기를, '믿음이 있어 서로 (손을) 당기는 것과 같이 한다'는 것은 자리가 마땅함이니라.

개요概要[538]

구오九五는 강건중정剛健中正한 주효主爻로서 존위尊位에 있고, 아래로 구이九二와 동덕同德으로 상응相應하니, 「단사彖辭」에서 말한 '응호천' 하는 자이다. 믿음을 가지고 중정中正한 도道로써 백성을 이끌면, 인군人君으로서 허물이 없게 되는 것이다.

각설

유부련여有孚攣如 **무구**无咎 백성들의 신망信望이 구오효九五爻에게 믿는 마음으로 연결되니, 허물이 없다는 것이다.

부연孚攣 구이九二와 하나가 되고, 성인聖人과 군자의 완전한 합덕을 말한다. 중정지도中正之道 를 말한다. 그리고 오효五爻에만 '부孚' 자가 있다.[539]

---

538 (觀中) 연攣은 하나의 끈으로 맺어졌다. 유부연여有孚攣如는 궐부교여厥孚交如와 같은 의미다. 오효五爻는 양효陽爻이면서 주효主爻다. 여如는 믿는 마음으로 동심同心이 된다.

539 소축괘小畜卦(☴☰) 구오효九五爻 '유부연여有孚攣如'와 비교.

소상사小象辭

위정당야位正當也 구오효九五爻의 정위득중正位得中을 의미한다.

[上九]는 翰音이 登于天이니 貞이라도 凶토다. (水澤節)
상구 한음 등우천 정 흉 수택절

象曰, 翰音登于天이니 何可長也ㅣ리오.
상왈 한음등우천 하가장야

○ 翰(하늘 닭 한, 날개 한) 音(소리 음) 登(오를 등) 天(하늘 천) 貞(곧을 정) 凶(흉할 흉) 何(어찌 하) 可(옳을 가) 長(길 장)

상구上九는 (닭의) 나는 소리가 하늘에 오름이니 마음이 곧아도 흉凶토다. 상象에 이르기를, '(닭이) 나는 소리가 하늘로 올라갔는데' 어찌 오랠 수가 있으리오.

개요概要

한翰은 닭을 말한다. 「설괘」편 8장에 '손위계巽爲鷄'로 언급하고 있다. 상구上九는 진실한 믿음이 없고 소리만 요란하면 곧아도 흉凶하다고 한다. 중부中孚는 진리(중도中道)에 대한 진실한 믿음을 말한다. 진실만이 모든 사람들과의 소통을 가능하게 할 수 있다는 것이다.

각설

한음등우천翰音登于天 닭 날개치는 소리가 하늘에 올라가려고 한다는 것이다. 한翰은 하늘 닭 한자이다. ❶실제로 날지도 못하면서 소리만 요란하다. ❷ 닭의 울음소리만 가득하다.

정흉貞凶 진실된 마음이 없으면 천인합일天人合一이 안 된다. 이것을 비유한 것이다. 닭은 하늘로 올라가지 못한다. 즉 고집하면 흉凶하다는 것이

다.[540]

소상사小象辭

하가장야何可長也 가히 오래가지 않는다는 것이다.[541] 중부中孚는 진리(중도中道)에 대한 진실한 믿음을 말한다. 진실만이 모든 사람들과의 소통을 가능하게 할 수 있다는 것이다.

✐ 중부中孚는 중도中道에 대한 믿음이다.

믿음이란? 기쁜 마음으로 순종하고 성심을 다 하는 것이다. 그리고 나를 버려야 진리眞理를 가득 실을 수 있다고 말한다.

그러므로 「단사彖辭」에서 험난한 대천을 건너려면 진리의 배를 타는 것이니, 빈 배를 타고 가는 것과 같다고 말한다.

중부中孚괘는 나를 버리고 중도中道에 대한 믿음으로 실천하면 허물이 없다고 전한다.

---

540 『주역본의周易本義』에서는 "신信의 극極에 거하여 변통할 줄을 모르니, 비록 정貞을 얻더라도 흉한 도道이다. 그러므로 그 상象과 점占이 이와 같은 것이다. 닭을 한음翰音이라고 하니 닭은 바로 손巽의 상象이요, 손巽의 극極에 처하였으니 하늘에 오름이 된다. 닭은 하늘에 오르는 물건이 아닌데 하늘에 오르고자 하니, 믿을 바가 아닌 것을 믿어 변통할 줄을 모름이 또한 이와 같은 것이다. (居信之極而不知變, 雖得其貞, 亦凶道也. 故其象占如此. 鷄曰翰音, 乃巽之象, 居巽之極, 爲登于天, 鷄非登天之物而欲登天, 信非所信而不知變, 亦猶是也.)"라고 하였다.

541 『이천역전伊川易傳』에서는 "믿음을 지켜 궁극함에 이르러도 변통할 줄 모르니, 어찌 장구長久하겠는가. 굳게 지켜 변통하지 못하니, 이와 같이 하면 흉하다. (守孚至於窮極而不知變, 豈可長久也. 固守而不通, 如是則凶也.)"라고 하였다.

뇌산소과괘
62 雷山小過卦

雷澤歸妹卦 風澤中孚卦 山雷頤卦 澤風大過卦

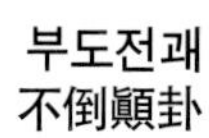

부도전괘
不倒顚卦

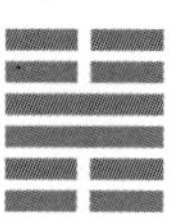

뇌산소과괘
雷山小過卦

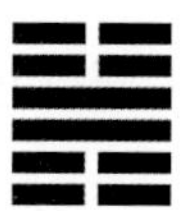

뇌산소과괘
雷山小過卦

음양대응괘
陰陽對應卦

뇌산소과괘
雷山小過卦

풍택중부괘
風澤中孚卦

상하교역괘
上下交易卦

뇌산소과괘
雷山小過卦

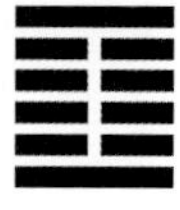

산뢰이괘
山雷頤卦

호괘
互卦

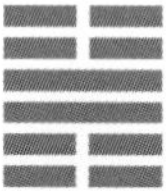

뇌산소과괘
雷山小過卦

택풍대과괘
澤風大過卦

효변
爻變

뇌산소과괘
雷山小過卦

初爻變 而爲豐卦	二爻變 而爲恒卦	三爻變 而爲豫卦	四爻變 而爲謙卦	五爻變 而爲咸卦	上爻變 而爲旅卦
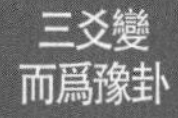					
뇌화풍괘 雷火豐卦	**뇌풍항괘** 雷風恒卦	**뇌지예괘** 雷地豫卦	**지산겸괘** 地山謙卦	**택산함괘** 澤山咸卦	**화산여괘** 火山旅卦

요지要旨[542]

괘명卦名 이 괘는 상진上震의 뢰雷(☳) + 하간下艮의 산山(☶) = 뇌산소과괘雷山小過卦(䷽)이다.

괘의卦意 소과小過는 작은 허물을 말한다. 소과괘小過卦(䷽)는 위는 진震(지옥地獄=우레)이고, 아래는 간艮(인걸人傑=산山)이다. 위의 진震의 두 번째 효爻(육오六五)도 음陰이고, 아래의 간艮의 두 번째 효爻(육이六二)도 음陰이다. 소과괘小過卦(䷽)는 겸손하고, 공손하게 처신을 조심해야 하는 상象이다. 진震이 조금 지나치게 세상을 향해 소리치는 것이다. 그러므로 순종, 조심, 겸손하며, 성인지도聖人之道의 자각을 통해서 반성과 성찰이 필요하다. 그 결과 형통할 수 있다는 것이다. 호괘互卦의 택풍대과괘澤風大過卦(䷛)의 대과大過는 양陽의 지나침(큰 과실)이요, 소과小過는 음陰의 지나침(양대음소陽大陰小)으로 약간 지나침(작은 과실)을 말한다. 그러므로 성찰과 반신수덕反身修德의 과정(소사小事)이 필요하다.

괘서卦序 「서괘」에서 "(사람이) 믿는 바를 반드시 행하고, 행하면 넘치니 소과괘로 받는다.(有其信者, 必行之, 故 受之以小過.)"라고 하였다.
유기신자 필행지 고 수지이소과

괘상卦象 상진上震(☳)은 움직임(동動)이고, 하간下艮(☶)은 머무는(지止) 것이다. 군자는 하늘의 소리에 머물러야 한다는 의미이다.[543]

---

542 (觀中) 뇌산소과雷山小過는 과거過去선왕先王(신神)의 일을 말하고 있다. 천지신명원리天地神明原理를 중심으로 역리易理를 표상한다. 네 자신의 심성(인격)을 수양修養하는데(진덕수업進德修業) 초점을 맞추어 공부하라는 말이다. 소사小事는 학문하는 일이요, 대정大正이란 대사大事요, 대사大事는 밖으로 도道를 행하는 것이다. 둔기고屯其膏이기 때문이다. 왕도정치를 실현하는 것을 말한다. 소과괘小過卦는 군자의 중용中庸을 표상하고 있다. 귀매괘歸妹卦가 잡괘雜卦로 나와 있다. 점漸·귀매괘歸妹卦는 신랑新郞·신부新婦가 서로 만난다. 소과괘小過卦는 상우원리相遇原理로써 만난다는 의미에 있어서 귀매괘歸妹卦와 의미가 상통相通한다. 곤괘困卦에서도 '상우야相遇也'라고 했다.

543 『이천역전』에서는 "산山 위에서 우레가 진동하면 그 소리가 보통이 아니기 때문에 소과小過이다. (山上有雷, 雷震於高, 其聲過常, 故爲小過)"라고 하였다.

小過는 **亨**하니 **利貞**하니 **可小事**ㅣ오 **不可大事**ㅣ니
소과 형 이정 가소사 불가대사

飛鳥遺之音에 **不宜上**이오 **宜下**ㅣ면 **大吉**하리라.
비조유지음 불의상 의하 대길

○ 過(지나칠 과, 건널 과) 亨(형통할 형) 飛(날 비) 鳥(새 조) 遺(끼칠 유) 音(소리 음) 宜(마땅할 의)

(우레의 소리는 조금 지나쳐도) 소과는 형통하니, 곧으면 이롭다 하니, 작은 일은 할 수 있어도 큰 일은 할 수 없으니, 나는 새가 소리를 남김에, 위로 올라가는 것은 마땅치 않고, 밑으로 내려가면 크게 길하리라.

개요概要

소과小過의 때에는 자신의 작은 과실에 대한 반성과 성찰, 성인지도의 실천과 같은 소사小事는 할 수 있는데, 왕도정치와 같은 대사大事는 못한다는 것이다.

각설

소과小過 형亨 하늘의 소리는 조금 지나쳐도 이정利貞하면 형통하다는 것이다.

이정利貞 소과괘小過卦는 중정지도中正之道을 표상하고 있다. 이것이 소과小過 형亨의 전제조건이며, 곧으면 이롭다는 것이다.

가소사可小事 소사小事는 인간에 관련된 일이다. 이 괘는 오효五爻가 음효陰爻이고, 육효六爻 중 음효陰爻가 많으니 작은 일은 가능하다는 것이다. 즉 소사란? 자기 성찰과 성인지도聖人之道의 실천을 말한다. 이것이 바로 군자의 사명이다.[544]

불가대사不可大事 대사大事는 천도天道의 자각이나 왕도정치 등의 성인聖

544 『주역절중周易折中』에서는 "대사는 천하국가의 일과 관계되는 것을 말하고, 소사는 날마다 쓰고, 항상 행하는 일을 말한다.(大事, 謂關係天下國家之事, 小事, 謂日用常行之事"라고 하였다.

人의 사명을 의미한다. 소과小過의 때에는 대사大事는 불가하다는 것이다. **비조유지음飛鳥遺之音 불의상의하不宜上宜下 대길大吉** 나는 새가 공중에 소리를 남겨 위로 확산되면 들리지 않아 흉凶하고, 아래로 내려오면(순작용順作用) 사람과 닿으니 크게 길吉하다는 것이다. 그러므로 소과小過의 때에는 군자는 항상 겸손한 자세로 성인지도聖人之道를 실천하는 사명에 충실해야지 올라가서는 안 되며, 내려와야 한다.

[彖曰] 小過는 小者ㅣ 過而亨也ㅣ니
단왈 소과 소자 과이형야

過以利貞은 與時行也이니라
과이이정 여시행야

柔得中이라 是以 小事ㅣ 吉也ㅣ오
유득중 시이 소사 길야

剛失位而不中이라 是以不可大事也ㅣ니라.
강실위이부중 시이불가대사야

有飛鳥之象焉하니라
유비조지상언

飛鳥遺之音不宜上宜下大吉은 上逆而下順也이니라.
비조유지음불의상의하대길 상역이하순야

○ 過(지날 과) 亨(형통할 형) 利(이로울 이{리}) 貞(곧을 정) 與(줄 여) 時(때 시) 柔(부드러울 유) 得(얻을 득) 事(일 사) 剛(굳셀 강) 失(잃을 실) 事(일 사) 飛(날 비) 鳥(새 조) 象(코끼리 상) 宜(마땅할 의) 逆(거스를 역) 順(순할 순)

단彖에 이르기를, 소과라는 것은 작은 것이 지나쳐서 형통함이니, 지나치되 올바름으로써 하는 것이 이롭다는 것은 때와 더불어 행하함이니라. 유柔가 중中을 얻었음이라, 이러므로 작은 일에는 길吉한 것이오, 강剛이 제자리를 잃고 중中을 얻지 못함이라, 이런 까닭에 큰일은 할 수 없는 것이니라. 나는 새의 상象이니라. (아무리 높이 날 수 있는 새라고 하더라도, 높이 올라가는

데에 한계가 있다. 하늘에 닿을 수는 없는 법이다.) 나는 새의 남긴 소리에 '올라가는 것은 마땅치 않고, 내려가면 크게 길吉할 것이다.' 하는 것은, 위로 올라가는 것은 역逆이요, 아래로 내려가는 것은 순順이니라.

개요概要[545]

소과小過는 「잡괘雜卦」에서 '過也(과야)'라고 하였다. 소자小者는 소사小事의 주체主體로 인도人道를 의미한다.

각설

소자과이형야小者過而亨也 작은 지나침은 바름을 지키면 이롭고 형통하다는 것이다. 인간의 마음속에서 성인지도聖人之道를 자각하는 과정을 거쳐야 한다. 그래야 역도易道를 깨달을 수 있다는 것이다.

과이이정過以利貞 여시행야與時行也 지나치되 바름이 이利롭다는 것은 때(천도운행에 따라서, 하늘의 섭리)와 더불어 행하였기 때문이다.[546]

유득중柔得中 시이소사길야是以小事吉也 유柔(군자君子)가 하는 일(성인聖人의 뜻을 깨닫는 것)이므로 작은 일(소사小事)이요, 그 결과로 중도中

---

545 (觀中) ❶소자과이형야小者過而亨也 : 소자과이형小者過而亨은 무엇을 통과해야 하는가? 천도운행원리天道運行原理(역수변화원리曆數變化原理)를 깨닫는 과정을 통과해야 한다. 군자의 마음은 하도낙서원리河圖洛書原理를 통해서 천도운행원리天道運行原理를 통과해야 한다. ❷강실위이부중剛失位而不中 : 과이리정過以利貞은 여시행야與時行也은 천도天道의 운행에 따라가게 되어있다. '유득중柔得中 시이소사길야是以小事吉也'는 유득중柔得中이기 때문에 소사小事가 길吉하다. '강실위이부중剛失位而不中' 양효陽爻가 중위中位를 잃어버렸기 때문에 성인지도聖人之道를 행하려 들지 마라. ❸유비조지상有飛鳥之象이란 역도易道는 하도낙서원리河圖洛書原理(새소리)에서 취상取象한 것이다. ❹비조유지음불의상飛鳥遺之音不宜上 : 새소리가 위로 날라 가버리면 흉凶하다는 것이다. '비조유지음飛鳥遺之音에 불의상不宜上'은 하도원리河圖原理를 새 우는 소리에 비유해 표현한다. 중뢰진重雷震부터 수택절괘水澤節卦까지 10개의 괘卦의 원리를 중부中孚·소과괘小過卦로 집약. 왕도정치는 중부中孚卦로, 천지天地역수원리曆數原理는 소과괘小過卦로 집약된다. 진震·간괘艮卦가 주체가 되어 손태巽兌와 합덕이 된 괘卦는 풍豊·여괘旅卦(역수변화원리 표상)다. 진震·간괘艮卦와 풍豊·여괘旅卦를 집약한 괘卦는 소과괘小過卦다. 손巽·태兌·환渙·절괘節卦는 중부中孚卦가 집약표현하고 있다. 손巽·태兌·환渙·절괘節卦를 집약한 괘卦가 중부괘中孚卦다. ❺의하대길宜下大吉 : 원길元吉과 같은 말이다.

546 여시행야與時行也는 건괘乾卦의 여시해행與時偕行과 비교.

道를 얻었으므로 길吉한 것이다

강실위이부중剛失位而不中 시이불가대사야是以不可大事也 구삼九三·구사九四 두 양陽이 오五·이二의 정위득중正位得中하지 못했으니, 강剛이라야 할 수 있는 큰 일(대사大事=성인지도聖人之道)을 하지 못하는 것이다.[547]

유비조지상언有飛鳥之象焉 나는 새의 상象으로 되어 있다. (날개, 몸체, 날개) 역도易道는 하도河圖·낙서洛書에서 취상했다.[548]

비조유지음불의상의하대길飛鳥遺之音不宜上宜下大吉 새의 소리가 위로 올라가는 것은 바람을 거슬러 가는 것이니 어려운 것이고, 내려오는 것은 바람따라 오는 것이니 쉽다는 뜻이다.

상역이하순야上逆而下順也 순역원리順逆原理의 관점에서 하늘에서 내려오는 것은 '하순下順'이고, 아래에서 위로 올라가는 것은 '상역上逆'이다.[549]

[象曰] 山上有雷ㅣ 小過ㅣ니 君子ㅣ 以하야 行過乎恭하며
상 왈 산상유뢰 소과 군자 이 행과호공

喪過乎哀하며 用過乎儉하나니라.
상과호애 용과호검

○ 雷(우레 뢰{뇌}) 過(지날 과) 行(갈 행) 恭(공손할 공) 喪(죽을 상) 哀(슬플 애) 用(쓸 용) 儉(검소할 검)

---

547 『주역본의周易本義』에서는 "괘卦의 이효二爻와 오효五爻가 모두 유柔로서 중中을 얻었기 때문에 작은 일은 가可한 것이요, 삼효三爻와 사효四爻가 모두 강剛으로서 지위를 잃고 중中하지 못하기 때문에 큰 일은 불가不可한 것이다.(卦之二五 皆以柔而得中, 故可小事. 三四皆以剛失位而不中, 故不可大事.)"라고 하였다.

548 『이천역전伊川易傳』에서는 "'유비조지상언有飛鳥之象焉'이란 한 구句는 「단전彖傳」의 문체와 유사하지 않으니, 아마도 해석하는 자의 말이 잘못 「단전彖傳」의 내용 가운데로 들어간 듯하다. 가운데가 강剛하고 밖이 유柔함은 나는 새의 상象이니, 괘卦에 이러한 상象이 있으므로 나는 새를 가지고 뜻을 삼은 것이다.(有飛鳥之象焉此一句, 不類彖體, 蓋解者之辭, 誤入彖中, 中剛外柔, 飛鳥之象, 卦有此象, 故就飛鳥爲義.)"라고 하였다.

549 『주역절중周易折中』에서는 "바람에 거슬러 올라가는 것을 역逆이 되고, 바람따라 내려오는 것은 순順이 된다.(溯風而上爲逆, 隨風而下爲順)"라고 하였다.

상象에 이르기를, 산山 위에 우레가 있는 것이 소과小過이니, 군자는 행동은 공손한 데 지나치고, 상사喪事는 슬퍼하는 데 지나치며, 쓰는 것은 검약하는 데 지나치다 하리라.

각설

산상유뢰山上有雷 군자(팔간산八艮山)의 마음속에 하늘로부터 우레 소리가 들린 것이다. 지나쳐서 옳은 것이 있고, 지나쳐서는 안 되는 일이 있다. 그러나 하늘의 소리는 조금 지나쳐도 좋다는 것이다.

행과호공行過乎恭 행行하는데 공손함은 조금 지나쳐도 된다는 것이다.

상과호애喪過乎哀 상사喪事를 당했을 때 슬퍼함은 조금 지나쳐도 괜찮다는 것이다.

용과호검用過乎儉 일상생활에서 쓰는데 검소함은 조금 지나쳐도 괜찮다는 것이다.

[初六]은 飛鳥ㅣ라 以凶이니라. (雷火豊)
초육 비조 이흉 뇌화풍

象曰, 飛鳥以凶은 不可如何也이니라.
상왈 비조이흉 불가여하야

○ 飛(날 비) 鳥(새 조)

초육初六는 나는 새라 이로써 흉凶이니라.

상象에 이르기를, '나는 새라 흉凶하다.'는 것은 가히 어떻게 할 수 없음이라.

개요概要

초육初六은 부정위不正位한 효爻이다. 성인聖人의 말씀이 내 마음에서 날아갔다.

각설

비조이흉飛鳥以凶 소과小過의 시초(초효初爻)이다. 새가 날아감이다. 새소리가 내 귀(마음)에 들리지 않는다. 수양하고 공부해야 할 시기에 날아갈 생각만 하니, 이로써 흉凶한 것이다. 이것은 경거망동을 말라는 경계사이다. ❶부정위不正位의 초효初爻로 잠용潛龍이라 자기 수양修養이 필요한데 새처럼 높고, 멀리 날려고 하니 지나쳐서 흉凶하다.[550] ❷초효初爻는 나이가 어리다. 즉 이제 생긴 날개죽지로 날려고 하니 흉하다. 잠용불용이다.

소상사小象辭

불가여하야不可如何也 가히 어쩔 수가 없다는 것은 소과小過의 초육初六에서는 상천上天으로 날아오르는 대사大事(성인지도聖人之道)는 불가하다는 것이다. [551] 어린 새가 날려고만 하니 어쩔 수가 없다는 것이다.

[六二]는 過其祖하야 遇其妣니 不及其君이오 육이 과기조 우기비 불급기군	
遇其臣이니 无咎ㅣ니라. 우기신 무구	(雷風恒) 뇌풍항
象曰, 不及其君은 臣不可過也이니라. 상왈 불급기군 신부가과야	

550 (觀中) 새소리가 내 귀(마음)에 들리지 않는다.

551 『이천역전伊川易傳』에서는 "초육初六은 음유陰柔가 아래에 있으니 소인小人의 상象이요, 또 위로 사四에 응應하니, 사四는 다시 동動하는 체體이다. 소인小人은 성질이 조급하고 함부로 하며 위에 응조應助가 있으니, 과過하게 해야 할 경우에 반드시 너무 과過함에 이른다. 하물며 과過하게 해서는 안될 경우에 과過함에 있어서랴. 그 지나침이 나는 새처럼 빠르니, 이 때문에 흉한 것이다. 조급하고 빨리하기를 이와 같이 한다. 이 때문에 과하게 함이 신속하고 또 멀어서 구원하여 멈춤이 미칠 수 없는 것이다. (初六 陰柔在下, 小人之象, 又上應於四, 四復動體. 小人 躁易而上有應助, 於所當過, 必至過甚, 況不當過而過乎. 其過如飛鳥之迅疾, 所以凶也. 躁疾如是, 所以過之速且遠, 救止莫及也.)"라고 하였다.

○ 過(지날 과) 祖(조상 조) 遇(만날 우) 妣(죽은 어미 비) 不(아닐 불) 及(미칠 급) 君(임금 군) 遇(만날 우) 臣(신하 신)

육이六二는 그 할아버지를 지나서 그 할머니를 만나니, 그 임금에게 미치지 못함이오, 그 신하(구사九四, 구삼九三,) 를 만나는 것이니, 허물이 없을 것이다.
상象에 이르기를, '그 임금에게 미치지 못한다.'는 것은 신하가 가히 지나쳐서는 안된다.

개요概要

육이六二는 정위正位·득중得中한 효爻로 성인지도聖人之道를 만나 허물이 없다는 것이다.

각설[552]

과기조過其祖 우기비遇其妣 조祖와 군君은 대인지도大人之道를 의미한다. 비妣와 신臣(신도臣道와 처도妻道)은 군자지도君子之道를 의미한다. 또한 육이六二 입장에서 보면 구삼九三은 부父이고, 구사九四는 조부祖父이며, 육오六五는 증조모曾祖母라고 할 수 있다.

불급기군不及其君 불급기군不及其君은 돌아간 선왕先王, 성인聖人을 의미하며, 군자가 성인지도聖人之道에 지나칠 수는 없는 것이다.

우기신遇其臣 무구无咎 신도臣道(군자지도君子之道)를 깨달았다는 말이다. '우遇'는 군자가 성인지도聖人之道를 깨달은 것이다. 그러므로 무구无咎라고 했다. 육이六二는 구사九四를 지나치면 안된다는 것이다.

---

552 (觀中) ❶불급기군不及其君 : 역도易道의 입장에서 말한다면 조고祖考, 즉 선성인先聖人이다. 은천지상제이배조고殷荐之上帝以配祖考의 조고祖考다. 조고祖考를 구체적으로 말하고 있는 것은 산풍고괘山風蠱卦다. 돌아간 부모 조상의 뜻을 받든다(의승고意承考). '불급기군不及其君'은 돌아간 선왕先王, 성인聖人을 의미한다. 비妣는 군자를 의미한다. 조祖와 군君이 대인지도大人之道를 의미한다면, 비妣와 신臣(신도臣道와 처도妻道)은 군자지도를 의미한다. 천신天神을 새에 비유한다. 조鳥·준隼·홍鴻·부孚·학鶴(풍택중부風澤中孚)
❷우기신遇其臣 무구无咎 : 신도臣道(군자지도)를 깨달았다는 말이다. '우遇'는 군자가 성인지도聖人之道를 깨달은 것이다. 서남득붕西南得朋의 붕朋이다. 이효二爻이기 때문에 무구无咎라고 했다. '신불가과야臣不可過也'란 신하는 그 자리(임금의 자리)를 넘봐서는 안 된다.

소상사小象辭

신부가과야臣不可過也 신하는 지나치지 않고 알맞게 처신(중용中庸之道) 해야 한다는 것이다.[553]

[九三]은 弗過하야 防之니 從或戕之라 凶하리라. (雷地豫)
구삼 불과 방지 종혹장지 흉 뇌지예

象曰, 從或戕之니 凶如何也오
상왈 종혹장지 흉여하야

○ 弗(아닐 불) 過(지날 과) 防(둑 방) 從(좇을 종) 或(혹 혹) 戕(죽일 장) 凶(흉할 흉) 如(같을 여) 何(어찌 하)

구삼九三은 지나지 못하도록 막음이니, 좇아서(따라서) 혹은 이것에 죽임을 당함이라, 흉凶하리라.

상象에 이르기를, 순종하여 혹 죽임을 당한다면 그 흉凶이 어떠하겠는가.

개요概要

구삼九三은 상육上六과 상응相應한다. 구삼九三은 양강陽剛으로 나아가는 성질이다. 먼저, 상육上六이 음유한 소인小人이라 조심하고 방비해야하는 것이다. 아니면 죽임을 당한다는 것이다. 다음으로, 초육初六, 六二와 같은 소인배를 조심하라는 것이다.

각설[554]

불과방지弗過防之 구삼九三이 아래에 있는 초육初六과 육이六二의 지나침을 방지하는 것이다.

---

553 『주역절중周易折中』에서는 "작은것이 어떤 경우에는 지나칠 수 있으나, 신하가 군주에 대해서는 (분수를) 지나칠 수 없는 것이다.(小子有時而可過, 臣之于君, 不可過也)"라고 하였다.

554 (觀中) 칼에 찔려 죽는다. '불과방지弗過防之'란 통과하지 못한 것이다. 변화의 계기를 선보과善補過해야 한다. '불과弗過하야 방지防之라' 천도天道가 운행하기도 전에 인간의 힘으로 막으려고 든다. '종혹장지從或戕之' 혹자(하늘과 사람)가 생명을 죽인다.

종혹장지從或戕之 소인지도小人之道를 좇아 따르면 혹 해害함(죽임)을 당할 염려가 있다는 것이다. 그러므로 구삼九三은 양陽으로 아래 음陰(소인小人=소인지도)들을 경계하라는 것이다.[555]

소상사小象辭

흉여하야凶如何也 성인聖人 앞에 겸손하지 못하면 그 재앙(흉凶)이 상상 이상이라는 것이다. 즉 말로 표현할 수 없을 정도로 크게 흉하다는 것이다.

[九四]는 无咎하니 弗過하야 遇之니 往이면 厲ㅣ니 必戒며 구사 무구 불과 우지 왕 려 필계	
勿用코 永貞이니라. 물용 영정	(地山謙) 지산겸
象曰, 弗過遇之는 位不當也일새오 상왈 불과우지 위부당야	
往厲必戒는 終不可長也이니라. 왕려필계 종불가장야	

❍ 弗(아닐 불) 過(지날 과) 往(갈 왕) 厲(위태로울 려{여}) 必(반드시 필) 戒(경계할 계) 勿(말 물) 用(쓸 용) 永(길 영) 貞(곧을 정), 長(어른 장, 길 장)

구사九四는 허물이 없으니, 지나치지 않고서 이것을(초육初六) 만나니, (육오六五에게) 가면 위태로우니, 반드시 경계警戒하며, 오래토록 마음을 곧게하여(고집하여) 쓰지 말 것이니라.

상象에 이르기를, '지나치지 않고서 이것을 만난다.'는 것은 위位가 부당하기 때문이다. '가면 위태로울 것이니, 반드시 경계警戒하라.'는 것은 마침내 가히

555 『주역본의周易本義』에서는 "소과小過의 때에는 일을 언제나 과過하게 하여야 하니, 그런 뒤에야 중中을 얻는다. 구삼九三은 강剛으로 정위正位에 거하여 여러 음陰이 해치고자 하는 대상이나 스스로 강剛함을 믿어서 지나치게 방비하기를 즐기지 않는다. 그러므로 그 상象과 점占이 이와 같은 것이니, 점치는 자가 지나치게 방비하면 이를 면할 것이다.(小過之時, 事每當過, 然後得中, 九三 以剛居正, 衆陰所欲害者也. 而自恃其剛, 不肯過爲之備, 故其象占如此, 若占者能過防之, 則可以免矣."라고 하였다.

오랠 수(어른 노릇을 할 수) 없음이니라.

개요概要

구사九四가 처한 상황이 어떤 일을 능동적으로 할 수 있는 위치가 아니다. 그러므로 성인지도聖人之道를 만나 자각하고 실천해야 한다는 것이다.

각설 [556]

무구无咎 초육初六과의 응應함이라(처음이라) 허물이 없다.

불과우지弗過遇之 천도운행天道運行, 변화지도가 지나가지 않았는데(성인지도聖人之道) 만났다. 성인聖人의 마음과 하나가 된다는 것이다. 과過는 중도中道이다. 처음에는 지나치지 않다가 나중에 지나침을 만나게 된다.

왕려往厲 위로 육오효六五爻에게 가면 위태하여 근심이 있다는 것이다. 아직은 때가 아니다. 바깥에 나가서 행동하지 말고 종일건건석척약終日健健夕惕若하고, 공부해야 한다는 것이다.

필계必戒 음陰이 성盛한 시기이니, 겸손謙遜하고 자중하라는 경계警戒이다. 왜냐하면 지나치면 사람들이 경계하기 때문이다.

물용영정勿用永貞 오래토록 마음을 바르게 하고, (기다리며) 쓰지 말라는 것이다. [557]

---

556 (觀中) 영정永貞(용·육원리用六原理=군자지도)이기 때문에 무구无咎다. '불과우지弗過遇之'란 (천도天道의 운행)지나가지 않고서 만났다. 누구를 만나는가? 성인聖人의 마음과 하나가 된다. '불과弗過'란 선후천변화先后天變化의 과정을 지나기 전前이다. 허물이 될 정도로 과격한 행동을 하지 않는다. '불과우지弗過遇之'란 역수원리曆數變化가 지나가기 전前에 성인聖人과 뜻이 만나야 한다. ❶우지遇之 : 합덕은 성인聖人과 군자의 합덕, 군자 내면의 자각, 성인지도聖人之道를 만남. ❷영정永貞 : 낙서원리洛書原理, 용·육用六이다. 영원히 정貞해야 한다.

557 『주역본의周易本義』에서는 "과過의 때를 당하여 강剛으로서 유柔에 처하니, 공손함을 과過하게 함이니, 무구无咎의 도道이다. '불과우지弗過遇之'는 강剛함을 과過하게 하지 않아 그 마땅함에 적합함을 말한 것이니, 가면 과過하다. 그러므로 위태로움이 있어 마땅히 경계하여야 하는 것이다. 양陽의 성질은 굳고 강剛하기 때문에 또 영정永貞함을 쓰지 말라고 경계하였으니, 마땅히 때의 마땅함을 따를 것이요 굳게 지켜서는 안됨을 말한 것이다.(當過之時, 以剛處柔, 過乎恭矣. 无咎之道也. 弗過遇之, 言弗過於剛而適合其宜也. 往則過矣. 故有而當戒, 陽性堅

소상사小象辭

위부당야位不當也 구사九四의 부정위不正位를 말한다. 구사九四가 처한 상황이 어떤 일을 능동적으로 할 수 있는 위치가 아니다. 그러므로 성인 지도를 만나야 한다.

종불가장야終不可長也 구사효九四爻가 끝내 오래가지(어른 노릇은) 못한다는 것이다. 고집하면 안 된다. 때에 따라 적절히 변화할 줄 알아야 한다.

[六五]는 密雲不雨는 自我西郊일새니
육오 밀운불우 자아서교

公이 弋取彼在穴이로다. (澤山咸)
공 익취피재혈 택산함

象曰, 密雲不雨는 已上也이니라.
상왈 밀운불우 이상야

○ 密(빽빽할 밀) 雲(구름 운) 雨(비 우) 我(나 아) 西(서녘 서) 郊(성 밖 교) 弋(쏠 익, 주살할 익, 잡을 익,) 取(취할 취) 彼(저 피) 穴(구멍 혈)

육오六五는 구름이 짙어도 비가 내리지 않는 것은 나의 서쪽 교외로부터이니, 공이 저 굴 속에 있는 것을 쏘아 취함이로다.

상象에 이르기를, '구름이 짙어도 비가 내리지 않는다.'는 것은 이미 올라갔음이니라.

개요概要

육오六五는 응효應爻가 없다. 이것을 음陰의 서쪽 방향에는 두터운 구름은 있지만 양陽이 없어서 비가 내리지 못함을 비유한 말이다. 육오六五를 중심으로 호괘互卦를 만들어 보면 태兌이고, 태兌는 서쪽이다.

剛, 故又戒以勿用永貞, 言當隨時之宜, 不可固守也.)"라고 하였다.

각설[558]

밀운불우密雲不雨 자아서교自我西郊 육오六五는 응효應爻가 없다. 이것을 음陰의 서쪽 방향에는 두터운 구름은 있지만 양陽이 없어서 비가 내리지 못함을 비유한 말이다. 문왕팔괘도의 괘상을 보면 서쪽에는 양효陽爻가 없다. 육오六五가 존위尊位에 있으면서 위로만 올라가고 내려오지 않는 상황이다. 소과小過의 때에는 이렇게 하면 결실이 없다는 것이다. 밀운불우密雲不雨는 음陰(소인지도小人之道)이 너무 강剛해서 천택을 못받는 음양불배합陰陽不配合의 상象이다. 결국에는 뇌수해괘雷水解卦에서 풀린다. 역사적으로는 문왕文王의 정성이 부족하여 무왕武王을 올바르게 보필하지 못했다는 것이다.

공公 익취피재혈弋取彼在穴 공公이 (육오六五) 화살(작살)을 쏘아 굴(소인지도)속에 있는 새(피彼=육이군자)를 취한다는 것이다.[559] ❶혈穴은 음陰氣의 극치로 감괘坎卦이다. ❷피彼는 육이六二로서 때를 만나지 못한 군자. 천하백성을 말한다.[560]

소상사小象辭

이상야已上也 음陰으로써 군위君位에 올랐다는 것이다. 육이六二와 육오六污의 부조화로 불우不雨이다. 이미 이已로 보면 상上에 올랐다는 것이

---

558 (觀中) 구멍속에서 무엇을 빼 든다는 것인가? 화살을 빼든다는 말이다. 공公은 이효二爻의 위치의 군자다. 시위時位에 당한 군자를 가리킨다. 뇌수해괘雷水解卦의 '공公'과 같다. 공公이 구멍속에서 나온다. 감위혈坎爲血이다. 뇌산소과괘雷山小過卦 자체는 큰 감괘坎卦의 상象을 나타낸다. 두 효를 하나의 효爻로 생각한다면 뇌산소과괘雷山小過卦는 감괘坎卦의 상象을 나타내고 있다. 이에 구멍 혈穴자가 나오는 것이다.

559 이 구절을 두고 공公이 (육오六五성인聖人)이 화살로 구멍속(소인지도小人之道 속에)에 있는 육이六二 군자를(피彼) 취하려한다고 해석할 수도 있다.

560 『주역본의周易本義』에서는 "음陰으로서 존위尊位에 거하고 또 음陰이 과過한 때를 당하여 일을 할 수가 없고 육이六二를 쏘아 취하여 도움을 삼는다. 그러므로 이러한 상象이 있는 것이다. 구멍에 있는 것은 음물陰物이니, 두 음陰이 서로 만나면 대사大事를 이루지 못함을 알 수 있다.(以陰居尊, 又當陰過之時, 不能有爲, 而取六二以爲助, 故有此象, 在穴 陰物也. 兩陰相得, 其不能濟大事, 可知.)"라고 하였다.

다. 그러므로 대사불가大事不可이다.

[上六]은 弗遇하야 過之니 飛鳥ㅣ 離之라
상육 불우 과지 비조 이지

凶하니 是謂災眚이라. (火山旅)
흉 시위재생 화산여

象曰, 弗遇過之는 已亢也이니라.
상왈 불우과지 이항야

❍ 弗(아닐 불) 遇(만날 우) 過(지날 과) 飛(날 비) 鳥(새 조) 離(떼놓을 리{이}) 謂(이를 위) 災(재앙 재) 眚(눈에 백태 낄 생) 已(이미 이) 亢(목 항)

상육上六은 만나지 않고 지나니, 나는 새가 떠남이라 흉凶하니 이를 이르되 재앙이라.

상象에 이르기를, '만나지 않고 지나간다.'는 것은 이미 높이 올라감이니라.

개요概要

육오효六五爻 「소상사小象辭」의 '이상야已上也'는 성인지도聖人之道의 뜻을 만나 내려올 수 있음을 의미하고, 상육효上六爻 「소상사小象辭」의 '이항야已亢也'는 이미 돌이킬 수 없는 천도天道에 대한 저항을 말한다.

각설[561]

불우과지弗遇過之 소인小人(음陰)의 잘못으로 너무 높이 올라 멈출 줄을 모른다. 성인지도聖人之道를 만나고 싶어도 이미 지나버렸다는 것이다. 천도, 진리를 깨닫지 못하고 지나침이다. 인간의 본래성을 회복하지 못한다

561 (觀中) 과지過之란 천도天道가 지금 운행되고 있다. 비조이지飛鳥離之란 하도원리河圖原理를 깨닫지 못함. 성인聖人의 뜻을 깨닫지 못함. 군자지도는 성명지리를 깨달음으로써 깨달을 수 있다. '시위재생是謂災眚', '이항已亢'은 천도天道에 저항, 이항已亢이라 해도 무방하다. 오효五爻와 상효上爻에 몸 기己자가 붙었다.

는 것이다.

비조이지飛鳥離之 성인지도聖人之道가(새가) 저 멀리 날아가 버렸다는 것이다. 이離를 걸리는 것으로 해석할 수도 있다.

시위재생是謂災眚 상육上六은 재화災禍를 입을 수 있다는 것이다. ❶재災는 천재天災이며, ❷생眚은 인재人災이다.

소상사小象辭

이항야已亢也 소과小過의 극치를 나타내고 있다는 것이다. 항亢은 항용亢龍의 의미이다. 그러므로 천도天道와 하도河圖·낙서洛書에 저항하는 것이다. '이야已也'는 이미 돌이킬 수 없는 천도天道에 대한 저항을 말한다. 그러므로 이항已亢은 중도中道를 지나쳐(중도中道에 저항) 높이 올라갔다는 것이다.[562]

✎ 소과小過는 편안함에 안주하고, 태만과 방심의 작은 과실을 말한다. 즉 새가 소리를 남겨 인간의 작은 과실을 산위에서 질책하고 있다. 그러므로 소과小過의 때에는 성찰과 반신수덕反身修德의 과정인 소사小事가 필요하다는 것이다.

소사小事란? 자기 성찰과 성인지도聖人之道의 실천이다. 이것이 바로 군자의 사명이다. 늘 도덕적인 긴장상태를 늦추지 말라는 것이다. 그리고 작은 지나침은 겸손과 올바름으로 지키면 이利롭고 형통亨通해진다고 말한다.

562 『이천역전伊川易傳』에서는 "과過의 종終에 거하여 이치에 맞게 하지 못하고 지나쳐서 지나침이 이미 항극亢極하니, 그 흉함이 마땅하다.(居過之終, 弗遇於理而過之, 過已亢極, 其凶宜也.)"라고 하였다.

수 화 기 제 괘

63.水火既濟卦

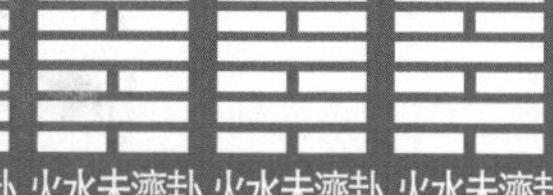

火水未濟卦 火水未濟卦 火水未濟卦 火水未濟卦

도전괘
倒顚卦

수화기제괘
水火既濟卦

화수미제괘
火水未濟卦

음양대응괘
陰陽對應卦

수화기제괘
水火既濟卦

화수미제괘
火水未濟卦

상하교역괘
上下交易卦

수화기제괘
水火既濟卦

화수미제괘
火水未濟卦

호괘
互卦

수화기제괘
水火既濟卦

화수미제괘
火水未濟卦

효변
爻變

수화기제괘 水火既濟卦	初爻變 而爲蹇卦	二爻變 而爲需卦	三爻變 而爲屯卦	四爻變 而爲革卦	五爻變 而爲明夷卦	上爻變 而爲家人卦
	수산건괘 水山蹇卦	수천수괘 水天需卦	수뢰둔괘 水雷屯卦	택화혁괘 澤火革卦	지화명이괘 地火明夷卦	풍화가인괘 風火家人卦

요지要旨 563

괘명卦名 이 괘는 상감上坎의 수水(☵) + 하이下離의 화火(☲) = 수화기제괘水火旣濟卦(䷾)이다.

괘의卦意 기제旣濟는 모든 일이 이미 다 이루어 진 완성完成을 말한다. 즉 만사가 완성이 된 것이다. 그러므로 수성守城의 도道를 말하고 있다.

수화水火는 불상잡不相雜 불상리不相離이다. 「설괘說卦」에서 '不相射,
불 상 석
不相逮'라고 하였다. 기제旣濟는 이미 건너왔다는 말이다. 이미 건너온
불 상 체
사건은 과거화된 시간이다. 또한 기제旣濟, 미제괘未濟卦에는 종시원리終始原理가 내포되어 있다고 할 수 있다.(순환적 시간관)

괘서卦序 「서괘」에서 "사물의 지나침은 반드시 다스려야 하기 때문에 기제旣濟卦로 받았다.(有過物者, 必濟, 故 受之以旣濟.)"라고 하였다.
유 과 물 자 필 제 고 수 지 이 기 제

괘상卦象 상괘인 물(수水)은 아래로 흐르고, 하괘의 불(화火)은 위로 향하는 소통의 상이다. 그리고 64괘중에서 유일하게 6효 모두가 정위로 상통하여 모든 문제가 다 해결된 상象이다.

---

563 (觀中) 무엇을 건너왔다는 말인가? 직접적으로는 강물을 건너는 것이다. 이미 건너왔다는 말이다. 이미 건너온 사건은 과거화된 시간이다. 내가 태어나기 이전의 세계에서부터 지금의 현실세계로 건너온 것이다. 기旣·미제괘未濟卦는 일월日月(감坎·리離)괘卦가 합쳐져 6효괘를 형성, 이 점이 상경上經의 감坎·리괘離卦와 근본적으로 다르다. 상경上經의 감리坎離는 일월日月이 나뉘어져 있다. 그러므로 감坎·리괘離卦는 선천원리先天原理다. 천지天地를 상징하는 건곤괘乾坤卦는 첫머리에, 일월日月을 상징하는 감리坎離는 맨 나중에 배치, 하경下經에서는 진손간태괘震巽艮兌卦가 합쳐져, 간태괘艮兌卦(소남·소녀)가 합쳐져 6효괘를 형성하고 있는 함괘咸卦가 첫머리에, 그 다음은 장남·장녀괘가 합쳐져(합덕, 형이상학적 차원에서 도로 일체화됨) 뇌풍항雷風恒이고, 기제旣濟卦의 잡괘雜卦가 미제괘未濟卦이다. 미제괘未濟卦의 잡괘雜卦는 쾌괘夬卦이다. 기제괘旣濟卦는 낙서원리洛書原理(지도地道, 기본基本)를 위주로 표상된다. 하나에서(땅) 시작하여, 하늘을 향해서 자라 올라가는 원리이다. '천수상天垂象'이기 때문이다. 하도원리河圖原理를 근원으로 하여 낙서원리洛書原理가 작용한다. 왜 체십용구體十用九인가? 십十은 하도河圖이다. 즉 하도원리河圖原理를 근거로 낙서원리洛書原理(九)로 작용한다는 말이다. 체오용육體五用六은 오五는 낙서원리洛書原理요(기수이기 때문), 역수원리曆數原理의 체體가 되는 것은 역수曆數(시간)를 운행시키는 중심적 존재는 태양太陽이요, 태양太陽의 심부름꾼 역할을 하는 것은 지구地球다. 그러므로 태양지정太陽之情은 지구地球의 원리다. 지구가 태양太陽의 궤적을 한 바퀴 도는데, 태양지정太陽之情은 태양太陽의 작용원리는 지구로써 표현이다. 이에 양력陽曆은 지구가 태양太陽의 궤적을 한 바퀴 도는 것을 가지고 1년 기수朞數를 규정한다(365¼日). 음력陰曆은 354일 9시간이 소요된다.

既濟는 亨이 小이니 利貞하니 初吉코 終亂하니라.
기제 형 소 이정 초길 종난

○既(이미 기) 濟(건널 제) 亨(형통할 형) 利(이로울 리{이}) 貞(곧을 정) 初(처음 초) 吉(길할 길) 終(끝날 종) 亂(어지러울 란{난})

기제既濟는 형통함이 적으니, 곧아야 이롭다하니, 처음에는 길吉하고, 마침내는 어지러울 것이다.

개요概要

수성守城의 중요성을 말하고 있다.

각설

형소亨小 이정지도利貞之道를 깨닫는 방법은 소사小事, 즉 학문을 통해서만 가능하다.

이정利貞 정도正道로써 올바르게 하는 것이 전제조건이다.

초길종란初吉終亂 기제既濟卦의 내괘內卦는 길吉하나, 외괘外卦는 장차 미제未濟가 될 곳이라 혼란해진다는 것이다. 종난終亂은 교만을 경계하기도 한다. 왜냐하면 인간의 교만한 마음이 어지러움의 근원이 된다는 것이다.

[彖曰] 既濟亨은 小者ㅣ 亨也일새니
단왈 기제형 소자 형야

利貞은 剛柔ㅣ 正而位當也이니라 初吉은 柔得中也일새오
이정 강유 정이위당야 초길 유득중야

終止則亂은 其道ㅣ 窮也이니라.
종지즉난 기도 궁야

○ 旣(이미 기) 濟(건널 제) 亨(형통할 형) 利(이로울 리) 貞(곧을 정) 剛(굳셀 강) 柔(부드러울 유) 位(자리 위) 當(마땅할 당) 初(처음 초) 得(얻을 득) 終(끝날 종) 止(발 지) 則(곧 즉) 亂(어지러울 난{란}) 道(길 도) 窮(다할 궁)

단彖에 이르기를, 기제旣濟는 형통한다는 것은 작은 것이 형통한 것이니, '곧아야 利롭다.'는 것은 강剛과 유柔가 정위正位에 있어서 자리가 마땅함이니라. '처음에는 길吉하다.'는 것은 유柔가 중中을 얻음이오. 종말에 가서 그치면 어지러워진다는 것은 그 도道가 막힘이니라.

각설 [564] [565]

기제형旣濟亨 소자형야小者亨也 기제旣濟의 형亨은 작은 형통함이다. 그러므로 이정利貞해야한다는 것이다.[566] 소小는 소사小事의 소小이다. 마음속의 사건, 심성내면의 세계를 의미하기도 한다. 소小는 음陰이니 작은 것이 형통하다는 것이다.

이정강유利貞剛柔 정이위당야正而位當也 64괘중에서 유일唯一하게 육효六爻가 모두 정위正位이다.

초길初吉 유득중야柔得中也 기제旣濟와 미제괘未濟卦에서는 유중柔中을

---

564 (觀中) ❶소자형야小者亨也 : 소小는 군자를 말하는 것이 아니라 소사小事의 小다. 내게 내재화된 본래성을 깨달아라. 역도易道를 소사小事로써 깨닫고, 대사大事로 행하려 들지 말라. ❷이정利貞은 강유정이위당야剛柔正而位當也 : '강유剛柔 정正'을 「잡괘雜卦」에 "기제旣濟는 정야定也"라고 한다. '강유剛柔ㅣ정正'이란 대형이정大亨以正(원형이정元亨利貞)원리를 깨달았다는 말이다. 도서원리圖書原理를 기본으로 하여 대형이정大亨以正이 되어야 한다. 그러기 위해서는 『정역』의 『사력변화원리四曆變化原理까지를 깨달아야 한다.

565 (觀中) 소리정小利貞 내마음속에서 정도貞道를 깨닫는다. 이정지도利貞之道를 깨닫는 방법方法은 소사小事, 즉 학문을 통해서만이 가능하다. 종난원리終亂原理를 직접直接 표상하는 효爻는 상효上爻이다. '초길종란初吉終亂'은 상효上爻의 역도易道를 깨닫지 못하게 됨을 경고하고 있다. 「괘사」에 '유기수濡其首'라는 말이 나옴직한데 말하지 않고 있다. 종란終亂은 『주역周易』을 공부하는 사람들의 교만을 경계하고 있다. 초길初吉이면 필연적으로 종란終亂하게 된다.

566 『주역절중周易折中』 "작은 일은 제도를 세우고, 기강을 세우는 것이고, 큰일은 정신을 움직이고, 마음을 움직이는 것이다.(制度之立, 綱紀之修, 以爲小, 而精神之運, 心術之動, 以爲大.)" 라고 하였다.

선善으로 본다.

종지즉난終止則亂 **기도궁야**其道窮也 최고의 극치(기제旣濟)나 사물의 완성에 안주하지 말고 부단히 노력하라는 것이다. 안정도 오래되면 고괘蠱卦에서 보이듯이 부폐하고 문란해진다. 끝에 머물면 혼란하다는 것은 편안함에 안주하려는 사람의 마음이 혼란의 단초가 된다는 것이다.

[象曰] 水在火上이 旣濟니
상왈 수재화상 기제
君子 以하야 思患而豫防之하나니라.
군자 이 사환이예방지

❍ 旣(이미 기) 濟(건널 제) 思(생각할 사) 患(근심 환) 豫(미리 예) 防(둑 방)

상象에 이르기를, 물(坎)이 불(離) 위에 있는 것이 기제旣濟이니, 군자는 이로써 환란을 생각하고 미리 방지하나니라.

각설 567

수재화상水在火上 **기제**旣濟 수水는 내려가고, 화火는 올라가는 것은 상하上下가 교통하여 만물을 완성하는 것이다. 사람과 천지도 수화水火가 교통한다. 그러므로 상호 보완하는 것이 기제旣濟이다. 그러나 상호 교통이 깨지면 모두에게 흉凶하다.

사환이예방지思患而豫防之 군자는 장래의 환란患難을 생각하며, 미리 예방하는 것이다. 즉 언제나 완성의 기제旣濟만 있는 것이 아니라 미완성未

567 (觀中) 미래의 일을 미리 걱정(염려하여) 예방한다. 성현의 경전의 일은 과거지향이 아니라 미래지향적이다. 미래에 닥쳐올 우우지사憂患之事를 미리 예방해야 한다. '수재화상水在火上'이란? (인격적 차원에서 천지天地가 합덕하기 이전의 상태) 물은 하늘의 작용성을 물로 표상한다.(남자는 정액을 여자에게 주게 되어 있다. 여자는 불로 받는 것) 남녀男女가 본격적으로 합덕하기 이전이다. 인류역사에 성인지도聖人之道가 문제된 이유는 사환이예방지思患而豫防之하기 위해서이다.

完成의 미제未濟를 생각하여 처신해야 한다는 것이다. 절제와 검소, 유비무환有備無患, 달리 말하면 태비괘泰否卦의 원리이다.

[初九]는 曳其輪하며 濡其尾니 无咎ㅣ니라. (水山蹇)
초구 예기륜 유기미 무구 수산건

象曰, 曳其輪은 義无咎也이니라.
상왈 예기륜 의무구야

○ 曳(끌 예) 輪(바퀴 륜{윤}) 濡(젖을 유) 尾(꼬리 미)

초구初九는 그 수레바퀴를 끌며, 그 꼬리를 적시면, 허물이 없느니라.

상象에 이르기를, '그 수레를 끈다'는 것은 의리로 허물이 없느니라.

개요概要

육사六四의 상응에 삼가하고, 경계하며 신중히 하거나, 움직이지 말고 가만히 있으라는 것이다.

각설[568]

예기륜曳其輪 수레바퀴를 못 가게끔 멈추게 하는 것이다. 급진急進하면 난국亂國을 초래하게 되는 것이다. 왜냐하면 모든 것이 갖추어진(이루어진) 기제旣濟의 처음 시기에는 ❶경거망동하지 말고 가만히 있거나, ❷조심하고 신중하게 처신해야 한다는 것이다.[569]

유기미濡其尾 예기륜曳其輪과 동일한 의미를 가진다. 그 꼬리를 적시면 짐승이 물을 건너지 못하는 상象이다. 육사六四의 상응에 삼가하고, 경계하며

568 (觀中) 십수원리十數原理가 드러나야 한다. 역리易理가 아직 밝혀지지 않았다. '예기륜曳其輪하며 유기미濡其尾'인데 무구无咎라 했다. 기제旣濟卦는 '유기수濡其首'라야 종난終亂된다

569『주역본의周易本義』에서는 "수레바퀴는 아래에 있고 꼬리는 뒤에 있으니, 초初의 상象이다. 수레바퀴를 뒤로 끌면 수레가 전진하지 못하고 꼬리를 적시면 여우가 건너가지 못한다. (輪 在下, 尾 在後, 初之象也. 曳輪則車不前, 濡尾則狐不濟.)"라고 하였다.

신중히 하거나, 움직이지 말고 가만히 있으라는 것이다. (효변爻變 ⇨ 수산건괘水山蹇卦 초효初爻)

소상사小象辭

의무구야義无咎也 초구初九가 동動하면 건괘蹇卦이다. 그러므로 육사六四에 움직이지 말고 절면서 지연하는 것이 좋다. 의義는 의宜로써 마땅히 그러해야 허물이 없다는 것이다.

[六二]는 **婦喪其茀**이니 **勿逐**이라야 **七日**에 **得**하리라. (水天需)
육이　부상기불　물축　칠일　득　수천수

象曰, 七日得은 **以中道也**이니라.
상왈　칠일득　이중도야

○ 婦(지어미 부, 며느리 부) 喪(죽을 상) 茀(덮을 불, 수레가림 불, 풀 비녀 불, 우거질 불) 勿(말 물) 逐(쫓을 축)

육이六二는 지어미가 그 수레의 포장을 잃는 것이니, 쫓지 않음이라야 7일이면 얻느니라.

상象에 이르기를, '7일이면 얻는다.'는 것은 중도中道로 함이니라.

개요概要

육이六二는 유순정위柔順正位·득중得中한 효爻이다. 잃어버린 불茀을 찾지 말라는 것이다.

각설[570]

---

570 (觀中) ❶부상기불婦喪其茀 : 아내가 귀금속('비녀 불茀' 자字)을 잃어버렸다. 즉 인간이 본래성(인격성)을 잃어버렸다는 의미다. 이에 역도易道의 근본문제를 망각하게 된 것이다. '부상기불婦喪其茀'을 뇌풍항괘雷風恒卦다. '불茀'은 수레의 뒷 창문 가리는 가리개이다. 귀부인貴夫人이 수레를 타고 도道를 행하러 나가는데, 불茀을 잃으면 장자지도長子之道를 망각하

부상기불婦喪其茀 부인(부婦=육이六二 군자) 가마의 위를 덮는 포장(불茀=군자의 상징)이 상傷했으니, 가지 말고 그대로 있으면 좋다는 것이다.

물축勿逐 소인지도小人之道를 쫓지 말라는 것이다

칠일七日 득得 육효六爻가 하나씩 변하여 일곱 번째 칠일래복원리七日來復原理에 의해 성인聖人 군자지도가 돌아온다는 것이다.[571] 이것은 군자지도가 돌아오는 시간의 변화를 육효중괘六爻重卦 형성원리에 비유한 말이다.

소상사小象辭

이중도야以中道也 중도中道로써 하기 때문에 손실이 없다. 중정지덕中正之德이 아니면 칠일득七日得을 할 수가 없다.

> **[九三]**은 高宗이 伐鬼方하야 三年克之니
> 구삼 고종 벌귀방 삼년극지
>
> 小人勿用이니라. (水雷屯)
> 소인물용 수뢰둔
>
> 象曰, 三年克之는 憊也이니라.
> 상왈 삼년극지 비야

○ 高(높을 고) 宗(마루 종) 伐(칠 벌) 鬼(귀신 귀) 方(모 방) 三(석 삼) 年(해 년) 克(이길 극) 勿(말 물) 用(쓸 용) 克(이길 극) 之(갈 지) 憊(고달플 비)

게 되고, 불茀을 얻으면 뇌풍항괘雷風恒卦가 된다. ❷칠일득七日得 : 선갑삼일先甲三日 후갑십일後甲三日의 칠일七日이다. 선천先天도수度數를 삼세三歲, 칠일七日, 구九, '십년내자十年乃字'이라고도 한다. 육갑원리六甲原理가 밝혀지면서 음양陰陽이 합덕된 세계가 열려진다. '물축칠일득勿逐七日得' 때를 기다려야지 그 일을 절대로 좇아가지 말라. 군자는 경전을 통해서 스승을 만난다. 부婦는 남의 아내된 여자이다. 아내가 가인家人(군자君子)이다. 중中을 얻은 자라면 군자가 될 수 있는 여건이 주어진 것이다. 칠일득七日得이란 자득自得이다.

571 (집설) 황수기의 『주역역주』와 김경방의 『주역본의』에서는 "십十은 가득찬 것이고, 오五는 가득찬 것의 절반이고, 삼三은 반에 이르지 못한 것이다. 칠七은 반을 넘어선 것이다."라고 하였다.

구삼九三은 고종이 귀방을 쳐서 삼년만에 이김이니, 소인小人은 쓰지 않느니라.
상象에 이르기를, '삼년만에야 이를 이겼다.'는 것은 피곤함이니라.

개요概要

구삼九三은 정위正位로 진리에 대한 자각의 어려움을 소인지도를 치는 것에 비유하여 설명하고 있다.

각설

고종高宗 고종高宗은 은殷나라 왕王인 무정武丁을 말한다.
귀방鬼方 뜻이 미치지 않는 중원中原 이외의 먼 지방(오랑캐)을 말한다. (중원中原 ⇨ 동이東夷, 서융西戎, 남만南蠻, 북적北狄 등) ❶외적外敵, 외면적 행위이고, ❷고방苦方이 귀방鬼方이다. 흉노족을 지칭하기도 한다.
삼년극지三年克之 구삼九三은 오래동안 정성精誠을 다해야 피안彼岸에 도달할 수 있다는 의미이다.[572]
소인물용小人勿用 지수사괘地水師卦 상육上六「효사爻辭」에서 "상賞만 내리고 중용重用하지 않았다."[573] 라고 하였다.

소상사小象辭

비야憊也 고달플 비(비憊=곤할 곤困자와 같음)로 ❶구도자求道者의 길은, ❷진리眞理의 자각은, ❸소인지도小人之道를 물리치는데는 오래동안 고달픔과 어려움이 있었다는 것이다.

---

572 3년이면 결코 짧지 않은 세월이지만, 성인聖人과 군자의 이끄심이 없다고 가정한다면, 저쪽 언덕에 도달하기 위해서는 훨씬 더 많은 세월이 요구되는 것은 아닐까?

573 지수사괘地水師卦 상육上六「효사爻辭」, "대군유명大君有名, 개국승국開國承家, 소인물용小人勿用"라고 하였다.

[六四]는 繻에 有衣袽코 終日戒니라. (澤火革)
육사 수 유의녀 종일계 택화혁

象曰, 終日戒는 有所疑也이니라.
상왈 종일계 유소의야

○ 繻(걸례 수, 고운 명주 수) 袽(해진 옷 녀{여}), 漏(샐 루{누}) 戒(경계할 계) 疑(의심할 의)

육사六四는 (배(舟)가) 새면 해진 옷을 가지고 종일 경계警戒함이니라.

상象에 이르기를, '종일 경계警戒한다.'는 것은 의심하는 바가 있느니라.

개요概要

육사六四는 정위正位·과중過中한 효爻이다. 기제旣濟를 지속하기 위해서는 삼가해야 함을 말한다. 즉 작은 일을 예방하지 않으면 큰 일을 당한다는 것이다.

각설 [574]

수유의녀繻有衣袽 이 의미를 두가지의 관점에서 볼수 있다, 먼저, 수繻(걸례 수)를 유濡(젖을 유)로 해석하면 ❶배안에 물이 새는 것이다. ❷내 집(내 자신)에 물이 새는 것이다. ❸이섭대천利涉大川하는데 물이 새는 것이다.

다음으로, 수繻(고운 명주 수)로 해석하면 비단옷에 해진 헝겊으로 기운 흔적이 있다는 것이다. 이것은 절제와 검소한 생활로 기제旣濟의 삶을 지

574 (觀中) 유繻(걸레수, 젖을 유), '유의녀有衣袽' 유자有字가 있어 유濡자로 바꾸어 해석해도 무방하다. 물이 스며들어온다(유濡). 괘명卦名이 배타고 물을 건너가는 원리를 기준으로 하여 제濟자를 붙인 것이다. 물이 배안에 젖어들어 온다. 배의 물구멍을 막는 것이 헤진 옷가지(의녀衣袽)로 틀어막는다. 예비하기 위해 의녀衣袽를 장만하고 있다. 의녀衣袽를 간직하여 종일 경계警戒하는 도道다. '종일계終日戒'란? 선천先天에서 후천后天으로 시간여행時間旅行을 간다. 이를 배타고 강물을 건너가는데 비겨 가지고 말한 것.

속할 수 있다는 것이다.

종일계終日戒 물이 새는 틈을 막기 위해서 해진 옷(성인지도聖人之道)을 준비하고 있는 것을 말한다. 종일토록 삼가고, 또 삼가는 것이다.

어느 정도 일이 완성되면 내부문제나, 나 자신의 문제로 인해 균열이 생긴다. 그러므로 종일토록 경계하는 것이다.

소상사小象辭

유소의야有所疑也 의혹됨이 있다는 것은 미리 궁窮(미제未濟의 시기)함에 대처하여 경계하고 삼가야 한다는 것이다. 상괘上卦와 내호괘內互卦가 감괘坎卦의 험난險難함이다. 육사六四는 두려움이 있다.

[九五]는 東隣殺牛ㅣ 不如西隣之禴祭ㅣ
구오 동린살우 불여서린지약제

實受其福이니라. (地火明夷)
실수기복 지화명이

象曰, 東隣殺牛ㅣ 不如西隣之時也일새니
상왈 동린살우 불여서린지시야

實受其福은 吉大來也이니라.
실수기복 길대래야

○ 東(동녘 동) 隣(이웃 린) 殺(죽일 살) 牛(소 우) 西(서녘 서) 隣(이웃 린) 禴(종묘 제사 이름 약, 여름제사 약) 祭(제사 제) 實(열매 실, 사실 실, 참된 실(眞實)) 受(받을 수) 福(복 복)

구오九五는 동쪽 이웃에서 소를 잡는 것이(성대한 제사) 서쪽 이웃에서 검소儉素하게 제사를 지냄과 같지 못하니, 진심으로 함이 그 복을 받느니라.

상象에 이르기를, 동쪽 이웃에서 소를 잡는 것이 서쪽 이웃이 때를 맞춘 것만 같지 못하다. '실제로 그 복을 받는다.'는 것은 길吉한 것이 크게 온다는 것이니라.

개요概要

기제既濟의 때가 지나고 있다. 사람들이 편안함에 안주하면 교만과 독선, 태만, 방심, 사치스러워진다. 이때 가장 중요한 것은 성실한(성誠) 마음이다. 즉 사의성에 어긋나면 소를 잡아서 바치는 제사도 소용없다는 것이다.

각설 [575]

동린살우東隣殺牛 동쪽 이웃에서 소를 잡아 성대히 제사를 지낸다. 제사상을 성대히 차려도 정성을 가지고 지냄만은 못하다는 것이다. 즉 형식形式에 지우침과 진실함의 차이이다. 선천先天의 소인지도小人之道로 군자지도를 잃어버리는 것이다. 우牛는 제물祭物, 대제大祭를 말한다.

불여서린지약제不如西隣之禴祭 서쪽 이웃에서 간략하게 차려놓은 제사만 못하다. [576]

실수기복實受其福 하늘에 대한 제사祭祀는 경건함과 정성이다. 그러므로 진심으로 정성을 다하여 나아가는 자만이 복을 받는다는 것이다.

소상사小象辭 [577]

불여서린지시야不如西隣之時也 '동린살우東鄰殺牛'은 서린지약제西隣之禴

---

575 (觀中) '동린살우東鄰殺牛'란 동북東北(선천先天)에서 소를 잃어버렸다. 선천先天에 소인지도小人之道를 가지고, 동린살우東鄰殺牛(선천先天에 소인지도小人之道가 행해지기 때문에)는 역학적 입장에서는 동북상붕원리東北喪朋原理를 의미한다. 동북상붕원리東北喪朋原理가 소인지도小人之道이기 때문에 백성을 잃게된다. '불여서린지약제不如西鄰之禴祭'의 서린西鄰은 때를 가리키는 것이지 장소를 가리키는 것이 아니다. 즉 서남득붕원리西南得朋原理를 가리킨다. 동북東北 선천先天에서는 육갑六甲, 십수원리十數原理를 잃어버림이다. '실수기복實受其福'은 길흉문제吉凶禍福을 심판해 놓는 복福이다. 개복介福은 뇌수해괘雷水解卦(뇌지예괘雷地豫卦 이효二爻가 동動)와 밀접한 관련이 있다. "동북상붕지선천東北喪朋之先天, 서남득붕지후천西南得朋之后天", 진괘晋卦, 이효二爻의 개복介福(왕모王母=십수원리十數原理로부터 받는 원리)

576 『구약성서』, 「잠언서」 17:11절에서 "마른 떡 한조각이 있고도 화목한 곳이, 제육을 집에 가득하고도 다투는 것보다 나으리라."라고 하였다.

577 (觀中) 불여서린지시不如西隣之時란 후천지시后天之時다. '해지시대의재解之時大矣哉'의 시時다. 길대래吉大來는 후천세계의 열림이다.

祭만 못하다는 것이다.

길대래야吉大來也 진심으로 했을 때 길吉함이 크게 오는 것이다. 그러므로 길흉吉凶은 마음에 달려 있는 것이다. 효변爻變이 되면 명이괘明夷卦가 된다.

[上六]은 **濡其首**ㅣ라 **厲**하니라. (風火家人)
상육 유기수 려 풍화가인

象曰, 濡其首厲ㅣ **何可久也**ㅣ리오.
상왈 유기수려 하가구야

○ 濡(젖을 유) 其(그 기) 首(머리 수) 厲(갈 려{여}) 何(어찌 하) 可(옳을 가) 久(오랠 구)

상육上六은 그 머리를 적심이라, 위태롭다.

상象에 이르기를, '그 머리를 적심이라, 위태로운' 것이 어찌 오래 갈 수 있으리오.

개요概要

상육上六은 기제旣濟의 극極이다. 머리를 적심이란? 매우 위태로운 상황을 말한다. 상괘上卦와 내호괘內互卦가 감坎卦이다. 험난함에 빠진다.

각설[578]

유기수濡其首 기제旣濟卦는 상효上爻는 수首라고 칭하고, 초효初爻는 미尾라고 칭한다. 머리까지 물에 빠졌다는 것은 건도乾道를 멸시함이다. 종지즉난終之卽亂이다. 건도乾道에 순順하고 성誠과 신信을 다해야한다. 상육上六도 이신사호순履信思乎順하면 기제旣濟를 지속할 수 있다.

578 (觀中) 유기수濡其首란 머리를 물에 빠졌다. 감괘坎卦 상효上爻가 되니까 승강이 된 것이다. 성인지도聖人之道를 깔고 뭉갠 것(멸시)이다.

려厲 위태롭지만 아직 흉凶한 것은 아니다.[579]

소상사小象辭

하가구야何可久也 건도乾道를 멸시하니 어찌 가히 오래 가겠는가. 더 이상은 나아갈 곳이 없어니 어찌 오래 가겠는가? 『주역』에서 '何可久(하가구)', '何可長(하가장)', '終不可長(종불가장)' 등의 말은 모두 경계하여 더 이상은 어려움에 빠지지 않도록 하라는 경계사이다.[580]

> ✐ 기제괘旣濟卦는 모든 것이 이루진 괘이다.
>
> 그러나 이러한 성취나 완성을 보존하기 위해서는 항상 삼가하고 경계해야함을 당부하고 있다. 기제괘에서는 현실에 안주하여 방심하고 태만하면 완성됨을 모두 잃게 된다고 경고하고 있다.

---

579 『주역절중周易折中』에서는 '양신자'의 말을 인용하여, "흉이라고 하지 않고, 위태롭다고 하는 것은 사람들이 위태로운을 알려서 속히 일을 바꾸면 일이 이루어진 것을 여전히 보전할 수 있게 됨을 알게하기 위함이다.(言不凶, 而言厲者, 欲人危懼而未改, 則濟猶可保也)"라고 하였다.

580 일의 성취나 완성을 이루면 이것을 보존하기 위해서는 항상 삼가하고 경계해야함을 당부하고 있다.

화수미제괘 64.火水未濟卦

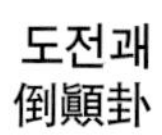

도전괘 倒顚卦

화수미제괘 火水未濟卦 → 수화기제괘 水火旣濟卦

음양대응괘 陰陽對應卦

화수미제괘 火水未濟卦 → 수화기제괘 水火旣濟卦

상하교역괘 上下交易卦

화수미제괘 火水未濟卦 → 수화기제괘 水火旣濟卦

호괘 互卦

화수미제괘 火水未濟卦 → 수화기제괘 水火旣濟卦

효변 爻變

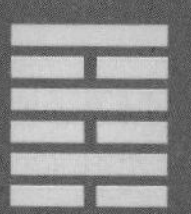

화수미제괘 火水未濟卦

初爻變 而爲睽卦	二爻變 而爲晉卦	三爻變 而爲鼎卦	四爻變 而爲蒙卦	五爻變 而爲訟卦	上爻變 而爲解卦
화택규괘 火澤睽卦	**화지진괘** 火地晉卦	**화풍정괘** 火風鼎卦	**산수몽괘** 山水蒙卦	**천수송괘** 天水訟卦	**뇌수해괘** 雷水解卦

요지要旨

괘명卦名 이 괘는 상이上離의 화火(☲) + 하감下坎의 수水(☵) = 화수미제괘火水未濟卦(䷿)이다.

괘의卦意 화수미제괘火水未濟卦는 육효六爻 모두가 부정위不正位한 효이다. 실패가 있는 미완성은 반성과 성찰로써 새로운 출발(종시원리終始原理), 변화의 가능성을 말하고 있다. 사물의 변화란 하나의 과정을 마치면 다시 다른 과정의 시작을 의미한다는 것이다. 속도에 대한 반성, 삶의 미완성에 대한 성찰이다. 완전히 끝나는 것은 없다. 종시終始이다.

괘서卦序 「서괘」에서 "사물은 궁극히 할 수 없으므로 미제로써 받아 마친 것이다.(物不可窮也, 故受之以未濟, 終焉.)"라고 하였다.
물불가궁야 고수지이미제 종언

기제旣濟는 완전히 다스려졌다는 것이다. 이는 음양소장陰陽消長의 이치가 멈추었다는 뜻이므로, 다시 덜 다스려졌다는 뜻의 미제未濟로 받았다.

「서괘」에는 일반적으로 앞의 괘卦가 원인이 되어 그 뜻을 있는 형식으로 되어 있지만, 미제괘未濟卦와 같이 앞뒤의 뜻이 뒤집어서 있는 괘卦가 있다. 즉 궁즉변窮卽變, 변즉통變卽通의 뜻을 말해 천리天理의 필연과 인사의 당위當然를 설명한 것이다.

괘상卦象 상괘인 이화離火(☲)와 하괘인 감수坎水(☵)이다. 상괘인 불은 위로 향하고, 하괘인 물은 아래로 흐른다. 수화火水는 불통不通이다. 육효六爻 모두가 부정위不正位이다. 그러므로 모든 것이 이루어지지 않는다. 그러나 각자의 노력으로 기제로 변화할 수 있다는 의미를 내포하고 있다.

未濟는 亨하니 小狐汔濟하야 濡其尾니 无攸利하니라.
미제 형 소호흘제 유기미 무유리

○ 未(아닐 미) 濟(건널 제) 狐(여우 호) 汔(거의 흘) 濡(젖을 유) 尾(꼬리 미)

미제未濟는 형통하니, 어린 여우가 물을 거의 건너려 했을 때 그 꼬리를 적시니, 이로울 것이 없다.

각설 [581]

미제未濟 형亨 기제旣濟가 되기 위하여 중정지도中正之道로 하면 미제未濟도 형통해진다는 말이다. 기제旣濟는 사물의 완성이다. 미제未濟는 변화를 위한 발전적 대립 요인을 가지고 있다. 왜냐하면 미제未濟는 육효 모두가 부정위이지만 모두가 응효가 있다. 이것은 완성을 이루기 위한 계기가 될 수 있기 때문에 형통하다고 한 것이다.[582]

소호흘제小狐汔濟 미제未濟의 상象을 여우(초육初六)에 비유하였다. 사람들이 진리眞理를 믿지 않고 의혹스럽게 생각한다는 것이다.

유기미濡其尾 기제旣濟의 찰라에 꼬리를 적신다는 것이다. 소인지도小人之道에 오염된다는 것이다. 기제旣濟는 상육上六에서, 미제未濟는 초육初六에서 혼란함이 생긴다.

무유리无攸利 미제未濟는 미완성이므로 이로울 것이 없다는 것이다.

581 (觀中) 미래지사未來之事이다. 미래에 건너가야 될 대천大川(바다와 같이 큰 강물을 가리킨다.)이다.

582 미제괘未濟卦는 미완성이지만 육효전체가 응효應爻가 있다. 이것은 소인이 군자와 합덕을 의미하며, 미제未濟가 기제旣濟로 변할 수 있는 가능성을 내포하고 있다고 할 수 있다. 그러므로 형동함을 얻을 수 있다고 하는 것이다.

[彖曰] 未濟亨은 柔得中也일새오,
단왈 미제형 유득중야

小狐汔濟는 未出中也일새오
소호흘제 미출중야

濡其尾无攸利는 不續終也이니라,
유기미무유리 불속종야

雖不當位나 剛柔應也이니라.
수부당위 강유응야

○ 狐(여우 호) 汔(거의 흘) 濟(건널 제) 濡(젖을 유) 尾(꼬리 미) 攸(바 유) 續(이을 속) 終(끝날 종) 雖(비록 수) 當(마땅할 당) 位(자리 위) 剛(굳셀 강) 柔(부드러울 유) 應(응할 응)

단彖에 이르기를, '미제未濟는 형통한다.'는 것은 유柔가 중中을 얻음이오. '어린 여우가 물을 거의 건너게 되었다'는 것은 험중險中을 벗어나지 못함이오. '그 꼬리가 젖어서 이로울 것이 없다.'는 것은 계속해서 건널 수 없음이니라. 비록 자리는 마땅치 않지만 강剛과 유柔가 응應함이니라.

각설 [583]

유득중야柔得中也 육오六五가 존위尊位에서 중정지도中正之道를 얻음이다.

소호흘제小狐汔濟 미출중야未出中也 ❶소호小狐는 감괘坎卦다. 감괘坎卦의 험難한 고비를 넘어가는데 있어 거의 다 건너가 소인지도에 오염될 위험성이 있다. ❷'미출중未出中'이란 중도中道가 드러나지 않는다.[584] 그러

---

583 (觀中) 소호흘제小狐汔濟란 소인小人·군자지도가 결판. 이에 미제괘未濟卦의 잡괘雜卦가 택천쾌괘澤天夬卦다. 소호小狐은 감괘坎卦이다. 감괘坎卦의 험난險難한 고비를 넘어가는데 있어 거의 다 건너가 소인지도小人之道에 오염될 위험성이 있다. '이출중未出中'이란 중도中道가 드러나지 않는다. 불속종야不續終也는 속종續終이 불가능하기 때문에 유기미濡其尾하면 안 된다.

584 구이九二는 구덩이에 험한 바가 있다 하나 구하면 조금 얻는다 하리라.(감坎 유험有險 구

므로 구이九二가 비록 중中을 얻었으나 험險한데서 빠져 나오지 못함이요, 미제未濟를 건너려던 일을 끝내지 못함을 말한다

유기미무유리濡其尾无攸利 불속종야不續終也 비록 여섯 효爻가 모두 바른 위位를 얻지 못했으나, 여섯 효爻 모두 강剛과 유柔로 응應한 상태이다. 그러므로 불리함을 극복할 수 있다는 것이다.[585] 구이九二가 양강陽剛한 효爻로서 득중得中한 까닭에, 나아감에 있어 용맹함이 있으나, 험한 감체坎體에 빠져 있어서 끝까지 그 일을 마치지 못하는 상象이다.

[象曰] 火在水上이 未濟니
상왈 화재수상 미제

君子ㅣ 以하야 愼辨物하야 居方하나니라.
군자 이 신변물 거방

❍ 愼(삼갈 신) 辨(분별할 변) 物(만물 물)

상象에 이르기를, 불이 물 위에 있는 것이 미제이니, 군자는 이로써 신중히 그 물건을 분별하고 제 자리에 머무니라.

개요概要

상화上火는 위로 가고, 하수下水는 아래로 작용하지만 군자는 이러한 사물의 본질을 본받아 신중하게 사물을 분별하고, 바르게 처해야 한다는 것이다.

소득求小得) 상왈, '구하면 조금 얻는다'는 것은 중도中道에서 벗어나지 않기 때문이다.("상에 이르기를 구소득求小得 미출중야未出中也")

585 왕필王弼, 『주역주周易註』, "자리가 맞지 않으므로 건너지 못하다가 강유가 응하므로 건널 수 있다.(位不當, 故未濟, 剛柔應, 故可濟)"라고 하였다.

각설[586]

화재수상火在水上 미제未濟 기제괘旣濟卦는 수水(제濟)를 위주로 하였다. 그러므로 미제괘未濟卦는 수水(감坎) 내괘內卦인 까닭에 건너지 못한 상태(상像)를 말하며, 기제괘旣濟卦는 수水(감坎)가 외괘外卦인 까닭에 건너간 상태를 말한다.

신변물愼辨物 거방居方 사물을 분별하여 올바르게 거居해야 한다는 것이다. 직방대의 방方이다. 신변물愼辨物은 존재원리存在原理를 깨우쳐 실존實存의 의미를 파악함을 말하고, 거방居方은 시의時宜에 맞게 정위正位에 거居함을 말한다.

[初六]은 濡其尾니 吝하니라. (火澤睽)
초육 유기미 인 화택규

象曰, 濡其尾 | 亦不知 | 極也이니라.
상왈 유기미 역부지 극야

○ 濡(젖을 유) 其(그 기) 尾(꼬리 미) 亦(또 역) 不(아닌가 부{아닐 불,클 비}) 知(알 지) 極(다할 극)

초육初六은 그 꼬리를 적심이니, 부끄러우니라.

상象에 이르기를, '그 꼬리를 적신다'는 것은 또한 알지 못함이 극極이니라.

개요概要

초육初六은 부정위不正位로 미제未濟의 처음이다. 그러므로 재능才能도 판단력도 부족하다.

---

586 (觀中) 여기의 변물辨物은 천화동인天火同人의 유족변물類族辨物의 변물辨物이다. 거방居方은 무엇인가? 위험한 방위方位에 처處해서는 안 된다는 말이다.

각설

유기미濡其尾 인츰 초육初六(여우꼬리)은 부정위不正位인 음陰으로 아직 건널 수가 없다. 그러므로 어린 여우가 강을 건너니 인색하다는 것이다. 달리 말하면 망념妄念과 사욕邪慾을 버리면 길吉하게 되지만 만일 헤어나지 못하면 부끄럽다는 것이다.

소상사小象辭

역부지극야亦不知極也 자신의 능력을 몰라도 너무 모른다는 것이다.[587] 중中과 종終을 모른다.

[九二]는 曳其輪이니 貞이라 吉하니라. 구이 예기륜 정 길	(火地晉) 화지진
象曰, 九二之吉은 中以行正也이니라. 상왈 구이지길 중이행정야	

○ 曳(당길 예, 끌 예) 輪(수레 륜, 바퀴 륜{윤})

구이九二는 그 수레를 당기면 마음을 바르게 해야 길하니라.
상象에 이르기를, 구이九二의 곧으면 길하다는 것은 중도中道로써 정도正道를 행함이니라.

개요概要

구이九二는 부정위不正位 득중得中한 효爻로 중도中道에 대한 바른 믿음으로 길吉함을 말한다.

---

587 (집설) '래지덕來知德'과 '김경방'은 극極을 종終으로 보아 '끝남을 모른다'라고 하였다.

각설 [588]

예기륜曳其輪 험난함을 벗어나지 못했다. 그러므로 수레를 못 나아가게 끌어당기는 것이다.[589] 경거망동하지 않고 자중하는 형상形象이다. 그러므로 정도貞道로써 하면 길吉하다고 한 것이다.

소상사小象辭

중이행정야中以行正也 중정지도中正之道 행함을 말한다.

> **[六三]은 未濟에 征이면 凶하나 利涉大川하니라.** (火風鼎)
> 육삼 미제 정 흉 이섭대천 화풍정
>
> **象曰, 未濟征凶은 位不當也이니라.**
> 상왈 미제정흉 위부당야

○ 未(아닐 미) 濟(건널 제) 征(칠 정) 凶(흉할 흉) 利(이로울 리{이}) 涉(건널 섭)

육삼六三은 아직 건너지 못함이니, (그대로) 가면 흉凶하나, 큰 냇가를 건너는 것이 이로우니라.

상象에 이르기를, '아직 건너지 못했다. 가면 흉凶할 것이다.'는 것은 자리가

---

588 (觀中) 왜 예기륜曳其輪(수레바퀴를 끌고간다, 사비師比(=왕도정치원리)이라 했는가? 감괘坎卦가 다생多牲이라 했다. 수레가 고장난 것이기 때문. 누가 끌고 가는가? 소(牛). '중이행정中以行正'이란 중도中道에 입각하여 정도正道에 임하는 행동원리를 쓴다. 예기륜曳其輪은 화택규괘火澤睽卦와 관련성을 갖고 있다. 수레는 누가 타고 가는가? 귀신이 타고 간다(재귀일거載鬼一車=가인家人, 견시부도見豕負塗=뇌수해雷水解). 규睽·건괘蹇卦에서 간태艮兌가 합덕하여 뇌수해괘雷水解卦의 백과초목百科草木을 번성(만물을 생육)하게 한다. 천지도덕원리를 가지고 만물을 다스림이다. 풍화가인괘風火家人卦의 정령원리政令原理를 가지고 천하만물을 다스린다. 이를 규괘睽卦(군자가 본래성을 깨닫는 괘, 음양陰陽합덕원리)의 삼효三爻와 상효上爻에서 표상된다.

589 '그 수레바퀴를 끈다.'는 것은 숙명의 업業을 지고 살아가야 될 이 세상의 살림살이를 말한다. 우리 인생은 무거운 짐(욕심慾心과 업業)을 지고 육체라는 수레를 끌면서 죄업罪業의 소멸消滅이라는 고생길을 가야 하는 것이다. '곧으면 길吉하다'는 것은 어떤 경우를 당하더라도 옳게 행동해야 한다는 것이다.

마땅하지 않느니라.

개요概要

육삼六三은 부정위不正位·과중過中한 효爻로 대천大川을 건너지 못한다.

각설

미제정흉未濟征凶 **이섭대천**利涉大川 미제未濟의 형상으로 섭대천涉大川하면 흉凶하다는 것이다. 그러나 시의성時宜性에 맞추어 기제旣濟의 뜻으로 건너가면 이롭다는 것이다. 왜냐하면 미제괘未濟卦의 호괘互卦는 기제旣濟이기 때문이다.[590]

소상사小象辭

위부당야位不當也 육삼六三의 부정위不正位를 말한다.[591]

[九四]는 貞이면 吉하야 悔亡하리니 구사 정 길 회망	
震用伐鬼方하야 三年에아 有賞于大國이로다. 진용벌귀방 삼년 유상우대국	(山水蒙) 산수몽
象曰, 貞吉悔亡은 志行也이니라. 상왈 정길회망 지행야	

○ 震(벼락 진) 用(쓸 용) 伐(칠 벌) 鬼(귀신 귀) 賞(상줄 상)

구사九四는 곧으면 길吉하고 후회함이 없느니라. 움직여(위엄威嚴을 떨치어) 귀방鬼方을 징벌懲罰하면 3년 만에야 큰 나라에서 은상恩賞이 있음이로다.

590『주역본의』에서 "이利 자 위에 불不 자가 빠진 것이 아닌가?(或疑利字上, 當有不字)"라고 하였다.

591『주역절중』에서는 "여섯 효 모두가 부당한데 오직 육삼六三만 위位가 부당하다고 하였다. 그것은 육삼六三의 재질才質이 약한데 불구하고 하괘下卦의 제일 위에 자리하고 있기 때문이다.(六爻皆位不當, 而獨于六三曰位不當, 以六三才弱之處下體之上也)"라고 하였다.

상象에 이르기를, '곧으면 길吉하고 후회함이 없어질 것이다.'는 것은 뜻이 행함이니라.

개요概要

구사九四는 부정위不正位한 효爻이다. 그러나 힘써 노력하면 후회가 없다.

각설 592

정길회망貞吉悔亡 구사九四는 본래 뉘우침이 있다는 것이다. 온 힘을 다해서 사심없이 노력해야 이섭대천의 길함을 얻고, 후회함이 없다. 생각이 곧은 사람이면 길吉하고 후회마저 없어진다. 다시 말하면 정길회망貞吉悔亡은 사람의 마음이라 길吉흉凶은 마음에 있다는 것이다.

진용벌귀방震用伐鬼方 귀방鬼方을 치는데 우레와 같이 위엄과 지혜로써 단호하게 (진震, 동방東方을 사용)한다는 것이다. 문왕괘도文王卦圖에 있어서 진震은 동방東方(제출호진帝出乎震)이다.

---

592 (觀中) ❶진震 : 중뢰진重雷震, 초구효初九爻의 '진震'을 가리킨다. 기제괘旣濟卦 3爻가 미제괘未濟卦에서는 4爻에 왜 고종이라 하지 않고 진震이라고 했는가? 기제괘旣濟卦에 있어서는 3爻가 선천괘先天卦(내괘內卦)에 속한다. 미제괘未濟卦에 가서는 기제괘旣濟卦의 3효가 4효의 위치로 넘어간다. 그런데 4효는 외괘外卦요, 후천괘后天卦다. '진용벌귀방震用伐鬼方'이라고 한 것이다. 여기의 진震은 64괘 가운데의 중뇌진괘重雷震卦를 가리킨다. 주기자主器者다. 장차 우주를 책임질 진震이다. 진震·손괘巽卦는 육종六宗(6자녀)지장之長이요, 오행지종五行之宗이다. 천지신명天地神明을 받들 책임을 갖고 있는 인물이 "사류우상제肆類于上帝, 인우륙종禋于六宗, 망우산천望于山川, 편우군신遍于群神."의 '인우륙종禋于六宗'이다. 성인지학聖人之學의 철학적(존재론적) 근거를 밝혀주는 것이 역학이다. ❷진용벌귀방震用伐鬼方 : 귀신鬼神의 세계, 즉 신도神道다. '삼년三年에야 유상우대국有賞于大國'이니까 신덕神德이 행해진다. 육갑원리六甲原理가 밝혀지면서 음양陰陽이 합덕된 역사가 열린다. 「계사하」, 6장, "자왈子曰, 건곤乾坤, 기역지문야其易之門耶, 건양물야乾陽物也, 곤음물야坤陰物也, 음양합덕이강유유체陰陽合德而剛柔有體, 이체천지지선以體天地之撰, 이통신명지덕以通神明之德" 여기서 신인神人합덕된 세계가 열린다. ❸유상우대국有賞于大國 : '유상우대국有賞于大國'(왕천하지도王天下之道가 천하天下에 다 펴진다.)이니까 극지克之하는 것이다. 귀방鬼方(신도神道)이 행行해진다. '상賞'자字는 이곳이 유일唯一하다. '유상우대국有賞于大國'의 대국大國은? 성인聖人·군자지도君子之道를 깨달아 가지고 있는 곳을 대국大國이라 했다. 천국天國이라는 말은 없다. 하늘이 도道를 드리워 준 나라이다. (대인지국大人之國) 대인大人은 십오성통十五聖統을 계승한 성인聖人을 말한다.

삼년유상우대국三年有賞于大國 오랜 기간을 지나서 승리하여 상을 받는다. 어떤 승리이든 시간이 오래 걸린다는 것이다. 대국大國은 성인聖人·군자지도를 깨달아 가지고 있는 곳이다. 하늘이 도道를 드리워 진 나라이다.[593]

소상사小象辭

지행야志行也 정길회망貞吉悔亡 진용벌귀방震用伐鬼方하면 뜻이 행해진다는 것이다.

[六五]는 貞이라 吉하야 无悔니
육오 정 길 무회

君子之光이 有孚ㅣ라 吉하니라. (天水訟)
군자지광 유부 길 천수송

象曰, 君子之光은 其暉ㅣ 吉也이니라.
상왈 군자지광 기휘 길야

○ 悔(후회할 회) 光(빛 광) 暉(빛 휘, 빛날 휘)

육오六五는 곧음이라 길吉하여 후회함이 없으니, 군자의 빛남이 믿음이 있음이라 길하리라.

상象에 이르기를, '군자의 빛이 있다.'는 것은 그 빛나는 것이 길하다는 말이다.

593 (집설集說) 대국大國에 대하여 『이천역전伊川易傳』에서는 "힘이 수고롭고 멀리 (귀방鬼方을) 정벌하여 3년에 이른 뒤에야 성공하여 대국大國의 상賞을 행하니, 반드시 이와 같이 하여야 구제할 수 있는 것이다.(力勤而遠伐, 至于三年然後, 成功而行大國之賞, 必如是, 乃能濟也.")라고 하였고, 『주역본의周易本義』에서는 그러므로 귀방鬼方을 정벌한 지 3년만에 상賞을 받는 상象이 된 것이다.(故爲伐鬼方三年而受賞之象.)라고 하였다.

개요概要

육오六五는 득중得中한 효爻이다. 상괘上卦인 리괘離卦의 덕德인 밝음의 중中에 있다.

각설[594]

정길무해貞吉无悔 육오六五는 득중得中이라 곧으면 길吉하고 후회가 없다.
군자지광君子之光 유부길有孚吉 정길貞吉无悔의 결과론이다. 군자지광君子之光을 표상하는 괘卦는 중산간괘重山艮卦이다.

소상사小象辭

기휘길야其暉吉也 군자의 빛남이 태양의 빛남과 같다는 것이다.[595]

[上九]는 有孚于飮酒ㅣ면 无咎ㅣ어니와
상구 유부우음주 무구

濡其首면 有孚라도 失是하리라. (雷水解)
유기수 유부 실시 뇌수해

象曰, 飮酒濡首ㅣ 亦不知節也이니라.
상왈 음주유수 역부지절야

○ 孚(미쁠 부) 飮(마실 음) 酒(술 주) 濡(젖을 유) 首(머리 수) 亦(또 역) 節(마디 절)

상구上九는 술을 마시는 데 믿음(誠)이 있으면 허물이 없거니와 그 머리를 적시도록 지나치게 마시면 믿음이 있어도 그 (마땅함을) 잃을 것이니라.

---

594 『주역절중』에서는 '무회無悔'와 '회망悔望'의 차이를 설명하는데, "반드시 먼저 회망한 후에 무회하다.(必先悔亡而後無悔)"라고 하였다.

595 『이천역전伊川易傳』에서는 "빛남이 성하면 휘暉가 있으니, 휘暉는 빛의 발산이다. 군자가 쌓고 충만하여 빛남이 성해서 휘暉가 있음에 이름은 선善이 지극한 것이다. 그러므로 거듭 길吉하다고 말한 것이다. (光盛則有暉, 暉光之散也. 君子積充而光盛, 至於有暉, 善之至也, 故重云吉.)"라고 하였다.

상象에 이르기를, '술을 마시다가 머리를 적신다'는 것은 또한 절도節度를 알지 못함이니라.

개요概要

상구上九는 군자의 영양소인 성인지도聖人之道를 마시며 믿음을 가져야 허물이 없다. 그러나 절제節制가 없으면 성인지도聖人之道를 잃어 버린다.

각설[596]

유부우음주有孚于飮酒 상구上九는 감괘坎卦라 술에 비유하였다. 미제未濟의 극極으로 밝은 이체理體의 극極에 있으니 밝게 처신하는 자이다. 미제

---

596 (觀中) 미제괘未濟卦 상구上九爻도 모두 시위성時位性을 규정하는 말이다. 무극无極, 황극皇極, 태극太極은 시위성을 규정한 말이다. 극極이란 무엇인가? 선천先天의 역사가 다 끝났다. 아주 선천적 시위時位가 아주 극치에 이르렀다. 그 다음에는 무엇이 그 시간을 계승하겠는가? 후천적 시위성時位性이 그 선천적 시간을 계승하게 된다. 계승하는 원리 자체를 무엇이라고 규정하는가? (후천后天이)시작이라고 규정할 수밖에 없다. 선천先天이 끝나는 시위성時位性과 후천后天의 시작하는 시위성時位性이 각각 나뉘어져 있는가? 아니다. 종즉유시終則有始다. 끝나는 자리가 바로 시작하는 자리다. "종즉유시천행終則有始天行", 천도天道의 운행이 그렇게 되어 있다는 말이다. 혼인하는 시간은 곧 총각과 처녀로 살아가야 될 시간이 일단 끝난다는 시간을 말한다. 그러면서 그 순간에 무엇이 시작되는가? 한 여자의 남편과 한 남자의 아내로 살아가는 삶이 시작하는 종시성終始性을 갖고 있다. 이것을 시간성이라고 한 것이다. 따라서 시간성은 무엇이 시작하고 무엇이 끝나는가? 끝나는 시간과 시작하는 시간이 같이 붙어 있다. 이를 하이데거는 '순간瞬間'이라고 규정. 그 순간에 '변화變化'가 나타난다. 처녀로서의 생애를 끝마치고 남의 주부로서 시작하는 그 순간에 어떠한 현상이 나타나야겠는가? 그 순간에도 인격성을 자각하지 못하면 동물적인 삶을 살아갈 수밖에 없다. 혼인하는 순간이야말로 일대변화가 일어나야 한다. 인간의 일생에 있어서 가장 큰 변화가 그 순간에 일어나야 한다. 마음속에서의 변화(인격성人格性)가 일어나야 한다. 그것을 '극極'으로 규정한 것이다. 황극皇極은 인간본래성인데 그 자체는 시간성에 있어서 종시성이 인간 본래성(=誠, 性의 구체적인 개념규정이 곧 성誠이다. 성性은 무엇의 구체적 개념으로서 규정이 된 것인가? 중中이다. '희노애락지미발위지중喜怒哀樂之未發謂之中'의 중中은 성정性情가운데 성性이다. 그러면 정情은 무엇인가? 성性이 겉으로 자기를 드러내기 위하여 정情으로 작용한다.)으로 내재화되어 주어진 것이다는 말이다. 종시성終始性은 변화를 섭리 주재하는 주체다. 이 종시성終始性은 어디에서부터 주어지는가? 역수원리曆數原理에서 주어진다. 이에 인간의 본래성은 천지天地 역수원리曆數原理 자체가 인간의 본래성으로 내재화 된 것이다. 내 인격의 주체성으로 내 마음속에서 정착이 된 것이다. 종시성終始性은 하도河圖·낙서洛書로 역수원리로 규정이 되었다. 하늘이 만물을 생성시키겠다는 의지(원리적 존재이므로 의지다. 이에 천지天地之心이다.) 사물적 차원을 완전히 초월하고 넘어선 심성적 존재이다.

未濟의 때가 이미 극極에 당했으니 그 때를 즐기며 스스로를 지키면 허물이 없다.[597]

무구无咎 절제를 하고, 믿음으로 하면 허물이 없다는 것이다.

유기수濡其首 **유부실시**有孚失是 술을 너무 마시거나, 너무 즐거움에 탐닉하여, 소인지도에 빠지면 그 믿음이 있어도 올바름을 잃어 해로움을 말한다.[598] 다시 말하면 건도建道의 올바름을 모르는 것이다.

소상사小象辭[599]

역부지절야亦不知節也 절節, 즉 시의성을 알지 못한다는 것이다.

---

597 (觀中) 유부우음주有孚于飮酒란 술을 먹는데 있어 믿음을 간직하고 있어도 허물이 없다. 그리고 유기수濡其首면 유부有孚라도 실시失是하리라(옳은 것을 잃어버리게 될 것이다) '유부우음주有孚于飮酒이면 무구无咎'란 상효上爻가 작용하면 뇌수해괘雷水解卦가 되므로 무구无咎라 한 것이다.

598 (觀中) '유기수濡其首면 유부有孚라도 실시失是하리라'고 한 것은, 「소상小象」에서는 '음주유수飮酒濡首'(술을 먹고 물밑에 빠져버림=수천수水天需)라 하여 같이 묶어 표현한다. 수천수괘水天需卦의 건괘乾卦 상효上爻가 음효陰爻로 변變하면 수택절괘水澤節卦가 된다(=수천수괘水天需卦 삼효三爻가 동動하면). 왜 하필이면 실시失是(때를 잃어버리게 된다.)라 했는가? 시是=일日+정正이다.

599 (觀中) 수택절괘水澤節卦를 마디로 생각하지 마라. 절節은 시時를 의미한다.

✐ 미제未濟란 모든 것이 미완성이다. 즉 건너지 못한 미완성이다.

기제旣濟의 완성完成에서 미제未濟의 미완성未完成으로 변화는 첫째, 『주역』의 순환적인 시간관을 설명하고 있다. 둘째, 종시원리終始原理를 설명하고 있다. 즉 미완성未完成은 반성反省과 성찰省察로써 새로운 출발, 변화의 가능성을 말한다. 사물의 변화란 하나의 과정을 마치면 다시 다른 과정의 시작을 의미한다는 것이다. 삶의 미완성에 대한 성찰이다. 완전히 끝나는 것은 없다. 이것이 종시終始이다. 셋째, 기제旣濟에서 미제未濟로의 변화는 궁즉변窮卽變, 변즉통變卽通의 뜻을 말해 천리天理의 필연必然과 인사人事의 당위當然를 설명한 것이다. 미제괘未濟卦는 육효六爻 모두가 부정위不正位한 효爻이다. 그러므로 모든 것이 이루어지지 않는다. 그러나 각자의 노력으로 사물을 신중하게 분별하고, 바르게 처신하면 다시 기제旣濟로 변화할 수 있음을 말하고 있다.

설괘 說卦

▢ 설괘說卦 편篇 ▢

요지要旨 [601]

첫째, 「설괘說卦」편의 전체 내용은 ❶작역作易의 주체는 성인聖人이며, ❷역易의 내용이 무엇인가? ❸역도易道의 대체大體인 선후천先后天 팔괘도八卦圖를 통해서 팔괘八卦를 각각 설명하고, 이를 통해서 64괘 구성원리를 밝히고 있다.[602] 「설괘」의 말씀 설說은 괘卦를 말로 드러냈다는 의미이다.

둘째, 「설괘」편의 구성내용은 다음과 같다. ❶제1장~제3장까지는 팔괘八卦의 생성원리와 기능에 대한 설명하고, ❷제4장~제6장까지는 팔괘八卦의 위치와 작용원리에 대한 설명하며, ❸제7장~제11장까지는 팔괘八卦의 취상과 적용에 대하여 설명하고 있다.

---

601 (觀中) 작역의 주체와 신명지덕神明之德 ⇨ 하도낙서河圖洛書원리 ⇨ 괘효원리
❶「설괘說卦」는 작역의 주체는 성인聖人이며, 역易의 내용이 무엇인가를 밝히고, 역도易道의 대체大體인 삼역팔괘도를 설명하고, 그리고 팔괘八卦를 각각 설명하고 있다. 이는 팔괘가 64괘를 바탕으로 형성되었음을 알 수 있다. 64괘가 전제되지 않은 팔괘는 의미가 없는 것이다. 삼역팔괘도도 팔괘八卦의 관계를 통해서 하나의 의미가 되기 때문에 중괘重卦와 다름 아니다. ❷삼재지도를 표상하자면 육효六爻만이 표상할 수 있다. 괘는 본래 육효중괘六爻重卦를 통해서 팔괘가 논의 될 수 있다. 복희가 시획始劃 팔괘라고 하였지만 역수원리曆數原理에 바탕한 중괘원리를 자각한 것이다. 예例를 들면 집을 짓는데 있어서 완성된 집의 설계도가 먼저 있고, 그것을 바탕으로 주춧돌도 놓고 벽돌을 쌓고 등등의 과정을 진행하는 것과 마찬가지이다. 음효陰爻(--)양효陽爻(—)나 삼효단괘인 팔괘는 육효중괘六爻重卦를 완성하기 위한 과정에 있는 것임을 알 수 있다. ❸천지역수를 통해서 도서원리를 괘효중심으로 설명하고 있다. 역의 표현방법은 신명神明, 도서圖書, 괘효卦爻, 십익十翼이다. 한대 역학의 입장은 말로 표현된 것이나 혹은 점서로 이해(의리역義理易, 상수역象數易)하고, 하도·낙서의 시간성을 구명치 못했다.

602 소강절邵康節은 복희괘도伏羲卦圖는 선천先天이고, 문왕괘도文王卦圖를 후천后天 괘도卦圖로 규정하고, 후천后天으로 갈수록 문란해진다고 주장하였다. 주자朱子는 주렴계의 태극도설太極圖說과 소강절邵康節의 선천역학先天易學을 수용해서 송대 역학宋代易學을 성립시켰다.

○제1장第一章

요지要旨

제1장은 작역作易의 목적과 천지지도天地之道의 이치에 대한 해설하고 있다.[603]

昔者聖人之作易也에 幽贊於神明而生蓍하고
석 자 성 인 지 작 역 야 유 찬 어 신 명 이 생 시
三天兩地而倚數하고
삼 천 양 지 이 의 수

○ 昔(옛 석) 幽(그윽할 유) 贊(도울 찬) 蓍(시초 시) 倚(의지할 의, 기댈 의)

옛날에 성인聖人이 역易이 지을 적에 그윽히 신명神明이 도와 시초蓍草를 내었고, 하늘에서 셋을 취하고, 땅에서 둘을 취하여 수數를 의지하고,

개요概要[604]

---

603 (觀中) 작역作易은 성인聖人만 한다. 성인聖人이란 역사적 정통성을 가지고 천지역수天之曆數에 참여한 사람이다, 천지부모의 마음이 역사 속에서 15성인聖人으로 드러난다.

604 (觀中) 우리는 일반적으로 성인聖人과 군자를 덕德의 차이로 나누어, 군자는 성인聖人에 비해 덕德이 부족한 사람 정도이며, 성인聖人은 도저히 도달할 수 없는 존재로 이해하고 있는 것이 사실이다. 그러나 역학에서는 성인聖人과 군자를 엄격하게 구분하여 성인聖人과 군자를 이해하고 있다. 성인聖人은 선천先天에 천명을 자각하여 후세 군자를 위하여 천도天道를 밝혀 놓은 분으로 천도天道를 말씀으로 천명하여 경전을 저작할 사명을 가지고 있다. 반면에 군자는 후천后天의 실천적인 존재로 선천先天성인聖人이 밝혀 놓은 천도天道를 인도人道로 실천 구현해 가는 것이다. 군자는 성인聖人의 말씀을 통해 천도天道를 자각하여 천하 백성을 위하여 왕도정치를 구현할 사명이 주어져 있는 것이다. 참고로 1장의 '석자昔者'는 과거의 세계로 선천先天세계를 말한 것이며, 2章의 '장이將以'는 미래에 이루어질 후천后天세계를 말하는 것으로 이해할 수 있다. ❶'유찬어신명이생시幽贊於神明而生蓍'는 성인聖人이 역易을 지은 과정을 밝히는 것이다. 즉 성인聖人이 신명원리를 자각하여 참여함으로써 易을 지은 것이다. 여기서 신명神明은 '신이명지神而明之'하는 것으로 천지天地의 합덕체合德體 자체를 신神 또는 신명神明이라고 한다. 즉 신도神道는 신명神明원리이며, 육갑六甲원리를 말한 것이다. 따라서 성인聖人은 음양陰陽 합덕체合德體인 육갑六甲원리를 자각하여 역易을 지었다는

성인聖人의 작역作易을 통해 신명神明원리가 드러남을 말한다. 즉 작역作易의 근거와 목적을 밝히고 있다.

각설

석자昔者 석昔의 艹은 생성生成, 종시終始의 상징성이다. 석자昔者의 十十은 하도·낙서의 본체수本體數 20을 의미한다.[605]

그리고 십十의 생성生成은 10×10 으로 일원수 100가 된다.

유찬어산명이생시幽贊於神明而生蓍[606] '유幽'는 깊숙한 곳에 숨어 있어 쉽

것이다. 神明은 「계사상」 제12장의 "이신명기덕부以神明其德夫"와 「계사하」 1장과 6장에 "이통신명지덕以通神明之德"에서 찾을 수 있듯이 그 뜻이 역학의 근원적 원리인 육갑六甲원리임을 알 수 있다. ❷'생시生蓍'는 시초蓍草를 생生하였다는 것으로 육갑六甲원리를 자각하여 하도낙서河圖洛書원리를 천명하였음을 말하는 것이다. 「계사상·하」에 나타난 '시蓍'는 "그러므로 시초蓍草의 덕德은 둥글어 신묘하고, 괘卦의 덕德은 네모져 지혜로우며, … (중략) …천하의 힘써야 할 일을 이루니, 시초와 거북점보다 더 큰 것은 없다.(「계사상」편 제12장, "시고是故 시지덕蓍之德 원이신圓而神, 괘지덕卦之德 방이지方以知 … 성천하미미자成天下之亹亹者, 막대호시구莫大乎蓍龜.)"고 하여 시蓍의 덕德은 원만하고 신명神明한 것으로 시간성원리 즉 역수원리를 표상한 것이다. 괘卦의 덕德은 사방으로 알게 된다는 것으로 공간성원리 즉 인도人道, 중정지도中正之道를 밝히는 것이며, 천하에서 힘써서 완성해야 할 것은 바로 시蓍(하도河圖)와 구龜(낙서洛書)보다 큰 것이 없다고 하는 것이다. ❸'삼천양지이의수參天兩地而倚數'는 삼천양지參天兩地의 수數에 의지해서 낙서원리를 나타낸 것이다. 철학적 이수理數로 표상된 것으로 '삼천參天'은 1·3·5로 체體를 나타내며, '양지兩地'는 2·4로 용用을 표상한 것이다. 이것은 낙서원리를 구체적으로 드러낸 것이며, 이것을 괘효적 측면에서는 삼재三才의 양지兩之작용이며, 도서圖書적 측면에서는 삼극三極(십무극十无極, 오황극五皇極, 일태극一太極)의 순역順逆작용을 수數로써 표상한 것이다. 「계사하」편 제4장에서는 "양괘陽卦는 기奇오 음괘陰卦는 우耦이니라" 하여 양괘陽卦는 기수奇數 즉 천수天數 1·3·5·7·9를, 우수耦數 즉 음괘陰卦는 지수地數 2·4·6·8·10임을 알 수 있다. 한편 『정역』에서 밝히기를 '삼천양지參天兩地'에서 '삼천參天'은 천천天天·지천地天·인천人天으로 삼재三才를, '양지兩地'는 음양陰陽작용을 표상하여 '겸삼재양지兼三才而兩之'에 의해서 괘효원리가 된다는 것을 나타낸다고 밝히고 있다. 즉 '삼천參天'은 '겸삼재兼三才'에 의하여 천·지·인 삼재三才로 표상되어 삼효단괘가 형성되며, '양지兩之'는 삼재三才를 각각 음양陰陽·강유剛柔·인의仁義로 '양지兩之'하여 육효중괘가 형성되는 것이다. 이것은 도서圖書원리를 바탕으로 하여 괘효卦爻원리가 성립되는 것을 알 수 있다. 여기서 '체體'는 생수生數로 작용을 하지 않으며, '용用'은 성수成數로 작용이 가능한 것을 나타내고 있음도 알 수 있다.

605 十十의 20은 하도의 중심수15(終始) + 낙서중심수5(生成) = 20이다. 수로 상징하면 20이고, 일원수 100은 = 20(하도낙서의 본체수) + 80(작용數, 사방四方을 의미)을 말한다.

606 신명神明으로 유찬幽贊되어 시蓍를 생生한다고 읽는 방법과 신명神明을 유찬幽贊하야 시蓍를 생生한다고 읽는 방법이 있다. 신명神明을 유찬幽贊하야 시蓍를 생生한다고 읽으면 성인

게 찾아낼 수 없는 것이며, 신명神明이 괘卦로써 사람들에게 알려주는 것이다. '찬贊'은 돕는다는 뜻이다. '신명神明'은 만물을 생성화육하는 신묘한 덕으로써 천지를 주재하는 섭리를 말한다. 또는 천지합덕 자체를 신명神明이라고도 한다. ❶'신神'은 펼 신伸으로 신神의 작용이 멀리 퍼져서 만물이 나고 자라는 덕德을 나타낸 문자이다. ❷명明은 일日과 월月이 나란히 세계를 비추고 있는 모양의 글자이다.❸시蓍는 시초蓍草의 시蓍자로 점치는데 사용하는 풀의 이름이다.[607]

삼천양지이의수三天兩地而倚數 「계사상」편 제9장의 천지지수절(하도수)에서 1·2·3·4·5는 생수生數, 6·7·8·9·10은 성수成數라고 하며, 생수生數 중中 1·3·5는 양수陽數로서 셋이며(삼천三天), 2·4는 음수陰數로서 둘(양지兩地)이므로 이를 삼천양지三天兩地라고 한다.[608] 그리고 '의倚'는 의지할 의자이다. 천수天數를 삼三(1·3·5)으로 하고, 지수地數를 이二(2·4)로 하여 이것을 서로 기댈 곳으로 하고, 음양의 수數를 정한다. 다시 말하면, 천수天數를 삼三, 지수地數를 이二로 하는 것을 기초로 하여 여러 가지 수數가 정해진다는 것이다. 「계사상」편에는 "천天은 일一, 지地는 이二, 천天은 삼三, 지地

聖人이 천지신명天地神明의 일을 도와서 시蓍를 사용하는 점占의 방법을 시작하였다는 뜻이 된다. 신명神明을 유찬幽贊해서 시蓍를 생生하는 것을 성인聖人의 힘으로 믿는다. 옛날 성인聖人이 역易을 만들 때 천지天地의 위대한 신명神明의 작용을 돕기 위하여 시蓍를 사용하여 점占치는 법法을 시작했다고 생각한다. 다시 말하면 성인聖人이 시초蓍草로 점占을 치는 것은 천지天地의 신명神明한 작용을 도와 시蓍를 나게 하였다는 뜻이 된다.

607 『사기史記』에 "천하가 화평和平하야 왕도王道를 얻으면 시蓍의 줄기의 길이가 한발이 되고 한 떨기 백경百莖이 모여 있다."고 하였다. 옛날 성인聖人이 역易을 만들었을 때에는 만물을 나고 자라게 하는 위대한 신神이 깊숙한 곳에 숨어 있어 성인聖人의 일을 도와 시초蓍草를 나게 하였다. 성인聖人이 만든 역도易道를 찬조贊助하기 위하여 신명神明의 시초蓍草를 지상에 나게 하였다는 뜻이 된다.

608 (觀中) 삼천양지법三天兩地法에 의하면 ❶노양老陽이 건乾3×3=9는 9, ❶노음老陰인 곤坤3×2=6은 6, ❸소양少陽인 진震(1×3)+(2×2) =7, ❹감坎1×2+1×3+1×2=7 ❺간艮(2×2)+(1×3)=7은 7, ❻소음少陰인 손巽(1×2)+(2×3)=8 ❼리離(1×3)+(1×2) +(1×3)=8 ❽태兌(2×3)+ (1×2)=8는 8이 된다. 따라서 노양책수老陽策數는 36, 노음책수老陰策數는 24, 소양책수小陽策數는 28, 소음책수小陰策數는 32)가 되며, 만물의 수數는 11,520이 되니, 삼천양지법三天兩地法으로써 만상萬象의 모든 이치를 설명할 수 있는 것이다

는 사四, 천天은 오五"라고 되어 있어 천天의 수, 즉 1·3·5를 합하면 구九가 되는데 이것을 양陽의 수數로 한다. 지地의 수, 즉 2·4를 합치면 육六이 되는데 이것을 음陰의 수數로 한다.

觀變於陰陽而立卦하고 發揮於剛柔而生爻하니
관 변 어 음 양 이 입 괘　　발 휘 어 강 유 이 생 효

○ 發(드러낼 발) 揮(휘두를 휘) 於(어조사 어) 剛(굳셀 강) 柔(부드러울 유)

음양의 변함을 보고 괘를 세우고, 강유를 발휘해서 효를 생하니,

개요概要

음양의 변화를 보고 팔괘八卦와 64괘卦가 생성되고, 공간적으로는 강유剛柔로 드러난 것이 효爻라는 것이다.

각설

관변어음양이입괘觀變於陰陽而立卦 음양陰陽이 변하는 것을 관찰하여 괘卦를 세운다는 것으로 시초蓍草를 뽑을 때 그것이 음陰이 될지 양陽이 될지를 모르는 상태이니, 이러한 음양변화에 의하여 괘卦가 만들어진다는 것이다. 태극太極에서 음양이 나오고, 음양에서 한 번은 음陰, 한 번은 양陽하는 것을 관찰하면 여기에서 사상四象이 나타나고, 또 한 번은 음陰, 한 번은 양陽하는 것을 관찰하면 팔괘八卦가 나타난다. 이러한 음양의 변화가 여섯 번 이루어지면 64괘가 나타나게 되는 것이다.[609] 또한 입괘立卦는 삼효단괘三爻單卦로는 변화의 논리를 표상할 수가 없다. 따라서 양지兩之작용으로 육효六爻가 형성된다. 이때 육효六爻는 작용을 상징하며,

609 시초를 뽑아 수數가 나오기 전까지는 음陰이 될지 양陽이 될지 알 수가 없다. 이러한 수數로써 음양陰陽을 정하게 되고, 여섯 효爻가 나와 하나의 괘卦가 나타나게 되는 것이다. 즉 작괘作卦를 하면 수數로 인하여 괘卦가 나타나게 된다.

현상적 변화가 아니라 시간의 흐름속에서의 변화를 말한다. 즉 변화의 존재원리인 시간성(시간의 선험적인 질서)을 전제로 한다.

발휘어강유이생효發揮於剛柔而生爻 '양효陽爻는 이어져 있으니 강剛이며, 음효陰爻는 끊어져 있어 유약柔弱하여 유柔라 하였다. 그리고 '강剛'이 유柔로, '유柔'가 강剛으로 바뀌는 것을 '발휘發揮'한다고 했다. 이렇게 384효로 변하는 과정을 통해 64괘가 만들어지며, 강剛(양효陽爻)과 유柔(음효陰爻)가 나타나 길흉회린을 알려준다. 음양작용이 지도地道인 강유剛柔로 효爻에서 드러난다. 즉 강剛은 양陽작용, 유柔는 음陰작용으로 드러난다는 의미이다. 그러므로 괘卦가 발생되었을 때는 ❶'음양陰陽'이라 했고, 효爻가 변變해 갈 때는 ❷'강유剛柔'라 했다. 그러므로 효爻가 육효중괘를 형성하는 체용體用관계, 즉 효爻의 의미성과 원리성을 말한다.

> 和順於道德而理於義하며 窮理盡性하야 以至於命하니라.
> 화 순 어 도 덕 이 이 어 의 　 궁 리 진 성 　 이 지 어 명

❍ 窮(다할 궁) 理(다스릴 리) 盡(다될 진) 性(성품 성) 至(이를 지) 命(명 명)

도道와 덕德이 화순和順하고, 의義를 맞게 하며, 이치理致를 궁구窮究하여 성性(窮理盡性)을 다하여 명命에 이른다.

개요概要

역易의 핵심과 실천원리를 말하고 있다. 즉 역도易道가 도덕원리로 표상된다는 것이다.

각설[610]

---

610 (觀中) 앞에서 논의한 육갑원리 그리고 도서원리, 괘효원리의 내용이 도덕원리임을 풀어 가는 것이다. 즉 괘효속에 담겨진 뜻이 도덕으로 도덕에 화순하고 의롭게 다스린다는 것이다. 이는 예의를 실천 구현하는 것으로 결국 "궁리진성하여 이지어명"하는 것이다. 여기서 '이理'를 궁구한다고 하였을 때 이理는 사물의 이치가 아니라 인간 본래성인 도덕성(성명

화순어도덕이이어의和順於道德而理於義 도道와 덕德에 화和하여 따른다는 것은 올바름을 따르는 것이다. 다시말하면 화和하여 따르는 그 자체가 올바름을 다스리는 것이다.[611] ❶도道에는 인간이 가는 길과 의식이 가는 길로 두 가지가 있다. ❷'덕德'은 공간적인 실천원리이다. ❸'의義'는 이타적利他的 의미이다.(건곤乾坤의 「문언」 "事物(사물), 足以和義(족이화의).")

궁리진성窮理盡性 이지어명以至於命 궁리진성해서 천명에 이른다. '명命', 즉천명天命(하늘에서 부여한 명命)에 따라 그 법도대로 따른다는 것이다. ❶궁리窮理란 사고하고 생각하고 찾아내는 것으로 학문을 하는 것을 말한다. 다시 말하면 시간을 궁구하고 성性(性命之理(성명지리))을 다한다는 것이다. 이理는 원리로써 다스린다는 이치를 의미이다. ❷진성盡性이란 바른 마음을 가지고 움직이는 것, 좌정하여 마음공부(수련修鍊)하는 것, 즉 천부지본성天賦之本性을 되찾는 것을 말한다.[612] ❸이지어명以至於命은 작역作易의 결론이요, 역易의 궁극적 목표이다. 천명天命이란 하늘의 명命이며, 군자의 사명은 천명天命의 자각으로 살아가는 것이다.[613]

지리)을 밝히는 것으로 「계사상」편 제1장의 '득천하지리得天下之理'하는 것이다. 따라서 인간 본래성인 도덕에 화순和順(화합)하여 성명지리를 궁구하여 그 본성을 다하며, 의義(예禮)를 다스려(실천하여) 성명지리의 명에 이르게 되는 것이다. 위에서 살펴본 바와 같이 『설괘』 제일장은 성인聖人이 육갑원리를 통해서 깨달은 역도易道는 역수원리·도서원리이며, 도서원리를 근거로 괘효로 표상하여 인도人道인 도덕원리를 담아낸 것이다. 따라서 '역도易道의 내용은 도덕원리이다'라고 결론을 내리는 것이다.

611 '도道'는 법칙이다. 천도天道가 운행하는 가운데 사계절이 나타나는데, 이 사계절이 '덕德'이다. 덕德이란 '작용'을 뜻하는 것이다. 도道에 입각한 작용에서 도道에 두드러지게 나타난다. 도道와 덕德에 화和하는데 따르지 않으면, 즉 화순和順하지 않으면 올바름을 다스릴 수 없다.

612 역易을 안다는 것은 궁리窮理하고 진성盡性하는 것이다. 궁리窮理하여 다가올 일을 알았다면 진성盡性이 되어야 따를 수 있다. 천명天命에 의한 존망存亡, 득실得失, 길흉吉凶 등을 『주역周易』을 통해 아는 것이 '궁리窮理'이다. 천명에 의해 그것을 알았다면 얻을 때와 잃을 때 과연 어떻게 대처해야 할 것인가? 그것은 본성지本性之로 대처해야 한다. '본성지本性之'란 선善(지어지선止於至善)을 뜻한다. 아무리 얻을 것이 있어도 그것을 악惡으로 대처하면 세상을 어지럽힐 따름이다. 아무리 얻을 것이 많다 하더라도 선善으로써 대처해야만 한다. 또한 잃을 것뿐이더라도 선善으로써 그것을 받아들여야 하니, '진성盡性'하지 않고서는 불가능하다.

613 천명(시간성)을 자각하고 살아가는 의미이다. 철이 든다는 의미이다. 자신이 유한한 존

○제2장第二章

요지要旨

괘효원리를 통하여 군자의 학문방법(성명지리)을 말하고 있다.

> 昔者聖人之作易也는 將以順性命之理니,
> 석 자 성 인 지 작 역 자 　 장 이 순 성 명 지 리

○ 昔(예 석) 聖(성스러울 성) 將(장차 장) 性(성품 성) 理(다스릴 리)

옛적에 성인이 역을 지은 것은 장차 성명이 이치에 순응하니

개요概要

역도易道의 작용에 있어서는 체용體用원리를 설명하고 있다.

각설

석자성인지작역야昔者聖人之作易也 옛적에 성인聖人이 역易을 만들었다. 역易을 만들어 시초蓍草를 뽑는다는 것은 단순히 피흉취길避凶取吉하기 위함이 아니라, 다가올 앞으로의 사실 그대로를 알고 따르려는 목적에서였다. 하늘에는 좋고 나쁨이 없다. 하늘은 한 번은 양陽하고 한 번은 음陰하는 기운이 있을 뿐이며, 길흉이라는 것은 인간사에 있어 그 시대의 정서에 의해 나타나는 현상일 뿐이다. 성인聖人이 역易을 만든 것은 앞으로 본성本性과 천명天命의 이치에 따라 행하라고 한 것이다.

장이순성명지리將以順性命之理 '성명性命'에서 성性은 성품性品을, 명命은

재이기에 만물도 유한한 존재임을 자각하는 것이다.(낙천지명樂天知命)

천명天命을 뜻한다. '성품性品'이란 타고난 본성本性이며, '천명天命'이란 하늘에서 부여받은 명命을 의미한다.[614] 성명性命의 이치란 하늘과 땅의 근본이며, 사람의 마음을 갖춘 것을(중심中心을 잡은 것)말한다. 성명性命의 ❶성性은 '인지리人之理'로써 사람(인人=만물)의 이치를 말한다 ❷명命이란 '천지지리天地之理', 즉 천지天地의 이치를 말한다. 천지天地의 기운에 의해 명命이 있는 것이다.

> 是以로 立天之道曰 陰與陽이오
> 시 이 입 천 지 도 왈 음 여 양
> 立地之道曰 柔與剛이오 立人之道曰 仁與義니
> 입 지 지 도 왈 유 여 강 입 인 지 도 왈 인 여 의

❍ 是(옳을 시) 與(더불어 여) 柔(부드러울 유) 剛(굳셀 강) 仁(어질 인) 義(옳을 의)

이 때문에 하늘이 도道를 세움은 음陰과 양陽이요, 땅의 도道를 세움은 유柔와 강剛이요

개요概要

하늘의 도道는 음양陰陽(시간적 세계)이 있고, 땅의 도道는 강유剛柔(공간적 세계)가 있고, 사람의 도道는 인의仁義가 있다는 것이다.

각설

시이입천지도왈是以立天之道曰 음여양입지지도왈陰與陽立地之道曰유여강입인지도왈柔與剛立人之道曰 인여의仁與義 하늘에 음양이 없으면 운기

614 각각의 류類, 즉 사람이면 사람이라는 그 류類, 짐승이면 짐승이라는 그 류類, 조류鳥類, 곤충류 등등이 성품性品이며, 각 성품性品에 천명天命이 있다. 사람으로서의 명命, 짐승으로서의 명命이 모두 있는 것이다.

運氣변화가 없고, 땅에 강유剛柔가 없으면 맺고 떨어짐이 없고, 인간에게 인의仁義가 없으면 금수와 같으니, 인의仁義는 인륜人倫과 같다는 것이다. 사람의 도道를 세움은 인仁과 의義이니 인의仁義가 덕德이라는 말은 무엇을 의미하는가? 덕德이란 어른을 친하게 따르는 류類를 말한다. '인의仁義'란 음양陰陽, 강유剛柔에서 드러난다.[615]

> 兼三才而兩之라 故로 易이 六畫而成卦하고
> 겸 삼 재 이 양 지 　고 　역 　육 획 이 성 괘

○ 兼(겸할 겸) 才(재주 재) 兩(두 양(량)) 畫(그림 화=劃) 成(이룰 성) 卦(걸 괘)

삼재를 겸하여 둘로 겹쳤기 때문에 역은 여섯획으로 괘를 이룬다 하고,

개요概要

겸삼재양지兼三才而兩之원리에 의해 육효중괘가 형성되었음을 말한다.[616] 그리고 용구用九 용육用六과 겸삼재양지 원리의 상관성에 대하여 설명하고 있다.

각설

615 '인양강지류仁陽剛之類 의음유지류義陰柔之類'에서 '인仁'은 양陽이고 강剛이며, '의義'는 음陰이고 유柔이다.

616 겸삼재 양지 원리와 육효중괘

天	天	▭ ➡ 兩之	上	- -	天天	陰	上爻
				—	人地	陽	五爻
地	人	▭ ➡ 兩之	中	- -	地人	陰	四爻
				—	天天	陽	三爻
人	地	▭ ➡ 兩之	下	- -	人地	陰	二爻
				—	地人	陽	初爻

겸삼재이양지兼三才而兩之 고故 역육획이성괘易六畫而成卦 천지인天地人 삼재三才를 겸兼하여 두 번하니 여섯 획이 그어져 육효중괘六爻重卦가 이루어졌다는 것이다. 또한 '육획이성괘六畫而成卦'에서 '육효六爻'라 하지 않고 '육획六畫'이라 한 것은 효爻라고 하면 동動한 것이라는 뜻이 내포되어 있기 때문이다. 즉 '효爻'는 동動한 것으로 보고, '획畫'은 동動과 정靜이 함께 있는 것으로 본다.[617]

> 分陰分陽하며 迭用柔剛이라 故로 易이 六位而成章하니라.
> 분음분양 질용유강 고 역 육위이성장

❍ 迭(바꿀 길, 갈마들 질) 用(쓸 용) 柔(부드러울 유) 剛(굳셀 강) 章(글 장, 아름다울 장)

음陰과 양陽으로 나뉘고, 유柔와 강剛을 차례로 쓰기 때문에 역易이 여섯 자리에 문장文章을 이룬 것이다.

개요概要[618]

제1장의 작역作易은 체體가 되고, 제2장은 용用이 되며, 천도天道(음양陰陽), 지도地道(강유剛柔), 인도人道(인의仁義)를 육획六劃으로 괘卦를 이루어, 성명性命의 이치를 따르도록 한 것이다

각설

분음분양分陰分陽 음양질운迭運작용, 음양의 위치로 나누어진다. 지도地

---

617 육효六爻라 하면 여섯 효가 정해진 결정적인 것이며, 육획六畫이라 하면 여섯 획으로 긋고 있는 과정으로서 동動할 수도 있고, 동動하지 않을 수도 있는 것이다. 즉 괘卦가 만들어지는 과정이다. 그러므로 육효六爻나 육획六畫이 같은 의미라고 생각할 수 있으니 구분되어야 한다.

618 정위正位란 1·3·5효가 양위陽位로서 그 자리에 양陽이 있고, 2·4효爻가 음위陰位로서 음陰에 있음을 말한다. 그러나 음양의 위치가 바뀜에 따라서 역易의 변화를 나타낸다. 이것을 질용유강迭用柔剛이라고 한다.

道는 강유剛柔로 군자의 길잡이이다.

육위이성장六位而成章 역易은 육효六爻의 변화로서 길흉회린吉凶悔吝을 나타내어 문채文彩를 이룬다.

○제3장第三章

요지要旨

삼장三章에서는 팔괘八卦의 성질과 활동 및 그 의의를 여러 방면으로 설명하고 있다.

먼저, 육효중괘六爻重卦원리가 무엇인가를 밝히고 있다. 이장二章에서 육효중괘六爻重卦는 성명지리性命之理를 표상하고 있음을 설명하고 있다. 그런데 군자가 성명지리에 순응한다는 것은 순응하는 시간적 과정이 필요한 것이다. 이 시간은 군자가 학문하는 과정으로 군자지도가 성장하는 과정인 것이다.[619] 또한 인간 본래성의 작용이 이성理性으로 드러나는 것이다.

다음으로, 역易은 우주와 인생의 변화를 64괘로 분류하여 설명하고 있다. 64괘는 건乾(☰)·태兌(☱)·리離(☲)·진震(☳)·손巽(☴)·감坎(☵)·간艮(☶)·곤坤(☷)의 팔괘八卦를 여러 가지로 겹친 것이다. 그러므로 팔괘八卦 성질과 의의와 그 작용 등을 충분히 이해하지 않으면 역易의 변화 이치를 확실히 이해할 수 없다는 것이다.

> 天地ㅣ 定位하며 山澤이 通氣하며 雷風이 相薄하며
> 천지 정위 산택 통기 뇌풍 상박
> 水火ㅣ 不相射하야 八卦相錯하니
> 수화 불상석 팔괘상착

○定(정할 정) 位(자리 위) 山(뫼 산) 澤(못 택) 通(통할 통) 氣(기운 기) 雷(우레 뇌{뢰}) 風(바람 풍) 相(서로 상) 薄(닥칠 박, 엷을 박) 相(서로 상) 射(쏠석) 錯(섞일 착)

---

619 『정역』의 관점에서 보면 군자지도의 생生·장長·성成 원리를 표상한 것이 삼역팔괘도이다. 삼역팔괘도에 바탕하여 64괘가 전개되는 것이다. 64괘 서괘序卦는 군자가 성인지도와 합덕됨으로써 군자지도가 생장성生長成하는 원리이다.

천天과 지地가 자리를 정하고 산山과 택澤이 기氣를 통하며, 뇌雷와 풍風이 서로 부딪히고, 수水와 화火가 서로 해치지 않아 팔괘八卦가 서로 교착交錯하니,

개요概要[620]

복희팔괘도伏羲八卦圖를 설명한 말이다.

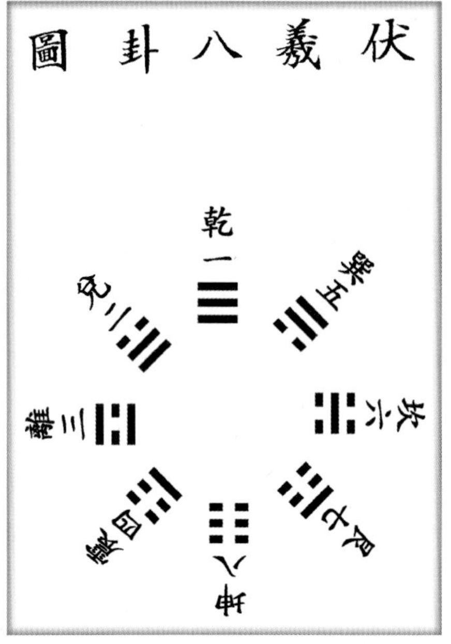

각설

천지정위天地定位 하늘은 높이 있고, 땅은 낮게 아래에 있으며 천지天地의 자리가 정해져 있고 하늘은 양기를 땅에 베풀며 땅은 하늘에서 받은 양기陽氣의 힘으로 만물을 발육시킨다.[621]

산택통기山澤通氣 산은 높이 솟아있고, 못은 낮은 곳에서 물을 담고 있는데 산은 못의 물기를 받아 초목이 무성하고 못은 산에서 흘러내리는 물로 마르는 일이 없으니 산과 못은 서로 기氣를 통하고 있다.[622]

---

620 (觀中) 복희팔괘도伏羲八卦圖 ⇨ 시생始生원리, 일건천一乾天·이태택二兌澤·삼리화三離火·사진뢰四震雷·오손풍五巽風·육감수六坎水·칠간산七艮山·팔곤지八坤地, 건남곤북乾南坤北으로 천지비괘의 세계, 기운이 통하지 않음. 천지가 시생始生해서 자라고 있는 상태로 水火가 나누어져 있다. ☯ 선천先天의 성인지도가 시생되는 원리

621 복희팔괘도는 이것을 본떠서 순수한 양陽인 건괘를 하늘 높은 곳 남방에 두고, 순수 음陰인 곤괘坤卦는 북방 낮은 곳에 두어 천지의 자리가 정해진다. 하늘은 하늘 있을 곳에 있고 땅은 땅이 있을 곳에 있어 만물을 생성화육生成化育하는 큰 힘을 주고 받으면서 서로 밀접한 관계를 유지한다.

622 복희팔괘도에는 간괘艮卦의 산山이 서북西北에 있고, 태괘兌卦의 못이 동남東南에 있어 서로 마주하고 있다. 이것은 산山과 택澤이 통기通氣하고 있는 것을 나타낸 것이다.

뇌풍상박雷風相薄 박薄은 닥칠 박, 접근할 박 으로 가까이 접해있는 것이다. 천둥이 심하게 울리면 열풍熱風이 심하게 일어난다고 하여 '뇌雷 · 풍風'은 서로 접하여 힘을 보탠다고 한다.[623]

수화불상석水火不相射 서로 밀어내고 밀려나는 것이다. 동서왕래(시간)를 나타내며, 시간이 서로 왕래하는 것이니 서로 쏘지(석射) 않는다. 즉 수水 · 화火는 "**不相離不相雜**"(불상리불상잡)이라 하여 서로 섞이지도 않고, 그렇다고 서로 떨어지지도 않는다고 한다. 왜냐하면 불은 적신 데를 말려주고, 물은 마른 데를 적셔주기 때문이다. 그러므로 '**水流濕火就燥**(수류습화취조)하니' 수화水火는 서로 싸우지 않는다고 한 것이다.[624]

팔괘상착八卦相錯 '착錯'은 여러 가지 모양으로 섞이는 것이다. 팔괘八卦가 여러 가지 모양으로 섞이고 팔괘八卦 위에 다시 팔괘八卦를 더하면 64괘가 된다. 이들 64괘는 모두 상하, 좌우로 모양이 반대되는 것이 서로 대對하고 있다. 천지 사이의 모든 변화는 이들 64괘의 변화에 다 나타나 있다. 이것으로 지나간 변화의 상태를 헤아려 알 수 있고 또 장차 일어날 변화에 대해서도 추측해서 알 수 있다.[625]

---

623 복희팔괘도에서는 '동북東北'에 진괘震卦 뇌雷를 두고 '서남西南'에 손괘巽卦 풍風을 두어 뇌雷·풍風이 상박相薄하는 상태를 나타내고 있다. 천둥은 만물을 발동시키는 힘을 가지며 바람은 갑갑하게 막힌 기운을 떨치고 일어나게 하는 힘이 있는데 천둥은 바람의 힘으로 만물을 발동시키는 힘이 더해지며, 바람은 천둥의 힘으로 움츠리고 있는 만물을 분기奮起시키는 힘이 더해진다. 바람과 천둥은 가까이에서 서로 돕고 있다.

624 복희팔괘도에서는 리괘離卦의 불이 동東에 있고 감괘坎卦의 물이 서西에 있어 서로 대치하고 있다. 천天·지地, 산山·택澤, 뇌雷·풍風, 수水·화火등 여덟 개의 위대한 작용으로 천지 만물이 생성화육된다. 그것을 나타낸 것이 역易의 팔괘八卦이다.

625『주역본의周易本義』에서는 "소자邵子가 말하였다. 이는 복희伏羲 팔괘八卦의 자리이니, 乾은 남쪽에 있고, 곤坤은 북쪽에 있으며, 이離는 동쪽에 있고, 감坎은 서쪽에 있으며, 태兌는 동남東南쪽에 거하고, 진震은 동북東北쪽에 거하며, 손巽은 서남西南쪽에 거하고, 간艮은 서북西北쪽에 거하였다. 이에 팔괘八卦가 서로 사귀어 육십사괘六十四卦를 이루었으니, 이른바 선천先天의 학學이라는 것이다.(邵子曰 此 伏羲八卦之位, 乾南坤北, 離東坎西, 兌居東南, 震居東北, 巽居西南, 艮居西北, 於是 八卦相交而成六十四卦, 所謂先天之學也.)"라고 하였다.

數往者는 順하고 知來者는 逆하니 是故로 易은 逆數也ㅣ라.
수왕자 순 지래자 역 시고 역 역수야

○ 數(헤아릴 수, 셀 수) 往(갈 왕) 順(순할 순) 知(알 지) 來(올 래{내}) 逆(미리 역, 거스를 역)

지나간 것을 헤아림은 순順이요, 다가옴을 아는 것은 역逆이다. 그러므로 역易은 미리 헤아리는 것이다.

개요概要

순역원리를 말한다. 이미 지나간 일들의 원인과 결과를 살펴서 헤아려 아는 것은 비교적 쉬운 일이지만 아직 일어나지 않은 장래의 일을 추측해서 안다는 것은 어려운 일이다. 그러나 역易은 세상 변화를 모두 나타내고 있으므로 과거와 현재의 상태를 역易에 비추어 보면 장래의 일을 추측해서 알 수 있고, 또 어떻게 처리하는 것이 좋은가를 가르쳐 준다. 우리가 역易을 배우는 것은 과거와 현재의 상태에서 장차 그 일들이 어떻게 발전할 것이며 또 어떻게 처리할 것인가를 알기 위해서이다.

각설[626]

수왕자순數往者順 지래자역知來者逆 '수數'는 헤아려서 아는 것이다. ❶ '왕往'은 지나간 일, 지금까지 완성된 일이다. 역易으로 말하면 이미 지나간 일 중에서 저것은 어떤 괘의 변화의 상태이며, 이것은 어느 괘의 변화

626 (觀中) 여기서 '수'는 '헤아리다'는 것으로 인격적 존재인 오황극이 전제되어 있음을 알 수 있다. 건곤천지가 합덕하여 작용하는 원리를 역수원리로 표현한 것이다. '인간 본래성'을 상징하는 오황극을 중심으로 과거 방향으로 헤아리면 순방향(도생역성倒生逆成작용)이며, 미래의 방향을 지혜로 알면 역逆방향(역생도성逆生倒成작용)의 원리이다. 이는 오황극을 중심으로 하기 때문에 다음의 제5장(문왕팔괘도)을 이끌고 있음을 알 수 있다. '數'와 '知'는 각각 지식의 측면에서 헤아림과 지혜의 측면에서 인식하는 것으로 나누어 이해할 수 있다. 「계사상」편 제12장의 '신이지래神以知來코 지이장왕知以藏往하나니'와 같은 의미이다. 또한 역易은 역逆으로 헤아려서 미래를 알 수 있다. 그러므로 지래자知來者는 천지지도天地之道를 자각하는 것이다.

의 상태라는 것을 하나하나 헤아려서 아는 것이다. ❷'래來'는 아직 일어나지 않은 장래의 일이다. ❸'지知'는 수와 같은 뜻으로 일어난 일들이 어떤 괘에 해당된다는 것을 헤아려 안다는 것이다.

역易 역수逆數 '역逆'은 미리(역)자로 미리 추측해서 아는 것이다. 그러므로 역易은 미리 헤아려서 아는 것이다. 이미 지나간 일들의 득실길흉得失吉凶을 관찰하여 그 원인과 결과를 헤아려서 장래의 일을 미리 아는 것이 역도易道이다. 따라서 역수逆數는 ❶미래를 헤아린다는 것이다. ❷거슬러 헤아리는 것이다.

#참고1) 『주역』의 순역원리와 『정역』의 도역생성원리

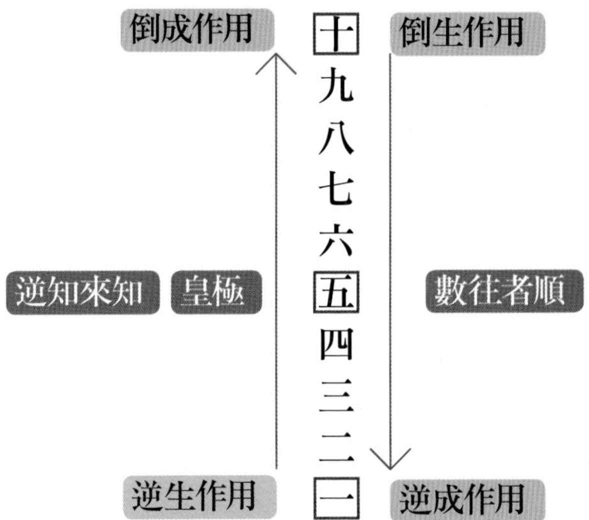

○제4장第四章

요지要旨

복희팔괘도의 괘상과 괘명으로 팔괘八卦를 설명하고 있다.

雷以動之코 風以散之코 雨以潤之코 日以晅之코
뇌 이 동 지 풍 이 산 지 우 이 윤 지 일 이 훤 지
艮以止之코 兌以說之코 乾以君之코 坤以藏之하나니라.
간 이 지 지 태 이 열 지 건 이 군 지 곤 이 장 지

○ 雷(우레 뇌{뢰}) 動(움직일 동) 風(바람 풍) 散(흩을 산) 雨(비 우) 潤(젖을 윤) 日(해 일) 晅(마를 훤(환) 빛날 훤(환), 따뜻할 훤) 艮(괘 이름 간, 머무를 간) 止(발 지) 兌(빛날 태) 說(기꺼울 열) 乾(하늘 건) 君(임금 군) 坤(땅 곤) 藏(감출 장)

우레로써 움직이고, 바람으로써 흩고, 비로써 적시고, 해로써 말리고, 간艮으로써 그치고, 태兌로써 기쁘게 하고, 건乾으로써 군주노릇 하고, 곤坤으로써 감춘다.

개요概要

건곤乾坤과 팔괘八卦의 조화와 성장을 설명하고 있다. 다시 말하면 천지天地나 산택山澤·뇌풍雷風·수화水火가 합덕됨으로서 이루어질 작용을 사물에 비겨서 상징적으로 표현한 것이다. 천지의 합덕에 의해서 성인지도를 상징하는 진괘震卦가 처음으로 등장하며, 앞의 네 개 괘卦는 시생始生과 성장成長을 상징하기 때문에 괘 이름이 아니라 상징적 의미(뢰雷·풍風·수水·화火)로 밝혔으며, 뒤의 네 개 괘는 합덕과 성도成道된 것을 상징하기 때문에 괘명(간艮·태兌·건乾·곤坤)이 나타났다. 괘상卦象과 괘명卦名으로써 팔괘八

卦의 덕에 대한 구체적인 내용을 말한다.[627]

각설

뇌이동지雷以動之 풍이산지風以散之 앞장에서는 주로 팔괘八卦가 서로 마주보고 서로 돕는 것을 말하였는데 여기서는 이들 팔괘八卦가 각각 만물의 생성화육을 돕고 있는 것을 말한다. 건천乾天과 곤지坤地가 처음으로 사귀어서 진震의 장남과 손巽의 장녀가 나왔다. 진震(☳)은 우레(뢰雷)이며, 손巽(☴)는 바람(風)이다. 진괘震卦(☳)의 천둥이 지난 겨울부터 쌓이고 쌓인 음기를 뚫고 울려 퍼져서 만물을 진동시키고, 손괘巽卦

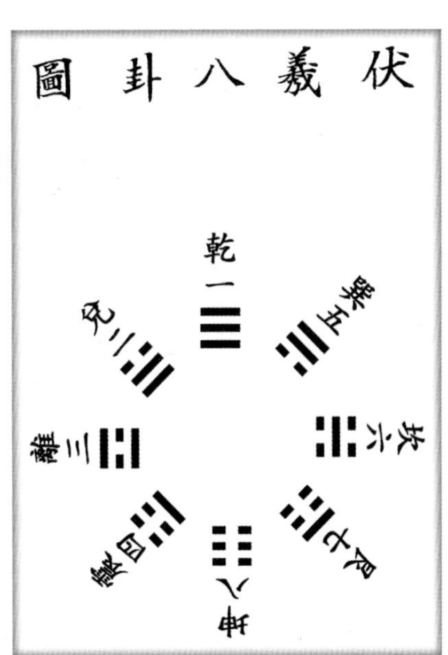

627 팔괘를 다음과 같이 설명하고 있다.
❶ 뇌이동지雷以動之 : 진하련震下連(☳) 우레는 땅속으로부터 움직여 만물을 고동시킨다.
❷ 풍이산지風以散之 : 손하절巽下絶(☴) 바람은 안으로 들어가는 덕이 있으므로, 하늘로부터 내려와 두루 기운을 흩어뜨림으로써, 만물을 진작시킨다.
❸ 우이윤지雨以潤之 : 감중련坎中連(☵) 물은 흘러 내려가며 만물을 적셔서 윤택하게 한다.
❹ 일이훤지日以晅之 : 이허중離虛中(☲) 해가 하늘로 올라감으로써 만물을 비추어 말린다.
❺ 간이지지艮以止之 : 간상련艮上連(☶) 산은 진하련震下連(☳)에서 움직여 나와, 감중련(☵)을 거쳐 간상련艮上連 (☶)에서 더 이상 올라갈 데가 없으므로 그친다.
❻ 태이열지兌以說之 : 태상련兌上絶(☱) 못은 음陰이 위에서 출렁이며 기뻐한다.
❼ 건이군지乾以君之 : 건삼련乾三連(☰) 하늘은 만물의 아버지이므로, 일을 주장하는 건도를 설명한 것이다.
❽ 곤이장지坤以藏之 : 모든 것이 아래로 내려와 땅에 감춰진다. 곤삼련坤三節(☷) 땅의 감춤을 말함으로써 건乾의 베풂을 말한 것이다.
❾ 뇌雷·풍風·우雨·일日은 음양의 소리와 기운이고, 직접적인 작용이 있으므로 형이하학적인 괘상으로써 설명하고, 간艮, 태兌, 건乾, 곤坤은 음양의 형상이며 그 작용이 추상적抽象的이므로 형이상학적인 괘명으로 말하였다.

(☴)의 바람이 지난 겨울 뒤로 정체되어 있던 음기를 흩어 버림으로 만물이 발생한다. 천둥과 바람의 힘으로 만물이 발생하게 된다는 것이다. ❶뇌雷는 성인의 말씀으로 움직이는 것이다. ❷풍도風道(신도神道)는 소인지도를 흩어버리고 도덕적 세계로 나아감이다.

우이윤지雨以潤之 **일이훤지**日以晅之 건천乾天과 곤지坤地가 두 번째 사귐으로 감괘坎卦(☵)의 중남中男과 리괘離卦(☲)의 중녀中女가 생겼다. 감괘坎卦는 물 또는 비이다. 리괘離卦는 불 또는 태양太陽이다. 진괘震卦(☳)의 천둥과 손괘巽卦(☴)의 바람의 힘으로 비로소 발생한 만물위에 비가 내리고 햇빛이 쏟아지니 적당한 습기와 열기로 만물이 생장 발육한다. ❶윤潤은『중용』에서 덕을 윤택하게 하는 것으로 예禮이다. ❷일日은 빛은 지성智性을 상징하며 의義로 드러나는 것이다.[628]

간이지지艮以止之 **태이열지**兌以說之 천지天地의 세 번째 교접交接으로 간괘艮卦(☶)의 소남小男과 태괘兌卦(☱)의 소녀小女가 생겼다. 간괘艮卦는 지止의 덕을 가지고, 태괘兌卦는 열悅의 덕을 가진다. 만물은 비의 수분과 태양太陽의 열로 발육하고 있지만 간괘艮卦의 머무는 덕으로 만물은 머물 곳을 찾아 머물게 된다. 가을이 되면 만물이 열매를 맺고, 태괘兌卦의 열悅의 덕으로 열매를 굳게 성숙하여 만물은 일년의 일이 끝났음을 기뻐한다.[629]

---

628 (觀中) 의義로써 길러주는 것이다. 물로서는 살찌워주고 불로서는 말려주는 것으로 예의로써 인격성을 길러주는 것이다. 의義와 불의不義를 갈라 주는 것이다. 사덕四德의 체용體用관계에 대한 이해 필요하다, 인仁·지성智性에서는 지성智性이 체體가 되고, 인성仁性이 용用이듯이 예의禮義도 체용體用이 되는 것이다. 인간의 측면에서는 인仁을 체體로 하여 인간과 신, 인간과 인간의 만남 원리인 예禮로써 드러나고 이것을 사물에 확대했을 때 사물을 다스리는 원리인 의義가 되는 것이다. 천도天道(시간성)의 측면에서 보면 천은 지성智性으로 체體가 되어 의義로써 들어나며, 의義가 확대되어 예禮로써 나타나게 된다. 따라서 의義는 하나이지만 예禮는 나누어지는 것이다. 따라서 예의禮義는 둘이 아니라 하나이다. 인지성仁智性이 하나이듯이『중용』에서는 '성지덕야性之德也, 합내외지도야合內外之道也'라고 하였다.

629 지止는 그곳에 산다는 것이다. 산다는 것은 완성됨을 상징하는 것이다. 거居와 동일하다, 덕과 함께 살아가기 때문에 태괘兌卦의 은택恩澤이 있는 것이다. 간태건곤艮兌乾坤은 직

건이군지乾以君之 만물은 이렇게 발생하지만 건괘乾卦의 천天이 이들 변화의 군君이 된다. 건乾은 임금으로써 주장하는 것이다. '건乾'은 천天이며 양陽이고, '양陽'은 제帝. 즉 주장하는 것이다. 씨앗이 싹터 자라 올라가는 것은 건乾의 기운에 의한 것이다. '건乾'은 만물을 주장하고 통솔한다. 만물은 건괘乾卦의 위대한 원기元氣의 힘으로 발생하고 성숙한다. 그러므로 천天은 이들 변화의 주재자이며 원동력이다.

곤이장지坤以藏之 곤괘坤卦의 지地가 만물을 수장收藏하며 그것을 양육한다. 천지 만물은 건乾·태兌·리離·진震·손巽·감坎·간艮, 곤坤의 팔괘八卦의 덕으로 발생하고 성장하며 완성된다. 그 중에서도 건乾과 곤坤이 이들 변화의 근본임을 말하고 있다.

접 괘를 들어서 말함은 생生·장長·성成에서 성成의 단계이다. 뇌풍雷風(生), 감리坎離(長), 간태艮兌(成)에 이른 것이다. 앞 장과 순서가 다른 것임을 알 수 있다.

○제5장第五章

요지要旨[630]

문왕팔괘도文王八卦圖를 설명하고 괘도卦圖의 팔괘八卦를 오행五行에 배당하여 설명하고 있다.[631]

帝ㅣ 出乎震하야 齊乎巽하고 相見乎離하고 致役乎坤하고
제　출호진　제호손　상견호리　치역호곤
說言乎兌하고 戰乎乾하고 勞乎坎하고 成言乎艮하니라.
열언호태　전호건　노호감　성언호간

630 소강절의 견해를 기준으로 보면 제4장에서는 팔괘八卦의 덕을 설說하였고(선천팔괘先天八卦), 제5장에서는 후천팔괘后天八卦를 설說하고 있다. 그 견해에 따라 먼저, 문왕팔괘도를 살펴보면 상上이 남南, 하下가 북北, 향좌向左가 동, 향우向右가 서西로 배열되어 있고 상上 즉 남南에 리괘離卦를 놓고 하下 즉 북北에 감괘坎卦를 놓고, 동東에 진괘震卦를 놓고, 서西에 태괘兌卦를 놓고, 동북에 간괘艮卦를 놓고, 동남에 손괘巽卦를 놓고, 서북에 건괘乾卦를 놓고, 서남西南에 곤괘坤卦를 놓고 있다. 다음으로 동東에서 순차로 서남리곤태건감간西南離坤兌乾坎艮이 되어 있다. 즉 양陽의 괘는 서남에서 동東까지 건괘乾卦, 감괘坎卦, 간괘艮卦, 진괘震卦의 네 양陽이 나란히 있다. 음陰의 괘는 동남東南과 서西사이에 손괘, 리괘離卦, 곤괘坤卦, 태괘兌卦의 네 음괘가 있다. 네 개의 음과 양이 각각 한쪽으로 모여 있다. 그리고 곤괘「단사彖辭」에 "서남득붕西南得朋, 동북상붕東北喪朋" 이라 한 것은 이것으로 말한 것이며, 서남에는 음괘가 모여 있고, 동북에는 곤괘의 동류가 하나도 없는 것을 말한 것이다. 이 배열을 춘하추동春夏秋冬으로 배당하면 동東의 진괘震卦가 춘春이 된다. 진괘震卦의 중앙은 봄의 중간인 춘분春分이고, 남南의 리괘離卦는 하夏가 되고, 리괘離卦의 중앙은 하지夏至이다. 서西의 태괘兌卦는 추秋이며, 태괘의 중앙은 추분秋分이다. 북北의 감괘는 동冬이며 감괘의 중앙은 동지冬至이다.

631 동東의 진괘는 양목陽木이고 동남東南의 손괘巽卦는 음목陰木이다. 남南의 리괘離卦는 화火가 되고, 서남西南 곤괘는 토土가 된다. 서西 태괘와 서북 건괘는 금金이 된다. 건乾은 양금陽金이고 태兌는 음금陰金이다. 북北 감괘는 수水가 되고 동북 간괘는 토土가 된다. 토土가 둘 있는데 곤괘의 토土는 음토陰土이고, 간괘의 토土는 양토陽土이다. 간괘는 산이며, 양괘이므로 양토陽土로 한다. 동의 진괘 손괘의 목木으로부터 다음 리괘離卦의 화火 다음 곤괘坤卦 간괘艮卦의 토土 다음 태괘兌卦 건괘乾卦의 금金 다음 감괘坎卦의 수水가 배열되어 목·화·토·금·수의 순서가 되니, 이것은 오행의 상생순서로 배열된 것이다. 요컨대 팔괘八卦를 일년 사시에 배당하면 춘하추동春夏秋冬의 순서로 되고, 오행五行의 배당하면 목·화·토·금·수의 상생의 순서로 서 있다. 춘하추동이라는 하는 것과 목화토금수라 하는 것이 필경 같은 뜻이며 같은 사상이다. 그리고 이들 배열의 순서는 모두 팔괘八卦의 성격과 재능에서 나온 것이다.

❍ 帝(임금 제) 出(날 출) 震(벼락 진) 齊(가지런할 제) 巽(손괘 손) 相(서로 상) 見(볼 견) 離(떼놓을 리{이}) 致(보낼 치) 役(부릴 역) 坤(땅 곤) 說(말씀 설) 言(말씀 언) 兌(빛날 태) 戰(싸울 전) 乾(하늘 건) 勞(일할 로{노}) 坎(구덩이 감) 成(이룰 성) 艮(어긋날

상제上帝가 진震에서 나와 손巽에 깨끗하고, 리離에서 서로 만나보고, 곤坤에 일을 맡기고, 태兌에 기뻐하고, 건乾에 싸우고, 감坎에 수고하고, 간艮에 이룬다.

개요概要

문왕팔괘도의 내용에 대한 설명이다.

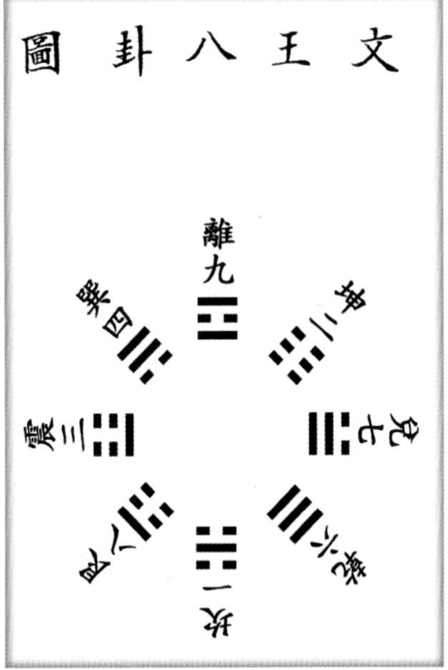

각설

제출호진帝出乎震 진震(☳)은 동방이며, 양목陽木이다. 계절적으로는 춘분(정방正方)이다. 진震은 양기陽氣로 나타나서 시작되는 곳을 의미한다. 그리고 '제帝'는 임금, 즉 양陽을 의미한다. '제帝'라는 것은 방향으로 볼 때 양방陽方과 음방陰方으로 나눌 수 있으니, 양陽이 상上이라면 음陰은 하下가 된다. 진震은 양방陽方이니 제帝가 되는 것이다. 제帝라는 것은 양물陽物이며, 임금, 주장자, 황극皇極을 뜻한다. 즉 진震은 양기陽氣가 동방東方에서부터 출발한다는 뜻이 내포되어 있다.[632]

제호손齊乎巽 '손巽(☴)'은 동남방東南方이며, 음목陰木이다. 계절적으로

632 제출호진帝出乎震 : 동방東方은 원元이요, 인仁이요, 춘春이다. 건문언乾文言에 '체인족이장인體仁足以長人'이라 하였으니, 만물의 주재자인 괘가 처음인 진방震方에서 나오는 것이다. 즉 만물의 주재자인 제帝가 나와 성언成言하게 하는 과정을 설명한 것이다.

는 입하立夏이다. '진震'에서 시작하여, '손巽'에서 가지런히 정리하여 남방南方으로 이어지도록 한다. '손巽'은 봄과 여름이 이어지는 과정이니 여기에서 정리정돈되어야 한다.

상견호이相見乎離 '리離(☲)'는 남방南方이며, 음화陰火이다. 계절적으로는 하지夏至(정방正方)이다. 일오중천日午中天, 즉 환하게 밝은 시기이니 서로가 잘 나타나 보이게 된다. 빛이 밝고 펴지는 성질이 있는 것처럼 환하게 보인다.

치역호곤致役乎坤 '곤坤(☷)'은 서남방西南方이며, 음토陰土이다. 계절적으로는 입추立秋이다. 여름에서 가을로 이어지는 과정이며, 곤坤은 흙이니 흙은 만물을 길러내는데 그 대가가 없다. 건乾이 씨앗을 뿌리면 곤坤은 받아서 길러야 하며, 그 기르는데 어떠한 대가가 없으니 부역賦役이다. 곤坤은 흙이며, 계절적으로는 입추立秋이니 이 때 음기陰氣가 땅에서부터 올라와서 곡식이 여물어지니, 이 모두가 땅에서 이루어지는 역사役事라 할 수 있다.

열언호태說言乎兌 '태兌(☱)'는 서방西方이며, 음금陰金이다. 계절적으로는 추분秋分(정방正方)이다. 수확의 계절이니, 그 기쁨이 입으로 터져 나오는 것을 의미한다. '열說'은 겉으로 터져 나오는 기쁨을 나타낸다.

전호건戰乎乾 '건乾(☰)'은 서북방西北方이며, 양금陽金이다. 계절적으로는 입동立冬이다. 양陽과 음陰이 서로 싸우는 시기이다. 괘卦로는 산지박山地剝에 해당한다. 산지박(䷖)의 상구上九인 일양一陽이 떨어져야 곤坤이 되며, 곤坤이 되어야만 일양시생一陽始生할 수 있기 때문에 음양이 서로 싸운다고 표현했다. 곤괘坤卦 상육효上六爻의 '용전우야龍戰于野'와 같은 맥락이다. 양陽인 종자種子가 음陰에 묻히는 것이니 음양교합陰陽交合이라 할 수도 있다.

노호감勞乎坎 '감坎(☵)'은 북방西方이며, 양수陽水이다. 계절적으로는 동지冬至(정방正方)이다. 물은 언제나 낮은 곳으로 흐르며, 막힌 곳으로 모이는 성질이 있다. 물은 흐르는 그 자체가 수고하는 것이다.[633]

성언호간成言乎艮 '간艮(☶)'은 동북방東西方이며, 양토陽土이다. 계절적으로는 입춘立春이다. 간艮에서 마침을 이루고 새롭게 시작始作을 한다(終萬物始萬物).
종 만 물 시 만 물

萬物이 出乎震하니 震은 東方也ㅣ라
만 물 출 호 진 진 동 방 야

齊乎巽하니 巽은 東南也ㅣ니 齊也者는 言萬物之潔齊也ㅣ라
제 호 손 손 동 남 야 제 야 자 언 만 물 지 결 제 야

離也者는 明也ㅣ니 萬物이 皆相見也할새니 南方之卦也ㅣ니
이 야 자 명 야 만 물 개 상 견 야 남 방 지 괘 야

聖人이 南面而聽天下하야 嚮明而治하니 盖取諸此也ㅣ라
성 인 남 면 이 청 천 하 향 명 이 치 개 치 저 차 야

坤也者는 地也ㅣ니 萬物이 皆致養焉할새
곤 야 자 지 야 만 물 개 치 양 언

故로 曰 致役乎坤이라
고 왈 지 역 호 곤

兌는 正秋也ㅣ니 萬物之所說也일새 故로 曰 說言乎兌라
태 정 추 야 만 물 지 소 열 야 고 왈 열 언 호 태

戰乎乾은 乾은 西北之卦也ㅣ니 言陰陽相薄也ㅣ라
전 호 건 건 서 북 지 괘 야 언 음 양 상 박 야

○ 震(벼락 진) 齊(가지런할 제) 巽(손괘 손) 潔(깨끗할 결) 離(떼놓을 이(리)) 明(밝을 명) 相(서로 상) 聖(성스러울 성) 聽(들을 청) 嚮(향할 향, 리 향) 治(다스릴 치) 盖(덮을 개, 대개 개) 取(취할 취) 諸(모든 제) 此(이 차) 坤(땅 곤) 致(보낼 치) 養(기를 양) 役(부릴 역) 兌(빛날 태) 秋(가을 추) 說(기꺼울 열) 戰(싸울 전) 卦(걸 괘) 薄(닥칠 박, 엷을 박)

---

633 『주역본의周易本義』에서는 제帝는 하늘의 주재主宰이다. 소자邵子가 말하였다. "이 괘卦의 자리는 바로 문왕文王이 정한 것이니, 이른바 후천後天의 학學이란 것이다.(帝者, 天之主宰, 邵子曰 此卦位, 乃文王所定, 所謂後天之學也.)"라고 하였다.

만물이 진震에서 나오니, 진震은 동방東方이다. 손巽에 깨끗하다는 것은 손巽은 동남東南이니, 제齊는 만물이 깨끗함을 말한 것이다. 리離는 밝음이니, 만물이 모두 서로 만나보기 때문이니, 남방南方의 괘卦이다. 성인聖人이 남면南面하여 천하를 다스려서 밝은 곳을 향해 다스림은 여기에서 취한 것이다. 곤坤은 땅이니, 만물이 모두 기름을 이루므로 곤坤에 일을 맡긴다 한 것이다. 태兌는 바로 가을이니, 만물이 기뻐하는 바이므로 태兌에 기뻐한다 하였다. 건乾에 싸운다는 것은 건乾은 서북의 괘이니, 음陰과 양陽이 서로 부딪치는 것을 말함이라.

개요概要

문왕팔괘도文王八卦圖의 작용을 설명하고 있다.

각설

만물萬物 출호진出乎震 진동방야震東方也 만물이 진震(☳)에서 나오니, '진震'은 동방東方이다. 진震은 종자를 파종하는 시기이고, '손巽'은 싹이 올라와 비를 맞아 자라나는 시기이다. 진괘震卦의 시기에 나타난 만물은 손괘巽卦의 시기에 모두 가지런히 나와 깨끗하고 아름답다. 손巽(☴)은 동남의 방향이며 입하때이다. 제齊는 만물이 맑고 깨끗하게 돋아나 가지런한 것이다.

이야자명야離也者明也 만물개상견야萬物皆相見也 남방지괘야南方之卦也 리離(☲)라는 것은 밝은 것이며, 만물이 서로를 보는 것이니, 남방南方의 괘卦다. 성인聖人이 남南쪽을 보고 천하의 말을 들어 밝음을 향하여 다스린다 하니, 대개 이러함을 취한 것이다.[634]

---

634 성인聖人이 북쪽에 앉아 밝은 남南쪽을 향하여 귀를 기울인다. 귀를 기울인다는 것은 천하를 다스리기 위해 밝다. '남면南面'이란 남쪽을 보고 있다. 이러함을 성인聖人이 밝은 쪽을 보고 있다는 것은 성인聖人은 춥고 어두운 북쪽에 앉아 있고, 백성은 따뜻하고 밝은 남

곤야자지야坤也者地也 만물개치양언萬物皆致養焉 곤坤(☷)이라는 것은 땅이니, 만물이 모두 땅에서 길러지니, 이러한 연고로 곤坤에서 부역賦役을 하는 것이다. 곤坤은 흙이며, 만물을 길러내는데 대가없이 하니 역사役事하는 것이다. 하늘(양陽)이 땅(음陰)에게 종자를 주고 위임하여 기르게 하니, 이것이 기르는데 다 한다는 것이다(개치양언皆致養焉). 즉 곤坤은 땅이며, 땅은 만물을 길러내는 것에 대가 없이 전념한다. 곤坤은 서남방西南方이니 여름과 가을이 교차하는 때이며, 이 때 하늘과 땅에게 신명행사申命行事한다.

태정추야兌正秋也 만물지소열야萬物之所說也 태兌(☱)는 바른 가을(추분秋分)이니 만물을 가지는 것이 기쁜 것이니, 이러한 연고로 태兌를 기쁘다고 한다. '정추正秋'는 정서방正西方, 즉 수확의 계절인 추분秋分을 뜻하는 것이니, 이때 만물을 거둬들이게 되니 기쁜 것이다. 가을이니 곡식과 열매를 수확하여 기쁘다는 것이기도 하거니와, 또한 종자를 얻게 되니 기쁜 것이다. 인간사에 있어서도 자손을 얻어 계승하는 즐거움이 있다.

전호건戰乎乾 건乾 서북지괘야西北之卦也 언음양상박야言陰陽相薄也 건乾(☰)에서 싸우니, 건乾은 서북방의 괘다. 음과 양이 서로 부딪힌다는 말이다. 서북방은 절기로는 입동入冬에 해당하니, 이때가 음과 양이 서로 싸우는 시기이다. 괘卦로는 산지박괘(䷖)에 해당한다. 오음五陰이 일양一陽을 업신여기고 용전우야龍戰于野하듯이 싸우는 것이다. 또한 종자(양陽)가 음陰 속에 들어가 일양시생一陽始生되는 과정이기도 하다.[635]

쪽에 앉히는 것을 의미한다 함을 이것을 정치적으로 비유하면 통치자는 어두운 곳에 앉아서, 백성을 다스리기 위하여 잘 보이는 남쪽에 앉히는 것이라 할 수 있다 함을 어두운 곳에 있는 통치자를 밝은 곳에 있는 백성이 볼 수가 없다.

635 인간사로 풀이하자면, 여자가 시집갈 정도로 성숙한 나이가 되면 괘로써는 곤괘에 해당한다. 시집을 가서 교합하는 것이 천현이지황天玄而地黃이며, 교합交合을 통하여 자식을 얻게 된다. 싸운다는 것은 교합한다는 것을 뜻한다. 즉 서로 부딪히고, 서로 섞인다. 음과

坎者는 水也ㅣ니 正北方之卦也ㅣ니
감 자　수 야　정 북 방 지 괘 야

勞卦也ㅣ니 萬物之所歸也일새 曰 勞乎坎이라
노 괘 야　만 물 지 소 귀 야　왈 노 호 감

艮은 東北之卦也ㅣ니 萬物之所成終而所成始也일새
간　동 북 지 괘 야　만 물 지 소 성 종 이 소 성 시 야

曰, 成言乎艮이라.
왈　성 언 호 간

○ 坎(구덩이 감) 水(물 수) 北(북녘 북) 勞(일할 노{로}) 歸(돌아갈 귀) 勞(일할 노{로}) 坎(구덩이 감) 艮(괘 이름 간, 머무를 간) 所(바 소) 成(이룰 성) 終(끝날 종) 始(처음 시)

감坎(☵)은 물이니, 바로 북방의 괘이니, 수고로운 괘卦이니, 만물이 돌아가는 바이므로 감坎(☵)으르 수고롭다 한 것이라, 간艮(☶)은 동북의 괘이니, 만물이 종終을 이루고 시始를 이루는 것이므로 간艮(☶)에 이룬다고 한 것이다.

개요概要

오황극五皇極 중심의 만물의 생성원리를 표상한다.

각설

감자수야坎者水也 **정북방지괘야**正北方之卦也 **노괘야**勞卦也 **만물지소귀야**萬物之所歸也 **왈**曰 **노호감**勞乎坎 감坎(☵)이라는 것은 물이니, 정북방正北方의 괘卦이며, 수고로운 괘卦이니, 만물이 처소로 돌아가는 것이니, 이러한 연고로 감坎은 수고로운 것이다. 모든 만물은 겨울로 돌아온다.

양이 서로 싸워서 이기는 것으로 성별性別이 결정이 되니 싸우는 것이라 할 수 있다. 양陽은 재출호진帝出乎震하여 건乾에서 끝이 난다. 산지박山地剝은 양陽이 떨어져 음陰속에 묻혀야 지뢰복地雷復으로 시생始生되기 때문이다. 숙살肅殺이 되니 곤坤으로 묻혀 들어가야 하고, 시기적으로는 음陰이 극성하는 때이니 양陽을 업신여긴다고 할 수 있다.

즉 한 주기로써 되돌아온다는 뜻이다. 감坎(☵)은 물이라 했으니, 물은 낮은 쪽으로 흘러 한 곳으로 모이는 성질이 있다. 또한 물은 만물이 발생할 수 있었던 터전이 되었으니, 물은 곧 만물이다.[636]

간艮 동북지괘야東北之卦也 만물지소성종이소성시야萬物之所成終而所成始也 왈曰 성언호간成言乎艮 간艮(☶)은 동북방東北方의 괘卦이니 만물이 마쳐서 시작을 이루는 것이니, 이러한 연고로 간艮을 종시終始라고 했으니 모든 우주사는 간방艮方에서 이루어진다. 간艮(☶)은 동북방東北方이다. 북방北方은 만물을 마치게 하고 동방東方은 시작하게 하는 곳이다. 간艮은 그 사이에 있으니 마침과 시작이 조화되는 곳이다.

---

636 "만물이귀의휴식위노우자지중고노萬物已歸矣休息慰勞于子之中故勞"는 만물이 돌아와 그쳐서 휴식하여 수고로움에 위안을 받으나, 그러는 가운데 자식(종자種子)이 있기 때문에 故로 수고로운 것이다. 가을에 결실이다. 다음 해 봄에 다시 심을 수 있도록 잘 보전해야 하는 것이 감坎이니 수고로운 괘다.

○제6장第六章

개요概要[637]

6장의 내용에 대해서는 일반적으로 복희팔괘도와 문왕팔괘도에 대한 설명으로 해석하고 있다. 주자朱子도 그 뜻이 자세하지 않다고 주석하였다. 그러나 『정역』에서는 「설괘說卦」편 제6장의 내용을 '정역팔괘도'로 도상화하여 설명하고 있다.[638] 그 내용로 보면 일손풍一巽風·이천二天·삼태택三兌澤·사감수四坎水·오곤五坤·육진뢰六震雷·칠지七地·팔간산八艮山·구이화九離火·십건十乾으로 제帝의 세계를 밝히고 있다고 하였다. 즉 성인지도가 군자지도로 완성된 모습을 밝히고 있다고 말한다.[639]

---

637 (觀中) 공자가 신神(간지도수干支度數)에 대한 언급하고 있다. 건곤乾坤을 제외한 육괘六卦를 자연自然의 이치理致로 인도人道와 결부시켜 설명하고 있다. 신神이라는 것은 만물을 妙하게 만드는 것을 말한다. 만물을 움직이게 하는 것으로 우레보다 더 빠른 것이 없으며, 만물을 흔드는 것으로 바람보다 더 빠른 것이 없고, 만물을 말리는 것으로 불처럼 말리는 것이 없고, 만물을 기쁘게 하는 것으로 못보다 더 기쁜 것이 없고, 만물을 적시는 것으로 물처럼 적시는 것이 없으며, 만물을 마치게 하고 始作하게 하는 것으로 艮만큼 盛한 것이 없다 하니, 이러한 연고로 물과 불이 서로 따르게 하며, 우레와 바람이 서로 거스르지 아니하고, 산과 못의 기운이 통한 연후에야 능히 변화하여 만물을 이루어서 마치게 한다. 그리고 진괘震卦·손괘巽卦·리괘離卦·태괘兌卦·감괘坎卦·간괘艮卦의 육자六子(여섯 자녀)를 말하고 있다.

638 『주역본의』에서는 "이는 건乾·곤坤을 빼고 오로지 육자六子만을 말하여 신(神)의 하는 바를 나타낸 것이다. 그러나 그 위치와 차례는 또한 상장上章의 말을 따랐는데 그 뜻은 상세하지 않다.(차거건곤이전언육자此去乾坤而專言六子, 이견신지소위以見神之所爲, 연기위서역용상장지설然其位序亦用上章之說, 미상기의未詳其義)" 고 하였다.

639 (觀中) 『정역』에 말하는 삼역팔괘도에 대해 살펴보면 다음과 같다. 소강절은 설괘 제3장과 제5장을 바탕으로 팔괘를 긋고 이것을 선후천괘도로 주장하였다. 그러나 『정역』에서는 정역팔괘도가 완성됨으로써 비로소 삼역팔괘도가 완성된 것으로 보고 복희팔괘도와 문왕팔괘도를 선천先天으로 정역팔괘도를 후천后天으로 보고 있다.
정역팔괘도는 삼극지도에 근거하여 생生·장長·성成의 원리를 밝히고 있다. 복희팔괘도는 일태극一太極의 원리에 바탕으로 한 生의 원리로 보고 있다. 즉 인격적 존재의 시생始生원리로 본다는 것이다. 문왕팔괘도에는 오황극五皇極의 원리가 표상되어 있으며, 인격적이므로 수數가 구수九數까지 드러나는 것이다. 그리고 장長한다는 것은 인격적 존재로 자라는 것이다. 정역팔괘도는 십무극十无極의 원리로 인격적인 존재가 완전히 합덕한 성成원리를 밝히고 있다. 십수十數까지 드러나 인격적인 천지부모의 뜻이 드러난 것으로 건곤乾坤이 모두 드러

神也者는 妙萬物而爲言者也|니
신 야 자　묘 만 물 이 위 언 자 야

❍ 神(귀신 신) 者(놈 자) 妙(묘할 묘) 萬(일만 만) 物(만물 물) 爲(할 위) 者(놈 자)

신神이란 만물을 신묘하게 함을 말한 것이니,

개요概要

신神이란「설괘說卦」할 때의 신神을 의미한다.[640]『계사』편에서 신神을 정의하기를 "**陰陽不測之謂神**"(음양불측지위신)이라 했다. 즉 음陰도 아니고, 양陽도 아닌 그 접점接點을 말하는 것이다. 일반적인 수련에서도 '입신入神의 경지境地' 라고 함은 지극히 정적靜的으로 들어간 후 양기陽氣가 발생했을 때를 의미한다고 할 수 있다. 이렇게 입신入神이 되고 나면 화化해야 하니, 이 때를 신화神化라고 일반화 할 수 있을 것이다. 신神이라는 것은 만물을 묘妙하게 하는 것이라 했는데, 묘妙란 파자해 보면 여女+소少이다. 즉 소녀少女를 의미 한다.[641]

각설

신야자神也者 주재자로서 말하면 '제帝'이고, 운용運用으로써 말하면 '신神'이다. 신神은 형상이 드러나는 것이 아니므로 그 공용인 뇌雷·풍風·

난 것이다.

640 만물의 변화작용을 하게끔 하는 그 자체가 신神이다. 이를 우주의 중심에 있는 주재자라 하기도 하고, 태극太極이며 에너지이기도 하다. 즉 우주의 모든 것은 운행하게 하는 근본적인 원동력을 '신神'이라 한다.

641 인사적으로 보면 '소녀少女'란 시집을 가지 않은 젊은 여자를 뜻한다고 볼 때, 좋은 남자에게 시집갈 수도 있고, 나쁜 남자에게 시집갈 수도 있는 것이니, 잘될지 못될지 확실하지 않은 상태에 있으니, 그 작용이 묘妙하다는 것이다. 또한 '묘妙'란 그 작용이 너무나 탁월하여 감히 흉내를 낼 수 없을 정도일 때를 뜻하기도 한다. 묘妙하다. 즉 말할 수 없이 빼어나다. 모두가 알아버리면 신묘神妙하다고 할 수 없다. 알 수 없는 신비, 그 자체가 '묘妙'다.

수水·화火·산山·택澤으로써 표현했다. 건乾과 곤坤을 말하지 않은 것은 건乾·곤坤은 만물의 부모, 즉 체體(여섯 자녀의 덕은 모두 건乾·곤坤으로부터 받음)이지 작용하는 용用이 아니기 때문이다. 또 '신神'이라는 표현속에 건乾·곤坤이 들어 있다.[642] 신神은 존재원리이며, 십건十乾, 오곤五坤의 합덕일치이다. 즉 '신神'은 음양불측지위陰陽不測之謂로써 음양 합덕체이다. 만물을 오묘奧妙하게 하는 작용을 개념화시켜 말한 것이다. 음양으로 규정할 수 없는 것이 신神의 본성이다. 현상적 측면에서는 변화지도로 나타나기 때문에 음양질운작용을 도道라고 규정한다. 음양陰陽(건곤乾坤)이 합덕된 상태에서 육 자녀 괘卦를 통해서 신묘神妙함을 밝힘. '**動萬物**(동만물)'이 시생始生이라면 '**撓萬物**(요만물)'은 완성完成을 의미한다. 수화水火는 일월日月의 중정역中正曆이며, 뇌풍雷風은 정위용정正位用政하며, 산택山澤은 간태艮兌 군민합덕君民合德으로 군자지도가 완성되는 것이다.

묘만물이위언자야妙萬物而爲言者也 그 신묘神妙함이 만물에 있다는 것이다. 즉 신묘한 운행에 만물이 존재한다는 것이다. 문왕팔괘도文王八卦圖 또한 만물이 생성生成하여 운행되는 것을 묘사하고 있다.

묘만물妙萬物은 후천적 조화작용이며, 신神은 만물을 묘妙하게 하는 것을 말하며, 건곤乾坤 자체가 묘妙한 것이다. 건곤乾坤이 없다면 육자녀에 대하여 논할 필요가 없는 것이다.

動萬物者ㅣ 莫疾乎雷하고 撓萬物者ㅣ 莫疾乎風하고
동만물자 막질호뢰 요만물자 막질호풍

○ 莫(없을 막) 疾(빠를 질) 雷(우레 뇌{뢰}) 撓(어지러울 요{뇨}) 風(바람 풍)

642 본문에서는 진괘震卦, 손괘巽卦, 리괘離卦, 태괘兌卦, 감괘坎卦, 간괘艮卦의 육자六子를 설명하고 있으니, 건괘乾卦와 곤괘坤卦는 표면에 나타나지 않고 있다. 그렇다고 건곤乾坤이 없는 것은 아니니, 음양陰陽이 곧 건곤乾坤이다. 음양陰陽에서 건곤乾坤이 나왔으니, 음양은 바로 신神이다

만물을 움직임은 우레보다 빠름이 없고, 만물을 흔듦은 바람보다 빠름이 없고,

개요概要

뇌풍雷風의 방위에 대한 설명이다.

각설

동만물자動萬物者 막질호뇌莫疾乎雷 진괘震卦(☳)는 동적動的이다. 음陰 속에서 양陽이 움직여 나오는 것이니 땅 속에서 싹이 움터 나오는 것이며(지하地下), 또한 번개(빛)와 같다(지상地上). 현재 빛 보다 더 빠른 것이 없고, 빛을 쏘아 보내어 우주의 거리를 측정하기도 한다. 만물을 움직인다는 것은 동방東方의 진震을 뜻하며, 봄에 초목草木이 자라는 시기이다. 빠르다고 한 것은 이 보다 더한 것이 없으니, 우레는 뇌성, 번개를 나타내므로 이 보다 더 빠른 것이 없다.

요만물자撓萬物者 막질호풍莫疾乎風 손괘巽卦(☴)는 바람이다. 바람에 의해 만물이 흔들리고 이동하게 된다. 바람은 분산시키는 것이니 바람이 아니고서는 흔들리고 이동될 수 없다.[643]

燥萬物者ㅣ 莫熯乎火하고 說萬物者ㅣ 莫說乎澤하고
조만물자 막한호화 열만물자 막열호택

○ 燥(마를 조) 莫(없을 막, 저물 모, 고요할 맥) 熯(말릴 한, 공경할 연, 사를 선) 火(불 화) 說(기꺼울 열, 말씀 설, 달랠 세) 澤(못 택)

만물을 건조시킴은 불보다 더함이 없고, 만물을 기쁘게 함은 택澤(연못)보다 더함이 없고,

643 '질疾'은 ~~보다 더 한 것은 없다는 의미이다.

개요概要

화火와 택澤의 방위에 대한 설명이다.

각설

조만물자燥萬物者 **막한호화**莫熯乎火 리괘離卦(☲)는 불이다. 무엇을 말릴 때는 열의 작용이 있어야 한다. 또 열을 발생시키기 위해서는 태워야 한다. 불이 붙으면 타고 있는 에너지에 의해 열이 발생하게 된다. 무엇인가를 말릴 때 불과의 거리가 너무 멀면 마르지 않고, 너무 가까우면 타버리게 된다. 즉 열이 발생되면 열의 조정에 의해 마르게 하는 것이다.[644]

열만물자說萬物者 **막열호택**莫說乎澤 태괘兌卦(☱)는 연못이다. 못에 의해 만물을 기르는 것이니 이보다 더 기쁠 수는 없다. 못은 지수止水이니 물을 가둬놓고 필요할 때 사용할 수 있으니, 이를 은택恩澤이라 한다. 막열호택莫說乎澤은 4장에서는 '태兌'라 하고 여기에서 '택澤'이라고 한 것은 못으로서 물을 조절하는 기능을 강조한 것으로 보인다. 다섯 괘卦는 뇌雷·풍風·수水·화火·택澤의 형이하학적인 표현을 하고, 간艮만 형이상학적인 표현을 한 것은 해의 뿌리가 간艮에 있다는 것을 뜻하며,[645] 이것은 제帝가 간艮에 근원을 두고 진震에서 나온다는 것을 의미한다

潤萬物者ㅣ 莫潤乎水하고
윤 만 물 자 막 윤 호 수

終萬物始萬物者ㅣ 莫盛乎艮하니
종 만 물 시 만 물 자 막 성 호 간

○ 潤(젖을 윤) 水(물 수) 終(끝날 종) 盛(담을 성) 艮(괘 이름 간, 머무를 간)

644 태양이 열을 발산하고 있으니, 태양은 스스로 타고 있는 것이며, 지구는 태양계에서 가장 조건이 맞는 거리에 있다.

645 간艮을 파자하면 일과 씨가 된다.

만물을 적심은 물보다 더함이 없고, 만물을 마치고 만물을 시작함은 간艮보다 성함이 없다.

개요概要

감坎과 간艮의 방위에 대한 설명이다.

각설

윤만물자潤萬物者 **막윤호수**莫潤乎水(감괘坎卦☵) 만물을 적시는데는 북방北方에 있는 감괘坎卦의 물보다 더 큰 것은 없다. 감坎의 시기, 즉 겨울이 되면 내년 봄을 위하여 물을 땅 밑에 쌓아둔다.

종만물시만물자終萬物始萬物者 **막성호간**莫盛乎艮(간괘艮卦☶)[646] 간艮에서 만물을 마치고 시작始作하는 것이니, 오직 간艮에서만 종만물시만물終萬物始萬物이 이루어지는 것이다. 간방艮方(동북방東北方)을 말하고 있는 것이니, 다른 방위方位에서는 끝나고 시작始作하는 것이 없다. 간艮이 마치고 시작始作하는 시점이 된다.

> 故로 水火ㅣ 相逮하며 雷風이 不相悖하며
> 고 수화 상체 뇌풍 불상패

❍ 相(서로 상) 逮(미칠 체) 雷(우레 뇌{뢰}) 風(바람 풍) 悖(어그러질 패)

그러므로 물과 불이 서로 미치며, 우레와 바람이 서로 어그러지지 않으며,

개요概要

'신야자神也者'부터 '막성호간莫盛乎艮'까지는 좌선하는 배열이고, '수화상체水火相逮'부터 '산택통기山澤通氣'는 대대待對에 따른 배열이다.

---

646 『정역』에서는 "종만물시만물자終萬物始萬物者 막성호간莫盛乎艮"을 정역팔괘도와 『정역』의 출현과 연관하여 설명하고 있다.

각설

수화水火 상체相逮(감괘坎卦☵－리괘離卦☲) 물과 불은 화합하지도, 서로 떨어지지도 않는다. 즉 '불상리불상잡不相離不相雜' 한다. '상체相逮'란 서로가 치지 않고 따른다는 의미이다.

뇌풍이불상패雷風不相悖(진괘震卦☳－손괘巽卦☴) 우레와 바람은 서로 보완을 하니 어그러지지 않는다. 서로 호응하는 것이다.[647] 우레는 진震, 바람은 손巽이니 서로 도전倒轉관계에 있다. 서로 보완補完하고 있다.[648]

山澤이 通氣然後에야 能變化하야 旣成萬物也하니라.
산 택 통 기 연 후 능 변 화 기 성 만 물 야

○ 澤(못 택) 然(그러할 연) 後(뒤 후) 變(변할 변) 旣(이미 기)

산山과 택澤이 기氣를 통한 뒤에야 변화하여 만물을 이루는 것이다.

개요概要

정역팔괘도正易八卦圖의 관점에서 보면 삼효단괘三爻單卦인 일손一巽·육진六震·사감四坎·구이九離·팔간八艮·삼태三兌의 육자녀괘六子女卦 원리를 통일집약한 십건천오곤지十乾天五坤地이다. 즉 십오十五가 합덕일치合德一致되면서 존공귀체尊空歸體 되어 이천二天·칠지七地인 중괘重卦 건곤乾坤원리로 변화하여 비로서 육효六爻의 용구용육用九用六 작용이 완전 발휘發揮되

---

647 바람은 고기압과 저기압의 밀고 당김에 의해 발생하게 된다. 아래에 있는 찬 공기로, 위에 있는 더운 공기가 내려오게 되면 ○+, ○-이 부딪치게 되어 번개가 발생한다고 한다. 그렇기 때문에 우레와 바람은 언제나 따라다닌다. 상호보완적이다.

648 「설괘」에서 3·4·5·6장은 그 뜻이 연결되어 있다. 즉 제3장은 복희팔괘의 음양대대陰陽待對에 대해서, 제4장은 복희팔괘가 문왕팔괘의 운용으로 바뀌기 위한 괘卦의 덕德과 그 작용을, 제5장은 4장의 작용결과 문왕팔괘로 바뀐 상태와 그 상태와 그 운용을 말하고 있으며, 제6장은 종합적인 설명으로 후천后天팔괘는 선천先天팔괘를 기본으로 그 묘용을 다할 수 있다는 뜻을 열했다.

는 십수팔괘十數八卦가 형성된 것이다.[649]

각설

산택통기山澤通氣 연후然後(간괘艮卦☶－태괘兌卦☱) 능변화能變化 기성만물야旣成萬物也 산과 못의 기운이 통한 연후에야 능히 변화가 있고 만물이 이루어진다.[650]

'산택통기山澤通氣', 즉 하늘의 기운은 산을 타고 내려와 못에 이르고, 못은 육지를 통해 산을 타고 하늘로 증발하게 되니, 서로 통하는 것이다. 이는 교감을 뜻한다(凹凸). 기운이 음변陰變하고 양화陽化된다는 것은 모든 만물이 마치고 이루어지는 순환체계를 뜻한다.

---

649 삼극지도三極之道 = 삼재지도三才之道(∴ 원리로는 삼극三極이요, 현상現象에는 삼재三才이다. 십무극十无極의 성도成道와 천지만물天地萬物의 완성完成원리를 표상한다.

650 산택통기山澤通氣는 괘卦로는 택산함괘澤山咸卦의 뜻이 있다.

○제7장第七章

요지要旨

팔괘八卦의 덕성德性과 변화에 대하여 말하고 있다.

乾은	健也ㅣ오	坤은	順也ㅣ오	震은	動也ㅣ오	巽은	入也ㅣ오
건	건 야	곤	순 야	진	동 야	손	입 야
坎은	陷也ㅣ오	離는	麗也ㅣ오	艮은	止也ㅣ오	兌는	說也ㅣ라.
감	함 야	리	여 야	간	지 야	태	열 야

❍ 乾(하늘 건) 健(튼튼할 건) 坤(땅 곤) 順(순할 순) 震(벼락 진) 動(움직일 동) 巽(손괘 손) 入(들 입) 坎(구덩이 감) 陷(빠질 함) 離(떼놓을 이{리}) 麗(고울 려{여}) 艮(괘 이름 간, 머무를 간) 止(발 지) 兌(빛날 태) 說(기꺼울 열)

건(☰)은 굳세고, 곤(☷)은 순하고, 진(☳)은 움직이고, 손(☴)은 들어가고, 감(☵)은 빠지고, 리(☲)는 걸리고, 간(☶)은 그치고, 태(☱)는 기뻐함이라.

개요概要[651]

이 장章은 팔괘八卦의 덕, 즉 본래 가진 성정을 말한다. 팔괘八卦가 표상하는 내용을 마음 안에서 체득體得해야 한다.[652] 팔괘八卦의 본질적 측면과 성정性情을 전형적으로 표상한 것이다. 또한 건곤乾坤이 합덕合德되어 작용할 때 건乾(☰)은 곤坤(☷)에서, 곤坤(☷)은 건乾(☰)에서 작용함을 알 수 있

651 『주역본의』에서 "이는 팔괘八卦의 성정性情을 말한 것이다.(차此, 언팔괘지성정言八卦之性情)"고 하였다.

652 제8장, 제9장, 제10장, 제11장은 제7장의 본질적인 성정이 동사動詞 '~이 되다'라는 뜻의 '위爲'를 사용하여 그 뜻을 나타내고 있다. 팔괘八卦의 관계를 이해해야함에 있어서 괘卦의 순서로 보아(제10장) 건곤이 체体가 되고, 육자녀괘가 용用이 되는, 즉 체용관계이다.

다.[653] 그리고 진震(☳)·간艮(☶)에 있어서 시간상으로 진震(☳)은 선천先天이며, 간艮(☶)은 후천后天이다. 공간상으로도 방향을 달리 볼 수 있다. 손巽(☴)·태兌(☱)의 경우도 마찬가지이다.[654]

각설

건乾 건야健也 건健은 자강불식自彊不息하여 조금도 쉬지 않고 쉴 새 없이 활동하여도 피로할 줄 모른다. 건괘乾卦(☰)는 순수 양陽이며, 처음부터 끝까지 항상 강강剛强하므로 건健이란 덕이 있게 된다.

곤坤 순야順也 곤괘坤卦(☷)는 모두 음효陰爻로 유순하며 모든 것을 건괘乾卦의 명령대로 순종한다. 즉 순順한 덕德을 가지고 있다.

진震 동야動也 진괘震卦(☳)는 아래에 양효陽爻가 하나 있고 그 위에 음효陰爻가 둘 있다. 아래에 있는 양효陽爻가 위로 올라가려고 몹시 활동하고 있다. 그러므로 진괘震卦의 덕德은 몹시 활동하는 것이다. 진震은 뇌雷이며 뇌雷는 움직이는 것이다.

---

653 『정역』에서는 천지가 합덕되었기 때문에 천天은 체십용구體十用九, 지地는 체오용육體五用六으로 작용하는 것으로 본다.

654 (觀中) 간태합덕艮兌合德은 군민합덕君民合德이며, 진손합덕震巽合德은 성인聖人에 의해서 신도神道가 밝혀지는 것이다. 그러면 팔괘八卦가 표상하는 성정의 구체적인 내용을 살펴보면 다음과 같다.
❶ 건乾 : 항구불이恒久不已하는 영원성을 건健이라고 표상.
❷ 곤坤 : 곤坤의 공간성이 건乾의 시간성에 순승順承하는 것으로 건곤乾坤이 체용体用관계이다.
❸ 진震 : 성인지도로써 성인聖人이 우주 만물을 진동하여 형이하에서 형이상으로 변화시킴, 즉 천하를 변화시킨다.
❹ 손巽 : 신의 세계는 인격적 세계로 가장 근원적 세계이다. 인격적 세계로 들어감이다.
❺ 감坎 : 예禮는 인격적인 세계로 그 속에 빠져 있는 것이다. 감坎은 가정으로, 리離는 국가사회로 비유해서 설명할 수 있다.
❻ 리離 : 걸린다. 즉 근거한다는 것으로 일월日月이 하늘에 근거하고, 백곡초목이 땅에 근거함. 의義는 왕도정치원리로 인격적 세계에 근거해야 한다.
❼ 간艮 : 그친다는 거처해서 살아간다는 것으로 군자가 거처해야 할 곳은 성인지도에 거처해서 살아가야 하는 것이다. 군자가 살아가는 곳이 최후의 목표이다.
❽ 태兌 : 신도神道가 백성들에게 은택으로 주어져 백성들이 기뻐하고 즐거워한다.

손巽 입야入也 손巽(☴)안으로 파고 들어가는 성질이 있다. 손巽은 아래에 한 음효陰爻가 있고 위에 두 양효陽爻가 있다. 아래에 있는 한 음효陰爻가 두 양효陽爻밑으로 파고 들어가 있다. 손巽은 풍風이다. 바람은 조금이라도 틈이 있으면 들어간다. 그러므로 손괘巽卦는 입入이다.

감坎 함야陷也 감괘坎卦(☵)의 성질은 안으로 들어가는 것이다. 상하上下에 음효陰爻가 있고 가운데 한 양효陽爻가 있다. 중간에 있는 한 양효陽爻가 상하上下에 있는 두 음효陰爻 사이에 들어가 있다. 그러므로 감괘坎卦의 성질은 함陷이다.

리離 려야麗也 리괘離卦(☲)는 물건物件에 붙는 성질이 있다. 이 괘卦는 상하에 양효陽爻가 있고 중간에 음효陰爻가 있다. 이 음효陰爻가 두 양효陽爻 사이에 붙어 있다. 리離는 화火이다. 화火는 어떤 물건에 붙어 타고 있다. 물건에 붙지 않고 불만 탈 수 없다. 반드시 어떤 물건에 붙어서 그것이 타 들어 가면서 불이 생긴다.

간艮 지야止也 간괘艮卦(☶)의 성질은 지止이다. 간괘艮卦는 상上에 한 양효陽爻가 있고, 하下에 두 음효陰爻가 있다. 위에 있는 양효陽爻는 그 이상 올라갈 수 없어 그 자리에 가만히 머물고 있다. 그러므로 간艮의 성질을 지止이며, 간艮은 산이다.

태兌 열야說也 태괘兌卦(☱)는 열悅의 성질이 있다. 태괘兌卦는 위에 한 음효陰爻가 있고 아래에 두 양효陽爻가 있는데 한 음효陰爻가 정상까지 올라가 즐거워하는 모양이다. 소인小人 또는 부인婦人이 윗사람의 총애를 받아 즐거워하고 있다. 그러므로 태괘兌卦는 열悅의 성질을 가졌다고 한다. 또 태괘兌卦는 택澤이다. 초목草木이 못의 물을 받아 성장하고 즐거워하는 모양이다.

○제8장第八章

요지要旨

팔괘八卦의 상象을 동물(원취저물遠取諸物)과 연관시켜 제7장의 뜻을 표상하였다.

乾爲馬ㅣ오 坤爲牛오 震爲龍이오 巽爲鷄오
건 위 마 　 곤 위 우 　 진 위 용 　 손 이 계

坎爲豕ㅣ오 離爲雉오 艮爲狗ㅣ오 兌爲羊이라.
감 이 시 　 이 위 치 　 간 위 구 　 태 위 양

○ 乾(하늘 건) 馬(말 마) 坤(땅 곤) 牛(소 우) 震(벼락 진) 龍(용 룡) 巽(손괘 손) 鷄(닭 계) 坎(구덩이 감) 豕(돼지 시) 離(떼놓을 이{리}) 雉(꿩 치) 艮(괘 이름 간, 머무를 간) 狗(개 구) 兌(빛날 태) 羊(양 양)

건乾(☰)은 말이 되고, 곤坤(☷)은 소가 되고, 진震(☳)은 용이 되고, 손巽(☴)은 닭이 되고, 감坎(☵)은 돼지가 되고, 리離(☲)는 꿩이 되고, 간艮(☶)은 개가 되고, 태兌(☱)는 양이 된다.

개요概要[655]

괘상卦象은 형이상적인 진리를 담고 있는 건도乾道이기 때문에 상징적인 뜻을 올바로 이해해야 한다. 단순히 곤괘坤卦에서 빈마牝馬라고 하는 것이 건괘乾卦의 마馬라고 하는 것과 어긋나는 것이 아니다.

655 『주역본의周易本義』에서 "멀리 물건에서 취함에 이와 같은 것이다.(원취저물遠取諸物, 여차如此)"고 하였다.

각설

건위마乾爲馬 건乾(☰)은 말이 힘차게 달리는 강건함이 된다.[656]

곤위우坤爲牛 곤坤(☷)은 소의 유순함이 된다.

진위용震爲龍 ❶진震(☳)은 하늘을 나는 용龍이 되고, 건괘乾卦의 초효初爻이다. ❷진괘震卦는 용龍의 상象이다. 진괘震卦는 한 양효陽爻가 두 음효陰爻 밑에서 움직이고 있다. 용龍은 땅 밑 깊은 곳에 숨어 있지만 때가 되면 심하게 움직여 하늘로 높이 올라간다. 그러므로 이것을 진괘震卦의 상象으로 하였다.

손위계巽爲鷄 ❶손巽(☴)은 새벽의 시간을 알려주는 닭이 되고, 시간의 세계는 신神의 세계를 상징한다. ❷닭은 날개가 있지만 높이 날 수 없고 땅 위로 돌아다니다가 해가 지면 집으로 들어가 쉰다. 이것은 한 음효陰爻가 두 양효陽爻 밑에 들어가 있는 손괘巽卦를 닮았다고 하여 닭을 손괘巽卦의 상象으로 하였다.

감위시坎爲豕 ❶감坎(☵)은 우리 안에 갖춰진 돼지가 되고, 예禮는 내면의 세계로 모든 것이 모여 있는 우리이다. 감괘坎卦는 물이다. ❷돼지는 습한 곳에 살며 강하고 시끄럽다. 돼지의 성정은 겉으로는 아둔하고 느리지만, 속으로는 아주 조급하다고 하니, 감坎으로 취상한 것이다.

이위치離爲雉 ❶리離(☲)는 꿩의 깃털(위엄威嚴)로 왕도王道를 실천함이 되고, 예禮를 근거로 그물에 걸려 있음을 나타낸다. ❷'리離'는 문명의 괘이다. 아름다운 색채가 밖으로 나와 있다. 꿩은 아름다운 색채를 가진 새이다. 제자가 배움을 얻기 위해 스승을 찾을 때 꿩을 예물로 가져갔다

---

656 건위마 곤위우란 말의 성질은 강건하며 장시간을 달려도 피로할 줄 모르고 또 말발굽은 둥글다. 즉 건괘의 상이다. 소의 성질은 유순하며 무거운 짐을 실을 수 있다. 또 발굽은 둘로 나뉘어 짝수이므로 곤괘의 상이다. 말은 양물陽物이고 소는 음물인데, 양물陽物이 병이 들면 음이 되고, 음물이 병이 들면 양이 된다고 한다. 그러므로 양물陽物인 말이 병이 들면 옆으로 눕고, 음물인 소가 병이 들면 서 있다. 말은 양물陽物이니 일어설 때 앞발부터 일어나고 누울 때는 뒷발이 먼저 눕는다. 소는 이와 반대이다.

고한다. 이것은 문명文明을 상징하는 동물이기 때문이다. ❸의義는 깃을 의미하고 ❹치雉는 신도神道원리를 통해서 왕도정치실현을 말한다.

간위구艮爲狗 간艮(☶) 은 집을 지켜주는 개가 되고, 인격적인 세계를 지켜주는 개로써 성인지도聖人之道를 지키는 군자, 사도師徒이다.

태위양兌爲羊 태兌(☱)는 백성을 표상하는 양羊이 되고, 양羊은 뒤에서 스스로 가게 하는 것이지, 앞에서 끌고 가면 가지 않는다. 군자와 백성의 관계도 군자가 백성을 앞에서 끌고 가는 것이 아니라 뒤에서 스스로 가게 하는 것이다.[657]

---

657 말의 성질은 굳세니 건乾의 상이고, 소의 성질은 유순하니 곤坤의 상이고, 용의 성질은 깊이 숨어있다가 움직일 때는 변화막측하므로 진震의 상이고, 닭의 성질은 안으로 파고드는 성질이 있으므로 손巽의 상이고, 돼지는 판별이 어두워서 앞뒤를 가리지 않고 조급하므로 감坎의 상이고, 꿩은 밖으로 화려하고 밝으나 안은 비어있으므로 리離의 상이고, 개의 성질은 밖으로 강하나 안으로 유약하고, 멀리 돌아다니지 않고 집에 그쳐 있으므로 간艮의 상이고, 양의 성질은 밖으로 유순하나 안으로 조급한 성질이 있어 앞서고자 하니 태兌의 상이다.

○제9장第九章

요지要旨

이 장에서는 신체에서 괘상을 취함(근취저신近取諸身) 인체에 비유해서 팔괘八卦를 설명하고 있다.[658]

乾爲首ㅣ오 坤爲腹이오 震爲足이오 巽爲股ㅣ오
건 위 수 곤 위 복 진 위 족 손 위 고
坎爲耳ㅣ오 離爲目이오 艮爲手ㅣ오 兌爲口ㅣ라.
감 위 이 이 위 목 감 위 수 태 위 구

❍ 爲(할 위) 首(머리 수) 腹(배 복) 震(벼락 진) 足(발 족) 巽(손괘 손) 股(넓적다리 고) 離(떼놓을 이{리}) 目(눈 목) 艮(그칠 간 ,괘 이름 간, 머무를 간) 手(손 수) 坎(구덩이 감) 耳(귀 이) 手(손 수) 兌(빛날 태)

건乾(☰)은 머리가 되고, 곤坤(☷)은 배가 되고, 진震(☳)은 발이 되고, 손巽(☴)은 다리가 되고, 감坎(☵)은 귀가 되고, 리離(☲)는 눈이 되고, 간艮(☶)은 손이 되고, 태兌(☱)는 입이 된다.

---

658 팔괘八卦를 인체人體의 각 부분의 배당配當하였다.
❶ 건乾은 몸 전체를 주재하는 머리가 되고,
❷ 곤坤은 몸이 움직일 수 있는 에너지를 제공하는 배가 되고,
❸ 진震은 몸을 옮겨주는 다리가 되고, 성인지도는 선천先天에서 후천后天으로 옮겨줌.
❹ 손巽은 음양이 합덕되는 문門인 샅이 되고, 음양이 합덕된 것이 신도神道이다.
❺ 감坎은 天時를 듣는 귀가 되고, 건괘乾卦의 중정지기로 천도天道는 듣는 것.
❻ 리離는 땅의 세계를 보는 눈이 되고, 곤괘坤卦의 중정지기로 지도地道가 공간적으로 펼쳐짐을 봄.
❼ 간艮은 군자지도를 행하는 손이 되고, 진震의 발이 몸을 옮겨주면 함께 부지런히 움직이는 것이 손이다. 군자의 실천적인 삶의 원리를 표상한다.
❽ 태兌는 백성으로 천지의 은택을 입을 먹고 살아가는 존재이다.

개요概要[659]

팔괘八卦의 근취저신近取諸身에 대한 설명이다.

각설

건위수乾爲首 건괘(☰)는 머리의 상象이요 곤괘(☷)는 배의 상象이다. 머리는 제일 위에 있고 귀한 것이며, 둥근 모양으로 하늘과 같다. 그래서 건괘乾卦(☰)에 배당하였다.

곤위복坤爲腹 복腹은 아래에 있고 오장육부를 넣고 있는 것이 땅이 천하 만물을 싣고 있는 것과 같으므로 곤괘坤卦(☷)에 배당하였다.

진위족震爲足 진괘震卦(☳)는 족足의 상象이다. 진괘震卦는 위에 두 음효陰爻가 있고 아래에 한 양효陽爻 있어 몹시 움직이고 있다. 아래에 있고 움직이는 것은 족足이다. 그래서 진괘震卦(☳)를 족足의 상象으로 하였다.

손위고巽爲股 손괘巽卦(☴)는 위에 두 양효陽爻가 있고 아래에 한 음효陰爻가 있다. 양효陽爻는 이어져 있고 음효陰爻는 나뉘어져 있다. 고股(넓적다리 고)는 위가 이어지고 아래가 떨어져 있다. 그러므로 손괘巽卦(☴)를 고股의 상象으로 하였다. 또 손괘巽卦(☴)는 성質이 손순하며 순종하는 것이다. 고股는 스스로 움직이는 것이 아니고 발이 가는대로 따라 움직이는 것이다. 이 점이 서로 닮았다.

감위이坎爲耳 감坎(☵)은 상하에 음효陰爻가 있고 중간에 양효陽爻가 있다. 양효陽爻는 밝은 것이며, 그것이 내부에 있는 것이 감괘坎卦이다. 귀가 소리를 듣는 힘은 귀안에 있다. 그러므로 귀(耳, 이)를 감괘坎卦(☵)의 상象으로 한다. 또 감坎은 혈穴이다. 귀에는 구멍이 있고 구멍 안에 소리를 듣는 장치가 있다. 이 점이 서로 닮았다. 그러므로 감위이坎爲耳는 하늘

659『주역본의』에서 "가까이 자기 몸에 취함에 이와 같은 것이다.(近取諸身, 如此)"라고 하였다.

의 말씀은 귀로 듣는 시간세계이다.

이위목離爲目 리離(☲)는 중앙에 음효陰爻가 있고 상하에 밝은 덕을 가진 양효陽爻가 있다. 귀는 듣는 장치가 구멍 안에 있었는데 눈은 밝게 보는 장치가 밖에 있다. 그러므로 이괘(☲)를 눈의 상象으로 한다. 그러므로 이위목離爲目는 공간 세계이다.

간위수艮爲手 간艮(☶)은 아래에 음효陰爻가 둘 있고 위에 양효陽爻가 하나 있다. 역易에서는 음陰이 정靜이고, 양陽이 동動이다. 간괘艮卦와 같이 위에 있으면서 잘 움직이는 것은 손이다. 그러므로 간괘艮卦를 손(수手)의 상象으로 한다. 또 간괘艮卦(☶)는 머무는 뜻을 가진 괘이다. 손은 물건을 잡고 머물게 하는 힘이 있다. 이점이 서로 닮았다. 간위수艮爲手는 백성을 군자지도로 이끌어 간다

태위구兌爲口 태兌(☱)는 아래에 두 양효陽爻가 있고 위에 한 음효陰爻가 있다. 양효陽爻는 하나로 연속되고 음효陰爻는 둘로 나누어져 있다. 얼굴에서 상하의 입술로 갈라져 있는 것이 입이다. 그러므로 태괘兌卦(☱)를 입의 상으로 한다. 또 입은 태괘兌卦(☱)의 열悅의 성질로서 웃고 말하며 즐거워한다.

○제10장第十章

요지要旨 [660]

팔괘八卦의 관계를 가정家庭이라는 인격적인 세계의 관계로 표상하였다. 이는 괘효卦爻가 표상하는 세계가 인격적 세계이며, 역도易道가 도덕성·인격성임을 알 수 있다.

乾은 天也ㅣ라 故로 稱乎父ㅣ오
건 천지 고 칭호부

坤은 地也ㅣ라 故로 稱乎母ㅣ오
곤 지야 고 칭호모

震은 一索而得男이라 故로 謂之長男이오
진 일색이득남 고 위지장남

巽은 一索而得女ㅣ라 故로 謂之長女ㅣ오
손 일색이득녀 고 위지장녀

坎은 再索而得男이라 故로 謂之中男이오
감 재색이득남 고 위지중남

離는 再索而得女ㅣ라 故로 謂之中女ㅣ오
이 재색이득녀 고 위지중녀

艮은 三索而得男이라 故로 謂之少男이오
간 삼색이득남 고 위지소남

兌는 三索而得女ㅣ라 故로 謂之少女ㅣ라.
태 삼색이득녀 고 위지소녀

○ 震(벼락 진) 巽(손괘 손) 坎(구덩이 감) 離(떼놓을 이{리}) 艮(그칠 간) 兌(빛날 태) 索(찾을 색, 사귈 색) 得(얻을 득)

---

660 인사적으로 팔괘八卦를 취함, 이 장은 건곤乾坤 두 괘가 부모가 되어 세 남자와 세 여자가 출생하는 것을 말하고 있다. 이들 여섯 괘를 육자六子의 괘卦라고 한다.

건(☰)은 하늘이라 그러므로 부라 일컫고,

곤(☷)은 땅이라 그러므로 모라 일컫고,

진(☳)은 한 번 구하여 남을 얻음이라 그러므로 장남이라 이르고,

손(☴)은 한 번 구하여 여를 얻음이라 그러므로 장녀라 이르고,

감(☵)은 두 번 구하여 남을 얻음이라 그러므로 중남이라 이르고,

리(☲)는 두 번 구하여 여를 얻음이라 그러므로 중녀라 이르고,

간(☶)은 세 번 구하여 남을 얻음이라 그러므로 소남이라 이르고,

태(☱)는 세 번 구하여 여를 얻음이라 그러므로 소녀라 이르니라.

개요概要

가인家人괘의 세계를 표상하고 있다. '칭稱'과 '위지謂之'는 성인聖人이 인격적인 천지天地를 칭하며, 이름한 것이다. '색索'은 서로 사귄다는 뜻으로 천지가 합덕되는 것이며, '득得'은 합덕을 통해서 이루어지는 분생分生작용을 상징한다.

각설[661]

건천야乾天也 고故 칭호부稱乎父 건乾(☰)은 천天이다. 그러므로 건乾을 부父라고 한다. 천天은 가장 높으니 한 집의 아버지에 해당된다. 색索은 구하는 것이다. 양陽이 음陰을 구求하고 음陰이 양陽을 구求하여 음양이 상교相交하는 것이다.

곤지야坤地也 고故 칭호모稱乎母 곤坤(☷)은 지地로 한 집의 어머니에 해당된다. 부모가 있으면 자식이 나온다.

진震 일색이득남一索而得男 고위지장남故謂之長男 진震(☳)는 건곤乾坤

661 『주역본의周易本義』에서는 "색索은 구함이니, 시초蓍草를 세어 효爻를 구함을 이른다. 남男과 여女는 괘卦 안의 한 음陰과 한 양陽의 효爻를 가리켜 말한 것이다.(색索, 구야求也, 위시이구효야謂蓍以求爻也, 남녀男女, 지괘중일음일양지효이언指卦中一陰一陽之爻而言"라고 하였다.

이 처음 상교相交하여 건乾(☰)의 아래에 있는 양효陽爻가 곤坤(☷)아래로 가서 양괘陽卦인 진震가 된 것이다. 그러므로 이것을 장남長男이라 한다.[662]

손巽 일색이득녀一索而得女 고위지장녀故謂之長女 손巽(☴)는 곤坤의 아래에 있는 음효陰爻가 건乾(☰) 아래로 가서 음괘陰卦인 손巽(☴)가 된 것이다. 그러므로 이것을 장녀長女라고 한다.

감坎 재색이득남再索而得男 고故 위지중남謂之中男 감坎(☵)는 건乾과 곤坤이 두 번 상교相交하여 건乾(☰)의 가운데 양효陽爻가 곤坤(☷)의 가운데로 들어가 양괘陽卦가 된 것으로 중남中男이다.

리離 재색이득녀再索而得女 고위지중녀故謂之中女 리離(☲)는 곤坤(☷)의 가운데 음효陰爻가 건乾(☰)의 가운데로 들어가 음괘陰卦가 된 것이니 중녀中女라고 한다.

간艮 삼색이득남三索而得男 고위지소남故謂之少男 간艮(☶)는 건乾과 곤坤이 세 번 상교相交하여 건乾(☰)의 위 양효陽爻가 곤坤(☷)의 위로 양효陽爻가 양괘陽卦가 된 것이니 삼남三男이라고 한다.[663]

태兌 삼색이득녀三索而得女 고위지소녀故謂之少女[664] 태兌(☱)는 곤坤(☷)의 위의 음효陰爻가 건乾(☰)의 위로 들어가 음괘陰卦가 된 것이니 삼녀三女라고 한다.

---

662 ❶색索 : 색길(삭), 찾을(색), 사귈(색)으로 합덕合德의 의미한다. ❷득得 : 덕이 합덕되어 분생分生됨을 말한다.

663 『정역』에서는 간태합덕艮兌合德을 통해서 천지부모天地父母, 신도神道, 일월역수日月曆數 원리가 드러난다.

664 8괘의 주효主爻
❶ 일색이득남一索而得男 (진震(☳)장남) : 곤坤에 건乾 초효 ⇨ 종자로 심어 ⇨ 초효가 주효.
❷ 일색이득녀一索而得女 (손巽(☴)장녀) : 건乾에 곤坤 초효 ⇨ 음陰을 심어 ⇨ 초효가 주효.
❸ 재색이득남再索而得男 (감坎(☵)중남) : 곤坤에 건乾 중효 ⇨ 종자로 심어 ⇨ 중효가 주효.
❹ 재색이득녀再索而得女 (리離(☲)중녀) : 건乾에 곤坤 중효 ⇨ 음陰을 심어 ⇨ 중효가 주효
❺ 삼색이득남三索而得男 (간艮(☶)소남) : 곤坤에 건乾 상효 ⇨ 종자로 심어 ⇨ 상효가 주효.
❻ 삼색이득녀三索而得女 (태兌(☱)소녀) : 건乾에 곤坤 상효 ⇨ 음陰을 심어 ⇨ 상효가 주효

○제11장第十一章

요지要旨

「설괘」의 마지막 장章이며, 천지간의 여러 가지 사물을 팔괘八卦의 상象으로 설명하고 있다.[665]

> 乾은 爲天 爲圜 爲君 爲父 爲玉 爲金 爲寒 爲氷
> 건 위천 이환 위군 위부 위옥 위금 위한 위빙
> 爲大赤 爲良馬 爲老馬 爲瘠馬 爲駁馬 爲木果ㅣ라
> 위대적 위양마 위노마 위척마 위박마 위목과

❍ 圜(두를 환) 君(임금 군) 玉(옥 옥) 金(쇠 금) 寒(찰 한) 氷(얼음 빙) 赤(붉을 적) 良(좋을 양{량}) 老(늙은이 노{로}) 瘠(파리할 척) 駁(얼룩말 박)

건乾(☰)은 하늘이 되고, 둥근 것이 되고, 군주가 되고, 아버지가 되고, 옥玉이 되고, 금金이 되고, 추위가 되고, 얼음이 되고, 큰 적색이 되고, 좋은 말이 되고, 늙은 말이 되고, 수척한 말이 되고, 얼룩말이 되고, 나무의 과일이 된다.

개요概要

건乾(☰)에 대한 설명이다. '건乾(☰)'은 시간성의 세계로 인격적인 천天이 되며, 시간성의 세계를 상징하는 둥글음이 되며, 국가사회에서는 군주가 되며, 가정에서는 아버지가 되며, 맑고 순수한 옥玉이 되며, 강건한 금金이 되

665 중천건重天乾은 여러 곳에서 나온 말이다. 건괘乾卦는 초효初爻부터 양효陽爻로 된 순수한 양괘陽卦이다. 양陽은 강강剛强하며 적극적이다. 처음부터 끝까지 쉴 새 없이 활동하며 지치지도 않는다. 천天은 개벽이전부터 세계가 멸망한 뒤까지 영원토록 활동하고 있으므로 건괘乾卦의 상象으로 한다

며, 겨울 한寒과 얼음 빙氷이 되며, 양陽이 강한 큰불이 되며, 땅에서 잘 달리는 양마良馬가 되며, 태양太陽인 늙은 말(실제로 작용하지 않는 어른)이며, 강건剛健한 척마瘠馬와 박마駁馬가 되며, 열매는 군君으로 나무열매가 되는 것이라. 『주역』의 괘상卦象을 사물이 가지고 있는 특성으로 모두 드러내지 못한다. 사물의 특징으로 드러낼 수 있다면 그 사물을 그대로 사용하면 되지만 그렇지 못한 것이다. 따라서 '위爲'는 '~에 비유할 수 있다' '~을 상징적으로 드러낸다' 고 할 수 있다.

각설

위환爲圜 환圜은 일월성신의 천체天體를 말한다. 둥글고 쉼 없이 움직이므로 건괘乾卦(☰)의 상象으로 한다.

위군爲君 건乾은 팔괘중八卦中에서 가장 존귀尊貴한 것으로 한 나라를 다스리는 군주君主와 같다. 그러므로 군君을 상象으로 한다.

위부爲父 한 집의 어른인 부父를 상象으로 한다.

위옥爲玉 옥玉은 양덕陽德을 가진 가장 순수한 것으로 건괘乾卦의 상象으로 한다.

위금爲金 금속중에 양陽의 질質을 가진 가장 강견剛堅한 것이다.

위빙爲氷 이것은 건괘乾卦(☰)의 방위方位에서 보고 한 말이다. 문왕팔괘도文王八卦圖에서는 건乾(☰)은 서북西北방향이다. 서북西北은 입동立冬의 방위이며, 겨울 추울 때이다. 그러므로 건괘乾卦(☰)를 한寒, 빙氷에 배당한다.

위대적爲大赤 복희팔괘도伏羲八卦圖의 방위를 보면 건乾은 남방南方이다. 남방南方의 색色은 적赤이다. 건乾(☰)은 양陽이 몹시 성盛한 것이므로 대적大赤이라 한다.[666]

666 건乾은 12간지괘로 보면 4월괘이다. 양陽이 극도로 성盛하여 나타나는 때가 오시午時이

위양마爲良馬 건乾(☰)은 착한 말, 즉 건장한 말이다. 건乾은 순양純陽이니 순수하고 건장한 말로 취상하였다. 순수하고 강건하여 변하지 않는 것이라 하여 착한 말이라 한 것이다.[667]

위노마爲老馬 건乾(☰)은 노양老陽이니 늙은 말로도 취상取象하였다. 노양老陽은 '시변야時變也', 즉 때에 따라 변한다고 했으니, 노마老馬 역시 변하는 것이다. 노양老陽이 변하여 음陰으로 침범 당하듯이 노마老馬가 변變하는 것은 주검를 의미한다고 볼 수 있다.

위척마爲瘠馬 양陽은 뼈, 음陰을 살을 나타내니 야윈 말로 취상取象하였다. 건乾(☰)은 순양純陽이니 살을 없고 골격만이 있는 말, 즉 척마瘠馬라 할 수 있다. 골격만 있는 말이라는 것은 강건하여 살이 근육질로 변하여 야위게 보이는 말을 뜻한다.

위박마爲駁馬 얼룩이 있는 말이니, 얼룩의 색은 말이 강건할수록 뚜렷이 나타난다고 한다. 이런 얼룩무늬가 있는 말의 특성은 이빨이 무척 튼튼하다고 한다.[668]

위목과爲木果 나무의 과실은 둥글고 씨앗, 즉 종자種子를 품고 있다. 건乾(☰)은 만물의 종자種子이니 과실로 취상한 것이다. 한방에서도 목과木果라 하여 수분을 빼고 말려놓은 과실을 뜻하니, 목과木果는 수분이 없는 과실, 즉 종자種子로 남을 과실을 뜻한다.

며, 오시午時가 되기 직전이 건乾이다. 오午는 불의 중앙(寅午戌)이며, 큰 붉음을 나타낸다. 양陽을 적赤이라 하는데 건乾은 순양純陽이니 극성極盛한 양陽의 색色이다. 자시子時에서 일양시생一陽始生하면 한극極寒이며, 오시午時에서 일음시생一陰始生이면 극서極暑라 한다. 건乾은 양陽의 마침이니 대적大赤인 것이다.

667 흔히 양심良心이라는 표현을 쓰는데, 양良, 즉 착하다는 것데, 양良에서 타고 난 그대로의 상태를 의미한다. 즉 잡티가 섞이지 않은 순전한 상태를 일컬음이다. 순順하게 주인을 잘 따르고, 강건하여 잘 달리는 말, 순수하고 강건한 본성 그대로의 말, 양良에서 부여받은 본성 그대로의 말을 양마良馬라 한다.

668 「시경詩經」의 기록에도 호랑이도 잡아먹을 수 있는 강하고 날카로운 이빨을 가졌다고 전한다.

坤은 爲地 爲母 爲布 爲釜 爲吝嗇 爲均 爲子母牛
곤 위지 위모 위포 위부 위인색 위균 위자모우
爲大輿 爲文 爲衆 爲柄이오 其於地也에 爲黑이라.
위대여 위문 위중 위병 기어지지 위흑

❍ 坤(땅 곤) 地(땅 지) 母(어미 모) 布(베 포) 釜(가마 부) 吝(아낄 인{린}) 嗇(아낄 색) 均(고를 균) 母(어미 모) 牛(소 우) 輿(수레 여) 文(무늬 문) 衆(무리 중) 柄(자루 병) 黑(검을 흑)

곤坤(☷)은 땅이 되고, 어머니가 되고, 삼베가 되고, 가마솥이 되고, 인색함이 되고, 균등함이 되고, 새끼를 많이 기른 어미 소가 되고, 큰 수레가 되고, 문채(문文)이 되고, 무리가 되고, 자루가 되며, 땅에 있어서는 흑색이 된다.

개요概要

곤坤(☷)은 공간성의 세계로 땅이 되며, 가정에서 어머니가 되며, 공간적으로 퍼짐이 되며, 군자지도를 완성하기 위해 찌는 시루가 되며, 건도乾道에 순승順承해야하기 때문에 언행言行에 인색吝嗇해야하며, 후덕재물厚德載物하기에 균등均等이 되며, 만물을 완성시켜주는 작용을 하기 때문에 새끼를 가진 어미 소(황소와 합덕이 전제됨)가 되며, 천하의 중생들을 모두 싣고 가는 큰 수레가 되며, 건도乾道가 빛나는 문채文彩가 되며, 행위行爲를 하는 주체 즉 실천하는 주체가 되기에 자루가 되는 것이오. 공간의 세계에서 상징적으로 나타내면 흑黑이 된다(건괘乾卦는 백白이 된다).

각설

위지爲地 곤坤(☷)은 음효陰爻로만 이루어진 괘卦로 순음純陰이라 한다. 모두 음효陰爻이니 괘상卦象으로 취상取象하여 땅이라 한 것이다. 지地는 천기天氣를 유순柔順하게 받아 그 힘으로 만물을 생성화육한다.

위모爲母 인사적으로 볼 때 건乾(☰)은 아버지요, 곤坤(☷)은 어머니이다. 곤坤(☷)은 만물을 생겨나게 하는 근거로서의 지地이다.[669]

위포爲布 옷감이라는 것은 부드러우니, 순음純陰의 뜻과 연결이 되며, 또한 옷감으로 몸을 감싸 보호하기도 한다. 옷감이 만들어지는 과정을 보면, 세로 방향으로 날을 이룬 날실 사이사이로 씨실이 가로로 교차하면서 그 형태가 이루어진다. 날실을 경사經絲라 하고 씨실을 위사緯絲라고 하니, 마치 지구地球에 경도經度와 위도緯度를 그어 놓은 것과 마찬가지이다.[670]

위부爲釜 많은 음식을 담는 가마솥은, 만물을 싣는 지구, 즉 곤坤(☷)과 같은 맥락이다. 즉 지구가 만물을 싣는 것이나 솥이 음식을 담고 있는 것이나 같은 이치이다.[671]

위인색爲吝嗇 곤坤(☷)은 동적動的이 아닌 음적陰的인 것을 뜻하니, 여는 것이 아니라 닫는 것이다. 문을 열어 베푸는 것이 아니니 인색한 것이다. 곤坤(☷)은 하늘에서 기운氣運을 받기만 할 뿐 되돌려 주지는 않으니 인색하다. 곤坤(☷)은 건乾의 종자種子를 받아 만물을 키우고 만물 역시 결국 다시 땅에 묻히게 되니, 받기만 하고 되돌려 주지 않는다는 뜻에서 인색吝嗇하다는 것이다. 또한 곤坤(☷)은 음물陰物이며 이익을 좇는 소인小人이니 인색吝嗇하다는 것이다.[672]

---

669 인사적으로 비유하여 보면, 어머니는 자식을 탄생하게 하니, 만물을 낳게 하는 곤坤이니 같은 의미인 것이다.

670 옷감을 짤 때는 경사經絲를 세워놓으면 위사緯絲가 왔다 갔다 하니, 경經은 강剛하여 그대로 서 있는 것이며, 위緯는 부드러워 꺾이는 것이다. 이와 같은 이유로 포布를 곤坤으로 취상取象하였다.

671 곤坤은 속이 비어 허虛하듯이 솥 역시 속은 비어 있다. 곤坤은 음허陰虛하여 64괘가 모두 곤坤속에 들어있다고 해도 과언이 아니다. 64괘는 시간적인 배경에서 성립되었기 때문이다.

672 하늘은 원만하고(원圓) 땅은 모가 나 있다(방方). 이러한 원칙에서 변동이 없으니 산악善惡의 구별이 분명하여 조금의 틈도 없어 인색한 것이다. 하늘은 선인善人이든 악인惡人이든 그 구별이 없이 모두에게 공평하게 기운을 내려주어 그 구별이 없으나, 땅은 선善을 행하면

위균爲均 땅은 평평하다. 높은 곳의 흙은 풍우風雨에 의해 깎여서 낮은 곳을 메워 평야를 이룬다. 또한 지구地球는 음양陰陽의 기운氣運이 언제나 고르게 이루어진다.[673]

위자모우爲子母牛 소는 주인을 따르고 순종한다. 곤도坤道는 따르는 것이다(順也). 소는 순하지만 그 새끼(송아지)는 더욱 순하다. 순한 생물이 태어나면, 그 순한 성품이 이어진다. 소는 순한데, 그 송아지는 더욱 순하니 곤坤의 상象이다.

위대여爲大輿 곤坤(☷), 즉 땅는 만물을 싣는 큰 수레이다. 곤坤(☷)은 만물을 싣고 하늘을 받들고 있으니 큰 것이다. 또한 곤坤(☷)은 후덕厚德하여 재물載物한다.

위문爲文 곤坤(☷)은 문채文彩하는 것이다. 우주宇宙에 속한 천체天體는 문채文彩가 나는 것이다. 천天은 바닥이며, 지地는 색채이니, 천체天體는 색채, 즉 빛나는 것이다. 지면紙面의 글(문文)은 음陰이니 문채文彩가 난다. 산천초목의 색채 또한 문文이라 할 수 있다.

위중爲衆 지상地上에는 많은 물건이 실려 있다. 그러므로 수가 많은 중衆을 상象으로 한다.

위병爲柄 곤坤(☷)은 순음純陰이니 음陰의 극치極致라 할 수 있다. 강한 것에 부드러운 것을 붙여서 쓰기에 편리하도록 한 것이 '병柄'이다. 거친 것을 잡을 때는 부드러운 자루를 만들어 이용하기 쉽도록 한다.[674]

기어지야其於地也 위흑爲黑 기其는 곤괘坤卦(☷)를 의미한다. 곤괘坤卦

선善으로 나아가고, 악惡을 행하면 악惡으로 나아가게 되어 있으니 인색한 것이다. 땅에서는 악인惡人은 격리하여 가둬버리니 인색吝嗇한 것이다.

673 춘하추동의 계절이 나타나는 것도 균등하게 하기 위한 하나의 작용이며, 만물의 선악은 선택하지 않아도 균일하게 생겨난다. 곤坤은 어머니이니, 어머니는 여러 자식을 균등하게 기른다.

674 뜨거운 냄비를 잡을 때에도 부드러운 헝겊으로 감싸고, 칼이나 낫, 도끼 같은 날카로운 것도 자루를 만들어 사용한다. 즉 물건의 손잡이는 부드러운 것으로 이용한다는 것이다.

(☷)를 땅으로 보아 검은 색이라고 했다. 곤坤(☷)은 음陰이고, 음陰의 극極에 이른 상태니 검다고 한 것이다. 이는 흑백논리黑白論理로 본 것이니, 흰색은 양陽이요, 검은색은 음陰인 것이다.[675]

震은 爲雷 爲龍 爲玄黃 爲敷 爲大塗 爲長子
진 위뢰 위용 위현황 위부 위대도 위장자

爲決躁 爲蒼筤竹 爲萑葦오
위결조 위창랑죽 위환위

其於馬也에 爲善鳴 爲馵足 爲作足 爲的顙이오
기어마야 위선명 위주족 위작족 위적상

其於稼也에 爲反生이오 其究ㅣ 爲健이오 爲蕃鮮이니라.
기어가야 위반생 기구 위건 위번선

❍ 震(벼락 진) 雷(우레 뇌{뢰}) 龍(용 룡) 玄(검을 현) 黃(누를 황) 敷(펼 부) 塗(진흙 도) 決(터질 결) 躁(성급할 조) 蒼(푸를 창) 筤(바구니 랑{낭}) 竹(대 죽) 萑(갈대 환, 풀 많을 추) 葦(갈대 위) 鳴(울 명) 馵(발 흰말 주) 顙(이마 상) 稼(심을 가) 究(궁구할 구) 健(튼튼할 건) 蕃(우거질 번) 鮮(고울 선)

진震(☳)은 우레가 되고, 용龍이 되고, 검정색과 황색이 되고, 꽃이 되고, 큰길이 되고, 장자가 되고, 결단하기를 조급히 함이 되고, 푸른 대나무가 되고, 갈대가 되며, 곡식에 있어서는 껍질을 뒤집어쓰고 나옴이 되며, 궁극에는 굳셈이 되고, 번성하고 고움이 된다. 말에 있어서는 울기를 잘함이 되고, 왼발이 흼이 되고, 발빠름이 되고, 이마가 흼이 되며, 그 심는 것에 대해서는 다시 살아나는 것이오, 그것을 궁구해 보면 강건하게 됨이오, 번성하게 됨이니라.

675 낮은 팽창의 시기이며, 밤은 수축의 시기이다. 이와 같은 이치로, 흰색은 퍼지는 성질이 있으니 양陽이며, 흑색黑色은 흡수하는 성질이 있으니 음陰이다. 음陰도 모이고 닫히는 것이니 흑黑이다. 팽창과 수축의 기운에 의해 운동이 일어나며, 이것이 끊임없이 이어지고 있다. 때문에 이 우주는 정지된 상태가 아니라 끊임없이 움직이고 있다.

개요概要

'진震(☳)'은 우레라 하고, 용龍이라 하고, 검고 누른 것이라 하고, 펴는 것이라 하고, 큰 길이라 하고, 맏아들이라 하고, 결단을 조급히 하는 것이라 하고, 푸른 대나무라 하고, 갈대라 하고, 그 말(馬)에 대해서는 좋게 우는 말이라 하고, 발이 흰 말이라 하고, 두 발을 모아 움직이는 말이라 하고, 이마에 표적이 있는 말이라 하고, 그 심는 것에 대해서는 다시 살아나는 것이라 하고, 그것을 궁구해 보면 강건하고 번성하여 선명鮮明해지는 것이라 한다.

각설 676

위뇌위용爲雷爲龍 진震(☳)은 음陰속에서 일양一陽이 시생始生하는 것이니, 마치 용龍이 물속에서 꿈틀거리며 용솟음치는 상象이라 할 수 있다. 용龍이 승천을 할 때 구름과 비를 부른다 하니, 곧 우레와 같은 속성을 나타낸다. 음陰에서 일양시생一陽始生하면, 즉 음양陰陽이 교합交合되면 진동이 일어난다.

위현황爲玄黃 곤괘坤卦「문언文言」에 "玄黃者(현황자), 天地之雜也(천지지잡야). 天玄而地黃(천현이지황)." 고 하였다. 하늘은 현玄, 땅은 황黃이니 하늘과 땅이 사귀어 건곤乾坤, 즉 현황玄黃이 함께 나타나는 것이 진震이다. '현황玄黃'은 천지天地가 겸한

---

676 (觀中) '진震'은 성인지도로써 우레(움직이는 것)가 되며, 변화를 상징하는 龍이 된다. 성인지도는 천적天的인 존재이다. 성인지도는 천지지도天地之道로 천지지도天地之道를 뜻하는 현황玄黃이 되며, 천지의 본성을 그대로 계승한 존재가 성인聖人, 십오十五 천지天地가 십오성통十五聖統으로 드러난다. 성인聖人의 공능功能은 우천하래세憂天下來世하기에 베풂이 된다. 천天에 입장에서 성인聖人은 지적地的인 존재로 큰 흙이 되며, 대大는 천天·도塗는 지地로 천지지도天地之道는 인류 역사의 중추적 존재가 성인聖人으로 장자長子가 된다. ❶성인지도를 기준으로 군자와 소인지도를 결단함이 되며, 성인지도는 영원하기 때문에 푸른 대나무가 된다. 성인지도는 어디든지 잘 자라기 때문에 갈대가 되는 것이오. 마馬에 있어서는 세상을 밝히는 좋은 소리가 되며, 형황玄黃으로 얼룩얼룩한 말이 되며, 말 잘 달리 수 있도록 말발굽이 된다. ❷성인聖人과 군자의 관계에서 성인聖人은 천적天的이 존재로 이마에 별이 박힌 말이 되는 것이오. 심음에 있어서는 성인지도가 땅에 떨어져 솟아 나옴이 되는 것이오. 그 궁구에 있어서는(궁극적으로는) 강건이 되는 것이오. 천도天道가 행해지기 때문에 번선蕃鮮하게 된다.

색이다. '진震(☳)'은 하늘과 땅이 섞여 있는 것이니 현황玄黃이다.

위부爲旉 진震(☳)은 음陰 속에서 일양시생一陽始生하여 양陽의 세력을 건乾까지 펼치는 것이다. 즉 시작始作하여 펼치는 것이다(진야進也).[677]

❶부敷는 '펴다', '공포하다', '진술하다'를 뜻한다.

위대도爲大塗 대도大塗는 여로旅路(여행하는 길)이다. 양陽이 올라가는 이것이 여행을 하는 것과 같다. 도塗(진흙 도)는 '길'이라는 뜻 뿐 아니라 '칠하다'는 뜻도 있으니, 양陽이 음陰이 있는 곳으로 가서 칠을 하는 것과 같다는 의미도 나타난다. 즉 음陰을 흙으로 칠하는 것과 같다.[678]

위장자爲長子 진震(☳)은 양효陽爻가 음陰으로 처음 간 것이다. 이것이 종자가 되어 계속 이어지니 장자長子라 했다. 진震은 나아가면 건乾이니, 건乾의 근원이 진震이다. 때문에 부모를 이어받는 장자長子의 역할을 한다.

위결조爲決躁 결決은 물건을 끊고 벌리고 여는 것이다. 조躁는 시끄럽게 떠드는 것을 말하지만 여기서는 힘차게 나아가는 뜻이다. 진震은 일양시생一陽始生하여 조급하게 음陰을 결단하고 진행하는 것이다.

위창랑죽爲蒼筤竹 청색靑色은 동방의 색이다. 진震(☳)은 동방이니 창蒼이라는 것은 동방의 색이다. 대나무는 뿌리가 있는 아랫부분은 단단하나, 자라 올라오는 측은 부드러워 잘 휘어지니, 진震(☳)의 상象이다.

❶낭筤은 바구니, 어린대를 말한다.

위환위爲萑葦 갈대는 유약하여 부는 바람에도 잘 휘어진다. 그러나 뿌리를 단단하게 내리고 있어 뽑혀 나가지 않으니, 역시 진震(☳)의 상象이다. 또한 처음은 부드러우나 자라고 나면 단단해 지는 것이 갈대다. 갈대는

---

677 양기가 베풀어지기 시작할 때 펼쳐진다. 꽃이 만발해져 가는 단계를 '부旉'라고도 한다. 진震은 나아가면 건乾이니, 건乾의 근원이 진震이다. 고故로 건健이다. 부旉는 동물動物이다. 즉 편다는 것은 움직이는 물物이라는 것이다. 이것이 진震의 속성이다.

678 진震은 움직이는 것이니, 마치 차가 움직이는 것과 같다. 마땅히 차가 움직이는 것이니 위가 허虛한 까닭이다. 양陽이 아래에서 위로 올라가니 배나 차가 있는 상象이다.

대나무와 더불어 아래는 단단하나 위의 줄기는 허虛하여 잘 휘어진다. ❶환萑은 갈대 환이다. 그밖에도 풀 많을 추, 풀많을 초, 익모 초로 쓰인다. ❷위葦는 갈대 위 자로 작은 배, 변동하는 모양을 말한다.

기어마야其於馬也 **위선명**爲善鳴 착하게 우는 말이다. 즉 힘이 차서 우렁차게 우는 것이니 듣게 좋게 우는 소리이다.[679]

위주족爲馵足 왼쪽 뒷발이 흰색인 말이다. 진震은 동방東方이니 좌左가 된다. 또한 양陽은 흰색이라 했으니, 왼쪽 뒷발이 흰 말이 된다.

위작족爲作足 뒷발을 모아서 움직이는 말이다. 초효初爻가 양효陽爻이니 동적動的이고, 아래에서 움직이는 상象이다. 말도 뒷발질을 잘해야 멀리 그리고 빨리 뛸 수 있다. 두 발이 모두 움직이는 것이다. 일양一陽이 아래에서 움직이기 때문이다.

위적상爲的顙 이마에 흰색으로 점이 찍혀있는 말이다. 초효初爻의 양陽이 확연히 표시가 난다. 음陰은 흑黑이라 했으니 검은 바탕에 흰 점이 있으니 뚜렷이 표시가 나는 것이다.

기어가야其於稼也 **위반생**爲反生 '기其'는 진震(☳)을 의미한다. 그 심는 것에 대해서는 다시 살아나는 것이라 한다. 식물로 비유하자면, 봄에 씨앗에서 새싹이 돋아 나와 다시 살아나는 것이라 할 수 있다. 진震은 동방이며 봄이니 그러하다. 강剛이 되돌아와서 아래에 있다. 그러므로 가위반생稼爲反生이다.

기구위건其究爲健 진震(☳)을 궁구窮究(연구硏究)해 보면 강건하다. 일양시생一陽始生하여 나아가 건괘乾卦(☰)로 자라나서 이윽고 건괘乾卦가 되면 강건剛健해 지는 것이 진震(☳)이다. 진震(☳)은 양陽이며, 강剛하고

679 진震은 중효中爻와 상효上爻가 음陰이니 입(口)과 같이 소리를 잘 내는 것이다. 양陽이 아래에, 음陰이 위에 있는 상象이다. 무릇 소리가 양陽의 소리이니 위로는 짝으로 입이 열려 있는 것이다. 양陽은 움직이는 것이니, 소리를 내는 것은 양陽으로 본다. 또한 진震은 진동振動이니 소리가 난다.

움직이는 것이니 반드시 전진前進한다. 진震(☳)으로부터 나아가면 지택임地澤臨(䷒)이 되고 지천태地天泰(䷊)가 된다. 양陽이 삼획에 이르면 순양純陽이 되는 것이니 강건剛健하다고 했다.

위번선爲蕃鮮 진震(☳)은 일양시생一陽始生이니 그 양陽이 선명하게 나타나는 것이다. 일양一陽이 아래에 있고, 이음二陰이 위에 있으니 양陽이 분명하게 나타나는 것이다. 진震은 양陽이 살아나는 상象이다. 진震이 나와야만 제호손齊乎巽할 수 있고, 제호손齊乎巽해야 상견호이相見乎離하며 물품함형品物咸亨한다. 이것이 번선蕃鮮이다. 즉 일양一陽이 살아나면 번성하게 된다. 새싹이 자라나서 무성해 지는 것이 번선蕃鮮이며, 봄에 꽃이 피어나듯 고운 것들이 번성하고 있는 것 또한 번선蕃鮮이다.

巽은 爲木 爲風 爲長女 爲繩直 爲工 爲白
손 위목 위풍 위장녀 위승직 위공 위백

爲長 爲高 爲進退 爲不果 爲臭오
위장 위고 위진퇴 위불과 위취

其於人也에 爲寡髮 爲廣顙 爲多白眼 爲近利市三倍오
기어인야 위과발 위광상 위다백안 위근리시삼배

其究ㅣ 爲躁卦也라.
기궁 위조괘야

○ 巽(손괘 손) 木(나무 목) 風(바람 풍) 繩(줄 승) 直(곧을 직) 工(장인 공) 白(흰 백) 進(나아갈 진) 退(물러날 퇴) 果(실과 과) 臭(냄새 취) 寡(적을 과) 髮(터럭 발) 廣(넓을 광) 顙(이마 상) 多(많을 다) 白(흰 백) 眼(눈 안) 近(가까울 근) 利(이로울 리{이}) 市(저자 시) 倍(곱 배) 躁(성급할 조) 荀(풀이름 순) 楊(버들 양) 鸛(황새 관)

손巽(☴)은 나무가 되고, 바람이 되고, 장녀長女가 되고, 먹줄이 곧음이 되고, 공장工匠이 되고, 백색白色이 되고, 긺이 되고, 높음이 되고, 진퇴進退가 되고, 과단성 없음이 되고, 냄새가 되며, 사람에게 있어서는 머리털이 적음이 되고, 이마가 넓음이 되고, 눈에 흰자위가 많음이 되고, 이익을 가까이 하여 세 배의 폭리를 남김이 되며, 궁극에는 조급한 괘卦가 된다.

개요概要

'손巽(☴)'은 신도神道로써 신도神道의 근원성이 만물에 확장되기 때문에 나무(木)가 되며, 바람(風)이 된다. 곤괘坤卦의 초효를 얻었음으로 장녀가 되며, '**神也者**(신야자)는 **妙萬物而爲言者也**(묘만물이위언자야)'로 만물을 생성시키는 가장 근원적인 존재로 공장工匠에게는 곧은 먹줄이 된다. 바탕이 되는 백白이 되며, 어른이 되며, 높음이 된다. 신도神道가 형이상·하를 나아가고 물러가는 것이 되며,[680] 과단성 없음이 된다.[681] 바람에 흩어지는 냄새가 되는 것이오. 사람에게 있어서는 대머리가 되며, 넓은 이마가 되며, 눈에 흰자위가 많음이 된다. 일상적인 이익보다 세배의 이로움이 되는 것이오[682] 즉 신도神道를 통해서 만물의 작용성을 표현한다. 그 궁구窮究에는 진손震巽이 합덕하여 건곤乾坤의 용用이 되는 것으로 조괘躁卦가 된다.

각설

위목爲木 '손巽(☴)'은 음목陰木이며, 문왕팔괘도文王八卦圖로 보면 동남방東南方이니 목방木方이다. 또한 나무의 뿌리는 땅으로 파고들기 때문에 손巽(☴)이라 취상取象했다.

위풍爲風 초효初爻의 음효陰爻가 양효陽爻 밑으로 스며드는 상象이니 마치 바람이 위에서 아래로 스며들어가는 것과 같아서, 손巽(☴)을 바람이라 한다. 바람은 틈만 있으면 아무리 작은 곳이라도 들어간다.

위장녀爲長女 곤괘坤卦(☷)의 초효初爻가 건괘乾卦(☰) 초효初爻로 가서

---

680 만물의 물리적 생명은 형이상에서 형이하로 드러난 것이다.

681 진괘震卦의 '결조決躁'와 대비 혹은 열매가 열리지 않음

682 시市는 합덕合德을 말하는 것으로 교역을 통해서 분생分生하는 이득이 생김, 세배는 삼재三才·삼극지도三極之道로 역도易道의 이로움을 밝힌 것이다.

손巽(☴)이 되니 장녀長女가 된다.

위승직爲繩直 '손巽(☴)'은 음목陰木이며, 천간天干으로는 을乙에 해당한다. 을乙은 버드나무와 같이 휘어 감는다. 휘어 감는다는 것은 그 길이가 길기에 가능하다. 즉 길고 휘어지는 성질이 있어 승繩이라 했다. 그냥 '줄'이 아니라 곧은 줄(승직繩直)이라 했는데, 곧게 하여 쓰는 줄이라는 뜻이다.[683]

위공爲工 공工은 장인匠人, 즉 목공木工 또는 도공陶工 등 손재주가 있는 사람을 의미한다. 장인匠人이라 함은 그 일에 대하여 연구를 깊이하고 파고드는 근성을 지니고 있기 때문에 손巽(☴)으로 취상取象하였다.[684]

위백爲白 손巽(☴)은 양효陽爻가 음효陰爻보다 많기 때문에 흑백논리로 따져서 백색白色이다. 양陽의 색은 백白, 음陰의 색은 흑黑이지만 손괘巽卦(☴)는 아래에 흑색黑色 음陰이 있고, 위에 두 양효陽爻의 백색白色이 있어 백색白色이 외부에 나타나 있으므로 손괘巽卦의 색은 백색이다.[685]

위장爲長 손巽(☴)은 음목陰木이고 부드러운 끈이며, 긴 줄에 해당한다. 바람은 먼 곳에서 불어와 먼 곳까지 불어간다.

위고爲高 진震(☳)은 조급하게 결단하고, 손巽(☴)을 펴며, 진震(☳)과 손巽(☴)을 궁구하면 강剛과 유柔의 시작始作이다. 강剛이 시작始作하는 것이나 유柔가 시작始作하는 것이니 시작始作하는 것은 시끄럽고 조급하다.

위진퇴爲進退 바람은 나아가다가 장애물을 만나면 부드럽게 비켜 가거

---

683 옛날에는 '먹줄'이라 하여 비교적 크고 넓어서 '자'로써 선線을 그을 수 없는 것에 이용했다 한다. 먹을 묻힌 줄의 두 끝을 고정하여 팽팽하게 하고, 중간을 퉁기면 일직선이 그어지게 된다. 그리고 둥근 물체의 둘레를 측정하는데 곧은 자로써는 안 되는 것이니 '줄자'처럼 휘어지는 것을 사용한다. 줄자는 휘어짐으로써 정확한 수치를 알려준다.

684 손巽은 바람이니 위에서 아래로 파고들며, 동물로는 닭이니, 닭 역시 땅을 파고드는 性情을 지녔다. 공工은 바른 끈을 끄는 것과 같다. 근본(본래의 것)을 재단하여 도려내는 것이며, 능히 器를 제작하는 것을 공업이라 한다. 즉 기술은 손巽으로 취상取象한다.

685 손巽은 복희팔괘로는 서남방이니 백白이 되며, 도전倒轉하면 태兌가 되니, 태兌는 문왕팔괘에서 서방西方에 있다. 음陰이 처음 발생할 때는 유약하고 흰색이다.

나 되돌아간다. 바람의 행로는 항상恒常됨이 없다. 그러므로 진퇴進退라 했다.

위불과爲不果 과단성, 결단성이 없다. 바람은 불다가 막히면 그냥 뚫고 가는 것이 아니라 비켜 가거나 물러나기 때문이다. 손巽(☴)은 장녀長女이니 여자는 과단성이 부족하다. 즉 여자는 의심이 많기 때문에 이리저리 재어 보기 때문에 과단성이 부족하다.

위취爲臭 손巽(☴)은 음괘陰卦이니 음물陰物이다. 음물陰物은 젖어 있으니 냄새가 난다. 또한 냄새는 바람을 따라 옮겨간다.

기어인야其於人也 손괘巽卦(☴)를 사람에 비유하여 말한다.

위과발爲寡髮 털이 적은 자者다. 손巽(☴)은 일음이양一陰二陽이니 음陰이 적다. 즉 수기水氣가 적고 화기火氣가 많다고 할 수 있다. 수기水氣가 적은 자者는 털이 적다.[686]

위광상爲廣顙 이마가 넓은 자者는 손巽(☴)에 해당한다. 손巽은 양다음소陽多陰少이니 과발寡髮과 같은 맥락이다.

위다백안爲多白眼 눈에 흰자위가 많다. 검은 눈동자가 작아서 흰자위가 많다는 것이 아니라(눈동자가 작을 수는 없으니), 눈동자가 밑으로 처져 있는 사람은 흰자위가 많아 보인다.[687]

위근리시삼배爲近利市三倍 시장市長에서 세 배의 이익을 얻는다. 곤坤(☷)의 초효初爻가 건乾(☰)의 초효初爻로 오면 손巽(☴)이 된다. 손괘巽卦(☴)의 근본은 건괘乾卦이다. 그리고 손巽은 음괘陰卦이니, 음陰으로써 세 배의 이익이 된다는 것이다.

---

686 화기火氣가 많이 올라오니 머리카락이 빠지게 된다. 머리카락이나 몸의 털은 '음목陰木'이니 그 양분이 되는 수기水氣를 필요로 한다. 대머리인 자者는 양기陽氣가 많다. 또한 나이가 들면 수기水氣가 빠져나가니 머리카락이 빠지게 된다고 한다.

687 '백白'은 양陽, '흑黑'은 음陰으로 보았다. 양陽은 백白이며, 음陰은 흑黑이니, 손巽은 양다음소陽多陰少이다. 눈의 흰자위는 양陽이라 하고, 눈동자는 음陰이라 한다. 손巽은 두 양陽이 위에 있고 일음一陰이 아래에 있기 때문에 백안白眼이다.

기구위조괘其究爲躁卦 손괘巽卦를 궁구하면 '조괘躁卦'라 한다. 손巽(☴)은 바람이니 바람이 불면 시끄럽다. 손巽(☴)은 천풍구天風姤(䷫)이니 오월五月의 때이며, 비가 많고 만물은 성급하게 자란다. '진震'도 조급하게 결단하며, '손巽(☴)'을 착錯하면 진震(☳)이니, 이런 연고로 궁구해 보면 '손巽(☴)'은 조급한 괘卦이다.[688]

> 坎은 爲水 爲溝瀆 爲隱伏 爲矯輮 爲弓輪이오
> 감 위수 위구독 위은복 위교유 위궁륜
>
> 其於人也에 爲加憂 爲心病 爲耳痛 爲血卦 爲赤이오
> 기어인야 위가우 위심병 위이통 위혈괘 위적
>
> 其於馬也에 爲美脊 爲亟心 爲下首 爲薄蹄 爲曳오
> 기어마야 위미척 위극심 위하수 위박제 위예
>
> 其於輿也에 爲多眚이오 爲通 爲月 爲盜ㅣ오
> 기어여야 위다생 위통 위월 위도
>
> 其於木也에 爲堅多心이라.
> 기어목야 위견다심

○ 坎(구덩이 감) 水(물 수) 溝(봇도랑 구) 瀆(도랑 독) 隱(숨길 은) 伏(엎드릴 복) 矯(바로잡을 교) 輮(바퀴 테 유) 弓(활 궁) 輪(바퀴 륜(윤)) 憂(근심할 우) 病(병 병) 耳(귀 이) 痛(아플 통) 血(피 혈) 卦(걸 괘) 赤(붉을 적) 脊(등성마루 척) 亟(빠를 극) 薄(엷을 박) 蹄(굽 제) 曳(끌 예 = 인(引)) 輿(수레 여) 眚(눈에 백태 낄 생) 通(통할 통) 盜(훔칠 도) 堅(굳을 견) 多(많을 다)

감坎(☵)은 물이 되고, 도랑이 되고, 숨는 것이 되고, 교유(矯)[바로잡거나 휨]가 되고, 활과 바퀴가 되며, 사람에게 있어서는 근심을 더함이 되고, 마음의 병病이 되고, 귀가 아픔이 되고, 혈괘血卦가 되고, 적색이 되며, 말에 있어서는 등마루가 아름다움이 되고, 성질이 급함이 되고, 머리를 아래로 떨

688 진震은 조급하게 결단하고, 손巽을 펴며, 진震과 손巽을 궁구하면 강剛과 유柔의 시작始作이다. 강剛이 시작始作하는 것이나 유柔가 시작始作하는 것이니 시작始作하는 것은 시끄럽고 조급하다.

굼이 되고, 발굽이 얇음이 되고, 끄는 것이 되며, 수레에 있어서는 하자가 많음이 되고, 통함이 되고, 달이 되고, 도둑이 되며, 나무에 있어서는 단단하고 속이 많음이 된다.

개요概要

감괘坎卦(☵)는 상하上下에 음효陰爻가 있고 중앙中央에 양효陽爻가 하나 있다. 중앙에 있는 양효陽爻가 두 음효陰爻 사이에 빠져들어간 모양이다. 물은 넘치면 위험한 것으로 물건이 간혹 그 안에 빠진다. 그러므로 빠지는 함陷(빠질 함)의 성질을 가진 감괘坎卦(☵)를 물의 상象으로 한다.[689]

각설

위구독爲溝瀆 물이 흘러가면 작은 개울(도랑)이 생겨난다. 강江(도랑)은 동적動的이며, 그 주위의 흙은 정적靜的이니, 그 상象이 감괘坎卦와 같다. 즉 초효와 상효는 정적靜的인 음효陰爻이며, 중효中爻는 동적動的인 양효陽爻이다. 도랑을 감坎(☵)이라고 취상取象한 것은 그 상황에서의 동動과 정靜을 취한 것이다. 또한 도랑이라는 것은 험險하기도 하다.

위은복爲隱伏 감坎(☵)은 엎드려 숨는 것이다. 음陰 가운데 양陽이 있으니, 양陽이 숨은 것이다. 또한 양陽 아래에 음陰이 있으니 엎드린 것이라고도 할 수 있다. '감坎(☵)'은 북방北方이며 어두운 것이니 숨는 것이다. 또한 물은 흙 밑으로 숨는 것이니 은복隱伏이다.

위교유爲矯輮 곧으며 바로 잡히는 것이다. 물이 흐르다가 굽어지면 다시 바르게 잡혀 흐른다. 물이 굽어지는 것은 물이 스스로 굽어지는 것이 아

689 음효陰爻는 어둡고 양효陽爻는 밝다. 감괘坎卦는 외부에 어두운 음효陰爻가 있고 내부에는 밝은 양효陽爻가 있다. 감괘 외부에서 보면 어두워 보기 힘들지만 괘卦속에 들어가 보면 내부는 밝다. 그래서 감괘를 물의 상象으로 한다. 양陽은 따뜻하고 음陰은 차갑다. 물은 차가운 것이지만 내부에는 따뜻하게 될 양陽이 있다. 이런 이유로 감괘를 물의 상象으로 한다. '감坎'은 북방北方이며 수水를 나타낸다.

니라 주변의 상황에 의한 것이다. 그러나 물은 바르게 흐르려고 노력한다. 지형 때문에 휘어지는 것일 뿐이다. 즉 양陽이 험한 음陰 속에서 중앙中心을 잡고 바르게 하는 것이다.

위궁륜爲弓輪 활과 수레바퀴이다. 물이 흐르면서 활처럼 휘어지기도 하나 곧 중심을 잡고 흐른다. 활도 바르게 쏘려면 중심을 잡아야 한다. 수레바퀴도 중심을 잡지 못하면 쓸모가 없다.

위기어인야爲其於人也 감괘坎卦(☵)를 사람에 비유하여 말한다.

위가우爲加憂 근심이 더해지는 것이다. 감坎(☵)은 험險이니 걱정스러운 것이다. 양陽이 두 음陰 속에 빠져 있으니, 험하여 근심이 더해가는 것이다.

위심병爲心病 감坎(☵)은 음陰속에 양陽이 빠져 있다. 음陰은 수水, 양陽은 화火로 본다면 불이 물속에 빠져 있는 것이다. 또한 불은 심장이지만, 비유하여 마음이라 한 것이다. 마음을 허심虛心이라 하는데, 허虛한 속에서 걱정이 있으며 무언가 꽉 찬 느낌이 들며, 이것이 병病이 되는 것이다.[690]

위이통爲耳痛 괘상卦象(☵)으로 보면 중효中爻에 양효陽爻가 있어 허한 속에 꽉 차있는 형상이다. 귀(이耳)도 이와 같다. 허한 속에 막혀 있으니 마음의 병이고, 귀의 통증이다. 귀의 고막이나 심장의 판막이 막히면 병이 생긴다.

위혈괘爲血卦 피는 감괘坎卦(☵)로 본다. 피는 몸속을 흐르니, 마치 강江이 산천을 흐르는 것과 같다. 피는 물과 같은 수기水氣이다.

위적爲赤 붉은 것이라 한다. 건괘乾卦(☰)를 대적大赤이라 했고, 감괘坎卦(☵)는 적赤이라 했다. 감坎(☵)은 건乾(☰)의 중효中爻가 곤坤(☷)으로 와서 이루어진 것이기 때문에 붉은 것이 온 것이니 적赤이다.

기어마야其於馬也 감괘坎卦(☵)를 말에 비유하여 말한다.

---

690 심장이 험한 곳에 빠져 있다. 화火가 수水에 빠져 있으니 수극화水剋火하여 마음의 병病이라 했다.

위미척爲美脊 등뼈가 아름다운 말이라 한다. 감坎(☵)의 괘상卦象을 보면 초효初爻, 상효上爻는 음陰이며, 중효中爻는 양陽이다. 음陰은 살이 되고, 양陽은 뼈가 되니, 중효中爻의 양陽은 등뼈가 되는 것이다. 양陽인 등(미脊)이 중中을 잡고 있으니, 등뼈가 균형이 잘 잡혀 있어, 강건하고 날씬하여 보기 좋은 말을 뜻한다.

위극심爲亟心 성질이 급한 말이라 한다. 즉 동작이 빠른 말을 의미한다. 동적인 양효陽爻가 중심에 있어 조급하고 빠른 말이다. 험한 곳에 빠져 있으니 조급하다.

위하수爲下首 머리를 아래로 한 말이라 한다. 상효上爻가 음효陰爻이고 중효中爻가 양효陽爻이니 양陽이 머리를 숙인 것과 같다.

위박제爲薄蹄 발굽이 엷은 말이라 한다. 엷다는 것은 가볍다는 것이다. 괘상(☵)을 보면 중효만 양효陽爻이니, 자국이 발굽 전체가 아닌 가운데 부분으로 한정되어 난다. 즉 가운데만 표시가 남으니 발굽이 가벼운 것이라 했다.

위예爲曳 끄는 말이라 한다. 험 속에서 중심의 양陽이 두 음陰을 끌고 가는 것이다. 구독溝瀆과 마찬가지로 물이 흐르면 주위의 흙을 같이 쓸고 내려가기도 하고, 주위의 흙은 물이 흐르도록 돕고 있으니, 끄는 것이라 했다.

기어여야其於輿也 위다생爲多眚 감괘坎卦(☵)를 수레에 비유하여 말한다. '다생多眚'이란 '생眚'은 '눈에 백태 낄(생)'이다. 눈에 백태가 끼여 있으니 사물을 분별하지 못하여 재앙을 일으키게 되어 '재앙(眚)'이며, 인재人災를 의미한다. 사고가 많은 수레라 한다. 수레에서 사고가 나는 것은 인재人災로 인함이다. 감괘坎卦(☵)는 음陰이 바퀴이며, 양陽은 수레를 지탱하는 판이 된다. 바퀴로 인하여 사고가 많이 생긴다.[691]

---

691 감괘坎卦는 본말本末이 음陰이니 택풍대과澤風大過와 같다. 통通은 물과 같이 막힘이 없이 통하는 것이다. 험한 속에서 중심을 잡았으니 통한다고 할 수 있다. 험險속에서 중中을 잡는 자者가 도통자道通者이다.

위통爲通 감坎(☵)은 감중연坎中連으로 양중陽中이라 통通이다. 중통中通을 의미하기도 한다.

위월爲月 감坎(☵)이 서방西方이니 월月이라 할 수 있다. 양효陽爻가 밝으나 주변은 어둡다. 이것은 달은 밝으나 그 주변은 어두운 것과 같다. 달은 물의 정기이며, 그 류類에 따른다.

위도爲盜 감坎(☵)이 북방수北方水이며, 어두운 것이니 도둑과 같다. 또한 도둑은 엎드려 숨어서 행동하며, 물이 스며들 듯이 한다. 북방수北方水는 십이지지十二地支의 '자子'를 뜻하니, 쥐의 성정 또한 어둠 속에서 곡물을 도둑질한다.

기어목아其於木也 감괘坎卦(☵)를 나무에 비유하여 말한다.

위견다심爲堅多心 중심에 견고함이 많다. 감괘坎卦(☵)의 형상은 중심이 단단하다. 즉 중심이 견고한 나무를 뜻한다.

離는 爲火 爲日 爲電 爲中女 爲甲胄 爲戈兵이오
이 위화 위일 위전 위중녀 위갑주 위과병

其於人也에 爲大腹이오 爲乾卦
기어인야 위대복 위건괘

爲鱉 爲蟹 爲蠃 爲蚌 爲龜오
위별 위해 위라 위방 위구

其於木也에 爲科上槁ㅣ라.
기어목야 위과상고

○ 離(떼놓을 이{리}) 火(불 화) 日(해 일) 電(번개 전) 甲(갑옷 갑, 첫째 천간 갑) 胄(투구 주) 戈(창 과) 兵(군사 병) 腹(배 복) 乾(하늘 건) 鱉(자라 별, 금계 별) 蟹(게 해) 蠃(소라 라) 蚌(민물조개 방, 방합 방) 龜(거북 귀) 科(과정 과) 槁(마른 나무 고, 볏짚 고)

리離(☲)는 불이 되고, 해가 되고, 번개가 되고, 중녀가 되고, 갑주甲胄가 되고, 창과 병기가 되며, 사람에게 있어서는 배가 큰 사람이 되고, 건괘(☰)가 되고, 자라가 되고, 게가 되고, 소라가 되고, 조개가 되고, 거북이 되며, 나무에 있어서는 가운데가 비고 위가 마름이 된다.

개요概要

감坎(☵)·리離(☲)는 천天에서는 일월日月로 작용하며, 지地에서는 수화水火로 작용하여 천지天地의 작용이 이루어진다.

리괘離卦(☲)는 괘상으로 보면 안이 부드럽고 밖이 단단하기 때문에 껍질이 있어서 속을 보호하는 것으로 취상取象한다. 국가를 보호하는 '무기'가 되며, 이것은 눈으로 보이는 형상적인 것이며, 이 뿐 아니라 이치적理致的인 무형無形으로도 취상取象할 수 있다. 말, 즉 언변言辯 또한 스스로를 보호保護하는 것이니 리離에 해당하고, 의복衣服도 몸을 보호하는 것이니 리離라 할 수 있다.[692]

각설

위화爲火 리괘離卦(☲)는 상하가 양효陽爻이며, 가운데가 음효陰爻이니, 안은 어둡고 밖은 밝다. 불은 밖으로 빛나고 발하여 주변을 환하게 밝혀주는 것이니 리離(☲)로 취상取象하였다.

위일爲日 리離(☲)가 밝은 불이며, 한 낮의 일오중천日午中天의 때이니 하루중에서 가장 밝은 태양을 뜻한다.

위전爲電 번개는 큰 전기를 흐르게 한다. 리離(☲)는 불이며, 불은 열의

---

692 리離(☲)는 곤坤의 중정지기中正之氣로써 건곤乾坤이 합덕하면 지도地道가 천天에서 작용하며, 사덕四德에서는 의義를 상징하여 불이 되며, 음체양용陰体陽用으로 해가 되며, 번개가 되며, 괘상에서는 중여가 되며, 천지지도天地之道를 보호하기 때문에 갑옷(갑주甲冑)과 창·병장기兵仗器가 되는 것이오(과병戈兵). 사람에 있어서는 뱃속에서 의義를 소화하기 때문에 큰 배가 되는 것이오. 하늘에서 이루어지는 땅의 작용이기에 건괘乾卦가 되며, 자라와 게·고둥·조개·거북은 등껍데기가 단단한 동물로 갑주甲冑와 같이 내면의 형이상形而上의 생명生命을 보호하는 것이오. 나무에 있어서는 안이 비어 있고 밖이 단단한 것이 되는 것이라.

에너지이고, 전기는 열의 에너지에서 발생한다.

위중녀爲中女 건곤乾坤의 부모父母에게서 육자녀가 태어나는데, 곤坤(☷)의 중효中爻가 건乾(☰)으로 가서 중녀中女가 되었다.

위갑주爲甲冑 갑옷과 투구로 전투복을 의미한다. 리離(☲)는 겉이 단단하여 가운데의 유柔를 보호하고 있으며, 갑옷과 투구는 몸을 보호하는 것이다. 초효初爻와 상효上爻의 단단한 양陽이 중효中爻의 부드러운 음陰을 보호하고 있는 상象이기 때문이다.

위과병爲戈兵 창과 병사, 즉 무기와 군사를 뜻한다. 이러한 것은 국가를 방어하기 위해 필요한 것이다. 외부로부터 국가를 보호하는 방패막이의 역할을 하고 있기 때문이다.[693]

기어인야其於人也 리괘離卦(☲)를 사람에 비유하여 말한다면 배가 큰 사람이다. 복부를 리離(☲)라고 취상取象한 것은 안이 비어 있기 때문이다.

위대복爲大腹 '리離(☲)'는 안이 허虛하고, 복부腹部도 안이 허虛하다.

위건괘爲乾卦 건조한 것이다. '리離(☲)'는 불이니 건조한 괘卦라고 한다. 불은 주변을 마르게 하기 때문이다. 별鱉·해蟹·라蠃·방蚌·귀龜라 건조하고 마른 것은 딱딱하다. 자라鱉, 게蟹, 소라蠃, 조개蚌, 거북龜은 겉이 딱딱하다.

기어목야其於木也 과상고科上槁 리괘離卦(☲)를 나무에 비유하여 말한다. 위에서부터 말라가는 과정의 나무이다. 말라서 구덩이가 패여 속이 빈 나무를 리離(☲)로 본다. 속이 텅 빈 것은 중허中虛를 뜻한다.

---

693 창끝과 병사들은 국가의 최전방에서 싸우니 예리하다고 할 수 있다. 또한 불꽃도 위가 뾰족하다. 산도 뾰족한 모양이면 화산火山이라고 한다.

艮은 爲山 爲徑路 爲小石 爲門闕 爲果蓏 爲閽寺
간 위산 위경로 위소석 위문궐 위과라 위혼시

爲指 爲狗 爲鼠 爲黔喙之屬이오
위지 위구 위서 위검훼지속

其於木也에 爲堅多節이라.
기어목야 위견다절

○ 艮(괘 이름 간, 머무를 간) 山(뫼 산) 徑(지름길 경) 路(길 로{노}) 小(작을 소) 石(돌 석) 門(문 문) 闕(대궐 궐) 果(실과 과) 蓏(열매 라{나}) 閽(문지기 혼) 寺(절 사,관청 시, 내시 시) 指(손가락 지) 狗(개 구) 鼠(쥐 서) 黔(검을 검) 喙(부리 훼) 屬(엮을 속{이을 촉}) 堅(굳을 견) 節(마디 절)

간艮(☶)은 산이 되고, 작은 길이 되고, 작은 돌이 되고, 문이 되고, 과일과 풀의 열매가 되고, 내시內侍가 되고, 손가락이 되고, 개가 되고, 쥐가 되고, 부리가 검은 짐승의 등속이 되며, 나무에 있어서는 단단하고 마디가 많음이 된다.

개요概要

'간艮(☶)'은 군자로서 백성들의 모범이 되는 존재이다. 땅의 존재들의 표본이기에 산이 되며, 군자지도는 인간이 걸어가야 할 지름길이 되며, 군자는 성인聖人과 관계에서 소小이고 작은 돌이 되며, 인격적인 세계로 들어가는 문門이 되며, 인류역사에서는 최후의 목표인 열매가 되며, 인격적인 세계를 지키는 문지기가 되며, 인격적인 세계를 가리키는 손가락이 되며, 집을 지키듯이 성인지도를 지키는 개가 되며, 인격적인 세계를 확산시키는 쥐가 되며, 군자는 하늘에서 내려온 존재는 아니지만 하늘이 명命한 천명을 자각해서 실천하는 존재로 검은 부리에 속하는 새가 되는 것이오. 나무에 있어서는 견고하면서 마디가 많아 마디를 나누어 여러 곳에 사용할 수 있는 것이다. 이것은 군자의 사명이 사회적 실천에 있음을 알 수 있다.

각설

위산爲山 산은 그치는 성정이다. 더 올라갈 수 없는 한계점이니 산이 있으면 그쳐야 한다.

위경로爲徑路 경로徑路란 간艮(☶)을 도전倒轉하면 진震이 된다. 진震(☳)은 앞이 비어 있으니 대로大路라 했고, 간艮(☶)은 막혀 있으니 대로大路가 막혀 작은 지름길만 있다. 일양一陽이 위에서 막혀 있어 큰 길이 되지 못한다.

위소석爲小石 양효陽爻는 돌, 음효陰爻는 흙이라 한다면, 간艮(☶)은 흙 위에 있는 돌이니 작은 돌이 된다. 소남小男, 곤坤의 근본이 산이며, 산의 구성이 석石, 군자는 백성들을 태워서 차안此岸에서 피안彼岸으로 가게 하는 징검다리로 사용되는 작은 돌이다.

위문궐爲門闕 간艮(☶)의 상象은 문門의 상象이다. 그렇기 때문에 작은 문도 되고, 큰 문도 된다.

위과라爲果蓏 풀에 열린 열매와 과일이다. '간艮(☶)'은 이음二陰 위의 일양一陽이니 부드러운 풀에서 여는 과일과 열매를 의미한다.

위혼시爲閽寺 혼閽은 문지기 혼으로 문을 지키는 것이다. 이음二陰을 막고 있는 일양一陽의 형상이니, 이는 문을 지키는 문지기라 할 수 있다. 문 지키는 사람은 문門에서 손으로 막고 있다. (艮은 手, 止也)
간 수 지야

위지爲指 손가락으로 무언가를 가리킨다는 것은 그 가리키는 것에 그치는 것이다. 가리키는 것은 그치는 것이다. 또한 몸에서 그치는 부분도 손가락이다.

위구爲狗 간艮(☶)은 상효가 양효陽爻이니 털이 강한 짐승을 의미하며, 이런 류類의 짐승을 간艮(☶)으로 취상取象한다. 개는 털과 이빨이 강하니 간艮으로 취상取象했다. 이런 짐승의 머리 부분은 강하지만 복부는 약하다. 집에서 물건物件을 지키며 그치고 있는 것이 개다.

위서爲鼠 쥐는 앞 이빨이 특히 강하다.

위금훼지속爲黔喙之屬 부리가 강한 조류를 의미하며, 특히 부리의 색이 검은 조류를 뜻한다.

기어목야其於木也 간괘艮卦(☶)를 나무에 비유하여 말한다.

위견다절爲堅多節 마디가 강한 나무이다. 밖은 단단하고 안은 허虛하니 마디가 강한 대나무와 같은 류類의 나무를 뜻한다. '감坎'은 견다심堅多心, '간艮'은 견다절堅多節이다.

> 兌는 爲澤 爲少女 爲巫 爲口舌 爲毁折 爲附決이오
> 태 위택 위소녀 위무 위구설 위훼절 위부결
> 其於地也에 爲剛鹵ㅣ오 爲妾 爲羊이라.
> 기어지야 위강로 위첩 위양

○ 兌(빛날 태) 澤(못 택) 少(적을 소) 女(여자 녀{여}) 巫(무당 무) 舌(혀 설) 毁(헐 훼) 折(꺾을 절) 附(붙을 부) 決(터질 결) 剛(굳셀 강) 鹵(소금 로{노}) 妾(첩 첩) 羊(양 양)

태兌(☱)는 못이 되고, 소녀少女가 되고, 무당이 되고, 입과 혀가 되고, 훼손함이 되고, 붙었다가 떨어짐이 되며, 땅에 있어서는 강로剛鹵가 되며, 첩이 되고, 양羊이 된다.

개요概要

'태兌(☱)'는 백성으로 인격적인 존재인 민民을 말한다. 은택恩澤을 입는 것이 되며, 괘상卦象은 소녀가 되며, 천天(신도神道)과 백성을 합덕시키는(군자와 합덕) 무당巫堂이 되며, 입으로 신도神道를 밝히는 존재이므로 구설口舌이 되며, 백성은 앞에서 끌면 훼손되고 끊어짐이 되고, 신도神道로써 결단하게 되는 것이오. 땅에 있어서는 강한 소금 혹은 갯벌(황무지)이 되고, 신도神道와의 관계에서는 첩妾이 되고(손괘巽卦와 태괘兌卦의 관계), 육갑六甲

에서는 미토未土이므로 양羊이 되는 것이다.

각설

위택爲澤 '태兌(☱)'는 이양二陽 위에 일음一陰이 있으니 물이 모이는 못이다. 일음一陰은 출렁이는 물이며, 이양二陽은 물을 가두는 저수지의 상象이다.

위소녀爲少女 건곤乾坤의 부모에게서 육六 자녀가 태어나는데, 곤坤(☷)의 삼효三爻가 건乾(☰)으로 가서 소녀가 되었다.

위무爲巫 '兌(태)는 悅也(열야)'이니 기쁘다는 것이며, 무당 또한 북과 춤으로 병자病者를 치료하고, 근심 있는 자에게는 상담하여 신神의 뜻을 전해 기쁘게 해준다. 여자 무당이 북을 치고 춤을 너울너울 춘다.

위구설爲口舌 입과 혀로 말하여 기쁘게 하는 것이다.

위훼절爲毁折 꺾여서 훼손된다. '태兌(☱)'는 정추正秋이니 만물을 음기陰氣로 꺾어서 땅으로 되돌아가게 한다. 즉 가지를 마르게 하여 모든 생명을 훼손시키는 것이다.

위부결爲附決 붙어서 결단한다. 양陽이 올라와서 음陰을 결단하는 것이다. 가을이 되면 일년의 농사가 풍년인지 흉년인지 결정이 된다.

위강로爲剛鹵 소금을 만드는 염전鹽田과 같다. '태兌(☱)'는 금金에 속하니 강한 것이기도 하다.

위첩爲妾 소녀, 즉 젊은 여자는 첩妾과 같다. 첩妾은 젊고 기쁘게 해주며 잘 따르기 때문이다.

위양爲羊 양羊은 안으로 강剛하고 밖으로는 유柔하니 태兌의 상象이다.

周

五

서괘 序卦

▢ 서괘편序卦篇 ▢

요지要旨

서괘편에서는 64괘 배열(괘서卦序)과 연결에 대한 이유를 말하고 있다.[694] 첫째, 서괘원리는 건곤괘를 기본으로 건곤합덕원리를 설명하고 있다. 둘째, 상경上經은 천지天地의 입장이고, 하경下經은 자녀적인 입장이다. 셋째, 건곤乾坤 ⇨ 진震·관觀·손巽·태괘兌卦(자녀子女로 태어남) 중부中孚·소과괘小過卦까지는 진震·관觀·손巽·태괘兌卦의 합덕원리를 표상하고 있다. 상경上經에 있어서는 쾌괘夬卦에서 대괘괘大過卦까지이다. 따라서 序卦원리가 일월日月之道임을 입증하고 있다.[695]

▢ 서괘상편序卦上篇 ▢

요지要旨

시간과 공간의 존재원리 내에서 존재 근거 원리가 내재되어 있음을 말한다. 천지天地는 선천先天인 천지비괘天地否卦의 상황狀況에서 출발出發함을 의미意味하며, 그 이후는 시간時間의 연결사로서 괘卦의 순서順序가 시간時

---

694 순서가 정해 관계는 상인相因과 상반相反이다. 상인은 갖추어진 조건에 따라 순리적으로 인과를 미루어 보는 것이고, 상반은 물극필반物極必反의 역리易理에 근거하여 서로 반대되는 인과를 미루어 보는 것이다. 비괘賁卦 다음에 박괘剝卦가 오는 것은 상반관계이며, 건곤乾坤 다음에 둔괘屯卦로 받는 것은 상인관계이다.

695 천지天地는 선천先天인 천지비괘天地否卦의 상황狀況에서 출발出發함을 의미하며, 그 이후는 시간의 연결사로서 괘卦의 순서順序가 시간時間의 선후先后관계임을 확인할 수 있다. 이는 「서괘序卦」가 시간성時間性에 바탕하여 작성되었음을 알 수 있다. 즉 시간時間과 공간空間의 존재원리存在原理내에서 존재存在 근거원리根據原理가 내재內在되어 있다는 것이다.

間의 선후先後관계임을 확인할 수 있다. 이는 「서괘序卦」가 시간성時間性에 바탕하여 작성되었음을 알 수 있다. 즉 시간時間과 공간空間의 존재원리存在原理내에서 존재存在 근거根據 원리原理가 내재內在되어 있다는 것이다.

> 有天地然後에 萬物이 生焉하니
> 유 천 지 연 후 만 물 생 언

○ 天(하늘 천) 地(땅 지) 然(그러할 연) 後(뒤 후) 萬(일만 만) 物(만물 물) 生(날 생) 焉(어찌 언)

천지가 있은 뒤에 만물이 생겨나니,

개요概要

건乾·곤坤으로부터 만물이 나옴을 말한 것이다. 건괘乾卦(☰)는 다음에 둔屯(䷂)·몽蒙(䷃)·수需(䷄)·송訟(䷅)·사師(䷆)·비比(䷇)의 여섯卦는 모두 감坎(☵) 수水가 들어 있는데, 이는 만물에서 가장 귀貴한 것이 물이고, 오행중五行中 가장 먼저 나온 것이 1·6수水라는 자연의 이치를 표명한 것이다.

각설

유천지연후有天地然後 ❶천지天地는 실제적인 천지인天地人으로서 작용의 원리 포함한다. 인격성의 정립까지 포함하여 모든 존재가치의 사물들의 회생시킨다는 것이다. 천天은 건乾(☰), 지地는 곤坤(☷)을 뜻한다. 『주역』은 그 류類로써 모이는 상태에서 길흉吉凶이 나온다고 한다. 그 모인 가운데 가장 순일하게 모인 괘卦가 건곤乾坤(☰ ☷)이며, 가장 공평하게 섞인 것이 기제旣濟(䷾), 미제未濟(䷿)이니, 세상이 처음 나왔을 때 물상物象들이 한쪽으로 치우쳤기 때문에 건곤乾坤을 머리에 두고, 후에 그 성질에 따라 고루 분포되었기 때문에, 가장 고르게 분포된 기제괘旣

濟卦(䷾), 미제괘未濟卦(䷿)를 제일 끝에 두었다는 것이다. ❷연후然後는 시간의 연결사로서 괘卦의 순서順序가 시간의 선후관계임을 알 수 있다. 이것은 시간성時間性에 있어서는 '과거過去'는 '미來'가 나타난 것으로 물리적 시간은 과거에서 미래未來로 흘러가는 것으로 이해하고 있으나 시간성에서는 미래未來가 나타난 것이 현재現在이요, 과거過去이다.

만물萬物 물리적 사물 뿐만 아니라 인격적인 존재를 포함한 것이다.

생언生焉 생생지덕生生之德, 생명의 근원적인 존재로서의 천지天地를 말한다. 생生은 이미 성成의 세계를 목표로 하기 때문에 만물萬物이 합덕성도合德成道되는 세계를 목표로 시작되는 것이다.

> 盈天地之間者ㅣ 唯萬物이라 故로 受之以屯하니
> 영천지지간자 유만물 고 수지이둔

○ 盈(찰 영) 間(틈 간) 唯(오직 유) 屯(어려울 둔, 진 칠 둔)

천지 사이에 가득한 것이 만물이라, 그러므로 둔屯으로써 받았으니

개요概要

둔屯(䷂)은 수뢰둔水雷屯으로 선천先天에 시생始生하는 성인지도聖人之道로써 '始交而難生'(시교이난생)이다. 영盈은 후천后天을 목표로 선천先天이 시작되었기 때문에 가득찼다고 한 것이다. 둔屯에서도 같은 의미이다. 둔屯(䷂)은 우레와 비가 천지天地간에 가득찼다는 뜻과 강剛(건乾)과 유柔(곤坤)가 처음으로 사귀었다는 뜻이 있다. 하늘과 땅이 사귀어 그 정수精髓를 섞으니 만물이 생기는 것이다. 건乾(☰)이 곤坤(☷)과 사귀어 처음 나온 것이 진震(☳)장남이고, 두 번째 나온 것이 감坎(☵)중남이며, 세 번째 나온 것이 간艮(☶)소남이므로 둔괘屯卦(䷂)는 장남괘를 아래에 두고 중남괘를 위에 두었으

며, 몽괘蒙卦(䷃)는 중남괘中男卦를 아래에 두고 소남괘少男卦를 위에 두었다.

각설

영천지지간자盈天地之間者 유만물唯萬物 ❶감坎(☵) 수水는 본래 모이는 것이고, 진목震木 역시 감수坎水 아래에서 스스로를 기를 뿐 나오지 않고 있으니 가득 차게 되는 것이다. 영盈은 후천后天을 목표로 선천先天이 시작되었기 때문에 가득찼다고 한 것이다. 둔屯에서도 같은 의미이다. ❷둔屯(䷂)은 우레와 비가 천지天地간에 가득찼다는 뜻과 강剛(건乾)과 유柔(곤坤)가 처음으로 사귀었다는 뜻이 있다. 하늘과 땅이 사귀어 그 정수를 섞으니 만물이 생기는 것이다.[696]

屯者는 盈也ㅣ니 屯者는 物之始生也ㅣ라
둔 자 영 야 둔 자 물 지 시 생 야

物生必蒙이라 故로 受之以蒙하니
물 생 필 몽 고 수 지 이 몽

○ 盈(찰 영) 屯(어려울 둔, 진 칠 둔) 物(만물 물) 始(처음 시) 蒙(몽매할 몽, 입을 몽)

둔屯은 가득함이니, 둔屯은 물건이 처음 나온 것이라, 물건이 나면 (처음에는) 반드시 어리므로 몽蒙으로 받았으니

개요概要

천개天開, 지벽地僻하는 순서에 따라, 건乾(☰)·곤坤(☷) 다음에 어렵게 나

696 건乾이 곤坤과 사귀어 처음 나온 것이 진震(☳)장남이고, 두 번째 나온 것이 감坎(☵)중남이며, 세 번째 나온 것이 간艮(☶)소남이므로 둔괘屯卦는 장남괘를 아래에 두고 중남괘를 위에 두었으며, 몽괘蒙卦는 중남괘中男卦를 아래에 두고 소남괘少男卦를 위에 두었다.

온다는 뜻의 둔屯(䷂)을 놓았고, 어리고 몽매한 까닭에 기른다는 몽蒙(䷃)을 그 다음에 두었다. 물物을 몽蒙에서 생生한다고 하여 인격성을 가진 존재임을 말한다.

각설

둔자물지시생야屯者物之始生也 둔屯(䷂)은 수뢰둔水雷屯으로 만물萬物을 시생始生하는 성인지도로써 '始交而難生(시교이난생)'라고 한 것이다.
물생필몽物生必蒙 만물이 생生하면 몽매蒙昧하기 때문에 몽蒙으로 받았다.

> 蒙者는 蒙也ㅣ니 物之穉也ㅣ라
> 몽자 몽야 물지치야
>
> 物穉不可不養也ㅣ라
> 물치불가불양야
>
> 故로 受之以需하니 需者는 飮食之道也ㅣ라
> 고 수지이수 수자 음식지도야
>
> 飮食必有訟이라 故로 受之以訟하고
> 음식필유송 고 수지이송

○ 蒙(입을 몽) 穉(어릴 치) 穉(어릴 치) 養(기를 양) 需(구할 수) 飮(마실 음) 食(밥 식) 訟(송사할 송)

몽蒙은 어림이니, 물건이 어린 것이다.
어린 것은 길러주지 않을 수가 없다. 그러므로 수괘需卦로 이어받았는데 수需는 음식의 도道이다. 음식에는 반드시 송사가 있기 때문에 송괘訟卦로 받았고,

개요概要

몽蒙(☶☵)은 후천后天의 종終을 이루는 군자지도로서 '蒙以養正, 聖功也'(몽이양정 성공야)라고 하여 군자를 바르게 기르는 것은 성인聖人의 공功임을 알 수 있다. '둔괘屯蒙(☵☳)'에서 인도人道는 성인지도로 시생始生하여 군자지도로 완성되는 것을 알 수 있다. 그러나 선천先天이기 때문에 씨로 뿌려진 상황이므로 물리적 시간이 필요한 것이다.

각설

물치불가불양야物穉不可不養也 만물이 어리면 기르지 않을 수 없다. 그러므로 몽괘蒙卦(☶☵)는 만물의 시초인 어린 것을 기르고 키워나가야 한다.

음식필유송飮食必有訟 음식에는 사람이 많아 상호경쟁으로 송사訟事가 있다.

> 訟必有衆起라 故로 受之以師하고
> 송필유중기 고 수지이사
> 師者는 衆也ㅣ니 衆必有所比라 故로 受之以比하고
> 사자 중야 중필유소비 고 수지이비

○ 訟(송사할 송) 衆(무리 중) 起(일어날 기) 師(무리 사) 比(견줄 비)

송사訟事에는 반드시 여럿이 무리를 지어 일어남이 있음이라 그러므로 사괘師卦로 받았고, 무리가 있으면 반드시 친親함이 있으나 비괘比卦로 받고.

개요概要

사괘師卦(☷☵)와 비괘比卦(☵☷)에 대한 설명이다.

각설

송필유중기訟必有衆起 송사訟事에는 반드시 여러 사람이 관여하게 되어 복잡한 일이 일어난다.

중필유소비衆必有所比 무리에는 반드시 사귐이 있어 비괘比卦로 받는다.

比者는 比也ㅣ니 比必有所畜이라
비자 비야 비필유소축

故로 受之以小畜하고 物畜然後에 有禮라
고 수지이소축 물축연후 유예

故로 受之以履하고
고 수지이이

○所(바 소) 畜(쌓을 축) 後(뒤 후) 禮(예도 예{례}) 履(밟을 리, 신 리{이})

비比는 친함이니, 만물이 친함이 있으면 반드시 모이는 바가 있음이라, 고로 소축小畜으로 받았으며, 만물萬物이 모인 뒤 예禮가 있으므로 이履로써 받았고,

개요概要

만물이 와서 서로 도우니 모여 쌓이게 되는 것이다. 또 모여 마을을 이루든 나라를 이루든 간에, 상하上下, 귀천貴賤, 장유長幼의 예禮로써 차례를 지켜야 혼란이 오지 않는다는 것이다.[697]

---

697 사師, 비괘比卦로써 1·6수의 이치를 다하고, 건乾의 방소方所에서 오른쪽의 장녀長女와 왼쪽의 소녀少女가 차례로 만나, 소축小畜과 이履를 이루어 10數로써 건도乾道가 한 바퀴 돈 것이다. 또 이상으로써 여섯괘 (건乾·곤坤·둔屯·몽蒙·수需·송訟·사師·비否·소축小畜·리離 : 이상의 여섯 괘는 양효陽爻 18, 음효陰爻 18로 일치一致한다)를 마침으로써『주역』을 모두 여섯 위로 볼 때, 그 첫 번째 효爻 (상효上爻)를 완성한 것이다.

각설

비필소축比必有所畜 소축小畜(☴☰)은 군자가 덕을 쌓는 일이다.

물축연후物畜然後 **유예**有禮 '물物'은 형이상·하를 통칭하는 개념으로 존재 진리와 존재자를 포괄한다. 여기서는 형이상의 덕을 말하는 것으로 덕을 쌓은 이후에 예禮가 있는 것이라. 이履(☰☱)는 덕의 터(履 德之基也 이 덕 지 기 야)로써 실천함을 포함하는 것이다.

履而泰然後에 安이라
이 이 태 연 후 안

故로 受之以泰하고 泰者는 通也ㅣ니
고 수 지 이 태 태 자 통 야

物不可以終通이라 故로 受之以否하고
물 불 가 이 종 통 고 수 지 이 비

❍ 然(그러할 연) 安(편안할 안) 泰(클 태)

예禮를 행行하여 형통한뒤 편안하므로 태泰로써 받았다. 태泰는 통通함이니 사물事物은 끝내 통通할 수 없으므로 비否로 받았고,

개요概要

태괘泰卦(☷☰)와 비괘否卦(☰☷)에 대한 설명이다.

각설

이이태연후履而泰然後 **안**安 예禮로써 정도正道를 밟아 나아가면 마음이 편안해지는 것이므로, 태평하다는 뜻의 태泰(☷☰)를 다음에 두었다.[698]

698 대학 경문 제1장에서 "머무를 곳을 안 뒤에야 정함이 있고, 정해진 뒤라야 고요할 수 있고, 고요한 뒤에야 편안할 수 있고, 편안한 뒤에야 생각할 수 있고, 생각한 뒤라야 얻을 수 있다.(知止而后有定, 定而后能靜, 靜而后能安, 安而后能慮, 慮而后能得)"라고 하였다.

물불가이종통物不可以終通 태泰(☷☰)와 비否(☰☷)는 서로 상대되는 개념으로, 비록 편안하더라도 교만에 빠지면 비색하게 되는 것이고, 비색하더라도 경계하고 두려운 마음으로 행해나가면 태평하게 되는 것이다. 또한 선천先天적 입장이기에 후천后天(태괘泰卦)에서 선천先天(비괘否卦)으로 정사政事하는 것이다.

物不可以終否라 故로 受之以同人하고,
물 불 가 이 종 비 고 수 지 이 동 인

與同人者는 物必歸焉이라 故로 受之以大有하고
여 동 인 자 물 필 귀 언 고 수 지 이 대 유

○ 否(아닐 비) 歸(돌아갈 귀)

만물은 끝내 비색否塞할 수 없으므로 동인同人으로 받았고, 남과 함께하는 자는 만물이 반드시 돌아오므로 대유大有로 받았고,

개요概要

동인同人(☰☲)은 성인지도聖人之道와 함께하는 것이다. 동인同人(☰☲)에는 대유大有(☲☰)가 들어 있다. 그러므로 형이상자形而上者는 있으면서도 있는 것이 아니다.

각설

물불가이종비物不可以終否 **고**故 **수지이동인**受之以同人 비색함이 오래하면 '儉德避難'(검덕피난) 했던 군자들이 뜻을 모아 바로 잡게 되니, 모든 사람들이 이에 따라 호응하여 큰 모임이 되는 것이다. 대유괘의 '대大'와 동인괘同人卦의 '동同'에서 유교儒教의 사상인 '大同思想'(대동사상)이 유래하였다. 즉 구오九五 성인人과 구이九二 군자君子의 덕을 합함으로써 대동大同하는 이상세계

가 이루어지는 것이다.[699]

여동인자與同人者 물필귀언物必歸焉 고故 수지이대유受之以大有 건乾이 한번 돌 때까지 (소축小畜, 리離) 쓰이지 못했던 중녀中女가 그 중덕中德을 발휘하여 자칫 비색하기 쉬운 세상에 불의 밝음을 주게 되었다. 또 비괘否卦가 두 번 나온 것은 1·6수水에 이어 2·7화火의 의미가 있다.

> 有大者는 不可以盈이라 故로 受之以謙하고
> 유대자 불가이영 고 수지이겸
>
> 有大而能謙이 必豫라 故로 受之以豫하고
> 유대이능겸 필예 고 수지이예

○ 盈(찰 영) 謙(겸손할 겸) 豫(기쁠 예, 미리 예)

큰 것을 가진 것은 넘치게 할 수 없기 때문에 겸謙으로 받았고, 큰 것을 가지고도 겸손하면 반드시 즐겁기 때문에 예괘豫卦로 받았고,

개요概要

겸괘謙卦(䷎)와 예괘豫卦(䷏)에 대한 설명이다. 영盈한다고 하여 물리적인 무엇이 가득 차는 것이 아니라 덕德이 차는 것이다. 그러므로 군자지도인 겸괘謙卦(䷎)로 이어지고, 즐겁기 때문에 예괘(䷏)로 받는다. ❶하늘과 땅의 용用인 물과 불이 완성되었으니, 땅에서 소남少男이 자라 장남長男이 되니 기쁜 것이다. ❷겸謙(䷎)은 만삭의 상象이요, 예豫(䷏)는 출산出産의 상象이다. ❸겸謙(䷎)과 예豫(䷏)는 서로 도전괘挑戰卦이므로 한 괘卦를 셈한다.

699 중천건괘重天乾卦 구오九五가 변變하여 대유괘大有卦가 되었다. 구九와 오五를 합하면 14가 되며, 이는 대유괘가 서괘序卦상 14번째 오는 것과 일치한다. 또한『홍범구주洪範九疇』의 구九와 오황극五皇極의 오五의 합合도 14가 된다.

각설

유대자有大者 **불가이영**不可以盈 **고**故 **수지이겸**受之以謙 교만한 마음이 있으면 주변의 시기로 크게 이루지 못한다. 따라서 큰 것을 두었다는 것은 교만하거나 넘치는 마음이 없다는 뜻이니 겸손하다는 겸괘謙卦(䷎)를 다음에 두었다.

유대이능겸有大而能謙, **필예**必豫, **고**故 **수지이예**受之以豫 크게 두고도 겸손하면 그 큰 것을 오랫동안 보존할 수 있으니 기쁨이 있는 것이다.

豫必有隨ㅣ라 故로 受之以隨하고
예 필 유 수 고 수 지 이 수

以喜隨人者ㅣ 必有事ㅣ라
이 희 수 인 자 필 유 사

故로 受之以蠱하고
고 수 지 이 고

○ 隨(따를 수) 喜(기쁠 희) 蠱(독 고)

즐거우면 반드시 따름이 있으니 수隨로 받았고, 기쁨으로써 남을 따르는 자는 반드시 일이 있으므로 고蠱로 받았고,

개요概要

수괘隨卦(䷐)와 고괘蠱卦(䷑)에 대한 설명이다. 땅과 하늘의 중덕中德인 물이 만난 후에(사師(䷆), 비否(䷋) 아비와 딸의 만남인 소축小畜(䷈), 리離(䷝)를 두었고, 하늘과 땅의 중덕中德인 불이 만난 후에 (동인同人(䷌), 대유大有(䷍)) 어미와 아들의 만남인 겸謙, 예豫를 두었다. 이로써 장남長男, 장녀長女, 소남少男, 소녀少女가 각기 아비와 어미의 덕德을 이어 받게 되었으므로, 아들 딸들이 모여(수隨) 일을 주관하는 것이다(고蠱).

각설

예필유수豫必有隨 수隨(䷐)는 성인지도聖人之道를 기다리고 따르는 것이다. 수인隨人은 군자이다. 군자는 자신의 내면의 덕을 쌓아서 성인지도聖人之道를 실천해야하기 때문에 일이 있는 것이다.

이희수인자以喜隨人者 필유사必有事 기쁨과 즐거움이 있으면 사람들이 따르게 되고, 기쁨으로 따르게 되면 많이 모이기는 하나 의리로써 모인 것과는 다르니, 여러 가지 해결해야 할 일이 생기는 것이다.

蠱者는 事也ㅣ니 有事而後에 可大ㅣ라 故로 受之以臨하고
고자 사야 유사이후 가대 고 수지이임

臨者는 大也ㅣ니 物大然後에 可觀이라
임자 대야 물대연후 가관

故로 受之以觀하고
고 수지이관

○ 蠱(독 고) 臨(임할 임{림}) 觀(볼 관)

고蠱는 일이니, 일이 있은 뒤에 커질 수 있으므로 임臨으로써 받았고, 임臨은 큼이니 물건物件이 커진 뒤 가히 볼만하므로 관觀으로 받았고,

개요概要

임괘臨卦(䷒)와 관괘觀卦(䷓)에 대한 설명이다.

각설

유사이후有事而後 가대可大 고蠱(䷑)는 일(사事)이다. 임臨(䷒)은 천도변화이니, 물物(존재진리)이 크게 밝혀진('大明終始'(대명종시)) 이후에 능히 천지지도天地之道를 깨우칠 수 있다. 고蠱는 좀먹는다는 뜻이니, 좀먹으면 일이

생기므로, 고蠱를 사事라고 한 것이다. 또 일을 한 다음에야 그 결과가 클 수 있으며, 임臨은 위에서 아래로 또는 큰 것이 작은 것으로 와서 만난다는 뜻이니 크다고 했다.

물대연후物大然後 **가관**可觀 작은 것은 움직이더라도 사람들이 주시해 살피지 않으니, 태산泰山이나 바다처럼 크고 성인聖人같이 뛰어나야 볼 수 있다고 했다. 땅에서 소남少男과 장남長男이 자라듯이, 땅에서 소녀少女와 장녀長女가 자라는 것이다.

可觀而後에 有所合이라 故로 受之以噬嗑하고
기관이후 유소합 고 수지이서합
嗑者는 合也|니 物不可以苟合而已라
합자 합야 물불가이구합이이
故로 受之以賁하고
고 수지이비

○ 觀(볼 관) 所(바 소) 合(합할 합) 噬(씹을 서) 嗑(말 많을 합) 苟(진실로 구) 賁(꾸밀 비, 클 분)

가히 볼만한 이후에는 합合이 있으므로 서합噬嗑으로 받았고, 합嗑은 합함이니 물건을 진실로 합할 수 없음이라. 고로 비賁로 받았고,

개요概要

서합괘噬嗑卦(䷔)와 비괘賁卦(䷕)에 대한 설명이다.

각설

가관이후可觀而後 **유소합**有所合 관觀(䷓)은 천지지도天地之道(성인지도)와 합덕하는 것이다. 서합噬嗑(䷔)은 사효四爻의 양효陽爻를 군자의 영양소인 음식물로 씹어 먹어 군자의 덕을 기르는 것이다. 서합噬嗑(䷔)에서

사효四爻의 변화를 통해서 선천先天의 성인聖人이 후천后天 군자君子로 바뀌는 것이다.[700] 큰 덕과 큰 일을 이루어 볼 수 있게 된 다음에야 사람들이 믿고 따르는 바가 있으나, 간격 또는 이 물질을 씹어 합한다는 서합噬嗑(䷔)을 다음에 두었다.

물부가이物不可以 **구합이이**苟合而已 인군人君과 신하, 부부, 친구 등 모든 관계에 있어서, 예의를 갖추지 않고 사귐을 시작하면 서로 더럽히는 것이 되어 오래가지 못하니, 예절로써 꾸민다는 비賁(䷕)를 다음에 둔 것이다.

> 賁者는 飾也ㅣ니
> 비자 식야
>
> 致飾然後에 亨則盡矣라 故로 受之以剝하고
> 치식연후 형즉진의 고 수지이박
>
> 剝者는 剝也ㅣ니 物不可以終盡이니 剝이 窮上反下ㅣ라
> 박자 박야 물불가이종진 박 궁상반하
>
> 故로 受之以復하고
> 고 수지이복

○ 賁(꾸밀 비, 클 분) 飾(꾸밀 식) 致(보낼 치) 亨(형통할 형) 則(곧 즉) 盡(다할 진) 剝(벗길 박) 終(끝날 종) 窮(다할 궁) 反(되돌릴 반) 復(돌아올 복)

비賁는 꾸밈이니 꾸밈이 지극한 뒤에야 형통을 다함이라. 고로 박剝으로 받았고, 박剝은 깎는 것이나, 사물은 끝내 다할 수 없으니, 박剝은 위에서 다하면 아래로 돌아오는 것이라. 그러므로 복復으로 받았다.

---

700 역학의 핵심적인 원리는 선후천先后天변화원리로 선천先天과 후천后天, 시간성에 있어서 과거와 미래, 불교佛敎에서는 중생과 부처, 미혹된 세계와 깨달은 인격적 세계로 대비된다. 그러나 궁극적으로는 두 세계가 아니라 중생과 부처가 하나이며, 선천先天과 후천后天이 하나이며, 과거와 미래가 하나인 것으로 진리의 자각을 통해서 미혹된 세계에서 인격적 세계로 나아가는 것이다. 왜냐하면 선천先天에서 후천后天을 보면 지향해야할 세계이며, 후천后天에서 선천先天을 보면 후천后天이 되기 위한 과정이기 때문이다.

개요概要[701]

박괘剝卦(䷖)와 복괘復卦(䷗)에 대한 설명이다. 겸謙(䷎), 예豫(䷏)는 곤坤(䷁)에서 소남少男과 장남長男이 생生하는 것을 말한 것이고, 박剝(䷖), 복復(䷗)은 소남少男과 장남長男이 곤坤의 터에서 순환하며 생생지리生生之理를 잇는 것을 의미한다.

각설

치식연후致飾然後 **형즉진의**亨則盡矣 비賁(䷕)는 자기가 가지고 있는 것을 그대로 드러냄을 의미하는 것으로 자신의 도덕적 본성을 그대로 드러내는 것이다. 인간은 성인聖人이 제정한 문물제도에 의해 이루어지는 사회를 본래의 뜻대로 살아가야 하는 존재이다. 「잡괘雜卦」편에서 '賁(비)는 无色也(천색야)ㅣ라' 하였고, 「효사爻辭」에서는 '上九(상구)는 白賁(백비)면 无咎(무구)리라' 하여 꾸밈이 치장이 아님을 알 수 있다.

물불가이종진物不可以終盡 **박**剝 **궁상반하**窮上反下 치致는 극도로 다다랐다는 뜻이다. 꾸며서 그 질을 잘 나타내는 것이 지나치면, 무늬는 성하지만 본질은 상하게 되므로 깎인다는 뜻으로 박괘剝卦(䷖)를 다음에 두었다. 또 깎이는 것이 지나치면 회복하는 때가 오는 것이다.

---

701 (觀中) 박剝·복復은 천도원리의 표상으로 도역생성倒逆生成원리를 상징적으로 드러낸 것이다. 박剝은 천도天道의 입장에서는 윤도수閏度數 탈락이며, 인도人道에서는 소인지도를 박剝하는 것이다.

復則不妄矣라 故로 受之以无妄하고
복 즉 불 망 의　고　수 지 이 무 망

有无妄然後에 可畜이라 故로 受之以大畜하고
유 무 망 연 후　가 축　고　수 지 이 대 축

❍ 復(돌아올 복) 妄(허망할 망) 畜(쌓을 축)

돌아오지 않으면 망령됨이 없으니 무망无妄으로 받았고, 무망无妄이 있은 연후에 가히 크게 모을 수 있으니 대축大畜으로 받았고,

개요概要

무망괘(☰☳)와 대축괘(☶☰)에 대한 설명이다. 박剝(☶☷), 복復(☷☳)은 곤도坤道를 장남長男과 소남少男이 있는 것이고, 무망无妄(☰☳), 대축大畜(☶☰)은 건도乾道를 장남長男과 소남少男이 잇는 것이다. 하늘과 땅의 도道를 장남長男이 이으니, 생생生生의 도道가 끊임없이 이어지는 것이다.

각설

복즉불망의復則不妄矣 복괘復卦(☷☳)의 복復는 천지지심天地之心이 복復하는 것으로 나타난다. 무망无妄(☰☳)은 천하에 성인지도가 행해지는 것으로 존재 진리와 함께하는 것이다.

유무망연후有无妄然後 가축可畜 대축大畜(☶☰)은 선천先天에서 덕을 쌓아가고 있지만 아직 자신의 덕이 되지 아니한 때이다. 천명天命을 회복하니 무망无妄이 된 것이며, 진실眞實하고 정성됨으로써 행동하니 크게 쌓을 수 있는 것이다.

物畜然後에 可養이라 故로 受之以頤하고
물축연후 가양 고 수지이이

頤者는 養也ㅣ니 不養則不可動이라
이자 양야 불양즉불가동

故로 受之以大過하고
고 수지이대과

○ 養(기를 양) 頤(턱 이) 過(지날 과)

가히 물건物件이 크게 모인 뒤 기를 수가 있으니, 이頤로서 받았고, 이頤는 기름이니 기르지 않으면 동動할 수 없으므로 대과大過로써 받았고,

개요概要

이괘頤卦(☶☳)와 대과괘大過卦(☱☴)에 대한 설명이다. 이頤(☶☳)는 진변위간震變爲艮을 표상하며, 진리(성인지도聖人之道)의 주체적 자각을 통해서 선천先天에서 후천后天으로 건너야 함을 말한다.

각설

물축연후物畜然後 **가양**可養 물건이 모인 후에는 성인지도聖人之道의 자각으로 기를 수 있다는 것이다.

이자頤者 **양야**養也 **불양즉불가동**不養則不可動 진리의 자각으로 기르지 않으면 움직일 수 없다는 것이다.

物不可以終過ㅣ라 故로 受之以坎하고
물불가이종과 고 수지이감

坎者陷也ㅣ니 陷必有所麗ㅣ라 故로 受之以離하니
감자함야 함필유소려 고 수지이이

離者는 麗也ㅣ라.
이자 여야

○ 坎(구덩이 감) 陷(빠질 함) 麗(걸릴 려{여}, 고울 려{여}) 離(떼놓을 이{리}, 괘이름 이{리})

사물은 끝내 지나칠 수 없으므로 감坎으로써 받았고, 감坎은 빠짐이니 빠지면 반드시 걸리는바가 있으므로 리離로써 받았으니 리離는 걸림이라.

개요概要

감괘坎卦(☵☵)와 리괘離卦(☲☲)에 대한 설명이다. 리離(☲☲), 대과大過(☱☴)는 장남, 장녀, 소남, 소녀로 건곤지도乾坤之道를 이었으되 한쪽으로 치우친 면이 있으나, 감坎(☵☵)·리離(☲☲)는 건乾(☰☰)·곤坤(☷☷)의 중덕中德을 얻어 행하므로, 상경上經의 끝에 두어 건곤지도乾坤之道를 실질적으로 잇는 주체임을 밝혔다.

각설

물불가이종과物不可以終過 대과大過(☱☴)의 때를 맞아 대과大過의 일을 하는 까닭은 중中으로 돌아오기 위한 것이다. 따라서 양陽이 중中을 얻었고, 만물이 돌아간다는 뜻을 갖고 있는 감괘坎卦(☵☵)으로 받으니, 지나치게 하면 험한데 빠진다는 뜻도 포함한 것이다.

함필유소려陷必有所麗 험한데 빠진다는, 반드시 다시 나오고자 하여 의지하여 붙드니 걸린다는 뜻의 이로 받았다. 리괘離卦(☲☲)의 리離는 밝음, 진리, 태양을 상징하며, 려麗는 '걸린다', '기반을 둔다' 는 의미이다.

☐ 서괘하편序卦下篇 ☐

요지要旨

자연과 천지의 조화와 부부지도夫婦之道의 의미를 설명하고 있다.

有天地然後에 有萬物하고 有萬物然後에 有男女하고
유 천 지 연 후 유 만 물 유 만 물 연 후 유 남 녀

有男女然後에 有夫婦하고 有夫婦然後에 有父子하고
유 남 녀 이 후 유 부 부 유 부 부 이 후 유 부 자

有父子然後에 有君臣하고 有君臣然後에 有上下하고
유 부 자 이 후 유 군 신 유 군 신 이 후 유 상 하

有上下然後에 禮義有所錯이니라.
유 상 하 이 후 예 의 유 소 착

夫婦之道ㅣ 不可以不久也ㅣ라 故로 受之以恒하고
부 부 지 도 불 가 이 불 구 야 고 수 지 이 항

○ 禮(예도 례{예}) 夫(지아비 부) 婦(며느리 부) 錯(섞일 착) 久(오랠 구) 恒(항상 항)

천지天地가 있은 뒤에 만물이 있고, 만물이 있은 뒤에 남녀男女가 있고, 남녀男女가 있은 뒤에 부부夫婦가 있고, 부부夫婦가 있은 뒤에 부자父子가 있고, 부자父子가 있은 뒤에 군신君臣이 있고, 군신君臣이 있은 뒤에 상하上下가 있고, 상하上下가 있은 뒤에 예의가 둘 곳이 있는 것이다. 부부의 도는 오래하지 않을 수 없으므로 항恒으로써 받았고,

개요槪要

천지가 만물을 생生하여 부부夫婦를 이루기까지와 부부夫婦로부터 시작始作되어 사회를 이루는 것을 말했다. 또 사회의 기반이 되는 부부라는 조직

은 건乾·곤坤이 영속永續하듯 오래해야 사회가 유지維持되는 것이고, 이렇게 오랫동안 유지維持하는데는 예禮와 의義로써 행동하는 것이 바탕이 된다.

「서괘序卦」편의 「상편」에서 머릿괘인 건乾·곤坤을 천지天地라고 하여 가장 먼저 나온 괘卦임을 밝혔듯이, 「하편下篇」에서도 머릿 괘卦인 함咸을 부부夫婦라 하여, 부부夫婦로부터 모든 사회가 시작된다는 것을 말했다. 부부도 역시 건乾·곤坤으로 부터 나온 것이므로 '有天地然後(유천지연후) 有萬物(유만물) 有萬物然後(유만물연후) 有男女(유남녀)'의 귀절을 앞에 두었다.

부부지도夫婦之道를 성인·군자지도에 비유하고 있다. ❶사랑의 영원성 ❷부부의 일반적 원리 ❸전체 부부를 칭함이다.[702]

恒者는 久也ㅣ니 物不可以久居其所ㅣ라
항자 구야 물불가이구거기소

故로 受之以遯하고
고 수지이돈

遯者는 退也ㅣ니 物不可以終遯이라
돈자 퇴야 물불가이종돈

故로 受之以大壯하고
고 수지이대장

○ 恒(항상 항) 久(오랠 구) 物(만물 물) 不(아닌가 부, 아닐 불) 可(옳을 가) 以(써 이) 久(오랠 구) 居(있을 거) 其(그 기) 所(바 소) 故(옛 고) 受(받을 수) 退(물러날 퇴) 終(끝날 종) 遯(은둔할 둔) 壯(씩씩할 장)

702 참고사항

┌ 천 : 천도天道(시간적개념) ──┐
·삼효三爻 : 天, 地, 人 　　　우주宇宙존재의 구성構成
└ 지 : 지도地道 ⇨ 강유剛柔(공간적개념) ──┘
·삼재三才사상 :
음양적 작용원리가 내재 ⇨ 천도天道的개념이면서 인도人道와 지도地道이다.

항恒은 오래함이니 물건은 한 곳에 오랫동안 머물 수 없으므로 돈遯으로 받았고, 돈遯은 물러감이니 물건은 끝내 물러갈 수 없으므로 대장大壯으로써 받았고,

개요概要

돈괘遯卦(䷠)와 대장괘大壯卦(䷡)에 대한 설명이다.

각설

물불가이구거기소物不可以久居其所 '부부불가이구거기소夫婦不可以久居其所'라 하지 않고 '물불가이구거기소物不可以久居其所'라 하여 '부부夫婦' 대신 '물物'을 넣은 것은, 부부夫婦가 마땅히 항구하게 같이 살아야 하지만 '부부夫婦'자를 쓰면 부부夫婦가 이별해야 한다는 뜻이 된다. 일반적인 이치로 볼 때 영구히 계속되는 것이 없다는 것을 밝힌 것이다. 한곳에 계속 머물러 있을 수만은 없으므로 물러난다는 뜻의 돈괘遯卦(䷠)를 다음에 두었다.

물불가이종돈物不可以終遯 다시 크게 성장한다는 뜻의 대장괘大壯卦(䷡)를 두어 왕래往來를 말했다.

> 物不可以終壯이라 故로 受之以晉하고 晉者는 進也니
> 물불가이종장 고 수지이진 진자 진야
> 進必有所傷이라 故로 受之以明夷하고
> 진필유소상 고 수지이명이

○ 壯(씩씩할 장) 晉(나아갈 진) 進(나아갈 진) 傷(상처 상) 明(밝을 명) 夷(오랑캐 이, 상할 이)

물건은 끝내 장성할 수 없으므로 진晉으로써 받았고, 진晉은 나아감이니 나아가면 반드시 상傷하는 바가 있으므로 명이明夷로써 받았고,

개요概要

진괘晉卦(䷢)와 명이괘明夷卦(䷣)에 대한 설명이다.

각설

물불가이종장物不可以終壯 사물의 이치가 크고 강성해지면 앞으로 나아가게 마련이니 진괘晉卦(䷢)를 대장괘大壯卦(䷡) 다음에 두었다.

진필유소상進必有所傷 또 나아가기만 하고 그치지 않으면 감험坎險한데 빠지게 되어 다치는 것이다.

> 夷者는 傷也ㅣ니 傷於外者ㅣ 必反其家ㅣ라
> 이자 상야 상어외자 필반기가
> 故로 受之以家人하고 家道ㅣ 窮必乖라
> 고 수지이가인 가도 궁필괴
> 故로 受之以睽하고
> 고 수지이규

○ 窮(다할 궁) 乖(어그러질 괴) 睽(사팔눈 규)

이夷는 상傷함이니 밖에서 상한 자는 반드시 집으로 돌아오므로 가인家人으로써 받았고, 가도家道는 궁窮하면 반드시 어그러지므로 규睽로써 받았고,

개요概要

가인괘家人卦(䷤)와 규괘睽卦(䷥)에 대한 설명이다.

각설

상어외자傷於外者 **필반기가**必反其家 군자지도는 정명正名·정명正命원리로 구현됨을 말한다. ❶성인聖人은 정명正名의 도道를 드러내는 입장에서

그 이름을 바르게 해주고, ❷군자君子는 정명正命의 도道를 실천하는 입장에서 그 사명을 바르게 실천함을 말한다. 가인괘家人卦(☲)란, 상처 입은 마음이나 몸을 아무런 이해 관계없이 가장 긍휼히 여기는 것은 가족이 제일이므로, 밖에서 다친 자는 집으로 돌아오기 마련이다.

가도家道 **궁팔괴**窮必乖 그러나 집안이 지켜야 할 예절禮節과 의무를 다하지 않으면 머지않아 흩어지게 되는 것이다.

睽者는 乖也ㅣ니 乖必有難이라 故로 受之以蹇하고 규자 괴야 괴필유난 고 수지이건 蹇者는 難也ㅣ니 物不可以終難이라 故로 受之以解하고 건자 난야 물불가이종난 고 수지이해

❍ 乖(어그러질 괴) 蹇(절 건) 難(어려울 난) 解(풀 해)

규睽는 어그러짐이니 어그러지면 반드시 어려움이 있으므로 건蹇으로써 받았고, 건蹇은 어려움이니 물건은 끝내 어려울 수 없으므로 해解로써 받았고,

개요概要

건괘蹇卦(☵)와 해괘解卦(☳)에 대한 설명이다.

각설

괴필유난乖必有難 어그러지고 흩어지는 데서 어려움이 생기므로, 규괘睽卦(☲) 다음에 어렵다는 뜻의 건괘蹇卦(☵)을 두었다.

물불가이종난物不可以終難 또 어려울 때는 풀릴 때를 기다려 해결해야 한다. 똑같이 감坎(☵)를 상괘上卦로 가진 둔괘屯卦(☵)는 능동적이고 어려움을 헤쳐 나가는 것이고, 건괘蹇卦(☵)의 어려움을 예견하여 그 어려

움이 풀릴 때까지 기다렸다 행하는 것이니, 이것은 각기 그 때와 자신이 갖고 있는 능력에 따라 달리 행할 뿐이다.

解者는 緩也ㅣ니 緩必有所失이라 故로 受之以損하고
해자 완야 완필유소실 고 수지이손

損而不已면 必益이라 故로 受之以益하고
손이불이 필익 고 수지이익

○ 解(풀 해) 緩(느릴 완) 失(잃을 실) 損(덜 손) 已(이미 이) 益(더할 익)

해解는 늦춰짐이니 늦춰지면 반드시 잃는 바가 있으므로 손損으로써 받았고, 덜고 그치지 않으면 반드시 더하므로 익益으로써 받았고,

개요概要

손괘損卦(䷨)와 익괘益卦(䷩)에 대한 설명이다.

각설

완필유소실緩必有所失 해解(䷧)는 느슨하게 풀어짐이다. 그러므로 잃는 바가 있어 손괘損卦(䷨)로 받는다.

손이불이損而不已 **필익**必益 해解는 만삭의 어려움을 겪은 후 생명을 해산解産하는 것이다.

益而不已면 必決ㅣ라 故로 受之以夬하고
익이불이 필결 고 수지이쾌

夬者는 決也ㅣ니 決必有所遇ㅣ라 故로 受之以姤하고
쾌자 결야 결필유소우 고 수지이구

○ 益(더할 익) 不(아닐 불) 已(이미 이) 決(터질 결) 夬(터놓을 쾌{깍지 결}) 遇(만날 우) 姤(만날 구)

더하고 그치지 않으면 반드시 터지므로 쾌夬로써 받았고, 쾌夬는 결단함이니 결단하면 반드시 만나는 바가 있으므로 구姤로써 받았고,

개요概要

쾌괘夬卦(䷪)와 구괘姤卦(䷫)에 대한 설명이다.

각설

익이불이益而不已 **필결**必決 쾌夬(䷪)는 군자가 소인小人을 결단하는 지혜를 말한다.

결필유소우決必有所遇 소인지도를 결단하면 반드시 성인지도와 만나게 된다는는 것이다.

姤者는 遇也니 物相遇以後에 聚ㅣ라 故로 受之以萃하고 구자 우야 물상우이후 취 고 수지이췌
萃者는 聚也ㅣ니 聚而上者를 謂之升이라 故로 受之以升하고 췌자 취야 취이상자 위지승 고 수지이승

○ 相(서로 상) 遇(만날 우) 聚(모일 취) 萃(모일 췌) 升(되 승)

구姤는 만남이니 물건이 서로 만난 뒤에 모이므로 췌萃로써 받았고, 췌萃는 모임이니 모여서 올라감을 승升이라 이르므로 승升으로써 받았고,

개요概要

췌괘卦萃(䷬)와 승괘升卦(䷭)에 대한 설명이다.

각설

구자우야姤者遇也 **물상우이후**物相遇以後 **취**聚 구姤(䷫)는 못에 물이 계속해서 차면 제방이 이를 견디지 못하고 터지듯이, 만물萬物에 있어서도 계속해서 더하면 결단나게 되는 것이다. 또 물이 서로 만나지 못하는 것은 제방으로 막혀서 그렇고, 사람이 서로 못만나는 것은 성城이나 높은 산들이 가로 막혀 있는 까닭이니, 이러한 장애물이 결단나면 서로 만날 수 있게 된다.

췌자취야萃者聚也 **취이상자**聚而上者 **위지승**謂之升 물건이 서로 만나서 모이는 것이 췌萃(䷬)이며, 모여 높고 크게 쌓이는 것이 승升이다. 인사적으로 말하면 학문에 있어서는 '朋友講習(붕우강습)'하여 '進德修業(진덕수업)'하는 것이며, 나아가 태괘泰卦 초구初九처럼 "띠뿌리를 뽑음이라. 그 무리로써 감이니 길하니라."[703] 라고 하는 것이 '승升(䷭)'인 것이다.[704]

> 升而不已면 必困이라 故로 受之以困하고
> 승이불이 필곤 고 수지이곤
> 困乎上者ㅣ 必反下ㅣ라 故로 受之以井하고
> 곤호상자 필반하 고 수지이정

○ 升(되 승) 已(이미 이) 必(반드시 필) 困(괴로울 곤)

올라가고 그치지 않으면 반드시 곤困하므로 곤困으로써 받았고, 위에 곤困한 자는 반드시 아래로 돌아오므로 정井으로써 받았고,

개요概要

곤괘困卦(䷮)와 정괘井卦(䷯)에 대한 설명이다.

---

703 『주역』, 태괘泰卦 초구「효사爻辭」, "발모여拔茅茹 이기휘以其彙 정길征吉."

704 쾌夬 ⇨ 지知, 구姤 ⇨ 의義, 췌萃 ⇨ 예禮, 승升 ⇨ 인仁.

각설

승이불이升而不已 필곤必困 아래에서 위로 올라감은 힘이 드니, 계속해서 올라가면 힘이 떨어져 곤困하게 된다.

취이상자聚而上者 위지승謂之升 또 높은 데서 곤란을 겪은 자는 다시 내려오니, 가장 아래까지 내려온 것이 우물(땅보다 아래)이다.

井道ㅣ 不可不革이라 故로 受之以革하고
정도 불가불혁 고 수지이혁
革物者ㅣ 莫若鼎이라 故로 受之以鼎하고
혁물자 막약정 고 수이이정

❍ 井(우물 정) 道(길 도) 革(가죽 혁) 莫(없을 막) 若(같을 약) 鼎(솥 정)

우물의 도道는 변혁하지 않을 수 없으므로 혁革으로써 받았고, 물건을 변혁함은 가마솥 만함이 없으므로 정鼎으로써 받았고,

개요概要

혁괘革卦(䷰)와 정괘鼎卦(䷱)에 대한 설명이다.

각설

정도井道 불가불혁不可不革 우물을 청소하고 수리하지 않고 방치해두면 물이 더럽고 흐려져서 마시지 못하게 되므로 「서괘」에서는 고친다는 혁괘革卦(䷰)를 다음에 두었다.

혁물자革物者 막약정莫若鼎 물건物件을 고치는 기구器具는 많지만, 솥이 모든 것을 새롭게 하여 먹게 해주는 공이 크므로 정鼎(䷱)을 혁괘革卦 다음에 두었다.

主器者ㅣ 莫若長子ㅣ라 故로 受之以震하고
주기자 막약장자 고 수지이진

震者는 動也ㅣ니 物不可以終動하야 止之라
진자 동야 물불가이종동 지지

故로 受之以艮하고
고 수지이간

○ 器(그릇 기) 莫(없을 막) 若(같을 약) 長(길 장) 震(벼락 진) 動(움직일 동) 艮(괘 이름 간, 머무를 간)

기물器物을 주관하는 자는 장자長子만한 자가 없으므로 진震으로써 받았고, 진震은 동함이니 물건은 끝내 동할 수 없어 멈추므로 간艮으로써 받았고,

개요概要

진괘震卦(☳)와 간괘艮卦(☶)에 대한 설명이다.

각설

주기자主器者 막약장자莫若長子 주기자主器者는 제기祭器를 말한다. 제기祭器의 책임자는 진장남震長男이라는 것이다.

물불가이종동物不可以終動 지지止之 ❶동動은 적극적積極的인 성정을 말하고, ❷지止는 소극적小極的 성정을 말한다.

수지이간受之以艮 간艮 소남少男이 장남長男의 역할을 대행代行하여 후천后天에 군자지도君子之道를 행行한다는 것이다.

艮者는 止也ㅣ니 物不可以終止라 故로 受之以漸하고
간 자 지 야 물 불 가 이 종 지 고 수 지 이 점
漸者는 進也ㅣ니 進必有所歸라 故로 受之以歸妹하고
점 자 진 야 진 필 유 소 귀 고 수 지 이 귀 매

○ 艮(괘 이름 간, 머무를 간) 止(머무를 지) 物(만물 물) 終(끝날 종) 止(발 지) 漸(점점 점) 進(나아갈 진) 歸(돌아갈 귀) 妹(누이 매)

간艮은 멈춤이니 물건은 끝내 멈출 수 없으므로 점漸으로써 받았고, 점漸은 나아감이니 나아가면 반드시 돌아오는 바가 있으므로 귀매歸妹로써 받았고,

개요概要

점괘漸卦(䷴)와 귀매괘歸妹卦(䷵)에 대한 설명이다.

각설

간자艮者 지야止也 정鼎은 밥을 짓는 중요한 그릇이고, 아비를 이어 그릇을 주관하고 제사祭祀를 지내는 것은 맏아들이므로 정鼎을 이어 진震으로 받았고, 진震은 움직이는 성질이 있으나 계속해서 움직일 수만은 없으므로 그친다는(지止)뜻의 간艮을 다음에 둔 것이다.[705]

점자漸者 진야進也 진필유소귀進必有所歸 움직이면 그치게 되고, 그쳐 있으면 움직이는 것이 만물의 이치理致이다. 간艮으로 그쳐 있으면 저절로 움직이게 되니, 차츰 움직인다는 뜻의 점漸으로 받았다. 대장大壯하여 진進하면 다치게 되나, 간艮한 가운데 점漸하니 한 곳으로 쌓이게 되므로 귀매歸妹를 다음에 둔 것이다. 드디어 손巽(☴)·태兌(☱)·진震(☳)·간艮

705 손巽, 태兌가 건乾, 곤坤, 감坎, 리離를 차례로 만나 만물을 화육하는 덕德을 베풀면, 그것이 제일 먼저 자라나 나오는 것은 진震, 간艮이라는 뜻이다.

(☷)이 사귀니, 결합한다는 뜻의 점漸과 귀매歸妹로 받은 것이다.

得其所歸者ㅣ 必大ㅣ라 故로 受之以豊하고
득기서귀자 필대 고 수지이풍

豊者는 大也ㅣ니 窮大者ㅣ 必失其居ㅣ라
풍자 대야 궁대자 필실기거

故로 受之以旅하고
고 수지이여

○ 得(얻을 득) 歸(돌아갈 귀) 必(반드시 필) 豊(풍성할 풍) 窮(다할 궁) 失(잃을 실) 居(있을 거, 머룰 거) 旅(나그네 여)

그 돌아올 바를 얻은 자 반드시 큼(대大)이라. 그러므로 풍으로써 받고, 풍은 큰 것이니 큰 것이 궁한 자는 반드시 그 거처를 잃음이라. 그러므로 여旅로써 받았고,

개요概要

풍괘豊卦(☳☲)와 여괘旅卦(☲☶)에 대한 설명이다.

각설

득기소귀자得其所歸者 **필대**必大 돌아갈 바의 의미는 ❶새로운 종시終始의 씨를 뿌린다. ❷돌아갈 곳을 얻는다는 것이다. 불귀不歸란 천지天地가 서로 교통交通하지 못함으로 만물萬物이 자라지 못한다. 즉 성인지도를 만나지 못했다는 것이다. 그러므로 귀매歸妹란 종시終始의 귀착歸着이라 풍豊으로 받았다.

풍자대야豊者大也 **궁대자**窮大者 **필실기거**必失其居 「서괘」편에 똑같이 '대大'라고 풀이한 임괘臨卦의 경우는 고蠱의 어려운 일을 해결한 후에 커진

것이므로 스스로 조심하여 만물에 대하여 우러러 보는 것이고, 풍괘風卦의 경우는 음양합덕으로 인해 저절로 풍성해진 것이므로, 교만해져서 사치하고 낭비에 빠지기 쉬우므로 여旅가 되어 떠돌게 되니, 자연의 이치理致와 성인聖人의 경계하심이 큰 것이다. 또 뜻을 같이해 모이면 모두가 일심동체가 되어 바르게 행하는 대유大有가 되는 것이고, 기운으로 저절로 모이면 다만 풍성할 뿐이다.

旅而无所容이라 故로 受之以巽하고
여이무소용 고 수지이손

巽者는 入也|니 入而後에 說之라 故로 受之以兌하고
손자 입야 입이후 열지 고 수지이태

○ 旅(군사 려(여)) 无(없을 무) 所(바 소) 容(얼굴 용) 巽(손괘 손) 入(들 입) 後(뒤 후) 說(기꺼울 열)

나그네가 되면 용납할 곳이 없으므로 손巽으로써 받았고, 손巽은 들어감이니 들어간 뒤에 기뻐하므로 태兌로써 받았고,

개요概要

손괘巽卦(☴)와 태괘兌卦(☱)에 대한 설명이다.

각설

여이무소용旅而无所容 풍성할 때 교만한 마음으로 사치하고 낭비하여 나그네가 되었으나, 겸손하고 순종하면서 따르는 마음을 갖는다면 사람들이 다시 받아들여 같이 기뻐할 수 있는 것이다.

손자입야巽者入也 **입이후열지**入而後說之 거듭 손순遜順하라는 뜻의 손巽을 여旅 다음에 두고, 거듭 기뻐한다는 뜻의 태兌로 그 다음을 둔 것이

다. 순수하게 손巽이나 태兌로 이루어진 괘卦를 두어 진震·간艮·손巽·태兌가 하경下經을 이루는 주체가 된다는 뜻을 밝혔다.

兌者는 說也ㅣ니 說而後에 散之라 故로 受之以渙하고
태자 열야 열이후 산지 고 수지이환

渙者는 離也ㅣ니 物不可以終離라 故로 受之以節하고
환자 이야 물불가이종이 고 수지이절

○ 兌(빛날 태) 說(기꺼울 열) 後(뒤 후) 散(흩을 산) 受(받을 수) 渙(흩어질 환) 離(떼놓을 이{리}) 物(만물 물) 終(끝날 종) 節(마디 절)

태兌는 기뻐함이니 기뻐한 뒤에 흩어지므로 환渙으로써 받았고, 환渙은 떠남이니 물건은 끝내 떠날 수 없으므로 절節로써 받았고,

개요概要

환괘渙卦(䷺)와 절괘節卦(䷻)에 대한 설명이다.

각설

수지이환受之以渙 변화의 의미를 알려준다. 진리眞理의 자각에 대한 선후천先后天 의미가 내포되어 있다.

수지이절受之以節 인생의 절節은 60이 마디이다. 마디는 변화의 시점이다.

節而信之라 故로 受之以中孚하고
절이신지 고 수지이중부

有其信者는 必行之라 故로 受之以小過하고
유기신자 필행지 고 수지이소과

○ 節(마디 절) 信(믿을 신) 故(옛 고) 受(받을 수) 以(써 이) 孚(미쁠 부) 庚(일곱째 천간 경) 申(아홉째 지지 신)

절제하여 믿으므로 중부中孚로써 받았고, 자신하는 마음이 있는 자者는 반드시 결행하므로 소과小過로써 받았고,

개요概要

중부괘中孚卦(☴☱)와 소과괘小過卦(☳☶)에 대한 설명이다.[706]

각설

절이신지節而信之 중부中孚는 중도中道가 행해져서 정도正道가 되는 것이다. 절도있게 행동하면 사람들이 믿고 따르게 되므로, 믿는다는 뜻의 중부中孚를 다음에 두었다.[707]

유신지자有其信者 **필행지**必行之 소신所信이 있는 자는 반드시 행동으로 옮기기 마련이므로, 조금 지나치다는 뜻의 소과小過(☳☶)를 다음에 두었다. 중도中道에 대한 믿음으로 움직이는 것은 바름을 행하는 것이므로 그 뒤를 물과 불이 사귄 기제旣濟(☵☲)와 미제未濟(☲☵)를 두어 장려하였다. ❶움직임에 따라 과過가 있는 것이므로, 대과大過(☱☴)에는 '동動'이라 하고, 소과小過(☳☶)에는 '행行'을 넣어, 과過가 행行과 동動에 따른 지나침일 뿐이라는 것을 밝혔다. ❷손巽과 태兌가 서로 사귄 것이 중부中孚(☴☱)이며, 진震과 간艮이 서로 사귄 것이 소과小過(☳☶)이다. 중부中孚(☴☱)는 리離의 상象을 이루므로 땅의 중덕中德을 가진 중녀中女를 포함하고, 소과小過(☳☶)는 감坎의 상象을 이루므로 하늘의 중덕中德을 갖춘 중남中男을 포함한다.

706 절節은 절도節度의 시간적 변화이고, 부孚는 중도中道에 대한 믿음이다.
707 부孚는 미쁠 부로 참되고 믿음성이 있다.

有過物者는 必濟라 故로 受之以旣濟하고
유과물자 필제 고 수지이기제

○ 有(있을 유) 過(지날 과) 物(만물 물) 者(놈 자) 必(반드시 필) 濟(건널 제) 故(옛 고) 受(받을 수) 以(써 이) 旣(이미 기)

사물에 지나침이 있는 것은 반드시 다스려야 함이라. 그러므로 기제旣濟(䷾)로써 받았고,

개요概要

기제괘旣濟卦(䷾)에 대한 설명이다.

각설

유과물자有過物者 필제必濟 선갑삼일先甲三日에서 후갑삼일後甲三日을 자각하는 미래적 세계를 건너야 한다는 것이다. '칠일래복七日來復' 원리에 대한 자각이다. 후천后天적 심판의 의미 내포하고 있으며, 역도전체易道全體의 총결론이다.

物不可窮也ㅣ라 故로 受之以未濟하야 終焉하니라
물불가궁야 고 수지이미제 종언

○ 物(만물 물) 不(아닌가 부, 아닐 불,) 可(옳을 가) 窮(다할 궁) 故(옛 고) 受(받을 수) 未(아닐 미) 濟(건널 제) 終(끝날 종) 焉(어찌 언)

사물은 궁극히 할 수 없으므로 미제로써 받아 마친 것이다.

개요概要

미제괘未濟卦(䷿)에 대한 설명이다.

각설

물불가궁야物不可窮也 사물의 지나침을 다스림에는 성인聖人·현인賢人이라야 능히 천하를 다스릴 수 있으므로 완전히 다스렸다는 뜻의 기제旣濟로 받았다. 완전히 다스려졌다는 것은 음양陰陽 소장消長의 이치가 멈추었다는 뜻이므로, 다시 덜 다스려졌다는 뜻의 미제괘未濟卦(䷿)로 받아 『주역』을 마친 것이다. 「서괘」에는 일반적으로 앞의 괘가 원인이 되어 그 뜻을 있는 형식으로 되어 있지만, 미제괘未濟卦(䷿)와 같이 앞뒤의 뜻을 뒤집어서 해석하는 괘가 있다. 즉 궁즉변窮卽變, 변즉통變卽通의 뜻을 말해 천리天理의 필연必然과 인사人事의 당연當然을 설명한 것이다.

잡괘 雜卦

▢ 잡괘편雜卦篇 ▢

요지要旨

잡괘雜卦는 서괘序卦와 달리 그 순서에는 규칙은 없고 다만 64괘를 32짝으로 나누어 음양교역陰陽交易의 착종錯綜원리로써 괘卦의 뜻을 설명하고 있다. 「잡괘」편을 나누는 방식으로는 두 가지가 있는데, 건괘乾卦에서 곤괘困卦까지 30괘를 「상경上經」으로 보고, 함咸부터 쾌夬까지 34괘를 「하경下經」으로 보는 방식이다.[708]

「서괘」편이 천지만물의 생성변화를 설명한 것이라면, 「잡괘」편은 천지만물이 뒤섞여 자리잡고 있는 상태와 그 이유를 설명하고 있다. 즉 「서괘」편은 한 번 양陽하고 한 번 음陰하는 강유剛柔의 섞임을 말한 까닭에 기제旣濟와 미제未濟를 끝으로 삼고, 「잡괘」편은 양陽을 높이고 음陰을 누르는, 즉 강유剛柔의 귀천을 중시하므로 구姤와 쾌夬를 마지막에 두었다는 것이다.

「서괘序卦」와 「잡괘雜卦」의 관계는 「서괘序卦」에서 노음수老陰數인 6을 중심으로 구성되어 그 배열이 방도를 이룸으로써 땅을 형상한 것이라면, 『잡괘』편은 노양수老陽數인 9를 중심으로 구성되어 그 배열이 원도를 이룸으로써 하늘의 굳건히 운행함을 말한 것이라 볼 수 있다. 이렇게 차이가 있을지라도 한 번 양陽하고 한 번 음陰하는 운행이치를 근본으로 해서 도전괘挑戰卦 또는 배합괘配合卦로 짝을 이루는 대대待對의 방식方式은 같으니 『서괘』와

---

708 「잡괘」 36괘를 천도天道의 운행으로 보아 원형이정元亨利貞으로 나누는 방법은 「잡괘」편을 36괘로 놓고 보는 방식이다. 36괘를 노양수 9로 편을 나누면 모두 4편이 된다. 이렇게 볼 때 원형元亨은 선천先天이니 상경上經이 되고, 이정利貞은 후천后天이니 하경下經이 되므로, 건乾에서 환煥, 절節까지 18괘가 上經이며, 해解, 건蹇부터 구姤, 쾌夬까지 18괘가 하경下經이 된다. 즉 「서괘」편의 마디라고 할 수 있는 절괘節卦가 잡괘雜卦에서는 상하경의 마디가 되는 것이고, 「서괘」편에서 유일하게 음양의 순서에 어긋났던 쾌괘夬卦가 하경下經의 자리잡음으로써 다시 건乾으로 이어지는 뜻이 살아난다.

『잡괘』가 한 뿌리에서 나온 것이라 할 수 있다.

乾剛坤柔ㅣ오 **比樂師憂**ㅣ라 **臨觀之義**는 **或與或求**ㅣ라
건강곤유 비락사우 임관지의 혹여혹구

○ 乾(하늘 건) 剛(굳셀 강) 坤(땅 곤) 柔(부드러울 유) 比(견줄 비) 樂(즐길 락) 師(스승 사) 憂(근심할 우) 屯(어려울 둔) 蒙(입을 몽) 臨(임할 임(림)) 觀(볼 관) 與(줄 여) 求(구할 구) 需(구할 수) 訟(송사할 송)

건乾은 강하고 곤坤은 유하고, 비比는 즐겁고 사師는 근심한다. 임臨과 관觀의 뜻은 혹은 (내가 가서) 함께하고, 혹은 (상대방이 와서) 구하는 것이다.

개요概要

건괘乾卦(☰)와 곤괘坤卦(☷)를 형이하학적으로 해석하고 있다. 즉 음양지도를 지도적地道的 관점에서 「서괘」와 관련하여 강유剛柔로 설명하고 있다. 형이하학적 의미를 동시에 내포하고 있으며, 물리적 세계에서 음양상하陰陽上下를 포괄한다.[709] 건곤乾坤은 서로 섞이지 않는 불역不易이고, 이후에 변역變易이 있다. 그러나 본체本體는 변화하지 않는다.

각설

건강곤유乾剛坤柔 비락사우比樂師憂 비락사우比樂師憂는 건비乾比는 양陽이 존위尊位를 얻어 음陰의 순종과 친하게 사귐을 얻어 천하를 다스리니 즐거운 것이고, 사師는 양陽이 감坎의 험險한데 빠져 있으므로 무리를 동원해 어지러움을 쳐나가며, 또 지위地位는 낮고 책임責任은 무거우니 근심하는 상象이다.[710]

709 시간성 ⇨ 건乾, 공간성 ⇨ 곤坤

710 「잡괘」편은 양陽을 북돋고 음陰을 억제하는 뜻을 밝힌 글이므로 양陽 위주로 해석한다. 즉 억음존양抑陰尊陽하는 뜻이 있다. 이는 선善은 아무리 북돋아 주어도 드날리기 힘들고,

임관지의臨觀之義 혹여혹구或與或求 임관臨觀의 뜻은 임臨(䷒)은 존귀한 양陽이 아래로 내려와 그 덕德을 베푸니 주는 것이고, 관觀(䷓)은 양陽이 위에서 살피면서 아래에 있는 음陰이 바르게 처신할 것을 구求하는 것이다.

괘상卦象으로 보면 임臨(䷒)은 두 양陽이 아래로 내려와 못물(택澤)이 됨으로써, 상괘上卦인 흙과 더불어 만물을 화육하는 것이고, 관觀(䷓)은 손풍巽風이 위에서 아래로 있는 곤민坤民의 협조를 얻어 다스리니 구하는 것이다.

음양陰陽이 소장消長하는 세勢로 말하면 임臨은 아래의 두 양陽이 음陰을 교화시켜 양陽의 선량함으로 바꾸어 나가니 덕德과 교敎를 주는 것이고, 관觀은 아래의 네 음陰이 위로 두 양陽을 침식시키며 음陰의 세상이 되기를 바라니 구求하는 것이다.

屯은 見而不失其居ㅣ오 蒙은 雜而著ㅣ라
둔 현이불실기거 몽 잡이저

○ 屯(어려울 둔) 失(잃을 실) 居(있을 거) 蒙(입을 몽) 雜(섞일 잡) 著(드러낼 저, 분명할 저)

둔屯은 나타나나 그 거처를 잃지 않고, 몽蒙은 섞이나 드러난다.

개요概要

둔괘屯卦(䷂)·몽괘蒙卦(䷃)에 대한 설명이다. 둔屯은 나타나 그 거처를 잃치 않고, 몽蒙은 섞이나 드러난다. 둔괘屯卦(䷂)의 도전괘倒顚卦가 몽괘蒙卦(䷃)이다.

악惡은 아무리 제거하려 해도 없애기 힘든 까닭이니, 농사에 있어서 곡식(양陽, 선善)과 잡초(음陰, 악惡)의 관계와 같다.

각설

둔현이불실기거屯見而不失其居 둔屯(☳☵)은 만물이 처음 나와 움직이며, 구오九五가 중정中正한 존위에 있으므로 보이는 것이고, 초구初九 양陽이 진震의 동動하는 체體에 있어 움직이되 제자리를 잃지 않고 지키는 것이다.

몽蒙 잡이저雜而著 몽蒙(☶☵)은 구이九二 양陽이 두 음陰사이에 섞여 감坎이 되어 있지만, 상구上九 양陽은 험한 곳에서 나와 간艮의 광명光明함을 이루니 나타나는 것이다.

震은 起也ㅣ오 艮은 止也ㅣ라
진 기야 간 지야

❍ 震(벼락 진) 起(일어날 기) 艮(어긋날 간) 止(발 지))

진震은 일어남이요, 간艮은 그침이다.

개요概要

진괘震卦(☳☳)·간괘艮卦(☶☶)에 대한 설명이다.

각설

진기야震起也 간지야艮止也 양陽은 위에 있는 물건이고, 음陰은 아래에 있는 물건이다. 진震(☳☳)은 위에 있어야 할 양陽이 아래에 있으니, 위로 제자리를 찾고자 움직이는 것이고(기起), 간艮(☶☶)은 양陽이 제자리에 있으니, 그대로 그쳐 있는 것이다 (지止).

損益은 **盛衰之始也**ㅣ라
손 익　　성 쇠 지 시 야

❍ 盛(성을 성) 衰(쇠할 쇠) 損(덜 손) 益(더할 익)

손익損益은 성쇠의 시작이다.

개요概要

손괘損卦(䷨)·익괘益卦(䷩)에 대한 설명이다. 손괘損卦(䷨)의 도전괘는 익괘益卦(䷩)이다.

각설

손익損益 성쇠지시야盛衰之始也 인욕人慾과 사심邪心을 덜어냄(손損(䷨))으로써 보탬(익益(䷩))이 있다는 것이다. 그러므로 성쇠의 시작이라고 하는 것이다.

大畜은 **時也**ㅣ오 **无妄**은 **災也**ㅣ라
대 축　　시 야　　무 망　　재 야

❍ 无(없을 무) 妄(허망할 망) 災(재앙 재)

대축大畜은 때이오, 무망无妄은 재앙災殃이 오는 것이라.

개요概要

무망괘无妄卦(䷘)·대축괘大畜卦(䷙)에 대한 설명이다.

각설

대축시야大畜時也 대축大畜(䷙)을 '시時'라고 한 것은 본래 건乾의 강건함

은 음陰의 유약함이 쌓기 힘든 것이나, 때로는 그쳐 있을 때도 있으므로 대축大畜할 때가 있다는 뜻이다.

무망재야无妄災也 무망无妄(䷘)을 '재災'라 한 것은 움직이다 보면 생각지 않았던 재앙災殃이 따르므로 재災라 하였다.

> 萃는 聚而升은 不來也ㅣ라
> 췌 취이승 불래야

○ 萃(모일 췌) 聚(모일 취) 謙(겸손할 겸) 豫(미리 예)

췌萃는 모임이요, 승升은 오지 않음이다. .

개요概要

췌괘萃卦(䷬)·승괘升卦(䷭)에 대한 설명이다.

각설

췌취이승불래야萃聚而升不來也 췌萃(䷬)는 못물은 아래로 내려와 곤坤을 윤택하게 하니 모이는 것이고, 승괘升卦(䷭)는 손목巽木이 땅위로 올라가 계속해 자라는 것이니 오지 않는 것이다. ❶췌취이萃聚而의 췌萃는 모임이요, ❷승불래야升不來也의 승升은 오지 않음이다

> 謙은 輕而豫는 怠也ㅣ라
> 겸 경이예 태야

○ 輕(가벼울 경) 豫(미리 예) 怠(게으름 태) 隨(따를 수) 蠱(독 고)

겸謙은 자기를 가벼이 여기는 것이요. 예豫는 태만히 하는 것이다.

개요概要

겸괘謙卦(䷎)·예괘豫卦(䷏)에 대한 설명이다. 겸謙·예괘豫卦는 도전괘倒顚卦이다.

각설

겸경謙輕 겸謙(䷎)은 존귀한 양陽(九三)이 스스로 남보다 가볍게 여겨 하괘下卦로 내려오니 겸손한 상象이다.

예태야豫怠也 예豫(䷏)는 양陽(九四)이 위에서 만족하고 있으니 게을러지는 것이다. 또 예豫는 미리 알아 준비하니 너무 자신을 갖게 되어 게을러질 것을 경계한 것이다.

> 噬嗑은 食也ㅣ오 賁는 无色이라.
> 서합 식야 비 무색

❍ 噬(씹을 서) 嗑(말 많을 합) 賁(클 분, 문채날 비, 빛날 비)

서합噬嗑은 먹는 것이요, 비賁은 색이 없는 것이다.

개요概要

서합噬嗑(䷔)·비괘賁卦(䷕)에 대한 설명이다. 서합噬嗑(䷔)의 도전괘倒顚卦가 비괘賁卦(䷕)이다.

각설

서합噬嗑 식야食也 입 안에 음식물이 있어 씹어 합하는 것이 서합噬嗑(䷔)이니, 서합噬嗑함으로써 진리를 자각하는 것이다.

비무색賁无色 비賁(䷕)는 무색無色이라고 한 것은, 무색이라야 그 위에 치장할 수 있는 것이고, 또 꾸밀 때마다 다른 색色이 되어 일정한 색色을 갖고 있는 것이 아니므로 무색無色이다.

> 兌는 見而巽은 伏也ㅣ라
> 태 현이손 복야

○ 兌(빛날 태) 見(나타날 현, 볼 견) 巽(손괘 손) 伏(엎드릴 복)

태兌는 나타남이요, 손巽은 엎드림이다.

개요概要

손巽·태兌卦에 대한 설명이다. 태괘兌卦(☱)의 도전괘倒顚卦가 손괘巽卦(☴)이다.

각설

태현이손복야兌見而巽伏也 태兌(☱)는 음陰이 양陽 위에서 기뻐하니 나타나는 것이고, 손巽(☴)은 음陰이 양陽 아래에서 순히 엎드려 있는 것이다.

> 隨는 无故也ㅣ오 蠱則飭也ㅣ라
> 수 무고야 고즉칙야

○ 隨(따를 수) 飭(삼가할 칙, 바로잡을 칙) 蠱(벌레 고, 독 고)

수隨는 연고가 없는 것이요, 고蠱는 바로 잡는 것이다.

개요概要

수괘隨卦(䷐)·고괘蠱卦(䷑)에 대한 설명이다.

각설

수무고야隨无故也 수隨(䷐)는 바다속에서 우레가 움직이니 기뻐하며 따라서 일이 없는 것이고, 또 수隨는 밑에 있는 양陽이 자연스럽게 움직여 올라가니 '무고无故'이다.

고즉칙야蠱則飭也 고蠱(䷑)는 산속에 바람이 드니 단풍이 들어 일이 생기는 것이다. 마땅히 일이 생기기 전에 경계해야 한다. 고蠱는 음陰이 분수를 모르고 망동해 올라오는 것을 경계해야 하는 것이다. 그리고 고蠱는 계대적繼代的 의미(부父 → 자子)를 가지고 있다.

剝은 爛也ㅣ오 復은 反也ㅣ라
박 난야 복 반야

❍ 剝(벗길 박) 爛(문드러질 란) 復(다시 부, 돌아올 복)

박剝은 물크러짐이요, 복復은 돌아옴이다.

개요概要

박괘剝卦(䷖)·복괘復卦(䷗)에 대한 설명이다. 산지박괘山地剝卦(䷖)의 상구上九가 떨어져 지뢰복괘地雷復卦(䷗)의 초구初九로 돌아 온 것이다.

각설

박난야剝爛也 박剝(䷖)은 건乾의 양陽이 밑에서부터 차례로 허물어져 상구上九만 남았으니, 난숙한 과실이 껍질을 벗듯 헤어지는 것이다.

복반야復反也 복復(䷗)은 과실이 땅에 떨어졌다가 다시 씨앗이 자라나는 것이다.

晉은 晝也ㅣ오 明夷는 誅也ㅣ라
진 주야 명이 주야

❒ 晝(낮 주) 夷(오랑캐 이) 誅(벨 주) 頤(턱 이)

진晉은 낮이요, 명이明夷는 상함이다.

개요概要

진晉卦·명이괘明夷卦에 대한 설명이다. 진괘晉卦(䷢)의 도전괘倒顚卦가 명이괘明夷卦(䷣)이다

각설

진주야晉晝也 진晉(䷢)은 '명출지상明出之上'하니 밝음이 드러나는 낮의 상象이다.

명이주야明夷誅也 명이明夷(䷣)는 '명입지중明入之中'하니 밝음이 상傷해서 사라지는 밤의 상象이다.

井은 通而困은 相遇也ㅣ라
정 통이곤 상우야

○井(우물 정) 通(통할 통) 困(괴로울 곤) 相(서로 상) 遇(만날 우) 坎(구덩이 감) 離(떼놓을 리{이})

정井은 통함이요, 곤困은 서로 만남이다.

개요概要

곤괘困卦(䷮)·정괘井卦(䷯)에 대한 설명이다.

각설

정통이곤상우야井通而困相遇也 정井(䷯)은 우물물(상괘上卦 감坎☵)이 밖으로 나와 만물을 먹여 살리니 그 도道가 통하는 것이고, 곤困(䷮)은 강剛과 유柔가 만났으되 강剛이 유柔에 가려 곤궁해지는 상象이다.

咸은 速也ㅣ오 恒은 久也ㅣ라
함 속 야 항 구 야

○ 咸(다 함) 速(빠를 속) 恒(항상 항) 久(오랠 구)

함咸은 빠른 것이요, 항恒은 오랜 것이다.

개요概要

함咸·항恒卦의 대한 설명이다. 함咸(䷞)을 감坎이라 하지 않고 속速이라 한 것은 구姤와 상대되는 뜻을 살린 까닭이다. 항恒(䷟)은 항도恒道를 말한다.

각설

함咸 속야速也 함咸(䷞)은 소남少男이 아래에 있고, 소녀少女가 위에 있어 음양이 감응하는 것이니 빠르기 때문에 속速이라 한 것이다.
항恒 구야久也 항恒(䷟)은 장남이 위에 있고 장녀가 아래에 있어 음양이 바름을 얻은 것이니 오래 가는 것이다.

渙은 離也ㅣ오 節은 止也ㅣ라
환 이 야 절 지 야

○渙(흩어질 환) 離(떼놓을 이{리}) 節(마디 절) 止(발 지)

환渙은 떠남이요, 절節은 그침이요

개요概要

환渙(䷺)은 물위에 나무가 떠있는 상象이니 떠나가고, 절節(䷻)은 못 위에 물이 있는 상象이니 출렁이되 못 안에 그쳐있는 것이다.

각설

환리야渙離也 환渙(䷺)은 물이 바람을 맞으니 흩어져 떠나가는 것이다.
절지야節止也 절節(䷻)은 못이 물을 잘 막아 저장하니 그치는 상象이다.
절節은 마디, 변화의 시기를 말하며, 시기의 변화도 마디가 있다.

解는 緩也ㅣ오 蹇은 難也ㅣ라
해 완야 건 난야

❍ 解(풀 해) 緩(느릴 완) 蹇(절 건) 難(어려울 난)

해解는 늦춰짐이요, 건蹇은 어려움이다

개요概要

건蹇·해괘解卦에 대한 설명이다. 해解(䷧)는 구사九四 양陽이 하괘下卦 감험坎險을 빠져 나갔으니 안심安心하여 늦추는 것이다. 건蹇(䷦)은 구삼九三 양陽이 삼괘上卦 감험坎險을 보고 그쳐 있으니 어려움이 남아 있는 남아 있다.

각설

해완야解緩也 해解(䷧)는 구사九四 양陽이 하괘下卦 감험坎險을 빠져 나갔으니 안심하여 늦추는 것이다.

건난야蹇難也 건蹇(䷦)은 구삼九三 양陽이 상괘上卦 감험坎險을 보고 그쳐 있으니 어려움이 남아 있는 남아 있다.

> 睽는 外也ㅣ오 家人은 內也ㅣ라
> 규　외야　가인　내야

○ 睽(사팔눈 규) 外(밖 외) 家(집 가)

규睽는 밖이요, 가인家人은 안이다.

개요概要

효爻로 보면 규괘睽卦(䷥)는 육오六五가 상괘上卦인 리離의 중中을 얻어 밖으로 주장하고, 가인괘家人卦(䷤)는 육이六二가 하괘下卦인 리離의 중中을 얻어 안을 맡아 하고 있는 상象이다.

각설

규외야睽外也 서로 어긋나게 되면 소원해져 밖으로 흩어지는 것이다.

가인내야家人內也 집안이 화합和合하면 친親해져서 안으로 모이는 것이다.

> 否泰는 反其類也ㅣ라
> 비태　반기류야

○ 否(아닐 부) 泰(클 태) 類(무리 류{유}) 蹇(절 건) 解(풀 해)

비否와 태泰는 그 류類를 뒤집어 놓은 것이다.

개요概要

태泰·비괘否卦의 설명이다. 괘상으로 보면 비否(䷋)와 태泰(䷊)는 괘卦의 형태形態가 서로 도전괘倒顚卦이다. 비否(䷋)는 대왕소래大往小來하여 상하上下가 불통하는 비색否色한 세상이나, 태泰(䷊)는 소왕대래小往大來하여 상하가 형통하는 태평한 세상이니 그 류類가 반대가 되는 것이다.

각설

비태否泰 비否(䷋)와 태泰(䷊)는 괘卦의 형태가 서로 반대가 된다.

반기류야反其類也 되돌아 오는 것이다. 천지비天地否(䷋) ⇨ 지천태地天泰 (䷊)

大壯則止오 遯則退也ㅣ라
대 장 즉 지　　돈 즉 퇴 야

○ 壯(씩씩할 장) 則(곧 즉) 遯(은둔할 돈, 달아날 돈) 退(물러날 퇴) 損(덜 손) 益(더할 익)

대장大壯은 멈춤이요, 돈遯은 물러감이다

개요概要

돈괘遯卦(䷠)·대장괘大壯卦(䷡)와 에 대한 설명이다.

각설

대장즉지大壯則止 대장大壯(䷡)은 양陽의 세력이 크게 장해 나가는 것이다. 비록 양陽이 성盛하는 시기이고, 음陰이 물러나는 때이지만, 급하게 하면 일을 그르칠 수 있으므로 조심하는 것이다.

돈즉퇴야遯則退也 둔屯(䷂)에 있어서는 비록 음陰의 세력이 아직 미약하지만, 양陽이 물러나고, 음陰이 성盛하는 때이므로, 시세를 보아 물러나는 것이다.

大有는 衆也ㅣ오 同人은 親也ㅣ라
대 유　중 야　동 인　친 야

○ 衆(무리 중) 親(친할 친) 夬(터놓을 쾌{깍지 결}) 姤(만날 구)

대유大有는 무리요. 동인同人은 친함이다

개요概要

동인同人(䷌)·대유괘大有卦(䷍)의 설명이다.

각설

대유大有 중衆 대유大有(䷍)는 육오六五 음陰이 존위尊位를 얻었으므로, 다섯 양陽이 복종해 따른다는 뜻으로 무리라 하였다. 대유大有는 크고 넉넉함, 즉 진리를 자각하면 세상 모든 것을 가진 것이다.

동인同人 친親 동인同人(䷌)은 육이六二 음陰이 중中을 얻어 다른 군자君子들과 더불어 뜻을 합하니, 협력한다는 뜻으로 친親하다고 하였다. 동인同人은 가까운 사람, 마루에 같이 있는 사람, 뜻을 같이 하는 사람들과 함께하는 것이다.

革은 去故也ㅣ오 鼎은 取新也ㅣ라
혁　거 고 야　정　취 신 야

○ 革(가죽 혁) 去(갈 거) 鼎(솥 정) 取(취할 취) 新(새 신) 萃(모일 췌) 升(되 승)

혁革은 옛것을 버림이요, 정鼎은 새것을 취함이다.

개요概要

괘상卦象으로 보면 혁革(䷰)은 위의 태금兌金을 아래의 이화離火로 녹여 새로운 것을 만드는 것이고, 정鼎(䷱)은 위의 이화離火에 아래의 손목巽木을 지펴서 더욱 성盛하게 타오르게 하는 것이니, 혁革은 극極함으로써 낡은 것을 새롭게 하는 것이고, 정鼎은 성盛함으로써 새로운 것을 얻는 것이다.

각설

혁거고革去故 혁革은 낡은 것을 버리는 것이다.

정취신鼎取新 정鼎은 새로운 것을 구하여 얻는 것이다.

> 小過는 過也ㅣ오 中孚는 信也ㅣ라
> 소과　과야　중부　신야

○ 孚(미쁠 부) 信(믿을 신) 困(괴로울 곤) 井(우물 정)

소과小過는 과함(지나침)이요, 중부中孚는 믿음이다.

개요概要

소과小過(䷽)·중부괘中孚卦(䷼)의 설명이다.

각설

소과小過 과야過也 소과小過(䷽)는 음陰이 지나쳐 상도常道에서 벗어난 것이고, 소과小過는 감坎의 상象이니 흘러가는 것이다.

중부中孚 신야信也 중부中浮(䷼)는 믿음의 괘卦(부孚는 ⺤발톱 + 자식을 의미)이다. 음陰이 비움으로써 중심中心으로부터 믿는 것이다. 또한 중부中浮는 리離의 상象이니 믿음으로 붙어있는 것이다.

豐은 多故ㅣ오 親寡는 旅也ㅣ라
풍 다고 친과 여야

❍ 多(많을 다) 親(친할 친) 寡(적을 과) 旅(군사 려{여})

풍豐은 연고가 많음이요, 친한 사람이 적음은 여旅이다

개요概要

풍豐(䷶)·여괘旅卦(䷷)에 대한 설명이다.

각설

풍豐 다고多故 풍豐(䷶)은 밝고 커서 풍대風大하니 자연 일이 많게 되는 것이다.

친과親寡 여야旅也 여旅(䷷)는 부자父子, 형제, 친구라도 사귐이 적으면 소원해져 떠나는 것이다.

離는 上而坎은 下也ㅣ라
이 상이감 하야

❍ 離(떼놓을 이) 坎(구덩이 감)

리離는 올라가고 감坎은 내려온다

개요概要

감坎(䷜)·리괘離卦(䷝)에 대한 설명이다.

각설

이상離上 불은 위로 타오르고

감하야坎下也 감坎인 물은 아래로 흐르는 것이다.

小畜은 寡也ㅣ오 履는 不處也ㅣ라
소축 과야 이 불처야

❍ 寡(적을 과) 履(신 리{이}) 處(살 처) 漸(점점 점) 歸(돌아갈 귀)

소축小畜은 적음이요, 이는 한 곳에 머물러지 않는 것이다

개요概要

소축小畜(☴☰)·이괘履卦(☰☱)에 대한 설명이다. 소축小畜과 이履는 도전괘倒顚卦로 서로 짝을 지었다.

각설

소축小畜 과야寡也 소축小畜(☴☰)은 육사六四 음陰이 양陽을 쌓는 것이니 적게 쌓는 것이다.

이履 불처야不處也 이履(☰☱)는 '說而應乎乾'(열이응호건) 하여 밟아 나가니 한 곳에 처處하지 않는 것이다.

需는 不進也ㅣ오 訟은 不親也ㅣ라
수 부진야 송 불친야

❍ 需(구할 수) 豊(풍성할 풍{굽 높은 그릇 례}) 旅(군사 려{여})

수需는 나아가지 않음이요, 송訟은 친하지 않음이다.

개요概要

수需(☵☰)·송괘訟卦(☰☵)에 대한 설명이다.

각설

수需 부진야不進也 수需(䷄)는 건乾의 세 양陽이 앞에 놓인 감험坎險을 보고 기다리며 나가지 않는 것이다.

송訟 불친야不親也 송訟(䷅)은 건乾은 하늘 위로 올라가고 감坎은 땅으로 흘러가니 친親하지 않은 것이다.

大過는 顚也ㅣ라
대과 전야

○ 過(지날 과) 顚(꼭대기 전)

대과大過는 넘어짐이요,

개요概要

대과괘大過卦(䷛)에 대한 설명이다.

각설

대과大過 전야顚也 대과大過(䷛)는 가운데 네 양陽은 강剛하나, 아래 위 두 음陰이 약하니 근본이 약하여 뒤집어지는 것이다.[711]

---

711 대과大過부터 쾌괘夬卦까지 여덟괘는, 도전괘挑戰卦 또는 배합괘配合卦로 짝을 짓지 않고 섞어놓았다. 이는 서괘序卦에서 상경의 실질적인 끝 괘卦인 대과大過로부터 쾌夬, 구姤까지 여덟괘 (도전괘 6괘, 부도전괘 2괘)의 뜻을 살린 것이다. 또「잡괘」에 종결어미인 '야也'자가 모두 50자 들어가는데, 앞 부분의 건乾, 곤坤부터 상경上經의 실질적實質的인 시작괘인 둔屯, 몽蒙까지 여덟괘는 '야也'자를 넣지 않은 것과 수미首尾를 이룬다. 『주역』은 50 대연지수로 64괘를 작괘하여 쓴다.「잡괘」에서 '야也'자를 처음 쓰기 시작한 진震에서 일어난 양陽의 도道가, 수需, 송訟까지하여 48괘가 쓰이고 대과大過에서 뒤집어진 후, 여덟괘 뒤인 쾌괘夬卦에서 음陰의 도道를 결단하여 다시 건乾으로 시작始作하는 것을 말한 것이다.

姤는 遇也ㅣ니 柔遇剛也ㅣ오
구 우 야 유 우 강 야

○ 姤(만날 구) 遇(만날 우) 柔(부드러울 유) 剛(굳셀 강)

구姤는 만남이니, 유柔는 강剛을 만남이요

개요概要

구괘姤卦(䷫)에 대한 설명이다.

각설

구姤 **우야**遇也 **유우강야**柔遇剛也 구괘姤卦(䷫)는 음陰이 처음 나와 미미하나 점차 강성해짐을 말한다. 유柔는 초육初六이고, 강剛은 구이九二, 구삼九三, 구사九四, 구오九五의 다섯 양陽이다.[712]

漸은 女歸니 待男行也ㅣ라
점 여귀 대남행야

○漸(점점 점) 歸(돌아갈 귀) 待(기다릴 대) 男(사내 남) 行(갈 행)

점은 여자가 시집을 감이니, 남자를 기다려 가는 것이요

개요概要

점괘漸卦(䷴)·귀매괘歸妹卦(䷵)에 대한 설명이다.

각설

점漸 **여귀**女歸 **대남행야**待男行也 점漸(䷴)은 여자가 육례六禮를 갖추어

712 구姤는 후천后天의 예고적 의미이다. 선경先庚3日과 후경后庚3日의 조짐이다.

시집을 감이니, 남자의 친영親迎을 기다렸다가 같이 시집에 가는 것을 말한다. 진리를 맞이할 수 있는 것은 인격적 자기수양으로 맞이한다.

頤는 養正也ㅣ오
이 양 정 야

○(턱 이) 養(기를 양) 正(바를 정)

이는 바름을 기름이요

개요概要

이괘頤卦(䷚)에 대한 설명이다.

각설

이頤 양정야養正也 이頤(䷚)는 아래와 위의 두 양陽이 가운데 네 음陰을 포용해서 양육하는 것이니, 양육養育이 이치에 맞는 것이다 (頤는 養正).
이 양 정
그러므로 양정養正은 정도正道로 군자를 양육하는 것이다.

旣濟는 定也ㅣ라
기 제 정 야

기제는 정함이다.

개요概要

기제괘旣濟卦(䷾)에 대한 설명이다.

각설

기제既濟 정야定也 기제既濟(䷾)는 구오九五와 육이六二가 득중得中, 득정得正 하였고, 모든 효爻가 득의得位하였으며, 모든 효爻가 응應하니 바르게 정해진 것이다.

歸妹는 女之終也ㅣ오
귀 매 　 여 지 종 야

❍ 歸(돌아갈 귀) 妹(누이 매)

귀매는 여자의 마침이라

개요槪要

귀매괘歸妹卦(䷵)에 대한 설명이다.

각설

귀매歸妹 귀매歸妹(䷵)는 시집을 가는 것이니, 여자가 시집 가는 것은 친가親家의 처녀 생활을 마치고(종終) 새로운 삶을 시작(시始)하는 것이다. 따라서 귀매괘「대상사」에서 '영종永終'이라고 한다.

여지종야女之終也 귀매歸妹는 여자의 끝이다.

未濟는 男之窮也ㅣ라
미 제 　 남 지 궁 야

❍ 濟(건널 제), 窮(다할 궁)

미제는 남자가 궁함이라

개요概要

미제괘未濟卦(䷿)에 대한 설명이다.

각설

미제未濟 남지궁야男之窮也 미제未濟(䷿)는 모든 양효陽爻가 위를 잃어 제자리를 있지 못하므로, 남자가 궁한 것이다. ❶괘상卦象으로 말하면 이중녀二中女 아래 감중남坎中男이 있으니 궁窮한 상象이다.[713] ❷남지궁야男之窮也는 선천先天의 종시적終始的 개념槪念이요 성인聖人과 군자君子의 계대원리라고 할 수 있다.

夬는 決也ㅣ라
쾌　결야

剛決柔也ㅣ니 君子道長이오 小人道憂也ㅣ라.
강결유야　군자도장　소인도우야

○ 夬(터놓을 쾌{깍지 결}) 決(터질 결) 剛(굳셀 강) 柔(부드러울 유) 憂(근심할 우)

쾌는 결단함이라 강이 유를 결단함이니 군자의 도는 길고 소인의 도는 근심이 되느리라.

개요概要

쾌夬(䷪)에 대한 성명이다.

각설

쾌결야夬決也 강결유야剛決柔也 군자도장君子道長 소인도우야小人道憂也 쾌夬는 물을 가른다, 결단, 심판의 의미이다. 쾌夬(䷪)는 위의 상육上

713 선천先天의 종시적終始的 개념

六 음陰을 아래의 다섯 양陽이 제거하는 상象이다. 상육上六을 결단하면 여섯 효 모두가 양陽으로 건乾이 되니, 하늘의 운행이 다시 시작하는 것이며, 군자의 세상이 되는 것이다. 따라서 만물의 본성은 하늘에서 나와 하늘로 돌아간다. 역도易道의 궁극적인 목표중의 하나는 성명지리性命之理의 자각이다.

周
七
참고자료

1. 육효중괘六爻重卦 형성원리

1) 팔괘八卦의 형성

卦名 괘명	一乾天 일건천	二兌澤 이태택	三離火 삼리화	四震雷 사진뢰	五巽風 오손풍	六坎水 육감수	七艮山 칠간산	八坤地 팔곤지
팔괘 八卦	☰	☱	☲	☳	☴	☵	☶	☷
사상四象	⚌		⚍		⚎		⚏	
양의 兩儀	⚊				⚋			
태극太極 ☯								

❶ 8×8 = 64괘卦 ❷ 64괘×6효爻= 384효爻

2) 육효중괘六爻重卦

	삼효 단괘	육효 중괘	爻位 효위	正位 정위	年齡 연령	職級 직급	성인 군자	中位 중위	상하 외내
천天 천天	▭	⚋	상효 上爻	음陰	60	王師 왕사			上卦 상괘 外卦 외괘
		⚊	오효 五爻	양陽	50	君 임금	성인 聖人	中位 중위	
지地 인人	▭	⚋	사효 四爻	음陰	40	삼공 三公			
		⚊	삼효 三爻	양陽	30	諸侯 제후			下卦 하괘 內卦 내괘
인人 지地	▭	⚋	이효 二爻	음陰	20	大夫 대부	君子 군자	中位 중위	
		⚊	초효 初爻	양陽	10	庶民 서민			

2. 괘변과 효변, 호체

1) **상하교역괘上下交易卦(착종괘錯綜卦)** 상괘上卦와 하괘下卦의 위치가 상하上下로 바뀌어 만들어진 괘卦를 말한다.

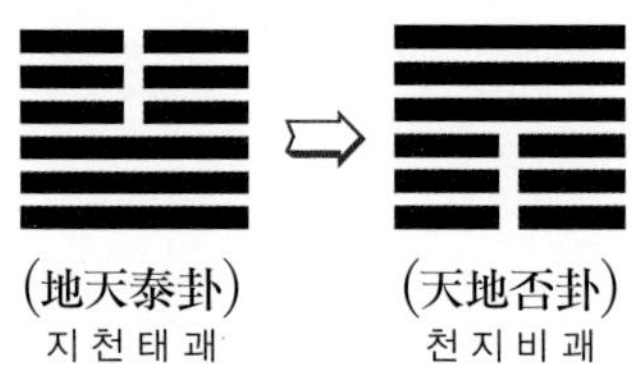

2) **음양대응괘陰陽對應卦** 육효六爻의 각 효爻가 음효陰爻는 양효陽爻로, 양효陽爻는 음효陰爻로 바뀌어 만들어진 괘卦를 말한다.

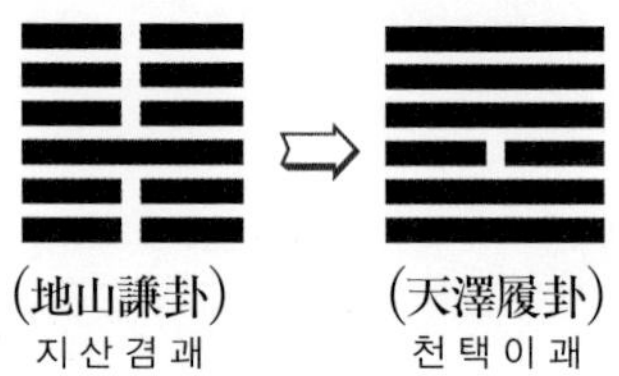

3) **호괘互卦** 호괘互卦는 육효六爻중에서 이효二爻, 삼효三爻, 사효四爻가 하괘(下卦)가 되고, 삼효三爻, 사효四爻, 오효五爻가 상괘上卦가 되어 만들어진 괘卦를 말한다.

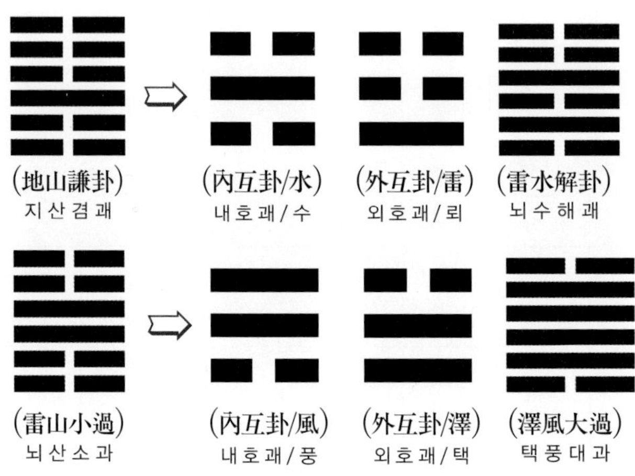

4) **도전괘倒顚卦** 도전괘는 도倒는 넘어질 도, 거꾸로 도이다. 육효六爻중에서 상上·오五·사四·삼三·이二·초효初爻가 차례로 초初·이二·삼三·사四·오五·상효上爻로 바뀌어 만들어진 괘卦를 말한다.

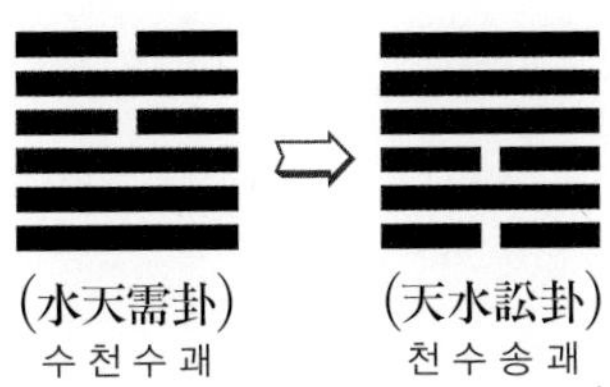

(水天需卦) 수천수괘 (天水訟卦) 천수송괘

5) **효변설爻變說** 효변설은 육효六爻중에서 초初·이二·삼三·사四·오五·상효上爻가 차례로 음양陰陽이 바뀌어 만들어진 괘卦를 말한다.

初爻變 초효변 二爻變 이효변 三爻變 삼효변 四爻變 사효변

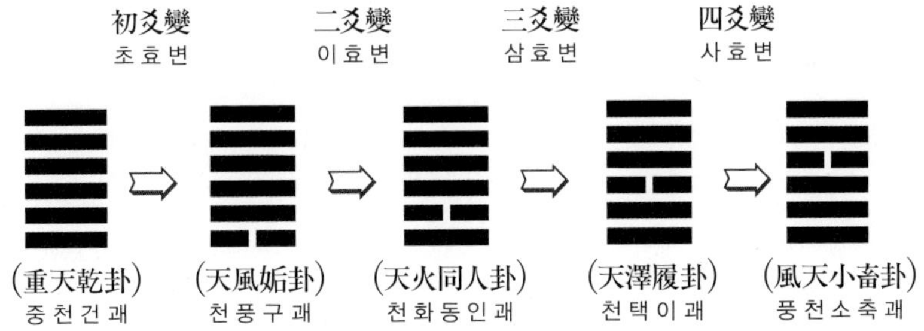

(重天乾卦) 중천건괘 (天風姤卦) 천풍구괘 (天火同人卦) 천화동인괘 (天澤履卦) 천택이괘 (風天小畜卦) 풍천소축괘

3. 「설괘」편 내용

구분	자연	性情 (7장)	신체 (9장)	동물 (8장)	가족 (10장)	방위 (5장)	오행 색	계절 (5장)
건乾 ☰	천天 하늘	건健 굳셈	수首 머리	마馬 말	부父	서북 西北		동지 立冬
태兌 ☱	택澤 연못	열悅 기쁨	구口 입	양羊 양	삼녀 三女	서西	금金 백白	정추 正秋
리離 ☲	화火 불	려麗 밝음	눈目 눈	치雉 꿩	중녀 中女	남南	화火 주朱	정하 正夏
진震 ☳	뢰雷 우레	동動 위엄	족足 발	용龍 용	장남 長男	동東	목木 청靑	정춘 正春
손巽 ☴	풍風 바람	입入 들어감	고股 허벅지	계鷄 닭	장녀 長女	동남 東南		입하 立夏
감坎 ☵	수水 물	함陷 고난	이耳 귀	시豕 돼지	중남 中男	북北	수水 현玄	정동 正冬
간艮 ☶	산山 산	지止 멎음	수手 손	견犬 개	삼남 三男	동북 東北		입춘 立春
곤坤 ☷	지地 땅	순順 유순	복腹 배	우牛 소	모母	서남 西南		입추 立秋

4. 12벽괘설

區分	11월	12월	1월	2월	3월	4월	5월	6월	7월	8월	9월	10월
	大雪 冬至	小寒 大寒	立春 雨水	驚蟄 春分	清明 穀雨	立夏 小滿	芒種 夏至	小署 大暑	立秋 處暑	白露 秋分	寒露 霜降	立冬 小雪
卦名	復	臨	泰	大壯	夬	乾	姤	遯	否	觀	剝	坤
卦象	䷗	䷒	䷊	䷡	䷪	䷀	䷫	䷠	䷋	䷓	䷖	䷁

5. 팔괘八卦 서차도序次圖와 64괘

								太極
--陰(靜)				—陽(動)				兩儀
==太陰		==少陽		==少陰		═太陽		四象
八坤地	七艮山	六坎水	五巽風	四震雷	三離火	二兌澤	一乾天	八卦
地天泰	山天大畜	水天需	風天小畜	雷天大壯	火天大有	澤天夬	重天乾	一乾天
地澤臨	山澤損	水澤節	風澤中孚	雷澤歸妹	火澤睽	重兌澤	天澤履	二兌澤
地火明夷	山火賁	水火旣濟	風火家人	雷火豊	重火離	澤火革	天火同人	三離火
地雷復	山雷頤	水雷屯	風雷益	重雷震	火雷噬嗑	澤雷隨	天雷無妄	四震雷
地風升	山風蠱	水風井	重風巽	雷風恒	火風鼎	澤風大過	天風姤	五巽風
地水師	山水蒙	重水坎	風水渙	雷水解	火水未濟	澤水困	天水訟	六坎水
地山謙	重山艮	水山蹇	風山漸	雷山小過	火山旅	澤山咸	天山遯	七艮山
重地坤	山地剝	水地比	風地觀	雷地豫	火地晉	澤地萃	天地否	八坤地

河圖

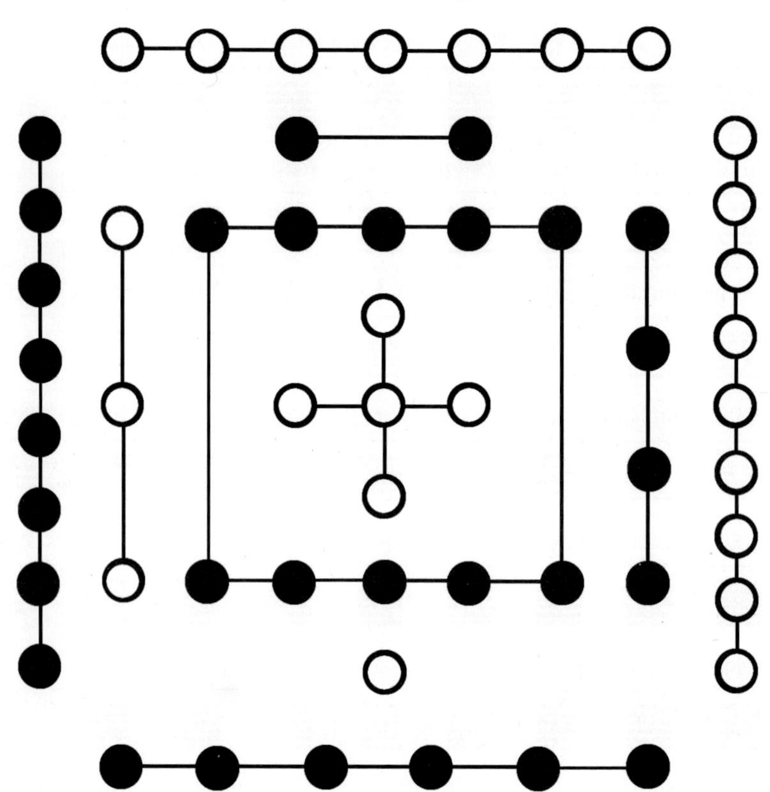

洛書

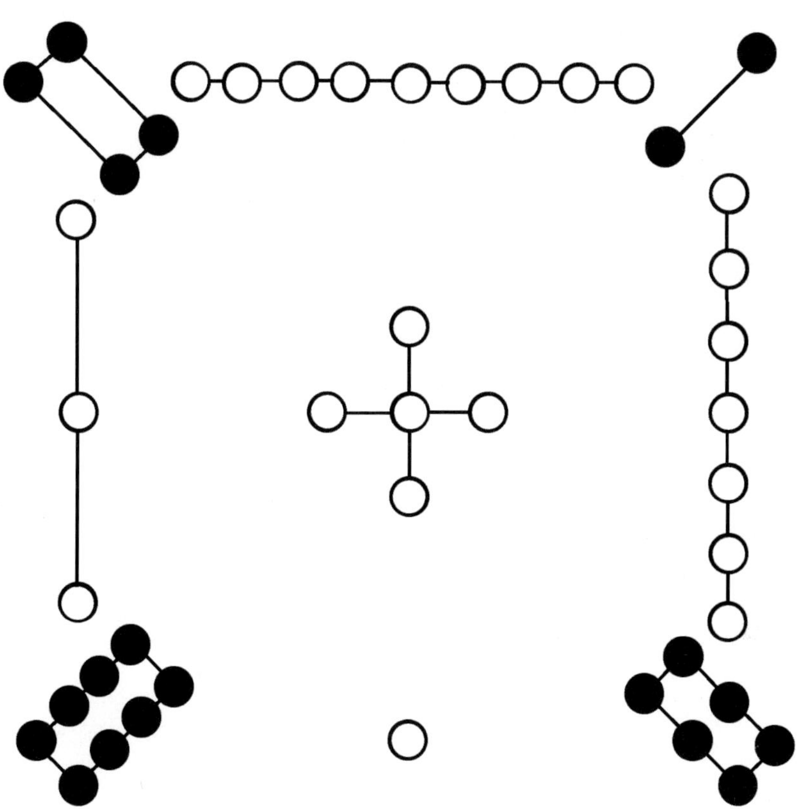

伏羲八卦圖

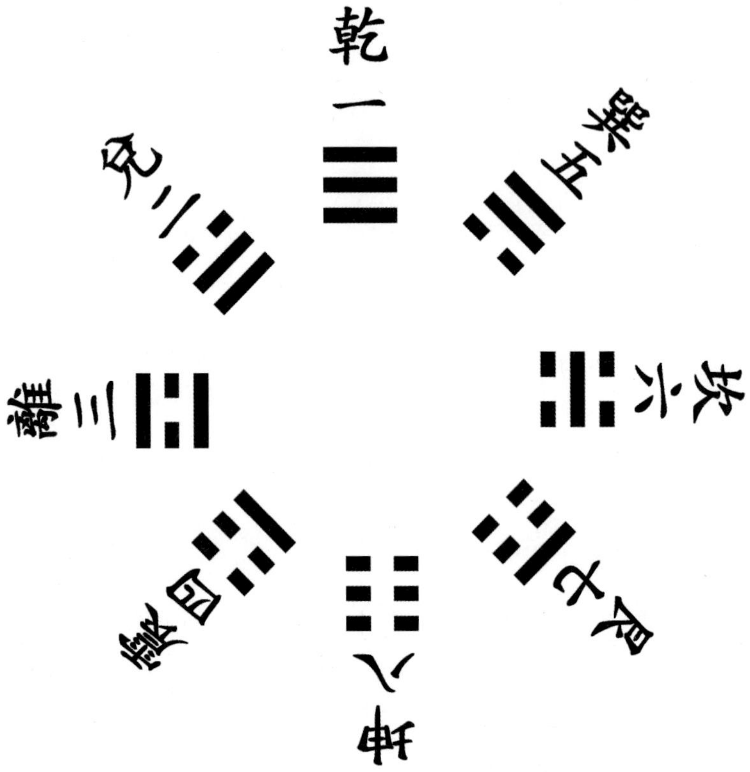

乾一

兌二

離三

震四

巽五

坎六

艮七

坤八

文王八卦圖

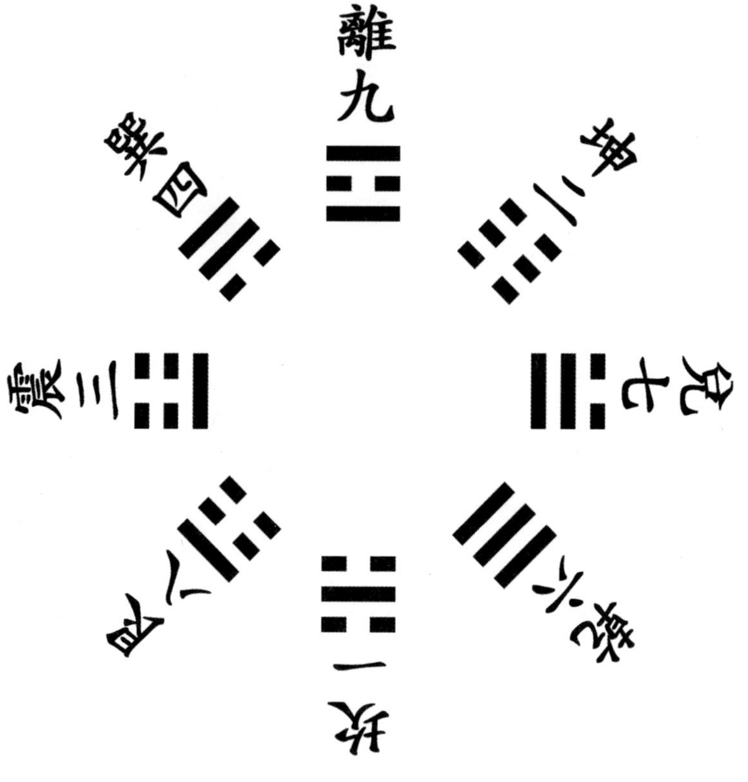

離九

巽四

坤二

震三

兌七

艮八

乾六

坎一

正易八卦圖

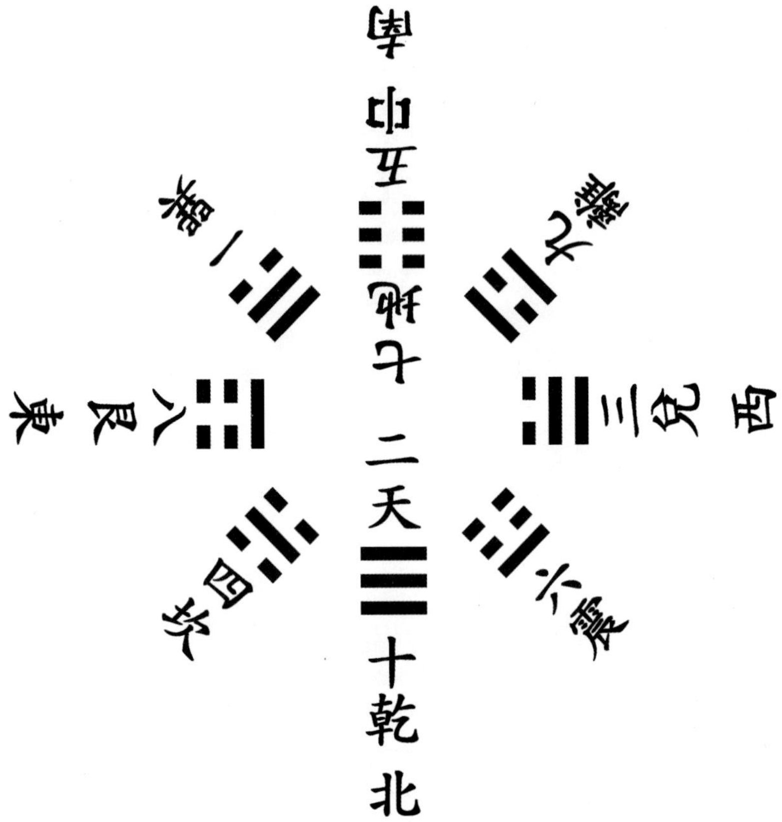

南
五中
七地
二天
十乾
北
西
三兌
東
八艮
九離
一巽
四坎
六震

| 참고문헌參考文獻 |

경전류經典類 |

『周易』, 『書經』, 『論語』, 『孟子』, 『大學』, 『中庸』, 『聖經』

단행본單行本 |

康學偉 外, 『周易哲學史』, 예문서원, 서울, 1994
郭信煥, 『周易의 理解』, 서광사, 서울, 1991.
高 亨, 김상섭 譯, 『高亨의 周易』, 예문서원, 서울, 1996
高懷民 著, 鄭炳碩 譯, 『周易哲學의 理解』, 문예출판사, 서울, 1995
孔穎達, 『周易正義』, 北京大學出版部, 北京, 2000
金炳浩, 『亞山周易講義(上·中·下)』, 소강, 大邱, 1999
金周成, 『正易集住補解』, 태훈출판사, 부천, 1999
金在弘, 『天之曆數와 中正之道』, 相生出版, 大田, 2013
來知德, 『來註易經圖解』, 中央徧譯出版社, 北京, 2010
鈴木由次郎, 『漢易研究』, 明德出版社, 東京, 1963
成百曉, 『周易傳義』(上, 下), 傳統文化硏究會, 서울, 2001
權近 著, 이광호외 譯, 『三經淺見錄』,青溟文化財團, 서울, 1999
邵康節, 노영균역, 『皇極經世書』, 大元出版, 2002
金奎榮, 『時間論』, 西江大學校出版部, 서울, 1987
宋在國, 『周易풀이』, 예문서원, 서울, 2001
王弼 著, 樓宇烈 教釋, 『周易註』, 臺北, 華正書局, 1983
柳南相, 『周·正易經合編』, 硏經院, 2009
李光地, 『周易折中』, 四川出版集團, 成都, 2008
李鼎祚, 『周易集解』, 九州出版社, 北京, 2003
李正浩, 『正易句鮮』, 國際大學校 人文社會科學硏究所, 서울, 1977
程 頤, 『伊川易傳』
朱 熹 著·김상섭 解說, 『易學啓蒙』, 예문서원, 서울, 1994
朱 熹, 『周易本義』
朱伯崑 著·金學權 譯, 『周易散策』, 예문서원, 서울, 2003
鄭炳碩, 『周易 上·下』, 乙酉文化社, 서울, 2011
周振甫, 『周易譯註』, 中華書局, 北京, 2011
崔英辰, 『周易의 自然觀』, 民音社, 서울, 1992
韓東錫, 『宇宙變化原理』, 대원기획, 서울, 2001

| 찾아보기 |

| ㄱ |

| ㄴ |

| ㄷ |

| ㄹ |

| ㅁ |

| ㅂ |

| ㅅ |

| ㅇ |

| ㅈ |

| ㅊ |

| ㅋ / ㅌ |

| ㅍ |

| ㅎ |